**노사나대불: 뤄양 룽먼 봉선사의 본전 불상**  네모난 이마와 넓은 턱, 장엄하면서도 자비로운 이 불상은 무측천이 거금을 들여 만들었다. 그녀는 이 대불처럼 뭇 사람의 추앙을 받고 싶었을까, 아니면 황제가 되겠다는 개인적 야망을 담았을까?

**궁녀도: 영태공주 이선혜의 묘지 벽화**  무측천 역시 한때는 삼천 궁녀 중 한 사람. 아리땁고 가냘픈 자태의 측천이 후일 일대의 여황제가 되리라고 그 누가 상상했으랴? 묘지의 주인공 영태공주는 열일곱 나이에 임신한 몸으로 비명에 스러졌다. 측천의 손녀로 태어난 것은 그녀의 영예이자 비애였다.(제29장 참조)

**잠화사녀도**簪花仕女圖: **머리에 꽃을 꽂은 미녀**  당대 화가 주방周昉의 그림. 라오닝성박물관 소장. 궁중 귀부인의
생활이란 게 이렇듯 화려하되 단조로웠을 것이다. 하지만 측천의 등장과 함께 그곳에는 거대한 파란이 일었다.

**신장위구르 자치구 아스타나에서 출토된 기마용**  수없이 많은 문무백관이 사방팔방에서 몰려와 여황제를 배알했다. 여황제의 시대는 곧 성당盛唐 도래의 전주곡이었다.

**나무 아래 선 미인** 신장위구르 자치구 아스타나에서 출토된 종이 병풍 그림.

**관조포선도(매미 잡는 새를 바라보다): 장회후章懷太子 이현李賢의 묘지 벽화** '바람 따스하니 새소리 요란하고, 해 높이 솟구치니 꽃 그림자 짙어지네.' 이런 적막 속에서 궁녀들은 길고 긴 나날을 보냈으리라. 하지만 구중궁궐에 불어닥친 피비린내, 측천의 친아들이 아니라는 소문 속에 태자 이현은 끝내 죽임을 당했다.(제15장 참조)

**신장위구르 자치구 아스타나에서 출토된 기마여자용** 화려한 모자, 이마에 찍힌 꽃잎 하나, 긴 허리에 줄무늬 치마, 차분한 자태로 말 위에 앉아 있는 여인. 미녀와 준마는 당 제국의 낭만과 기세를 유감없이 보여준다.

**신장위구르 자치구 아스타나에서 출토된 일하는 미인용** 곡식을 털고 가루를 빻고, 또 무언가를 만들고 있는 여인들. 이렇게 1000여 년 동안 가사를 꾸려온 가냘픈 손이지만, 그 손이 천하를 요리할 수 없다고 그 누가 장담할 수 있는가?

여황제

무측천

武則天

【 멍만 지음 · 이준식 옮김 】

여황제 무측천

중국을 뒤흔든
여황제의 삶을 재조명하다

글항아리

일러두기

본문 내 각주는 모두 옮긴이의 것이다.

# 개정판 서문

번개처럼 빠른 세월, 이 책도 재판 발행을 맞았다. 이는 물론 독자들의 각별한 사랑 때문이기도 하지만, 그에 앞서 무엇보다도 무측천이 가진 독특한 매력에 그 공을 돌려야겠다. 최근 몇 년 동안 이 여황제를 둘러싼 이야기는 한 번도 끊어진 적이 없다. 『무측천 비사』 혹은 『무미랑武媚娘 전설』이라는 이름으로, 옛일을 그대로 재현하기도 하고 새롭게 꾸며내기도 하면서, 사람들이 앞다투어 이 여인의 일생을 소개했으니 청사靑史에 잿더미로 사그라지지는 않을 것이다.

측천의 전설적인 삶 자체도 그렇지만, 그 흡인력의 원천이 혹 사람들이 알게 모르게 느껴온 여권女權에 대한 관심은 아닐까? 혼기를 넘긴 독신녀, 장모, 여성 근로자의 출산 휴가 3년, 세 자녀를 둔 여성 박사 등 여성과 관련된 화제라면 그 무엇이 되었든 오늘날 대대적으로 인터넷 사이트에 오르내린다.

"측천은 여성주의자인가?" 나는 여러 차례 이런 질문을 받았다. 당초 이 책의 초판을 홍보할 무렵, 내 대답은 아주 조심스러웠다. "아니다. 여성주의란 현대적 개념으로 18, 19세기 이후에 나온 말이다. 측천이 추구했던 것은 오히려 정치권력이다……." 하지만 만약 현시점에서 내게 다시 대답을 하라고 한다면 이렇게 말할 수 있다. "측천이 비록 여성주의 교육을 받진 않았지만, 만약 지금 세상에 살아 있다면 그녀는 분명 여성주의자일 것이다."

그렇다. 측천은 황제의 지위에 있었지만 한 번도 다른 여성들에게 관직을 내린 적이 없다. 여성들이 당당한 명분으로 자신을 드러낼 수 있는 여지를 조금도 주지 않았다. 그녀가 가장 아꼈던 상관완아上官婉兒마저도 고종황제의 핵심 비서인 재인才人 신분에 불과했다. 측천이 그렇게 총애했던 딸 태평공주마저 '자기 속을 감추고 조심스럽게 행동했기에' 무주 천하에서 살아남은 정도였다.

측천이 결코 대놓고 남권을 반대한 적은 없다. 사실 거의 모든 여성주의자는 남권을 옹호해온 경험이 있다. 왜냐하면 다들 바로 이런 환경 속에서 교육을 받고 성장해왔기 때문이다. '옛날에는 여아가 태어나면 흙으로 구운 실패를 노리개로 주었고, 대놓고 천시했기 때문에 여아는 침상 아래에다 뉘였다.' 이런 관념이 우리에겐 결코 낯설지 않다. 측천에겐 더더욱 익숙했을 것이다. 여성은 혼자 힘으로는 희망이 없었고 남성의 사랑을 받아야만 활로가 열렸다. 그 사랑을 받는 방법이란 게 바로 남성의 가치 판단—나긋나긋하고 예쁘고 순종적이어야 한다—에 부합하는 것이었다. 다시 말하면 여성에겐 독립적인 인격이 없었고 정신적으로 인간과 동물의 중간쯤에 위치했다. 측천은 바로 그런 시대를 경험하며 살았다. 열네 살의 어린 소녀가 구중궁궐로 들어갔을 때 태종이 직접 그녀에게 무미武媚라는 이름을 하사했으니 이것이야말로 일생일대의 영광이 아니었겠는가?

하지만 남성의 잣대도 알고 보면 지극히 편협하고 냉혹하다. 일대의 성군이라는 태종조차도 천박하기는 마찬가지였다. 만약 측천이 시종 예쁜 체하며 일생을 살았더라면 결국 말년에는 쇠락의 비극을 맛보았으리라. 또 사자총 길들이기와 같은 강인함을 드러내는 순간 그녀의 앞날은 영원히 회복 불가능한 지경으로 빠져들고 말았다. 이래도 죽고 저래도 죽을 판,

12년간의 재인 생활을 통해서 아마도 측천은 이 교훈을 통절하게 깨달았을 것이다.

그리하여 측천은 자신에게 선택권이 주어진 그 순간, 결연하게 무미라는 이름을 내팽개쳤다. 미모는 그녀의 대업을 이룰 수 없었고 그것은 또 그녀의 인생도 아니었다. 높은 산꼭대기에 선 그녀는 바로 '측천'이었다. 그녀는 불가능을 믿지 않았다. 지략, 체력, 정력 모든 것이 자신만만했다. 투쟁과 건설의 역량, 그리고 창조력에서 그녀는 하나하나 자신의 능력을 증명해 보였다. 세상을 새롭게 창조하는 연결고리는 더 이상 당 태종의 아내 혹은 고종의 아내가 아니었다. 당 중종과 예종의 어미도 아니었다. 그것은 바로 자기 자신, '일월이 하늘을 꿰뚫고 음양이 일체를 이루는' 무조武曌였다. 그녀가 이룩한 성취로 인해 제도적인 변화가 일어난 것은 아니다. 무측천 이후 1000여 년 동안 여황제도 여대신도 배출되지 않았다. 그러나 그녀가 이룬 성취는 매우 중요하다. 1000년, 2000년, 심지어 무궁한 미래에 이르기까지 그녀는 하나의 산 증거로 사람들에게 각인될 것이기에 그러하다.

그녀는 천지인삼재天地人三才와 일·월·성 삼광三光의 존재를 뚜렷이 증명해 보였다. 이 사람은 남자도 아니요, 여자도 아니다. 그저 인간이다. 천지간에 영혼과 육신을 가진 인간일 따름이다. 먼저 인간이 존재한 다음에야 저마다 각기 다른 너와 나 그리고 그들, 하고많은 중생이 존재한다. 이 신념은 측천의 모든 지략 위에, 또 그녀의 모든 기적 위에 자리잡고 있었다. 이 신념에 바탕을 둔 일체의 실천이 있기에, 이 신념은 역사를 비추고 또 미래를 밝게 비춘다.

# 서문

역사는 문자로 기록되어 전해진다. 하지만 프랑스 철학자 미셸 푸코는 말한다. '문자 속에는 이미 권력에 의한 개조가 개입되어 있다'고. 이 때문에 모든 역사적 이미지 또한 문자를 통해 왜곡되고 변질된다. 이렇게 볼 때, 기나긴 세월의 흔적이 남아 있기는 하지만, 오늘날 뤄양 봉선사奉先寺에 있는 노사나대불盧舍那大佛은 그나마 개조가 최소화된 역사적 물증이다. 들리는 바로는 세상을 두루 밝혀준다는 이 자비로운 불상은 측천의 모습을 본떠 만들었다고 한다.

북위北魏 이래 황량한 변방에서 발흥했던 황제들은 부처 앞에 엎드려 정중하게 예불을 올리면서도, 한편으로는 자기 스스로가 무한한 능력을 가진 부처가 되리라고 꿈꾸어왔다. 그들은 바위를 뚫어 불상을 앉히면서 '불상을 짓되 짐과 똑같이 하라'는 전통을 남겼다. 그들과 마찬가지로 측천 또한 황제불이 되고자 했다.

그러나 세속과 신성神聖은 어쨌든 완전 일체가 될 수 없다.

부처가 염화시중의 미소를 짓는 순간, 예불을 올리던 비구니는 건원전乾元殿의 황제가 되는 환상을 품었고, 그 미모와 위엄도 덩달아 장엄과 자비로 승화했다. 네모난 이마, 넓은 턱을 가진 여황제는 '더없이 아름답고, 일월과도 같이 대자대비'한 대불로 응고되었다. 천년 동안 17미터나 되는 노사나대불을 우러러보면서 우리는 그저 그지없는 경이로움을 느낄 뿐이다. 이것은 과연 예술적 매력일까, 아니면 여황제의 위엄일까?

또 무자비가 있다. 중국 그림에서는 여백도 예술적 경지로 친다. 비석에 남겨진 여백은 어쩌면 마음속의 여백보다 훨씬 더 높은 경지일 것이다. '건릉乾陵의 송백은 난리 속에 시들어도, 들판 가득 소와 양 떼는 봄풀을 뜯고 있네. 백성은 옛정을 차마 못 잊어 해마다 음식으로 소의昭儀께 제 올리네.' 이렇게 올리는 음식이 바로 마음속에 아로새긴 비석이다.

1000여 년 이래 사람들은 노사나대불 앞에 예배를 드리고 건릉의 무자비 앞에서 깊은 생각에 잠긴다. 그 깊은 생각 너머로 살아 숨 쉬는 건 역사 저편의 여인이다. 누군가는 측천을 일러 '우레 같은 그 위용, 일월 같은 그 문장'이라고 했고, 또 누군가는 '귀신도 용서하지 못하고 천인이 공노할 것'이라고 했다. 하지만 그녀는 그저 저 높은 창공에서 그윽이 미소만 짓고 있다.

따지고 보면 측천 또한 마음속의 울화를 주체하지 못했던 여인이고, 그녀의 재주와 능력을 시대가 감당하지 못했으니 이는 진정 영웅의 비애였다. 그런 여인들은 또 있다. 당대의 명기名妓 어현기魚玄機는 타고난 시재詩才를 한탄하면서, "비단옷에 시구를 숨겨야 하는 이 신세, 부질없이 과거 급제 부러워하네"라고 썼다. 송대의 여류 사인 이청조李淸照는 "길은 멀고 날은 저무는데, 시를 배워 헛되이 사람을 놀래다"라고 했다.

시대와 전통은 이처럼 하고많은 여걸들의 탄식과 안타까움을 빚어냈다. 하지만 역사는 그래도 측천을 감싸주었다. 풍요의 성당 제국, 그 시대의 관용과 개방은 누구라도 부러워하리만치 그녀의 격정과 이상을 받아주었다. 측천의 용기와 지혜는 바로 이런 분위기 속에서 꽃을 피웠다.

덧없는 인간 세상, 그녀는 적막했고 또 분투했다. 성공했고 또 실패했다.

명군과 현신으로 찬연한 역사의 한 페이지를 기록한 정관貞觀의 치세, 그녀는 그 세월을 직접 경험했다. 법과 제도가 완비되고 풍요와 풍류가 넘쳤던 개원開元의 성세, 그녀는 자기 손으로 그 시대를 개척했다. 측천의 시대는 바로 정관과 개원의 중간, 그녀의 공적 또한 그 중간에 놓여 있다.

이제 다시금 역사책을 한번 펼쳐보자.

거기, 도대체 그 어떤 '거대한 손'이 역사의 위대함과 황량함을 동시에 전해주고 있는가?

# 제1장
# 측천의 가계

무측천은 중국 역사상 가장 영향력 있는 여인이다. 그녀는 연거푸 두 황제에게 시집을 갔다. 당 태종과 그 아들 고종 부자다. 또 두 황제를 낳았다. 중종과 예종 형제가 그들이다. 게다가 자신은 중국 역사상 전무후무한 여황제가 되었다. 이 여인과 관련된 유별난 인생사에는 우리가 밝혀내야 할 수수께끼가 무척 많다.

가령 그녀는 어떻게 당 태종의 후궁인 재인オ人의 신분에서 고종의 황후가 되었을까? 왜 그녀는 천륜을 저버리고 자신이 낳은 아들과 딸을 죽여야만 했을까? 어떻게 그녀는 수천 년간 이어져온 남성 지배 사회에서 일약 여황제로 등극할 수 있었을까? 그녀가 세운 주周 왕조는 태평성대를 구가했건만, 왜 후대로 이어지지 못한 채 자기 대에서 종식되고 말았을까? 이 씨 황실의 자손들은 자기네 황실을 무너뜨리고 무 씨 황실을 건립한 측천을 왜 대대로 지극정성으로 추존했을까? ……

이 모든 것이 다 얽히고설킨 수수께끼다.

장구한 역사의 흥망성쇠는 언제나 중국인들의 심심풀이 화제로 떠오른다. 특히 이 여황제의 일거수일투족은 우리에게 몹시 흥미진진하게 다가온다.

그녀는 정말 그렇게 모질고 악독했는가? 교활하고 음란한 여인이었던가? 어떤 지혜와 능력이 있었기에 누구도 넘보지 못할 태평성대를 구축해낼 수 있었을까? 그녀의 일생을 통해 우리가 얻을 수 있는 교훈과 시사점은 무엇일까?

이런 여러 의문에 대해 의견이 분분하지만, 이제 그 수수께끼들을 하나씩 풀어나 가야 할 것이다. 결코 예사롭지 않았던 인물 무측천, 그녀의 남다른 인생은 과연 어떠 했을까?

## 1. 산서山西 문수文水 지방의 보통 가정

측천의 출신을 이야기할 때 가장 먼저 대두되는 게 본적 문제다. 오늘날 이력서를 쓰더라도 가장 먼저 기재하는 것이 바로 이 본적이다. 측천이라 고 예외일 수는 없다.

소위 유명인 효과란 게 있다. 누군가가 사회적으로 유명해지면, 그와 동 향이라는 사실을 널리 선전하려는 사람이 많아지게 마련이다. 그러다보니 유명인이 배출된 지역이 정확하게 어느 곳인지에 대해서는 이러쿵저러쿵 말이 많다. 때로는 애매모호하게 변해버리기도 한다. 심지어 여러 지역에 서 들고일어나 서로 자신들의 문화적 자산으로 삼겠다고 난리법석을 떨기 까지 한다.

아주 유명한 장자莊子가 바로 좋은 예다.

『사기史記』를 보면 전국시대의 사상가 장자는 송나라 몽성蒙城 사람으로 되어 있다. 몽성은 오늘날 어느 지역에 해당될까? 산둥 성, 허난 성, 안후이 성에서는 이 문제를 두고 다툼이 끊이질 않는다. 이름이 잘 알려진 장자마 저도 몇몇 지역에서 앞다투어 자기 지역의 이미지를 대변하는 인물이라고 주장할 정도가 되었다.

측천은 어떠한가? 중국 역사상 유일무이한 여황제이다보니 유명인으로 서의 가치는 당연히 한층 더 높다. 그래서 측천의 고향에 대해서는 다음 세 가지 설이 전해진다.

첫째, 병주并州로 지금의 산시山西 성이다. 둘째, 장안長安으로 지금의 산시陝西 성 시안西安이다. 셋째, 이주利州로 지금의 쓰촨四川 성이다. 이 세 지역은 거리상 차이가 많이 나긴 하지만 측천과 관련된 유적이나 신기한 전설이 적잖이 남아 있기도 하다.

이주에는 용담이라는 못이 있는데 전설이 하나 전해진다. 측천의 모친이 용담에서 뱃놀이를 하고 있는데 갑자기 금룡金龍이 나타났다. 용은 그녀를 칭칭 감고 공중으로 솟구쳤으며, 그길로 그녀는 바로 임신을 했다. 그때 낳은 아이가 측천이라는 것이다. 현대인들이 볼 때 이런 이야기는 '짐승과의 교합'에 불과하지만, 고대사회에서는 심심치 않게 등장하는 감생感生 설화다. 이 전설은 사람들에게 측천의 출생이 얼마나 신비로운가를 보여준다. 측천의 아버지는 평범한 인간이 아니라 용인 셈이다. 그러니 측천은 이른바 '용종龍種'이며 훗날 황제가 될 수 있었다는 논리다.

이 전설은 뒷날 당 말엽의 시인 이상은李商隱의 「이주 용담에서」라는 시에도 등장한다.

> 신룡神龍이 날아든 용담,
> 측천의 어미가 조심스레 놀잇배 멈추던 곳.
> 그 신룡이 명월주 물고 빠르게 나아갈 제
> 용린龍鱗은 비단 자락처럼 찬란했으리!
> 용궁은 온통 자줏빛 조개 장식,
> 높다란 창에 걸린 하얀 주렴.
> 그 옛날 용은 제비 육포를 즐겨 먹었다던데
> 지금은 풀마저 시들고 빗소리만 요란하네.

시인은 시 제목의 끝에다 이주는 하늘의 감응을 받아 '금륜金輪'을 잉태

한 곳이라는 설명을 달았다. '금륜성왕金輪聖王'은 측천이 황제로 있을 때 신하들이 붙여준 존호이니, 금륜은 곧 측천이다. 따라서 이주는 측천의 어머니가 하늘의 감응을 받아 측천을 낳은 지역임을 암시한다. 시 후반에 등장하는 용궁의 화려한 모습은 측천의 어미가 상상했던 장면을 시인이 재현해본 것이다. 어쨌든 이 시를 통해 측천이 이주 출생이라는 이야기가 당시 이미 광범위하게 퍼져 있었음을 알 수 있다.

위인들에게는 신비로운 이야기가 뒤따른다. 중국 고대에도 이와 유사한 이야기가 많다. 『사기』를 보면 상商의 시조 탕왕湯王도 하늘의 감응을 받아 태어난 것으로 되어 있다. 이런 선례가 있어서인지, 그 이후 유명인의 탄생에는 곧잘 신비로운 감생설화가 뒤따랐다. 측천의 탄생에 얽힌 전설 역시 이런 유형에 속한다.

어쨌든 전설들은 다 몹시 황당무계해서 믿기 어렵다. 하지만 거기에도 나름대로 진실은 담겨 있다. 이런 전설이 이들 지역에서 널리 퍼진 이유는 바로 이 세 지역이 모두 측천과 연관이 있기 때문이다. 그중 병주는 그녀의 조상이 살았던 곳이니 원적지에 해당된다. 장안은 측천의 출생지이고, 이주는 그녀가 어린 시절을 보낸 곳이다. 조상의 고향을 중시하는 중국의 관례로 보자면 측천은 병주 사람이라고 해야 맞다. 지금의 산시山西성 원수이가 바로 그곳이니, 측천은 병주 문수인이다. 현대 인물로는 여걸 류후란劉胡蘭, 1940년대 중국부녀구국회를 조직하여 항일·반군벌 운동에 앞장섰던 인물도 문수 출신이다. 그야말로 여자 영웅의 배출지라고 할 만하다.

당시 문수 무 씨는 그 지역에서는 세력이 그리 크지 않은 성씨 집단으로, 세가대족世家大族과 일반 평민의 중간쯤 되는 보통 가계였다. 조상 가운데 관직을 역임한 사람은 있었지만 그 직위는 그리 높지 않았고, 사회적 명망도 대단치는 못했다. 측천은 바로 이런 집안에서 태어났다.

측천의 아버지는 무사확武士彠으로 4형제의 막내였다. 세 형은 모두 고지식한 농민이었지만, 그만은 야심만만한 사람이라 평생 땅이나 일구며 살고 싶지는 않았다. 돈도 벌고 자신의 생활 방식을 한번 바꾸어보자는 생각을 하고 있었다.

그가 어떻게 자신의 팔자를 바꿀 수 있었을까?

『태평광기太平廣記』의 기록을 보면, 무사확은 장사를 하기로 마음먹고 목재상이 되었다고 한다. 그의 젊은 시절은 수 양제煬帝가 통치하던 시기였다. 잘 알다시피 양제는 국가적 대업을 일구려는 야망이 있어서 도처에서 토목 사업을 크게 벌였다. 이른바 국가기관망 구축 사업에 주력했던 것이다. 각지에 별궁과 별장이 지어지면서 목재의 수요가 일시에 급증했다. 두뇌가 명석했던 무사확은 이 사업 기회를 놓치지 않았고, 목재 사업으로 큰 이득을 챙길 수 있었다. 졸부가 된 것이다.

그렇지만 고대사회, 특히 수당 시기는 철저한 신분제 사회였다. 직업에 따라 사회적 신분이 크게 넷으로 구분되었는데 사농공상士農工商이 그것이다. 사는 지식인을 말한다. 그들은 사회 최고위 계층으로 관직에 나아갈 수 있었다. 농은 농민 계층이다. 농업이 기본이 되는 농업국가였기 때문에 당시에는 농민의 지위도 제법 높았다. 공은 수공업자를 가리킨다. 손재주로 살아가는 계층이다. 상은 지위가 가장 낮았던 상인 계층이다. 사람들은 상인들이 생산활동은 하지 않은 채 기회를 틈타 교묘하게 돈벌이를 하는 계층이라고 생각했다.

상인에 대해서는 여러 편견이 담긴 정책이 시행되고 있었다. 극단적인 사례를 하나 보자.

수당 이전의 위진남북조魏晉南北朝 시기220~589에는 상인을 특히나 경시했기 때문에, 그들은 외출할 때 말이나 가마를 탈 수 없었다. 또 신발도 양쪽에 똑같은 색깔을 신을 수 없어서, 가령 왼쪽이 흰색이면 오른쪽은 검은색이라야 했다. 사람들이 멀리서 보더라도 '아, 저 사람이 하층민인 상인이

구나'라는 걸 금방 구별할 수 있게 하기 위함이었다. 아무리 부유해도 귀한 대접을 받지 못했으니 사회적 지위는 결코 높지 않았다.

그러나 무사확은 야심이 많았던 인물이다. 이런 대접을 받으며 일생을 마감하고 싶지 않았다. 부자가 된 것에 만족하지 않고 어떻게든 자신의 신분을 한번 바꿔보고 싶었다.


## 2. 가족들의 분발


어떻게 해야 신분이 개조될까?

오랜 고민 끝에 무사확은 군대에 들어가기로 결심했다. 아직 과거제가 본격화되지 않았던 시절, 군 입대는 보잘것없는 가문의 자제들이 집안을 일으킬 수 있는 중요한 경로였다. 종군에는 가문의 배경이 필요 없었다. 귀천과 상관없이 신체 건장하고, 적 앞에 용감하게 나설 용기만 있으면 얼마든지 종군할 수 있었다. 게다가 종군 기간도 그리 길지 않았고, 전장에 나가 한번 승리라도 거두면 관리로 발탁될 가능성이 아주 높았다. 당시 군대로 나가 크게 출세한 사람들의 이야기는 심심찮게 나돌았다.

설인귀薛仁貴 장군의 이야기는 특히 유명하다. 그는 원래 평범한 농민으로 돈도 없고 별다른 배경도 없었다. 당 태종이 고구려 정벌에 나서자 그는 백의종군했고, 한 전투에서 용맹성을 유감없이 발휘하면서 태종의 눈에 들어 곧바로 5품 장수로 승진했다. 훗날 서북 지역의 전투에서도 그는 큰 전공을 세웠다. "장군의 화살 세 방은 천하를 평정하고, 장군의 웅장한 노래는 변방을 뒤흔드네." 그의 용맹한 이미지는 지금까지도 이렇게 전해지고 있다.

이것은 당시로서는 매우 전형적인 사례인데, 무사확 역시 이런 길을 걸고 싶었다. 게다가 그는 설인귀와는 입장이 또 달랐다. 설인귀는 가난했지만 그는 돈이 많았다는 사실이 중요하다. 설인귀는 병사로 출발했지만 그는 처음부터 무관이 될 수 있었다. 돈이면 귀신도 부린다는 말이 제대로 효험을 발휘한 것이다. 그 직급은 응양부대정鷹揚府隊正으로, 이는 수나라 군대 편제에서는 최하위직 무관이며 그 휘하에 병사가 50명 정도 있었다. 요즘으로 치면 소대장급에 해당된다.

그의 근무지는 고향 문수현이었다. 이 직책에 있으면서 그는 일생일대의 운명이 걸린 결정적인 한 인물을 만난다. 그는 훗날 당 제국의 개국 황제가 되는 고조 이연李淵이다.

때는 수 양제 대업人業 11년(615), 당시 이연은 양제의 명령을 받고 북방 지역의 반군 토벌에 나선 길이었는데, 마침 무사확이 근무하는 지역을 지나게 되었다. 이때 무사확은 범상치 않은 인물이 자기 고향을 통과하는 만큼, 앞으로 이용 가치가 상당하리라는 걸 직감했다. 그는 서둘러 이연과의 교제를 시도했다. 그는 자신이 가진 재물로 성대한 주연酒宴을 열어 이연을 후하게 대접했다. 술자리가 무르익으면서 그는 충분히 이연의 호감을 살 수 있었다.

그러나 이연은 훌쩍 그 지역을 떠나갔다. 그로부터 2년이 흐른 대업 13년, 이때의 상황은 과거와는 판이했다. 천하는 이미 큰 혼란에 빠져 있었고, 군웅이 할거하면서 다들 수 왕조의 몰락을 예감하고 있었다. 하나같이 양제의 통치를 종식시킬 생각을 하고 있었다.

당시 양제는 마침 강도江都 지역을 순시 중이었다. 강도는 지금의 장쑤江蘇 성 양저우 땅으로, 황제가 북방으로 되돌아갈 가능성은 묘연했다. 누군가는 반드시 북방을 지켜야 할 상황이 되자, 양제는 이연을 태원유수太原留守로 파견했다. 태원 지역의 정치·군사를 총괄하는 책임자 자리였다. 태원에 부임한 이연은 곧바로 지난날 무사확이 자신에게 베푼 환대를 기억해냈다.

그를 발탁할 기회가 생긴 것이다. 마침내 무사확은 행군사개참군行軍司鎧參軍으로 발탁되었다. 주로 무기와 병참 등을 관리하는 군수 담당 자리였다.

그 후 무사확은 이연과 빈번하게 내왕했다. 오래지 않아 그는 이연이란 인물의 야심이 만만치 않다는 것을 간파했다. 이 혼란한 시국을 틈타 그 사람이 뭔가 큰일을 도모할 것이며, 황제 자리까지도 노리고 있다는 게 그의 판단이었다. 자신의 직속상관이 모반을 도모하는 시점에서 무사확이 취할 수 있었던 행동은 과연 무엇일까? 심사숙고 끝에 그는 이연을 확실하게 도와야겠다는 결심을 굳히고, 이연의 황제 등극을 돕기 위한 세 가지 행동에 착수했다.

첫 번째 행동은 이연에게 병서兵書를 헌상하고, '상서로운 조짐'을 알리는 것이었다.

그는 먼저 고대의 여러 병서를 수집하여 검토한 다음, 거기에 담긴 경험과 교훈들을 발췌하여 책 한 권으로 엮어냈다. 그는 호화판으로 제작한 이 병서를 이연에게 헌상했다. 이 선물은 두말할 나위 없이 이연의 마음에 쏙 들었다. 그때는 제지술이나 인쇄술이 그다지 발달하지 않았기 때문에 책이 무척 소중한 자산이 되던 시절이었다. 병서라면 그 가치는 더더욱 높았다. 황제가 되려는 자라면 누군들 타인의 전투 경험을 참고하려고 하지 않겠는가? 이연은 이 선물을 받고 매우 흡족해했다.

그렇다면 그가 이연에게 고했다는 소위 '상서로운 조짐'이란 어떤 내용일까? 역사에는 이에 관해 어떠한 기록도 전해지지 않는다. 다만 『신당서新唐書』「무사확전」에는 무사확이 꾸었다는 꿈 이야기가 기록되어 있다. 물론 무사확의 입에서 나온 것이다. 그는 이연에게 말했다.

"당신이 저를 타고 하늘을 오르는 꿈을 꾸었습니다."

이 흥미로운 꿈에 대해서는 두 가지 해석이 가능하다. 우선 여기에는 '나 무사확은 당신이 황제가 되는 것을 지지한다'는 의미가 담겨 있다. 하늘을 오를 수 있는 것은 바로 용이고, 용은 황제를 상징하니 '나는 당신의 황제 등극을 확신한다'는 것이다. 두 번째 의미는 '당신이 하늘에 오르고 황제가 되려면 나 무사확을 중용해야 하며, 나는 당신을 위해 견마지로犬馬之勞를 다할 수 있다'는 것이다. 이 꿈 이야기를 들려주자 눈치 빠른 이연은 호탕하게 웃으면서 말했다.

"참으로 현명한 자로구나. 하지만 그 누구에게도 이 사실을 발설하지 말게. 하늘이 알고 그대가 알고 내가 알고 있는 것으로 충분하네."

이른바 상서로운 조짐이란 게 아마도 이런 꿈 이야기 따위일 것이다.

무사확의 두 번째 행동은 이연의 세력 확장을 적극 도운 것이다.

당시 양제는 이연을 태원유수로 파견하긴 했지만, 그 어떤 황제라도 장수를 전적으로 신임하지는 않았다. 이에 양제는 보좌관 두 명을 이연 곁으로 파견했다. 왕위王威, 고군아高君雅가 그들이었다. 이 두 사람은 명목상으로는 이연의 보좌관이었지만 실제로는 감시자였다. 둘은 부임 이후 이연의 행동에 뭔가 미심쩍은 구석이 있음을 발견했다. 이연이 걸핏하면 병사를 모집하고 전마戰馬를 사들이고 있었던 것이다. 게다가 모집한 병사란 게 하나같이 도망병이나 반군 무리들이었다. 두 사람으로서는 이연이 무슨 음모를 꾸미고 있는지 도무지 알 길이 없었다.

마침내 둘은 이연이 끌어모은 무리들을 은밀히 한번 조사해보기로 했다. 그러나 이 일은 사전에 무사확에게 발각되고 말았다. 그가 어떻게 둘의 동향을 미리 파악하고 있었을까? 역시 그는 돈을 가진 자로, 부자답게 씀씀이가 컸고 친구도 많았다. 그는 이연과도 사이가 좋았지만 둘과의 관계도 잘 유지하고 있었다. 그들의 심복이나 마찬가지였다. 무사확은 두 사람을 찾아가 말했다.

"들자 하니 두 분은 당공唐公, 당시 이연에게는 당국공唐國公이라는 작위가 있었다께서 모집한 병사들을 조사하실 계획이라지요? 과거 그들의 신분이 무엇이었든지 간에 그들은 모두 당공께서 모집한 사람들입니다. 만약 두 분께서 당공을 믿지 못하고 그들을 조사하신다면 앞으로 어떻게 당공과 상하 관계를 유지할 수 있겠습니까?"

사실 이 두 사람은 원래부터 무능하고 식견이 짧았다. 가만히 듣고 보니 과연 일리 있는 얘기였다. 이로써 조사 계획은 없던 일이 되었다. 이연의 입장에서 볼 때, 이 사건은 시간도 절약하면서 남의 간섭도 받지 않는 가운데 지속적으로 세력 확충을 해나갈 수 있는 계기가 되었다.

세 번째 행동은 자신의 전 재산을 쏟아붓고, 가족을 모두 군대로 내보내는 것이었다.

무사확은 장사로 모은 전 재산을 이연에게 헌납했는데, 이연에게는 더할 나위 없는 소중한 자산이 되었다. 주지하다시피 혁명을 하자면 꼭 있어야 할 것이 바로 돈이다. 돈이 있어야 군사도 모으고 전마도 사들일 수 있었다. 이 시기, 돈이 부족했던 이연으로서는 무사확의 투자가 더없이 요긴했다. 거기다가 무 씨 가문의 많은 인재가 속속 이연의 군대로 들어가 힘을 보탰다. 이 점은 훗날 이연이 황제로 등극한 다음 논공행상할 때 이들에게 하사한 관직을 보면 알 수 있다. 무사확의 형 무사릉武士稜은 사농소경司農少卿까지 올랐고, 또 다른 형 무사일武士逸은 익주益州 행대좌승行臺左丞을 지냈다. 이연의 혁명 과정에서 무 씨 가문이 이룬 공헌도를 여실히 보여주는 사례들이다.

무사확의 이런 행동에는 물론 엄청난 위험이 도사리고 있었다. 이연의 혁명이 성공을 거두는 날에는 분명 부귀영화가 보장되겠지만, 반대로 패가망신할 가능성도 충분히 있었다. 이런 결정을 하려면 단순히 두뇌 회전만 좋아서는 안 된다. 이보다 더 중요한 것은 바로 건곤일척의 용기였다. 그는 모험을 감행했고, 성공을 거두었다. 이연은 태원에서 군대를 동원하여 파죽지세로 내달아 순식간에 수도 대흥大興, 대흥은 당나라 시대에 와서 장안으로 개명했는데, 지금의 시안이다을 공략하여 수를 멸망시켰다. 이로써 이연은 당 제국의 개국 황제로 등극했다. 바로 당 고조다.

황제가 된 이연은 논공행상에 들어갔다. 당시 무사확이 특별한 전공을 세운 것은 없었다. 그러나 그는 줄곧 군수물자를 총괄했고 후방 지원의 일익을 담당했기 때문에 태원 지역 14명의 개국공신 가운데 한 사람으로 인정받았다. 황제는 무사확이 자기 특기를 계속 살릴 수 있도록 고부랑庫部郎에 임명했다. 여전히 재무 책임자였다. 훗날 그는 몇 차례 승진을 거듭하여 3품관 공부상서工部尚書가 되었다. 수리 건설을 총괄하는 장관급 고관이었다. 무사확의 사회적 지위는 현저하게 달라졌고, 이때 이미 그의 정치적 야망은 거의 다 실현된 거나 다름없었다.

그러나 앞서 말했듯이 수당 시기는 신분제 사회였기 때문에 사람들은 정치적 지위뿐만 아니라 출신 성분 또한 매우 중시했다. 공부상서가 되고 얼마 후, 무사확은 동료들이 자기 뒤에서 숙덕공론을 해대는 걸 감지했다. 그를 경멸하는 것이었다. 저자가 비록 지금 저렇게 의기양양해대지만 그 출신이 무엇인가? 한낱 목재상에 불과했던 신분, 거기에다 졸부이니, 그들의 경멸은 당시로서는 어쩌면 당연한 일이었다. 그 스스로도 속이 답답하고 괴롭기만 했다. 이쯤에서 그는 신분 상승의 길이 얼마나 험난한가를 실감했다.

어떻게 해야 사회적 지위가 한 단계 더 도약할 수 있을까?

그때 무사확이 착안한 방법은 혼인이었다. 젊은 시절 그는 상리相里 씨를 아내로 맞았다. 상리 씨는 그와 수년간 살면서 두 아들을 낳았다. 무원경武元慶과 무원상武元爽이다. 이 상리 씨 부인은 그가 공부상서를 지낼 때 병으로 세상을 떴다. 일반적으로 중년의 나이에 아내를 잃으면 엄청난 불행으로 여기지만, 고관 신분이라면 반드시 그렇지도 않은 게 당시 분위기였다. 경극의 주인공 진세미陳世美*도 고관이 되자마자 아내 진향련秦香蓮이 죽지 않아 안달복달하지 않았던가? 진세미는 마누라를 죽이려고 온갖 방법을 다 동원했는데도 끝내 실패하고 말았지만 무사확은 달랐다. 부인 상리 씨가 눈치가 빨랐다고나 할까? 남편이 싫증낼 겨를도 없이 그녀는 먼저 세상을 떠났고 무사확에게는 빈자리가 생겼다.

누가 이 빈자리를 채웠을까? 이번에는 당 고조 이연이 직접 중매에 나섰다. 이연은 무슨 이유로 무사확을 이렇게 잘 챙겨주었을까? 『책부원귀冊府元龜』에는 무사확이 매우 성실하게 근무했기 때문에 고조가 감동을 받았다고 기록되어 있다.

"이 사람은 참으로 충직하다. 작년에 아들이 요절하고 이번에 또 아내가 죽었지만 조정에 이를 알리지도 않았다. 돈이나 휴가를 청구하지도 않고 묵묵히 자기 일에만 충실했으니, 만약 모두가 이렇게 성실하게 근무한다면 우리 제국은 분명 태평성대를 이룰 것이다."

이렇게 해서 이연은 그를 위해 아내를 얻어주기로 결심하고, 백방으로 고르고 골라 마침내 양楊 씨 부인을 선택했다.

양 씨 부인의 집안 배경을 한번 보자.

그녀는 수나라 4대 명문 집안의 하나인 관왕觀王 양웅楊雄의 질녀로 그 부친은 양달楊達이었다. 그 백부와 부친은 수나라 황실 집안으로 재상을 역임하기도 했다. 이렇게 보면 문자 그대로 금지옥엽이다. 양 씨 부인은 어려서부터 포부가 남달라 여자들이 흔히 하는 집안 살림보다는 문학과 역사서를 즐겨 읽었다. 이 때문에 집안 어른들은 그녀가 '장차 집안을 크게 일으킬 딸'이 될 거라고 생각했다. 그러나 이상하게도 이 빼어난 규수에게 혼인 문제만큼은 순탄치 않았다. 너무 잘난 탓이었을까?

---

\* 진세미는 경극에 나오는 인물로 배신남의 대명사다. 그는 과거에 장원급제한 후 결혼 사실을 숨기고 부마가 되었다. 그 후 그는 사람을 시켜 본처와 딸을 살해하려 했으나, 오히려 진상이 모두 밝혀져 재판정에서 포청천에 의해 죽임을 당했다.

그녀가 무사확과 결혼한 시기는 '방년' 44세였다. 지금으로 보더라도 혼기가 지나도 한참 지난 나이다. 양 씨의 결혼이 왜 이렇게 늦어졌을까? 측천이 황후가 된 다음에 나온 말로는 양 씨 부인이 불교를 독실하게 믿어서 독신주의를 고집했는데, 훗날 무사확과 같은 '대단한' 인물을 만나면서 생각을 바꾸었다고 한다.

또 어떤 사람들은 양 씨의 이 결혼이 초혼이 아니라 재혼이었다고 말하기도 한다. 재혼인 데다 나이도 이미 웬만큼 들었기 때문에 자신을 한껏 낮춰서 이 벼락출세한 남자에게 시집가지 않았을까라는 추측이다. 어쨌든 이 혼인은 쌍방 모두에게 원만한 결합으로 받아들여졌다. 무사확은 정치적 지위가 있었고 양 씨 부인은 출신 배경이 좋았으니, 서로 밑질 것 없는 결합이었던 셈이다.

만혼한 양 씨 부인의 생육 능력은 대단했다. 마흔이 훨씬 넘은 고령이었지만 그녀는 연거푸 딸 셋을 낳았다. 큰딸은 하란賀蘭 씨 집안과 결혼했고, 셋째 딸은 곽郭 씨 집안으로 시집을 갔다. 둘째 딸이 바로 우리의 주인공 무측천이다.


## 3. 어린 시절 이야기

흔히 '이름이 좋으면 듣기에도 좋다'고 한다. 주인공이 무대에 등장했다면 우선 그에 걸맞은 제대로 된 이름이 하나 있어야 한다. 왜 그녀를 무측천이라고 부를까? 사실 측천은 본명이 아니다. 이 이름은 그녀가 말년에 황제 자리에서 물러난 후 새로 등극한 중종 이현李顯이 '측천대성황제則天大聖皇帝'라는 존호를 부여했기 때문에, 여기서 앞의 두 글자를 따온 데서 유래한다. 그녀 자신조차도 전에는 이런 이름을 들은 적도, 쓴 적도 없다. 그녀가 세상을 뜬 후에 내려진 시호는 측천대성황후則天大聖皇后였고, 현종玄宗 때는 다시 측천순성황후則天順聖皇后로 추존되었다. 그러나 이름이 어떻게 바뀌었든 간에 '측천'이라는 이 두 글자는 줄곧 따라다녔는데, 여기서 우리는 당대 사람들이 그녀를 어떻게 평가했는지를 알 수 있다.

이것은 상당히 높은 평가에 해당된다. 측천이 어떤 의미인가?

『논어』에 "하늘만이 지극히 크며, 요임금만이 그것을 본받을 수 있다"라고 했다. 말하자면 '측천'이란 '하늘의 지극히 높은 덕망과 이상을 본받는다'는 의미다. 좋은 의미이기는 해도 어쨌든 이것은 존호이지 이름은 아니다.

그렇다면 측천에게는 자기 이름이 없었을까? 황제가 되려고 할 무렵, 그녀는 민심을 조작하기 위해 스스로 무조武曌라는 이름을 쓴 적이 있다. 당시 자전에도 없었던 이 '조曌' 자는 그녀가 새로 만든 글자인데, '하늘에 높이 뜬 해와 달'이라는 의미가 있다. 마치 태양과 달처럼 자기 자신이 천하를 두루 비춘다는 뜻이다. 기상이 넘쳐흐르는 이름이기는 하지만, 이때는 이미 70세에 가까워진 나이로 황제로 등극할 무렵이다.

오늘날 드라마나 영화를 통해 사람들에게 깊이 각인된 무미랑武美娘이 혹 그녀의 본명일까? 이것도 아니다. 무미랑이라는 이름은 그녀가 당 태종의 후궁인 재인才人이 되었을 때 황제가 지어준 이름이다. 이에 관해서는 뒤에서 다시 언급하겠다.

그렇다면 입궁하기 이전, 측천의 어린 시절에 부모들이 붙여준 이름은 무엇일까? 역사에는 그 어떤 기록도 남아 있지 않다. 이렇게 보면 1000여 년 동안 사람들이 귀에 못이 박히도록 들어온 무측천도 알고 보면 '이름 없는 영웅'이나 다름없다. 그 후 1000년 동안은 곧잘 무후武后라고도 불려왔다.

근대에 들어와 여권 운동이 활발하게 전개되면서 사람들은 중국 역사상 유일무이한 여황제의 출현 사실을 대대적으로 선전할 필요성을 느꼈

다. 계속 그냥 '무후'라고 불렀다가는 '여자' 황제라는 사실을 제대로 나타
낼 수가 없다고 생각했다. 도대체 그녀를 어떻게 불러야 맞을까? 애당초 사
람들은 측천이라는 이름이 기백도 있고 위업을 달성한 그녀의 생애와도
잘 들어맞는다고 생각해서 '무측천'이라고 부르기 시작했다. 이후부터는
약속이라도 한 듯 이 이름이 그대로 통용되었다. 이 책에서도 근대 이후에
생긴 관습에 따라 무측천이라는 이름을 그대로 쓰겠다.

흔히 위대한 인물의 어린 시절은 보통 사람과는 달리 유별난 데가 있다
고 생각한다. 그래서 '세 살만 되어도 그 사람의 일생이 다 보인다'고들 하
지 않는가? 유년의 측천에게는 어떤 신비로운 색채가 담겨 있을까? 이에
관해서는 지금까지 남아 있는 기록이 그리 많지 않다. 하지만 특출한 사건
이 전혀 없었던 것도 아니다. 『신당서』「원천강전袁天綱傳」의 기록을 보자.

그녀의 어린 시절, 아버지 무사확은 이주도독利州都督으로 있었는데, 한
번은 원천강이라는 현지의 관상가가 그녀의 관상을 봐준 적이 있다. 원천
강이 측천의 집을 지나다가 우연히 양 씨 부인과 조우하자 그는 그 자리에
서 이런 말을 했다.

"부인의 골상이 예사롭지 않습니다. 집안에 분명 귀한 자식이 하나 있겠
군요."

그 어떤 어미가 이런 말을 듣고 기뻐하지 않겠는가? 양 씨 부인은 즉시
원천강을 집 안으로 모셔왔다. 과연 어떤 아이가 그 '귀한' 자식에 해당되
는지 알고 싶었던 것이다. 당시의 관습대로 먼저 아들의 관상부터 보게 되
었다. 무원경·무원상이 곧장 불려 나왔다. 원천강이 말했다.

"두 아드님이 참 잘생겼습니다. 앞으로 집안을 잘 지킬 겁니다."

그다음엔 큰딸을 두고 말했다.

"이 아가씨도 참 예쁘네요. 장차 귀부인이 될 관상입니다. 그런데 아쉽게
도 딸의 남편은 복이 없네요. 딸은 큰 부귀를 누리겠지만 남편은 그 득을

못 볼 겁니다."

뒤이어 유모가 측천을 안고 나타났다. 당시 측천은 아직 나이가 어렸는데 남장을 하고 있었다. 그 이유는 우리도 잘 알고 있듯이 어미가 딸 셋을 낳고 나면 아들을 학수고대하기 마련이었다. 하지만 아들이 없으니 어떻게 하나? '우선 딸이라도 남장을 시키자.' 원천강은 이 아이를 보는 순간 이내 안색이 돌변했다. 양 씨 부인과 무사확이 이를 눈치채고 황급히 물었다.

"원 선생, 이 아이의 관상은 어떻습니까?"

원천강은 고개를 갸우뚱하더니 아이를 땅에 내려놓고 두어 걸음 걸어 보라고 했다. 측천이 두어 걸음을 걷더니 이내 큰 눈을 동그랗게 뜨고 관상가를 쳐다보았다. 원천강이 말했다.

"아이코, 정말 대단합니다. 이 아드님은 용의 눈, 봉의 목을 가진 관상입니다. 그야말로 어머어마한 부귀영화를 누리겠습니다. 그런데 어째서 남자로 태어났을까? 여자였다면 분명 천하를 다스릴 군주가 될 상인데……."

이 신기한 기록을 믿을 수 있을까? 이 사건을 진짜라고 믿는 사람도 있다. 일본 학자 하라 모모요原百代가 『무측천전』에서 밝힌 내용이다. 그는 이 사건을 계기로 해서 측천이 일평생 자신의 기량을 닦는 데 힘썼다고 보았다. 관상가의 점괘에 힘입어 측천 스스로 백절불굴의 인생행로를 개척했고, 마침내 황제의 보위에 올랐다는 해석이다.

그러나 이 이야기는 제왕 신화에 불과할 뿐 사실은 신빙성이 없다. 과거한漢 고조 유방劉邦이 길을 막아선 거대한 백사를 칼로 베고 난 뒤 혁명에 성공했다는 신화도 바로 그런 예에 속한다.* 유별난 관상 때문에 측천이 황

---

* 유방이 진시황의 황릉을 수축하기 위해 사람들을 이끌고 여산驪山으로 향했는데, 도중에 큰 백사가 앞길을 가로막자 단칼에 뱀을 베어버렸다. 이 장면을 본 사람들은 유방의 용맹성에 감탄하여 그를 위대한 지도자로 예우했다. 이 사건을 계기로 유방은 진을 물리치고 마침내 한 제국을 건립했다.

제가 되었다기보다는 그녀가 결과적으로 황제가 되었기 때문에 이 신비로운 예언이 생겨났다고 보는 게 맞을 것이다. 또 어쩌면 측천 자신이 이렇게 날조하도록 지시했을 수도 있다.

측천의 어린 시절에 관해서는 남아 있는 기록이 너무나 적은 데다가, 그나마 신비로운 색채가 농후하여 믿음이 가지 않는다.

그렇다면 그녀의 유년 시절은 어땠을까? 추측컨대, 당시 여느 관리 집안의 여자애들처럼 아무 걱정 없이 부유한 생활을 누렸을 것이다. 만약 남다른 점이 있었다면 측천은 다른 아이들보다 더 많은 지역을 돌아다녔고, 더 많은 책을 보았다는 사실이다. 무사확은 3품 공부상서로 수도 장안에서 벼슬을 하고 있었는데, 당 고조 말엽에 양주의 대도독부장사大都督府長史로 전보되면서부터 장안을 떠나게 되었다. 이후 그는 예주豫州도독, 이주도독, 형주荊州도독을 두루 거쳤고, 마지막 형주도독 재임 중에 세상을 떴다.

중국인의 관습대로 사후 그는 고향 병주로 운구되었다. 현재의 지리적 상황으로 보면 양주는 장쑤 성, 예주는 허난 성, 이주는 쓰촨 성, 형주는 후베이 성, 병주는 산시山西 성에 위치한다. 무사확이 이처럼 도처에서 관직을 지냈기 때문에 측천 역시 아버지를 따라 중국 땅 거의 절반을 돌아다닌 셈이다. 그야말로 온 천하를 주유했다. 게다가 어머니 양 씨 부인은 집안 살림에는 서툴렀지만, 문학과 역사를 즐겨 읽었다. 이런 가정환경과 어머니의 가르침은 부지불식간에 딸에게 영향을 미쳐 측천 또한 어머니처럼 독서를 무척 즐겼다. 이른바 '만리주유萬里周遊, 독서만권讀書萬卷'은 한 인간의 식견과 재능을 기르는 데 더없이 소중한 자산이다. 이렇게 되면서 측천은 일반 관리 집안의 여느 소녀에 비해 훨씬 더 총명하고 대담하게 성장할 수 있었다.

사람이 용기 있고 총명하다는 건 좋은 일이다. 그러나 만약 측천이 줄곧 이런 식으로 성장하여 자기 가문에 어울리는 좋은 집안으로 시집을 갔다면 어떻게 되었을까? 그녀가 가졌던 지혜와 용기는 결국 자질구레한 일상

생활 속으로 흔적 없이 사그라졌을 것이다. 그리하여 자신의 생활에도 그리 큰 영향을 미치지 못했을 것이고, 역사의 한 페이지에 기록될 기회는 더더욱 없었을 것이다. 물론 이런 평범한 삶이 꼭 나쁘다는 건 아니다. '평범 속의 진리'라는 게 얼마나 소중한 가치인가?

'하늘은 변화무쌍하고 인간의 길흉화복은 점치기 어렵다'고 했던가? 측천에게는 평온한 생활을 보낼 기회가 그리 오래 지속되지 않았다. 행복하기만 했던 어린 시절은 그녀 나이 열두 살 되던 해에 갑작스레 끝나버렸다. 당 태종 정관貞觀 9년(635)이었다. 당 고조 이연이 병으로 사망하자, 지난날 자기가 모셨던 황제의 부음을 들은 무사확은 비통에 잠겨 나날을 보냈다. 그런 지 얼마 안 되어 그는 피를 토하며 죽음을 맞았다. 향년 59세였다.

가장을 잃고 과부가 된 양 씨 부인은 세 딸과 함께 병주 고향 땅으로 남편을 운구해왔다. 사망 당시 무사확이 3품 고관이었기 때문에 당시 병주도독 이적李勣이 직접 장례를 주관했다. 뒤에서 다시 언급하겠지만 측천의 생애에서 이적은 아주 중요한 역할을 하게 된다. 그러나 당시 이적은 그저 자신의 공무 수행에 충실했을 뿐이었다. 측천 또한 그의 존재에 대해 전혀 신경을 쓰지 못했다.

아버지가 사망하면서 갑자기 집안 환경이 바뀌자 측천의 마음도 울적하기만 했다. 병주로 돌아오자, 그간 익숙했던 단촐한 가정은 순식간에 갈등이 끊이지 않는 대가족 집안으로 변했다. 아버지의 사망과 함께 집안에 잠재되어 있던 갖가지 갈등이 일시에 폭발한 것이다. 무사확의 전처 소생인 무원경·무원상 형제는 계모 양 씨와 세 딸을 곱게 대해주지 않았다. 사실 그들의 이런 태도는 이해가 안 될 것도 없다. 왜냐하면 세 딸은 아직 결혼 전이었는데, 관례대로라면 딸들이 시집갈 때 재산의 일부를 나눠줘야 했기 때문이다. 무원경과 무원상으로서는 바로 이것 때문에 이복동생 모녀가 밉게 보였을 수도 있다.

무 씨 집안이 대가족으로 구성된 점도 양 씨 모녀에게는 불리했다. 고대 사회에서는 집안의 갈등을 풀어갈 때 일반적으로 남성 위주로 일을 처리했다. 남자는 결혼하고 난 뒤에도 대가족 속에서 공동생활을 지속하지만, 여자는 다른 집안으로 시집을 가버리면 그만이라는 게 그 이유였다.

양 씨 모녀에 대한 무 씨 집안 다른 종친들의 구박도 극심했는데, 그중에서도 특히 사촌인 무유량武惟良·무회운武懷運 형제의 태도가 무례하기 그지 없었다. 그동안 아무 걱정 없이 다복하게 지내왔던 부잣집 딸에서 하루아침에 천덕꾸러기로 전락해버리자 연약한 측천의 마음에는 어두운 그림자가 드리워졌다.

이 가혹한 운명에 과연 새로운 전기가 마련될 수 있을까?

제2장

# 황궁 진입

쏜살같이 흐른 세월, 열네 살이 된 측천은 이제 아리따운 소녀로 성장했다. 그녀의 미모는 어떠했을까? 역사에는 측천이 태어날 때부터 '이마와 턱이 시원스레 넓었다'고 기록되어 있다. 요즘의 속설에 따르면 넓은 이마는 지혜를, 널찍한 턱은 강인한 성품을 나타낸다. 이는 측천에 대한 보통 사람들의 판단과도 어느 정도 일치한다. 당시에는 이 '넓은 이마와 턱'이 미인을 가늠하는 기준의 일부였다. 따라서 사람들의 눈에는 어린 측천에게서 이미 미인의 자질이 충분히 보였던 셈이다.

## 1. 천자 배알은 행운일까, 불행일까?

자고로 미모는 곧 여자가 자신의 운명을 바꿀 수 있는 든든한 자산이다. 양 씨 부인은 예쁜 딸들을 볼 때마다 늘 이들이 집안의 잃어버린 명성을 되찾아줄 거라고 생각했다. 이런 생각과 함께 양 씨 집안에서는 이를 실천에 옮기려는 노력도 게을리하지 않았다. 당시 양 씨 집안에서는 최소 두세 명의 미녀가 마침 태종의 비빈妃嬪으로 가 있었는데, 궁중에서 일부러 측천의 미모를 소문낸 것도 이들이었다. 점차 시간이 지나면서 이 소문은 태종의 귀에까지 들어갔고, 후궁의 빈자리를 채우기 위해 드디어 측천은 재인才人의 신분으로 입궁하게 되었다. "무 씨 집안 미녀는 잘도 자라서, 하루 아침에 황제 곁으로 뽑혀 갔네"라는 시구까지 남아 있다.

이 '재인'은 도대체 어떤 신분인가? 옛날 일반 남자들에게는 처가 있고 또 첩이 있었지만 황궁은 이와 좀 달랐다. 황제에게는 본처 외에 신분이 다른 수많은 첩이 있었다. 황제의 본처는 당연히 황후皇后이고 그 아래 많은 비빈이 있었는데 등급도 다르고 정원도 제각각이었다. 첫째는 4명의 비妃로 직급은 1품이다. 그 아래는 빈嬪이며 2품으로 모두 9명이다. 그 아래는 첩여婕妤로 3품이며 역시 9명이다. 다시 그 아래는 4품 미인美人 9명이다. 마지막이 5품 재인인데 역시 9명이었다.


황제 ─ 황후 1인
‖
비 4인, 1품
‖
빈 9인, 2품
‖
첩여 9인, 3품
‖
미인 9인, 4품
‖
재인 9인, 5품


후궁으로 들어가는 것이 개인적으로 보면 행운일까, 아니면 불행일까? 바로 정답을 대기란 쉽지 않다. 열네 살 어린 처녀가 입궁하자마자 5품 재인이 된다는 건 물론 큰 영광이다. 하지만 무수한 미인 속에서 황제의 은총을 입을 수 있는 사람이 과연 몇이나 되겠는가? '후궁 미녀 3000명' 가운데 한 사람에게 집중되는 은총을 거머쥐기란 그 확률이 너무도 낮았다. 따라서 대부분의 후궁은 적막 속에서 생을 마감하기 일쑤였다. 그러니 상식적인 부모라면 자기 딸이 이런 모험에 말려드는 걸 결코 원치 않았을 것이다. 양 씨 부인 역시 운명을 바꿔보겠다는 야심은 있었지만, 막상 때가 되자 작별의 아쉬움이 너무나 컸다. 이 소식을 들은 이후 양 씨 부인은 울며불며 밤낮을 보냈다. 그러나 측천의 생각은 달랐다. 지금처럼 집안의 앞날이 암담해진 상황에서 입궁 외에는 달리 새로운 기회를 얻는다는 게 불가능해 보였다. 모험을 마다하지 않았던 아버지 무사확의 유전자를 받았기 때문이었을까? 측천은 이 모험을 기꺼이 받아들였다.

가마를 타고 막 입궁하려는 순간, 측천은 어머니를 향해 씽긋 웃음을 내보였다.

"천자를 배알하는 게 행운이 아니라고 누가 그래요?"

이 말 한마디, 겨우 열네 살짜리 어린 처녀의 범상치 않은 견식과 담량이 여기서 그대로 묻어난다.

정관 11년(637), 자신의 운명을 바꿔보겠다는 꿈을 안고 드디어 측천은 장대한 위용을 자랑하는 황궁으로 진입했다.

입궁 초기, 태종은 측천을 무척이나 귀엽게 본 것 같다. 무미랑武媚娘이라는 이름까지 지어주었다. 어린 처녀가 예쁘장한 용모를 지녔다는 뜻이다. 한데 이 이름자는 언뜻 들으면 제법 괜찮아 보이지만, 사실 좀 장난기 어린 작명일 수도 있다. '무미랑'은 수나라 때부터 유행하기 시작한 가요의 제목이었기 때문이다. 유행가 가사에 등장하는 '예쁜이'쯤 되는 이름이었다. 만약 누군가가 여자친구에게 이런 식으로 이름을 지어주었다면 다소 유치하다는 생각이 들 것이다.

어쨌든 이 작명을 보면, 태종에게는 측천이라는 존재가 맘대로 가지고 놀 수 있는 장난감 정도였는지도 모른다. 일시적으로 좋아할 수는 있겠지만 황제가 국가 대사에 몰두하다보면 언제든 잊어버릴 수도 있는 그런 존재였다. 그러나 측천이 누구인가? 큰 꿈을 안고 황궁에 들어온 여인이 어떻게 황제가 자신을 외면하고 내팽개치는 걸 감내할 수 있겠는가? 그녀는 황제 앞에서 자신을 드러낼 수 있는 기회가 오기만을 호시탐탐 노리고 있었다.


## 2. 사자총 사건


측천은 어떻게 자신을 제대로 드러낼 수 있었을까? 사람들의 입에 곧잘 오르내리는 일화가 하나 있다. 이것은 측천이 말년에 직접 자기 입으로 들려준 이야기이기도 하다. '사자총獅子驄 사건'이라고 이름 붙여도 좋겠다.

사자총은 말 이름이다. 말의 목덜미에 난 갈기의 모양이 사자와 비슷한 데서 유래한 것이다. 이 말은 덩치가 엄청 크고 유난히 총명했다. 그러나 성질이 포악해서 길들이기가 여간 어렵지 않았다. 말을 좋아했던 태종은 이 문제로 좀 골치를 썩이고 있었다.

어느 날 황제가 비빈들을 데리고 이 말을 보기 위해 마방馬房에 나타났다. 독자들에게는 어쩌면 이런 장면이 좀 낯설게 느껴질지도 모르겠다. 비빈이란 으레 후궁에 머물면서 꽃이나 새, 물고기나 곤충 따위를 감상하기 마련인데 무엇 때문에 황제가 이들을 데리고 느닷없이 말 구경을 나온단 말인가? 여기에는 당시 사회적 배경이 관련되어 있다.

원래 당 황실은 북방 호족胡族 혈통이라 북방 민족의 영향을 많이 받아서인지 여자에 대한 구속이 상대적으로 덜했다. 여자라도 전족을 하지 않왔고 답청踏靑, 사냥, 기마격구騎馬擊毬 같은 야외활동에도 참가했다. 특히 궁중 여인들은 자주 황제의 사냥길에 따라나섰으므로 말이라는 동물이 전혀 낯설지 않았다. 당대의 화가 장훤張萱이 그린 「괵국부인유춘도虢國夫人遊春圖」만 보더라도 궁중 여인들이 말을 타고 봄나들이하는 장면이 있다. 또 당대에 출토된 도자 중에도 말을 탄 여자 인형이 적지 않다. 사회적 분위기가 이러했다.

날씨 화창한 어느 날, 태종은 뭇 비빈과 함께 말을 구경하러 나왔다. 이 자리에는 측천도 끼어 있었다. 입궁한 지 제법 긴 시간이 지났건만 여전히 황제의 특별한 주목을 받지는 못하고 있었다. 태종은 사자총 주위를 한 바퀴 둘러보더니 불현듯 탄식을 내뱉었다.

"이렇게 좋은 말을 아무도 길들일 수가 없다니 참으로 안타깝구나!"

사방은 일순 침묵에 사로잡혔다. 황제의 이 탄식에 호응하는 이는 아무도 없었다. 순간, 무재인이 앞으로 나섰다.

"폐하, 소첩이 한번 길들여보겠습니다!"

이 말에 태종은 화들짝 놀랐다. 측천이 차분하게 말했다.

"소첩에게 쇠채찍과 쇠망치 그리고 비수 이 세 가지만 갖다주십시오."

태종이 물었다.

"그렇지만 그게 말 길들이는 도구는 아니지 않느냐? 그것으로 무얼 할 참이냐?"

측천이 웃으면서 대답했다.

"폐하, 이 말은 성질이 사나우니 특별한 방법을 써야 합니다. 소첩은 우선 쇠채찍으로 때리겠습니다. 그래도 말을 듣지 않으면 쇠망치로 이놈의 머리를 내리치겠습니다. 만약 끝까지 따르지 않는다면 비수로 찔러버리겠습니다."

맙소사! 이 말을 들은 태종은 온몸에 소름이 돋을 정도로 경악했다. 지금 자기 앞에 서 있는 이 예쁘장하고 연약한 여자의 입에서 어떻게 이런 험악한 말이 나올 수 있단 말인가? 일순간, 그 누구도 이런 상황에서 과연 어떤 말을 해야 할지 몰라 안절부절못했다. 한참 지난 뒤 마침내 태종이 더듬거리며 말했다.

"너 참 대단하구나!"

오직 이 한마디뿐, 더 이상 이 일에 대해서 거론하지 않았다. 물론 지위를 높여주거나 상을 하사하지도 않았다. 태종 앞에 내보인 측천의 첫 행동은 이렇게 실패로 돌아가고 말았다.


## 3. 예사롭지 않은 예언


그러나 사자총 사건보다 훨씬 더 고약한 일이 측천을 기다리고 있었다. 태종 만년이 되자 황궁 밖에서는 갑자기 '무 씨 여왕'이 등장할 거라는 예언이 나돌기 시작했다. 당 제국이 3대를 거친 뒤에는 무 씨 여왕이 천하를 다스린다는 소문이었다. 원래 이 예언은 민간에서 나돌다 점차 궁중으로 전해져왔다. 태종으로서는 참으로 불쾌한 예언이었다. 태종은 은밀히 태사령太史令 이순풍李淳風을 궁중으로 불러들여 이 일에 대해 물었다. 태사령은 주로 천문과 역법曆法을 관장하는 직책으로 지금으로 치면 점성술사에 해당하는 자리다. 이순풍이 말했다.

"소신이 밤중에 천상天象을 관찰하던 중에 태백성太白星, 금성의 옛 이름이 하늘을 가로지르는 걸 보았습니다. 이것은 장차 여왕이 나타난다는 징표입니다. 소신이 추정하건대, 이 여인은 이미 폐하의 궁 안에 들어와 있습니다. 폐하의 가족 중 한 사람입니다. 불과 30년 안에 이 여인이 폐하를 대신하여 천하를 휘어잡을 것입니다. 그뿐만 아니라 이자는 이 씨 황실의 자손들을 주살할 것입니다."

이 말을 들은 태종이 바짝 긴장하여 물었다.

"그럼 어떻게 해야 하는가? 예언과 천상이 일치하다니! 이렇게 하자. 삼천 후궁을 무고하게 주살하는 한이 있어도 그 한 사람을 놓칠 수는 없지 않은가? 궁 안의 여자들을 모조리 처치해버려야겠다. 무가武家든, 무가와 한통속이든 가리지 않고 다 죽여버리면 되지 않겠는가?"

이순풍이 대답했다.

"그렇게 해서는 안 됩니다. 군왕이 될 팔자라면 결코 죽지 않는다는 말도 있지 않습니까? 하늘이 이 사람을 내려보낸 이상 반드시 보호해주려고 할 것입니다. 폐하께서 성급하게 이 여인을 죽이려다 실패하시면, 그 재앙은 무고한 사람들에게까지 미치게 됩니다. 하늘도 폐하를 용서치 않을 것입니다. 백번 양보해서 설령 폐하께서 이 여인을 죽인다고 해도 하늘이 포기하지 않는다면 반드시 다른 사람을 또 내려보낼 것입니다. 방금 아뢰었듯이 이 여인은 폐하의 가족이고, 또 이미 궁 안에 들어와 있습니다. 이 여인이 지금은 성년이지만 30년 후에는 노인이 될 것입니다. 아무래도 노인은 자비심이 많을 터이니, 폐하의 자손들이 목숨은 부지할 수도 있을 것입니다. 지금 폐하께서 이 여인을 죽이고, 하늘에서 또 새로운 사람을 하나 내려보낸다면, 이자는 30년 후에도 여전히 젊은 사람 축에 들겠지요. 젊은 사람은 마음이 모질어서 가차없이 폐하의 자손들을 살육할 것이니 이 여인을 죽이지 않는 게 좋을 듯합니다."

지금까지의 이야기는 그저 소문의 일부분에 지나지 않는다. 『태평광기太平廣記』에는 이보다 더 괴상한 이야기가 하나 기록되어 있다.

태종은 태백성을 관찰한 이순풍에게 궁으로 들어와 소문에 떠도는 그 '무 씨 여왕'을 지목하라고 명했다. 이순풍이 말했다.

"폐하를 모시는 후궁의 수가 너무 많아서 소신의 이 침침한 눈으로는 정확히 집어낼 수가 없습니다."

"그게 뭐가 어렵단 말인가?"

태종은 이렇게 말하고 나서 즉각 후궁을 100명씩 한 조로 편성한 다음, 이순풍에게 그 여인이 어느 조에 들어 있는지를 지목하라고 했다. 이순풍이 그중 한 조를 지목하자, 태종이 말했다.

"그래도 한 조에 인원이 너무 많구나. 한 번 더 나누어보자."

이번에는 100명을 각 50명씩 두 조로 편성했다. 이순풍이 또 그중 한 조를 지목했다. 측천은 바로 그 조에 들어 있었다. 태종이 생각해보니 50명도 너무 많았다. 그래서 이순풍에게 좀더 확실하게 나눠보라고 지시했다. 그러나 이순풍은 이렇게 대답했다.

"폐하, 소신은 차마 천기를 누설할 수가 없습니다. 직접 한번 가려보십시오."

"짐이 어떻게 알아낸단 말인가? 이제 더 이상 힘들일 필요도 없다. 이 50명을 한꺼번에 다 죽여버리면 되지 않는가?"

그러나 이순풍은 그렇게 하면 하늘의 뜻을 거역하는 것이라 후환이 오히려 더 클지도 모른다고 아뢰었다. 결국 태종은 아무도 죽이지 않았다. 그러나 이 일을 계기로 잠시도 경계의 끈을 늦추지 않았다.

그런데 태종의 이 살해 의도는 쉽게 해결되었다. 금방 누군가가 희생양으로 나타났던 것이다. 그게 누구였을까? 바로 이군선李君羨이라는 사람으로 현무문玄武門을 경비하는 장수였다.

현무문은 장안성의 정북문으로 황제가 머무는 궁을 지키는 중요한 위치에 있었다. 과거 태종은 이 현무문에 복병을 배치하고 황태자였던 형 이건성李建成과 동생 이원길李元吉을 죽이고, 다시 무력으로 아버지인 고조 이연을 퇴위시킨 다음 스스로 황위에 올랐었다. 이것이 역사상 그 유명한 '현무문 정변'이다. 따라서 현무문은 대대로 요지 중의 요지로 간주되었고, 그곳을 지키는 장수 또한 용맹무쌍한 인물들이었다.

이군선은 바로 이 현무문에서 근무하고 있었고 그의 직위는 좌무위장 군左武衛將軍이었다. 이 직위는 당 16위 가운데 대장급에 상당하는 요직이었다. 그는 또 무련군공武連郡公이라는 작위까지 있었다. 그는 낙주洛州 무안 武安, 지금의 허베이 성 우안武安 출신이었다. 이러고 보니 이 사람에게는 '무 武' 자가 네 개나 붙어 다녔다. 이 정도는 그래도 넘어갈 수 있는데, 화근은 바로 그의 말 한마디 때문이었다.

어느 날, 기분이 좋아진 태종이 궁 안의 대신들을 초청하여 연회를 베풀었다. 술자리의 흥이 무르익자 분위기를 돋우려고 태종이 한 가지 제안을 했다.

"경들은 이렇게 점잖게만 앉아 있지 말고 우스갯소리나 한마디씩 해보시오. 각자 자기 아명兒名을 한번 대보시오. 얼마나 재미있는지 들어봅시다."

장군들이 저마다 아명을 불러댔다. 그중에는 '중'이라고 불렸다는 사람, '대머리'라고 했다는 사람 등 그야말로 가지각색이었다. 이때 이군선이 나섰다.

"소신의 아명은 '오낭五娘'이었습니다."

이 말에 다들 박장대소했다. 거구에다 수염까지 덥수룩한 이 장수의 아명이 '다섯째 낭자'였다고? 그건 여자애들에게나 어울리는 아명이었다. 얼토당토않은 작명이었다. 좌중은 한바탕 웃음꽃이 피었지만 유독 한 사람, 도저히 웃어넘길 수 없는 사람이 있었으니 바로 황제였다.

그 순간 태종은 흠칫 놀라며 부르르 온몸을 떨었다. 불현듯 '무 씨 여왕'의 등장에 관한 예언이 떠올랐던 것이다. 현'무'문의 경비대장, 좌'무'위장군, '무'련군공, '무'안 출신, '오'낭중국어에서 오五와 무武는 모두 'wu'로 발음이 같다이라는 아명, 게다가 신분까지도 '무'장武將이라니……! 태종은 퍼뜩 모반을 꿈꾸고 있다는 자가 바로 이군선이라는 생각이 들었다.

그 후 오래지 않아 태종은 핑계를 하나 찾아내 이군선을 죽였다. 이제야 한숨을 돌릴 수 있겠구나 생각한 태종은 더 이상 이 일을 마음에 담아두지 않았다. 더 이상의 추적도 없었고 측천 또한 이 위험으로부터 무사히 빠져나올 수 있었다.

이런 일이 실제로 있었을까? 아니면 일부러 꾸며낸 말일까? 이것은 분명 측천이 황제로 등극할 무렵 꾸며낸 신화 조작의 산물일 것이다.

'나는 천명을 부여받았다. 군왕이 될 사람은 결코 죽지 않는 법, 내가 아무리 위험에 처하더라도 결정적인 순간이 되면 누군가가 나를 대신해서 목숨을 내놓기 마련이다'라는 식의 자기선전이 측천에게는 필요했다. 훗날 황제가 된 측천은 이 일을 잘 마무리하기 위해 아무 일도 없었다는 듯, 적당한 구실을 하나 찾아 죽은 이군선의 무고함도 풀어주었다. 이렇게 공을 들인 결과 황제 신화는 온 나라로 퍼져나갔고, 백성은 측천이야말로 하늘이 내린 황제임을 굳게 믿었다. 측천의 의도가 순조롭게 이루어지는 순간이었다.

그런데 이런 신화와는 상관없이, 태종 치하에서 측천은 황제로부터 과연 어떤 예우를 받았을까?

한마디로 요약하면 적막강산의 세월이었다. 정관 11년, 재인의 신분으로 입궁한 이래 장장 12년의 세월이 흐른 정관 23년, 측천은 열네 살의 풋풋한 소녀에서 스물여섯의 성숙한 여인으로 변해 있었지만 그 직위는 여전히 재인, 그간 한 차례도 신분 상승이 이루어지지 않았다.


## 4. 황제의 미움을 산 측천

천하의 영웅이라는 측천은 어째서 12년이라는 긴 시간을 허송세월만

하고 있었을까? 측천이 태종의 환심을 사지 못한 이유를 찾으려면, 아무래도 태종이 어떤 여자를 좋아했는가를 먼저 알아보는 것이 좋을 듯하다.

태종이 한평생 사랑하고 소중히 여겼던 여인은 바로 장손長孫황후다. 그녀는 어려서부터 학식이 풍부했고 사리에도 밝았는데, 열셋에 진왕秦王 이세민李世民에게 시집을 왔다. 이세민은 황제가 된 다음에도 곧잘 그녀와 국가 대사를 의논하고 싶어했다. 그러나 장손황후는 일부러 자리를 피할 뿐 이에 응하는 법이 없었다. 그 대답은 항상 이랬다.

"암탉이 울면 집안이 망한다고 했습니다. 일개 부녀자의 몸으로 어떻게 국가 대사에 끼어들 수 있겠습니까?"

이렇다보니 태종이 어떤 질문을 해도 늘 함구무언이었다. 그렇다면 그녀는 오로지 집안 살림에만 관심이 있고 정치에 대해서는 알지도 못하고, 알고 싶어하지도 않았을까? 물론 그렇지 않다. 이는 아래의 몇 가지 사례를 보면 금방 알 수 있다.

첫째, 주지하다시피 태종은 어려서부터 영웅이라는 칭송을 들어왔다. 그는 진왕 시절부터 이미 부황 이연을 따라 사방으로 정벌에 나서 혁혁한 전공을 세운 바 있다. 이연의 주요한 적대 세력이었던 두건덕竇建德·왕세충王世充 일파도 이세민에게 제거되었다. 전공과 함께 그의 야심도 커져만 갔다. 진왕의 신분에 만족하지 않고 황태자, 더 나아가 황제가 되고 싶었다. 이런 야심 때문에 이세민과 태자인 형 이건성, 아우 이원길, 심지어 아버지 고조 이연과의 갈등의 골은 갈수록 더 깊어만 갔다. 궁중의 긴장된 분위기 속에서 장손 씨는 어떻게 처신했을까?

그녀는 세심하고 신중하게, 정성껏 이연을 모심으로써 나이 든 시아버지의 환심을 샀다. 이뿐만 아니라 이연 곁에 있는 비빈들에게도 항상 겸양지덕을 발휘하여 좋은 인간관계를 맺고 있었다. 이연 주변에 적지 않은 정보원을 심어둔 것이나 다름없었다. 이렇게 되자 황제는 물론 다른 두 아들의 일거수일투족이 여과 없이 그대로 남편 이세민에게 전달되었다. 병법에 '지피지기면 백 번 싸워도 위태롭지 않다'라고 했듯이 장손 씨는 이세민이 정보를 입수하는 데 큰 공을 세웠다.

둘째, 현무문 정변을 일으킬 당시 이세민은 아버지, 두 형제와 이미 심각한 갈등을 빚고 있어서 서로 무력으로 대치하는 상황에까지 이르렀다. 이때 이세민은 직접 선두에 서서 군사를 지휘했고, 장손 씨는 진왕부에 남아 병사들에게 용맹하게 싸울 것을 독려했다. 이들 부부의 협력 속에 정변은 순식간에 성공을 거두었다. 이세민은 보위에 올랐고 장손 씨는 황후가 되었다.

셋째, 이세민은 황위에 오른 다음 국가 통치에 모든 정력을 다 쏟아부었다. 그는 행여 실수라도 하지 않을까 노심초사하면서 신하들에게는 겸손한 자세로 신신당부했다.

"짐이 혹시라도 잘못하면 반드시 경들의 생각을 솔직하게 말해주시오."

신하들 중에서는 위징魏徵의 역할이 단연 돋보였다. 황제의 간관諫官으로 유명했던 그는 서슴없이 직언하는 것이 핵심 임무였다. 게다가 그의 말투는 이리저리 에두르지 않고 늘 직설적이었기 때문에 태종을 난감하게 하는 경우도 많았다. 그러다가 언젠가는 결국 태종의 심기를 건드리고 말았다. 태종은 침소에 돌아와서도 도저히 분노를 삼킬 수가 없었다. 황제의 체면을 완전히 무시했다고 생각하니 더더욱 화가 치밀었다.

"이 시골뜨기를 내가 요절내고 말리라!"

태종은 혼잣말로 중얼댔다. 장손황후는 이 말을 듣고 일언반구 대꾸도 하지 않은 채 슬며시 자리를 떴다. 오래지 않아 이번에는 장중한 조복朝服 차림으로 나타나더니 태종을 향해 공손히 무릎을 꿇고 엎드려 예를 올렸다. 아니, 조복은 국가적으로 중대한 예식을 치를 때나 입는 정식 예복이 아닌가? 깜짝 놀란 태종이 다급하게 물었다.

"황후께서는 무슨 연유로 지금 짐에게 이런 식으로 대례를 올린단 말이오?"

장손황후가 아뢰었다.

"소첩은 자고로 군주가 현명할 때 비로소 신하도 직언을 할 수 있다고 들었습니다."

이 말의 뜻은 명백했다. '지금 위징이 서슴없이 직언을 한다는 것은 곧 폐하께서 영명하다는 걸 증명한다. 그래서 소첩이 특별히 이렇게 경하드리는 것이다.' 장손황후의 의도를 파악한 태종은 크게 기뻐했다. '황후가 이런 식으로 나에게 간언을 하는구나. 무릇 황제라면 세상의 모든 강물을 다 받아들이는 바다처럼 도량이 커야지, 어찌 소소한 일로 사람을 죽인단 말인가?'

넷째, 장손황후는 품성이 고운 여자였지만, 한편으로는 걱정도 많고 몸도 허약해서 서른여섯에 세상을 하직했다. 그녀의 병이 깊었을 때 황제는 물론 태자까지도 초조해하면서 안절부절못했다. 병이 위중해지면서부터는 어의마저 별 소용이 없게 되자, 태자 승건承乾이 한 가지 제안을 했다.

"모든 치료 방법을 다 동원했지만 효험이 없으니, 청컨대 죄수들을 방면하고 다수의 속인들을 불가佛家에 귀의시켜 장수를 기원토록 하시지요."

그러나 장손황후는 단호히 반대 의사를 표명했다.

"생사는 운명에 달린 것이지 사람의 힘으로 연명할 수는 없다. 억지 연명은 내가 바라는 게 아니다. 좋은 일을 하고도 효험이 없었으니 굳이 복을 구한들 무슨 소용이겠는가?"

그녀는 또 임종 무렵에는 태종에게 이렇게 당부했다.

"폐하께서는 절대 외척을 중용하지 마십시오. 지금 소첩의 친정 식구들은 다 관직에 올랐습니다. 그러나 그 사람들이 고관이 되어 권세를 누리는 일은 없도록 막아주십시오. 자고로 정치에 관여했던 외척들은 하나같이

다 끝이 좋지 않았습니다. 폐하께서 진정으로 소첩을 위하고, 소첩의 친정을 배려하신다면 그 사람들에게 정치에 개입할 기회를 주지 마십시오."

그러고는 또 한 가지 더 당부했다.

"소첩이 죽은 후에는 꼭 간소하게 장례를 치르십시오. 소첩은 부녀자의 몸으로 살아생전 세상에 아무런 공헌도 못 했으니, 죽어서까지 국가의 재산을 낭비하게 할 수는 없습니다."

실로 검소하고 식견 높은 황후의 본보기였다. 이런 사례들을 보면 장손황후가 결코 정치에 무관심했다고 말할 수는 없다. 오히려 그녀는 정치의 속성을 너무나도 잘 이해하고 있었기 때문에 자기 직분에 맞게 분수를 지키려고 했다. 그녀의 임종을 지켜보면서 태종은 거의 실신할 정도로 비통에 잠겨 다짐했다.

"짐은 참으로 훌륭한 조력자 한 사람을 잃었다. 이후 다시는 새로 황후를 책봉하지 않겠다!"

이후 태종은 특별히 황궁 안에 탑을 하나 건립하고, 그곳에 올라 황후가 묻힌 소릉昭陵을 바라보면서 각별한 애도의 정을 표했다.

이렇게 물을 수도 있겠다.

'장손황후와 태종은 첫 혼례를 올린 부부라 서로 감정이 두터울 수밖에 없다. 그러니 애당초 측천과 비교하는 것은 무리다. 게다가 장손황후 한 사람의 사례만 가지고 태종이 선호하는 여자의 유형을 알아낼 수는 없다. 측천에게도 특별한 흠결은 없지 않은가?'

그렇다면 다른 사례를 하나 더 보기로 하자.

이 여인은 아마 측천과 충분히 비교될 만할 것이다. 이 여인 역시 한때 태종의 총애를 많이 받았다. 이름은 서혜徐惠, 사대부 집안에서 태어나 어려서부터 신동이라는 소리를 들었다. 생후 다섯 달 만에 말문이 트였고 네 살 때 이미 『시경』과 『논어』를 읽었으며, 여덟 살 때는 유창하게 문장을 쓸 수 있었다고 한다. 측천이 입궁할 무렵, 서혜 역시 재인의 신분으로 궁중에 들어왔으니 이력도 서로 비슷비슷했다.

입궁 이후 서혜는 국가 대사에 무척 관심이 많았다. 당시 태종은 자신이 다년간 국가 통치에 정력을 쏟아부어 국가가 날로 흥성하고 있다는 사실에 다소 의기양양해 있었다. 이를 눈치챈 서혜는 과연 국가가 앞으로도 지속적으로 발전해나갈 수 있을까를 우려하면서 태종에게 상소를 올렸다.

"소첩이 엎드려 바라옵건대 폐하께서는 욕심을 버리시고 경계를 늦추어서는 안 됩니다. 허물을 고치시고 덕망을 쌓으십시오. 과거의 잘못은 곰곰이 되새기시고 오늘의 선정은 널리 펼치십시오."

이는 다시 말하면, 황제가 교만과 성급함을 경계하고 초심을 잘 간직하시라, 국가가 융성해지려면 아직도 갈 길이 멀다, 천하를 얻기도 어렵지만 그것을 공고히 지키는 일은 더더욱 어려우니 시종일관 통치에 전념하시라, 이런 권유였다.

태종은 이런 서혜에게서 장손황후의 모습을 보는 것 같아 매우 흡족해했다. 오래지 않아 그녀는 첩여로 승격되었다. 5품에서 일약 3품으로 오른 것이다. 서첩여의 국정에 대한 관심은 지속되었고, 금방 또 충용充容으로 올라섰다. 충용은 9빈의 하나에 해당되는 직위로 2품이었다.

정관 23년(649), 태종이 붕어하자 서충용은 몹시 애통해하면서 '나는 선황의 후한 은총을 입었으니 그분을 따라 같이 저세상으로 가겠다'라고 했다. 그러고는 와병 중에도 투약을 거부하고 바로 생을 마감했다. 사후 그녀는 현비賢妃로 추존되었다. 재인에서 첩여로, 첩여에서 충용으로, 그리고 다시 현비가 되었으니 5품에서 시작하여 1품까지 오른 것이다.

그렇다면 측천은 어떠했던가? 재인에서 출발하여 여전히 재인, 마지막까지도 재인이었다. 여기서도 알 수 있듯이 측천보다는 서혜와 같은 성품이 더 태종의 호감을 살 수 있었다.

장손황후와 서현비, 이 두 사람의 면모를 종합해보면, 당 태종이 과연 어떤 유형의 여인을 선호했는가를 짐작할 수 있다. 세 가지로 요약해보자.

첫째, 자기 위치에 걸맞은 부덕婦德을 지켰다. 처지를 잘 파악해서 필요할 때는 전면에 나서기도 하지만 절대 공을 가로채지 않는다. 지나치게 자기 주장을 내세우지 않고 막후의 영웅으로 만족한다.

둘째, 포부가 원대하고 국정에 밝았다. 황제란 천하를 다스리는 자리인지라 온갖 고난을 겪을 때 지혜를 짜내서 문제 해결을 도와줄 조력자가 꼭 필요하다. 따라서 후비는 안목도 있고 포부도 있고 정치력도 구비해야 한다.

셋째, 후덕하면서 외유내강의 품성을 갖추었다. 무슨 일에든 분수를 지키면서 황제의 체면을 세워준다. 간언을 하되 장손황후처럼 완곡하게 접근한다.

이제 측천을 한번 보자. 그녀의 경우, 이런 조건에 단 하나도 부합하지 못했다.

먼저 첫 번째 조건, 부덕을 보자.

사자총 사건에서 보듯 그녀는 매사에 나서기를 좋아했다. 주변 사람들이 모두 쥐 죽은 듯이 가만히 있을 때, '제가 할 수 있습니다'라면서 앞으로 튀어나온 게 바로 그녀다. 황제나 주변 사람들을 안중에 두지 않았으니 자기 주제를 망각했다.

두 번째 조건, 포부와 정치력.

궁극적으로 측천이 비범한 여류 정치가였음을 부인할 수는 없다. 그러나 태종 당시 그녀는 아직 햇병아리에 불과했고, 이렇다 할 두각을 나타내지도 못했다. 그녀는 한때 말도 길들여봤고 서예 공부도 열심히 했다. 태종이 왕희지王羲之 필법을 좋아한다는 걸 알고는 하루 종일 왕희지의 글씨를 모사한 적도 있었다.

훗날 그녀는 정말 뛰어난 서예가가 되었다. 그러나 말 길들이기든 서예

든 황제의 입장에서 보면 이건 어디까지나 취미일 뿐 본업이 아니다. 황제가 가장 좋아하는 게 무엇인가? 바로 조국 강산, 국가다. 황제에게 필요한 것은 국가를 안정시키는 데 도움을 줄 여인이지, 취미 생활을 같이 해줄 그런 사람이 아니다. 접근 방향이 아예 빗나간 것이다.

마지막 세 번째 조건, 외유내강.

이 조건은 측천과는 더더욱 거리가 멀었다. 측천은 걸핏하면 칼을 빼들었던 여자다. 고대판 '엽기적인 그녀'라고 해야 맞을 것이다.

이 세 가지 조건이 모두 측천에게는 해당되지 않았으니, 성격상 태종의 궁전에서 그녀가 기회를 잡기란 도저히 불가능했다. 더 이상 기회가 없다? 이럴 때 보통 사람들은 흔히 팔자소관으로 돌려버린다. 하지만 측천은 달랐다. 그녀는 결코 팔자에 굴복할 사람이 아니었다. 태종에게서 기회를 포착하기 어렵다고 판단한 그녀는 새로운 목표를 향해 눈길을 돌렸다. 누구였을까?

이치李治, 태종의 아홉째 아들로 훗날 고종이 된 인물이다. 옛말에 '길흉화복은 돌고 돈다'라고 했던가? 측천의 강단과 용기, 나서기 좋아하는 성격은 태종의 주목을 받지는 못했지만, 유약한 그의 아들 이치와는 더없이 잘 들어맞았다. 바로 이 젊은 태자가 훗날 측천이 자기 운명을 철저하게 뒤집을 수 있는 기회를 안겨주었다. 이 운명의 전환은 중국 역사를 새로 쓰게 했고, 천고에 길이길이 호사가의 입에 오를 새로운 장을 열어주었다.

그렇다면 측천이 어떻게 고종과 연결되었을까? 그녀는 과연 무엇으로 이 젊은 태자의 마음을 흔들었을까?

제3장

# 황제를 홀린 여우

측천은 어떻게 이치와 사귀게 되었을까? 이 문제는 아무래도 태종의 죽음에서부터 이야기를 풀어가야겠다. 『구당서』「태종본기」에 따르면, 태종은 정관 23년(649) 5월 26일 종남산終南山 취미궁翠微宮에서 향년 52세로 병사했다. 병사한 직접적인 원인은 이질, 즉 설사와 장염이었다. 그러나 그 이전에 이미 태종은 수년간 병을 앓고 있었는데, 당시 역사서에서는 '풍질風疾', 즉 중풍이라고 했다. 이 질환은 당 황실 가문의 유전병이었다. 태종은 정관 21년부터 중풍을 앓기 시작했다. 그러자 그는 장안의 태극궁太極宮이 지대가 낮아 갑갑한 느낌이 들어서 지내기가 몹시 불편하다고 생각했다. 요양을 위해 그는 지대가 높고 시야가 확 트인 종남산에 취미궁을 지어 행궁으로 삼았다. 그는 여러 차례 요양차 행궁으로 행차했지만 오히려 병세는 악화되었고 끝내 취미궁에서 생을 마감했다.

## 1. 비구니가 된 측천

황제가 궁중 밖에서 병사하면 자칫 정치 상황이 혼란해지고, 심지어 동란까지도 발발할 수 있었다. 이에 태종은 임종 직전, 장손황후의 오빠이자 원로대신인 장손무기長孫無忌, 그리고 또 다른 원로대신 저수량褚遂良을 급히 불러들여 훗날을 부탁했다. 충성을 다해 태자를 보좌하여 나라를 안정시키라는 당부였다. 두 원로대신은 이 유촉遺囑을 받아들여 즉각 호위군을 동원, 태자 이치를 장안으로 모셔와 먼저 조정의 안정을 도모했다. 그런 다음, 자신들은 다른 수행원들과 함께 태종의 영구를 호송하여 장안으로 돌아왔다. 전국에 태종의 붕어 사실을 고지한 것은 이 두 그룹이 장안에 합류한 다음에 이루어졌다. 며칠 동안의 긴장된 분위기가 흐른 뒤, 이해 6월 1일 태자 이치가 태극전에서 즉위했으니 바로 훗날의 당 고종이다.

태종이 붕어하자 측천에게는 당장 앞으로의 거취가 문젯거리로 대두되었다. 장차 어떻게 살아가야 할까? 북조北朝 이후의 관습으로는 황제가 사망하면 비빈들의 거취는 크게 세 가지로 결정되었다.

첫째, 비빈에게 친자녀가 있는 경우다. 이럴 때는 아들이든 딸이든 자식을 따라 궁 밖에 거주하면서 말년까지 평안하게 보낼 수 있었다. 가장 이상적인 케이스다.

둘째, 자녀는 없지만 특별한 재능을 가진 경우다. 이런 사람들은 계속 궁안에 머물면서 새 황제를 보필할 수 있었다. 당 고조의 설첩여薛婕妤가 그런 경우다. 그녀의 아버지는 수 양제 시절의 대문호 설도형薛道衡으로 "닫힌 창문엔 거미줄 걸려 있고, 빈 대들보엔 제비집 흙부스러기 떨어지네"라는 유명한 시구를 남긴 사람이다. 이 시구가 너무나 마음에 들어 양제는 설도형에게 질투심까지 느꼈다는 일화가 전해진다. 자신의 재주로는 평생 설도형을 따라잡을 수 없겠다고 생각한 양제는 그에게 엉뚱한 죄를 뒤집어씌워 목숨을 앗아버렸다. 설도형을 죽인 후 양제는 "그래, 이러고도 이자가 '빈 대들보엔 제비집 흙부스러기 떨어지네'와 같은 시를 또 지을 수 있는지 한번 보자"라면서 분을 삭였다고 한다. 어린 시절부터 바로 이런 아버지 밑에서 교육을 받아온 설첩여는 학문적 조예나 재능이 유별났다. 고조가 죽은 다음 그녀에게는 비록 자식이 없었지만, 태종은 그 재능을 높이 사서 계속 궁중에 남아 황자들의 교육을 맡게 했다. 이때 가르침을 받은 학생이 바로 훗날의 고종 이치다.

마지막 세 번째는 자녀도 없고 특별한 재능도 없는 경우다. 대부분의 비빈이 여기에 해당했다. 관례대로라면 이들은 붕어한 황제를 위해 특별히 건립한 묘당에 배치되거나, 나라에서 정해놓은 비구니 암자, 혹은 도교 사원인 도관道觀으로 보내졌다. 거기서 비구니나 여도사가 되었다. 측천 역시 예외가 아니어서 선황이 부재한 암담한 상황에서 비구니 암자로 들어가야만 했다.

『당회요唐會要』를 보면, "태종이 붕어하자 무측천은 비빈의 선례대로 감업사感業寺의 비구니가 되었다"라고 기록되어 있다. 감업사의 위치에 대해서는 학계의 논란이 분분한데 지금까지 세 가지 학설이 존재한다.

첫째, 장안 도성의 서남쪽 숭덕방崇德坊에 감업사가 있었다는 설이다.

숭덕방에는 원래 두 개의 비구니 절이 있었는데 동쪽에 있는 것을 도덕니사道德尼寺, 서쪽에 있는 것을 제도니사濟度尼寺라고 불렀다. 정관 23년, 태종이 죽은 다음 이 두 절이 다 이전되었다. 도덕니사가 있던 자리에는 숭성궁崇聖宮을 지었으니 이는 고종이 태종을 기리기 위해 만든 특별 묘당이었다. 또 서쪽의 제도니사 자리에는 영보사靈寶寺를 지어 자녀가 없는 태종의 비빈들을 묵게 했다. 이 설을 따르면, 감업사의 위치는 바로 숭덕방의 제도니사가 있던 자리가 된다. 당시에는 감업사라고 불렀지만 시대가 바뀌어 영보사로 개칭했다. 이 설은 북송 송민구宋敏求의 『장안지長安誌』에서 처음으로 제기되었다.

두 번째 설은 앞의 자료를 바탕으로 남송 정대창程大昌이 주장한 것으로, 그가 지은 『옹록雍錄』에 보인다. 숭덕방의 동서 양쪽에 각각 도덕니사와 제도니사가 있었다는 점은 앞의 기록과 일치한다. 다만 태종 사후 이 두 절을 이전했는데, 제도니사를 장안 동쪽 안업방安業坊으로 이전하여 영보사라고 불렀고 이것이 바로 감업사라는 것이다. 추정해보면 정대창이 앞 송민구의 기록을 오해했거나, 스스로 기록 착오를 일으켰을 가능성이 크다.

세 번째 설은 요즘 학자들이 제시한 것으로, 현재 시안에는 감업사 소학교가 있는데, 이 자리가 바로 감업사의 원래 위치라는 주장이다. 사실 장안과 관련된 당대의 사료들을 참고해보면 감업사 소학교는 궁중 내에 위치했고 그 궁을 벗어나지 않았다.

이 세 가지 가운데 첫 번째 설이 가장 믿을 만하다고 생각한다. 그 이유는 두 가지다. 우선 이 기록이 가장 먼저 나왔다. 송민구는 북송 사람으로 당대와 시기가 가장 가깝기 때문에 당시의 상황을 가장 정확하게 이해하고 있었을 것이다. 다른 하나는 상식적으로 태종의 비빈들을 비구니 절로 이주시킨다면, 그 위치는 태종의 묘당과 가까워야 하기 때문이다. 태종의 묘당 숭성궁을 숭덕방의 도덕니사 자리에 지었다는 사실은, 그 증거도 충분하고 아무도 이의를 달지 않는다. 그렇다면 비빈들을 숭덕방 서쪽에 위치한 제도니사에 거주시키는 게 상식적으로도 합당하다. 결론적으로 측천이 비구니로 있었던 감업사는 장안 도성 서남쪽에 있는 숭덕방에 위치했다는 게 맞다.

감업사로 와서 비구니가 된 측천에게는 이 시절이 어쩌면 자기 인생에서 가장 밑바닥을 헤맨 시기였을지도 모른다. 앞에서도 언급했지만 한 여자가 후궁으로 들어오면 자기 앞날을 도무지 예측할 수가 없고, 황제의 총애를 받을 기회란 너무나 적다. 더군다나 황제가 죽고 비구니 절로 와서 미망인이 된 처지이니 빛을 볼 수 있는 기회는 거의 제로에 가까웠다.

소위 '미망인'이란 말에는 '아직 목숨은 붙어 있지만 유일한 목적지는 바로 죽음'이라는 의미가 담겨 있다. 그저 구천에 가서 황제와 만날 날만을 기다리는 신세였다. 그러나 내 생각은 다르다. 기회가 있다, 없다 또는 기회가 많다, 적다의 문제는 사람마다 보는 관점이 다를 수 있다. 또 기회에 대응하는 방식도 제각각일 수밖에 없다.

먼저 가장 저차원의 대응 방식을 취하는 사람, 그를 범인凡人이라고 하자. 범인은 기회가 와도 잡을 줄 모른다. 슬그머니 기회가 사라지고 난 뒤에 후회해보지만 아무 소용이 없다. 다음은 좀더 높은 차원의 사람, 그를 강자라고 하자. 강자는 기회가 오면 절대 놓치지 않는다. 기회를 발판으로 성공을 향해 나아간다. 그래서 강자는 역시 성공한 인물들이다. 그다음은 가장 고차원의 인물, 그를 초인이라고 부를 수 있다. 초인은 기회를 기다리지 않고 스스로 기회를 창조한다. 운명의 문을 두드려 여는 것이다. 측천은 바로 이런 초인이었다. 그녀는 감업사의 비구니라는 불리한 환경에 처해 있었지만 기회를 만들어낼 수 있었고, 자기 힘으로 암울한 그림자를 벗어버리고 광명의 길로 나섰다.


## 2. 부황父皇의 여자를 사랑한 태자


측천은 어떻게 기회를 만들어냈을까?

그녀는 온갖 수단을 다 동원하여 자신의 운명을 황제 이치와 끈끈하게 연결시켰다. 이 일은 물론 감업사에서 처음 시작된 게 아니었다. 감업사에 들어오기 수년 전, 그녀는 이미 이 계획을 은밀하게 실행에 옮기고 있었다. 『당회요』에는 이런 기록이 있다. "당시 황제가 동궁에 머물고 있었는데 태자는 시중들러 온 것을 계기로 그녀를 좋아하게 되었다."

이것은 측천과 고종 두 사람이 어떻게 처음으로 인연을 맺게 되었는가를 설명해주는 사료다. 다시 말하면, 이치가 태자로 있을 때 태종의 병 수발을 들기 위해 들락거렸다는 말이다. 바로 이런 기록이 있으니 고종과 측천 사이에 빚어진 감정 문제가 어느 시점에 발생했는가를 알 수 있다. 태종은 정관 20년에 병을 얻어 23년에 사망했다. 따라서 태자 이치가 태종의 병 수발을 든 기간이 바로 이 2~3년 동안이었다는 건 확실하다. '좋아하게 되었다'는 말은 예사로운 감정이 아니라 남녀 간의 사랑, 즉 연정을 말한다. 아버지의 병상 앞에서 태자 이치는 운명처럼 측천에게 반해버린 것이다. 쉽게 납득되지 않는 사실이다.

이치와 측천은 서자와 서모의 관계, 즉 아들과 아버지의 첩 사이다. 아들이 서모를 사랑한다는 건 패륜이니, 만약 이 사실이 드러난다면 어떤 경우에도 용서되지 않는다. 게다가 이치는 측천보다 네 살이나 어렸다. 그가 어떻게 이 엄청난 금기를 거스르고 자기보다 네 살이나 많은 서모를 사랑할 수 있단 말인가?

이 문제에 답하기에 앞서 먼저 이치의 성격을 한번 분석해보자.

이치는 태종의 아홉 번째 아들, 장손황후의 입장에서 보면 세 번째 적자嫡子에 해당했다. 관례로 보자면 어떤 경우에도 그가 태자가 될 가능성은 없었다. 정관 원년, 태종이 막 황제로 등극했을 때는 적장자 이승건李承乾이 이미 태자로 책봉되어 있었다. 승건은 어려서부터 남달리 총명했으나 커가면서 점점 공부를 게을리했다. 기마·음주·사냥에 동성연애까지, 그야말로 못된 짓만 골라 하고 다니는 문제아였다. 게다가 또 사냥 중에 다리가 부러져 불구가 되었다. 이 정도는 그래도 넘어갈 수 있었다. 문제는 정신적으로 좀 이상이 있어서 그 스스로 돌궐족突厥族을 자처하는 것이었다.

그는 걸핏하면 머리를 풀어헤치고 마치 돌궐인처럼 가닥가닥 땋은 머리를 하고 다녔다. 해괴망측하게도 그는 돌궐 추장이 죽는 장면을 곧잘 흉내냈다. 스스로 돌궐 추장이 되어 갑자기 땅에 쓰러져 죽는 시늉을 하면, 주변 사람들도 하나같이 돌궐족으로 변장하여 말을 몰아 추장 주변을 맴돌면서 울고불고 난리를 쳤다. 그런가 하면 칼로 귀를 베고 얼굴을 긁어 피눈물로 범벅이 된 채 마냥 슬픈 표정을 짓기도 했다. 모두가 엄청 슬픈 듯한 장면을 연출하고 있을 때, 승건은 갑자기 벌떡 일어나 큰 소리로 웃어댔다.

"내가 천하를 거머쥐면 수만 군사를 이끌고 난주蘭州로 달려갈 거야. 거기서 나는 돌궐 추장 아사나사마阿史那思摩의 휘하로 들어가 그의 부하가 될 거야. 세상에서 그보다 더 즐거운 일이 어디 있겠어?"

이게 무슨 소린가? 이게 당 제국의 태자가 할 수 있는 말인가? 이런 사람이 황제가 된다? 인격 파탄이라고 할 수밖에 없다. 태종의 마음도 점점 그에게서 멀어져갔다.

승계 원칙에 따르면 적장자가 안 되면 다음 차례는 적차자다. 장손황후가 낳은 두 번째 아들, 즉 태종의 아들로 보면 넷째 아들인 위왕魏王 이태李泰였다. 이태는 풍채도 당당했고 학문에도 관심이 많았다. 아버지인 태종 이세민도 왕년에는 진부십팔학사秦府十八學士의 일원이었는데, 그는 아버지를 닮아서 학자들을 모아 『괄지지括地誌』라는 책을 편찬하기도 했다.

이 책은 좀 독특했다. 흔해 빠진 애정 소설과는 달리 『괄지지』는 산천 지형을 다룬 책으로, 정치·군사·경제 등 국정과 민생에 관한 중요한 내용을 담고 있었다. 그러니 그 의미는 자못 컸다. 여기서 보듯 위왕 이태의 안목은 남달라서 명실상부 조국 산하를 가슴에 품을 수 있는 황제감이 될 만했다. 태종은 이런 아들이 볼수록 듬직했다. 자신을 꼭 빼닮은 아들, 급기야 이태에 대한 태종의 호감은 태자를 능가할 정도가 되었다.

주지하다시피 태종의 황제 등극은 그리 떳떳하지 못했다. 그는 현무문 정변을 통해 친형제를 살해한 후 부황을 강제로 퇴위시키고 황제가 되었다. 이것은 아들들에게는 아주 나쁜 선례가 되었다. 누구든 능력 있고 기회만 있다면 바로 황제가 될 수 있다는 선례였다. 이태는 부황이 태자보다 자신을 더 아낀다는 사실을 알면서부터 자기 파벌을 만들기 시작했다.

한편, 태자 이승건은 부황의 미움을 산 데다 동생 이태의 야심이 만만치 않다는 걸 눈치챈 다음부터 자신이 '제2의 이건성'이 되지 않을까 노심초사했다. 그는 떠돌이 유민을 포함하여 일부 문신과 무장들을 규합한 후 선수를 쳐서 권력을 장악하고자 했다. 그러나 그의 음모는 정관 17년(643), 다른 사건이 하나 불거지면서 드러나고 말았다. 태종은 격노했다.

'내가 정변을 통해 정권을 잡았다고 해서 이제 이 녀석이 반란을 일으킨다? 이게 가당키나 한 일인가?'

태종은 자신이 직접 이승건을 심문하면서 아들에게 연유를 따져 물었다. 부황 앞에 선 승건이 대답했다.

"소생이 태자로서 더 이상 무얼 바라겠습니까? 만약 넷째 이태가 한사코 소생을 윽박지르지 않았다면 어떻게 이런 길을 택했겠습니까? 부황께서 만약 소생을 폐출하고 이태를 태자로 책봉하신다면, 이는 정말 그 녀석의 계략에 말려드는 게 아니겠습니까?"

태자의 이 통절한 고백을 듣고 난 태종은 곰곰이 생각에 잠겼다.

'승건을 폐출하고 이태를 태자로 앉힌다? 이렇게 되면 내가 또 한 번 악선례를 남기게 될 테지? 아마 자식들도 서로 황위를 다투느라 난리법석을 칠 테지? 이런 식으로 가다가는 앞으로 궁궐에 피비린내가 그치지 않을 거야.'

냉정을 되찾은 태종은 눈물을 머금고 결단을 내렸다. 이승건과 이태를 모두 폐출시킨 것이다. 계승 순위로 보면 이제 적자 중 셋째, 즉 태종의 아홉째 아들인 진왕晉王 이치李治가 태자가 될 차례였다. 바로 이렇게, 하늘에서 넝쿨째 내려온 호박은 열여섯 살짜리 소년의 머리 위로 굴러떨어졌다. 이런 일을 꿈에도 생각지 못한 그로서는 어안이 벙벙해질 따름이었다.

그렇다면 소년 이치는 과연 태자, 더 나아가 황제가 될 자격을 갖추기는 했을까? 이제 이치의 성격을 한번 분석해보자. 그의 성격은 다음 다섯 가지 특징으로 요약해볼 수 있다.

첫째, 효심.

이치는 다정다감하고 착한 아이였다. 정관 10년, 장손황후가 세상을 떴을 때 그는 겨우 아홉 살이었다. 어머니의 죽음을 너무나 애통해하는 모습을 본 아버지와 외삼촌은 큰 감동을 받고, 앞으로 이 아이를 각별히 챙겨주리라고 다짐했다. 어머니뿐만 아니라 아버지에 대해서도 마찬가지였다. 정관 20년, 태종이 고구려와의 전쟁을 마치고 돌아오는 길에 허벅지에 종양이 생겨 걸음도 걷지 못할 정도가 되었다. 이를 본 이치는 가타부타 말도 없이 달려와 종양을 입으로 빨아냈다. 보통 사람이라면 이런 행동을 할 수 있었을까? 효자전에서나 볼 수 있는 효행이 아닐 수 없다.

둘째, 우애.

이치는 형제들과의 우애가 각별했다. 큰형 이승건과 넷째 형 이태가 줄줄이 폐출되어 변방으로 쫓겨날 때 배웅을 나온 것도 그였다. 당시 형들의 의복이 초라한 데다 수행 인원조차 얼마 되지 않는 것을 차마 볼 수 없던 그는 부황에게 상소를 올렸다.

"형들이 죄를 지은 것은 사실이나, 부자의 정을 생각하시어 그들에게 살길을 열어주시기 바라옵니다. 형들에게 의복과 음식을 넉넉하게 내리신다면 다소나마 마음의 평정을 되찾아 좀더 오래 살 수 있을 것입니다."

형들에 대한 이치의 두터운 우애를 보여주는 대목이다.

셋째, 총기과 감성.

『구당서』「고종본기」에는 고종이 어려서부터 유달리 총명했다고 기록하고 있다. 그의 재능은 특히 문학에서 잘 드러났는데 물 흐르듯 자연스럽고 미려한 시문을 잘 지었다. 또 서예에도 능했다. 그의 글씨는 남달리 기백이 넘쳤다. 사실 당 황실에는 누구 하나 서예를 못하는 사람이 없었고, 특히 태종과 현종玄宗은 이 방면에 정통했다. 당시는 서예가 매우 유행했던 시기이기도 하다. 고종은 또 음악 애호가였다. 자신이 직접 무도곡을 쓰거나 연주를 해서 한때 명성을 크게 얻기도 했다. 이처럼 그의 재능은 주로 문예 방면에서 빛을 발했는데, 다분히 감성적이고 예술가적인 기질이 있었음을 알 수 있다.

넷째, 유약.

이치의 성품이 유약하다는 사실은 당시 사람들 모두 다 알고 있었다. 태종도 이 점을 잘 알고 있어서 걱정이 많았다. 『구당서』의 기록을 보자.

태종이 장손황후에게 말했다.

"황후는 치노雉奴를 태자로 책봉하라고 권유하시지만, 사실 그 애는 착하기는 해도 나약합니다. 종묘사직을 위해 우려하지 않을 수 없으니 이를 어찌하지요?"

치노는 이치의 아명이다. '착하되 나약하다'는 말은 에둘러서 한 표현일 뿐, 유약하다는 의미다. 개인적 측면에서 보면 그 심지가 후덕하다는 좋은 말이 될 수도 있다. 그저 대담성이 좀 부족하다는 정도가 되겠다. 그러나 국가적 차원에서 보면, 이 말은 당 천하를 관리할 박력이 부족하다는 뜻이 아니겠는가?

태종은 말년에 이치의 이런 유약한 성격과 단점을 고쳐주려고 무진 애를 썼다. 태종이 고구려, 설연타薛延陀, 터키계 유목 민족 등을 공격한 것도 아들에게 강력한 인접국들의 위협을 덜어주려는 의도에서였다. 아들이 이웃 국가들에 적절한 대응을 하지 못할 것이라는 염려 때문이었다. 이밖에도 그는 말년에 성질이 난폭한 대신 몇 명을 처결했는데, 이 역시 아들에게 비교적 안정된 정국을 조성해주려는 생각에서였다. 후환을 남겨두느니 일찌감치 정리해버리자는 생각이었다.

태종이 이치를 제대로 교육하기 위해 애쓴 흔적은 또 있다.

한번은 부자가 호수로 나가 배를 띄웠다. 태종이 말했다.

"군주가 배라면 백성은 물과 같으니라. 물은 배를 띄울 수도 있지만 뒤집어버릴 수도 있지."

이건 순자荀子가 한 말이다. 백성의 힘을 중시하여 그들을 모반의 길로 내몰지 말라는 교훈이었다. 백성이 편하지 않으면 황제의 자리도 위태롭다는 뜻이었다. 이밖에도 태종은 임종 무렵, 원로대신 장손무기와 저수량 등에게 아들을 잘 보필하라는 당부를 잊지 않았다. 갈 길이 먼 유약한 아들의 장래를 도와주라는 당부였다.

다섯째, 연상녀에 대한 의존심.

이치는 어머니 장손황후의 죽음을 그 누구보다도 애통해했고 애틋하게 그리워했다. 훗날 태종은 설첩여를 아들의 스승으로 앉혔고, 그녀가 어느 정도 어머니의 역할을 대신하기도 했다. 그는 설첩여를 잘 따랐다. 그가 황제에 즉위하자 설첩여는 이제 자신의 역할이 다했다고 생각해서 비구니가 되어 궁을 떠나겠다고 간청했다. 스승과의 작별을 몹시도 아쉬워했던 이치는 이렇게 말했다.

"스승님께서 비구니가 되시겠다면 궁궐 안에 절을 하나 지어드리겠습니다. 스승님께서 궁내로 출가하신다면 제가 뵙고 싶을 때 언제든지 뵈올 수 있겠지요."

여기서 보듯 이치는 연상이면서 나름대로 실력도 갖춘 여성에 대한 의존심이 강했다. 이런 성품은 나이가 들어서도 별로 달라지지 않았다. 적지 않은 학자들은 이치에게 오이디푸스 콤플렉스가 있었다고 말하는데 일리가 있는 말이다.


## 3. 병상에서 싹튼 사랑

이치의 성격이 이랬다면 측천은 또 어떤 사람이었을까?

앞에서도 말했듯이 그녀는 강인하고 독립심이 강하고 현시욕이 많은 여자였다. 이렇게 서로 대조적인 성격이다보니 상호보완적인 측면도 많았다. 이치는 자신만만하고 활달한 성품을 가진 측천을 보는 순간 매료되었다. 역사서에도 이치가 한눈에 반했다고 기록되어 있다.

그렇다면 측천은 태자와의 감정을 어떻게 처리했을까? 태자가 측천에게 반한 시점이 태종 생애의 막바지 무렵이었다는 사실에 주목해볼 필요가 있다. 황제는 이미 거의 생명을 다한 몸, 측천은 자신의 장래를 위한 대비가 필요하다는 걸 너무나 잘 알고 있었다. 성격으로 미루어보건대, 그녀는 태자와의 감정이 한 단계 더 발전할 수 있도록 애를 썼음이 분명하다. 태자의 뜻을 받아들이고 주동적으로 태자에게 다가가려고 했을 것이다. 단순히 좋아하는 정도가 아니라 깊은 감정으로 진전되기를 기대했을 것이다.

이렇게 측천은 감업사로 들어가기 전에 이미 이치와의 애정 행로에 첫걸음을 내디뎠다. 이것을 '병상에서 싹튼 사랑'이라고 표현할 수 있을까? 황제의 병상 앞에서 태자와 은밀히 사랑을 키운다? 여기엔 엄청난 용기가 필요했고, 측천은 결국 그렇게 했다.


## 4. 비구니의 연정

그러나 일시적인 감정, 그것도 군주와의 일시적인 감정이란 게 믿을 만하기나 할까? 이치와 측천이 태종의 병상 앞에서 서로 사랑을 싹틔웠다고는 하나, 이치는 즉위한 이후 한 번도 측천에 대해 그 어떤 조치도 취하지 않았다. 그는 국가 중대사를 처리하는 데 분주했다. 젊은 나이에 황위에 오른 만큼 실수가 있을까봐 겁도 났고 국가 앞날에 대한 긴장감도 높았다. 그래서 선황이 사흘에 한 번씩 조회에 참석한 것과는 달리 그는 매일 문무대신을 접견하고 민심의 동태를 살폈다. 현군이 되고 싶었다. 다시 말하면 황제에게는 조국 강산이 미녀보다 훨씬 더 중요했다.

결국 그는 측천을 특별히 예우하지도 않았고, 다른 비빈들과 함께 감업사로 떠나는 걸 말리지도 않았다. 그러나 측천이 누구인가? 아무리 역경에 처했어도 그녀는 포기하지 않았다. 그녀에게는 자신의 희망을 현실로 바꿀 수 있는 충분한 능력이 있었다. 감업사에 머물면서 측천은 명주실처럼 질긴 감정의 끈을 놓치지 않았고, 또 오랫동안 그 끈이 이치의 마음을 붙들고 있도록 무진 애를 썼다.

증거가 있는가? 측천이 감업사에서의 적막을 감내하고 줄곧 고종 이치와의 연결 고리를 포기하지 않았다는 증거가 있기라도 한가? 이 엄청난 궁중 비사가 사료에 기록으로 남아 있을 리는 만무하다. 그러나 측천이 지었다는 다음의 시 한 수는 중요한 실마리를 제공해준다. 「여의낭如意娘」이라는 시다.

붉은색이 푸르게 보이는 건 심란한 마음 탓,
초췌해진 몰골은 님 생각 때문이지요.
날마다 흘린 눈물, 믿기지 않으신다면
이 상자 열어 다홍치마, 눈물 얼룩 보시어요.

나는 황제 생각에 넋을 잃어 빨강, 파랑도 구분하지 못할 지경이 되었다. 몰골이 초췌해진 것도 그 때문이다. 내가 그대 생각에 날마다 눈물을 흘리고 지낸 것을 못 믿겠다면 내 옷상자를 한번 열어보시라. 거기 치마폭에 얼룩진 눈물 자국이 그 증거다. 대충 이런 내용이다. 시에 보이는 감정은 자못 애틋하고 절절하다. 훗날 시인 이백李白이 이 시를 보고 망연자실해서 자신도 따라가지 못할 정도라고 했다는 이야기도 있다.

그런데 이것이 측천이 감업사에 있을 때 이치에게 써 보낸 시라는 걸 증명할 수 있을까?

측천의 일생을 크게 세 단계로 나누어보면 첫째가 태종의 재인 시절, 그 다음이 고종의 황후 시절, 마지막이 황제 시절 등이다. 이 시는 혹 재인 시절 태종에게 보낸 것일까? 그렇지 않다. 재인으로서 측천은 매일같이 태종 주변에 머물며 생활 일체를 돌봐주었다. 그러니 태종을 그리워할 이유가 없다. 그리움은 떨어져 있을 때 생기는 감정이다. 또 이 시에서는 노인과 젊은 여자 사이에 생길 수 있는 그런 끈끈한 애정도 찾아보기 어렵다.

그렇다면 측천은 이 시를 황후 시절에 지었을까? 역시 불가능하다. 측천은 고종의 그림자처럼 붙어 다녔으니, 그리워하고 자시고 할 기회가 없었다. 또 고종 시절 측천의 사생활은 매우 신중했으므로 다른 사람을 그리워했을 리가 없다. 그럼 고종 사후, 측천이 사귀던 남총男寵들에게 보낸 것일까? 역시 아니다. 설회의薛懷義든 장이지張易之 형제든 측천은 언제든지 그들을 불러오고 또 내보낼 수 있었다. 그리워할 필요도 없었고, 그들에게 이런 애틋한 감정을 가졌을 리도 없다.

따라서 이 시에 나타난 괴로움이나 혼란한 심사는 비구니 시절에 가졌던 감정이었다고밖에 볼 수 없다. 당시 자신의 앞날은 암담하기만 했다. 그래도 한 가닥 희망이라면 그것은 바로 이치와의 옛정이었다. 그녀는 오직 이치 한 사람에게 자신의 전부를 다 걸었고, 그것이 상사병이 되어 혼미한 지경에까지 이른 것이다.

이 시를 지은 다음 측천은 어떻게 했을까? 다홍치마와 함께 상자 밑바닥에 처박아두었을까? 그럴 리가 없다. 이 시는 일종의 연애편지, 무슨 수를 써서라도 상대에게 보여주어야 했다. 측천에게 이것은 그저 흔해 빠진 연애편지가 아니라 이치의 마음을 열어줄 열쇠이자 운명의 문을 열어줄 보배였다. 이런 보배를 어떻게 상자 속에 마냥 묻어둔단 말인가? 그녀는 어떤 경로를 통해서든 이 시를 이치에게 전달하여 자신의 마음을 알려야 했다.

'여기, 지난날 당신과 애틋한 감정을 싹틔웠던 한 비구니가 있습니다. 밤낮으로 당신을 못 잊어하고 있지요. 사모하면 할수록 근심만 쌓여가네요.'

고종을 향한 측천의 이런 간절한 마음을, 한때 서로 애틋했던 감정을 고종인들 쉽사리 팽개칠 수 있었을까? 이렇게 측천의 애정 행로는 두 번째 발걸음을 내디뎠다. 그야말로 '비구니의 연정'이었다.


## 5. 눈물의 상봉


이 시 또는 이와 유사한 다른 글들이 이치에게 전달이 됐는지는 확실치 않다. 어쨌든 이치는 마음을 움직였고, 그녀를 보러 오기로 결정했다.

영휘永徽 원년(650) 5월 26일, 태종의 1주기 기일을 맞아 이치는 감업사로 분향 행차를 했다. 기일에 분향하는 건 당시 사회의 풍속이었다. 중국은 북조 이래 불교가 성행하면서 일상생활 깊숙이 그 영향을 받고 있었다. 그중 어떤 의식은 국가의 정식 의전儀典으로까지 승격되었다. 당시 예법에 따르면 선황의 1주기 기일에는 반드시 황제가 직접 사원으로 행차하여 분향해야 했다. 선황의 명복을 기원하고 간절한 추모의 정을 표시하기 위한 행사였다. 분향 의식은 꼭 치러야 하지만, 어느 사원으로 가느냐는 황제가 직접 결정했다. 이치는 장안 도성 안에 있는 하고많은 명찰 가운데 굳이 측천이 머물고 있는 감업사를 선택했다. 여전히 그녀를 잊지 않고 있음이 분명했다.

황제가 감업사에 도착한 다음 두 사람 사이에는 어떤 일이 있었을까?

『당회요』를 보면, "황제가 기일에 분향을 와서 그녀를 만났다. 무 씨는 소리 없이 울었고, 황제 또한 눈물을 뚝뚝 흘렸다"라고 기록되어 있다. 눈물의 상봉이었다. 이 얼마나 힘든 만남이었던가? 두 사람은 마주한 채 한참 동안 서로를 바라보았다. 다음번 해후는 또 어느 해, 어느 달에나 이루어질까?

많은 학자는 『당회요』의 이 기록을 별로 신뢰하지 않는다. 기일의 분향은 국가적 의식인 데다 황제에게는 많은 수행원이 따르고, 또 감업사에는 비구니가 측천 한 사람만 있는 것도 아니라는 게 그 이유다. 이런 자리에서 어떻게 두 사람이 마주 보면서 눈물을 흘릴 수 있겠는가?

그러나 내 생각은 좀 다르다. 두 사람이 분명 그렇게 했을 것이라고 보는 이유는 세 가지다.

첫째, 본문의 내용이 그렇다.

『당회요』는 검증을 충분히 거친 역사서로서, 거기에는 당대의 정치·경제 등에 관한 원시 자료가 상당히 많이 남아 있다. 이 책은 오늘날 길거리에서 보는 대자보도 아니고, 스캔들만 기록해놓은 것도 아니다. 헛소문 따위를 기록할 이유가 없다.

둘째, 인간의 도리를 보아 그렇다.

측천이 감업사에서 1년 동안 학수고대한 것이 무엇인가? 그녀는 이치가 나타나기를 간절히 기원했다. 별을 기다리고 달을 기다리고, 심산유곡에서 떠오르는 태양을 기다렸다. 그 태양은 바로 이치, 이제 실제로 자기 눈앞에 나타난 이치, 두 팔을 활짝 벌려 이 태양을 한껏 껴안아볼 욕심이 왜 없었겠는가? 도무지 헤아릴 수 없는 게 군주의 마음, 올해는 내 생각을 하지만 내년이면 또 딴 사람에게 마음이 갈 수도 있다. 이렇게 어렵사리 나타난 천재일우의 기회를 어떻게 붙잡지 않는단 말인가?

셋째, 성격상 그렇다.

측천은 모험을 마다하지 않는 사람이다. 자기 아버지 무사확은 그 옛날 목숨을 걸고 이연의 혁명을 도왔다. 측천 자신도 태종 시절에 남다른 행동을 보인 적이 있다. 그녀는 도박을 겁내지 않았고, 모든 것을 다 걸 수 있는 자신감도 있었다. 따라서 황제 곁에 천군만마가 있었다고 해도 그녀의 눈에는 황제 한 사람만 들어왔을 것이다. 그렇게 두 사람은 손을 맞잡고 말없이 주룩주룩 눈물만 흘렸던 것이다.

이치는 다정다감하면서도 다분히 낭만적인 기질이 있는 사람이었다. 이 눈물 어린 상봉을 겪은 이후 그의 마음은 도저히 측천으로부터 헤어나올 수가 없었다.

지금에 이르기까지 '병상에서 싹튼 사랑' '비구니 연정' '눈물의 상봉'을 거침으로써 측천은 이치와의 애정 행로에서 드디어 종점에 다다랐다. "온갖 꽃 흐드러지게 피었으니, 이제 우레만 한 번 울리면 봄이 무르익는다"는 시구, 그대로였다. 그렇다면 기다리고 기다리던 봄우레는 언제 그녀를 위해 울려줄까? 누가 그녀를 위해 봄우레를 쳐줄까?

# 제4장
# 후궁들의 힘겨루기

당 태종 사망 이후 감업사의 비구니로 들어선 측천은 성격상 도저히 사찰의 외로운 등불만 바라보면서 일생을 마감할 수는 없었다. 사실 그녀는 태종이 죽기 전 이미 이치와 어느 정도 감정의 불을 지펴놓은 상태였고, 감업사에 있으면서도 은밀히 그와 연락을 주고받았다. 특히 영휘 원년(650)에는 선황의 기일에 맞추어 분향을 나온 황제와 눈물의 상봉까지 했다. 당시 두 사람은 주변의 시선에는 아랑곳없이 진솔한 감정을 그대로 다 드러냈다.

그러나 감정 문제는 어디까지나 감정 문제일 뿐, 순전히 사랑 하나만으로 측천이 궁궐로 되돌아오는 데는 적지 않은 문제가 도사리고 있었다. 여기에는 엄청난 윤리 문제가 개입되어 있었으니, 상황이야 어떻게 되었건 측천이 선황 태종의 재인이었다는 사실을 지울 수는 없었다.

그런데 하늘이 무너져도 솟아날 구멍은 있다더니, 바로 이 무렵 누군가가 구원의 손길을 뻗쳐오면서 문제는 일사천리로 풀려나갔다.

바로 이치의 정처正妻, 왕황후였다. 좀 이상하게 들릴지도 모르겠다. 정신이 온전한 황후라면 어떻게 황제의 '연인'을 안방으로 불러들인단 말인가? 이건 자폭 행위나 다름없는 짓이 아닌가? 그녀가 측천을 궁중 안으로 끌어들인 목적은 무엇이었을까? 측천이 후궁으로 되돌아온 다음 궁전에서는 또 어떤 일이 벌어졌을까?

## 1. 후비에게 쏠린 총애

우습게 들릴 수도 있겠지만 왕황후가 측천을 입궁시킨 이유는 후비들 간에 벌어진 총애 다툼 때문이었다. 왕황후는 누구와 총애를 다투었을까? 황후와 다른 후비들 간의 총애 다툼이 도대체 측천과는 어떤 관련이 있었을까? 당시 왕황후가 처한 상황을 보면 이런 의문이 좀 풀릴 것이다.

왕황후의 가문은 태원 왕 씨, 명문대가 집안이었다. 앞에서 말했듯이 수당은 신분제 사회였기 때문에 당시 세족대가라면 높은 사회적 명망과 지위를 누리고 있었다. 그중에서도 이른바 '오성칠망五姓七望'인 최崔·노盧·이李·정鄭·왕王 다섯 성씨와 두 지파가 최고의 지위를 인정받고 있었다. 구체적으로는 박릉博陵 최 씨, 청하淸河 최 씨, 범양范陽 노 씨, 섬서陝西 이 씨, 조군趙郡 이 씨, 형양滎陽 정 씨, 그리고 태원太原 왕 씨가 그들이었다. 그들은 귀족 중의 귀족 집안으로 사회적 지위가 대단했는데, 바로 왕황후가 이런 가문 출신이었다.

어느 시대든 성공을 평가하는 특별한 기준이 있기 마련이다. 가령, 명청 시대의 전형적인 성공은 장원급제한 다음 부마駙馬가 되는 것이었다. 장원급제란 사업상의 성공이요, 부마가 된다는 건 혼인상의 성공이다. 시쳇말로 꿩 먹고 알 먹기다. 그러나 당대에는 성공을 가늠하는 지표가 약간 달랐다. 진사에 급제하고, 위에서 말한 명문 집안과 혼인을 맺는 게 그것이었다.

중국의 과거제는 수대에 시작되어 청대까지 천 년 이상 시행되었다. 당대는 과거제의 초창기여서 진사의 정원이 한정되어 있었고 급제하기도 어려웠다.

"명경과明經科는 서른에 급제하면 늦은 셈이고, 진사과進士科는 쉰 살에 급제해도 이른 셈이다." 당시에는 이런 말이 나돌 정도였다. 명경과와 진사과는 시험 과목부터 달랐다.

명경과는 주로 경서에 대한 암기력을 측정했다. 가령 "친구가 멀리서 왔으니 그 아니 기쁠쏜가有朋自遠方來, 不亦樂乎"라는 문장에서 '락樂' 자를 비워두고 그걸 채워넣으라는 식이었다. 사람의 기억력은 젊을 때 가장 좋기 때문에 총명한 아이들은 어릴 때부터 이미 경서를 줄줄 암기할 수 있었다. 이처럼 단순 암기에 의존해서 치르는 시험이니, 서른이 되어서야 합격했다면 이미 늦었다고 생각한 것이다.

진사과는 어땠을까? 이 시험에서는 문장을 쓰고 시를 지었다. 문장력은 천부적 자질이나 사회적 경험이 필요하다. 그래서 쉰에 진사가 되어도 늦지 않다고 생각했던 것이다. 사람들은 이 진사를 아주 높게 평가해서 '백의공경白衣公卿'이라 불렀다. 지금은 비록 벼슬 없이 흰옷을 입고 다니지만 장차 고관대작이 될 가능성이 충분하다는 뜻이다. 그래서 과거철에 수도에 있는 가게들은 시험을 보러온 서생들을 각별히 예우했다. 돈 없이 외상으로 진탕 먹고 마시는 일도 비일비재했다. 진사 급제만 하면 고관이 되는 건 시간문제라고 생각해서였다.

진사 급제가 출세를 보장하긴 했지만, 진정한 의미에서 상류 사회의 공인을 받으려면 혼인을 잘 해야 했다. 혼인의 성공 여부는 위에서 말한 5대 성씨 가문의 딸을 얻느냐 아니냐의 문제였다. 그것은 명청 시대에 부마가 되는 것이나 마찬가지였다. 당시에는 이런 가문의 딸과 혼인하는 것이 오히려 더 큰 영예였다.

설원초薛元超라는 당 재상이 있었다. 고조의 후궁이던 설첩여의 조카다. 이 설원초는 재상급에 해당되는 중서령中書令까지 지냈는데, 말년에 이런 말을 한 적이 있다.

"내 평생 온갖 부귀영화는 다 누렸으니 더 바랄 게 없다. 그래도 세 가지만은 여한이 남는다. 진사에 급제하지 못한 것, 5대 가문의 딸을 얻지 못한 것, 국사國史 편찬에 참여하지 못한 것이다."

그렇다면 이 설원초는 누구를 아내로 맞았을까? 당 고조 이연의 손녀이자 태종 이세민의 질녀인 화정현주和靜縣主였다. 이 금지옥엽 같은 황실의 딸을 얻고도 그는 5대 가문과 비교하면서 여한이라고 했던 것이다. 당시 5대 가문의 명성이 얼마나 대단했던가를 보여주는 단적인 사례다.

이 명문대가 집안의 딸이라면 지위고하를 막론하고 다들 혼인을 맺고 싶어했는데, 이 점은 황실도 예외가 아니었다. 당 고조의 여동생 동안공주同安公主는 왕황후의 종조부에게 시집을 갔다. 모계 쪽으로 보면, 왕황후의 모친 역시 명문 집안에 해당되는 하동河東 유柳 씨였고, 외삼촌 유석柳奭은 당시 중서령을 맡고 있었다.

왕황후는 가문도 좋았지만 미모도 빼어났다. 그래서 그녀의 종조모가 태종에게 소개하여 결국 진왕 이치의 왕비가 되었다. 이치가 열여섯 이전에 진왕이 되었으니, 왕황후가 결혼한 시기도 아마 열여섯을 넘지 않았을 것이다. 태종은 생전에 이 며느리를 몹시 아꼈고, 임종 때도 이 두 사람을 자랑스러운 아들과 며느리라고 칭찬할 정도였다.

이치가 황위에 오르기까지 왕황후의 생활은 순탄했다. 열네댓 살에 진왕의 왕비가 되었고 훗날 진왕이 태자로 책봉되면서 태자비가 되었다가, 태자의 황제 등극과 함께 다시 황후에 올랐다. 그야말로 지극히 평탄하고 운 좋은 길이었다. 그러나 이 명문가 출신의 아리따운 여인에게 하늘은 가장 중요한 한 가지를 빠뜨렸다. 이치의 사랑이었다. 그녀는 줄곧 이치의 마음으로부터 떠나 있었다. 결혼한 지 수년이 지났지만 이치와의 사이에 자식이 생기지 않았으니, 이것이 그녀에게 닥친 비극의 직접적인 원인이었다.

황제가 그녀를 싫어한 이유가 무엇일까? 인간의 감정이란 참으로 복잡미묘하다. 경우에 따라 애정은 출신이나 용모와는 직접적·필연적인 관련이 없다. 어쩌면 그것은 개인의 성격, 매력과 관련이 있을지도 모른다. 요즘 말로 하자면 애정이 싹트려면 인연이 필요하다고나 할까?

고종 이치와 왕황후 사이에는 인연이 없었다. 더욱이 두 사람은 성격도 판이했다. 『구당서』 「왕황후전」에는 왕황후가 "성격이 단아하고 침착했으며, 주변 사람들을 특별히 해코지한 적이 없다"고 나온다. 대갓집 규수가 가진 전형적인 성품이었다. 반면, 이치는 다정다감하면서도 낭만적이어서 다분히 문학청년다운 기질이 있었다. 여기서 한번 이런 상상을 해보자.

'황제 이치가 온종일 정사를 처리하다가 황후 곁으로 돌아온다. 황후는 단정한 자세로 기다리고 있다. 하지만 표정은 딱딱하게 굳어 있다. 이런 얼굴은 쳐다만 봐도 금방 심란해진다. 정사에 시달린 황제에게도 꿈처럼 달콤한 보금자리가 필요하지 않았을까?'

퇴근하고 돌아온 남편에게 웃음 한 번 주지 않는 아내, 그 남편의 스트레스는 물어보나 마나다. 고종이 이런 황후에게 정이 가지 않았던 건 어쩌면 당연했다.

그 무렵 황제는 누구를 좋아했을까?

소숙비蕭淑妃를 총애했다. 소숙비는 이치가 태자로 있을 때 궁으로 들어온 여인으로 처음에는 그 신분이 양제良娣였다. '양제'는 태자의 처첩 중에서 1등급에 해당했다. 황제의 경우라면 황후 다음가는 황비에 상당하는 직급이었다. 소양제는 당시 태자의 총애를 독차지했는데 연거푸 1남 2녀를 낳기까지 해서 이치의 여러 처첩 중에서 가장 많은 출산을 기록했다. 그녀는 남방 귀족 난릉蘭陵 소 씨 집안으로 가문의 배경도 좋았다. 이 가문은 수당 시기에 크게 흥성했는데, 수 양제의 황후 역시 난릉 소 씨였다. 소숙비가 출신도 좋은 데다 오랜 기간 총애를 받았기 때문에 왕황후와의 갈등은 갈수록 심해졌다.

이치가 황제가 된 다음, 왕의 책봉 문제가 대두되자 왕황후와 소숙비 간의 갈등은 한층 더 깊어졌다. 이치에게는 당시 네 명의 아들이 있었다. 먼저 태어난 세 아들은 모두 이름 없는 궁녀의 소생이었고, 넷째 이소절李素節

만은 소숙비가 낳은 아들이었다. 당시 다섯 살이었다.

영휘 초년, 이소절은 옹왕雍王으로 책봉되었다. 이 소식을 들은 왕황후는 화가 머리끝까지 치밀었다. 이 옹왕은 도대체 어떤 자리인가.

원래 '옹雍'은 장안을 가리킨다. 옹왕이 관할하는 범위는 수도 장안 및 그 일대였으니 지리적·정치적으로 매우 중요했다. 관례대로라면 옹왕 자리는 일반적으로 비빈이 낳은 아들에게는 쉽게 내주지 않았다. 황후가 낳은 아들에게 봉해지는 자리였다. 우리가 잘 알고 있듯 황후가 낳은 아들이 곧 적장자다. 태자가 되고, 장차 황제가 될 사람이다. 만약 황후에게 둘째, 셋째 이렇게 아들들이 있다면 이들 중에서 옹왕을 봉할 수 있었다.

그런데 자신이 아들을 못 낳았으니 소숙비의 아들을 옹왕으로 봉한다? 왕황후의 예감은 불길했다. 황제가 소숙비의 아들에게 지나치게 높은 작위를 하사하지 않았는가? 이것은 앞으로 소숙비의 지위도 한 단계 더 오른다는 것을 의미했다. 이 난국을 어떻게 해결해야 할까? 왕황후는 초조해지기 시작했다.


## 2. 후궁으로 돌아온 측천


바로 이 무렵, 궁중에 소문이 하나 나돌았다. 황제 이치가 밖에서 한 비구니와 정을 나눈다는 소문이었다. 황제가 감업사로 분향하러 나간 것은 엄연히 통치 행위의 일환이기는 하다. 하지만 많은 사람이 황제를 수행하면서 이미 이치와 측천 사이의 눈물의 상봉을 보게 되었다.

예나 지금이나 입방아 찧기 좋아하는 건 인지상정, 소문은 금방 퍼져나갔다. '좋은 일은 대문 밖을 못 나가지만 나쁜 일은 천 리까지 간다'고 했던가? 이게 무슨 좋은 일이라고 하겠는가?

이치가 환궁하자마자 소문은 금방 온 궁중을 나돌았고 그 기세는 걷잡을 수 없었다.

'황제가 선황의 재인과 사통했다더라. 여차저차……'

소문은 갈수록 살이 붙고 뼈가 붙어 마침내 황후의 귀에까지 들어가게 되었다. 처음에 왕황후는 노발대발했다.

'황제 체면에 이게 무슨 꼴인가? 궁 안에서는 본처를 제치고 첩을 총애하더니, 이젠 궁 밖으로 나가서까지 딴전을 피운다? 황제의 자격이나 있는 사람인가?'

이런 생각이 든 것도 잠시, 황후에게 섬광처럼 한 가닥 희망의 서광이 비쳤다.

'아니야, 이건 기회다. 그 비구니를 궁으로 불러들이자. 그 여자가 황제의 마음을 다잡아주겠지. 이렇게 되면 소숙비에 대한 황제의 마음도 돌아설 테지?'

황후는 은밀하게 사람을 시켜 측천에게 어쩌면 궁으로 돌아올지도 모르니 머리를 기르라는 전갈을 보냈다. 눈치 하나는 둘째가라면 서러워할 측천이 아니던가? 이 소식을 듣자마자 뛸 듯이 기뻐하며 약속을 실천에 옮겼다.

이렇게 물을 수도 있겠다.

"왕황후가 어떻게 이렇게 멍청할까? 측천이 환궁해서 제2의 소숙비가 되지 말란 법이 있나?"

아마 왕황후에게는 다 이유가 있었을 것이다. 세 가지 이유를 들어보자.

첫째, 병이 다급하면 약이란 약은 다 써보게 마련이다. 목마르면 독주라도 마신다고, 그때는 갈증 이외에는 아무것도 생각지 못했다. 독주가 가져다줄 엄청난 후환은 고려할 겨를이 없었다. 왕황후로서는 소숙비라는 위협이 가장 컸기 때문에 우선 발등의 불부터 끄자는 심산이었다.

둘째, 윤리 도덕의 권위를 맹신했다. 왕황후는 명문대가 출신이라 어려서부터 예교를 익혀왔고 도덕적 관념이 투철했다. 이 때문에 그녀는 이런 생각이 있었다.

'소숙비는 가문도 우리 집안과 비슷하고, 또 정식으로 책봉된 황비이니 언제든 내 자리를 대신할 수 있다. 이에 비해 측천은 우선 집안도 그저 그렇고, 한때 선황을 모신 적도 있으니, 이것은 그녀에게 치명적인 오점이다. 황제가 일시적으로 측천에게 빠질 수는 있겠지만, 예법으로 볼 때 측천에게는 그 어떤 명분도 있을 수 없다. 백번 양보해서 설령 측천이 총애를 얻는다고 해도 소숙비가 준 위협만큼 크지는 않을 것이다.'

셋째, 인정상 믿는 구석이 있었다. 만약 측천을 감업사에서 데려와준다면 이건 그녀를 불구덩이에서 구출해준 거나 다름없다. 황후 자신은 생명의 은인이 되는 셈이다. 인정상 측천은 감격에 겨워 눈물이라도 흘리지 않을까? 소숙비처럼 시작부터 자신의 몹쓸 상대는 되지 않을 것이라는 믿음이 있었다. 이런 여러 이유를 따져보면서 왕황후는 자신의 아이디어가 정말 절묘하다는 생각이 들었다.

시간은 흐르고 흘러 순식간에 1년이 지났다. 측천의 까만 머리카락도 이제 목덜미를 덮을 정도가 되었다. 영휘 2년(651) 7월, 이치가 선황의 복상을 다 치른 어느 날, 왕황후가 차분한 낯빛으로 이치를 찾아왔다.

"폐하, 소첩은 폐하의 비밀을 잘 알고 있습니다. 폐하께서 기왕에 선황의 재인과 그렇게 죽고 못 사는 사이가 되셨다니, 차라리 그 여인을 궁 안으로 들이시지요. 두 사람이 각각 궁 안팎에 머물고 있으니, 사모의 정으로 그 고통이 오죽하시겠습니까? 굳이 남몰래 오가시면서 불편을 감수하고, 또 딴 사람의 눈치도 보셔야 할 이유는 없습니다. 괴이한 소문이 이미 궁 안에 파다하게 퍼져 있어서 폐하께도 이로울 게 하나 없습니다."

이치인들 왜 이런 생각이 없었겠는가? 다만 6궁의 주인인 황후가 어떻게 이 새 여인을 용납해주느냐가 관건이었을 뿐이다. 왕황후가 어떤 사람인가? 평소 그렇게도 단정하고 근엄한 표정만 짓고 있는 사람 앞에서, 아무리 황제라고 한들 어떻게 윤리 도덕에 어긋나는 일을 입에 담을 수 있단 말인가? 이치는 그동안 이 일을 오래도록 마음에 담고는 있었지만 차마 입을 뗄 수가 없었다.

그런데 지금, 뜻밖에도 왕황후가 앞장서서 측천을 받아들이라고 제안을 한다? 이치는 뛸 듯이 기뻤다.

"황후, 그대는 과연 어질고 현명하시오."

원래 황제와 왕황후는 제각기 고민을 안고 있었지만, 결국은 이렇게 우연하게 서로 의기투합이 되었다. 그래서 측천은 아무런 파장 없이 무난하게 다시 후궁으로 되돌아올 수 있었다. 그 운명의 첫 번째 전기가 마련된 것이다.

환궁하면서 측천은 어떤 지위를 부여받았을까?

아무것도 없었다. 가장 낮은 직위, 그저 보통 궁녀에 불과했다. 이때 측천의 나이는 이팔청춘이 아니라 28세, 당시로서는 적은 나이가 아니었다. 그녀가 맨 처음 입궁할 때로부터 치면 벌써 14년의 세월이 흐른 뒤였다. 당시 "천자를 배알하는 게 행운이 아니라고 누가 그래요?"라고 했던 호언장담이 아직 귓가에 선연히 맴돌건만 그녀가 얻은 게 무엇인가? 빈털터리였다. 오히려 당시보다 더 악화되었다고 하는 게 맞겠다. 당시에는 그래도 5품 재인, 지금은 그야말로 별 볼 일 없는 궁녀, 완전 밑바닥에서부터 다시 시작해야 했다. 점차 나이는 먹어가는데 뭐 하나 이룬 건 없는 신세, 제아무리 강인한 영웅이라지만 이 고달픈 운명의 장난 앞에서는 측천도 하염없이 남모를 탄식만 내뱉을 뿐이었다.

그런데 그녀가 정말 이 10여 년을 허송세월만 하고 있었을까?

측천의 긴 인생 여정을 놓고 보면 이 말은 결코 진실이 아니다. 왕년 막 입궁했을 때만 해도 그녀는 세상물정 모르는 풋풋한 소녀였다. 무엇이 중요하고 중요치 않은지도 모른 채 무턱대고 살았다. 황제의 총애를 받으려면 어디서부터 손을 써야 하는지도 모를 때였다. 그러나 14년이라는 경륜을 쌓은 지금, 그녀는 이미 상당히 노련해져 있었다. 이제는 황제가 무엇을 생각하고 어떤 걸 좋아하는지도 잘 알고 있었다. 후궁살이의 모든 것도 훤히 꿰뚫고 있었다. 그동안의 삶이 안겨준 풍부한 경험, 지난날 사자총 사건과 같은 실수를 더 이상 반복하지 않을 만큼 이제는 제대로 수를 부릴 줄 알게 되었다.

## 3. 소의昭儀로 올라서다

측천의 환궁은 그저 첫걸음에 불과했다. 여전히 지위가 불안정했던 그녀로서는 어쨌든 일보 전진이 필요했다. 후궁에서 그녀가 해야 할 두 번째 행보는 제자리 찾기였다.

어떻게 해야 탄탄한 입지를 마련할 수 있을까?

심사숙고 끝에 측천은 자신의 운명을 결정해줄 사람으로 세 부류를 떠올렸다. 황제, 황후, 그리고 궁녀들, 그중에서도 특히 왕황후와 소숙비를 모시는 궁녀들이었다. 이 세 부류의 인물들은 측천에게 너무나 중요했다. '감성에 호소하면서 그들을 모두 내 편으로 끌어들이자.' 측천은 이렇게 다짐했다.

황제에 대해서는 큰일을 도모하기 위해 한껏 몸을 낮추자는 태도를 견지했다. 원래 거침없이 매사에 자신만만했던 무재인에서 측천은 어느덧 다정다감한 여인으로 변신해 있었다. 황후에게는 그녀의 말 한마디가 떨어지기 무섭게 고분고분, 조심조심 정성껏 받들어 모셨다. '생명을 구해준 은인이시니 언제든 견마지로를 다할 준비가 되어 있습니다' 하는 그런 자세였다.

"황후의 은공은 하늘과 땅보다 높고 두텁습니다. 황후는 제게 제2의 부모님이시니 황후의 일이 곧 저의 일입니다. 황후의 적은 바로 저의 적, 언제든 명령만 내리시면 가만두지 않겠습니다."

측천은 이런 말을 입에 달고 다녔다.

그럼 궁녀들에게는 어떻게 했을까?

먼저 측천은 조심스레 상황을 관찰했다. 혹시라도 황후가 구박하는 궁녀를 발견하기라도 하면 바로 그 궁녀를 찾아가 친교를 맺었다. 황제로부터 하사받은 물건들을 아낌없이 궁녀들에게 나누어주면서 언니, 동생을 자처했다. 두루두루 좋은 인연을 맺어둔 것이다.

궁녀들과의 이런 교제가 측천에게 왜 필요했을까? 황제나 황후야 최고의 권세를 가진 주인이니 당연히 잘 사귀어야 하지만, 궁녀가 뭘 그리 중요하다고 이렇게 정성껏 공을 들인단 말인가? '염라대왕은 다루기 쉬워도 그 부하는 까다롭다'라는 말이 있듯이, 상관보다 부하를 잘못 건드렸다간 자칫 고생깨나 하기 마련이다. 신분이 낮은 사람일수록 자기 역할에 충실하다. 전국戰國시대 맹상군孟嘗君이 '계명구도鷄鳴狗盜'*의 무리들을 극진히 대접한 것도 바로 이 이치가 아니겠는가? 이렇게 여러 갈래로 상대방의 감성을 자극해가면서 측천은 행동을 개시했다.

결과는 대성공이었다. 이 세 부류의 사람들은 하나같이 측천을 아주 좋게 보았다. 황제는 측천이 자기를 제대로 보필한다고 인정했다. 사장이 말단 사원을 극구 칭찬해준다는 게 어디 흔한 일인가? 황후 역시 여러 차례 황제의 면전에서 측천을 칭찬할 정도였다. "사람 하나는 제대로 보고 들여온 것 같습니다." 이것은 부사장이 사장 앞에서 말단 사원을 치켜세우는

---

* 전국시대 제齊나라의 재상 맹상군은 닭과 개 소리 흉내를 잘 내는 잔재주꾼들을 후대했는데, 훗날 그 재주꾼들의 도움으로 목숨을 구한 적이 있다.

모양새다. 궁녀들도 마찬가지였다. 왕황후와 소숙비의 측근 궁녀들은 하나 같이 다 측천의 친구가 되었고, 황후와 숙비의 일거수일투족은 여지없이 측천에게 보고되었다. 측천은 궁녀들을 'KGB'로 조직하여 물샐틈없는 정보망을 구축했다.

이렇게 궁중의 여러 사람으로부터 인정을 받으면서 측천의 지위도 빠르게 올라갔다. 『자치통감』은 측천이 1년도 채 안 되어 소의昭儀가 되었다고 기록했다. 소의는 9빈嬪의 하나로, 비妃 다음가는 2품 자리였다. 1년도 못 되는 기간에 아무 품계도 없는 궁녀에서 일약 2품 소의로 올랐으니, 거의 로켓처럼 날아올랐다는 표현이 적절하겠다.

행운은 계속 그녀를 따라다녔다. 영휘 3년 10월, 그녀는 아들 이홍李弘을 낳았다. 품계도 얻고 아들도 생기고, 측천은 드디어 확고하게 자신의 입지를 굳혔다. 환궁 후 두 번째 행보가 완결된 셈이다.

## 4. 소숙비의 몰락

이렇게 해서 측천을 끌어들인 왕황후의 목적은 달성되었다. 결국 소숙비는 궁궐 한편으로 내몰렸다. 원래 아이를 쑥쑥 잘 낳던 소숙비가 측천이 환궁한 이후에는 더 이상 아기를 낳지 못한 게 그 직접적인 증거다. 도무지 황제가 다가가지 않았던 것이다.

그렇다면 측천은 무슨 수로 황제의 총애를 한 몸에 받던 소숙비를 몰아낼 수 있었을까? 앞서 말했던 황제·황후·궁녀들과의 접촉 외에 또 다른 방법이 있었을까? 결정적인 게 하나 있었다. 황제의 여자 보는 눈이 어떠한가를 제대로 파악하는 게 중요했다.

앞에서 측천이 태종의 재인으로 있으면서 총애를 받지 못한 원인을 분석한 적이 있다. 태종은 남달리 원대한 웅지를 품고 있었기 때문에 여자도 포용력이 있는 외유내강형을 좋아했다. 측천이 태종의 환심을 사지 못한 이유도 그녀가 이런 유형과는 거리가 멀었기 때문이다.

그렇다면 고종이 좋아한 여자는 어떤 유형이었을까?

고종은 인자한 반면 유약했다. 그는 자신이 다소 소극적인 성격이어서 오히려 강인하고 활달한 여자를 좋아했다. 그에게는 오이디푸스 콤플렉스 같은 게 있어서, 노련하고 다소 권위적인 느낌을 주는 그런 여자에게 매력을 느꼈다. 요즘 말로 하면 연상녀를 좋아하는 스타일이었다. 고종의 이런 성격을 이해한다면 측천과 소숙비 중에서 누가 고종의 총애를 받았을지는 너무나 자명하다.

당초 소숙비는 어떤 성격 때문에 고종의 마음에 들었을까? 그녀는 활달하고 화통한 사람이었다. 그 대표적인 사례를 한번 보자.

영휘 6년(655), 측천은 황후가 되고 나서 자신의 성공을 확실하게 보여주기 위해 잔인한 방법으로 소숙비를 죽였다. 죽기 직전 소숙비는 측천에게 온갖 악다구니를 다 퍼부어댔다.

"너 이 구미호 같은 년, 황제를 홀려 나를 이 지경으로 만들다니! 어디 두고 보자. 다음 세상에서는 내가 고양이로 변할 테고 그때 넌 쥐가 될 것이다. 네 년의 목을 졸라 내 눈앞에서 멀쩡하게 죽어가는 꼴을 보여줄 테다."

이 기세등등한 욕설을 듣고 있노라면 마치 왕년에 측천이 사자총을 처치하려던 장면이 연상된다. 이 순간 소숙비의 모습은 바로 당시 측천의 그 기세등등하던 모습과 판박이가 아닌가. 측천이 되었건 소숙비가 되었건, 그녀들의 이런 모습은 어쨌든 고종에게는 자못 매력적으로 보였을 것이다.

그러나 측천에게는 대담하고 활달한 성격 못지않게, 고종의 마음을 사로잡을 노련미라는 강점이 하나 더 있었다. 앞서 말한 '큰일을 위해 자신을 한껏 낮추는' 그런 자세가 바로 그 노련미의 극치다. 말하자면 측천은 최대한 이성을 유지하면서, 자유자재로 감정을 조절할 수 있었다. 이런 노련미는 태종 때 받았던 10여 년간의 멸시, 감업사에서의 기약 없는 기다림과 실망이 안겨준 대가였다. 혹독한 현실 속에서 제대로 인생의 쓴맛을 보지 못했다면 이렇게 노련해질 수 있었을까? 소숙비처럼 오랫동안 순탄하게만 살아온 사람에게서 이런 기질을 발견하기란 불가능하다.

두 사람 다 대담하고 활달한 성격으로 인해 고종의 환심을 살 수는 있었지만 미숙과 노련의 차이, 바로 이 때문에 소숙비는 패배하지 않을 수 없었다. 소숙비의 장점은 측천에게도 있었지만, 측천의 장점을 그녀가 갖지는 못했다. 강한 자와 더 강한 자의 각축전을 지켜보면서 고종은 후자를 선택했다. 이제 측천은 궁중의 뭇 여인 사이에서 단연 두각을 나타냈다. 일인지하 만인지상의 지위를 얻은 거나 다름없었다.

## 5. 무소의의 야심

만족을 모르는 자는 끝없이 전진하기 마련, 측천의 야심은 멈출 줄 몰랐다. 이홍을 낳은 다음부터 측천의 꿈에는 변화가 생겼다. 엉뚱하게도 그녀는 황후의 자리를 넘보기 시작했다. 그녀가 나아갈 인생의 세 번째 행로였다. 자신의 꿈이 커져가면서 그녀와 왕황후 사이에도 조만간 인생역전의 조짐이 나타날 것이었다.

이홍의 출생이 갖는 의미는 무엇일까? 이치의 입장에서 보면 이홍은 장자도 아니고 적자도 아니었기 때문에 그다지 대단한 존재는 아니었다. 그러나 이 아들에게 '이홍'이라는 이름을 붙여줬다는 사실은 결코 예사롭지 않다. 도교에서는 '이홍'이란 이름이 예언자를 의미했다. 위진남북조 이래 중국에서는 전란이 빈번하게 발생하고 전염병이 창궐하면서 백성은 다른 어느 때보다도 안락한 삶을 갈망했다.

이런 상황에서 도교는 전국적으로 전파되어나갔다. 민심을 얻기 위해 도교는 도처를 다니며 조만간 태상노군太上老君이 강림하여 태평성대를 누리게 될 것이라고 선전했다. 이 노군의 화신은 이름이 이홍이라고 했다. 이홍의 출현은 곧 노군의 강림을 의미했다. 당시 여러 차례 봉기가 발생했는데, 이때 반란군들은 하나같이 이홍의 깃발을 내걸었다. 따라서 당시 이홍이라는 이름이 갖는 정치적 의미에 대해서는 다들 너무나 잘 알고 있었다.

측천은 어려서부터 독서를 많이 했기 때문에 곧잘 문자로 농간을 부리기도 했는데, 문자 자체에 아주 특별한 마력이 있다는 걸 확신했다. 아들에게 이홍이라는 이름을 지어준 것도 그녀의 아이디어였다. 그녀에게 이 이름은 희망의 상징이었다. 그녀는 아들이 장차 황제가 되어 태평성세를 열어줄 것을 기대했다. 아들이 황제가 되면 그 어미는? 이런 측천의 야심은 세 살짜리 아이라도 다 알 수 있었다. 끝없는 욕망, 이제 그녀는 더 이상 현재의 지위에 안분지족할 수만은 없었다.

이홍의 출생을 보는 순간, 왕황후는 그제야 자신이 저지른 엄청난 과오를 깨달았다. 측천을 끌어들여 소숙비를 내칠 수는 있었지만, 결과적으로는 도움이 되었다기보다 자신을 더 큰 위험 속으로 빠져들게 했다. 소숙비의 아들이 옹왕으로 책봉된 것만으로도 이미 엄청난 스트레스인데, 이제 측천이 노골적으로 자기 아들을 황제로 만들려고 한다? 측천과 왕황후 사이에 있었던 밀월 기간은 이로써 끝이 났고, 어제의 동료는 다시 철천지원수가 되어버렸다.

소숙비 또한 측천이 환궁한 이후에는 자신의 지위가 천길만길 낭떠러지 아래로 떨어졌기 때문에, 측천에 대해서는 말로 다 못할 증오심을 불태우고 있었다. 이 지경이 되자 원한과 소외감을 느낀 황후와 숙비 두 사람은 오히려 서로 가까워지게 되었다. 둘이 손을 맞잡고 연합 전선을 펴기로 한 것이다. 원래 후궁 사이에는 국가 간의 관계와 마찬가지로 영원한 적도, 영원한 친구도 없다. 있다면 그것은 오로지 이해관계뿐이다. 자신의 이익을 위해서 두 사람은 상대방에 대한 지난날의 증오심은 깡그리 잊은 채 공동 투쟁에 나섰다. 그들은 앞다투어 측천을 비방하면서 황제를 찾아가 일러바쳤다.

왕황후와 소숙비가 이런 식으로 나오는 이상 측천인들 마냥 수수방관만 하고 있을 수는 없었다. 그녀 역시 행동에 돌입했다. 막 환궁했을 당시에는 조신하기만 했던 측천이지만, 이제는 온종일 황제 앞에서 두 사람에 대해 갖은 비방을 다 해댔다. 그러나 이들이 아무리 떠들어대도 이치는 이쪽저쪽 눈치만 보고 있었을 뿐 누구의 편도 들지 않았다. 아무에게도 미움을 사고 싶지 않았던 것이다.

예를 들자면 이런 식이었다. 왕황후가 찾아와 측천이 불여우처럼 사악하다고 하면 그는 버럭 화를 내면서, "황후 말이 맞소. 내가 엄하게 꾸짖을 테니 아무 염려 마시오"라고 했다. 또 이에 뒤질세라 측천이 와서 황후가 자기를 기만한다고 훌쩍거리면서 연약한 티를 내보이면, "걱정 마시오. 황후는 내가 잘 처리하겠소"라고 했다.

고종은 왜 이렇게 양쪽 편을 다 들어주었을까? 황제가 어떤 자리인가. 황제가 신경 쓸 일이 어디 한두 가지인가. 국가 대사를 생각하면 이런 작은 일로 대사를 그르칠 수는 없었다. 또 왕황후와 소숙비에 대한 감정이 식어버리긴 했지만, 황제라고 해서 그 출신과 가문의 세력을 무시할 수는 없었다. 측천을 애지중지하긴 하지만 그녀의 이력이란 뻔했다. 황제에게 중요한 것은 아무래도 정치적 실리, 자칫 감정에 치우치다보면 일을 그르칠 수도 있었다.

만약 황제가 이리저리 눈치만 보면서 뭉그적거리면 누구에게 이로울까?

아무래도 측천보다는 왕황후일 것이다. 황후는 배경도 좋고 지위도 상당했기 때문에 지구전을 벌이기에 유리했다. 이에 비해 측천이 가진 것은 오로지 이치의 호감뿐이었다. 그러나 감정, 특히 황제의 감정이란 건 믿을 만하지 못했다. 이는 소숙비의 경우를 보면 금방 알 수 있다. 불과 1년 전만 하더라도 황제 곁에는 소숙비가 찰떡처럼 붙어 있었지만 지금은 얼음처럼 차갑게 식어버렸다. 만약 밀고 당기기가 줄곧 이어진다면 언제 또 측천 대신 새 인물이 등장할지 모를 일이었다. 그렇게 되면 측천은 금방 모든 걸 다 잃을 것이다. 마음이 다급해진 측천으로서는 이 교착 상태를 한시바삐 깨뜨려야만 했다. 이를 위해 측천은 황후나 숙비를 좀더 강하게 압박할 필요가 있었다. 과연 어떤 수를 들고나왔을까?

# 제5장
# 황후 몰아내기

후궁에서의 지위가 상승하면서 측천의 욕망도 커져갔다. 그녀의 목표는 명확했다. '황후를 몰아내자. 똑같은 여자인데 누구는 황후, 누구는 소의란 말인가?'

1년을 겪어보면서 측천은 왕황후가 별다른 수완이랄 게 없는 여자란 걸 파악했다. 어쩌면 상대를 언제든 꺾어버릴 수 있다는 생각을 한두 번 한 게 아닐 것이다. 어떤 방식으로 이 계획을 실천에 옮길까? 심사숙고 끝에 그녀는 '새판 짜기' 방식을 구상했다. 황후를 몰아냄과 동시에 자기 위상을 확고히 하자는 생각이었다.

## 1. 어린 공주의 의문사

왕황후는 침착하고 신중한 사람이었다. 혹 이런 성격이 무미건조하게만 느껴질지 모르겠지만, 다른 한편으로는 다른 사람들에게 쉽게 노출되지도 않았다. 한데 측천이 황후 주변에 겹겹이 정보망을 깔아두었기 때문에 궁녀들은 황후가 오늘은 무얼 먹고 마셨는지, 무슨 옷을 입고 무슨 말을 했는지 속속 알려왔다. 그렇지만 한 번도 황후의 큰 잘못을 잡아내지는 못했다.

그러나 뜻이 있는 곳에 길이 있는 법, 누구든지 한 가지 일에만 골몰해서 밤낮으로 궁리하다보면 끝내 방법은 나오기 마련이다. 고심 끝에 측천은 마침내 돌파구를 찾아냈다. 이 돌파구가 열리는 순간 황후의 입지는 순식간에 붕괴될 것이었다. 이 돌파구를 마련해준 것은 바로 어린 공주의 의문사였다. 이로 인해 측천은 천고의 악녀라는 오명을 뒤집어썼지만, 반면 황제의 자리에 오를 수도 있었다. 이 사건은 천고에 길이길이 수수께끼로 남아 있기도 하다.

영휘 4년(653) 연말 혹은 이듬해 초엽인지도 모르겠다. 측천의 첫딸이 태어났다. 태어날 때부터 예쁘장했던 이 아이는 측천에게는 보배와도 같은 존재였다. 아이가 갓 태어난 지 얼마 되지 않은 어느 날, 왕황후가 아기를 보러 나타났다. 그러나 황후가 자리를 뜬 직후 놀랍게도 아기는 곧 숨을 거두었다. 이에 당 고종은 아기를 죽인 범인이 왕황후라고 생각해서 황후의 폐위까지도 고려하게 되었다.

이 사건은 측천이 왕황후에게 도전장을 내민 시점을 전후해서 발생했다. 또 측천은 이 일로 엄청난 이득을 봤다. 그래서 많은 사람은 이 사건을 측천이 날조한 음모라고 생각했다. 이 사건의 진실에 관해서는 내용에 조금씩 차이도 있고, 견해도 분분하다. 역사의 어두운 그림자 속에 두 손을 뻗은 아기의 모습이 어른거리는 듯도 하다. 도대체 이 어린 공주는 왜 의문 속에서 갑자기 숨이 멎었을까? 역사의 수수께끼 속에 은밀히 숨어 있는 사건의 진실은 무엇일까?

『당회요』의 기록을 보자.

"소의가 낳은 딸이 갑자기 죽자, 왕황후가 죽였다는 상소를 올렸고 황제는 황후를 폐위할 마음을 먹었다."

측천이 낳은 딸이 '갑자기 죽었다'고는 했지만, 어떻게 죽었는지에 대해서는 기록이 없고 죽었다는 사실만 나온다.

측천은 이 어린 공주의 사망을 교묘히 이용했다. 황제에게 왕황후가 아기를 죽였다고 상소함으로써, 고종의 태도가 바뀌도록 유도한 것이다. 기록에 따르면 측천은 이 기회를 이용한 셈이다. 그러나 다른 역사서에는 측천이 이 기회를 이용한 게 아니라 그녀가 바로 살인범이라고 되어 있다.

『신당서』 「후비열전后妃列傳」의 기록을 바탕으로 사건을 한번 재구성해보자.

무소의가 딸을 낳자 왕황후는 의례적으로 이 아기를 보러 갔다. 그녀가 갔을 때 측천은 핑계를 대고 자리를 피해버렸다. 아무리 예쁜 갓난아기라 해도 왕황후가 본 아기는 어쨌든 연적戀敵 측천이 낳은 아이, 아기를 들여다볼 마음이 썩 내키지는 않았을 것이다. 그래서 곧바로 자리를 뜬다. 이때 측천이 몰래 방으로 돌아와 이불로 아기를 덮어 질식시킨다. 그러고는 현장을 원래대로 정리한 다음, 몰래 자리를 빠져나와 밖에서 황제가 오기를 기다린다.

황제가 조정에서 물러나자마자 딸 바보 아빠처럼 곧장 아기를 보러온다는 사실을 측천은 너무나 잘 알고 있다. 그날도 평소처럼 황제가 나타났고 측천은 반색을 하고 달려가 황제를 맞이한다. 두 사람은 함께 아가방으로 들어간다. 그러나 이불을 들추어보고는 그만 눈이 휘둥그레진다. 멀쩡하던 아기가 왜 갑자기 호흡을 멈추었나? 측천은 대경실색을 한다. 그렇지만 이 와중에도 측천은 결정적인 질문을 잊지 않는다. 이 아이가 왜 죽었나? 이게 누가 한 짓인가? 방금 누가 다녀갔는가? 궁녀들은 놀라 혼비백산한다. 이건 정말 엄청난 사건이다. 책임이 막중하다. 아무도 다녀가지 않았다고 서둘러 대답한다…… "아 참, 왕황후께서 방금 아기를 보러 왔었습니다!"

이 순간 측천의 표정은 경악에서 비통으로 바뀌면서 대성통곡한다. 애간장이 다 녹아내린다. 이 광경을 본 고종도 머릿속이 하얘지고 분별력이 사라진다. 황후가 내 딸을 죽였다! 전부터 소숙비와 함께 그렇게 무소의를 욕해대도 나는 황후가 이렇게 악독할 줄은 몰랐다. 아무 죄도 없는 아이에게 보복을 가하다니…….

이 기록을 보면 공주는 자연사한 게 아니다. 또 측천은 이 사건을 이용한 게 아니라 직접 이 비극을 연출했다. 그녀는 교묘하게 음모를 꾸미며 제 손으로 어린 공주를 죽이고, 그 죄를 왕황후에게 뒤집어씌웠다.

이제 이 사건의 진상을 세 가지 판본으로 한번 정리해보자.

첫 번째 판본은 왕황후가 공주를 죽였다는 것, 바로 당 고종의 마음속에 들어 있는 판본이다.

두 번째 판본은 『당회요』의 기록이다. 공주가 어떻게 죽었는지는 모른다. 자연사일 가능성도 있다. 다만 측천은 기회를 놓치지 않고 이 사건을 잘 이용했다.

세 번째 판본은 『신당서』의 기록이다. 측천이 사건을 기획하여 공주를 죽인 다음, 왕황후에게 죄를 뒤집어씌웠다는 내용이다.

이 세 판본 중에 어느 것이 가장 믿을 만할까? 『신당서』의 내용처럼 측천이 직접 아이를 죽였을 가능성이 가장 크다고 본다. 그 이유는 이렇다.

첫째, 왕황후는 아이를 죽일 동기도 없었고, 그런 성품도 아니다.

그녀는 품행이 단정하고 신중하기 때문에 마음먹은 대로 곧장 실행에 옮길 사람이 아니다. 살인범과는 거리가 멀다. 동기를 봐도 그렇다. 당시 상황으로 볼 때, 그녀로서는 측천과 지구전을 벌이는 것이 훨씬 더 유리했기 때문에 경거망동했을 리가 없다. 모험을 해서 공주를 죽인들 아무런 실익이 없었다. 백번 양보해서 왕황후가 측천을 철천지원수로 여겨 한순간 이성을 잃었다고 해도, 아들 이홍을 살해하면 했지 아무 지위도 없는 어린 공주를 죽일 이유는 없다. 따라서 왕황후는 동기나 성격 면에서 아기를 살해했을 리 없다. 그녀가 자리를 뜰 당시 공주는 여전히 살아 있었다.

둘째, 공주는 자연사보다 살해되었을 가능성이 더 크다.

상식적으로 생각해볼 때, 갓난아기인 공주를 혼자 방에 내버려두고 한참 동안 돌보지 않았다는 것도 있을 수 없다. 일반 가정에서라면 주부가 일에 바빠 아기를 방치해둘 수도 있겠지만 공주라면 상황이 다르다. 그 곁에 있는 유모나 궁녀들이 자리를 비웠을 리 없다. 따라서 왕황후가 아기를 본 후 자리를 뜬 시간과, 이치가 공주의 죽음을 발견한 시차는 극히 짧았을 것이다. 고대의 영아 사망률이 아무리 높았다고 해도 아이가 이렇게 짧은 시간에 돌연사했을 가능성은 극히 희박하다. 즉 자연사보다는 피살 가능성이 훨씬 더 크다.

셋째, 측천에게는 아이를 죽일 동기·성격·요건이 두루 다 갖추어져 있었다.

세상에는 이유 없는 사랑도 없고, 이유 없는 원한도 없다고들 하지 않는가? 하물며 이유 없는 살인이 있을 수 있겠는가? 살인에는 다 동기가 있기 마련이다. 이제 이 사건을 한번 분석해보자.

공주의 죽음으로 가장 이득을 보는 사람이 바로 혐의자일 가능성이 높다. 누가 가장 이득을 볼지를 고려한다면 단연 측천이다. 왜 그런가? 측천이 황후가 되는 데 가장 큰 걸림돌은 바로 왕황후였다. 당시 측천과 왕황후 사이의 총애 다툼은 교착 상태에 빠져 있었고, 이는 측천에게는 아주 불리했다. 한시바삐 이런 상황에서 벗어나고 싶었던 측천으로서는 자기 아이를 살해하여 그 죄를 왕황후에게 뒤집어씌울 동기가 충분했다.

앞서도 말했지만 측천은 보통 사람이 아니다. 그녀는 창의력의 귀재다운 요건도 구비하고 있다. 감업사에 있을 때도 기적처럼 능력을 발휘해 보였다. 게다가 측천은 모험을 두려워하지도 않는다. 도박판이라면 한꺼번에 모든 걸 다 걸 수 있는 용기도 있었고, 목적을 위해서라면 어떤 수단과 방법이라도 가리지 않았다. 이런 성격 때문에 측천은 옹골찬 결단력도 있었고, 신속하게 자신의 계획을 실천에 옮길 수도 있었다.

그렇다면 그녀에게 공주 살해의 적절한 타이밍을 잡을 능력이 있었을까? 분명 그런 능력이 있었다. 측천은 궁녀들과의 교분을 통해 진작부터 후궁 내에 철저한 정보망을 구축해두었다. 왕황후든 황제든 그들의 일거수일투족은 그녀의 손바닥 안에 있었다. 두 사람이 공주를 보러 오는 시점을 미리 훤히 꿰뚫고 있었기 때문에, 측천은 그 시간차를 잘 노려서 극히 짧은 그 순간에 공주를 살해하고 왕황후에게 죄를 뒤집어씌울 수 있었다.

또 측천에게는 중요하면서도 아주 특별한 요건이 하나 더 있다. 공주의 어머니라는 신분이다. 아무리 사나운 호랑이라도 제 새끼는 잡아먹지 않는다고 하지 않는가? 일반적으로 궁녀들이 공주를 돌볼 때, 외부인은 경계하지만 아기의 어미에 대해서는 경계심을 늦추기 마련이다. 따라서 공주를 보러 온 사람이 왕황후라면 다소 주의를 하겠지만, 아기의 어미라면 상황은 달라진다. 누구든 이를 너무나 당연시할 것이다. 측천이 아기의 죽음을 발견한 직후, "방금 여기 누가 다녀갔는가"라고 물었을 때 궁녀들은 "왕황후께서 왔었습니다"라고 대답했다. 기실 왕황후뿐만 아니라 측천도 다녀갔지만 사람들의 뇌리 속에 그 어미의 존재는 없었다. 어미는 평소에도 늘 아기와 가까이 있기 때문에 당연히 남으로 인식되지 않았다. 그래서 왕황후가 다녀갔다고만 말한 것이다. 궁녀의 바로 이 한 마디가 떨어지기 무섭게 왕황후는 고종의 마음으로부터 저만치 멀어졌다. 황후에 대한 외경심이 원한으로 바뀌는 순간이었다. 이처럼 측천은 어린 공주를 살해할 동기·성격·요건을 다 갖추고 있었다.

이 사건이 실로 잔인하기는 하지만, 한편으로는 또 어쩔 수 없는 현실로 받아들여야 할 측면도 없지 않다. 여기서 우리는 권력의 유혹이 얼마나 엄청난가를 여실히 볼 수 있다. 심할 경우, 그 앞에서는 인정도 혈육도 없다. 어미가 친자식마저도 죽일 수 있다.

이 사건이 발생한 지 12년 후, 황제가 된 측천은 문득 공주의 무고한 죽음을 떠올렸다. '아, 아득한 세월, 그때를 생각하면 너무나 곤혹스럽구나!' 측천은 아이에게 안정安定공주라는 작위와 '사思'라는 시호諡號를 하사하고, 친왕의 예를 갖추어 장중하게 장례를 치러주었다. 이 장중한 장례는 어쩌면 측천의 내면에 도사리고 있던 죄책감의 발로인지도 모른다. 그 후 측천은 진실로 마음의 평안을 누렸을까? 그 누구도 알 길은 없다.

공주의 죽음 이후 측천과 왕황후 사이의 교착 상태는 마침내 종지부를 찍었다. 팽팽한 균형은 깨지고 이치의 마음은 완전히 무소의 쪽으로 돌아섰다.

『신당서』를 보면, 고종은 이 사건을 계기로 측천을 한층 더 신뢰했고, 딸을 잃은 아픔을 달래준다는 명분으로 죽은 측천의 아버지 무사확을 병주도독으로 추증했다고 기록되어 있다. 왕황후에 대해서는 폐위를 염두에 두었다고 기록했다. 고종은 처음으로 왕황후 대신 측천을 내세워야겠다고 생각했다.

황제의 마음이 동요되자 그 파장은 금방 조정에까지 미쳤다. 왕황후의 외삼촌 유석은 불안한 나머지 자진해서 재상직을 내놓았다. 이후 황후의 조정 내 지지 기반도 크게 약화되면서 그녀는 안팎으로 곤경에 처했다.

공주의 죽음은 측천에게는 황후 쟁탈전의 서막이었다. 한 방에 적의 급소를 친 것이다. 이 한 방은 침착하고, 정확하고, 또 악랄했으며, 측천의 불리한 상황을 단번에 역전시켰다.

이제 어린 공주의 사망 사건을 과연 어떻게 평가해야 할까?

옛사람들은 곧잘 이 사건이 측천의 악독함을 보여준 대표적인 사례이며, 그야말로 사갈蛇蝎과도 같은 성격을 잘 드러낸다고 생각해왔다. 반면,

현대인들의 생각은 이와 좀 다르다. 여러 사상의 영향을 받았기 때문인지는 몰라도 때로 측천을 위해 변명에 나서기까지 한다. 측천이 벌인 온갖 행위는 결국 부득이했다는 것이다.

과연 공주를 살해한 것이 부득이한 행동이었을까? 어불성설이다. 만약 측천이 제 분수를 지키면서 1남 1녀에 의지하고 살았다면, 설사 훗날 고종이 자신에게 등을 돌린다고 해도 보통 비빈들처럼 편안한 말년을 보냈을 것이다. 그러나 측천은 빗나간 행동을 취했다. 가장 순수하고 끈끈해야 할 모녀의 정이 결국 권력 암투의 수단으로 변질되었다. 따라서 공주의 살해를 부추긴 것은 측천의 타오르는 욕망과 야심, 오직 그것뿐이었다. 이런 욕망과 야심은 보통의 어머니들에게는 공포로 인식되겠지만, 측천과 같은 정치가에겐 오히려 필요했을지도 모른다. 적막했던 감업사로부터 가시밭길을 걸어온 측천은 부자간의 인륜, 모녀간의 천륜을 여지없이 다 뭉개버렸다. 그녀가 벌인 도박판은 너무나 컸다. 반드시 이겨야 했다.

그러나 왕조 시대, 특히 귀족의 정치적 영향력이 막강했던 수당 시대에 황후가 된다는 것은 결코 간단한 혼인 문제로만 치부될 수 없었다. 황제에게 있어 혼인은 특정 귀족 또는 귀족 집단과 혈맹관계를 구축하는 일이었다. 요즘 젊은이들이 하는 혼인이나 연애와는 차원이 달랐다. 요즘이야 사랑합니다, 그래 결혼합시다 하면 그만이다. 또 수틀려 다툼이라도 생기면, 이혼합시다 했다가도 내가 잘못했으니 재결합합시다 하면 그만이다. 그러나 당시는 이렇게 간단치 않았다. 황후의 폐출은 정치적 운명이 걸린 대사였다. 황제의 의지만으로 되는 게 아니라 관료 집단의 동의가 필요했다. 그렇다면 측천은 이번에도 과거처럼 너끈히 승리를 거두었을까?

## 2. 원로대신 장손무기를 매수하려고 하다

황후 폐위라는 이 중대한 문제에 대해 조정대신들이 어떤 태도로 나올지, 이치와 측천은 도무지 감을 잡을 수 없었다. 둘은 신중을 기하기 위해 은밀하게 탐색해보기로 작정했다.

그들은 먼저 재상 장손무기를 생각해냈다. 군신관계로 볼 때 그는 선황 태종의 고명대신顧命大臣이자 1품 태위太尉, 그리고 능연각凌煙閣, 당 태종이 공신 24명의 초상을 걸어두었던 누각 24공신 중의 한 사람이기도 했다. 명실상부 문무 백관의 수장이었다. 가족관계로 보면 그는 또 황제 이치의 외삼촌이기도 했다.

정관 17년(643), 당시 태자 이승건과 위왕 이태가 태자 자리를 놓고 서로 다투다가 폐출되었을 때, 나이 어린 이치를 단번에 태자로 받든 것도 그였다. 이후 이치가 태자로 있을 때나 황제로 있을 때, 항상 곁에서 보좌한 사람도 그였다. 생질과 외삼촌의 사이는 이렇게 돈독했다. 황후 폐출의 문제로 이치가 그의 의견을 듣고자 한 데는 그가 고명대신이자 외삼촌이라는 이유가 있었다. 이것은 공적으로나 사적으로, 정서상으로나 이치상으로 매우 합리적인 생각이었다.

심사숙고 끝에 이치와 무소의는 가마를 타고 장손무기를 찾아갔다. 장손무기는 근래 후궁에서 벌어진 이런저런 소동에 대해 익히 들어 알고 있던 차였다. 따라서 이 두 사람이 자기 집을 찾아온 의도도 잘 알고 있었다. 그러나 이 속 깊고 노련한 정치가는 역시 관록이 대단했다. 사정을 잘 알고 있으면서도 드러내놓고 이야기하는 법이 없었다. 침착한 태도, 담담한 표정, 그는 예의를 깍듯이 차리면서도 가만히 황제의 말에 귀를 기울였다.

술이 어느 정도 들어가자, 더 이상 참지 못한 건 역시 젊은 황제 쪽이었다. 그래도 황제는 차마 노골적으로 말을 꺼내기가 어려워 이리저리 변죽을 울리면서 먼저 장손무기의 아들 소식부터 물었다. 장손무기는 아들이 많았다. 자그마치 열두 명이 넘었다. 첫째는 뭘 하고, 둘째는 뭘 하고, 셋째는 뭘 하고…… 그는 순서대로 아들들의 처지를 일일이 아뢰었다. 말이 끝날 무렵 그가 말했다.

"소신의 셋째 첩이 낳은 서자가 셋 있는데, 아직 젊고 철이 없습니다. 관직이 없어 나라에 충성할 기회를 얻지 못했습니다."

이치가 맞장구를 쳤다.

"어떻게 이런 일이…… 용장 밑에 약졸 없다고, 외삼촌은 나라의 대들보이시니 자식들 또한 대단한 재목일 텐데, 어떻게 지금까지 관직이 없단 말이오? 지금 바로 그들에게 조산대부朝散大夫를 내리겠소."

당대는 관료제도가 아주 복잡해서 크게 직사관職事官·산관散官·훈관勳官·위관衛官 네 종류로 나뉘었다. 직사관은 구체적인 업무를 직접 담당한다. 중서령·상서령·현령 등이 그런 관직이다. 산관은 정치적·경제적으로 어떤 예우를 받는가를 나타내는 관직이다. 고종이 장손무기에게 약속한 이 '조산대부'는 산관 중의 한 품계다. 산관은 모두 9품으로 나뉘는데 조산대부는 종5품에 해당된다. 그러나 이 종5품은 보통 자리가 아니다. 이 자리가 얼마나 대단했는지 알아보자.

당시 관리의 등급은 크게 세 단계로 구분되었다. 3품 이상은 '친귀親貴'라 하여 고급 관리에 속한다. 5품까지는 '통귀通貴'라 해서 중고급 관리, 6급 이하는 모두 일반 관리에 해당된다. 전체 관료체계는 피라미드형으로 위로 갈수록 그 수가 줄어드는데, 그중에서도 5품이 특히 관건이었다. 왜냐하면 5품 이상에 올라야만 남들이 누리지 못하는 특권을 누릴 수 있었기 때문이다.

5품 이상의 산관에게는 특권이 많았다. 먼저 자식에게 혜택이 돌아왔다. 아버지가 5품 이상의 관리를 지냈다면 아들이 그 관직을 계승할 수 있었다. '한 사람이 출세하면 주변 사람도 덩달아 덕 본다'는 말이 바로 이 뜻이다. 또 전 가족의 부역도 면제된다. 만약 6품이라면 본인만 부역이 면제되고 그 가족은 부역에 응해야 한다. 5품 이상의 관리는 가족 모두가 국가에 봉사하지 않아도 된다. 이게 얼마나 대단한가? 5품 이상에게 주어지는 이런 엄청난 특권 때문에 많은 사람이 이 대오에 끼어들기를 희망했지만, 실제 대다수 관리들에게는 평생 그런 기회가 오지 않았다.

당대 관리의 관복 색깔을 보면 3품 이상은 자주색, 5품 이상은 홍색, 7품 이상은 녹색, 9품 이상은 청색이었다. 5품 이상이 고급 관리에 해당되었기 때문에 '대홍대자大紅大紫'라는 말은 곧 '떵떵거리며 위세를 부린다'는 뜻으로 사용된다.

장손무기의 서자들에게 첫 관직으로 종5품을 내렸다는 것은 황제의 지대한 은총을 보여준 예로, 보통 사람이라면 감히 넘볼 수도 없다. 이런 관직을 하사받았으니 장손무기 입장에서는 더할 나위 없는 영광이었고, 고종이 그를 자기편으로 삼으려는 의도도 명백해졌다.

관직을 하사한 다음, 고종도 이제는 마음이 좀 든든해져서 슬슬 본론에 들어갔다.

"외삼촌의 아들들이 다 이렇게 똑똑하고 장래가 촉망되니 저 역시 말할 수 없이 기쁩니다. 그런데 왕황후에게 아들이 없어 걱정입니다. 그래도 무소의가 아들을 하나 낳아주었지요."

이렇게 자신이 방문한 의도를 밝힌 다음, 그는 엷은 미소를 띠며 기대에 찬 눈으로 장손무기를 바라보았다. 그가 어떻게 나올까? 그러나 그는 황제의 말을 받지 않았다.

"그렇습니다. 소의께서 득남하셨으니 정말 경하드릴 일입니다. 자, 폐하 그리고 소의, 우리 오늘 마음껏 즐깁시다."

그는 화제를 엉뚱한 데로 돌려버렸다.

그렇다고 고종이 화를 낼 수 있겠는가? 찜찜해하면서도 잠시 뜸을 들인 뒤 말을 이었다.

"여봐라, 선물을 올려라!"

장손무기에게 선물이 하사되었다. 금은보화가 네 수레, 비단이 열 수레였다. 국가에 대한 그의 공로를 치하한다는 의미였다. 주지하다시피 당은 중국 봉건사회에서 가장 번성했던 제국이다. 그러나 영휘 시기는 수말의 혼란에서 막 벗어난 초당 시기여서 국가 경제는 그다지 풍요롭지 못한 상태였다.

이런 일도 있었다. 무척 궁핍했던 당 초기, 한번은 태자 이치가 양고기 샤브샤브를 먹을 기회가 있었다. 이때 칼에 양고기 기름이 묻어 있는 걸 본 태자는 그걸 그냥 버리기가 아까워 빵에 문질러 먹었다. 이 정도였다. 나라 살림이 아직 넉넉하지 못했던 당시, 비단 열 수레와 금은보화 네 수레라면 실로 대단한 선물이었다. 이처럼 엄청난 하사품은 전례가 없었다. 선물을 하사한 황제가 다시 입을 열었다.

"천하가 제 손에 있지만 유감스럽게도 황후에게 아들이 없습니다. 그래도 무소의가……."

화제가 다시 앞으로 돌아갔다. 하지만 장손무기는 여전히 했던 말을 되풀이하면서 일부러 핵심을 피해갔다. 이런 식의 대화가 몇 차례 반복되었지만 여전히 그는 엉뚱한 소리로 일관했다. 자기 의사를 명백하게 밝히지 않는 것도 때로는 의사 표시가 된다. 장손무기의 이런 태도는 측천의 황후 책봉을 지지하지 않는다는 걸 의미했다. 말이 통하지 않는데 천 마디를 한들 다 무슨 소용이 있겠는가?

황제와 소의는 울적한 기분으로 돌아서야 했다. 그 후 측천은 특별히 어머니 양 씨 부인까지 동원해서 장손무기를 설득해보았지만 결과는 여전히 퇴짜였다. 장손무기를 매수해서 조정대신들의 지지를 얻으려고 했던 노력은 이렇게 수포로 돌아갔다.

이 일을 통해 측천은 두 가지 교훈을 절실하게 깨달았다.

하나는, 자신을 한껏 낮추고 선물 공세로 효과를 보았던 후궁에서의 전략이, 장손무기 같은 원로대신에게는 통하지 않는다는 것이었다. 그들은 산전수전 다 겪은 터라 이런 선물 따위에는 끄떡도 하지 않았다.

다른 하나는, 측천이 생각하는 것처럼 왕황후란 사람이 결코 만만한 종이호랑이가 아니라는 사실이다. 반격할 능력이 없다고는 하지만, 그녀는 여전히 조정대신들의 신망과 인기를 유지하고 있었다. 좀더 강력한 공격이 필요했다.

물론 이번 방문에서 측천은 중요한 소득을 하나 얻었다. 그건 바로 이치의 지지였다. 반면 이치는 원로대신들의 비협조적인 태도 때문에 좌절감이 컸다. 황제의 자존심마저 던져버렸건만 돌아온 건 완강한 반대였고, 낮은 자세로 선물 공세를 펼쳤지만 일은 제대로 이루어지지 않았다. 분통 터질 일이었다. 고종은 심기가 불편했고 군신 간에는 처음으로 심각한 균열이 생겼다. 이럴수록 측천에 대한 고종의 지지도는 더 높아졌다.

사람의 심리란 묘해서 일이 안 되면 안 될수록 더 하고 싶어지는 경향이 있다. 어쩌면 그 순간부터 만사가 원천적으로 틀어져버렸는지도 모른다. 측천을 황후로 책봉하려던 데서 출발한 이 충돌 사건은 급기야 군신 간의 권력투쟁으로까지 비화하고 말았다. 투쟁의 성격이 바뀌다보니 측천과 고종의 관계에도 변화가 일어났다. 전에는 단순히 서로 좋아하던 부부 사이였지만, 이제는 한 걸음 더 나아가 전우관계로까지 발전했다. 공동의 적이 생긴 이상, 두 사람은 적개심을 불태우며 한층 더 굳건하게 단결해야 했다.

## 3. 후궁에서의 저주 사건

조정대신들과의 접촉에서 별다른 소득을 올리지 못하자, 측천은 재빠르게 자신의 텃밭인 후궁으로 눈길을 돌렸다. 우선 왕황후 문제부터 완벽하게 처리하기로 결심했다. 지난번에는 단순히 감정에 호소하는 전략을 구사했지만, 이번에는 제대로 형사 사건으로 엮을 참이었다.

영휘 6년(655) 6월, 측천은 다시 도발을 시작했다. 측천은 자기 측근을 교사하여 황제에게 왕황후와 그 어머니 위국魏國부인 유柳 씨가 연합해서 '염승厭勝'을 부렸다고 고자질했다.

'염승'이란 옛날 남을 저주하기 위해 사용했던 일종의 무술巫術이다. 저주할 대상의 모습을 본떠 종이로 오리거나 목각 인형을 만들어서, 그 위에 이름과 사주팔자를 쓴다. 그런 다음 못이나 침을 꽂으면서 그 사람이 고통에 시달리거나 처참하게 죽기를 기원한다. 『홍루몽紅樓夢』에도 조이랑趙姨娘과 마도파馬道婆가 연합하여 이런 염승을 벌이는 장면이 등장한다. 그들은 가보옥賈寶玉과 왕희봉王熙鳳을 증오해서 몰래 두 사람의 초상을 그려놓고 못질하고 저주를 퍼붓는다. 훗날 가보옥과 왕희봉은 성질이 아주 포악해져서 집안을 발칵 뒤집는 소동을 벌였고, 마지막에는 큰 병을 앓기도 했다.

물론 이와 정반대되는 기능도 있었다. 자기가 흠모하는 사람을 그려놓고 주문을 외면 그 사람이 꼭 챙겨줄 거라고 믿기도 했다. 옛사람들은 이렇게 하면 분명 저세상의 감응을 받아 상대방에게 위해가 가해지리라 맹신했다. 그래서 염승은 10대 죄악 중의 하나로 중죄에 해당했고, 도리에 어긋나는 패악 행위로 간주되었다. 법적으로도 계획적인 살인죄보다 겨우 두 단계가 낮은 수준이었다. 그러나 그 대상이 황제나 웃어른인 경우 감형되지 않았다.

이 고자질은 물론 왕황후를 사지로 몰아넣겠다는 발상에서 나왔다. 법대로 하면 왕황후는 사형이었다. 그러나 이때 사용한 염승의 재료가 겨우 천 한 조각, 종이 한 장에 불과한 데다, 이것이 궁중 암투에서는 자주 사용되는 것이라는 걸 황제도 알고 있었다. 또 이런 일은 믿기 어려운 경우도 많았기 때문에, 그 처분은 대부분 황제의 태도나 결심에 의해 좌우되었다. 한 무제 때도 황후 진아교陳阿嬌의 염승이 발각되었을 때 폐출시키기는 했지만 목숨은 살려준 예가 있다.

이처럼 염승에 대한 처분은 전적으로 황제에게 달려 있었다. 이번 사건은 측천과 왕황후의 대립이 최고조에 달했던 시점에 발생했기 때문에, 측천이 황후를 무고했을 가능성이 높았다. 그래서 이치는 이해득실을 따져본 후 형사 사건으로 처리하지는 않았다. 다만 위국부인 유 씨에게는 궁중 출입금지령을 내리고, 왕황후의 외삼촌인 중서령 유석은 수주자사遂州刺史로 좌천시켰다. 수주는 지금의 쓰촨 성 쑤이닝遂寧 지방이다. 유석은 순전히 왕황후에 연루되어 억울한 처벌을 받은 셈이었다. 좌천길에 그는 또 '궁중 내부의 일을 누설했다'는 혐의를 받아 다시 영주자사榮州刺史로 발령되었다. 영주는 지금의 쓰촨 성 룽현榮縣으로 수주보다 더 오지였다. 그야말로 갈수록 첩첩산중, 이렇게 왕황후는 가족들과의 연결이 끊어지고 말았다.

장손무기를 끌어들이려던 계획이 완전 실패로 돌아갔다면, 이 염승 사건에서 측천은 그나마 부분적인 승리를 거둔 셈이었다. 왕황후를 사지로 내몰려던 목적은 달성되지 않았지만, 그래도 황후와 조정대신 사이의 연결은 철저히 차단되었다.

새장에 갇힌 새가 된 왕황후의 신세, 조정대신들은 장차 그녀를 어떻게 대할까? 그들은 여전히 의연하게 앞장서서 그녀를 지지할까?

## 4. 신비宸妃 파동

측천은 잠시도 가만히 앉아 있을 수가 없었다. 다시 한번 행동에 나섰다. 과거의 경험을 교훈 삼아 이번에는 직접 황후 자리를 넘본 게 아니라 일보 후퇴하여 차선책을 도모했다.

측천은 황제에게 신비 책봉을 요구했다. 당시 후궁 제도를 보면, 비妃의 직급은 1품으로, 2품 소의와 황후의 중간이었다. 당대에는 명칭이 각기 다른 네 명의 비가 있었는데 귀비·숙비·현비·덕비가 그것이다. 이때는 이 네 명의 자리가 다 차 있었다. 한때 고종이 특별히 총애했던 소숙비도 그중 하나였다. 무소의도 이 자리에 끼어들고 싶었지만 빈자리가 없었다. 관례대로 하자면 측천은 자리가 생길 때까지 기다려야 했다. 누구 하나가 갑자기 사망해서 빈자리가 생기지 않는 이상 진입할 방법은 없었다. 그렇지만 측천은 마냥 기다릴 사람이 아니었다. 창의력과 용기만큼은 둘째가라면 서러워할 그녀는 묘안을 짜냈다. 측천은 황제에게 네 명의 비와는 별도로 자신을 신비로 책봉해달라고 요구했다.

신비! 이것은 측천이 숙고에 숙고를 거듭한 끝에 지어낸 칭호였다. 우선 '비' 자를 썼으니 '황후'처럼 사람들의 주목을 크게 받지 않을 테고 거부감도 없을 것이다. 또 '신비'라는 칭호에 담긴 정치적 의미도 작지 않았다.

'신宸'은 북극성을 가리킨다. 『논어』 「위정爲政」을 보면, "도덕으로 나라를 다스리는 것은, 마치 북극성은 그 자리에 있고 뭇 별이 그것을 중심으로 도는 것과 같다"라는 말이 있다. 즉 북극성이 하늘에서 빛을 발하면 다른 별들은 그 주변에 모여 일제히 그것을 떠받든다는 의미다. 그래서 북극성을 곧잘 제왕에 비유하곤 한다. '신' 자를 붙인다는 건 마치 자기 맏아들의 이름을 이홍이라고 지은 것처럼, 그녀의 야심만만한 의도를 적나라하게 드러낸 것이었다. 물론 신비 책봉이 그녀의 최종 목표는 아니었다.

이 정도면 자기도 한발 물러선 셈이니, 이제는 조정대신들이 양보할 차례라고 측천은 생각했다. 서로 상대의 체면을 살려주었으니 대신들도 만족하리라.

그러나 이 제안에 대해 중서령 내제來濟, 문하시중門下侍中 한원韓瑗은 즉각 강하게 반발했다. 비빈의 수는 제한되어 있는데 별도로 새 칭호를 내세울 수 없다는 게 그 이유였다. 선조들이 이미 정해놓은 제도가 있는데, 측천이 꼼수를 써서 이런 칭호를 추가한다는 건 결코 있을 수 없다는 뜻이다. 당시 재상들은 합의제로 국정을 운영하고 있었으므로 이 두 사람의 의견은 곧 재상 집단 전체의 의견을 대변하는 것이었다. '소의'라는 직위만 해도 이미 그들이 받아들일 수 있는 최고의 신분이 아닌가? 측천의 신분이 그 이상 올라갈 수 없다는 입장이었다.

신비 책봉조차도 실패하니, 측천의 좌절감은 클 수밖에 없었다. 어쩌면 이때부터 측천은 조정대신들이 자신에게 얼마나 중요한 존재인가를 실감했을 것이다. 후궁에서의 다툼이 하나같이 다 그들과 연계되어 있으니, 그들의 지지를 받지 못한다면 후궁의 주인이 되려는 꿈도 영원히 무산될지 모른다. 이때부터 측천의 시야는 후궁 바깥으로 뻗어나가기 시작했다. 그녀에게 후궁 바깥은 아직 미지의 세계였다.

'강자를 피해 약자를 모으고, 먼 곳과 친교하여 가까운 곳을 치자!'

구중궁궐 안에서 그녀가 즐겨 사용했던 이 전략이 과연 바깥세상에서도 제대로 효력을 발휘할까? 궁궐 밖으로 걸어 나온 무소의는 손에 움켜쥔 채찍을 휘두를 곳을 바라보았다.

제6장

# 궁중에서의 결전

---

## 1. 무소의의 지지자들

측천이 속수무책으로 움츠리고 있을 때, 자발적으로 그녀를 위해 깃발을 들고 나선 관리가 하나 있었다. 이름은 이의부李義府, 하북성 영주瀛州 요양饒陽 출신이었다. 그는 중서령 내제의 휘하에서 5품 중서사인中書舍人을 맡고 있었다. 겉과 속이 다른 음흉한 사람을 지칭할 때 쓰는 '소리장도笑裏藏刀'란 사자성어가 바로 이 사람에게서 나왔다. '웃음 속에 칼을 품고 있다'는 말이다.

이의부는 훤칠한 미남에 재주도 있고 예의도 발랐다. 그러나 누군가가 그의 미소에 반해서 마음을 터놓고 지내야겠다고 생각했다면 그건 엄청난 오산이다. 그에게는 은밀하게 사람 속을 훤히 꿰뚫어보는 자질이 있었다. 겉으로는 친절하게 대하는 척하면서 속으로는 갖은 농간을 다 부렸다. 오죽했으면 사람들이 그를 두고 '소리장도'라고 했겠는가?

그는 또 온화한 외모에 비해 사람을 해치려 들 때는 인정사정 보지 않았기 때문에 '고양이'라는 별명도 있었다. 고양이는 평소 유순하고 말을 잘 듣는다. 그러나 쥐를 잡는 순간에는 인정사정없이 사납게 덤빈다. 이 이의부가 바로 그랬다. 그러나 이런 인품에 비해 재주 하나는 출중했다.『전당시全唐詩』에는 그의 시가 8수 남아 있는데, 시풍이 청아하고 참신하여 전형적인 초당의 기풍을 보여준다.

게다가 그는 이치의 옛 부하로 이치가 태자로 있을 때 태자사인을 지냈다. 당시 내제는 태자사의랑太子司議郞으로 있었는데, 당시 그들의 문필이 워낙 뛰어나서 사람들은 '내来·이李'라는 칭호를 붙여주기도 했다. 그러나 시간이 지나면서 내제는 중서령이 되었고, 이의부는 여전히 중서사인에 머물고 있었다. 재주는 내제에 뒤지지 않았지만 직급에서는 엄청난 차이가 났다. 이 때문에 이의부는 늘 부글부글 속을 끓이고 있었다.

그런데 이의부는 측천과 어떤 관계였고, 그는 왜 측천을 지지하고 나섰을까?

사실 이 두 사람은 아무 관계도 없었다. 그가 나선 것은 전적으로 황제의 환심을 사서 자리를 보전하려는 목적 때문이었다. 그에게 측천은 그저 이용 가치가 있는 존재에 불과했다. 바람도 없는데 파도가 일진 않는다. 문제의 발단은 이의부의 전출 문제였다.

원래 중서사인으로 있던 이의부가 장손무기에게 잘못을 저지르자, 장손은 그를 멀리 오지에 있는 벽주사마璧州司馬로 좌천시킬 참이었다. 지금의 쓰촨 지방이다. 벽주사마 역시 5품직이라 따지고 보면 수평 이동이니 좌천이라고 할 수는 없다. 그러나 당시 사람들은 지방직보다는 중앙직을 선호했다. 중앙직은 하루 종일 조정에서 근무하다보니 황제와 접촉할 기회가 많았고 따라서 출세할 가능성이 상대적으로 높았다. 그러나 지방에 있으면 아득히 황제와 멀리 떨어져 있으니 승진할 기회도 적었다.

자기 재주 하나만은 굳게 믿고 있었던 이의부는 야심도 대단해서 도무지 지방행이 내키지 않았다. 이번 좌천이 그로서는 엄청난 타격이었다. 당시 행정 처리 과정에 따르면, 이의부의 임명조서는 중서성에서 초안을 작성한 다음 문하성으로 보내져 심사하게 되어 있었다. 이의부는 중서사인이었으므로 직무상 이 임명안을 사전에 알아낼 수 있었다. 그는 이 임명이 그대로 진행되는 걸 두 눈을 빤히 뜨고 지켜볼 수만은 없었다. 그렇다고 발령장을 그냥 묵혀둘 수도 없었다. 아무런 방법도 찾지 못한 이의부는 같은 중서사인으로 있던 친구 왕덕검王德儉을 찾아갔다.

왕덕검의 목덜미에는 큰 혹이 하나 나 있었는데, 이자가 또 간사하고 꾀가 많은지라 사람들은 그를 '꾀주머니'라고 불렀다. 꾀주머니는 전후 사정을 다 듣고 나서 아이디어를 하나 내놓았다.

『자치통감』에는 이렇게 기록되어 있다.

"황제께서 지금 무소의를 황후로 세우려 하면서도 미적대고 결정을 못하고 계시네. 그 이유인즉 재상들의 반대가 두려우신 거지. 자네가 만약 측천을 책봉해야 한다고 건의하면 자네에겐 아마 전화위복이 될 걸세."

이의부는 이 아이디어가 마음에 쏙 들었다. 그렇지만 내일이면 임명조서가 문하성으로 전달될 테고, 지금은 황제도 이미 침소로 들어갔을 텐데 무슨 수로 그전에 황제를 배알한단 말인가? 그런데 때마침 그날은 왕덕검이 야간 당직을 서는 날이었다. 상의 결과 이의부가 왕덕검 대신 당직을 서기로 하고, 밤에 황제를 찾아가 무소의의 황후 책봉을 간청하기로 의논했다.

가뜩이나 이 문제로 골머리를 썩이고 있던 이치와 측천은 이의부의 출현이 너무나 반가웠다. 드디어 지지자가 나타났구나! 이의부에게 그 방법을 듣고 싶었다.

"폐하, 지금 모든 백성이 무소의를 황후로 추대하라고 난리들입니다. 부디 만천하의 민심을 따르소서."

고종으로서는 희열과 번민이 교차했다.

'만백성이 다 이렇게 생각하고 있다는데 왜 나만 모르고 있었지?'

말이야 바른말이지, 황제에게 백성의 생각이 뭐 그리 중요하겠는가? 하지만 이 순간 이치는 중요한 사실 하나를 확인했다. '관리라고 하나같이 다 꽉 막힌 건 아니군.' 전에는 모든 관리가 다 장손무기 편에 서서 자신을 반대한다고 생각했는데, 막상 이의부를 만나고 나니 귀가 번쩍 뜨였다. 황제는 너무나 흡족한 나머지 한층 더 분발하라는 뜻으로, 그에게 진주 한 말을 하사했다. 이의부는 이 기회를 놓치지 않았다.

"폐하, 소신은 목숨을 바치는 한이 있더라도 폐하를 위해 최선을 다하려고 했습니다. 다만 그런 기회가 없을까봐 걱정스럽습니다. 소신이 곧 벽주 사마로 나가게 되는데, 벽주는 장안에서 천 리 먼 곳에 떨어져 있으니 소신이 폐하를 위해 목청껏 외친들 누가 들어주기나 하겠습니까?"

"그게 뭐 문제인가? 그대는 현직에 그대로 머물러 있게."

다음 날, 측천은 직접 이의부에게 사람을 보내 위로했고, 그를 중서시랑으로 승진시켰다.

황제와 측천의 이런 조치는 곧 전체 대신들을 향한 확실한 신호가 되었다. 무소의를 지지하면 출세는 따놓은 당상이라는 황제의 분명한 메시지였다. 그 위력은 대단했다. 일시에 몇몇 관료가 측천 주위로 결집했다. 거기에는 위위경衛尉卿 허경종許敬宗, 중서사인 왕덕검, 어사대부 최의현崔義玄, 어사중승御史中丞 원공유袁公瑜 등이 포함되어 있었다. 조정 내에서 측천이 최초로 자기 세력을 확보하는 시점이었다. 이의부의 인생행로에 중대한 전기가 마련되기도 했지만, 동시에 황후 자리를 향한 측천의 행보에도 바야흐로 서광이 비치기 시작했다.

이들 중 허경종이 나이도 가장 많고 지위도 가장 높았기 때문에 바로 영수로 추대되었다. 허경종은 이의부에게 아이디어를 제공했던 꾀주머니 왕덕검의 외삼촌으로 나이는 장손무기와 비슷했다. 그는 산전수전 다 겪은 인물이었다. 수말 대혼란 시기에 그의 부친 허선심許善心이 반군의 우두머리 우문화급宇文化及, 선비족. 을지문덕의 살수대첩에서 대패한 수나라 장수 우문술宇文述의 아들에게 피살되자, 당시 허경종은 자기 목숨을 부지하기 위해 굴욕적인 행동을 한 것으로 유명하다. 그는 혼자만이라도 살아남기 위해 아버지를 죽인 원수 앞에서 춤까지 추었다고 한다. 온갖 손짓 발짓 다 동원하여 춤을 추면서 자기를 살려달라고 애걸했던 것이다. 본래 인간이란 때로 한없이 나약해질 수 있는 존재, 허경종의 이런 행동을 이해하지 못할 것도 없다.

그러나 같은 시기, 그와 이력은 비슷해도 지조 하나만은 남달리 꼿꼿했던 인물도 있었다. 서예 대가 우세남虞世南이다. 그의 형 우세기虞世基 역시 처형될 위기에 처했지만, 일개 서생에 불과했던 우세남은 도저히 무력을 써서 형의 목숨을 구할 수 없었다. 그는 땅바닥에 무릎을 꿇으면서 칼을 든 망나니에게 자기 목숨을 내놓겠으니 형만은 방면해달라고 애걸했다.

똑같은 목숨 구걸이지만 우세남의 경우가 훨씬 당당하다. 그래서 당시에는 "우세남은 무릎 꿇고 죽기를 간청했고, 허경종은 춤을 추며 살려달라 애걸했네"라는 말이 널리 나돌았다. 이런 비방을 들었던 자가 바로 허경종이다.

이처럼 그는 비록 인품은 보잘것없었지만 재주는 비상했다. 그래서 당시 왕자였던 이세민에게 발탁되어 쉽사리 진부십팔학사秦府十八學士로 들어갈 수 있었다. 그 뒤 그는 명재상 방현령方玄齡, 두여회杜如晦 같은 인사들과 함께 정사를 맡기도 했다. 태종 이세민이 즉위하자 그는 중서사인이 되었다. 확실한 출세가 보장되었지만, 한순간의 부주의로 조정에서 그만 실족하고 말았다. 무슨 일이 있었을까?

정관 10년(636), 장손황후가 세상을 떠났는데, 그 엄숙한 장례식 자리에서 이 경박한 허경종이 그만 가가대소를 터뜨렸다. 웃은 이유가 정말 가소롭다. 서예 대가 구양순歐陽詢의 얼굴이 너무 못생겼다는 것이었다. 이 한바탕 웃음 때문에 그는 바로 지방으로 좌천되었다.

그 후 그는 고종의 집권 초기에 간신히 예부상서로 복귀했지만 이번에도 사달이 났다. 그의 어린 딸이 소수민족의 수령 풍앙馮盎*에게 시집을 가자 물욕에 눈이 멀어 딸을 팔아먹었다는 탄핵을 받아 또다시 지방으로 쫓겨난 것이다.

바로 이런 인격상의 결함 때문에 허경종의 관리 생활은 부침이 심했다. 수십 년을 같이 지낸 왕년의 동료들은 이미 권력의 중심에 서 있었지만 유독 자신만은 위위경衛尉卿에 머물러 있었다. 이 자리는 3품직이긴 해도 황제의 말과 수레를 담당하는 실무형 직책이어서 실권이 없었다. 이 때문에도 그는 늘 의기소침해 있었다.

'태평성대에는 인품이 중요하지만, 난세에는 재주가 필요하다'는 옛말에 하나도 틀린 게 없다. 황제가 무소의를 황후로 책봉하려는 지금이야말로 바로 혼란의 시기, 허경종은 내심 자기에게 기회가 찾아왔다고 판단했다. 반평생 정치에 몸담아온 직감을 믿고 그는 황제 쪽에 서야겠다고 결심했다. 그런데 황제를 지지하면 어떤 이득이 돌아올까? 황제의 결심은 지금 얼마나 확고할까? 허경종은 그때까지도 미심쩍은 마음에 선뜻 태도를 정할 수가 없었다.

앞서 말한 이의부의 좌천 문제가 불거진 것이 바로 이때였다. 이의부가 자기 생질 왕덕검을 찾아가 도움을 요청했던 것이다. 노련한 허경종은 이 기회에 간이나 한번 보자고 생각했는데 결과는 의외로 좋게 나타났다. 그는 정면에 나서서 행동에 돌입하기로 결심했다.

이렇게 허경종과 이의부를 중심으로 한 몇몇 관료들은 측천 지지라는 정치적 목표를 내세우며 결집했다. 그들은 측천의 모친 양 씨 부인을 통해 측천과 은밀히 정보를 주고받았다. 이렇게 조정대신과 후궁 사이에는 언제, 어떤 상황에서도 대처할 수 있는 정보망이 구축되었다. 정보망의 하부

---

* 풍앙은 현종 때 권세를 누린 환관 고력사高力士의 증조부다. 고력사의 본명은 풍원일馮元一로, 어린 나이에 입궁하여 고연복高延福의 양자가 됨으로써 고 씨 성을 가졌다.

조직은 조정의 각 부서에 산재해 있었고, 그 정점에는 야심만만한 무소의와 배후 지지자 황제 이치가 자리하고 있었다.

## 2. 궁중에서의 소동

측천의 지지파들이 은밀히 활동에 돌입하자, 반대파 대신들도 차츰 결집하기 시작했다. 반대파의 영수는 원로대신 장손무기였고, 거기에 태종이 임명했던 고명대신이자 장손무기의 추종자인 저수량, 측천의 신비 책봉을 결사반대했던 내제와 한원도 가담해 있었다. 두 파는 남몰래 세력을 확장해갔다. 중앙의 정치적 분위기가 급박하게 돌아가면서 점차 아래로 그 파장이 번져갔다.

살랑살랑 봄바람에 온 연못이 일렁였다고나 할까? 측천의 황후 책봉 문제는 일순간 사람들의 최대 관심사로 떠올랐다. 장안의 현령 배행검裵行儉이 몰래 장손무기와 저수량을 찾아가 의논했다.

"무소의는 천성이 사악한 사람입니다. 만약 그녀를 황후로 책봉한다면 국가는 엄청난 재앙에 빠질 것입니다."

이들의 은밀한 대화는 금방 측천의 정보망에 포착되었다. 어사중승 원공유가 이 소식을 측천의 모친 양 씨 부인에게 전했고, 양 씨를 통해 다시 측천의 귀에 들어갔다. 측천은 고종에게 적절한 대응 조치를 취하라고 호소했다.

배행검은 곧바로 서주西州도독부 장사長史로 좌천되었다. 지금의 신장新疆 투루판 지역이다. 이로써 그는 정치의 중심에서 한참 멀어졌다. 이후 얼마 지나지 않아 측천의 핵심 지지자 허경종은 예부상서로 올라섰다. 황제의 거대한 손이 드디어 위력을 발휘한 것이다. "나를 따르는 자는 흥할 것이요, 나를 거역하는 자는 망할 것이로다!"

두 파 관리들의 정치적 입지가 엎치락뒤치락하면서 원래 하나로 똘똘 뭉쳐 있던 조정대신들 사이에도 점차 분열이 일어나기 시작했다. 사람들은 사태의 추이를 관망하면서 자신의 입장과 그에 따라 야기될 결과를 저울질했다.

영휘 6년(655) 9월, 이 긴장된 분위기 속에서 고종과 측천은 마침내 마지막 카드를 뽑아 들었다.

『당회요』의 기록을 보자.

어느 날, 고종은 조정에서 물러나면서 재상 네 명에게 상의할 일이 있다며 별도로 내전으로 불러들였다. 태위太尉 장손무기, 사공司空 이적李勣, 좌복야左僕射 우지령于志寧, 우복야右僕射 저수량이었다. 이들은 모두 '동중서문하同中書門下 3품'이라는 직함을 가지고 있었다.

당의 재상 제도는 좀 복잡하다. 일부 재상직은 법정직이었지만, 이와는 별도로 황제가 임명할 수 있는 직급이 더 있었다. 법정 재상으로는 상서성 장관 상서령, 중서성 장관 중서령, 그리고 문하성 장관 문하시중門下侍中이 있었다. 그중 상서령은 정2품, 중서령과 문하시중은 정3품이었다. 그러나 상서령의 권한이 지나치게 막강해지자 태종 이후에는 상서령을 두지 않고, 그 보좌역으로 종2품 좌복야, 우복야를 두어 재상으로 삼았다. 이밖에도 3성의 장관은 아니지만 황제가 임명하는 재상이 더 있었다. 재상이 되면 보통 '동중서문하 3품' 또는 '동중서문하평장사平章事'라는 직함이 붙었는데, 그것은 이들이 중서성·문하성의 장관과 마찬가지로 정책 결정권을 가진다는 것을 의미했다. 장손무기와 이적이 여기에 해당했다.

고종 영휘 6년 무렵, 조정에는 이런저런 칭호를 가진 재상이 모두 일곱 명이었다. 위에서 말한 네 사람 외에 중서령 한원, 문하시중 내제, 또 다른 문하시중 최돈례崔敦禮였다. 당의 전통에 따르면 황제가 조정에서 물러나면 모든 재상은 따로 정사당政事堂*에 모여 함께 정사를 의논했다. 그런데 이번에는 그런 관례를 깨고 황제가 독자적으로 일부 재상들만 부른 것이다. 무슨 특별한 사정이 있는 게 분명했다. 네 사람은 서로 얼굴만 쳐다볼 뿐 궁금증을 풀 수 없었다. 최근 무소의를 둘러싸고 야기된 정치적 파장을 생각하면, 그 특별한 사정이란 게 무소의와 관련된 것이 아닐까라는 막연한 추정은 가능했다.

네 재상은 대책을 논의했다. 만약 잠시 후 황제가 이 문제를 거론하면 어떻게 답변해야 할까? 누군가가 제안했다.

"장손 태위께서 나서서 말씀드리시지요."

이에 저수량이 이의를 제기했다.

"태위는 폐하의 외삼촌이십니다. 만약 일이 뜻대로 되지 않을 경우, 폐하께서 외삼촌과 대립하는 모양새가 되니 그건 안 될 말이오."

황제와 외삼촌 사이에 불화라도 생기면 황제에게 오점이 생길 수도 있다는 우려였다. 이렇게 해서 장손무기는 배제되었다.

처음 제안을 했던 사람이 다시 나섰다.

"영공英公은 폐하의 총애를 받는 분이시니 영공이 나서시지요."

영공은 영국공英國公의 작위를 가진 이적으로, 고종이 평소 무척 아끼는 재상이었다.

이번에도 저수량이 반대했다.

"사공司空은 국가 원로공신이오. 만약 일이 틀어지면 황제께서 공신과 사이가 틀어졌다는 말이 나올 것이오. 안 됩니다." 역시 거절되었다.

이런 상황에서 과연 누가 나서서 황제에게 의견을 올린단 말인가? 저수량이 말했다.

* 당송 시기 재상들이 정사를 의논하던 곳으로, 처음에는 문하성 내에 설치했다가 다시 중서성으로 옮겼다.

"저는 선황께서 임명한 고명대신이오. 만약 제가 최선을 다하지 못한다면 저세상에 갔을 때 무슨 낯으로 선황을 뵙겠소?"

모수자천이었다. 자신이 앞장서겠다는 것이다.

여기서 잠깐, 이렇게 두 번씩이나 황제에게 아뢸 사람을 천거한 인물은 과연 누구일까? 네 사람 가운데 장손무기와 이적은 이미 거명되었고, 저수량은 자원하고 나섰다.

그렇다면 딴 사람에게 공을 넘긴 사람은 바로 남은 한 사람, 우지령이었다. 그는 이번 정치 싸움에 말려들고 싶지 않았다. 인품이나 학식이 풍부해서 태종 때 태자태사太子太師로 임명되어 당시 태자였던 이승건을 보좌한 인물이다. 이승건이 폐출된 직후, 태자를 모시던 신하들은 모두 연루되었지만, 우지령 한 사람만은 이전처럼 새 태자를 보좌하게 되었다. 품성과 학문이 뛰어나다는 이유 때문이었다. 그 태자가 바로 훗날의 고종이다.

'뱀에게 물렸던 사람은 우물가 새끼줄만 봐도 놀란다'고, 이미 정치적 풍파를 경험해본 우지령은 각별히 신중하고 조심스럽게 행동했다. 그 스스로는 어떤 정치 싸움에도 말려들지 않겠다는 각오가 서 있었다. 이번 황후 폐출 문제만 하더라도 그랬다. 이 예사롭지 않은 사안에 자신은 나서지 않는 게 상책이라고 판단했다.

이들의 이번 논의에서 누가 먼저 황제에게 발언하느냐의 문제도 중요했지만, 또 하나 의미 있는 사실은 네 사람의 견해가 완전히 일치했다는 점이다. 누가 나서서 황제의 질문에 대답할지를 의논했다는 것은, 다시 말하면 왕황후를 폐하고 측천을 황후로 추대하는 문제에 관한 한 다들 반대 입장이라는 것을 묵인한 것이나 다름없었다. 단지 대답하는 방식의 문제였을 뿐, 재상들 간에는 이미 공감대가 형성되어 있었다.

바로 이런 상황에서 이 재상 동맹에서 빠지겠다는 태도를 표명한 사람이 있었다. 바로 이적이었다. 그는 이 일에 개입하고 싶지 않다는 것을 에둘러 표현했다.

"오늘 제가 아픈 몸을 이끌고 조회에 참석했는데 이제는 더 이상 몸을 가누기가 어렵습니다. 잠시 후에 폐하를 알현할 텐데 실수나 하지 않을까 걱정입니다. 그러니 세 분께서 저 대신 병가를 좀 내주십시오."

말을 마치자마자 이적은 바로 자리를 떴다. 남은 세 사람은 서로 얼굴만 쳐다보았다. 예상 밖의 일이었지만 떠나는 사람을 붙잡을 수는 없었다. 그저 멀거니 이적의 뒷모습을 바라볼 뿐이었다.

세 사람 중에서는 장손무기가 핵심 인물이었다. 그는 황제의 외삼촌이자 1품 태위, 직급도 가장 높았다. 황제가 그에게 물었다.

"세 가지 불효가 있는데 그중에서도 후사가 없는 게 가장 크오. 지금 왕황후는 아들이 없지만 무소의에게는 아들이 있소. 그러니 왕황후를 폐하고 그 자리에 무소의를 앉힐 생각인데, 경들의 생각은 어떠하오?"

사전 약속대로 장손무기는 대답을 하지 않았고 저수량이 나섰다.

"황후는 명문대가 출신의 규수로 선황께서 정해주신 배필입니다. 황후는 선황을 착실하게 모셨고, 직분에 어긋난 행동을 하신 적도 없습니다. 병환이 깊었던 선황께서는 폐하의 손을 잡고, 소신에게는 이렇게 말씀하셨습니다. '내 착한 아들과 며느리를 경에게 부탁하오.' 당시 폐하께서도 이 말씀을 직접 들으셨고 지금까지도 귓전에 맴돌고 있습니다. 황후께는 아무런 잘못이 없으니 폐출하시면 아니 되옵니다. 소신이 감히 간청하오니 선황의 분부를 거스르지 마시옵소서."

여기서 두 가지 사실에 주목해볼 필요가 있다. 그것은 바로 저수량이 왕황후의 폐위를 반대한 이유, 그리고 왕황후에 대한 그의 확고한 입장이 무엇인가 하는 점이다.

여기서 그는 왕황후 폐출을 반대하면서 세 가지 이유를 댔다.

첫째는 관념상의 이유다.

황후가 될 사람은 반드시 명문대가 출신이어야 한다는 것이 위진남북조 이후의 오랜 전통이다. 황제는 모름지기 사회적으로 실력이 막강한 가문과 혼사를 맺음으로써 자신의 역량을 강화할 수 있었다. 저수량이 황후는 반드시 명문 집안 출신이어야 한다고 말한 것은 바로 이 점을 가장 중시했기 때문이다. 이에 비하면 측천은 졸부 집안 출신이니 이 요건에 부합하지 않는다.

둘째는 효심이다.

그의 말대로 왕황후는 '선황이 얻어준 배필'이다. 중국은 무엇보다 효도를 중시해왔다. 공자도 "3년간 부모님의 뜻을 바꾸지 않아야 효라고 할 수 있다"고 했다. 아들이 장가드는 이유가 무엇인가? 부모를 모시고 대를 잇기 위해서다. 황제가 효도를 하겠다면 선황의 뜻을 어기고 마음대로 황후를 갈아치워서는 안 된다.

셋째는 왕황후의 문제다.

왕황후에게는 아무 잘못이 없다. 왕황후에게 아무 잘못이 없다고 말하면 혹 의아해할지도 모르겠다. 그녀는 어린 공주를 살해한 혐의를 받기도 했고, 또 소위 '염승'으로 저주의 굿판을 벌인 잘못도 있지 않은가 하고 말이다. 하지만 저수량이 이렇게 말한 의도는 명백하다.

과거 왕황후가 이런 혐의로 처벌을 받긴 했지만 그것은 어디까지나 후궁 내부에서 마무리되었을 뿐, 어떤 법적 처분도 받지 않았다. 그것은 후궁 내부에서의 행정 처분, 그것도 정서적 징벌에 불과했기 때문에, 고종이 그 죄상을 외부에 공개한 적도 없다. 어린 공주의 사망 사건만 보더라도 뭔가 애매모호한 구석이 있다. 비록 왕황후가 살해 혐의를 받긴 했지만, 양쪽 모두 그 어떤 증거도 제시하지 않아 결국 유야무야되지 않았는가? 염승 사건도 그렇다. 법적으로는 당연히 사형에 처해져야 하지만 실제 처벌은 없었다. 황후의 모친에게 궁중 출입을 못 하게 하고, 황후의 외삼촌을 지방으로 좌천시킨 정도가 전부다. 요컨대 이 두 사건에 대한 처리는 후궁 내부에서 이미 다 종결되었다.

저수량이 이렇게 나온 이유는 그가 정말 사실관계를 제대로 파악하지 못할 만큼 우둔했기 때문일까, 아니면 일부러 우둔한 척이라도 해야 했기 때문일까. "왕황후는 아무런 잘못도 없는데 폐하께서는 왜 경솔하게 폐출하려 하십니까"라면서 왕황후를 두둔하고 나섰을 때는, 어쨌든 그가 최소한 자신의 우둔함을 가장했을 가능성은 충분히 있다.

저수량이 댄 이유에는 다 일리가 있었다. 고명대신의 이 논리적인 반발을 접하면서 고종 역시 그 순간에는 아무런 대책도 떠오르지 않았다. 마음속으로 불쾌하긴 했지만 물러날 수밖에 없었다. 내전에서 벌어진 이번 쟁론에서 고종과 측천은 재상들의 완승을 인정하지 않을 수 없었다.

하지만 측천은 결코 자기에게 불리한 상황이라고 해서 그대로 물러설 사람이 아니었다. 황후가 되겠다는 생각을 어디 하루 이틀 했던가. 사전에 그렇게 많은 공작을 해왔는데 이제 와서 순순히 접어버릴 수는 없었다. 측천은 고종이 포기하지 않도록 계속 더 밀어붙일 것이고, 연전연패할지라도 이 전투를 지속할 것이었다.

바로 그 다음 날, 측천의 독촉을 받은 고종은 재차 이 몇 사람을 다시 불러 똑같은 문제를 논의했다. 이번에는 이적이 아예 병가를 낸 뒤 조회에도 나오지 않고 숨어버렸다. 전날처럼 세 재상이 내전으로 달려왔다. 황제는 같은 말을 꺼냈고, 이번에도 저수량이 나섰다.

"폐하께서 진정 황후를 바꾸어 책봉하시겠다면 천하의 명문 집안 규수 중에서 고르셔야지 왜 하필 무 씨 여자라야 합니까? 지난날 무소의가 선황을 모셨다는 건 천하가 알고 있는 사실입니다. 세상 사람들의 눈과 귀를 막을 수는 없습니다. 장차 만대 후손들에게 어떻게 얼굴을 들 수 있겠습니까?"

그의 뜻은 명백했다. 고종이 왜 하필 '한 나무에만 목매달아 죽으려고 하느냐'는 항변이었다. 그는 먼저 한발 후퇴한 다음 바로 직격탄을 날렸다. 무소의는 선황의 여자, 세상 사람들이 뭐라고 입방아를 찧겠는가? 부자 둘이서 한 여자에게 덤빈다? 이제 그가 내세운 무소의 불가론의 이유는 네 가지로 전날보다 하나가 더 늘었다. 첫째, 왕황후는 명문대가 출신이다. 둘째, 무소의는 선황의 여자다. 셋째, 왕황후에겐 잘못이 없다. 그리고 마지막, 무 씨의 이력이 순수하지 못하다.

이런 문제를 들고일어나는 건 그래도 참을 만했다. 바로 이어서 저수량이 한바탕 광풍을 몰고 왔다. 그는 들고 있던 홀笏을 계단에 내동댕이치더니, 관모를 벗은 다음 바닥에다 죽어라고 머리를 쥐어박았다. 앞이마에 피가 흥건했다.

"폐하께서 소신의 말을 받아들이지 않으시겠다면 소신은 돌아가 농사나 지으며 살겠습니다."

고종 또한 분기탱천했다. 한 치 망설임도 없이 소리쳤다.

"저수량, 이자를 당장 끌어내라!"

황제가 아직 그 어떤 결정도 내리지 않았는데, 일개 대신이 죽을 각오로 협박하다니, 도대체 황제를 무엇으로 보았단 말인가. 이게 협박이 아니면 무엇인가.

이렇게 군신 간에 옥신각신, 난리법석을 피울 즈음, 뜻밖의 사태가 발생했다. 대전에 쳐놓은 주렴 뒤에서 카랑카랑한 여자의 고함 소리가 들려왔다.

"어찌 이런 오랑캐를 박살내지 않는단 말이오?"(『자치통감』 권199)

이게 누구의 목소리인가? 무소의였다. 경천동지할 이 한마디에, 주변 사람들은 모두 기겁을 해서 숨이 멎는 것 같았다. 지금은 황제와 대신들이 국사를 논하는 자리, 후궁의 일개 소의가 그것을 몰래 엿듣다니, 도무지 있을 수 없는 일이었다.

　가령 측천의 입장에서 보자면 이 일이 자신의 장래와 직결되어 있는 만큼 백번 양보해서 그녀가 꼭 대화를 엿들어야 했다고 치자. 그렇더라도 자기 의견을 표명해야만 했을까? 그럼 한 번 더 양보해서, 상황이 다급했으니 자기 생각을 표명할 수 있었다고 치자. 그렇더라도 그녀가 이렇게 과격하고 야만스러운 표현을 써야 했을까. 별 볼 일 없는 소의의 신분으로 울며불며 사람들에게 읍소라도 했다면 혹 남의 동정이라도 받았을지 모르겠다. 어떻게 고명대신을 '때려죽이라'고 할 수 있는가. 이건 심해도 너무 심했다. 그녀의 이 호통 소리를 듣고 있으면 지난날 사자총 사건이 떠오른다. '강산은 쉽게 변해도 본성은 안 바뀐다'는 말, 하나도 틀린 게 없다. 이로써 사납기 그지없는 측천의 성격은 유감없이 발휘되었다. 그녀로서는 정말 너무나 통쾌했을지 모른다. 그러나 황제와 대신들은 여간 속이 뒤틀리는 게 아니었다.

　상황이 이렇게 돌아가자, 역시 노련한 장손무기가 저수량을 감싸고 나섰다.

　"저수량은 선황의 고명대신, 죄가 있다 한들 그를 처벌해서는 아니 됩니다."

　모두들 어두운 표정으로 물러났다.

　소의와 고명대신 사이에 하마터면 한바탕 큰 싸움으로 번질 뻔했던 이 소식은 날개라도 돋친 듯 금방 대대적으로 번져나갔다. 종이로 불덩이를 감쌀 수는 없는 법, 애당초 최대한 조용히 이 문제를 해결하고자 했던 황제의 생각은 빗나가고 말았다.

　다음 날, 그동안 폐황후 문제로 고종과 한 번도 대화를 나눈 적이 없던 재상 한원이 상소를 올렸다. 무소의를 황후로 책봉한다면 당 제국은 살아남지 못할 것이라는 내용이었다. 뒤이어 재상 내제도 반대의 상소를 올렸다.

재상들이 자못 기세등등하게 나온 것과는 대조적으로 고종과 측천은 잔뜩 기가 죽어 있었다. 이 지경이 되자 고종의 뇌리에는 일곱 재상의 이름이 하나하나 스쳐 지나갔다. 저수량·내제·한원은 무소의의 책봉을 반대한다는 깃발을 이미 확실히 내걸었다. 장손무기와 우지령은 말만 안 했을 뿐 두 차례나 황제의 반대편에 섰다. 그 외에 문하시중 최돈례가 있었지만, 그는 몸이 아파 오늘내일 죽는다는 소문이 있어서 황제가 신경 쓸 건 없었다.

이때 문득 고종에게 전광석화처럼 떠오르는 인물이 있었다. 이적! 그러고 보니 그때까지도 이적 한 사람만은 아직 자기 생각을 밝히지 않고 있었다. 그는 고종이 당초 만나보려고 했던 재상 네 명 중 하나였지만, 병을 핑계로 여태껏 얼굴조차 드러내지 않고 있었다.

그렇다면 이적은 어떤 생각을 하고 있었을까? 그가 만약 태도를 밝힌다면 앞으로 또 어떤 결과가 나타날까?

제7장

# 황후가 된 측천

앞서 보았듯이 황후 책봉을 둘러싸고 이치와 무측천이 재상들과 벌인 정면 대결에서는 재상들이 우세했다. 하지만 이 막강한 재상 그룹 속에서도 결정적으로 한 사람만은 아직 자기 의사를 드러내지 않고 있었다. 이적이었다. 이적은 과연 어떤 사람일까? 이 시점에서 그의 의견이 왜 그렇게 중요했을까?

## 1. "이건 폐하의 집안일입니다"

황후 책봉 문제로 온 조정이 들썩거리고 있을 때 이적 한 사람만은 여전히 뭉그적거리고만 있었다. 여차하면 앓아눕거나 휴가를 내면서 한사코 자기 생각을 말하지 않았다. 도대체 그는 무슨 생각을 하고, 누구 편을 들고 있을까? 전혀 감을 잡지 못하던 고종이 마침내 그를 불러들여 슬쩍 마음을 떠보았다.

"짐은 무소의를 황후로 앉히려고 하는데, 저수량의 고집이 여간 센 게 아니오. 저수량은 고명대신이니 여기서 짐의 생각을 접어야 되겠소?"

고종은 기대에 찬 눈빛으로 이적을 바라보았다. 그는 아주 지혜가 많은 사람, 대놓고 대답하지는 않은 채 그저 미소만 짓고 있었다.

"이건 폐하의 집안일입니다. 군이 외부 사람들에게 물으실 필요는 없습니다."

황제가 누굴 아내로 맞이하든 그건 황제 스스로 결정할 일, 왜 다른 사람에게 물어보느냐는 이 말 한마디, 언뜻 들으면 대수롭지 않게 들릴 수도 있겠지만 사실은 천지가 놀랄 굉음이나 다름없었다. 소경이라도 이 소리에는 귀청이 찢어지지 않겠는가? 바로 이 말 한마디로, 고종과 측천이 봉착해 있었던 불리한 국면은 일시에 역전되었다. 험한 산길은 마침내 끝이 나고 탄탄대로, 바야흐로 봄기운이 눈앞에 전개되고 있었다.

왜 이렇게 말할 수 있는가? 이적이 내뱉은 이 한마디의 의미와 그 중요성을 이해하려면 당시 그의 위상을 한번 분석해볼 필요가 있다.

이적은 당시 민간에서 전설적인 인물로 알려진 와강채瓦崗寨*의 영웅, 서무공徐茂公 바로 그 사람이었다. 그는 '비바람을 몰아오는 제갈량, 신출귀몰 서무공'이라는 말이 나돌 정도로 유명했던 수말 당초의 명장이었다.

그의 본명은 서세적徐世勣으로 자는 무공懋功, 당에 투항한 후 전공이 혁혁하여 당 고조 이연이 황실의 성을 하사하여 이세적으로 개명했다. 이세적과 이세민, 마치 형제라도 되듯 이름자가 겨우 한 글자 차이다. 황제의 이름과 거의 중복되다시피 했다. 이런 경우 '피휘避諱'라고 해서 이름자의 중복을 피하는 풍습이 있었지만, 다행히 이때는 이 제도가 그다지 엄격하게 적용되지 않아서 황제가 살아 있는 동안에는 그냥 쓸 수도 있었다. 하지만 태종 이세민이 죽은 뒤에는 이적 스스로도 좀 거북한 느낌이 들어 아예 '세' 자를 떼버리고 이적으로 이름을 바꾸었다.

---

* 수말 양제의 전횡과 부패에 반기를 든 농민 봉기가 전국 도처에서 일어났다. 지금의 허난 성에 위치한 와강채를 기반으로 한 와강군은 그 세력이 막강해서, 당시 100여 개에 달하는 봉기 집단 중 3대 세력의 하나로 인정받고 있었다. 훗날 다수의 와강군 장수들이 당 고조 이연을 추종했다.

이적은 수말 대혼란 시기에 적양翟讓을 추종하여 농민 봉기에 가담했고, 적양의 세력이 급속도로 확장되는 과정에서 큰 기여를 하면서 자신의 입지도 늘려갔다. 훗날 적양은 자기 세력 내의 또 다른 지휘관 이밀李密과 불화를 빚으면서 결국에는 패배했고, 이때 이적은 다시 이밀의 휘하로 들어갔다. 당시 이밀은 이적이 적양 쪽 인맥이라고 생각해서 그를 별로 신임하지 않았다. 그래서 그를 여양黎陽의 식량 창고 담당으로 내보냈다. 그 위치는 지금의 허난 성 쉰현浚縣이다. 이적의 근무지는 여양이었지만, 실제 그가 장악하고 있었던 범위는 그보다 훨씬 넓어서, 당시 하북성·하남성·산동성·강소성의 북부 지역 등을 망라하고 있었다. 그 후 이밀은 왕세충王世充에게 패하여 결국 당조에 투항했다.

당시 이적으로서는 운신의 폭이 넓었다. 크게 보면 그에게는 두 가지 선택이 있었다. 그중 하나가 스스로 왕 노릇을 하는 것이었다. 당시에는 천하가 온통 혼란에 빠져 있었기 때문에 도처에서 서로 왕이 되겠다고 나서는 상황이었다. 현지에서 나름대로 확실한 자기 기반을 장악했던 그로서는 이 기회를 잘 이용할 수도 있었다.

또 다른 선택은 수중에 있는 기반과 군대, 백성을 활용하여 자기보다 더 막강한 권력자에게 투항하는 길이었다. 자기 실력이 아직은 취약하여 왕 노릇은 불가능하다고 판단될 때 취할 수 있는 행동이었다. 만약 당조에 투항한다면 그는 엄청난 공적을 이루는 게 되어 후한 예우도 받을 수 있었다.

하지만 이때 이적은 의외의 결정을 내렸다. 그의 생각은 이랬다.

'지금 내가 이 지역을 지키고는 있지만 여긴 어디까지나 이밀이 개척한 땅이다. 이밀이 당에 투항한 이상 그에게 이 땅을 돌려주는 게 도리다. 주인을 배반하고 그 공을 가로챈다는 건 대장부가 할 짓이 아니다.'

결국 이적은 자신이 관할하던 지역의 호적부를 통째로 들고 장안으로 들어가 전 주인 이밀에게 바쳤고, 이것은 다시 당으로 넘겨졌다.

이렇게 함으로써 이적에게는 평생 명예가 따라다녔다. 당 고조 이연은 이적의 이런 행동을 높이 평가했다.

'이자가 이밀을 배신하지 않았으니 앞으로 나를 배신하지 않을 것이다. 그 지역은 계속 이적에게 맡기리라.'

이적은 다시 자기 지역으로 파견되었다. 오래지 않아 이밀이 모반죄로 죽임을 당했는데, 이때 이적은 썩 내키지는 않았지만 옛정을 생각해서 후한 장례를 치러주었다. 이로써 그는 다시 한번 의리의 사나이라는 칭송을 받았다.

수말에는 전국 도처에서 전쟁이 잦았다. 하루 이틀 사이에 전세가 뒤집히는 일도 비일비재했다. 언젠가 이적은 두건덕寶建德과의 싸움에서 패한 적이 있었다. 두건덕은 수말 농민 봉기군의 수장으로 도량이 넓고, 인재를 무척 소중히 여기는 사람이었다. 그는 이적을 포로로 사로잡은 후에도 후한 대접을 마다하지 않았다. 과거 조조가 관우를 후대했던 것과 같은 분위기였다. 기회가 닿는 대로 그에게 수많은 금은보화를 선사했고, 이적의 부친까지 데려와 봉양하기도 했다. 그러나 이적의 태도는 변하지 않았다.

'나는 대당 제국의 신하다. 내가 당에 투항한 이상 배반이란 있을 수 없다.'

결국 그는 단기필마로 천 리 길을 달려 천신만고 끝에 당으로 도망쳐 나왔다. 그의 명성이 또 한 번 빛을 발하는 순간이었다.

충성심뿐 아니라 이적은 의리도 대단했다. 그에게는 호형호제하는 선웅신單雄信이라는 친구가 있었다. 『수당연의隋唐演義』에도 등장하는 인물이다.

원래 두 사람은 의기투합했지만 뒷날 서로 다른 길을 선택했다. 선웅신은 왕세충을 추종하던 중에 이연의 포로가 되었다. 이에 이적이 그의 구명에 나섰다. 그는 이연에게 만약 선웅신의 목숨을 살려준다면 장차 당 제국을 위해 충성을 다할 것이라고 말했다. 그러나 이연은 완강했다.

"안 될 말이다. 그자를 반드시 죽여야겠다."

황제의 말은 준엄했다. 상황을 보아하니 이미 엎질러진 물, 이때 이적은 어떤 태도를 보였을까? 그는 자기 허벅지 살을 한 점 베어 선웅신의 입에 넣어주었다.

"아우님, 이걸 드시게. 이걸로 내가 자네와 함께 저세상으로 같이 간 셈 치게."

옛날에는 의형제 결의를 할 때, '비록 한날한시에 태어나진 않았어도, 죽음은 한날한시에 같이하자'는 말을 곧잘 했다. 그렇다면 왜 이적은 자살의 길을 택하지 않았을까? 이적이 말했다.

"나나 자네 집안이나 다 어르신이 계시고 아이들이 있네. 이 사람들을 장차 누가 돌보겠는가? 이런 막중한 책임이 남아 있으니 나는 죽을 수가 없네. 대신 내 이 살점을 자네와 함께 묻겠네."

구구절절 옳은 말씀이다. 의리 하나는 하늘보다 높다는 것을 누구도 부인할 수 없었다.

이적은 인품이 훌륭했을 뿐만 아니라 세운 전공도 만만치 않았다. 당 제국을 수립하는 과정에서 그는 왕세충·두건덕·서원랑徐圓朗·보공석輔公祏 등의 무리들을 토벌하는 주요 전투에 모두 참전했다. 게다가 그는 돌궐·설연타·고구려와의 싸움에서도 앞장을 섰다. 매번 그는 병사들에게 솔선수범했고 탁월한 전공을 세웠다. 태종이 그를 두고, "짐에게 있어 이적은 만리장성과도 같은 존재, 그가 있는 한 만리장성은 필요가 없다"라고 칭송할 정도였다.

높은 도덕성, 탁월한 전공 외에 이적에게는 남들이 따라올 수 없는 장점이 하나 더 있었다. 바로 상대적으로 나이가 적은 무관 출신이라는 것이었다. 그는 열여섯 살이라는 비교적 이른 시기에 봉기군에 가담했기 때문에 다른 장수들보다 훨씬 젊었다. 많은 개국공신은 이미 고조 이연의 시대를 겪었고, 길고 긴 태종 이세민의 시대를 거쳐 이제 고종 영휘 시기까지 왔다. 그러다보니 그중 대부분은 늙거나 세상을 떠난 경우가 많았고, 이적 같은 사람만이 군권을 쥔 대신으로서 여전히 정치 무대에서 활약하고 있었다.

바로 이런 시점에서 그가 "이건 폐하의 집안일이니 굳이 외부 사람들에게 물으실 필요는 없습니다"라고 천명했다는 것은, 다시 말하면 '우리 무신들은 이미 태도를 밝혔다. 궁중 내부의 다툼에는 말려들고 싶지 않고, 또 누가 이기고 지든 상관없으니 우린 개입하지 않겠다'는 뜻이 아니겠는가? 이적이 고종에게 약효 좋은 안정제 한 알을 헌상한 것이다. 만약 무신들이 장손무기와 같은 핵심 정치가들과 합세한다면, 그리고 고종이 끝까지 측천을 황후로 책봉하겠다고 고집한다면, 그들은 정변을 일으켜 황제를 갈아치울 수도 있었다. 당시로서는 얼마든지 가능한 일이었다.

하지만 무신들이 개입하지 않는 상황에서 장손무기 등 문신들이 뭘 어쩌겠는가? 무력의 뒷받침 없이 그들이 성공하기란 불가능했다. '서생의 모반은 3년 걸려도 이룰 수 없다'는 말도 있다.

고종은 이적의 한마디에 체증이 싹 가신 듯했다. 이적의 태도로 볼 때 중도파가 하나 생긴 셈이었다. 자신의 길을 묵묵히 걸어갈 뿐, 궁중 내부의 갈등과는 무관하다는 이런 논리는 말하자면 '침묵의 다수'다. 그들은 이 일에 개입할 수도 없고, 개입할 생각도 없다는 입장이었다.

이적의 태도가 명확해지자 측천 지지파도 용기백배했다. 허경종은 즉각 이적의 이 말을 최대한 활용해보려고 조회 때 공개적으로 들고나왔다.

"시골 농부도 보리 열 말만 더 거두면 마누라를 바꾸고 싶어합니다. 천자께서 새로 황후를 책봉하시는 게 우리와 무슨 상관이 있다고 이리들 수선을 피우십니까?"

참으로 듣기 민망한 말이었다. 그렇지만 말이 거칠다고 해서 그 뜻까지 거칠다고 할 수는 없다. 고종과 측천은 오히려 허경종의 말에 한껏 고무되어 그가 가급적 많은 장소에서, 더 많은 대신에게 이런 말을 해주기를 은근히 부추겼다.

당연히 허경종은 이 분부를 착실히 수행했다. 그의 말에 대부분의 대신은 침묵으로 일관했고, 중도파의 힘은 전보다 더 강해졌다. 이건 오늘날의 정치 현상에 비춰봐도 자명한 이치다. 적극 지지자와 적극 반대자는 어차피 극소수, 정치적 야심이 없는 대다수는 결국 명철보신의 길을 선택할 수밖에 없다.


## 2. 각축 3파전


황후의 폐출과 책봉에 관한 한, 그때까지 조정 내에 형성된 파벌은 정확하게 세 갈래였다. 장손무기를 필두로 한 반측천파, 이적을 선봉으로 하는 중도파, 허경종을 중심으로 한 친측천파가 그것이었다.

우선 반대파에게는 몇 가지 공통점이 있었다.

첫째, 대체로 귀족 출신이 많았다. 장손무기는 관롱關隴 귀족 출신으로 이 씨 황실과 같은 뿌리였다. 그의 성씨는 선비족 노성虜姓의 하나로, 장손 씨 가문은 북주北周에서 수당에 이르기까지 대대로 명문가였다. '화살 하나로 두 마리 독수리를 잡는다'는 사자성어 '일전쌍조一箭雙雕'라는 말이 바로 장손 씨와 관련이 있는데, 이 '일전쌍조'의 주인공이 바로 장손무기의 부친 장손성長孫晟이다. 장손성은 수대의 유명한 외교관으로 활쏘기의 명수였다. 화살 한 방으로 독수리 두 마리를 동시에 잡았다는 얘기인데, 당시에는 생태환경이 좋아서 독수리떼가 오밀조밀 모여 살았던 모양이다. 지금이야 제아무리 뛰어난 궁수라고 해도 참새조차 한 방에 두 마리는 잡지 못할 것이다.

저수량은 남방 출신이었지만 태종 때 이미 장손무기와 대등한 지위에 올라 있었다. 태종이 임종 때 지목한 고명대신도 바로 장손무기와 그였다. 태종이 두 고명대신에게 부여한 임무는 달랐다.

'장손무기는 공로가 지대하고 책임감도 강한 만큼, 다른 사람들로부터 질시를 받을 가능성이 크다. 그걸 보호해줄 사람이 바로 저수량이다.'

태종은 이렇게 생각했다. 마치 한 줄에 엮인 메뚜기처럼 두 사람의 관계는 매우 돈독했다.

우지령 또한 정통파 관롱 귀족 출신이었다. 그의 조부 우근于謹은 당 고조 이연의 조부인 이호李虎와 함께 서위西魏 시기 8대 국가동량으로 인정받았다. 또 한원은 장손무기 집안과 혼사를 맺고 있었는데, 그 딸이 장손무기의 조카에게 시집을 갔다. 내제는 남방 출신이었지만 정치적 입장이 위 몇 사람의 경우와 아주 흡사했다. 요컨대 반측천파는 관롱 귀족을 중심으로 한 조직이었다.

둘째, 그들 대부분은 태종 때부터 정치에 참여한 사람들로 원로중신에 해당했다. 특히 장손무기와 저수량은 태종이 자기 아들을 맡긴 고명대신이었다.

셋째, 그들은 당시 모두 재상의 신분으로 막강한 정치력, 즉 기득권을 가진 사람들이었다.

그들은 왜 측천이 황후가 되는 걸 반대했을까? 몇 가지 이유가 있었다.

우선 위진남북조 이래의 전통 관념으로 볼 때, 황후는 반드시 명문대가 출신이어야 한다는 것이 그들의 생각이었다. 그들 자신이 곧 명문대가 출신인 만큼 이런 관념은 뇌리에 뿌리 깊게 박혀 있었다. 또 하나의 이유는 태종의 정치 노선에 대한 충성심이 작용했기 때문이다. 왕황후는 태종이 직접 고른 며느리인 데다 임종 직전 태종이 그들에게 신신당부까지 한 터였다. 그들은 선황의 유촉을 꼭 지키고 싶었고, 지금까지는 그런대로 모든 게 기존의 방향대로 잘 운용되고 있었다. 마지막 이유는 그들의 사심 때문이었다. 기득권자라고 할 수 있는 그들로서는 자기 이익을 보호하는 데는 현재의 정치 상황을 그대로 유지하는 것이 최상의 방책이었다. 개혁에는 반드시 위험이 수반되는 법, 그들은 결코 개혁을 원치 않았다.

그러나 반측천파라 해서 그들의 태도가 완전히 일치한 것은 아니었다.

저수량·한원·내제가 비교적 과격했던 데 비해, 우지령과 장손무기는 다소 신중한 편이었다. 왜 이렇게 과격파와 신중파로 나뉘었을까? 경력이 상대적으로 일천한 사람들이 과격파에 속했다. 그들은 기득권을 가졌다고는 해도 경력이 빈약한 만큼 정치적 외풍에 흔들릴 소지가 많았다. 그러나 장손무기와 우지령은 가히 '뿌리 깊은 나무'라고 할 만했다. 두려울 게 없이 그저 담담한 심정이었다. 그래서 똑같이 반대에 나서긴 했지만 그 행동이 과격파만큼 노골적이지는 않았다.

친측천파, 그들에게도 공통점이 몇 가지 있었다.

첫째, 관운이 없었다. 그들은 모두 어느 정도 재능은 있었지만, 당시 체제하에서는 그것을 발휘할 기회가 주어지지 않았다. 허경종은 과거 진부 십팔학사의 일원으로 방현령 등과 출발을 같이했지만, 여러 가지 이유로 그의 관직 생활은 그다지 순탄하지 못했다. 이의부 역시 마찬가지였다. 원래 그는 문장으로 사방에 이름을 떨치기도 했다. 하지만 내제가 줄곧 승진 가도를 달려온 데 비해, 그는 계속 뒤처지기만 했기 때문에 어떻게든 현실을 뒤집어볼 심산이었다.

둘째, 출신 가문이 상대적으로 미천했다. 허경종·이의부·원공유袁公瑜 등은 모두 명문대가 출신이 아니라 그리 변변치 못한 집안 출신이었다. 혹자는 이의부가 황실과 같은 이 씨였으니 괜찮은 집안이 아니냐고 하겠지만, 이 씨라고 다 같을 수는 없었다. 당시 명문 집안이라면 섬서陝西 이 씨,

조군趙郡 이 씨였지만, 이의부는 하북성 영주 요양 출신으로, 영주 이 씨는 그다지 잘 알려져 있지 않았다.

출신이 변변찮으면 어떤 문제가 있을까? 우선 조정 내에서 도움을 받을 데가 마땅치 않아 고관 승진이 어려웠다. 그들로서는 이것이 늘 불만이었다. 또 그들은 명문 집안의 제대로 된 교육을 못 받았기 때문에 도덕관념을 크게 중시하지 않았다. 따라서 자신의 이익을 위해서라면 수단과 방법을 가리지 않았다. 한마디로 당시 사대부들의 눈에는 그들이 그저 소인배로만 비쳤다.

셋째, 관직이 비교적 낮았다. 그중 최고위직에 있던 사람은 허경종, 3품관이었지만 재상은 아니었다. 그들 중 누구도 요직에 있지 않았고, 대부분 중하급 관리들이었다.

그렇다면 측천과는 아무 연고도 없는 그들이 왜 측천을 지지하고 나섰을까?

당시 체제에서 그들은 앞길이 불투명했다. 따라서 정치 개혁을 통해 두각을 나타내보자는 것이 그들의 바람이었다. 결코 측천을 좋아했기 때문은 아니었다. 가장 큰 이유가 이것이었다. 또 그들은 황제가 측천을 지지한 사람에게 후한 상을 하사하는 걸 목도한 적이 있다. 이의부가 대표적인 예다. '사람은 재물에 목숨을 걸고, 새는 모이 쪼느라 죽는 줄도 모른다'는 말도 있다. 두둑한 상금을 내걸면 그 누군들 용감하게 나서지 않으랴? 이건 만고불변의 진리다. 더욱이 그들은 하나같이 재물과 공에 눈이 멀어 있었다. 측천을 지지하는 게 유리하다고 판단한 마당에 더 이상 망설일 것도 없었다.

다음 중도파를 한번 보자. 그들은 바로 침묵하는 다수였다. 역사적으로도 그들에 대한 기록은 별로 찾아볼 수 없기 때문에 이적에 대해 집중적으로 이야기할 수밖에 없다.

첫째, 이적은 와강채 출신으로 당 황실 쪽과는 처음부터 진영이 달랐다. 와강채는 수말 군웅할거 시대에 등장한 조직으로, 이연과 마찬가지로 수 왕조를 무너뜨리는 데 앞장선 핵심 세력의 하나였다. 그러나 이연의 조직 과는 일정한 거리가 있었다.

둘째, 이적은 출신이 비교적 미천했다. 그는 산동 호걸豪傑 출신이었는데 당시의 산동은 오늘날 흔히 말하는 '의리의 산동 사나이'의 그 산동이 아 니라, 효산崤山 이동以東 지역을 일컫는다. 하북성·하남성·산동성 일부가 포함된 지역이었다.

저명한 역사학자 천인췌陳寅恪의 분석에 따르면, 산동 호걸은 호족胡族과 한족의 혼혈계로, 북조北朝 이후 산동 지역에서 활약한 호전적인 무장 집 단이었다. 당시 중국에는 전투에 능하고 용맹하기로 이름난 두 집단이 있 었는데, 그중 하나가 관롱 집단으로 이연과 장손무기가 이곳 출신이었다. 다른 하나가 바로 산동 호걸이었다. 두 집단은 모두 전투에 능했지만 그 신 분은 천양지차였다. 관롱 집단이 '왕후장상'이라면 산동 호걸은 '강호의 영 웅'에 불과했다. 이적은 이런 집단 출신이었다. 그는 집안에 농지가 매우 많 았지만, 마치 『수호전』에 나오는 송강宋江처럼 재물보다는 의리를 중시했 다. 수말 농민 봉기의 와중에서 그의 지위가 점차 높아지긴 했지만, 어쨌든 장손무기와 같은 관롱 귀족과는 진영이 달랐다.

셋째, 이적은 군권을 장악한 무신 그룹에 속해 있었다. 원래 무신이 내 부투쟁에 개입하려면 상당히 신중을 기해야 한다. 성공하든 실패하든 늘 위험이 따르기 때문이다. 만약 개입해서 성공할 경우에도 모함을 받기 쉽 다. '공로가 크면 황제가 겁을 먹는다'고 하듯이 여차하면 목이 달아날 수 도 있다.

송 태조 조광윤趙匡胤이 얼떨결에 황포黃袍를 입고 황제가 된 이후에 했 던 말을 보면 어느 정도 짐작이 된다. 당시 조광윤은 공신들에게 주연을 베풀며 이렇게 말했다.

"경들이 짐에게 황포를 입히는 바람에 지금 내가 황제가 되었다. 하지만 언젠가 또 다른 사람이 경들 중 누군가에게 황포를 입힌다면, 그땐 경들도 황제가 되고 싶을 테지?"

조광윤이 바로 이 술자리에서 무신들로부터 병권을 빼앗아왔다는 이야기는 지금도 전설처럼 전해진다. 이와 반대로, 내부투쟁에 개입하고도 만약 성공을 거두지 못하면 맨 먼저 목이 달아나는 게 무신들이다. 따라서 이적으로서는 신중에 신중을 거듭하면서 처신해야 했다.

넷째, 이적은 천성이 매우 신중한 사람이었다. 얼마나 신중했던지 모난 데 없이 원만하다는 소리까지 들을 정도였다. 현무문 정변 때도 태종이 그에게 협조를 당부했지만 그는 완곡하게 거절했다. 그런 일로는 자기를 찾지 말라고도 했다. 태종이 황제가 된 다음, 이런 이적을 증오하지 않았을까? 그렇지 않다. 태종은 이적의 행동이 오히려 옳았다고 생각했고 특별히 중용하기도 했다. 특히 중년 이후 태종은 주변 인사들이 점점 사라지고, 이적 한 사람만 남아 든든하게 자기를 지켜준다고 생각했다. 이처럼 이적은 신중하게 처신을 잘하기로는 가히 귀재라고 할 만했다.

한번은 이적이 안질을 앓았다. 의사가 처방을 해주었는데 놀랍게도 처방전에는 용의 수염도 들어 있었다. 하늘의 용, 아무도 본 적 없는 용의 수염이라니……! 하지만 지상의 용, 바로 황제가 있다. 그런데 누가 감히 황제의 수염을 함부로 뽑는단 말인가? 이적은 바로 포기했다. 이 일이 태종에게 알려지자 태종은 자기 수염을 잘라 재로 태운 다음 이적의 처방에 쓰게 했다. 이 약을 먹은 후 이적이 완치되었는지는 아무도 모른다. 하지만 완치가 되었건 말건, 병이 다 나았다고 말해야 하는 건 당연지사, 그는 감격해 마지않았을 것이다.

태종이 세심하게 이적을 챙겨준 사건은 또 있다.

정관 17년(643), 태자 이승건을 폐출하고 이치를 태자로 책봉한 태종은 이적에게 태자를 보좌하도록 지시했다. 당시 이적은 재상이었는데 태자 보좌직을 맡는다는 건 사실상 한 단계 강등이었다. 태종은 이적에게 이렇게 말했다.

"짐이 경을 강등하려는 게 아니라 태자를 경에게 맡기는 것이오. 지난날 경이 이밀을 배신하지 않았으니, 장차 우리 부자도 배신하지 않으리라 확신하오. 그래서 경에게 이치를 부탁하는 것이오."

이적의 대답은 이랬다.

"문제없습니다. 폐하께서 이토록 소신을 아껴주시니 지금 당장 죽으라 하셔도 기꺼이 그리하겠습니다."

이날 두 사람은 술자리를 가졌고, 술잔이 오가면서 이적은 바닥에 쓰러질 정도로 대취하여 인사불성이 되고 말았다. 주량이 센 태종은 그래도 정신이 있었던지 용포를 벗어 이적의 몸을 가려주었다. 일등공신에 대한 배려였다. 깨어난 이적은 그야말로 몸 둘 바를 모를 정도로 감격했다.

태종은 말년이 되자 장차 태자를 보좌해줄 대신들을 물색했다. 문관으로는 장손무기와 저수량을 선택했고, 무신 쪽에서는 이적을 골랐다. 하지만 문관과 무신에 대한 태종의 태도는 판이했다. 장손무기와 저수량에게는 진심을 다했지만, 이적에 대해서만은 선뜻 나서지 않고 한번 마음을 떠보려고 했다.

전혀 의외의 조처가 내려졌다. 태종은 그를 첩주자사疊州刺史로 내려보냈다. 첩주는 지금의 간쑤 성, 간난쩡족자치주甘南藏族自治州의 데푸迭部에 해당한다. 그곳은 지금도 황량하지만 당시엔 더없이 황량했을 것이다. 사람들은 이 인사 조치를 도무지 이해할 수 없었다. 아무 죄도 없는 이적이 왜 이유 없이 좌천된단 말인가? 당시 태자의 신분이었던 이치 역시 영문을 모르기는 마찬가지여서 태종을 찾아 물었다. 태종의 설명은 이랬다.

"이적은 큰일을 해낼 사람이니 장차 너를 보좌하게 할 생각이다. 하지만 네가 한 번도 그 사람에게 은정을 베푼 적이 없으니, 그가 최선을 다해 너를 보좌할 거라는 보장이 없지 않느냐? 이제 짐의 병은 갈수록 깊어지고 있다. 지금 그를 좌천시켰는데 만약 미적거리면서 내려가지 않는다면, 이는 그에게 역심逆心이 있다는 증거이니 그를 죽여 후환을 없애버리겠다. 만약 그가 즉시 임지로 내려간다면 이는 충신이라는 증거다. 짐이 죽은 후 그를 불러들여 중책을 맡긴다면 너를 위해 목숨이라도 바칠 것이다."

여기서 보듯 태종은 무신에 대해 별별 수를 다 써가면서 치밀하게 경계했다. 정치권에서 다년간 산전수전 다 겪은 이적 또한 태종 못지않게 눈치가 빨랐다. 단번에 태종의 의도를 알아차린 이적은 임명을 받자마자 집에도 들르지 않고 그길로 말을 내달아 부임지로 향했다. 군신 간의 이 눈치 싸움에서는 아무래도 이적이 한 수 위였다. 태종 역시 그제야 체증이 싹 가시는 느낌이 들었다. 뒷날, 고종은 즉위하자마자 이적을 불러들여 중책을 맡겼다.

이적은 자신이 장손무기만큼 큰 권력을 가지고 있지 않을 뿐 아니라, 그와는 같은 편이 될 수 없다는 사실을 너무나 잘 알고 있었다. 따라서 고종의 조정에서 그가 1품 사공司空을 맡았음에도 한결같이 자기 목소리를 내지는 않고 있었다. 은밀히 힘을 기르면서 때를 기다리는 것, 그것이 이적의 정치적 혜안이었다.

황후 책봉 문제에 대해서 이적이 취한 중립적인 태도는 누구라도 이해할 수 있을 것이다. 어쨌든 그는 무신의 신분, 궁중 내분에 휘말린다는 게 적절치 않았고, 또 성격마저 신중했으니 황실 문제에는 개입할 생각도 없었다. 장손무기와도 서로 진영이 달라 그를 따라 측천을 반대하고 나설 필요도 없었다.

이처럼 조정 내부는 측천의 지지파·반대파·중도파로 나뉘어 있었다.

조정 내부에 파벌이 생기면서 황제는 운신의 폭을 넓힐 수 있었다. 이치와 측천은 수중의 권한을 이용하여 지지파를 지원하고 중도파를 단결시킨 반면, 반대파에게는 압박을 가했다. 전반적으로 상황은 조금씩 변해갔다. 재상의 대다수가 반대파였지만, 그들은 더 이상 확실한 우위를 점하지는 못했다. 게다가 그들에게는 군대의 지원이 없었다. 이미 우세를 점한 측천과 고종으로서는 더 이상 꺼릴 게 없었다.

오래지 않아 반대파 중에서 가장 과격하게 나왔던 저수량이 담주도독潭州都督으로 밀려났다. 담주는 지금의 후난 성 창사長沙, 수도 장안에서 담주까지는 중간중간 한참 쉬어가야 할 만큼 먼 거리였다. 저수량이 좌천되자 반대파는 일시에 침묵했다. 그들은 자신들의 약세를 직감했고 동시에 무소의의 막강함을 감지했다. 이제 마음마저 유약해진 상황, 스스로를 보전하기 위해 그들은 하나같이 침묵을 선택했다.

## 3. 새 황후의 등장

궁중 안팎의 장애물이 모두 사라진 영휘 6년(655), 10월 12일 고종은 조서를 내렸다.

"왕황후와 소숙비는 독살을 모의했으므로 폐서인한다. 그 어미와 형제자매들은 제명과 동시에 영남으로 유배한다."

죄명을 덮어씌우는 데 무슨 말이 더 필요하랴. 이로써 왕황후는 결국 돌로 제 발등을 내리찍은 꼴이 되었다. 애당초 측천을 끌어들여 소숙비와 경쟁시키면 둘이 공멸할 것이고, 그때 자기는 앉아서 어부지리를 챙기리라고 기대했던 왕황후였다. 혼자 똑똑한 척 설치다가 제대로 호된 반격을 당한 셈이었다. 자기가 놓은 덫에 자기가 걸려든 것이었다. 당시 왕황후가 그렇게도 시기하고 다투었던 소숙비는 이제 오히려 동병상련의 동반자가 되었다.

중궁전中宮殿은 한시라도 비워둘 수 없는 법, 황후가 폐출된 지 엿새 만인 10월 18일, 허경종은 문무백관과 연락을 취한 다음 황후 책봉을 요구하는 상소를 올렸다.

바로 그날 고종은 무소의를 황후로 책봉한다는 조서를 반포했다.

> 측천은 가문이 훌륭하고 국가 공신의 후예다. 재능과 품성을 갖추었기에 지난날 궁녀의 신분으로 궁중에 들어왔고, 후궁전의 많은 사람으로부터 호감을 받았다. 짐이 태자로 있을 때 선황의 병상을 지켰는데, 짐이 세심하게 병구완하는 것을 본 선황께서는 짐에게 상으로 측천을 하사하셨다. 이는 가히 한 왕정군王政君의 경우에 비길 만하다. 이에 측천을 황후로 책봉한다.

이건 황제의 조서라기보다는 거의 격문檄文에 가까웠다. 구구절절 반측천파의 반대 논리에 대한 반박으로 일관했다.

원래 반측천파의 반대 이유는 세 가지였다. 측천의 가문이 미천하다는 것, 측천은 선황이 이치를 위해 데려온 사람이 아니라는 것, 측천이 선황을 모신 적이 있으니 역사에 오점을 남겼다는 것 등이다.

조서는 이 세 가지 이유를 하나하나 반박하면서 제대로 정조준하여 발사했다. 반대파가 측천의 가문이 미천하다고 하자, 조서는 공신의 후예라고 치켜세웠다. 반대파가 측천은 선황이 고종을 위해 데려온 여자가 아니라고 하자, 조서는 고종의 효심에 감동한 태종이 하사한 선물이니 선황의 뜻에 부합한다고 했다. 반대파가 측천은 선황의 여자였다고 하자, 조서에서는 측천을 왕정군에 비유했다.

왕정군은 원래 한漢 선제宣帝의 궁녀였는데, 당시 태자의 양제良娣가 사망하자 선제는 태자를 위로하기 위해 왕정군을 태자에게 하사했다. 이 태자가 바로 훗날의 원제元帝다. 왕정군은 태자의 총애를 받으면서 아들을 낳았고, 태자가 황위를 승계함에 따라 자연스럽게 황후가 되었다.

조서는 이 왕정군의 사례를 인용하면서 우선 교묘하게 측천의 신분을 바꿨다. 선황의 '재인'이었던 측천이 선황의 '궁녀'로 탈바꿈했다. 궁녀란 궁중에서 일하는 여자이지 황제의 처첩이 아니다. 신분을 궁녀로 바꿔야 패륜의 혐의를 벗을 수 있었기 때문이다. 또 왕정군이 황후가 될 수 있었던 결정적인 이유는 그녀가 아들을 낳았기 때문인데, 조서는 바로 이 점을 강조하기 위해 이 왕정군의 사례를 거론했다. 측천이 왕황후에 비해 상대적으로 우세했던 이유도 바로 그녀에게는 아들이 있었다는 점인데, 조서는 이를 재삼 강조했다. 조서의 논리대로라면, 반대파가 주장하는 측천의 문제점은 완전히 날조된 것이다. 따라서 이번 황후 책봉은 정서적으로나 이치상으로, 그리고 법적으로도 하등 문제될 게 없다는 논리였다.

반박문과도 같은 이 조서는 측천을 곤경에서 해방시켜주었다. 이 '걸작'의 작가는 바로 측천의 심복 허경종이었다. 학식과 경륜이 풍부했던 허경종은 이번 기회를 통해 자기 기량을 한껏 발휘해 보였다.

11월 1일, 사공 이적이 측천에게 끈이 달린 옥새를 전달함으로써 그녀는 정식으로 황후에 책봉되었다. 정관 11년의 입궁으로부터 장장 18년의 세월, 고난과 몸부림의 나날을 겪고 난 뒤 마침내 그녀는 자신의 꿈을 실현했다. 한 인간에게 있어서 이 18년이란 얼마나 긴 세월인가? 더욱이 여자에게 이 18년이란 일생과도 같은 것이었다. 이 순간에야말로 측천은 "천자를 배알하는 게 행운이 아니라고 누가 그래요?"라고 자신 있게 말할 수 있었다. 다만 그 천자가 태종에서 고종으로 바뀌었을 뿐이었다.

득의양양해진 신황후는 즉각 남다른 행보를 보였다. 책봉 당일, 측천은 숙의문肅義門에서 문무백관과 사방 소수민족의 추장들을 알현했다. 이것은 중국 역사상 초유의 일이었다. 과거 황후들은 내외명부內外命婦*만 알현했지만 측천은 이 두 집단을 모두 알현했다. 이는 자신이 중궁전의 주인 역할에만 머무르지 않겠다는 의지를 확실하게 표명한 것이었다.

측천은 결코 남들처럼 얌전하게 가마에 실려와 즉위한 게 아니었다. 조정대신과 힘든 싸움을 겪었고, 피비린내의 세례를 맞아가며 황후의 보좌에 올랐다. 조정 내부에는 적도 있었지만 동지가 더 많았다. 권력의 단맛을 제대로 맛본 측천은 후궁 밖을 향한 자신의 막강한 손길을 거두어들이고 싶지 않았다.

이제 중궁전의 한가운데에 버티고 선 측천은 또 어떤 새로운 조치들을 내놓았을까? 그녀가 매사를 좌지우지하는 분위기 속에서 후궁과 조정에서는 파란이 일기 시작했다.

* 내명부는 비빈을 포함하여 품계를 받은 궁중 안의 모든 여자 관료를 가리킨다. 외명부는 황실 종친 여자와 처, 작위를 받은 문무대신의 처를 가리킨다.

# 제8장
# 엇갈린 운명

영휘 6년(655), 천신만고 끝에 측천은 마침내 적대 세력을 제압하고 황후의 보좌에 오름으로써 자신의 꿈을 이루었다. 중국 전통 사회에서 이것은 한 여성이 이룰 수 있는 최고의 목표였다. 그런데 측천은 결코 여기서 멈추지 않았다. 그녀는 왕황후가 밟아온 길을 너무나 잘 알고 있었다. 오늘의 자기처럼 지난날 왕황후가 영예를 누렸던 기간이 얼마이던가. 죄수가 되어 계단 아래로 굴러떨어지는 것도 한순간의 일이다. 황후라고는 하지만 황제의 총애를 잃는 순간, 자식의 보장도, 조정대신들의 지지도 한꺼번에 날아간다.

측천은 적어도 세 가지 일은 마무리해야만 안심할 수 있다는 생각을 했다. 후궁의 안정, 새 태자의 책봉, 조정대신의 정리가 그것이었다. 소위 '정리'란 자신을 반대했던 사람들을 조정에서 내치고 지지자들을 그 자리에 앉히는 일이었다. 내부에서 시작하여 외부로, 쉬운 일에서부터 어려운 일까지, 그녀의 행동 방침과 노선은 이렇게 결정되었다.

## 1. 왕황후와 소숙비의 최후

측천의 예리한 칼날은 먼저 후궁을 겨냥했다. 후궁에서 가장 주요한 적대 세력이라면 당연히 이미 폐출된 왕황후와 소숙비였다. 두 사람을 사지에 몰아넣음으로써 영원히 역전의 기회를 봉쇄하자는 의도였다. 측천이 이렇게 악독한 마음을 품은 데는 고종이 그녀를 자극한 측면도 없지 않았다. 무슨 일이 있었던 걸까?

왕황후를 폐하고 측천을 황후로 책봉한 것은 고종의 뜻이었다. 왕황후와 소숙비가 독살을 모의했으니 폐서인하라고 명한 사람이 바로 황제 자신이었다. 폐출 이후 두 사람은 태극궁太極宮 안의 음산한 정원에 있는 작은 방에 연금되었다. 방은 창문이 완전히 봉쇄되어 있어서 캄캄한 감옥이나 다름없었고, 벽에 뚫린 자그마한 구멍을 통해 매일 음식이 들어오고 나갔다. 이런 생활은 한 달 정도 지속되었다. 특별한 일이 일어나지 않았더라면, 죽음보다 못한 그녀들의 이런 암담한 삶은 아마 그 뒤로도 죽 이어졌을 것이다.

하지만 특별한 일은 기어이 생기고 말았다. 어느 순간 고종이 마음의 동요를 일으켰던 것이다.

측천을 황후로 책봉하고 난 후, 고종은 문득 왕황후와 소숙비에게 미안한 마음이 들었다. 애당초 두 사람에게 덮어씌운 독살 모의 혐의는 완전히 날조된 것이었다. 부부가 단 하루를 살아도 정들게 마련인데, 하물며 왕황후와는 10여 년을 같이 살아오지 않았던가? 또 소숙비는 자식을 셋이나 낳아 길러주었다. 생각하면 할수록 고종은 마음을 진정시킬 수 없었고, 두 사람에 대한 연민의 정도 억누를 수가 없었다.

11월 어느 날, 옛정이 되살아났기 때문인지 아니면 귀신에게 홀리기라도 했는지 모르지만, 고종은 산책 삼아 이 두 사람이 유폐되어 있는 곳을 찾아갔다.

『자치통감』의 기록을 보자.

고종이 경비대가 있는 곳으로 가서 보니 그 주변 환경은 너무나 열악했다. 천성이 워낙 다정다감했던 그는 자신도 모르게 그만 주르륵 눈물을 흘렸다. 마음이 쓰라렸다. 그는 벽에 난 구멍에 대고 소리를 질렀다.

"황후, 숙비! 어디 계시오?"

구멍을 통해 금방 처량한 목소리가 들려왔다.

"소첩들은 죄를 지은 관비官婢이온데 어찌 존칭을 쓰시나이까?"

왕황후의 목소리였다. 다소 원망 섞인 말투였다. 왕황후의 마음속에 일말의 희망의 빛이 들었을까? 곧바로 말투가 바뀌어 애원조가 되었다.

"폐하께서 옛정을 생각하신다면 소첩들에게 다시금 햇빛을 볼 수 있게 해주시고, 이곳을 '회심원回心院'이라 불러주십시오."

지난날의 잘못을 뉘우치고 마음을 바로잡겠다는 다짐을 호소한 것이었다. '회심'이 바로 그런 의미다. 이 말을 듣노라면 독자들은 어디선가 들어본 듯 귀에 익은 소리라는 느낌이 들지도 모르겠다. 이 애원, 이 상황은 감업사에서 고종과 측천이 만나던 바로 그 장면과 너무나 흡사하다. 당시 측천은 아마도 눈물을 떨구며 고종을 붙잡고 이렇게 말했을 것이다.

"폐하께서 옛정을 생각하신다면 소첩이 이 절을 나와 폐하 곁으로 돌아가게 해주십시오. 평생토록 폐하를 모시는 데 진력하겠습니다."

너무나도 흡사한 장면, 다만 그 주인공만 바뀌었을 뿐이다.

이 애원을 듣고 난 고종에게 측은지심이 생긴 것은 예나 지금이나 마찬가지였다.

"짐이 즉시 조처하겠노라!"

측천은 평생 정보활동을 소홀히 한 적이 없었다. 그녀는 진작부터 후궁 내에 정보망을 촘촘히 배치해놓았고 궁녀 하나하나가 다 정보원처럼 움직였으니 고종의 주변이라고 예외는 없었다. 고종이 왕황후와 소숙비를 은밀히 만났다는 소식은 금방 측천에게 전해졌다. 그 방면의 지혜라면 그 누구도 따를 수 없는 측천다운 결과였다.

이때 측천의 심정이 어땠을까? 이 사건이야말로 과거 자신이 겪었던 상황이 완벽하게 재현된 것이다. 만약 그 두 여자에게 재기할 기회가 주어진다면, 제2, 제3의 무측천이 나오지 않는다고 장담할 수 없었다. 측천으로서는 이 사건을 도저히 묵과할 수 없었다. 자신의 결단력을 제대로 한번 보여줄 때가 되었다고 생각했다. 그녀는 바로 고종을 찾아갔다.

"폐하, 듣자 하니 왕황후와 소숙비를 찾아가셨다지요? 이는 천부당만부당한 일입니다. 소첩은 이제 막 황후가 되었고, 그 두 사람은 방금 폐출되었습니다. 지금 후궁에서든 조정에서든 다들 의혹의 눈초리를 보내고 있습니다. 어느 것 하나 안정된 게 없으니 얼마든지 다시 또 분란이 생길 수도 있습니다. 폐하의 이런 경솔한 태도는 자칫 옛정이 되살아났다는 것으로 비칠 수도 있으니, 궁중 사람들이 우리를 어떻게 생각하겠습니까? 또 조정 대신들은 어떻게 보겠습니까? 우리의 적대 세력들이나 우리 편에 선 사람들은 과연 어떻게 생각하겠습니까? 폐하께서 아직도 확실한 원칙을 가지고 계시지 않으니, 스스로를 불리한 위치로 내몰고 계십니다. 폐하의 경솔한 행동으로 우리가 얻은 이 승리가 수포로 돌아갈 가능성이 아주 높습니다. 폐하께서 꼭 이렇게 하셔야만 했는지 한 번 더 고려해주시기 바랍니다."

이 말을 들은 고종 역시 자신에게 잘못이 있음을 깨달았다. 진심으로 두 사람을 동정하긴 했지만, 한 나라의 황제로서 나약한 감정에 빠질 수는 없었다. 정치적 상황을 고려하는 긴 안목이 더 중요했다. 고종이 대답했다.

"짐의 잘못이 맞소. 그 두 사람은 아무래도 죽이는 게 낫겠소. 우리가 한번 손을 대고 나면 그 뒤론 영원히 평안해질 것이니 후환을 남기지 맙시다. 하지만 짐이 나서기에는 뭣하니 그대가 직접 처리하시오."

고종은 측천에게 권한을 위임했다. 집행권을 위임받은 측천이 어떤 조처를 취했는지는 『자치통감』에 기록되어 있다.

측천은 우선 두 사람에게 곤장 100대를 때려 살점이 너덜너덜해지도록 만들었다. 그런 다음, 그 수족을 잘랐다. 그러고도 부족했던지 이번에는 두 사람을 옹기 술독에 집어넣었다. 왜 술독에 집어넣었을까? 측천은 이것을 '두 여자의 뼛속까지 취하게 만드는' 형벌이라고 불렀다. '감히 자유를 되찾 겠다는 망상에 빠지다니……! 내가 너희 둘을 뼛속까지 취하게 만들어버 리겠다'는 심보였다. 당시 두 여자는 이십대의 나이, 꽃 같은 두 생명은 이 렇게 피비린내 속에서 사라져갔다.

이 잔혹한 죽음 앞에서 왕황후와 소숙비는 어떤 반응을 보였을까? 두 사람의 태도에서 서로 다른 성격이 여실히 드러났다.

먼저 왕황후를 보자.

그녀는 재배하고 나서 입을 열었다.

"황제 폐하의 만수무강을 기원하노라. 소의가 성은을 입었으니 나는 죽 어 마땅하리라."

지극히 담담한 어투, 그러나 그에 못지않게 너무나 오만한 어투였다. 귀 족 가문의 여자가 보여준 오만함이 유감없이 드러나는 순간이었다. 그녀 는 죽어가는 마지막 순간에도 측천을 황후로 인정하지 않았다. 그대는 황 후가 될 자격이 없다, 그저 무소의일 뿐이다, 내가 목숨을 내놓을지언정 그 대를 끝까지 무소의라고 부르겠다는 그런 오만이었다.

한편 소숙비는 측천에게 바로 쌍욕을 퍼부어댔다.

"너 구미호 같은 무가 년! 나를 이 지경으로 만들다니, 저세상에서 난 고 양이가 되고 무가 너는 쥐가 될 것이니 그땐 내가 너의 목을 눌러 죽일 테 다!"

소숙비는 이렇게 표독했다.

이 두 여자의 판이한 반응, 어느 쪽이 더 측천의 마음을 뒤집어놓았을 까? 왕황후의 말이었다. 측천을 향한 그 경멸과 오만, 아마 소숙비의 쌍욕 보다 더 참기 어려웠을 것이다. 그래서 두 사람이 죽은 다음에도 측천은 끓어오르는 분노를 도저히 억누를 수 없었다.

문학과 역사를 많이 읽은 그녀는 문자로 농간을 부렸다. 두 사람의 성을 바꾸어버렸다. 본래 왕 씨인 황후는 망蟒 씨, 뱀처럼 사악한 여자라는 뜻이다. 숙비는 소 씨에서 효梟 씨로 바꾸었다. 올빼미를 뜻했다. 매처럼 육식을 즐기는 올빼미는 불길함을 상징했다. 하나는 독사, 하나는 올빼미, 둘 다 나쁜 이미지를 가진 동물이다. 이렇게 측천은 두 사람에게 육체적 사망과 정신적 모욕을 동시에 안겨주었다.

이 사건을 보면서 두 가지 문제를 분명히 짚고 넘어갈 필요가 있을 것 같다.

첫째, 측천은 분명 왕황후와 소숙비를 직접 살해했다. 그러나 그것은 고종의 동의를 얻은 다음이다. 즉 고종이 그 권한을 위임했다. 황제가 문제의 심각성을 인지하고 두 사람의 처결을 명했으니, 만약 그가 인정하지 않았다면 측천은 죽일 수도 없고, 또 죽일 생각도 못 했을 것이다. 따라서 두 사람의 참혹한 죽음에 대한 최종 책임은 고종에게 있다.

둘째, 측천은 집행권을 얻은 이후 자기가 할 수 있는 최대한의 학대와 보복 수단을 총동원했다. 사실, 측천의 이런 행태는 이미 그 선례가 있다. 이 사건은 한 고조 유방의 황후 여치呂雉의 경우와 매우 흡사하다.

유방은 생전에 척부인戚夫人을 무척 총애했다. 그런데 유방이 죽고 여후가 권력을 쥔 다음부터 척부인에 대한 탄압이 본격화되었다. 여후는 척부인의 눈알을 뽑고 귀를 멀게 했으며 팔다리를 잘랐다. 척부인을 '인간 돼지'라고 불렀다. 그런 다음 이 '괴물'을 변소에 버렸다. 이 광경을 본 아들 혜제惠帝는 놀라서 미쳐버렸다. 측천의 행동은 바로 당시 여후가 한 짓을 그대로 본뜬 것이다.

두 사건이 너무나 비슷하기 때문에 오늘날의 학자 중에는 측천의 살해가 실제로는 생각보다 그렇게 잔혹하지 않았으며, 오히려 역사가들이 측천을 지나치게 폄하한 것이 아닐까 하고 의심하는 사람도 있다. 역사가들이 여후의 이야기를 멋대로 가공해서 측천에게 뒤집어씌웠다는 것이다. 하지만 나는 측천이 그녀들을 잔혹하게 살해했을 가능성이 크다고 본다. 그 이유는 두 가지다.

여자가 한을 품으면 오뉴월에도 서리가 내린다는 식의 단순한 논리가 아니다. 개인적으로 측천이 강단 있는 여자였든 아니든 그녀가 남성지상주의 사회에 살았다는 것이 문제의 관건이다. 남편은 자신의 생명을 좌지우지하는 존재이기 때문에 남편을 빼앗는 여자는 바로 연적이자 정적이었다. 그 적은 심지어 생명을 앗아갈 수도 있었다. 바로 이런 공포 때문에 측천은 자기에게 여건이 주어지기만 한다면 아무 거리낌 없이 얼마든지 잔인해지고 가혹해질 수 있었다.

또 측천에게 여후의 이야기는 전혀 낯설지 않았을 것이다. 인간이란 게 원래 앞 시대 사람들의 경험이나 행동거지를 자신도 모르는 사이에 모방하거나 익히기 마련이다. 이것은 본능이다. 오늘날 아이들에게 폭력적인 장면을 보지 못하게 하는 이유도 모방이 두려워서다. 하물며 측천은 쥐만 봐도 놀라는 연약한 여자가 아니라 서슴없이 살인도 했던 여자다. 황후와 숙비를 내치기 위해 자신의 어린 딸을 희생시켰다. 두 여자를 참혹하게 죽일 이유가 충분하다고 볼 수 있다.

두 여자를 죽인 후 측천에게 어떤 일이 있었을까?

당시 민간에는 이런 이야기가 나돌았다.

측천은 이 일이 있고 난 뒤 고양이를 너무나 무서워해서 궁중에서는 아예 고양이를 기르지 않았다. 고양이는 소숙비의 화신일 것이니 정말 측천의 목을 조를지 모른다는 이유 때문이었다. 『자치통감』에도 이와 비슷한 기록이 있다.

"피비린내 나는 처형이 있은 후 측천은 정신 질환을 앓았다. 저세상에 가서 소숙비에게 보복을 당할까봐 몹시 불안했기 때문이다. 그래서 궁 안에서는 더 이상 고양이를 키우지 않았다."

또 측천은 날마다 악몽에 시달렸다. 왕황후와 소숙비의 원귀寃鬼가 머리를 산발한 채 피투성이가 되어 여러 차례 꿈에 나타났기 때문에 측천은 더 이상 태극궁에서는 살 수가 없었다. 처음에는 대명궁大明宮으로 거처를 옮겼고, 나중에는 장안에서는 도저히 지내기 어려울 만큼 공포에 시달리다, 결국 동도東都 낙양洛陽으로 나갔다.

이 두 가지 소문은 사실 역사가의 억측일 뿐이다. 측천의 성격은 그들이 상상하는 것보다 훨씬 더 강인했기 때문이다.

『자치통감』에는 이런 기록도 나온다.

황후가 된 다음, 측천은 자신의 통치 아래 모든 것이 개혁될 수 있고, 적까지도 친구로 만들 수 있다는 사실에 한껏 고무되어 있었다. 한번은 측천이 대신들을 불러다놓고 자기가 어떻게 동물을 길들였는가를 보여준 적이 있다. 그녀는 고양이와 앵무새를 한 마리씩 같은 새장에 넣고 그들에게 보여주었다. 고양이와 앵무새는 천적이 아닌가? 하지만 측천은 장담했다. 자기가 조련시킨 결과 그 둘의 천성이 개조되어 평화롭게 같이 지낼 수 있게 되었다는 얘기였다. 대신들도 호기심에 가득 찬 눈으로 자세히 관찰하면서 감탄했다.

"고양이까지도 감화시키다니, 정말 황후는 대단하시구나!"

이렇게 이리저리 새장을 돌려가며 보는 사이 제법 시간이 흘렀다. 배가 고파진 고양이는 바로 본성을 드러냈다. 한순간 앵무새를 노려보는가 싶더니 그대로 달려들어 그 모가지를 끊어버린 것이다. 측천이 톡톡히 망신을 당하는 순간이었다. 측천이 조련사 역할을 제대로 했는지 아닌지는 모르겠지만, 이 기록을 통해 적어도 그녀가 고양이를 길렀었다는 사실 하나만은 확실히 알 수 있다.

그럼 측천은 왕황후와 소숙비의 원귀가 두려워 태극궁에 살지 않고 이사하려 했을까? 이 역시 사실과 다르다. 이 씨 황실이 중풍을 유전병으로 가졌다는 것은 이미 앞에서 언급했다. 태극궁은 지대가 낮아 황제가 그곳에 거주하는 걸 싫어했다. 태종 때 대명궁을 지었고, 고종 이후에는 병이 자주 도진다는 이유로 주로 대명궁에서 살고 있었다. 그곳은 지대가 높고 시야가 탁 트여 있었다. 훗날 측천이 낙양으로 천도한 이유는 정치적·경제적 중요성을 고려했기 때문이지, 귀신 따위를 두려워했기 때문은 아니다.

측천이 두 여자를 살해한 것은 부정적인 영향을 미쳤다기보다는 오히려 두 가지 측면에서 좋은 효과를 가져왔다.

하나는 잠재적 위협을 완전히 제거함으로써 후궁이 안정되었다는 사실이다. 또 하나는 후궁을 공포 분위기로 몰고 감으로써 제대로 본때를 보여줬다는 사실이다. 이 사건을 계기로 사람들은 그녀가 얼마나 강인하고 잔혹한지를 한 번 더 확인하게 되었다. 장차 후궁의 그 어느 여자가 감히 고종을 유혹할 수 있으며, 또 누가 감히 측천에게 반기를 들 수 있겠는가? 요컨대, 측천의 이번 행동은 그야말로 일석이조의 효과를 거둔 셈이다.

## 2. 새 태자의 옹립

후궁을 안정시킨 다음, 측천이 해야 할 두 번째 일은 태자를 새로 옹립하는 것이었다.

영휘 3년(652), 측천이 고종의 총애를 독차지할 기미를 보이자 왕황후는 외삼촌 유석의 도움을 받아 고종에게 궁녀 소생 이충李忠을 태자로 책봉하라고 정중하게 부탁했다. 이충은 정관 17년(643)에 출생한 고종의 첫아들이었다. 그 생모의 출신이 미천했기 때문에 왕황후는 그를 양자로 들여 장차 자신의 지위를 다지는 디딤돌로 삼으려 했다. 영휘 6년, 이때 이충은 열네 살로 이미 알 만한 건 다 알 나이였다. 더욱이 황실 태생이라 정치적 감각에 있어서는 일반 아이들보다 훨씬 더 조숙했다. 양어머니 왕황후가 폐출되고 급기야 참혹하게 죽는 장면을 보았던 이충은 늘 불안에 떨고 있었다. 어떻게 해야 할까? 그는 자발적으로 사직을 간청하는 상소를 올렸다. 어차피 태자 자리는 자기가 감당해내지 못할 것이라는 판단에서였다. 사직 상소를 받은 고종은 서두르지 않았다. 좀더 많은 사람의 태도를 보고 난 뒤에 결정해야겠다는 생각이었다.

고종이 주저주저하는 동안 측천은 무얼 하고 있었을까?

이 무렵 측천과 그 지지자들은 잠시도 가만 있질 않았다. 여기저기 정신없이 뛰어다니면서 바삐 움직였다. 영휘 6년 11월 3일, 측천이 황후로 즉위한 지 사흘째 되는 날이었다. 그녀는 심복 예부상서 허경종에게 태자를 새로 책봉하라는 상소를 올리도록 지시했다. 허경종의 상소는 대략 이런 내용이었다.

"영휘 초기에는 아직 태자가 탄생되지 않았다. 지금의 황후에게는 당시 아들이 없었기 때문에, 어쩔 수 없이 다른 혜성을 하나 끌어다 태양의 위치에 두고 임시로 빛을 발하게 했다. 하지만 지금은 우리 황후께서 아들을 낳으셨다. 혜성인 이충이 어떻게 태양의 역할을 할 수 있는가? 이는 천부당만부당하니 서둘러 태자를 바꾸어 황후 측천의 아들을 그 자리에 옹립해야 한다. 부자지간의 일에 남이 개입하기 어렵다는 건 나도 잘 안다. 또 내가 이렇게 말하면 자칫 부자관계를 이간시킬 수도 있다. 또 내 말투가 듣기 거북해서 혹 황제가 나에게 죄를 물을 수도 있다. 그렇지만 국가의 안정과 단결을 위해서라면 내가 만 번 죽을지언정 이 상소를 올리지 않을 수 없다."

솔직히 말해서 허경종의 이 상소는 중국 전통 사회의 태자 책봉 규범에 부합했다. 황후의 맏아들인 적장자가 태자로 추대되는 건 당연했다. 자기가 일부러 흥분해서 이런 상소를 올릴 필요도 없었다. 말로는 죽음을 무릅쓰고 상소를 올린다고 했지만, 사실 허경종은 고종이 지금 누군가가 이런 말을 해주기를 기다린다는 사실을 너무나 잘 알고 있었고, 자신이 상소해도 절대 안전하다는 걸 확신하고 있었다. 상소문을 받은 고종은 즉시 허경종을 불러 이 일에 대해 상의했다. 황제를 배알한 그는 또 하나의 이유를 내세웠다.

"태자는 나라의 근본입니다. 근본이 아직 안정되어 있지 않으니 온 나라가 의지할 데가 없습니다. 지금 동궁에 있는 태자는 그 출신이 미천합니다. 궁중에 이미 적자가 있다는 것을 그도 알고 있기 때문에 지금 몹시 불안할 것입니다. 태자가 불안해한다면 이는 종묘사직의 불행이 될 수도 있으니, 폐하께서 숙고하시기 바랍니다."

이 말이 무슨 뜻인가? 불안해하는 태자 이충이 모반을 일으킬 수도 있다는 암시였다. 이렇게 보면 태자를 새로 책봉해야 할 논리적 근거도 충분하고, 현실 정치를 감안해보더라도 이것이 정당한 요구라는 게 명백해졌다. 이 말을 들은 고종은 안도의 한숨을 내쉬었다. 마침 대신들이 나서서 상소를 올려주기를 기다리고 있던 참이었다. 고종이 말했다.

"그렇지 않아도 충忠이 이미 양위하겠다는 상소를 올렸습니다."

허경종이 바로 응수했다.

"태자의 인품이 참으로 고매하십니다. 마땅히 그의 간곡한 뜻을 기꺼이 받아들여 수락하셔야 합니다."

이렇게 해서 그날로 이충은 폐위되었고, 뒤이어 양왕梁王으로 책봉된 후 양주도독梁州都督으로 임명되었다. 그는 즉각 수도를 떠나 임지로 향했다.

"달은 세상을 골고루 비추건만, 기쁨과 근심은 집집마다 다르다네"라는 시구처럼 이충이 처참한 심경으로 수도를 떠날 때, 측천의 맏아들 대왕代王

이홍은 태자로 옹립되었다. 이 경사를 축하하기 위해 고종은 거국적으로 대사면을 실시했고 연호를 현경顯慶으로 바꾸었다. 또 새 태자의 복을 기원하기 위해 고종과 측천은 대자은사大慈恩寺에서 무차대회無遮大會*를 열고 승려들에게 연회를 베풀었다. '자은慈恩'은 문자 그대로 어머니의 은혜라는 뜻이다.

봉건전제사회에서는 아들이 어머니 덕으로 귀하게 되는 법이다. 황후가 낳은 아들이기에 그는 태자가 될 수 있었다. 마찬가지로 어머니 역시 아들로 인해 귀하게 될 수 있었으니, 만약 황후에게 태자로 책봉할 아들이 없다면 자리를 보존하기가 쉽지 않을 수도 있었다. 따라서 이홍과 측천은 서로 의존하는 관계였다. 태자를 새로 옹립하자 측천은 그제야 한숨 돌릴 수 있었다. 왕황후가 실패한 가장 중요한 원인이 바로 아들이 없다는 것이었음을 측천은 너무나 잘 알고 있었다. 이제 이홍이 태자로 등극했으니 측천의 자리는 더욱 공고해질 것이었다.


### 3. 조정대신의 재배치


태자 교체 이후 측천이 해야 할 세 번째 일은 조정대신의 재배치였다. 이건 가장 어려운 일이기도 했다. 그녀가 황후로 오르기까지의 과정은 험난했다. 조정에는 자신의 지지파와 반대파가 있었지만, 한때 반대파의 목소리가 우세를 점했고 특히 그중에는 원로대신들이 많았다. 그녀가 황후가 된 마당에 여전히 재상의 지위를 차지하고 있는 그 원로대신들을 그냥 둘 수는 없는 노릇이었다. 또 지지파를 포상할 필요도 있었다. 이참에 반드시

---

* 불교에서 부처의 자비심에 따라 승려와 속인의 구분 없이 남녀노소가 한데 어울려 부처의 덕과 지혜를 기리는 대규모 법회.

지지파를 승진시켜야만 그들은 희망을 갖게 될 것이고 계속 자신을 지지할 것이었다.

의논 결과 측천과 고종은 이 일을 급하게 서두르기보다는 전반적인 상황을 고려해가면서 결정하는 게 좋겠다는 결론을 얻었다. 두 사람은 당시 반대파 중에서 조정 내에서 차지하는 세력의 비중과 반대의 강도를 감안하여 단계적으로 처리해야겠다고 판단했다. 그 결과, 측천에 대한 반대는 심하되 세력이 비교적 약했던 한원·내제·저수량이 1차 블랙리스트에 올랐다.

앞서 말했듯이 저수량은 측천의 황후 책봉을 반대하기 위해 자기가 들고 있던 홀을 계단에 내던지면서 목숨을 내걸고 고종을 위협했던 인물이다. 또 한원과 내제는 공개적으로 상소문을 올려 반대했던 사람들이다. 다들 과격파였다. 사실 저수량은 이때 이미 중앙에 있지 않았다. 바로 영휘 6년 9월, 왕황후의 폐출과 측천의 책봉 문제가 최고조에 달했던 시기에 지방으로 좌천되어 있었다. 따라서 중앙에서는 한원과 내제 두 사람만이 처벌 대상에 올랐다.

측천이 두 사람을 어떻게 처리했는가에 대해서는 『자치통감』의 기록을 참고할 수 있다.

황후로 등극한 지 사흘째 되던 날, 측천은 기발한 묘수를 하나 내놓았다. 후퇴를 가장한 전진 술책으로 그녀는 고종에게 한원과 내제에게 상을 내려야 한다는 상소를 올렸다.

"지난날 폐하께서 소첩을 신비宸妃로 책봉하시려 할 때 한원과 내제는 한사코 반대한 적이 있습니다. 나라를 위한 충성심이 없다면 이렇게 하기란 여간 어려운 일이 아닙니다. 그러니 이들에게는 마땅히 상을 내리셔야 합니다."

정말 대단한 술책이었다. 그 이유는 두 가지로 볼 수 있다.

첫째, 자신의 긍정적인 면모를 드러낼 수 있었다. 자신은 결코 속 좁게 보복을 일삼는 사람이 아니다. 그러니 과거의 허물이 있더라도 다 받아들일 수 있다. 국모의 자격이 충분함을 보이려는 것이다. 둘째, 이렇게 함으로써 한원과 내제가 경계심을 늦출 것이라고 판단했다. 일종의 연막술이다. 마지막에 가서 일망타진하려면 그들이 계속 뭔가를 하도록 방치해두어야 했다.

그런데 왜 측천은 그들이 신비 책봉을 반대했던 사실만 거론하고, 황후 책봉을 반대한 사실은 말하지 않았을까? 그것은 측천이 황후가 되기까지 구설수가 하도 많아 일일이 대응하기 어려웠기 때문이다. 그녀로서는 관심이 황후 책봉 문제에만 쏠리는 게 못마땅했다. 그래서 초점을 흐리기 위해 일부러 신비 문제만을 거론한 것이다.

측천이 이 술책을 내놓자 과연 한원이 걸려들었다.

현경 원년(656) 12월, 그는 이제 황후 책봉을 둘러싼 풍파는 가라앉았으니 측천도 더 이상 별다른 행동은 취하지 않으리라고 생각했다.

'이 여자도 뭐 별거 아니군.'

그는 좀더 대담하게 나왔다. 지방에 내려가 있는 옛 동료 저수량을 불러오기 위한 탄원에 나섰다.

"저수량은 본래 나라의 충신이온데 소인배들의 모함으로 멀리 쫓겨나 있습니다. 옛날에도 미자微子, 은왕殷王의 장남으로, 이복동생 신후가 주왕紂王이 된 후 나라를 떠났다가 떠나버리자 은나라가 망했고, 장화張華, 서진西晉 시기의 정치가이자 학자로서 선정을 베푼 재상으로 유명하다가 남아 있어서 국가 기강이 문란해지지 않았던 전례가 있습니다. 폐하께서 이유 없이 원로대신을 내치신다면 이는 나라의 재앙이 될 것이옵니다."

이 말이 떨어지기 무섭게 고종은 대로했다.

"그자가 그때 짐에게 얼마나 거칠게 대들었는지 잘 알면서도 감히 억울하단 말을 할 수 있단 말이오? 그자를 이대로 둘 수는 없소."

고종은 저수량을 더 먼 곳으로 내쳤다. 운수가 더 사납게 되어 이번에는 계주桂州, 지금의 광시 성 구이린桂林의 도독으로 좌천되었다.

때마침 꼬투리를 찾지 못해 안달이던 측천이었다. 한원이 제 발로 걸려든 꼴이니 이거야말로 하늘이 내린 복이 아닌가? 바로 심복 허경종을 불러들여 지시를 내렸다. 다음 날 허경종은 측천의 지시대로 상소를 올렸다.

"지금 조정에는 모종의 음모가 있는 것 같습니다. 이번에 저수량을 계주로 내쳤는데, 겉으로 보면 마치 폐하의 위엄에 복종하고 있는 듯하지만, 사실 이것은 중서령 한원의 음모입니다. 저수량을 좌천시킨 게 아니라 사실상 승진시킨 것입니다. 왜냐하면 계주는 군대를 양성하여 거병하기에 유리한 군사 요충지이기 때문입니다. 한원은 재상이라는 직책을 이용하여 저수량을 계주도독으로 내보내 그자와 은밀하게 내통하려 하고 있습니다. 또 내제와 저수량은 한패거리이니 결국 이 세 사람이 결탁하여 역모를 꾸미고 있습니다."

이 말이 맞을까? 당연히 억지 주장이다.

계주와 장안은 거리가 너무 떨어져 있다. 지금의 시점에서 보더라도 계림에서 거병하여 서안까지 쳐들어오기란 너무나 어려운 일이다. 하물며 당시에는 더 말할 나위도 없었다. 저수량이 어떻게 한원과 함께 이런 멍청한 역모를 꾸밀 수 있단 말인가? 제정신이라면 도저히 할 수 없는 발상이었다.

하지만 고종은 이런 걸 전혀 감안하지 않았다. 즉각 허경종의 상소를 받아들여 한원을 진주자사振州刺史로 내쳤다. 진주는 지금의 하이난 성 싼야三亞로 그야말로 아득히 먼 땅끝 마을이었다. 내제에게는 태주台州자사로 내치라는 조서가 떨어졌다. 태주는 지금의 저장 성 린하이臨海로, 지금이야 번성한 곳이지만 당시 남방 지역은 여전히 미개발 상태였고, 특히 연해 지역은 매우 낙후되어 있었다. 또 계주가 군사 요충지인 이상 저수량 역시 그곳에 계속 둘 수는 없었으므로 다시 애주愛州 자사로 좌천시켰다. 애주는 지금의 베트남 타인호아Thanh Hoa다. 한꺼번에 세 사람을 오지 중의 오지로 내쳐버렸다. 오늘날의 개념으로 보면 세 사람 모두 국경 밖으로 쫓겨난 셈이다.

갈수록 가혹해지는 압박을 경험하면서, '당대 해서체의 1인자'라는 명성을 들어왔으며 문인 기질이 농후했던 저수량은 도저히 이 상황을 견딜 수가 없었다.

『신당서』의 기록을 보자.

현경 2년(657), 저수량은 황제에게 표表를 올렸다.

"옛날 태자 승건이 폐출되었을 때 잠문본岑文本, 유계劉洎 등이 동궁은 잠시라도 비워둘 수 없으니 마땅히 복왕濮王 이태李泰를 책봉해야 한다는 상소를 올렸지만, 소신은 이를 한사코 반대했습니다. 또 임종 무렵 선황께서는 장손무기·방현령·이적과 소신에게 폐하의 책봉을 당부하셨습니다. 유촉을 받을 때도 장손무기와 소신이 그 곁을 지켰습니다. 당시 폐하께서 소신의 목을 껴안고 통곡하시는 가운데, 소신은 운구 앞에서 즉위를 하셔야 한다고 주청드렸습니다. 소신과 장손무기는 서둘러 수도로 돌아와 선황의 붕어를 세상에 공표함으로써 대내외적으로 안정을 기할 수 있었습니다. 소신이 비록 미력하나 책무가 막중하여 견마지로를 다해왔으니, 폐하께서는 소신을 가엾게 여겨주시옵소서!"

여기서 저수량은 먼저 자신이 고종의 등극을 위해 노력한 공로를 거론했다. 그런 다음, 태종이 세상을 뜬 후에 정국을 안정시키기 위해 자신이 어떻게 고종을 도왔던가를 상기시켰다. 지난날 자신의 이런 공로를 인정하여 용서해주기를 간청한 것이다.

이 서신이 효과가 있었을까? 아니었다. 오히려 더 큰 역효과만 불러일으켰다. 고종이 보기에 저수량이 이렇게 오만방자하게 구는 데는 이유가 있었다. 황제 책봉 과정에서 자기가 공을 세웠고, 또 선황으로부터 황제를 보좌하라는 유촉을 받았다는 구실을 내세우는 것으로 비쳐졌다. 황제는 안중에도 없는 듯이 행동한다고 생각했다. 다시 말하면, 저수량은 자신이 고종에게 간청할 자격이 충분히 있다고 생각한 반면, 고종은 바로 그것 때문에라도 그를 꼭 없애버려야겠다고 생각했다. 상황을 제대로 판단하지 못한 채 보낸 이 서신에 회답은 돌아오지 않았고, 이듬해 저수량은 애주 땅에서 향년 63세로 병사했다.

한원과 내제가 지방으로 좌천되자, 원래 그들이 맡고 있던 중앙의 직책은 공석이 되었다. 누가 그 자리를 채웠을까? 허경종이었다. 허경종은 이번 사건을 조사한 책임자로서 큰 공을 세웠기 때문에 문하시중으로 승진하여 내제의 자리를 차지했다. 측천의 또 다른 심복 이의부는 그 이전에 이미 중서령이 되어 있었다. 두 사람은 모두 재상 그룹으로 진입했다. 당시 조서는 중앙정부에서 역할을 분담하여 처리했는데, 중서성에서 조서를 초안하면 문하성에서 그것을 심의했다. 모든 문서는 중서·문하 이 두 부서를 거쳐야만 칙명勅命이 될 수 있었다. 주요 핵심 문서는 모두 이렇게 만들어졌다. 이제 이의부가 중서령, 허경종이 문하시중을 맡은 이상 측천의 의도는 비교적 순조롭게 관철될 것이었다.

측천 지지파들은 최고위층에 진입해 있었고, 반대파 세 사람은 모두 자리에서 물러났다. 이제 마지막으로 남은 대어급 인물은 오직 한 사람, 장손무기만이 아직 중앙에 그대로 있었다. 이 삼엄한 분위기 속에서 황제의 외삼촌이자 재상이라는 막강한 지위에 있었던 장손무기는 과연 어떤 결말을 맞았을까?

# 제9장
# 황제 외삼촌의 죽음

측천은 황후로 등극하자마자 블랙리스트를 만들었고, 과거 자신의 앞길을 가로막았던 사람들에게 단계별로 보복을 가했다. 왕황후·소숙비·이충·저수량·한원·내제 등 블랙리스트에 오른 인물들은 하나하나 조정을 떠나갔다. 개중에는 세상을 떠난 사람까지 있었다.

이제 장손무기의 차례였다. 측천은 과연 언제, 어떤 방식으로 그에게 정통으로 타격을 가할 수 있었을까?


## 1. 장손무기의 모반 사건


측천과 고종이 반대파에 대한 대규모 숙정肅正에 들어갔을 때 장손무기는 저술에 힘을 쏟았다. 중국 고대 정치가들은 나라에서 부르면 국정에 힘쓰지만, 일단 쓰임새가 없어졌을 때는 자기수양에 열중하는 전통이 있었다. 국가에 중용되면 백성을 위해 열심히 일하지만, 임용이 되지 않을 땐 조용히 서재로 물러앉아 수양을 쌓으면서 저술활동을 했다. '나아가면 공격, 물러나면 수비'다. 무소의가 황후로 책봉된 이후 장손무기는 운신의 폭이 좁아졌다는 것을 실감했다. 의기소침해진 그는 책 속에 묻혀 마음의 안정이나 찾아야겠다는 심정이었다.

현경 4년(659) 이전까지, 그는 무덕武德과 정관貞觀 두 시기의 역사를 편찬했고, 양粱 · 진陳 · 북주北周 · 북제北齊 · 수隋(『수서隋書』 중 역사 부분) 등 5대의 역사를 썼으며, 『현경신례顯慶新禮』의 편찬 사업도 주도했다. 방대한 분량의 저술이었다. '태평 시대에는 역사를 편찬한다'는 말이 있듯이, 한 왕조가 번성하면 앞 시대의 경험과 교훈을 총괄할 조건과 여유가 생기는 법이다. 당대에는 사관史館을 건립하여 재상이 역사 편찬을 주도하는 전통이 있었는데, 고대 중국의 24사史 가운데 8사가 모두 당대에 편찬되었다. 당연히 여기에는 장손무기의 공로도 적지 않다.

장손무기는 정치로부터 벗어나고 싶었다. 하지만 정치는 그를 가만 내버려두지 않았다. 한편, 측천과 고종으로서는 자기 구미에 맞는 조정을 구성하고 싶었지만 장손무기가 최대의 걸림돌이었다. 어쨌든 그는 황제의 외삼촌이자 30년 재상을 지낸 인물로 조야의 권력을 한 몸에 가지고 천하에 위세를 떨치던 인물이다. 그를 제거하려면 신중에 신중을 기해야 했다. 결단력 하나만큼은 어느 누구 못지않은 측천이었지만 결코 조급해지지는 않았다. 기다려야 할 시기에 그녀는 한없이 기다렸다. 장손무기에게 호된 일격을 가하려면, 먼저 그의 측근부터 제거해야 했다. 바로 이 때문에 그의 오랜 친구 저수량·한원·내제가 앞서 조정에서 축출되었고, 동시에 그의 친척들도 측천의 손아귀에서 빠져나올 수가 없었다.

먼저 그의 외사촌 동생 태상경太常卿 고이행高履行이 수도에서 쫓겨나 익주益州자사로 내려갔다. 고이행은 장손무기의 외삼촌 고사렴高士廉의 아들이었다. 지난날 장손무기의 아버지가 죽자 나이 어린 장손무기와 그 형제들은 이복형으로부터 쫓겨났었는데, 그때 이들을 받아준 사람이 바로 고사렴이었다. 따라서 고이행과 장손무기는 명목상 외사촌 간이긴 해도 친

형제보다 더 친한 사이였다.

뒤이어 장손무기의 사촌형 공부상서 장손상長孫祥이 형주荊州 자사로 밀려났다. 장손무기가 조정에서 힘을 받을 수 있는 세력들이 이렇게 차례대로 축출되면서 그는 고립무원이 되었다. 드디어 시기가 다가왔다.

현직 재상을 축출하려면 충분한 이유가 있어야 했다. 그 이유를 돌파구로 삼아야만 측천의 행동에 명분이 실릴 수 있었다. 그렇게 해야만 행동 또한 빠르고 정확하고 철저해질 수 있었다. 그렇다면 그 돌파구는 어디에 있었을까?

현경 4년 4월, 이봉절李奉節이라는 낙양 사람이 고종에게 붕당朋黨 사건을 적발했다는 고발장을 올렸다. 태자세마太子洗馬 위계방韋季方과 감찰어사監察御史 이소李巢가 권력자와 결탁하여 붕당을 모의했다는 내용이었다. 본래 이것은 중하급 관리들이 연루된 작은 사건이었다. 그러나 이 사건이 터지자마자 측천은 특유의 예리한 안목으로 이용 가치를 찾아냈다.

'이 사건은 충분히 확대시킬 수 있다!'

권력자가 결부되어 있으니 그가 누구든 간에 자신의 희망대로 엮어낼 수 있다는 자신감 때문이었다. 측천은 누구에게 이 사건의 심리를 맡겼을까? 이제 막 재상에 오른 심복 허경종이었다. 그는 지체 없이 심문에 나섰다. 이 작은 사건 하나에 막강한 재상이 직접 나선 것은 이 사건이 결코 예사롭지 않음을 의미했다. 허경종은 황제와 황후가 얻고자 하는 결론이 무엇인지를 너무나 잘 알고 있었고, 그들에게 실망감을 안겨줄 수는 없었다.

사건을 심리하는 과정에서 허경종은 위계방과 이소를 혹독하게 고문하면서 자백을 강요했다. 그들이 결탁한 권력자가 누구인지를 밝히라는 압박이었다. 고문과 함께 허경종은 두 사람에게 몰래 회유책을 암시했다. 그 권력자가 장손무기라는 사실만 자백한다면 잘 봐주겠다는 것이었다. 그러나 위계방은 워낙 선량한 사람이어서 함부로 황제의 외삼촌을 무고할 만큼 대담하지 못했다. 순박하기만 했던 그로서는 태산과도 같은 존재인 장손무기와 결탁한다는 건 상상조차 하지 못했다. 결단코 인정할 수 없는 죄명이었다.

허경종은 포기하지 않았다. 추궁이 계속되자 결국 위계방은 자결하려고 벽으로 달려가 머리를 들이받았다. 신분이 미천한 자의 비극은 그러나 끝난 게 아니었다. 그에게는 죽을 권리도 없었던지 바로 구출되었다. 이번에는 자살 시도가 또 유죄의 증거라는 누명이 씌워졌다. 지은 죄도 없는데 자살을 시도할 리가 없다는 논리로 사건 처리 과정이 보고되었다.

"진상은 어느 정도 윤곽이 드러났습니다. 위계방의 문제는 단순한 사당私黨 결사의 문제가 아니라 거기에는 어떤 음모가 개입되어 있습니다. 그자는 장손무기와 결탁하여 충신들과 황실 족친들에게 위해를 가하고 모반을 꾀했습니다. 자신의 음모가 실패한 것을 알고는 처벌이 두려워 자살까지 기도했습니다."

정말 말도 안 되는 소리였다. 막강한 권력을 거머쥔 재상이 일개 5품 관리와 결탁하여 모반을 꾀했다는 건 누가 들어도 억지였다. 이 보고를 들은 고종의 반응은 어땠을까?

『자치통감』의 기록을 보면 흥미로운 대답이 나온다.

"외삼촌께서 소인배의 농간에 놀아나 마음속으로야 짐을 의심했을 수 있겠지. 그렇다고 모반까지 생각했을까?"

고종은 장손무기가 이 사건에 실제로 연루되었다는 것을 그리 믿지 않았다. 또 그가 어떻게 몇몇 소인배와 모반을 결탁하게 되었는지에 대해서 따져 묻지도 않았다. 다만 '그가 모반까지 생각했을까?'라는 정도의 의문을 제기했을 뿐이었다. 하지만 이 의문은 바로 사건의 결론으로 이어졌다. 모반이 분명하다는 결론이었다.

고종이 '모반'이라는 말을 꺼냈을 때는 의문문이었지만, 눈치 빠른 허경종은 이 의문문을 어떻게 처리해야 할지 너무나 잘 알고 있었다. 평서문으로 바꿔버리면 될 일이었다.

『자치통감』에는 허경종의 이런 대답이 나온다.

"소신이 사건의 전말을 조사해보니 모반으로 밝혀졌습니다. 폐하께서 아직도 미심쩍어하신다면 이는 종묘사직에 재앙이 될 것입니다."

그는 이렇게 모반으로 확정해버렸다. 이 말을 들은 고종은 길게 탄식하며 눈물을 흘렸다.

"친척 간에 빈번하게 모반 사건이 일어나다니 이는 우리 황실의 불행이다. 지난날엔 고양공주高陽公主와 방유애房遺愛가 모반 사건을 일으키더니 이젠 짐의 외삼촌까지 또 이렇게 하니, 정말 세상 사람들 보기가 부끄럽구나."

이런 결론이 내려졌으니 이제 고종은 어떻게 처벌을 해야 할지를 결정해야 했다. 여기서 고종은 선례를 하나 제시했다. 과거 고양공주가 모반한 적이 있으니, 장손무기 사건도 그에 준하여 처리하면 될 것이었다.

그렇다면 고양공주 모반 사건의 진상을 한번 보자.


## 2. 모반 또 모반


고양공주의 모반 사건은 영휘 3년(652)에 발생했다. 이 사건을 처리한 사람은 당시 권력의 중심에 있던 태위 장손무기였다. 고양공주는 태종의 딸로 미모가 뛰어난 데다 총명했으며, 활달하고 자유분방한 성격이었다. 어릴 적 그녀는 태종의 총애를 많이 받았다. 태종은 조정대신을 자기편으로 끌어들이기 위한 방편으로 그녀를 재상 방현령의 아들인 방유애에게 출가시켰다. 당시 공주를 얻는다는 건 보통 사람으로서는 엄청난 행운이었다.

그러나 고양공주가 시집온 이후 방 씨 집안은 하루도 바람 잘 날이 없었다. 귀하게만 자라온 공주는 결혼 후에도 곳곳에서 말썽을 부렸고, 남편 방유애에게는 형 방유직房遺直과 분가하라고 부추겼다. 참다못한 방유직은 결국 태종에게 이 사실을 알렸다. 다행히 태종이 합리적으로 판단하여 공주를 엄하게 질책한 뒤에 이 일은 마무리되었다. 하지만 이때부터 태종은 이 말썽꾸러기 딸을 차츰 멀리하게 되었다.

하지만 얼마 지나지 않아 공주는 또 일을 저질렀다. 변기辯機라는 한 승려와 사통하다 그만 들통이 난 것이다. 공주가 사냥을 나갔다가 우연히 변기라는 승려를 만났고 두 사람은 서로 첫눈에 반했다. 이때부터 공주는 용모가 준수한 이 승려와 교제를 시작함으로써 남편을 배신했다. 그러고는 남편을 위로한답시고 예쁜 노비 두 명을 남편에게 갖다 바쳤다. 방유애는 분노가 치밀었지만 아무런 말도 못 하고 꾹 참을 수밖에 없었다.

하지만 손으로 해를 가릴 수는 없는 법, 이 일은 결국 들통이 났다. 정관 시기, 한 어사가 절도 사건을 추적하던 중 마침 변기가 살고 있는 절을 수색하게 되었는데, 이때 궁중에서나 사용하는 값비싼 베개를 하나 발견했다. 추궁 끝에 변기는 공주로부터 받은 선물이라고 자백했다. 태종으로서는 너무나 창피스러운 일이었다. 화가 머리끝까지 난 태종은 바로 변기를 참형에 처했다. 교만하기만 했던 공주는 공주대로 또 아버지가 너무 가혹하다고 생각해서 이후로는 더더욱 아버지에 대한 증오심을 불태웠다. 정관 23년(649), 태종이 세상을 떴을 때 공주는 눈물 한 방울 흘리지 않았다고 한다.

부친의 간섭이 없어지자 공주는 더 오만불손해져서 마치 무법천지라도 된 양 이번에는 더 많은 정부들을 끌어들였다. 첫사랑이 승려여서 그랬는지는 몰라도 공주는 유독 이런 부류의 남자들을 좋아했다. 그중 상당수는 승려·도사와 같이 주로 속세를 떠난 사람들이었다. 하지만 당 황실은 원래 선비족 혈통이어서 전통 예교를 그다지 중요시하지 않았기 때문에, 본분을 망각한 공주의 이런 행동에 대해서는 대수롭지 않게 여기는 분위기였다. 그녀가 범한 최대의 오점이라면 남편을 배신한 것이라기보다는 남편과 함께 정치에 개입했다는 사실이다.

고양공주의 남편 방유애는 정관 시기 위왕 이태의 당파에 속해 있었다. 정관 17년, 위왕 이태와 태자 이승건이 서로 자리다툼을 하는 바람에 두 사람 모두 폐출되었고 이치가 태자로 책봉되었다. 따라서 고종 이치가 통치하던 시기에 방유애는 정치적으로 소외된 그룹에 속해 방주房州자사로 밀려나 있었다. 재상의 아들이자 공주의 남편이었던 그는 귀공자 출신답게 어려서부터 귀엽게만 자라왔기 때문에, 지방으로 내몰리면서부터 그곳의 열악한 환경을 견디지 못했다. 그래서 늘 불만에 가득한 채, 자기처럼 소외되어 있던 황실 족친들과 자주 어울려 다니면서 허구한 날 엉뚱한 소리만 해댔다.

거기에는 고양공주 외에도 형왕荊王 이원경李元景, 파릉巴陵공주의 부마 시영무柴令武, 단양丹陽공주의 부마 설만철薛萬徹 등이 포함되어 있었다. 이원경은 종실 가운데 항렬이 높고 야심도 큰 사람이었고, 시영무 역시 위왕 이태 진영의 인맥이었다. 설만철은 담량은 있으되 사람이 총명하지는 못했고 당시에는 모종의 사고를 치는 바람에 좌천되어 있었다. 그들은 온종일 불평불만을 늘어놓는 게 일이었다. 하지만 그렇다고 해서 실제 행동으로 보여준 것도 없었다. 그런데 그들이 이렇게 지내는 동안 누군가가 그들을 고발하고 나섰다.

바로 방유애의 형 방유직이었다. 지난날 고양공주는 남편 방유애에게 방유직과 분가하라고 부추긴 적이 있었고, 그 뒤에는 또 시아버지 방현령의 작위를 물려받겠다고 나서기도 했다. 하지만 작위는 맏아들에게 계승

되는 게 관례였고, 자기 남편은 맏아들이 아니었다. 공주는 방유직이 자기를 건드렸다고 여러 차례 무고하는 등 방유직을 망가뜨리려고 갖은 애를 다 썼다. 이렇게 하면 남편이 작위를 계승할 수 있다는 계산에서였다.

방유직은 더 이상 참을 수가 없었다. 이러다가는 공주 부부가 작당하여 자기 가문에까지 누를 끼칠지도 모른다는 생각이 들자, 그는 고종에게 방유애 일당이 정치적 음모를 꾸미고 있다고 고발했다. 그는 방유애 일당이 조정에 저항하는 단체를 결성했고, 고양공주는 또 승려·도사 등과 어울려서 걸핏하면 길흉이나 운수에 대해 이러쿵저러쿵하고 다니니, 이를 종합해볼 때 모반을 꾸미고 있는 게 분명하다고 생각했다.

이 일이 어디 예삿일인가? 황실 친인척이 모반에 가담한다는 건 중대한 문제였다. 고종은 즉시 재상 장손무기를 불러 조사를 지시했다. 장손무기가 조사해보니 과연 모반의 조짐이 확실했다. 국법대로 하자면 그들은 모두 사형이었다. 그러나 장손무기는 이 결과만으로 만족할 수 없었다. 이 기회에 이 모반 사건을 확대하여 자신의 모든 정적을 일망타진해야겠다는 생각이 들었다. 장손무기가 방유애에게 협박과 회유책을 번갈아 들이대자, 결국 방유애는 오왕吳王 이각李恪을 이 사건에 연루시켰다.

이각은 태종의 아들, 어머니는 수 양제의 딸이었다. 이각은 혈통이 좋은데다 결단력과 용기를 갖추고 있어서 태종의 기질과 흡사했고, 이 때문에 당시 태종의 총애를 많이 받고 있었다. 한때 태종은 그를 태자로 책봉하려고도 생각했지만 장손무기의 반대로 무산된 적도 있었다. 이 때문에 장손무기는 마음속으로 항상 이각이 이치의 잠재적인 위협이 될 거라는 생각을 하고 있던 차였다. 사실 이각은 방유애 일당의 행동에 전혀 가담하지 않았다. 하지만 장손무기로서는 지난날의 좋지 않은 기억이 있었던 터라 그를 반역죄로 몰아 사형에 처했다. 여태껏 덕망 높고 신중한 사람으로 알려져왔던 오왕 이각이 장손무기의 함정에 말려들 줄 누가 짐작이나 했으랴?

『자치통감』의 기록을 보자.

처형 직전 이각은 장손무기를 혹독하게 비난했다.

"장손무기, 그놈이 권력으로 농간을 부려 선량한 사람을 음해하다니! 종묘사직에 정녕 혼백이 있다면 조만간 그 일족은 깡그리 망할 것이다!"

당시 이각과 함께 처형된 사람으로는 형왕 이원경, 고양공주, 파릉공주, 세 부마 방유애, 시영무, 설만철 등이 있었다. 뒤이어 이치의 통치에 위협이 되거나 장손무기와 불화를 일으켰던 재상, 장수, 황실 친인척, 부마 등이 음모 가담 여부와는 상관없이 모두 고양공주 모반 사건에 연루되어 지방으로 밀려났다. 이것이 영휘 시기, 세상을 떠들썩하게 했던 고양공주 모반 사건의 전말이다.

당시 장손무기가 이 모반 사건을 정치적으로 처리한 이유는 이치를 도와 정국의 안정을 꾀해야겠다는 생각에서였다. 이각을 처형한 것도 이 때문이었다. 하지만 그가 이런 식으로 처형을 감행하자 황제에게는 그가 은연중 자신의 위세를 과시하는 것처럼 비쳐졌다.

장손무기가 귀족 공신들을 마치 개미 새끼 죽이듯 쉽게 처결해버리자 이치는 오히려 더럭 겁이 났다. 바로 그때부터 두 사람 사이에는 틈이 생기기 시작했다. 세상사는 돌고 돌기 마련이라더니, 왕년의 그 기세등등하던 장손무기는 이제 더 이상 빠져나갈 데 없이 궁지에 몰리게 되었다. 고양공주의 모반 사건이 지금은 장손무기 사건을 처리하는 선례가 된 것이다.

고종이 직접 나서서 고양공주 모반 사건을 제기한 이상, 허경종으로서는 이 일을 처리하기가 훨씬 수월해졌다. 과거의 사례가 남긴 교훈이 있으니 그걸 본떠 그대로 밀어붙이면 그만이었다. 이에 허경종은 고종에게 아뢰었다.

"방유애, 이 풋내기는 겨우 여자 하나와 모반을 시도했으니 그 세력이 뭐 그리 대단하겠습니까? 하지만 장손무기는 선황과 함께 천하를 도모했습니다. 모든 사람이 그의 지혜에 탄복했고, 30년 재상을 지내는 동안 천하가 그의 위세를 두려워하고 있습니다. 만약 그자가 도발이라도 하는 날엔 폐하께서는 누구를 시켜 그것을 막으시겠습니까?"

장손무기가 획책한 모반은 과거 고양공주의 모반과는 차원이 다르다는 말이었다.

이쯤 되면 이 모반 사건에 대한 처리 방식과 결론은 이미 다 정해진 거나 다름없다. 고양공주의 모반 사건을 참고해볼 때 장손무기에게는 가중처벌이 불가피했다. 하지만 고종은 허경종의 이 같은 처리 방식에 동의하지 않았다.

"이 일은 그리 서둘러 결정할 게 아니오. 그러니 한 번 더 심문해보시오."

허경종은 고민에 빠졌다. '이 사건에서 더 나올 게 뭐가 있단 말인가?' 집으로 돌아온 그는 하룻밤을 꼬박 세워가며 갖은 궁리를 다 짜보았다. 결국 묘안이 떠올랐다.

다음 날, 허경종은 다시 고종에게 상소했다.

"어젯밤 소신이 이 사건을 다시 한번 심문해본 결과, 사안이 생각보다 훨씬 더 심각하다는 걸 알았습니다. 원래 장손무기 한 사람만 관련된 줄 알았는데, 알고 보니 여기에는 여러 대신이 연루되어 있었습니다. 소신이 어제 돌아가서 위계방에게 '장손무기는 폐하의 외삼촌이시다. 폐하와 선황께서 다 그분을 그토록 신임했거늘 그가 왜 모반한단 말인가?'라고 추궁해보았습니다. 그랬더니 위계방이 '애당초 이 사건은 장손무기가 꾸민 게 아니라 한원이 부추긴 일이다. 한원이 장손무기에게, 과거 대감께서는 왕황후의 외삼촌 유석, 저수량과 의논하여 이충을 태자에 책봉했는데, 지금 이충은 폐출되었고 폐하께서도 더 이상 대감을 신임하지 않는데, 왜 서둘러 대책을 세우지 않느냐고 다그쳤다. 이 말을 들은 장손무기는 그 말이 옳다고 생각하여 한원, 저수량, 내제, 유석, 우지령 등의 무리와 밤낮으로 모여 모반을 획책했다'라고 대답했습니다. 이런 위계방의 말로 미루어볼 때, 이것은 장손무기 개인의 문제가 아니라 거의 모든 원로대신이 다 연루되어 있는 듯합니다.'

일이 이렇게 된 이상, 고종은 이제 이 사건에서 얻을 수 있는 이용 가치는 거의 다 소진되었다고 생각하고 더 이상 아무 말도 하지 않았다. 그는 긴 한숨과 함께 또 한 번 주르륵 눈물을 쏟아냈다.

"외삼촌께서 설령 그렇게 하셨다고 해도 짐이 그 목숨을 앗을 수는 없다. 만약 처형을 한다면 세상 사람들이 짐을 어떻게 볼 것이며, 후세에는 또 짐을 어떻게 평가하겠는가?"

이는 장손무기의 모반을 인정하긴 하지만 그를 한 번 용서해주겠다는 뜻이었다.

여기서 한 가지 주목할 점이 있다. 고종의 이런 말은 처음이 아니었다. 지난날 고양공주의 모반 사건을 처리할 때도 고종은 '형왕은 짐의 숙부이시고 오왕은 짐의 형님이신데 어찌 그들을 죽일 수가 있단 말인가?'라는 말을 한 적이 있다. 하지만 당시 장손무기는 고종의 이 요구를 받아들이지 않았다. 똑같은 상황에서 지금은 허경종이 고종에게 처형을 권유하고 있다.

"옛말에도 용단을 내릴 시기를 놓치면 오히려 역풍을 맞는다고 했습니다. 지금은 매우 위태로운 시기이니, 추호라도 허술하게 처리하시면 안 됩니다. 장손무기는 왕망王莽이나 사마의司馬懿 무리와 다름없는 간웅奸雄입니다. 만약 폐하께서 잠시라도 지체하시면 변고는 가까운 데서 일어날 것입니다. 그때는 후회해도 소용이 없습니다."

얄팍한 동정심에 좌우되어 대의를 잊어서는 안 된다는 권고였다.

이 말을 들은 고종은 이제 해결해야 할 건 다 해결되었고, 사건이 분명하게 드러난 이상 처벌의 명분은 충분하다는 생각이 들었다. 민심을 납득시키는 데도 문제가 없어 보였다.

마침내 고종은 장손무기의 태위직을 삭탈하고 영지를 몰수함과 동시에 양주도독의 직함을 주어 멀리 검주黔州로 내려보냈다. 검주는 지금의 충칭重慶 직할시 평수이彭水로 당시에는 황량한 벽지였다. 하지만 어쨌든 그는 황제의 외삼촌, 고종은 그가 벽지에서 고생할 것을 우려해서 그에게 1품 대신의 예우에 준하는 음식을 제공하라고 지시했다.

## 3. 피비린내 나는 숙정

그러나 상황은 여기서 끝나지 않았다. 앞에서 말했듯이 측천이 황후의 지위를 공고히 하기 위해서는 조정대신들을 자기에게 유리한 쪽으로 조직해야 했다. 반대파를 제거함과 동시에 지지파 인물들을 끌어들이는 일이었다.

반대파 제거를 위해 그녀는 두 가지 노선을 채택했다. 그 하나는 반대파 중에 상대적으로 세력이 약한 저수량·한원·내제 등을 지방으로 내치는 것이었다. 다른 하나는 핵심 세력인 장손무기의 외곽 조직을 우선 와해시킨 다음 당사자를 숙정하는 것이었다. 그녀가 이런 행동을 취한 이유는 신중을 기하기 위해서였다. 한꺼번에 이들을 대거 숙정하려고 했다가는 자칫 정국의 불안을 초래할 수도 있다. 다시 말하면, 먼저 반대파들에게 앞으로는 더 이상 큰 문제가 없다는 환상을 심어준 다음, 하나하나 투지를 꺾어놓은 뒤 최후에 가서는 가만히 앉아서 죽음을 맞도록 하려는 생각이었다.

이제 장손무기가 무대 정면에서 사라졌으니 고종과 측천은 더 이상 거리낄 게 없었다. 마침내 자신들의 힘으로 반대파를 일망타진했다.

장손무기의 모반 사건이 마무리될 무렵 허경종이 상소를 올렸다.

"장손무기의 모반은 저수량·유석·한원 등이 앞장서 결의한 것입니다. 하지만 유석은 여전히 후궁과 은밀히 내통하여 독살을 획책하고 있으며, 우지령 또한 장손무기 일파에 빌붙어 있습니다."

이렇게 되면 지난날 측천을 따르지 않았던 원로대신은 한 사람도 빠짐없이 걸려든 셈이다. 심지어 자신에게 재앙이 덮칠까봐 침묵으로 일관했던 우지령조차 요행을 면치 못했다. 그들은 모두 관직이 삭탈되었다.

이러고도 부족했을까? 3개월 후 고종은 이적과 허경종 두 재상에게 장손무기의 모반 사건을 좀더 철저히 조사하라는 교지를 내렸다. 교지를 받은 허경종은 중서사인 원공유를 검주로 파견하여 장손무기의 자백서를 받아오게 했다. 원공유는 애당초 측천의 황후 책봉을 지지했던 최선봉 그룹에 속해 있는 자였다. 배행검과 장손무기 사이에 이런저런 말이 오가고 있다는 제보를 했던 인물이 바로 그였다. 당시 그는 8품관 대리승大理丞, 이젠 5품 중서사인으로 올라 있었다.

원공유가 어떻게 자백서를 받았을까? 자백서를 받을 필요도 없었다. 그는 노골적으로 장손무기에게 말했다.

"힘들일 거 없이 그대가 스스로 끝장내시오."

대세가 기울었다고 판단한 장손무기는 긴 한숨과 함께 그 자리에서 자결했다.

뒤이어 고종은 왕황후의 외삼촌 유석과 한원을 참수하라는 교지를 내렸다. 옛말에 '둥지가 뒤집히는데 성한 알이 어디 있을까'라고 했듯이 원로대신들의 죽음과 함께 그 가족들 또한 대재앙을 만났다. 성년이 된 아들들은 모두 처형되었고, 가까운 친인척들도 노비가 되어 영남 지방으로 유배되었다. 먼 친척 중에 좌천된 사람은 그 수가 더 많았다. 장손무기의 두 아들 장손충長孫沖과 장손전長孫詮은 각각 상장락공주尙長樂公主와 상신성공주

尚新城公主를 아내로 둔 부마였다. 이 두 공주는 모두 태종과 장손황후 사이에서 난 딸이었다. 당시 그들은 부마라는 높은 지위에 있었지만, 이 재앙을 피하지 못하고 모두 태형으로 죽음을 맞았다. 장손무기의 모반 사건이 태자였던 이충의 폐출로 인해 야기된 만큼 양왕 이충 역시 연루되어 들어왔다. 현경 4년 7월, 폐서인이 된 이충은 검주에 마련되었던 폐태자 이승건의 고택으로 유배되었다.

영휘 6년에서 현경 4년에 이르는 동안, 사람들은 신황후 측천이 얼마나 잔인한 사람인지를 깨닫게 되었다. 이제 그녀는 후궁만을 장악한 게 아니라 조정 또한 그 비수 앞에서 벌벌 떨게 만들었다. 장손무기·저수량·우지령 등 한때 기세가 하늘을 찔렀던 대신들은 바로 지난날의 '사자총'에 불과했다.

"나를 따르는 자는 흥할 것이오, 나를 거역하는 자는 망할 것이다."

이 시기, 사람들은 이 말의 진가를 제대로 실감할 수 있었다. 후궁이든 조정이든 만약 측천의 치밀한 계획과 추진력이 없었다면 매사가 이렇게 빈틈없이 해결되지는 못했을 것이다. 쉬운 일에서부터 어려운 일로, 내부에서부터 외부로, 측천은 탁월한 정치적 수완과 실천력을 보여주었다. 한바탕 폭풍우가 휘몰아친 뒤 측천의 위엄은 한결 확고하게 자리잡게 되었다.

그렇다고 이 일을 이렇게 간단하게만 평가할 수는 없다. 사실 현경 연간에 벌어진 이 모든 일의 주도권은 측천이 아니라 고종에게 있었다. 결코 측천에 의해 좌우지되었다고 말할 수 없다. 고종은 측천의 황후 책봉에서부터 후궁 내부의 청산, 태자의 교체, 조정대신의 물갈이까지, 이 모든 일의 진행 과정을 진두지휘했다. 고종이 총사령관이라면 측천은 그의 전우로서 적극적으로 일을 실행에 옮겼을 뿐이다.

고종은 진작부터 정치판을 완전히 새로 짜야 한다고 생각했다. 그의 전반생은 줄곧 타인의 통제 속에 있었다. 태자 때는 아버지의 그늘에 가려 있었고, 어렵사리 황제가 된 다음에는 선황이 임명한 원로대신들로부터 견제를 받았다. 권력 없는 황제 노릇이 얼마나 고단하고 무기력하겠는가? 그는 제대로 황권을 수립하고 싶었다. 자신의 한계를 극복하고 황권을 확립하려던 야심이 바로 이 모든 일을 좌지우지하게 된 원동력이었다.

피비린내 나는 숙정을 거치면서 당 제국은 완전히 새로운 국면을 맞았다. 기존의 귀족 관료들은 점차 권력을 상실하거나 심지어 목숨을 잃기도 하면서 더 이상 회복이 불가능할 정도로 타격을 받았다. 장손무기를 필두로 한 관롱 집단은 원래 지방의 한 무력 집단으로 그 수가 아주 적었기 때문에, 이 숙정을 계기로 대부분 목숨을 잃거나 멀리 좌천되면서 엄청난 상처를 입었다. 그 결과, 조정에는 많은 공석이 생겼고 신흥 세력이 그 빈자리를 채우고 들어왔다. 동시에 기존의 중하급 관리 출신들의 세력과 지위는 한층 강화되었다. 허경종·이의부·원공유 등 중하층 관료 집단에서 새롭게 부상한 사람들은 측천의 황후 책봉 과정에서 두각을 나타냈고, 장손무기 일파를 제거하는 과정에서 큰 공로를 세웠다. 이제부터는 그들이 제대로 역량을 발휘하게 될 것이었다.

황제의 권한 또한 이런 변화를 한 번 겪음으로써 전에 없이 강화되었다. 위진남북조 이래 황제는 줄곧 귀족 관료들과 공동으로 천하를 다스려왔다. 바로 이 때문에 황제는 황후를 폐출하거나 책봉할 때 반드시 대신들의 의견을 반영해야 했는데, 그들의 반대에 부딪힌 적도 적지 않았다. 그러나 원로대신이 퇴진하고 신흥 세력이 등장하면서부터 황제는 더 이상 귀족들을 대면할 필요가 없어졌고, 그 대신 주로 일반 관료들과 접촉했다. 이렇게 되면서 황제와 대신 간의 거리는 벌어진 반면, 황제의 권한은 대폭 확대되었다. 따라서 측천의 황후 책봉 문제로 야기된 일련의 변화는 가히 사회적 변혁이라고까지 말할 수 있다. 그것은 단순히 측천 지지파의 등장과 반대파의 퇴장만을 의미한 것이 아니었다. 국가권력의 재편성을 의미하기도 했다. 이 재편성을 통해 당 제국은 중국 역사 전반에 걸쳐 지대한 영향을 미쳤다.

4년간의 숙정 작업을 거치면서 측천은 고종의 총애와 신임을 한 몸에 받았을 뿐 아니라 태자 이홍을 든든한 버팀목으로 삼을 수 있었으며, 이의부와 허경종 같은 심복을 얻을 수 있었다. 이제 황후의 지위는 반석처럼 든든해졌다.

# 제10장
# 황후 천하

앞에서 보았듯이 현경 4년(659), 반대파를 숙청하기 위해 측천과 고종은 장손무기 모반 사건을 조작하여 마침내 정국의 주도권을 장악했다. 아울러 황후 책봉에 협조하지 않았던 원로대신들을 일제히 제거하고 한문寒門 출신의 신흥 세력을 대거 기용했다. 측천의 이러한 일련의 조처들을 보면서 문무대신들은 신황후란 사람이 얼마나 대단한가를 감지할 수 있었다. '파괴' 공작이 완료됨으로써 그녀의 방해 세력은 눈앞에서 사라졌고, 이제 그녀가 할 일은 '건설' 작업이었다. 자신의 이미지를 새롭게 부각시키면서 명실상부한 황후의 천하를 수립해야 했다.

이를 위해 측천은 세 가지 일을 구상했다. 자기 가문의 등급 재조정, 대중적인 이미지 구축, 가족관계의 재정립이 그것이었다.

## 1. 가문의 등급 조정

측천이 태어난 집안은 당시로서는 그리 보잘것없는 가문이었다. 이로 인해 지난날 원로대신들로부터 무시를 당했고, 황후의 자리에 오르는 데도 큰 장애가 되었다. 따라서 측천에게는 이 출신 가문이 늘 말 못 할 고민으로 남아 있었다. 이제 황후가 된 마당에 또다시 이런 문제로 남에게 무시당하면서 참고만 있을 필요는 없었다.

위진남북조 이래 시행되어온 전통대로, 측천은 고종에게 각 성씨의 등급을 새로 확정하는 책자를 배포하자고 제안했다. 위진남북조나 수당 시기는 귀족 사회였기 때문에 세습 귀족, 이른바 '세족世族'의 영향력이 막강했다. 어떤 사람이 세족 출신인가 아닌가 혹은 몇 등급에 속하는 세족인가의 문제는 그 사람의 일생을 좌우할 만큼 중대한 영향을 미쳤다. 그 영향력은 한 사람의 혼인과 관직이라는 인생 대사를 결정할 수 있었다. 즉 한 사람의 출신 배경은 곧 어느 가문과 결혼할 수 있는가, 그리고 어떤 직급의 관리가 되느냐의 문제와 직결되었다.

위진남북조 시기에는 구품중정제九品中正制라고 해서, 인물을 9등급으로 나누어 관리를 선발했다. 인물의 등급에 따라 관리의 직급이 주어졌다. 어떤 인물이 2품 등급이라면 관리 생활은 7품부터 시작되었고, 3품 등급이라면 8품 관리로 출발했다. 인물의 등급과 관리의 품계는 이렇게 서로 연관되어 있었다. 그리고 인물의 등급을 평가함에 있어서 가장 중요한 요건은 바로 가문의 배경이었다.

이런 제도하에서 세족의 자제들은 태어나는 순간부터 금수저를 입에 물고 나오는 격이어서 일평생 부귀영화가 보장되었다. 반면, 평민의 자제들은 본인이 제아무리 노력해도 인정받기가 어려웠다. 비유하자면 '산골짜기에서 자란 소나무'는 영원히 '산꼭대기의 묘목'보다 나아질 수 없는 운명이었다. 너무나 불공평했지만 전형적인 혈통 중심으로 사회가 움직였다.

오늘날에도 혼사 문제가 나오면 흔히 가문이 서로 어울리는가를 보기는 한다. 하지만 이것은 상대적인 원칙이기 때문에 얼마든지 무시할 수도 있지만 당시에는 가문을 서로 비교하는 것이 절대적인 원칙이었다. 세족은 세족 가문끼리만 혼인이 가능했고, 그렇지 않을 경우 지조를 잃어버리는 것으로 간주했다. 이러한 세족 간의 통혼通婚 원칙이 있었기 때문에 그들은 세족으로서의 안정된 위치를 유지하면서 사회적으로 특수 집단을 형성할 수 있었고, 또 상당히 높은 지위를 차지할 수 있었다.

세족 제도는 한 사람의 혼인과 관직이라는 중요한 문제를 결정했기 때문에 사회 전체가 세족의 등급 구분을 상당히 민감한 문제로 인식했다. 국가에서도 특별히 이에 관한 책자를 만들어 사람들이 참고하도록 할 정도였다. 예를 들어 어느 집에서 혼인을 준비한다면 먼저 이 책을 보고 어느 가문이 자기 집안과 대등한가를 조사해보는 식이다. 이런 방식은 위진남북조 이래 관습적으로 시행되어왔다.

그러나 수당 시기에 들어 사회적인 변화가 생기면서 우선 구품중정제가 폐지되고 과거제가 도입되었다. 중국 역사상 이 과거제는 정말 합리적인 제도라고 할 수 있다. 과거제의 기본 정신은 인재 선발의 기준을 가문의 배경이 아닌 사람 자체로 평가한다는 것이다. 국가가 개인의 가문보다 재능을 중시했다는 것은 그야말로 거대한 변혁이었다.

좀 다른 측면에서 말하자면, 사실 명문대가의 자제들은 일반적으로 철저하게 집중 교육을 받기 때문에 출발 단계에서부터 유능한 인재로 성장할 가능성이 높다는 건 인정할 수밖에 없다. 그러나 수백 년의 세월이 흐르면서 특정 가문의 운수가 쇠진되는 것은 피할 수 없는 일이다. 그렇게 되면 그들 자제들은 분발심이 떨어져 자연히 학문과는 담을 쌓게 되고 신체도 허약해질 가능성이 있다.

예를 하나 들어보자. 어느 세족대가의 자제가 하루 종일 집 안에만 틀어박혀 있었는데 밖에서 말 울음소리가 들려왔다. 깜짝 놀란 그는 사시나무 떨듯 공포에 질려 있었다. 주변 사람들이 이건 말 울음소리이니 겁낼 필요가 없다고 일러주었는데도, 그는 말이 이렇게 크게 울 리가 없다고 하면서, 이건 분명 전설에 나오는 호랑이일 거라고 했다. 바로 이런 자질을 가진 자제도 나올 수 있는 법이다.

또 일부 귀족들은 정치적 상황이 변하면서 자신의 고향을 떠나 중앙 관직으로 진출했고, 이로써 점차 자기 지역에 대한 통제력을 상실하기도 했다. 요컨대 당조에 오면 세족 제도는 점차 쇠퇴의 길을 걷게 되었고, 이에 반해 황권은 차츰차츰 더 강화되었다.

그러나 사회적 분위기가 변화하는 데는 상당히 긴 시간이 필요하다. 현실 정치에서 구귀족의 지위가 하락했다고는 하지만, 그들의 사회적 위세와 명성은 여전히 유지되고 있었다. 앞에서 왕황후의 가문을 설명할 때 언급했던 '오성칠망五姓七望'이 그 대표적인 사례다. 원래 세족대가는 자기네 가문끼리만 혼인을 맺었는데, 만약 상대적으로 가문이 낮은 집안에서 그들과 혼인을 성사시키려면 막대한 비용을 들여 그 약점을 보완해야 했다. 가문의 수준 차이에 따른 일종의 보상금 성격을 띤 비용이었다. 그래도 멸시를 받는 예가 자주 있었다. 심할 경우, 황제라도 세족대가의 성에 차지 않는 경우가 있을 정도였으니 일반 문무대신이라면 더 말할 나위도 없었다.

태종 이세민은 원래 자존심이 강한 황제였다. 그는 이런 관례를 매우 못마땅하게 여겨 언젠가는 이 구귀족 세력들의 기세를 꺾어보리라고 생각하고 있었다. 그래서 정관 시기에 그는 사회 등급을 새로 분류한 당대판『씨족지氏族誌』를 편찬하도록 지시했다. 이때 태종이 제시한 편찬 원칙은 현직에 있는 조정 중신들을 우대한다는 것이었다. 즉 당의 왕후장상을 최고의 등급으로 분류했다.

하지만 대신들은 기존 관례에 대한 고정관념을 쉽게 버리지 못하고, 첫 판본에는 여전히 산동의 명문가 박릉博陵 최 씨를 맨 위에 배치했다. 이를 본 태종은 불같이 화를 내면서 자신이 직접 간여하여 이 『씨족지』를 수정했다. 황실 이 씨 가문을 1등급에, 외척과 황후 가문을 2등급에, 그런 다음 박릉 최 씨 가문을 3등급 자리에 배치했다. 이렇게 등급을 매기기는 했지만, 눈치 빠른 사람이라면 당시 『씨족지』 편찬자들이 내심으로는 여전히 박릉 최 씨 가문을 1등급으로 간주했음을 알 수 있을 것이다. 그들이 황실과 황후의 가문을 앞자리에 배치한 것은 순전히 황제의 체면을 생각해서였다. 그것은 마치 오늘날 경시대회에서 예의상 '특별상'을 주는 것과도 흡사하다.

당시 『씨족지』 편찬을 주도한 사람은 장손무기의 외삼촌 고사렴을 중심으로 한 관롱 귀족 집단이었다. 그들은 원래부터 세족 제도를 적극 지지하는 사람들이었다. 편찬 과정에서 그들은 관롱 귀족 집단의 이익을 우선적으로 반영했다. 그런 다음, 구귀족과 당조의 신흥 문벌을 적절히 조화시켜 양측을 다 만족시키는 데 유의했다. 그들 자신이 관례에 따라 이미 구귀족 집단과 혼인관계를 맺고 있었기 때문이다. 구귀족을 인정하되 신흥 세력이 형성되는 것도 인정한 셈이었다. 그러나 그들은 여전히 한문寒門 자제들의 진출을 방해했을 뿐 아니라 황권까지도 통제했다. 영휘 시기에 관롱 귀족 출신의 원로대신들이 조정을 좌지우지한 것도 바로 이런 정치적 환경을 배경으로 하고 있었다.

하지만 고종의 현경 시기에 오면서 이런 상황에 큰 변화가 일어났다. 원로대신들은 제거되었고, 막강한 황권을 장악한 고종은 서둘러 자신을 위협하는 구세력에게 압박을 가했다. 상대적으로 보잘것없는 가문 출신이었던 신황후 역시 자기 가문의 명망을 높이는 데 주력했다. 또 한문 출신이었던 신흥 관료들도 자기 가문이 사회적으로 인정받기를 간절히 기대하고 있었다. 황제·황후·신흥 관료 이 삼자의 이해관계가 서로 맞아떨어지는 가운데, 『씨족지』 재편찬 문제가 쉽게 논의의 대상으로 부상했다.

새로 만든 『씨족지』는 『성씨록姓氏錄』으로 이름이 바뀌었고, 현직에 있는 관료의 등급을 존중한다는 원칙을 철저히 관철했다. 황실과 황후의 가문은 1등급이 되었고, 나머지는 당시의 관직 품계에 따라 모두 9등급으로 분류했는데, 5등급 이상을 세족으로 간주했다. 이렇게 하다보니 원래 일개 사병에 불과했던 사람도 전공을 세워 그 관직이 5품 이상만 되면 『성씨록』에 이름을 올릴 수 있었다. 세족으로서의 자부심을 만끽한 것이다. 반면, 수백 년 내려온 구귀족 가문일지라도 집안에 5품 이상의 관리가 없다면 세족과는 거리가 멀어졌다. 이는 구귀족 가문에게는 엄청난 타격이었다. 이런 이유로 그들은 새로 편찬된 『성씨록』을 비하하여 '훈격勳格'이라고 불렀다. 일종의 '공적부功績簿'라는 뜻이었다.

여기에 불만이 많았던 구귀족 집안과는 달리 한문 자제들은 진심으로 이를 지지했다. 원래 그들은 세족대가 때문에 출세의 길이 막혀 있었지만, 이제 자기만 노력한다면 얼마든지 관료의 세계로 진입할 수 있었다. 따라서 『성씨록』의 편찬으로 인해 사대부와 서민 계층은 급속도로 이에 합류할 수 있는 길이 열렸고, 통치 기반 또한 강화될 수 있었다. 이런 측면에서 이것은 상당히 진보적인 의미를 지닌다. 측천의 입장에서 보더라도 미운오리 새끼였던 자신을 일약 백조로 전환시켜주었다. 문수 무 씨가 천하제일의 명문이 되어 이제는 마음껏 위세를 부릴 수 있게 된 것이다.

측천은 결코 자기 가문의 등급이 현저히 상승한 것으로만 만족하지 않았다. 그녀는 죽은 아버지를 주국공周國公으로 추존하고, 어머니 양 씨를 대국代國부인으로 봉했다가, 다시 영국榮國부인으로 바꾸었다. 이는 1등급에 해당되어, 여러 왕공王公의 모친이나 부인보다 높은 지위였다.

그런데 측천의 부모에게 내려진 봉호封號가 왜 이렇게 서로 달랐을까? 당시의 관례대로라면 부인에게 내려지는 봉호는 남편과 일치해야 했다. 남편이 주국공이면 부인은 주국부인이라야 맞다. 어째서 영국부인이라고 했을까? 이것은 측천이 가문의 지위와 함께 자신의 명망도 높이려고 했음을 보여준다.

'우리 어머니가 이렇게 존귀한 봉호를 받은 것은 대단한 남편을 만났기

때문이 아니라, 나처럼 걸출한 딸, 무황후를 낳았기 때문이다.'

그녀는 짐짓 이런 식으로 만천하에 자기를 과시했다.


## 2. 대중적인 이미지 구축

가문의 지위와 등급이 올랐다고 해서 아무 걱정이 없었을까? 지난날 왕황후의 가문은 누구든 다 인정했던 최상위급에 속했음에도 결국 폐출의 운명을 맞았다. 도대체 어떻게 해야 영원토록 황후의 지위를 보존할 수 있단 말인가?

측천은 자신의 명망을 한 단계 더 높여야겠다고 생각했다. 문무백관과 만백성에게 자신의 능력이 탁월하고, 황궁의 여주인으로서 자격이 충분하다는 사실을 알리고 싶었다. 이를 위해서는 무엇보다 자주 백성 앞에 모습을 드러내는 것이 중요했다. 그녀는 누에치기 장면을 직접 시범해 보이는 친잠親蠶 행사와 고향 행차라는 두 가지 활동을 계획했다.

먼저 친잠 행사를 보자. 고대 중국은 농업이 국가의 기반이었기 때문에 국가 전체의 경제적 토대는 남자의 경작과 여자의 베짜기에 달려 있었다. 자신이 곧 농부의 표상이라는 사실을 보여주기 위해 황제는 매년 직접 밭에 나가 씨를 뿌리는 국가적 행사를 벌였다. 마찬가지로 황후 역시 친잠 행사를 주관했다. 이 행사는 각 가정에서 이뤄지는 베짜기가 얼마나 중요한가를 황후가 직접 나서서 보여준다는 의미였다. 황후는 바로 천하 모든 부녀자의 표상이라는 것을 강조하려는 의미도 담겨 있었다.

이 두 행사는 모두 국가적인 의례儀禮였기 때문에 매우 성대하게 치러졌다. 의식이 거행되기 전 황제와 황후는 먼저 5일 동안 목욕재계를 해야 한다. 행사 당일, 황후는 날이 밝기 전에 일어나 의장대의 호위하에 황궁을 나서서 미리 준비해둔 선잠단先蠶壇에 오르는데, 이때 내외명부의 모든 여자가 뒤따른다. 이 의식은 너무 복잡하고 힘들었기 때문에 황후가 직접 행사에 참여하는 예는 그리 많지 않았다. 잘잘못을 떠나 6년간이나 고종의 황후를 지냈던 왕황후 역시 이 행사를 한 번도 치른 적이 없었다. 그러나 사자총 사건의 주인공 측천은 백성 앞에 모습을 드러내는 이런 행사에는 한 번도 빠진 적이 없었다. 자기를 과시하려면 어느 정도 힘든 건 감수해야 했다.

현경 원년(656)부터 측천은 모두 다섯 차례나 이 친잠 의식을 주관했는데, 당대의 어느 황후도 이처럼 철저하게 자기 직무를 수행한 예는 없었다. 황후가 주관하는 행사인 만큼 당연히 내외명부도 수행하고 나섰다. 내명부에는 후궁의 비빈, 태자의 비빈 등이 포함되었고, 외명부에는 대장공주, 장공주, 공주, 왕비, 그리고 주요 대신들의 부인들이 포함되었다. 이런 자리에서 측천은 자연스레 그들과 얼굴도 익히고 친밀한 관계를 형성했다. 요즘 말로 하자면 대중 앞에 나섬으로써 자신의 지명도와 호감도를 높인 것이다. 만약 당시에 언론 매체가 있었다면 그녀의 동정은 매일같이 톱뉴스로 보도되었을 것이다.

다음은 고향 나들이다.

금의환향이라는 표현이 맞을 것이다. 초패왕 항우項羽가 말했듯이, 부귀해진 다음에 자기 고향에 한 번 가보지 않는다면 그야말로 비단옷 입고 밤길을 다니는 것과 무엇이 다르겠는가? 당시 항우는 금의환향하는 대신 도성都城을 아예 고향땅으로 옮겨버렸다. 이 바람에 그는 큰 실패를 맛보았고, 초나라 사람들로부터 실속 없는 짓거리라는 비웃음을 샀다. 그러나 세월이 한참 흐른 지금, 측천 역시 금의환향을 선택했고 그 효과는 엄청났다.

현경 4년 10월, 장손무기 사건을 마무리한 다음, 고종 이치와 측천은 머리도 식힐 겸해서 동도 낙양을 방문했고, 이듬해 2월에는 또 동도에서 북상하여 병주를 순행했다. 병주는 당 제국의 발원지, 당시 고조 이연은 이곳에서 군사를 일으켜 곧장 장안까지 밀고 들어와 황제로 등극했다. 지금 고종이 이곳에 온 목적은 당연히 선조들에 대한 추모였다.

하지만 측천으로서는 병주 순행의 의미가 사뭇 달랐다. 이곳은 자기 조상의 고향이자 본적지, 지난날 부친 무사확이 사망한 후 그녀가 일생 중 가장 암담한 시절을 보냈던 곳이기도 하다. 이제는 천지가 개벽했으니 한껏 자신의 위엄을 드러낼 차례였다. 최후에 웃는 자가 진정한 승리자다.

측천은 대규모 연회를 마련하여 고향 사람들을 초대했다. 황제 이치도 80세 이상의 병주 노파들에게 5품 군군郡君의 명예직을 부여함으로써 황후의 위신을 톡톡히 살려주었다. 두 사람은 장장 2개월에 걸친 병주 순행을 마치고 장안으로 돌아왔다. 이번 기회를 통해 측천은 자신의 이미지를 높이는 데 큰 성공을 거두었으니, 이 일련의 움직임이 있은 후 그녀의 명성은 한껏 올라갔다. 예쁜 미모에 넓은 포용력, 거기에 다정다감한 국모의 이미지가 더해졌다.


## 3. 가족관계의 재정립


국가적 측면에서 보면 황후란 천하지모天下之母라고 할 수 있지만 이 지위의 출발점은 아무래도 가정이다. 가정의 측면에서 측천은 고종 이치의 아내이자 황자들의 친모였다. 또 이 씨 가문의 며느리이자 무 씨 집안의 딸이기도 했다. 측천은 이 복잡다단한 관계에 효과적으로 대처할 수 있어야 했다. 가정 내의 지위가 확고해져야만 든든한 후방이 구축되는 셈이었고, 또 그 안정된 기반 위에서 순조롭게 국모로서의 역할을 수행할 수 있을 터였다. 재주가 비상했던 측천은 자신의 대중적 이미지를 높이는 데 주력하는 한편, 이와 동시에 복잡한 가족관계를 정립하는 데도 많은 정성을 쏟았다.

당시 측천에게 부과된 가족 문제의 핵심은 크게 두 가지였다. 하나는 친자와 서자의 문제, 다른 하나는 시가와 친정의 문제였다.

현경 시기, 측천에게는 친아들이 세 명 있었다. 맏아들이 이홍, 둘째가 이현李賢, 셋째가 이현李顯, 의봉儀鳳 2년인 677년, 이철李哲로 개명했다이었는데, 측천은 아들들에게 매우 헌신적이었다.

첫째, 그들에게 모두 높은 지위와 작위를 주었다. 현경 시기에 이홍을 태자에서 폐출시킨 것을 제외하고, 둘째 이현은 옹주목雍州牧으로, 셋째 이현은 낙주목洛州牧으로 봉했다. 두 형제에게 당 제국의 동서 두 주요 도성을 맡긴 것이다.

둘째, 자애로운 어미로서의 역할을 착실히 수행했다. 현경 4년 겨울, 고종과 측천은 낙양으로 순행을 나가면서 당시 여덟 살이었던 맏아들 이홍에게 수도 장안을 맡겼다. 이홍이 비록 영리하고 총명하긴 했지만 어쨌든 아직은 어린 나이라 부모 생각에 밤낮으로 울고불고 난리를 쳤다. 이 사실을 안 고종과 측천은 그 즉시 가던 길을 멈추고 아들을 데리고 다시 순행 길에 올랐다. 셋째 아들 이현은 어린 시절부터 유난히 총애를 받으면서 자랐다. 이현은 난산으로 얻은 아이라 측천은 부처님의 자비를 기원하기 위해 갓 한 달밖에 지나지 않은 아이를 현장玄奘 스님의 제자로 맡겼다. 법명은 '불광왕佛光王', 정말 호방한 기운이 풍기는 이름이었다. 이 예사롭지 않은 이름을 보면,『서유기』에 나오는 삼장법사의 세 제자보다 훨씬 더 위풍 있어 보인다. 아들에 대한 측천의 애틋한 염원이 여실히 드러나 있다고 해야겠다. 셋째 아들 이현은 어려서부터 병이 잦았는데, 측천은 또 그를 위해 낙양의 용문에 석굴을 파서 불상을 들여 복을 빌어주기도 했다. 이 시절의 측천은 세상 모든 어미가 그러하듯 자식들에게 지극정성을 다했다.

셋째, 자식들에게 엄격한 교육을 실시했다. 유가 경전『예기禮記』와『상서尙書』는 기본적으로 가르쳤고, 원래 문학과 역사에 일가견이 있었던 측천은 자신의 장점을 최대한 발휘하여 문인들에게 직접 교재를 편찬하도록 지시하고 자식들에게 학습시켰다. 『청궁기요靑宮紀要』『소양정범少陽政範』『효자전』『효녀전』 등을 잇달아 교재로 편찬함으로써 향후 자식들이 덕망과 재능을 겸비한 인재로 성장하기를 기대했다. 이처럼 측천은 친자식에 대해서는 더없이 따스하게 보살피면서도 동시에 엄격한 교육을 병행했다. 장기적인 안목에서 자식의 미래를 설계했던 것이다.

그렇다면 서자들은 어떻게 대했을까? 한시도 그들에 대한 경계심을 늦추지 않았지만, 결정적인 순간에는 아무런 내색 없이 어미의 도리를 다하는 듯이 행동했다. 영휘 6년 이후 측천의 의붓아들들은 모두 지방의 자사刺史로 좌천되었다. 그중에서도 한때 태자였던 이충과 소숙비의 아들 이소절李素節에 대한 경계심만은 각별했다. 엄한 의붓어미 밑에서 이충은 거의 정신분열 상태가 될 정도였다. 그는 매일 공포에 떨면서 자객이 닥칠 것에 대비해 여장女裝을 했다. 또 자주 악몽에 시달리면서 헛소리를 해대기도 했다.

현경 4년에 있었던 장손무기 모반 사건이 마무리된 다음, 이충 곁에는 아류阿劉라는 여자가 '도우미' 역할을 했는데, 그 여자는 이충이 벌이는 갖가지 비정상적인 행동을 황제에게 일러바쳤다. 측천의 정보 수집 능력을 고려하면 이 여자는 분명 측천이 심어놓은 '첩자'였을 것이다. 경위야 어찌되었든 간에 당시 법에 따르면 이충은 사형에 처해질 수도 있었다. 하지만 바로 이런 때를 골라 측천이 전면에 나섰다. 그녀는 고종에게 눈물로 호소하며 이충의 목숨을 살려달라고 애걸했다. 고종인들 측천의 속셈을 모를 리 있겠는가? 즉각 황후의 청원을 받아들여 이충을 폐서인하되, 동시에 황후의 인자함을 칭송하는 조서를 내렸다. 이로 미루어볼 때 당시 측천은 다른 사람들이 자신을 어떻게 평가할까에 대해 매우 민감해했다. 자신이 비록 의붓어미이긴 하지만, 못된 계모가 아니라 자식을 인자하게 대한다는 모습을 보여주고 싶었다. 이것이 바로 적자와 서자 관계에 대한 측천의 대응 방식이었다.

그렇다면 측천은 시가와 친정의 문제는 어떻게 처리했을까?

이 문제에서 역시 그녀의 대처는 현명했다. 시가 쪽으로는 태종의 비빈들이나 공주들과의 관계를 돈독히 하는 데 정성을 쏟았다. 월국태비越國太妃 연燕 씨, 기국태비紀國太妃 위韋 씨 등 당시 생존해 있던 태종의 비들은 모두 측천과 사이가 좋았다. 그중 기국태비 위 씨의 딸 임천臨川공주는 서예를 좋아하고 불교에 심취해 있어서 측천과는 절친한 친구처럼 지내기도 했다. 고양공주의 경우, 그녀가 모반 사건으로 처형되고 그 봉호까지 박탈되었지만, 측천이 새로 합포合浦공주라는 봉호를 내림으로써 시누이들과의 관계가 개선되기도 했다. 시어머니뻘인 태종의 비빈들과 여러 시누이의 칭찬이 자자해지면서 이 씨 집안에서 측천의 지위도 눈에 띄게 탄탄해졌다.

이에 반해 친정 쪽 식구들에 대해서는 사뭇 엄격했다. 황후가 된 이듬해, 측천은 『외척계外戚戒』라는 책을 직접 편찬하여 자신이 친정 쪽 세력을 견제한다는 의지를 보여주었다. 이후 그녀는 실질적으로도 친정 식구들을 억압했다. 그 이유가 무엇이었을까?

원래 측천은 황후가 된 다음 오빠들의 관직을 높여주었다. 이복 오빠 무원경은 우위낭장右衛郎將에서 사종소경司宗少卿이 되었고, 무원상은 안주사호참군사安州司戶參軍事에서 내부소감內府少監이 되었다. 사촌 오빠 무유량은 시주장사始州長史에서 사위소경司衛少卿이 되었고, 무회운은 영주장사瀛州長史에서 치주자사淄州刺史가 되었다. 다들 고위직으로 승진하거나 아니면 지방직에서 중앙직으로 이동되었으니 큰 행운을 누린 셈이었다.

황후의 친정 쪽 식구를 고관으로 발탁하는 것은 당시의 관례였기 때문에, 신황후의 외척들로서는 앞으로 출세가도를 달릴 게 확실했다. 하지만 의외의 사건 하나가 발생했다.

1품 부인이 된 측천의 어머니 양 씨 부인이 어느 날 자식과 조카들을 위해 연회를 열었다. 그녀로서는 지난날을 되짚어보는 감회가 남달랐다. 양 씨 부인이 무원경 등에게 질문을 하나 던졌다.

"다들 옛날 생각이 많이 나겠지? 오늘의 이 부귀영화에 대해서는 또 어떤 느낌이 드는가?"

이 질문의 의도는 명백했다.

'그 옛날 자네들이 우리 가족을 박대한 건 판단 착오 때문이겠지? 자네들의 오늘 이 부귀영화가 다 누구 덕인가? 우리 모녀가 준 선물이지! 지금 그 소회를 한 번씩 말해보게.'

그 순간 양 씨 부인은 아마도 그들이 온갖 좋은 말로 자신의 비위를 맞춰주리라 기대했을 것이다. 양 씨 부인이 이렇게 노골적으로 질문한 이상 무원경 형제들은 당연히 과거 자신들의 잘못을 인정하고, 감격의 눈물을 흘려가며 황후의 은덕을 찬양했어야 했다.

뜻밖에도 그들의 태도는 거칠었다. 과거의 잘못을 전혀 인정하지 못하겠다는 태도로 나온 것이다. 그들 중 나이가 가장 많은 무유량이 나섰다.

"저희는 원래 공신의 후손으로 일찍부터 관직에 올랐습니다. 저희 스스로 분수와 재능을 알고 있기에 무슨 큰 벼슬을 바라지는 않습니다. 어찌 황후께 기대어 조정의 은덕을 기대하겠습니까? 황후께서 저희를 발탁하셨기에 오히려 마음만 불안할 뿐 영광스럽다고는 생각지 않습니다."

자기들이 관리가 된 것은 공신의 자제이기 때문이지 황후의 덕은 아니라는 이 대답, 황후 모녀의 은공을 한사코 부정하는 이 대답에, 양 씨 부인은 화가 머리끝까지 치밀었다. 자기 모녀를 이렇게 깡그리 무시할 수 있단 말인가?

화가 치민 양 씨 부인은 그길로 측천을 찾아가 이 사실을 그대로 다 털어 놓았다. 그러고는 측천에게 그들을 지방으로 내쳐야 한다고 주장했다. 이때 양 씨 부인이 제시한 명분은 '공평성을 기하기 위해 외척 세력을 적절히 통제한다'는 것이었다. 과연 정치적 수완이 뛰어난 부인이었다. 측천은 그대로 실행했다. 무원경을 비롯한 여러 형제의 앞길은 순식간에 물거품처럼 사라지고 말았다. 그들은 모두 멀고 먼 오지로 유배되었고, 이복 오빠 무원경 형제는 오래지 않아 세상을 뜨고 말았다.

측천의 이런 조처는 일석이조의 효과를 가져다주었다. 어린 시절 이복 오빠나 사촌 오빠들의 학대에 대한 보복도 했고, 또 자신이 공평무사하다는 이미지도 구축할 수 있었기 때문이다.

일반적으로 황후들은 자기 친정 식구들을 챙기는 데 유독 신경을 많이 썼다. 직전의 왕황후만 하더라도 외삼촌을 중서령에 앉혔는데 측천은 오히려 그 반대로 했다. 고종으로서도 자신이 사람 하나는 제대로 보았다는 생각이 들었다. 자신이 그동안 외삼촌 장손무기로부터 얼마나 당했던가? 신황후가 이처럼 친정 식구를 챙기지 않는다는 사실이 정말 고맙고 다행스러웠다.

이런 일련의 노력으로 측천은 이 씨 황실 가족들에게 좋은 이미지를 줄 수 있었다. 요즘 말로 하자면 '모범 며느리'로서의 이미지를 부각시킨 것이다. 측천이 다소 거칠고 사나운 면이 없진 않으나 고종 이치에게는 충성스러운 조력자였고, 아들들에게는 자애로우면서도 위엄 있는 어머니였다. 황실 가족에게는 예의 바르게 행동했고, 친정 식구들은 함부로 나서지 못하게 단속했다. 이렇게 유능한 며느리라면 어느 시대, 어느 곳에 내놓더라도 좋은 본보기가 되었을 것이다. 두 사람은 서로 손발을 맞추면서 힘을 한곳에 집중시켜 공동의 적을 내쳤고 평안한 생활을 영위했다. 이 시기, 측천이 이상적인 황후였다면 고종은 직분에 충실한 성군이라 할 만했다. 두 사람은 어떤 경우에도 시기하거나 경계하는 법 없이 서로를 아끼고 존중했다.

바로 이런 분위기 속에서 현경 6년(661) 초, 그들은 자신들의 복을 기원하는 제사를 올리기 위해 도사 곽행진郭行眞을 태산으로 파견했다. 그때 그곳에는 한 쌍으로 된 비석이 세워졌는데, 마치 원앙 한 쌍이 나란히 서 있는 것 같다고 해서 속칭 '원앙비'라고 부른다. 동화에서나 나올 법한 황제와 황후의 아름다운 사랑을 상징하는 비석이었다. 태산 원앙비는 이렇게 만들어졌다.

하지만 밀월이 아무리 길다고 한들 왜 끝이 없겠는가? 서로 자기 직분에 충실하면서 금실 좋게 지내던 두 사람 사이에도 생각지 못한 일이 하나 발생하면서 새로운 국면을 맞게 된다.


## 4. 대리 집정의 맛


현경 5년(660) 10월, 고종에게 중풍이 찾아왔다. 뇌혈관 계통의 질환이었다. 사실 당 황실로 보면 이 병이 생소하지는 않았다. 과거 태종이 바로 이 병 때문에 요양차 취미궁으로 옮겼다가 그곳에서 세상을 떴고, 고종의 모친 장손황후 또한 이 병으로 젊은 나이에 목숨을 잃었다. 이것은 이 씨 황실의 유전병이었다.

중풍이 든 고종은 자주 통증을 호소했고, 시력이 현저히 떨어져 정상적으로 정사를 볼 수 없을 정도가 되었다. 어떻게 해야 했을까? 태자는 아직 나이가 어렸고, 지난날 원로대신들을 내친 이후부터는 대신들을 그다지 신임하지 않았던 고종이었다. 이런 상황에서 국사는 측천에게 맡겨졌다. 업무 능력이 뛰어나고 자발적으로 외척 세력도 엄격히 통제해왔던 측천이 아니던가? 공평무사하다고 생각한 고종이 그녀에게 정사를 위임하는 건 너무나 당연했다.

현경 5년 10월, 황제가 처음으로 중풍에 걸려 두통을 앓았고 시력이 떨어졌다. 이에 황제는 백관이 올리는 상소문을 황후에게 처리하도록 했다. 황후는 천부적으로 지혜를 타고난 데다, 또 문사文史를 두루 섭렵했기 때문에 일처리가 능수능란했다. 이때부터 황제에게서 정사를 위임받은 황후의 권한은 황제나 다름없었다.(『자치통감』 권200)

천부적인 총명함과 학문적 소양으로 인해 이 우연한 행운을 거머쥐게 된 측천은 드디어 정치 무대로 올라섰다. 고종의 와병 기간에 정무를 보좌하게 된 것을 계기로 그녀는 드디어 참정 기회를 잡았다. 게다가 측천에게는 자신의 잘못을 지도해주는 스승이 늘 곁에 붙어 있었다. 이 때문에 그 주변에 포진한 보좌진은 날로 확장되었고, 측천의 정치적 감각이나 집정 능력 또한 하루가 다르게 발전해나갔다. 물론 이것은 훗날 그녀가 천하 대권을 장악하는 데 더없이 소중한 자산이 되었다.

때로 역사에는 이처럼 예상을 초월하는 일이 발생하기도 한다. 만약 고종이 병에 걸리지 않았다면, 만약 고종이 병으로 그대로 쓰러져버렸다면, 또 만약 당시 고종이 대신들을 신임하고 있었다면, 심지어 만약 측천이 일자무식이었다면 중국 역사에 과연 경천동지할 변화가 일어날 수 있었을까? 하지만 역사는 가정법이 통하지 않는다. 영휘 2년(651), 고종은 측천을 위해 굳게 닫힌 궁문을 열어주었고, 그로부터 4년 뒤 그녀를 황후 자리에 앉혀주었다.

이제 현경 5년, 즉 측천이 두 번째 입궁한 지 9년이 지난 지금, 고종은 다시 그녀에게 정치 무대에 들어설 입장권을 건네주었다. 총명하고 결단력 있는 여자, 측천은 황제의 신임을 결코 배신하지 않았다. 그녀의 정사 처리는 완벽했다. 그런데 일단 막강한 권력을 손아귀에 쥐고 휘둘러본 그녀가 과연 원래의 자리, 황제에 대한 복종이 곧 미덕인 황후의 위치로 되돌아갈 수 있었을까?

# 제11장
# 황제와 황후의 힘겨루기

천부적으로 총명하고 지혜가 남달랐던 측천이 지금까지 보여준 통치 능력 때문에 고종은 그녀를 아끼고 신뢰했다. 고종이 와병 중에 줄곧 정사를 위임한 것도 바로 이런 이유 때문이었다. 고종이 앓고 있던 중풍은 일종의 심혈관 질병으로 오늘날의 의학계에서도 골머리를 앓는 부자병이다. 여기엔 약물과 장기적인 휴식이 절대적으로 필요했다.

고종의 병세가 악화되면서 측천이 독자적으로 정사를 처리할 기회도 갈수록 많아졌다. 이렇게 되자 측천은 조정 내부에서 조금씩 자기 세력을 키워가기 시작했다. 하지만 고종의 입장에서 지금의 막강한 황권은 결코 그저 굴러들어온 게 아니었다. 자신이 각고의 노력으로 얻어낸 결과물이었다. 이 권력을 쟁취하려고 자신은 외삼촌까지도 제거하지 않았던가? 그 역시 권력이 가져다준 쾌감을 지금 막 한껏 즐기려던 참이었다. 게다가 당시는 천시天時·지리地利·인화人和가 서로 조화를 이루어 고종의 조정에서는 만사가 순탄하게 진행되던 중이었다. 특히 수말에서 당초까지 번번이 좌절을 맛보았던 고구려와의 전쟁도 이 시기에는 어느 정도 마무리되어 유사 이래 최대의 영토를 확보하려던 참이었다. 이처럼 방대한 제국의 주인이라는 자부심에 고종의 기세는 더없이 고양되어 있었다.

문제는 바로 여기에 있었다. 하늘의 태양이 둘일 수 없듯이 한 나라에 군주가 둘일 수 없다는 말처럼, 아무리 사이좋은 부부지간이라도 권력을 서로 나눠야 한다고 하면 응어리가 지기 마련이었다. 고종은 설사 자신이 황후에게 권한을 대행시켰다고 해도 황후가 앞장서 설쳐대는 걸 용납할 수는 없었다. 손님이 주인보다 더 설쳐댄다는 게 말이 되는가? 그것은 지고무상한 황권에 대한 도전이나 다름없었다. 이 때문에 고종과 황후 사이에는 처음으로 불화가 생겼다. 애당초 두 사람이 사이좋게 공유했던 국가 정치와 문무대신들이었지만, 서서히 서로의 몫을 챙겨 진영을 나누기 시작했다. 암암리에 힘겨루기가 진행되고 있었다.

## 1. 이의부의 몰락

고종과 측천 사이의 갈등은 이의부李義府의 좌천 사건에서 처음으로 표면화되었다. 앞에서 보았듯이 이의부는 측천의 황후 책봉을 최초로 지지하고 나섰기 때문에 측천이 그동안 각별히 챙겨주던 대신이었다. 고종과 측천이 연합하여 원로대신들을 숙정하는 과정에서도 그는 탁월한 수완을 보여주었다. 이 때문에 황제 부부는 이의부야말로 자신들의 핵심 측근이라고 생각했다. 하지만 그의 행동거지는 너무나 오만방자했다.

현경 원년(656), 한번은 그가 감옥 시찰을 나갔다가 순우淳于 성을 가진 여죄수에게 반했다. 미모가 빼어난 여자를 본 그는 그 죄명도 물어보지 않고 다짜고짜 대리승大理丞을 불러 그 여자를 방면토록 한 다음, 자기 집으로 데려가 첩으로 삼았다. 일이 안 풀리려고 그랬는지 이 대리승은 상관인 대리경大理卿에게 사전에 이 사실을 보고하지 않았다. 대리경이 감옥을 둘러보다가 여죄수 하나가 없어진 것을 발견하고는 바로 상부에 보고했고, 조정에서는 즉각 진상 조사에 착수했다. 이의부는 사건이 들통날까 두려워 대리승에게 자결하라고 협박했다. 대리승이 자결해버리자 사건은 더욱 확대되었다. 사람의 목숨과 관련된 사건인 데다 죽은 당사자의 신분이 관리이다보니 조정에서는 좀더 철저하게 조사할 필요가 있었던 것이다.

결국 고종은 이것이 이의부의 짓이란 걸 알게 되었다. 그래도 처음엔 그를 용서하고 사건을 덮어버릴 생각이었다. 하지만 대명천지에 발생한 엄청난 사건을 어떻게 모든 사람이 다 눈감아버릴 수 있었겠는가? 당시 어사御史 왕의방王義方이란 사람이 있었는데 그로서는 차마 이 사건을 묵과할 수가 없었다. 집으로 돌아간 그는 자기 모친에게 이 일을 알렸다.

"감찰관 직책을 맡은 제가 이 일을 모른 체하자니 양심에 가책이 되고, 또 개입하려니 황제에게 죄를 짓는 꼴이 됩니다. 게다가 어머니마저 이 일에 연루될까 걱정입니다."

하지만 그의 모친은 당당했다.

"자고로 충과 효는 양립하기 어려운 법이다. 네가 이 직책을 맡은 이상, 효를 버릴지언정 충을 택해 나라에 보답해야 한다. 네가 이렇게 한다면 평생 대의명분을 살릴 수 있다. 만일 이 일로 인해 네가 죄인이 되어 내 목숨까지 잃게 된대도 이 어미는 여한이 없다!"

어머니의 이 말에 용기를 얻은 그는 곧바로 상소를 올렸다. 이의부를 엄벌하여 사자의 결백을 밝혀달라는 요구였다.

당시 고종은 마침 조정대신들을 재편하여 자기 진용으로 새롭게 조직하던 중이었다. 자신의 보호막인 이의부를 자기 손으로 무너뜨릴 수는 없었다. 고종은 이의부를 처벌하기는커녕 오히려 왕의방이 대신을 모욕했다고 질책하면서 내주사호萊州司戶로 내쳐버렸다.

이 일을 계기로 대신들은 황제에게 이의부의 존재가 얼마나 중요한가를 알게 되었고 더 이상 그에게 함부로 트집을 잡지도 못했다. 하지만 이 와중에도 대신 한 사람만은 유독 이의부와 사이가 나빴다.

두정륜杜正倫, 그 역시 고종이 발탁한 재상이었다. 그는 자기 자신도 원로급 대신의 자격이 충분하다고 생각했기에 이의부의 경거망동을 매우 못마 땅하게 여겼다.

'이의부란 자가 황제의 총애를 빙자해서 자기 아들과 사위의 매관매직 을 방치하고 있다. 그래서 사람들이 죄다 그곳으로 몰려들고 있으니, 이는 장차 악폐惡弊가 될 것이다.' 그는 이렇게 생각했다.

한번은 조회에서 두 사람 사이에 말다툼이 벌어졌다. 두 사람 모두 고종 이 발탁했지만, 대신 간에 이러한 불화는 용서할 수 없다는 이유로 고종은 이들에게 곤장 50대와 지방 좌천이라는 처벌을 내렸다. 똑같이 처벌을 받 긴 했지만 아무래도 이의부가 한 수 높았다. 해가 바뀌면서 그는 측천의 비 호 아래 다시 원직으로 복귀하여 재상이 되었다. 반면, 두정륜은 운수가 사나워 좌천된 임지에서 사망했다. 조정으로 복귀한 뒤에도 이의부는 못 된 버릇을 고치지 못하고 여전히 위세를 부리고 다녔는데, 결국 또 조군趙 郡 이 씨 가문의 5품관 이숭덕李崇德을 죽음으로 내몰았다.

사건의 개요는 이랬다.

이의부의 가문은 원래 보잘것없었다. 관리가 된 다음 그는 조군 이 씨 집안과 친척 관계를 맺었다. 그러고는 자기도 이제 명문 집안 출신이라고 떠들고 다녔다. 당시 이의부는 재상 자리에 있었고, 이숭덕 역시 아부 근성 이 있는 사람이라서 이참에 재상의 덕을 좀 보자는 생각이 있었다.

'이 얼마나 좋은 일인가! 이제 일가가 되었으니 서로 잘 봐줄 수 있지.'

두 사람은 금방 의기투합했다. 이숭덕은 이의부를 자기 가문의 족보에 실어주었다.

서로 다른 가문이 이렇게 동성동본으로 묶이는 것은 대개 이해관계가 얽혀 있을 때나 가능한 일이어서 깊은 정이 있을 리 없었다. 그래서 두정륜 과의 갈등으로 이의부가 좌천되었을 때, 생각이 짧았던 이숭덕은 가차없 이 이의부를 족보에서 제명해버렸다. 이의부가 이것을 그냥 둘 리 있겠는가? 원직으로 복귀한 그는 곧바로 이숭덕에게 죄를 뒤집어씌워 감옥에 가두었다. 억울하게 갇힌 이숭덕은 홧김에 그만 벽에 머리를 들이받고 자결해버렸다. 5품 관리를 이렇게 죽음으로 내몰았으니 이번이 두 번째 살인이나 다름없었다. 이번에도 고종은 이의부의 죄를 묻지 않았다.

당시에는 귀족을 숭상하는 사회적 분위기가 팽배해 있었다. 이의부는 족보 위조가 실패로 돌아가자 이번에는 귀족 출신 며느리를 찾고자 백방으로 노력했다. 하지만 명문 집안들은 아예 그를 거들떠보지도 않거나 아니면 완곡히 거절하기 일쑤였다. 그로서는 정말 체면 상하는 일이었고 분을 삭이기가 쉽지 않았다. 이때 마침 고종과 측천이 『성씨록』을 편찬하여, 구귀족 가문을 홀대하는 대신, 현직에 있는 조정대신들의 지위를 높여주는 작업을 하고 있었다. 그는 절호의 기회라고 판단하고 황제에게 지금까지 명문대가의 지위를 누려온 소위 '오성칠망<sub>五姓七望</sub>' 간의 혼인을 금하는 조서를 내릴 것을 건의했다.

그러나 귀족 사회에서 자기네끼리 혼인하는 풍속은 오랜 전통이어서 그 뿌리가 깊었다. 이런 강제 규정은 순식간에 그들의 엄청난 반발을 불러일으켰다. 그들은 차마 드러내놓고 반발을 하지는 못하고 암암리에 이 조처에 반항했다. 어떤 귀족들은 혼례를 치르지 않은 채 남몰래 딸을 결혼시켰고, 또 어떤 귀족 집안의 딸은 이렇게 몰래 시집가느니 차라리 평생 결혼하지 않겠다고 버티기도 했다. 심지어 이미 몰락한 어떤 귀족 집안은 노골적으로 '금혼가<sub>禁婚家, 황제가 통혼을 금지한 귀족 집안</sub>'임을 앞세워 구혼해오는 집안에 엄청난 재물을 요구하기도 했다. 사회 풍조란 게 황제의 조서 한 장으로 쉽게 바뀔 수는 없는 노릇이었다. 그러나 이의부의 입장에서는, 이번 기회를 통해 황제가 어쨌든 자기 말을 들어줬다는 사실에 잠시나마 위안을 받을 수 있었다.

여러 차례 탐색전을 거치면서 이의부는 자신이 당 제국의 공신으로서 황제와 황후로부터 두터운 신임을 받고 있다는 것을 확신했다. 자기가 어떤 말썽을 부려도 황제와 황후가 덮어줄 거라는 확신이 있었기 때문에 그는 갈수록 오만방자하게 굴었다. 하지만 그가 여기서 간과한 것이 있었다. 지금까지 황제가 그의 잘못을 용인해준 것은, 기존의 원로대신들을 몰아내고 자신의 의지를 관철하는 데 그가 어느 정도 쓸모 있었기 때문이라는 사실을 몰랐던 것이다.

이뿐만이 아니었다. 그전에는 황제와 황후가 일치단결하여 연합 전선을 형성하고 있었지만, 이제는 상황이 바뀌었다는 것을 그는 간과하고 있었다. 그동안 각별했던 황제와 황후의 관계는 현경 5년, 측천이 정치 일선에 등장하면서부터 변화가 생겼다. 황제와 황후의 측근이라 할지라도 이제 더 이상 같은 편은 아니었다. 이런 미묘한 변화 속에서 이의부는 황후파로 분류되었고, 황제는 더 이상 그를 옹호해줄 생각이 없었다.

용삭龍朔 3년(663), 이의부는 자기 조부의 묘소를 새로 조성했는데, 이때 인근 7개 현의 인원을 강제 동원하여 대대적으로 공사를 벌였다. 당시 어느 한 현령이 이의부에게 잘 보이려고 그랬는지, 아니면 인력 동원이 여의치 않아서 그랬는지 몰라도 직접 공사 현장에 뛰어들었다. 그런데 이 현령이 그만 과로로 현장에서 목숨을 잃고 말았다. 뒤이어 재상이 사람 목숨을 앗아갔다는 뒷말이 쏟아지기 시작했다. 이 일로 이의부는 더욱 악명이 높아졌지만, 여전히 언행을 조심하는 법이 없었다.

같은 해, 그는 관리 선발 시험을 주관했다. 그에게는 톡톡히 재미를 볼 수 있는 기회였다. 미천한 가문 출신인 데다 조상 대대로 가난하게 살아와서인지, 이의부는 기회만 있으면 매관매직을 일삼았고 결국 선발 시험은 엉망진창이 되고 말았다. 고종은 이런 터무니없는 상황이 빚어진 걸 알고는 그를 불러 은근히 그 속셈을 떠보았다.

"들자 하니 경의 아들과 사위가 신중치 못하게 비리를 저질렀다지요? 짐은 경을 위해 이 일을 공개하지 않고 덮어두었소. 댁에 돌아가거든 앞으로는 그들이 이런 짓을 하지 못하도록 잘 훈계하시오."

그동안 뭐든지 자기 마음대로 처신해온 이의부가 아닌가? 그는 자신의 잘못을 시인하기는커녕 오히려 얼굴이 붉으락푸르락해지더니 표독스럽게 되물었다.

"도대체 누가 폐하께 그런 말씀을 올렸습니까?"

고자질한 자를 가만두지 않겠다는 태도였다. 황제의 질문에 제대로 대답은 하지 않고 오히려 따져 묻는다? 고종은 부아가 치밀었다.

"짐이 그렇다고 하면 그런 것이지, 어디서 들었냐고 묻는 게 가당키나 한가?"

일이 이쯤 되면 대부분의 사람은 서둘러 사죄부터 하기 마련이다. 하지만 이의부는 달랐다. 평소의 못돼먹은 성격 그대로 그는 한마디 말도 없이 자리를 박차고 나가버렸다. 황제를 내팽개친 꼴이 된 것이다. 고종도 그가 이렇게 오만방자하게 나올 줄은 꿈에도 생각지 못한 터라 그만 노발대발하고 말았다. 고종의 입장에서 볼 때 이제 그의 역할은 여기서 끝이었고, 더 이상 용서할 수가 없었다. 만약 황제가 신하 한 명을 내치기로 마음먹는다면 그 이유야 얼마든지 찾을 수 있었다. 특히 이의부처럼 걸핏하면 사고를 치는 자라면 더더욱 그랬다.

그런데 이의부가 금방 또 일을 하나 저질렀다. 평소 미신을 신봉했던 그가 점술가를 불러 자기 운수를 좀 봐달라고 한 것이다. 그는 자신이 앞으로 얼마나 더 많은 부귀영화를 누릴 수 있을지가 궁금했다.

"이 집 꼭대기에 불길한 조짐이 서려 있습니다. 분명 집주인이 감옥에 갇히는 재앙이 닥칠 것입니다. 하지만 엽전 20만 꾸러미를 쌓아두면 그 조짐을 누를 수 있습니다."

점술사는 그럴싸하게 점괘를 불러댔다. 이 많은 돈을 어떻게 마련한다?

이때 이의부는 이미 풍비박산해버린 장손무기 집안을 떠올렸다. 부자가 망해도 3년은 간다고 했으니, 그래도 다른 사람보다는 좀 여유가 있을지 모른다는 생각이 들었다.

앞에서 말했듯이 장손무기는 현경 4년에 자살했다. 그 아들도 이미 죽고 손자들은 모두 남쪽 지방으로 유배되었는데, 그중 손자 장손연長孫延 하나만은 운 좋게 장안에 돌아와 있었다. 이의부는 아무 관직도 없이 평민으로 살고 있던 장손연을 찾아갔다. 그는 장손연에게 뇌물을 요구하면서 종6품 사진감司津監 자리를 주겠노라고 약속했다.

그러나 이 일은 금방 탄로가 났다. 이의부가 죄인 집안의 후손과 결탁했다는 고발이 들어간 것이다. 원래 이 문제는 그다지 심각한 것이 아니었지만 고종의 생각은 달랐다. 마침 고종은 이의부에게 잔뜩 앙심을 품고 있던 터라, 이것이 절호의 기회라고 생각하고 그를 심문하라고 명했다. 심문 결과, 죄상이 낱낱이 드러나면서 이의부는 마침내 제명되어 휴주雟州로 유배되었다. 지금의 쓰촨 성 시창西昌이다. 그의 몇몇 아들과 사위도 산지사방으로 뿔뿔이 쫓겨났다. 이제 저세상에서나 가족 상면이 가능할 것이었다.

원래 이의부는 측천 쪽 사람이었다. 그가 도처에서 말썽을 부리고 다니긴 했어도 측천에게만은 충성을 다하고 있었기 때문에 측천으로서는 충분히 그를 보호해줄 수도 있었다. 하지만 역시 측천은 눈치가 빨랐다. 그녀는 상황을 이미 훤히 꿰뚫어보고 있었다.

'이제 나와 폐하의 이해관계가 완전히 합치하는 건 아니다. 폐하가 이미 이의부를 제거하려고 결심을 했고, 그자 역시 지은 죄가 많아 도처에서 원성이 자자하다. 이자를 옹호하려고 나섰다가는 그 불똥이 내게로 튈지도 모른다.'

측천은 이해득실을 가늠해보고는 결국 이의부 '카드'를 버리기로 마음먹었다.

사실 이의부의 몰락은 막 정치에 발을 들여놓은 측천에게는 엄청난 타격이었다. 원래 이의부와 허경종은 측천이 조정에 심어놓은 핵심 요원이었다. 한 사람은 중서성에서 조서를 담당했고, 한 사람은 문하성에서 조서를 검토하면서 측천을 도와왔다. 이렇게 함으로써 측천은 모든 인사 발령과 조서 하달을 효율적으로 지휘할 수 있었다. 이제 이의부가 무대를 떠나버렸으니 '공연'에 차질이 생길 게 분명해 보였다.

만약 이의부의 사건이 측천과 고종 사이에 벌어진 첫 권력투쟁이라고 한다면, 이 첫 시합은 측천의 패배였다. 그러나 이보다 더 엄청난 충격이 이들을 기다리고 있었다.

## 2. 상관의의 죽음

인덕麟德 원년(664), 환관 왕복승王伏勝이 고종에게 측천을 고발했다. 그녀가 도사 곽행진郭行眞과 작당하여 '염승厭勝'을 부렸다는 내용이었다. 염승이란 말이 낯설지 않을 것이다. 지난날 측천이 왕황후를 몰아낼 때 덮어씌웠던 바로 그 죄목이다. 세상만사는 돌고 도는 법, 이제는 측천 자신이 이 염승으로 인한 쓴맛을 볼 차례가 되었다.

여기서 관심을 끄는 건 측천의 염승 대상이 도대체 누구였느냐는 것이다. 이 문제에 관해 사료에는 그 어떤 기록도 남아 있지 않다. 하지만 사람들은 대개 다음 세 사람 중 하나일 거라고 추정한다.

첫째, 고종이다. 이 시기 측천은 엄청난 야심을 품고 있었는데, 염승의 방식으로 고종을 저주함으로써 서둘러 고종의 자리를 승계하려고 했다는 주장이다.

둘째, 측천의 생질녀, 즉 언니의 딸이다. 앞서 보았듯이 측천에게는 친언니와 여동생이 하나씩 있었는데, 여동생은 일찍 사망했고 언니만 남아 있었다. 측천은 본래 미모가 출중하다고 기록되어 있다. 역사서에는 측천이 '용의 눈과 봉의 목'을 가졌고, '반듯한 이마에 넓은 턱'을 가졌다고 묘사하고 있다. 이로 미루어 짐작하건대 그 언니 역시 미모가 뛰어났을 것이다. 아쉽게도 팔자가 사나웠던지 남편 하란월석賀蘭越石이 일찍 죽는 바람에 삶은 순탄치 못했다. 측천은 자신의 입지가 확고해지자 과부가 된 언니를 궁 안으로 들였고, 이때 언니는 아들과 딸을 한 명씩 데리고 들어왔다. 그런데 생각지도 않게 이 언니가 자기 분수를 넘어 고종과 눈이 맞아버렸고 두 사람은 급속도로 가까워졌다. 그뿐만이 아니었다. '끼워 팔기'와 흡사하다고나 할까? 언니는 자기 딸까지 고종에게 넘겨주었다. 측천으로서는 다행스럽게도 언니는 오래지 않아 세상을 떴다. 하지만 고종은 이 절세미인 생질녀를 너무 총애한 나머지 아예 비妃로 삼고 싶다는 생각까지 하게 되었다. 이 일로 측천의 속이 얼마나 상했을지는 짐작이 가고도 남는다. 남편을 다른 여자와 공유할 측천이 아니었다. 바로 이 때문에 측천이 염승으로 저주하려 했던 자가 곧 이 생질녀라는 주장이 제기되었다.

셋째, 왕황후와 소숙비의 원혼이다. 두 여자가 제명에 죽지 못했기 때문에 측천은 늘 불안 속에서 살았다. 그래서 점술이라는 초자연적 힘을 빌려 이를 해결하려고 했다는 주장이다.

이 세 사람 중에서 누가 가장 그럴싸할까? 나는 이 세 사람 모두 해당되지 않을 뿐만 아니라 측천이 아예 염승을 부리지도 않았다고 생각한다.

우선 고종을 염승 대상으로 보는 주장에 대한 반론이다.

측천이 남편을 저주할 이유가 있었을까? 요즘 말로 하자면 남편은 일종의 보증수표 같은 존재, 고종이 살아 있어야 측천도 계속 영화를 누릴 수 있었다. 다시 말해서 당시까지만 해도 측천이 황제가 된다는 건 꿈조차 꾸지 못할 일이었고, 고종은 그녀에게 든든한 버팀목이 되었을 것이다. 남편을 먼저 죽으라고 저주할 정도로 측천이 어리석지는 않았다.

다음 왕황후와 소숙비가 그 대상이라는 견해를 한번 분석해보자.

측천은 성격상 현실적인 정치투쟁을 했으면 했지, 결코 허무맹랑한 걸 맹신하는 그런 기질이 아니었다. 측천이 그 두 사람을 죽인 지는 이미 시간이 많이 흘렀다. 바람결에 다 흘러가버린 과거사에 얽매어 불안에 떨 정도로 나약한 측천이 아니었다. 이 추리는 생질녀의 경우에도 똑같이 적용할 수 있다. 실제 세상물정 모르고 측천과 겨루어보겠다고 나섰던 이 생질녀는 그 몇 년 후 측천에게 독살되었다. 따라서 이 세 가지 견해는 다 성립될 수 없다.

그렇다면 측천은 도사 곽행진과 도대체 무슨 짓을 했을까? 내 생각에 그들은 아무런 행동도 하지 않았다. 그 이유는 이렇다.

먼저, 이 도사의 이름은 낯설지 않다. 현경 6년 초, 고종이 태산에 원앙비를 세워 황제와 황후의 복을 기원하라고 파견했던 사람이 바로 곽행진이다. 그는 수시로 궁중을 들락거리던 사람이다. 측천이 그와 내왕하는 건 너무나 자연스러운 일이었고, 황제도 역시 그러했다.

다음, 왕복승이 일개 환관의 신분으로 황후를 고발한다는 건 정말 상식 밖이다. 우리가 다 알다시피 측천은 후궁 내에 철저한 정보망을 깔아놓고 있었다. 그런데 누군가가 측천을 감시하고 있었다는 게 잘 믿어지지 않는다. 누가 감히 황후를 감시하고, 심지어 고발까지 할 수 있었을까? 단 한 사람, 황제만이 가능하다. 따라서 측천과 도사가 염승 행위를 했다는 건 날조된 사건이고, 이것을 기획한 사람은 바로 황제라는 결론을 얻을 수 있다.

실로 모골이 송연해지는 상황이다. 이런 그들을 과연 부부라고 말할 수 있을까? 가난하지만 화목하게 살면서 둘이서 머리를 맞대고 살림살이를 걱정하는 일반 부부와 비교한다면, 그들은 애초부터 신뢰감보다는 경계심이 더 앞섰다고 할 수밖에 없다.

그렇다면 왜 고종은 사람을 시켜 측천을 모함했을까?

『자치통감』에는 "측천은 권력을 거머쥔 다음부터 한껏 위세를 부리며 황제가 하려는 일에 대해 걸핏하면 제동을 걸었고, 이에 황제는 분노를 참을 수 없었다"라고 기록되어 있다. 황제로서는 측천의 월권행위에 대해 당연히 모종의 대응이 필요했을 것이다. 그래서 그는 환관을 이용하여 이런 죄명을 씌웠다. 그런데 이 죄를 어떻게 다스려야 하나? 고종은 묘수가 떠오르지 않았다. 묘수가 생각나지 않을 때 무슨 방법이 있을까? 과거라면 그는 분명 제일 먼저 황후를 찾아가 의논했을 것이다. 하지만 지금은 측천이 바로 사건의 당사자, 그녀와 상의할 수는 없는 노릇이었다.

하는 수 없이 고종은 자기가 믿고 있던 재상 상관의上官儀를 찾아가 이 일을 논의했다. 언뜻 보면 이 사건은 영휘 6년(655)에 발생했던 왕황후 폐출 사건의 판박이인 것도 같다. 다만 당시에는 그 대상이 연약한 왕황후였고, 자문해줄 사람도 원로대신이었다. 하지만 지금 이 시각, 황제가 상대해야 할 사람은 바로 치밀하면서도 과감하기로 정평이 나 있는 측천이다. 자문해줄 사람도 막강한 권력을 가진 노련한 원로대신이 아니라, 진사 출신에다 이제 막 재상이 된 상관의였다. 더 중요한 사실은, 당시에는 왕황후를 폐출하겠다는 고종의 의지가 확고했지만, 지금은 홧김에 벌인 일이라 다음 행보를 어떻게 해야 할지에 대한 판단이 서 있지 않은 상태였다.

고종의 질문을 접한 상관의의 입에서 깜짝 놀랄 발언이 나왔다.

"황후의 전횡은 온 천하가 용납하지 않을 것이니 마땅히 폐위하셔야 합니다!"

너무나 뜻밖의 대답이었다. 폐황후는 그야말로 국가 대사인데 거기다가 남의 부부 싸움에 끼어들어 갈라서라는 충고를 했다. '절 열 곳을 부술지 언정 남의 혼사는 깨지 말라'는 말이 있다. 황제가 아직 태도 표명을 하기도 전에 상관의는 왜 먼저 폐황후 문제부터 꺼냈을까? 그가 이렇게 발언한 이유를 이해하려면 그의 출신과 사람 됨됨이부터 분석해볼 필요가 있다.

상관의는 측천이 황제가 된 다음 무척이나 아끼던 저명한 여류 문인 상관완아上官婉兒의 조부다. 그는 당 황조에서 최초로 과거를 통해 배출된 재상이라는 상징적 인물이었다. 인품이 훌륭하고 문장력이 뛰어났으며, 특히 미려한 5언시를 잘 지어 '상관체上官體'라는 독특한 시풍을 형성했다. 그의 시 「낙수 강변 따라 입조하는 길」은 인구에 회자되는 명시 중의 하나다.

> 유유히 흐르는 낙수,
> 말을 타고 긴 강변 지나갈 제
> 까치떼는 새벽빛 감도는 산 위를 날고
> 초가을 매미소리 바람결에 실려 오네.

이 시에는 도가풍 신선의 모습이 담겨 있다. 장삼 자락 휘날리며 말을 달리는 상관의의 멋진 모습을 연상하면 되겠다. 이치 또한 풍류를 즐겼던 황제로 문학에 대한 조예가 남달랐으니 상관의의 문학에 매료되어 있었다. 그래서인지 상관의는 관료 생활도 순탄했다. 그렇다 하더라도 그는 관리라기보다는 문인에 가까웠기 때문에 흔히 말하는 선비 기질이 강했다. 성격이 단순하되 천재다운 오만함도 좀 있었다. 융통성보다는 죽어라고 원칙을 내세우는 고집도 있었다. 정치가라면 이런 성격은 불리할 때가 더 많았다. 이렇듯 선비 기질에다 고집까지 세다보니 유가 경전에 담긴 학설은 뭐든지 인정했고, 따라서 여자의 정치 참여에 대해서는 유독 반감이 컸다. 거기다가 성격까지 단순해서, 황제의 가족관계가 뒤얽혀 있는 이런 복잡한 정치 문제에 대해서는 잘 이해하지 못했다. 황제와 황후 사이에 갈등이 벌어졌을 때, 자신이 어떤 식으로 태도를 표명해야 할지에 대해서는 더더욱 알지 못했다.

또 있었다. 그는 자기 재능만 믿고 뭐든지 다 잘 알고 있다고 생각해서 경솔하게 자기 생각을 드러냈다. 뒷일을 전혀 고려하지 못했던 것이다. 바로 이렇게 불같은 성미를 가졌기 때문에 상관의는 아무리 황제 앞이라도 대놓고 폐황후 문제를 제기할 수 있었다.

때마침 고종은 측천에 대한 분노로 마음이 다급해져 있던 판이었다. 측천과 같이 주도면밀한 사람이 곁에서 사라진 대신, 이 세상물정 모르는 재상을 참모로 두다보니 황제의 분노도 즉각적으로 폭발했다. 상관의의 말이 떨어지자마자 그동안 마음을 정하지 못하고 있던 고종은 단번에 결심을 굳히고, 상관의에게 폐황후에 관한 조서를 작성하라고 명했다.

사태는 심각하게 발전했다. 천자가 허언虛言을 하는 경우란 없다. 측천에게는 이번 사건이 그야말로 엄청난 재앙이 될 수도 있었다. 만약 폐황후 조서가 작성되고 재상들의 심의를 통과한다면 측천의 장래는 보장되기 어렵다. 무사히 살아날지도 장담할 수 없는 상황이었다. 왕황후가 바로 그 생생한 사례가 아닌가?

재앙이 눈앞에 다가오고 목숨이 경각에 달린 이 순간, 측천에게 이 위기를 무사히 넘길 수 있는 방법이 있었을까?

이 결정적인 시점에서 측천의 목숨을 구해준 건 후궁 안의 정보망이었다. 그녀가 최초로 구축한 정보망은 그리 넓지 않아서 왕황후와 소숙비 주변의 사람으로만 한정되었다. 그러다가 훗날 그녀가 황후 쟁탈전을 전개하면서부터는 그 범위가 확대되어 고종 주변에까지도 사람을 심어놓았다. 이 때문에 고종이 상관의에게 폐황후 조서를 초안하라고 명령한 그 순간 정보망은 즉각 가동되었다. 『자치통감』은 이 일과 관련하여 "황제 주변의 사람들이 곧장 황후에게 달려가 일러바쳤다"라고 기록하고 있다.

불현듯 닥쳐온 이 죽음의 재앙 앞에서 측천은 한 치의 망설임도 없이 기세등등 황제를 찾아갔다. 가뜩이나 심약한 고종은 측천의 이 살벌한 기세에 눌려 단번에 기가 죽고 말았다. 문장으로 이름을 날린 상관의, 그는 단숨에 조서를 만들었지만 제아무리 빠르게 작성한들 그게 다 무슨 소용이랴? 조서의 먹물이 미처 마르기도 전에 이미 측천이 하늘에서 떨어진 듯 화급히 달려온 것이다.

측천과 고종은 이미 10여 년을 함께 살아온 부부, 측천은 고종의 성격을 정확하게 꿰뚫고 있었다. 그녀는 고종이 다정다감하지만 유약하다는 것을 알고 있었다. 강온強溫 양면 작전으로 나왔다. 먼저 눈물과 콧물로 범벅이 된 채 자신과 고종이 그동안 쌓아온 애정에 호소했다. 이어서 자신이 황실 가족을 위해 이룩한 공로를 일일이 열거했다. 그런 다음, 이번에는 차가운 표정을 지으며 고종에게 물었다.

"소첩이 도대체 무슨 죄를 저질렀습니까?"

측천이 이렇게 다그치자 고종 스스로도 자신이 왜 그녀를 폐위시켜야 하는지 모를 지경이었다. 어쨌거나 깊은 정을 나눠온 부부 사이, 참을 건 서로 참을 줄도 알아야 하지 않을까? 오랫동안 기대고만 살아왔던 아내 앞에서 고종은 더럭 겁이 났다. 책임을 떠넘기기 위해 고종이 입을 뗐다.

"짐은 애당초 그럴 마음이 없었소. 이게 다 상관의가 그렇게 하라고 시켜서 벌어진 일이오."

사내대장부가 일을 저질렀으면 사내답게 책임을 져야지 다른 사람을 희생양으로 삼는다는 건 너무나 비겁한 짓이다. 사실 객관적으로 볼 때, 고종과 측천은 성격적으로 천생연분이었다. 고종이 유약하지 않았다면 측천이 이렇게 강인해질 수는 없었을 것이다. 황제가 모든 죄를 상관의에게 덮어씌운 이상 그 재앙은 상관의의 몫이었다. 얼마 후 허경종은 측천의 명을 받아 상소를 올렸다. 상관의·이충, 그리고 한때 폐태자 이충을 모셨던 왕복승, 이 세 사람이 은밀히 작당하여 모반을 꾀했으니 법에 따라 처결해야 한다는 내용이었다.

상관의는 과거 태자 이충을 폐서인하는 조서를 직접 작성한 사람이다. 그런데 아이러니하게도 이번에는 아무 근거도 없이 이 두 사람이 한패로 몰렸다.

상관의가 죽은 후 그 집안의 여자들은 모두 후궁의 노비로 끌려왔다. 당시 젖먹이로 칭얼대며 따라 들어왔던 상관완아는 측천의 귀염을 받으며 훗날 여류 문인으로 명성을 날리기도 했다. 측천은 원수 집안의 손녀마저도 자신의 심복으로 삼았던 바로 그런 사람이었다. 이것은 후일담이다.

소란이 일어나기는 했어도 아무 탈 없이 측천의 위기는 이렇게 해결되었다. 만약 고종과 측천의 이번 갈등이 2회전이라고 한다면 이번은 측천의 신승辛勝으로 마감되었다. 비록 무사히 위기를 넘기기는 했지만 이번 일을 돌이켜보면 측천으로서는 너무나 당혹스러운 사건이었다. 사실 한 여자가 황후의 지위에 올랐다는 건 다시없는 영예다. 하지만 이 고귀한 신분마저도 여전히 완벽한 보장은 되지 못한다는 게 그녀의 판단이었다. 자기의 생명은 오직 한 사람, 황제의 손에 달려 있었다. 이런 생각이 들자 측천은 자신도 모르게 온몸이 오싹해졌다.

상관의 사건은 측천과 고종의 관계에서 하나의 전환점이 되었다. 두 사람의 세력은 엎치락뒤치락 서로 우열을 주고받으며 성장해갔다.

'어떻게 해야 수중의 권력을 잘 활용하여 나 자신을 보호할 수 있을까? 더 이상 그 누구의 간섭도 받지 않을 방법은 없을까?'

측천은 이런 생각에 골몰해 있었다.

# 제12장

# 수렴청정

측천의 일생은 마치 기적과도 같다. 한 여인이 황제의 자리에 올랐다는 것. 이러한 기적은 일찍이 중국 역사에 전례가 없었고 그 후로도 없었다. 물론 이 기적은 여러 작은 기적이 모여 이루어졌다. 이 작은 기적들이 없었다면 결코 불가능했을 것이다. 작은 기적이란 게 도대체 무엇일까?

왕황후를 폐출하고 자신이 황후가 된 것이 바로 작은 기적의 하나다. 한 남자의 첩으로 들어가 놀랍게도 그 아들의 아내가 되어 황후 자리에 오를 거라는 사실을 그 누군들 짐작이나 할 수 있었을까? 하지만 측천은 가능했다.

아래에서 자세히 언급하겠지만 황제와 나란히 '이성=聖' 통치를 한 것, 이 역시 작은 기적이다. 고종이 아직 젊고 힘이 넘치는 상태임에도 불구하고 측천은 수렴청정을 시작했다. 고종과 함께 '이성'으로 불리며 조정 일선에 등장했다. 이 작은 기적은 어떤 과정을 통해 이루어졌을까?

먼저 상관의 사건을 한번 돌이켜보자.

현경 5년(660) 이후 측천의 권력이 확대되면서 고종의 불만도 커져만 갔다. 이에 고종은 상관의와 대책을 논의했고, 결국 측천의 폐위를 결정했다. 이 음모는 측천의 민첩한 대응과 깔끔한 마무리로 인해 실패로 돌아갔다. 하지만 이때 그녀가 받은 충격은 엄청났다. 황후의 지위가 아무리 높다한들 무슨 소용인가? 생사여탈은 결국 황제가 마음먹기에 달려 있었다.

그렇다면 황후가 생명과 지위를 보장받을 수 있는 더 확실한 방법은 무엇일까? 보통 사람이라면 생사여탈권을 쥔 황제에게 잘 보이는 게 최선의 방법이라고 생각할 것이다. 황제가 황후의 정치 간여를 싫어하는 걸 알았다면 스스로 알아서 바로 후궁으로 물러나 앉는 게 상식일 것이다. 하지만 측천은 달랐다. 자신이 이미 잡고 있는 권력을 포기하고 한 발짝 뒤로 물러설 성격이 아니었다.

측천은 황제와 재상 사이에 있었던 이번 폐황후 모의 사건을 꼼꼼히 따져보았다.

'황제와 자잘한 충돌이 있기는 하지만 그건 살다보면 생길 수 있는 지극히 정상적인 현상이다. 나에 대한 황제의 애정과 신뢰에 근본적인 변화는 없다. 이건 황제 탓이 아니다. 그렇다면 재상 때문이었을까?'

물론 재상들이 유가 사상으로 무장해 있었기 때문에 여자의 참정에 대한 불만이 크다는 건 측천도 알고 있었다. 하지만 재상들이 아무리 불만이 있다고 해도 황제가 동의하지 않는다면 재상의 힘만으로는 폐황후를 관철시킬 수 없다. 이 일이 황제나 재상, 어느 누구와도 연관되지 않는다면 도대체 누구의 문제일까?

심사숙고한 결과, 측천은 이것이 결국 황제와 재상 사이에 이루어진 교감의 문제라는 결론을 내렸다. 즉 재상의 불만, 그 위에 다시 황제의 권위가 더해지면서 결국은 큰 재앙으로 변했고, 자신은 하마터면 황후 자리에서 쫓겨날 뻔했다. 병의 원인을 찾으면 치료는 쉬운 법이다. 측천으로서는 이제 황제와 대신들 간에 이뤄지는 교감을 최대한 차단하면서, 고종을 한층 더 철저하게 통제해야 했다.

이 일을 제대로 실현하려면 앞으로 어떻게 해야 할까?

## 1. '이성=弼'의 출현

고종의 폐황후 기도가 막 마무리되었을 때 측천은 황제를 찾아가 자신의 심정을 숨김없이 다 토로했다.

"폐하께서는 영명한 군주로서 국가를 빈틈없이 잘 통치하고 계십니다. 그러나 아쉬운 게 있다면 귀가 얇고 주견이 없으시다는 것입니다. 남의 말에 너무 쉽게 넘어가시는 것 같습니다. 폐하께서 소첩을 폐위하실 리 만무하겠지요? 하지만 상관의란 자의 말만 듣고 폐하의 마음이 흔들리는 바람에 소첩은 하마터면 자리에서 쫓겨날 뻔했습니다. 실제 이런 일이 발생했다면 이는 폐하의 큰 실책이 되었을 것입니다. 두 번 다시 이런 일이 발생하지 않도록 앞으로는 소첩이 폐하를 모시고 함께 조정에 들어갈 생각입니다. 조정대신들이 충언을 하든 아첨을 하든 소첩이 폐하를 도와 판단해드리겠습니다. 이렇게 되면 폐하께서는 신중하게 정사를 처리하실 수 있을 것이옵니다."

이처럼 측천은 자신이 고종과 함께 조정에 들어가 정무를 살피겠다는 의지를 명확하게 표명했다. 이에 대한 고종의 반응은 어떠했을까? 그간 후회와 불안으로 어떻게 '안방마님'에게 속죄할까를 고민하던 고종이었다. 성격이 나약했던 고종의 마음속에는 최근 몇 년 동안 측천의 지위가 아내이자 참모, 또 누나와 같은 존재로 각인되어 있었다. 그녀의 요구를 더 이상 거절하기 어렵다고 생각한 고종은 측천의 건의를 바로 받아들였다.

『자치통감』의 기록을 보자.

"이때부터 황제가 정사를 처리할 때마다 측천은 주렴 뒤에서 대소 정무를 모두 듣고 있었다. 천하의 대권이 황후에게 넘어가, 관리의 임면이나 생사여탈이 그 입에서 결정되었다. 천자는 그저 두 손만 맞잡고 있을 뿐이었다. 궁중 밖에서는 이를 두고 이성二聖이 등장했다고들 했다."

천하의 대권이 황후에게 넘어가, 관리의 임면이나 생사여탈이 그 입에서 결정되었다는 기록에 다소 과장이 있기는 하다. 하지만 이때부터 조정대신의 일거수일투족, 말 한마디 한마디는 모두 측천의 손아귀에 들어 있었다. 당대 사람들은 황제를 '성인聖人'이라고 불렀는데, 이제 황후가 황제와 함께 조정에 들어가 정사를 보았으니, 당연히 '이성'이라는 말이 나온 것이다. 측천으로서는 일생일대의 영예라고도 볼 수 있겠다.

고대 중국에서 수렴청정이 드문 사례는 아니지만, 아직 젊고 힘 있는 황제가 황후의 수렴청정을 허용한 예는 지극히 보기 드문 사례다. 하지만 고종의 이런 결정이 전례가 없는 일은 아니었다.

먼저 영휘 6년(655), 왕황후의 폐위 문제가 최고조에 달했을 때 측천은 고종의 묵인 아래 황제와 원로대신 간의 대화를 엿들은 적이 있다. 당시 저수량이 사직을 무기로 고종에게 대들어 험악한 분위기가 연출되었을 때, 주렴 뒤에 있던 측천이 "어찌 이런 오랑캐를 박살내지 않는단 말이오?"(『자치통감』권199)라고 호통을 쳤다. 다만 당시의 수렴청정이 일회성이었다면 이제는 그것이 관례화되고 제도화되었다는 차이가 있을 뿐이다.

또 북조北朝 이후 선비족 등 북방 소수민족의 영향으로 가정주부의 지위가 현저히 높아졌기 때문에 여자가 집안 안팎의 일을 겸하는 경우가 자주 있었다. 수 문제文帝 시절에도 황제가 입조할 때마다 독고황후獨孤皇后가 항상 가마를 같이 타고 따라나섰다. 환관은 문제 곁에 대기하면서 조정 내의 대소사를 수시로 황후에게 보고했다. 문제가 조정을 물러날 때도 역시 독고황후와 함께였다. 당시에도 이를 두고 '이성'이라고들 했다. 따라서 고종이 측천의 수렴청정을 받아들인 데는 이런 시대적 배경과 사회적 분위기의 영향이 컸다.

측천의 공개적인 수렴청정, 이는 고종이 만천하에 그녀의 참정을 합법적으로 인정한다는 것을 의미했다. 이렇게 됨으로써 측천에게는 두 가지 이점이 있었다.

대신들이 더 이상 고종과 모의하여 측천에게 불리한 행동을 하지 못하게 되었다는 것이 그 첫 번째 이점이다. 주렴 뒤에서 측천이 호시탐탐 주시하고 있는 상황에서 누가 감히 황제에게 "황후의 전횡이 심하니 마땅히 폐위해야 합니다"라는 말을 할 수 있겠는가?

두 번째 이점은 측천의 참정 기회가 황제의 와병 시기에만 국한되지 않으니, 그녀의 정치 경험과 영향력이 한층 더 강화되었다는 점이다. 이후 정국은 좋든 싫든 측천의 역할을 무시할 수 없게 되었다. 관리들은 점차 이 여인에게 절대복종하는 데 길들여지기 시작했고, 이 여인이 권력의 정점을 향해 조금씩 전진해가는 모습을 복잡한 심정으로 바라볼 뿐이었다.


## 2. 태산 봉선


고종과 함께 정치 무대의 전면에 등장함으로써 측천은 대신들에게 자신의 지위가 황제에 버금간다는 사실을 주지시켰다. 그러나 그녀에게 불만이 전혀 없는 건 아니었다. 이제 만천하에 자신의 권위를 보여줄 필요가 있었다.

과거 측천은 이미 친잠과 고향 방문 행사를 통해서 백성과 교감을 해본 적이 있다. 이런 연기는 지속되어야 한다는 게 그녀의 생각이었다. 만약 앞서 참가한 행사들이 주로 내외명부나 시골 노인들을 상대로 했다면 이번에는 문무백관이나 백성에게까지 확대해야겠다는 야심이 있었다.

이에 측천은 고대 중국에서 가장 성대한 제례 의식인 봉선封禪에 주목했다. 봉선은 제왕이 천신과 지신에게 제사 드리는 의식으로, '봉'은 하늘에, '선'은 땅에 올리는 제사였다. 이 제례 의식은 선진 시대 제로齊魯 지역의 도사나 유생들이 고안한 것으로, 황제가 천하통일을 이루었거나 국태민안의 태평성대에만 치를 수 있었다. 천지신명에게 위대한 성과를 알림과 동시에 더 큰 발전을 기원하려는 의미였다. 진시황은 천하를 통일한 다음 적극적으로 제로 지역의 예악 문화를 도입했고, 봉선을 국가 대전으로 채택했다. 태산에서 봉선을 거행한 최초의 황제도 바로 그였다.

사실 봉선은 통치자가 상당한 치적을 이루었을 때만 거행할 수 있다는 까다로운 요건이 있었다. 따라서 그것이 비록 국가 1급 의전 행사이긴 해도 역사적으로 실제 봉선을 거행한 황제는 아주 드물었다. 정관의 치세를 이룬 당 태종도 한때 봉선 의식을 계획했지만, 결국에는 국력이 충분히 강성해지지 않았다는 이유로 취소한 적이 있었다.

하지만 이제 당 제국은 고종과 측천의 통치 아래 안정적인 발전을 이루어가고 있고, 역대 최대의 영토도 보유하게 되었다. 또 경제도 급속도로 발전하여 온 백성이 풍족한 삶을 영위하고 있는 태평성대가 되었다. 역사서에도 "이 시기에는 해마다 풍년이 들어 쌀 한 말이 5전, 콩과 보리는 시장에 내놓지도 않았다. 사람들은 봉선을 거행한 역대 어느 제왕 때도 지금처럼 번성하지는 않았다고 했다"라고 기록될 정도였다. 쌀 한 말 가격이 이렇게 저렴할 정도로 여유로운 생활에다 사회 치안 또한 안정되었다. 정치는 정관의 치세에 견줄 만하고, 경제는 오히려 그때보다 훨씬 더 부유해진 상황에서 황제는 당연히 봉선 의식을 거행할 만했다. 대신들은 여러 차례 고종에게 봉선을 제안하는 상소를 올렸고, 측천 또한 적극적으로 황제에게 권유했다.

"어느 모로 보나 지금은 정관 때보다 더 태평스러운 시기입니다. 선황께서 이루지 못하신 태산 봉선을 어째서 여태껏 미루고 계십니까?"

고종 자신도 원래는 과시용 행사를 좋아했다. 다만 어린 시절에는 태종의 눈치를 보느라 위축되어 있었고, 즉위한 다음에는 늘 선황의 치적을 능가해야 한다는 압박감에 시달리던 차였다. 마침 측천까지 이런 제안을 해오니 제대로 그의 의중을 헤아려준 셈이었다. 고종은 그 자리에서 바로 수락했다.

하지만 봉선은 국가 최대 규모의 행사, 여기에는 애초부터 황후의 역할이 없었다. 황후는 이 의식에 직접 참여할 수 없었고 기껏해야 수행하는 정도였다. 이 행사에 자기 역할도 없는데 측천이 굳이 이렇게 서둘 필요가 있었을까? 그녀는 관중으로만 머물 수는 없었다. 그래서 측천은 자신도 이 의식에 직접 참여할 수 있도록 방식을 바꾸기로 했다.

원래 봉선 의식은 천신에게 제사 드리는 '봉례封禮'와 지신에게 드리는 '선례禪禮' 두 부분으로 구성되었다. 그리고 봉례 때는 선황들의 신주를, 선례 때는 황태후들의 신주를 함께 모셨다. 제사를 드릴 때 황제가 먼저 술을 올리는데 이를 초헌初獻이라 했고, 그런 다음 공경대부가 술을 올리는데 이를 아헌亞獻이라고 불렀다. 이것이 이전까지의 전통이었다. 여기서 측천은 구실을 찾아냈다.

'선례는 지신과 황태후께 제를 올리는 의식이다. 이는 땅의 은덕과 황태후의 은혜를 기리자는 것인데, 왜 공경대부가 아헌을 한단 말인가? 남녀가 유별하니 이런 식의 아헌은 참으로 부적절하다. 황태후는 선황의 내조자셨으니, 조정대신이 제를 드린다는 건 예의에 어긋난다. 후궁의 안주인으로서 내게는 시어머니를 모셔야 할 책임이 있다. 하지만 장손황후께서 일찍 세상을 뜨셨기 때문에 이 책무를 다할 수가 없었다. 그러니 이번 제사를 통해 그간의 죄송함을 표하고자 한다.'

자신만만한 논리, 고종이 듣기에도 구구절절 다 수긍이 가는 말이었다. 고종은 조서를 내려 측천의 제안에 동의했다. 여태껏 여자의 참여를 불허했던 봉선 의식은 이렇게 해서 제도가 바뀌었고, 선례를 치를 때는 고종과 측천이 각각 초헌과 아헌을 맡았다.

인덕 2년(665) 10월, 의식을 거행하기 위한 준비가 갖추어지자 고종과 측천은 대규모의 인원을 대동하고 출발했다. 그중에는 후궁의 비빈·문무백관·호위병사, 돌궐·우전于闐·페르시아·천축·계빈罽賓·오장烏長 등 주변

이민족 왕들과 그 수행원들이 포함되어 있었다. 수만에 달하는 인원에다 막사용 천막과 갖가지 동물로 수백 리에 이르는 긴 대오를 이루며, 장장 두 달이 걸려 마침내 태산 기슭에 도착했다. 당 제국의 웅대한 위용이 유감없이 펼쳐지는 장관이었다.

인덕 3년 정월 초하루, 고종은 하늘에 제사를 올리는 봉례를 올렸고, 초사흘에는 지신을 향한 선례가 거행되었다. 고종의 초헌이 끝나자 관리들과 수행원들이 곧바로 물러났고, 환관들은 측천의 등장에 맞추어 길가에 비단 휘장을 설치했다. 황후란 누구든 보고 싶다고 해서 얼마든지 볼 수 있는 그런 존재가 아니었기 때문이다. 측천은 후궁들을 대동하고 산에 올라 아헌을 치렀다. 의식에 참여한 가무단의 모든 인원은 후궁들로 구성되었고, 그녀들이 펼치는 화려한 가무 속에서 태산은 오색찬란한 빛으로 물들었다.

하지만 뭇 대신은 터져나오는 웃음을 억지로 참고 있었다. 장중해야 할 국가 의식을 황후가 이 꼴로 만들었으니, 유례없이 황당한 일이라는 반응이었다. 하지만 측천은 달랐다.

'누가 뭐래도 난 내 갈 길을 간다. 유사 이래 어느 황후가 아헌을 올렸던가? 누가 나처럼 이렇게 당당한 위풍을 자랑했던가? 지금이야말로 나와 황제의 지위가 동등하다는 사실을 만천하에 보여줄 기회가 아닌가?'

측천은 대신들의 비웃음에 개의치 않았다. 그렇다고 그녀가 정말 그들의 이런 심정을 아예 무시해버린 것도 아니었다. 봉선 의식이 종료되자 측천은 고종에게 관리들을 격려할 방안을 하나 제시했다.

"이제 폐하와 소첩은 천지신명께 당 제국의 위업을 고했습니다. 하지만 성공적으로 천하를 다스린 데는 우리 둘만의 노력이 아니라 모든 문무백관의 역할 또한 컸으니, 마땅히 그들도 이 은혜를 누릴 수 있도록 해야 할 것입니다."

측천은 구체적인 건의안을 내놓았다. 3품 이상의 모든 관리에게는 작위를 하사하고, 4품 이하 관리에게는 1등급씩 승진시켜준다는 방안이었다. 당시 관리의 품계는 한 사람의 지위를 나타내는 시금석이었다. 그 사람의 정치적·경제적 대우는 이 품계에 의해 좌우되었다. 품계에 따라 녹봉과 관복의 색깔도 달랐다. 품계는 모두 29등급으로 나뉘었는데 한 등급이 오르는 데는 보통 4년이 걸렸다. 그중에서도 3품과 5품은 승진 가도에 있어서 관건이었다. 앞에서도 설명했듯이 3품 이상은 '친귀親貴'라 하여 고급 관리, 5품까지는 '통귀通貴'라 해서 중고급 관리를 가리켰는데, 그들에게는 적잖은 특권이 부여되었다. 5품 이상 관리는 정원이 제한되어 있었기 때문에 대부분은 평생토록 이 대열에 끼어들 수가 없었다.

이제 측천의 명령 하나로 모든 관리가 1등급씩 올라간다는 건 단순히 4년의 시간을 공짜로 벌었다는 의미뿐 아니라, 3품인 '친귀'나 5품인 '통귀'의 반열에 오르는 엄청난 행운이었다.

이건 절묘한 방안이었다. 수천 수백 명의 관리들은 이 혜택을 받으면서 측천의 은공에 이루 형용할 수 없을 정도로 감읍했다. 당시 그들이 측천의 아헌 참배를 몰래 비웃었다면, 작위를 얻거나 승진한 지금은 대놓고 신나게 웃을 수 있게 되었다. 하늘에서 넝쿨째 굴러떨어진 호박덩어리, 어느 누군들 측천에게 감동하지 않았으랴!

### 3. 위국부인의 죽음

봉선 행사를 통해 측천은 만천하에 자신의 위상을 유감없이 드러낼 수 있었고, 그 직후 대대적인 승진을 통해 관리들의 환심도 살 수 있었다. 봉선의 효과는 이뿐만이 아니었다. 이번 봉선 행사는 그녀에게 뜻밖의 수확을 안겨주었다. 이 기회를 이용해 측천은 친언니의 딸이자 남편의 사랑을 공유하려고 했던 나이 어린 연적, 생질녀 위국부인 하란賀蘭을 제거했다.

앞에서 보았듯이 측천에게는 언니가 하나 있었는데, 하란 씨 집안으로 시집을 갔지만 일찍 과부가 되었다. 측천은 고종의 총애를 받은 다음부터 이 언니를 궁중으로 불러들였다. 그때 그녀는 아들과 딸을 한 명씩 데리고 들어왔다. 훗날 그녀는 고종과 정분을 쌓았고 딸까지 고종에게 바쳤다.

측천이 황후가 된 다음, 언니는 곧 사망했지만 어린 생질녀 위국부인은 세상물정 모른 채 꽃다운 나이만 믿고 측천과 황제의 총애를 다퉜다. 아무려면 황제가 나이 많은 측천보다야 자기의 치마폭으로 빠져들 거라는 자신감이 있었다. 고종 또한 이 어린 미인에게 마음을 빼앗겨 그녀를 정식 비로 받아들이려고 생각했다. 하지만 측천의 위엄에 눌려 차마 입을 열지 못하고 있었다. 측천으로서는 생질녀 하란 씨가 너무나 얄미웠지만 기회를 잡지 못해 꾹 참고만 지냈다.

폐황후 모의 사건 이후 측천은 고종에 대한 통제를 한층 더 강화했다. 이른바 '이성' 체제를 구축하여 조정에서 고종이 더 이상 대신들과 은밀히 모의할 수 없도록 봉쇄했다. 후궁은 그야말로 측천의 세상, 자기 침상에 남이 와서 단꿈을 꾸도록 방치한다는 건 상상조차 할 수 없는 일이었다. 아무리 생질녀라도 그냥 둘 수는 없었다.

'이 어린 연적을 어떻게 제거해버릴까?'

어떻게든 기회를 찾아야 했다. 태산 봉선 행사를 거행하면서 마침내 측천에게 기회가 찾아왔다. 측천의 어린 시절 두 모녀를 그렇게도 구박했던 사촌 오빠 무유량·무회운 형제를 이용하자는 계획이었다.

황제가 태산 봉선에 나서면서 각지의 자사들도 일제히 여기에 참여했다. 지난날 측천의 어머니 양 씨 부인이 베푼 연회에서 오만불손한 말투로 인해, 각각 시주자사와 치주자사로 좌천되어 있던 무유량·무회운 역시 태산으로 왔고, 봉선이 끝나면서 황제 일행을 따라 수도 장안으로 돌아왔다. '도랑에 한번 빠져본 놈이 그만큼 더 똑똑해진다'고 했던가? 이 두 형제는 몇 년 동안 좌천의 쓴맛을 본 다음에야 황후를 잘못 건드렸다간 좋을 게 하나도 없다는 걸 절실히 깨달았다. 더 이상 막가는 식으로 뻣뻣하게 굴지도 않았을 뿐 아니라, 관계 개선을 위해 측천의 비위를 맞추느라 전전긍긍했다.

당시 관리들은 황실에 음식을 헌상하는 풍속이 있었다. 각 지방 특산의 산해진미를 준비하여 황제와 황후에게 올리는 것이다. 무유량 형제 역시 음식을 헌상해왔고, 측천은 이 기회를 놓치지 않았다. 음식을 받는 순간, 측천에게 반짝 영감이 떠올랐다.

'이자들을 희생양으로 삼자!'

결심이 서자 측천은 바로 행동에 돌입했다. 측천은 위국부인 하란 씨를 초청했다. 사람을 시켜 음식에 독을 섞게 한 다음 측천은 생질녀에게 권했다.

"우리 친정에서 보내온 음식이니 같이 들게."

측천의 꿍꿍이셈을 알 리 없는 이 어린 여자는 고향 사람이 보내온 음식이라는 말에 덜컥 입을 댔고, 몇 입 먹지도 못하고 피를 토하며 쓰러졌다. 후궁 안은 순식간에 아수라장이 되고 말았다. 아, 가련한 황제! 아침에 입조하기 전만 하더라도 금이야 옥이야 포근히 감싸주었던 아이가 아니던가? 한데 멀쩡하던 그 어린 연인이 돌아와보니 이미 싸늘한 시체로 변해 있었다. 고종은 실성통곡했다.

황궁 안에서 발생한 음식 중독 사건, 당연히 사태는 심각해졌다. 범인을 추적한 결과 무유량·무회운 형제가 바로 걸려들었다. 음식물은 그들이 헌상한 것이니 꼼짝달싹 못할 혐의가 씌워졌다. 측천은 범행 동기를 날조해 냈다.

"이 둘은 좌천 이후 줄곧 황후를 증오해왔다. 황제에게까지 위해를 가하려고 했을지도 모른다. 이제 가족이 식사하는 틈을 타서 황후를 독살하려다 실수로 위국부인을 죽였다."

이렇게 해서 사건은 황후 독살 기도 사건으로 비화했다. 용서받지 못할 중죄로 다스려야 했다. 무유량 형제는 재판도 없이 바로 처형되었고, 집안 여자들은 모두 궁중 노비로 전락했다. 그들 가운데 무유량의 아내 선善 씨의 말로가 가장 비참했다. 이 여자는 자기 성씨와는 다르게 성질이 아주 고약했다. 과거 측천이 아직 입궁하지 않았을 때 그들 모녀를 가장 못살게 굴었던 사람도 바로 선 씨였다. 이번 사건으로 선 씨 역시 노비로 들어오자 양 씨 부인은 지난날의 분노가 되살아났다. 결국 양 씨 부인은 사람을 시켜 육신이 갈기갈기 찢어지도록 때려서 이 여자의 목숨을 앗음으로써 한 풀이를 했다.

이렇게 이복 오빠들과 그 가족 몇 명을 처결하고도 측천은 여전히 분이 풀리지 않았다.

'이자들이 무 씨 성을 쓴다는 건 말이 안 돼. 사갈 같은 자들, 복蝮가로 성을 갈아버리자.'

복蝮은 살무사를 가리킨다. 목숨을 없애는 것은 물론 정신적으로도 최대한 모욕을 주려는 생각이었다. 지난날 측천은 왕황후와 소숙비에게도 똑같은 방식을 써서, 각각 망蟒 씨와 효梟 씨로 바꾼 적이 있다. 이렇게 해서 측천은 연적 생질녀를 제거함과 동시에, 과거 자기를 학대했던 이복 오빠들에게 철저하게 복수할 수 있었다. 이로써 측천은 또 한 번 일석이조의 결실을 거두었다.

궁중 안팎에 걸쳐 온갖 노력을 다하는 사이 측천의 위상은 더더욱 공고해졌다. 후궁 내의 연적이 사라지자 이때부터 고종은 한 여자에만 만족해야 했고, 조정대신들은 더 이상 측천의 정치 간여에 대해 공개적으로 이의를 제기하지 못했다. 봉선 의식을 치른 이후부터 '이성' 정치는 모든 백성의 마음속에 깊이 각인되어 있었다. 이 시기 당 제국은 전에 없는 안정과 번영을 이루었고, 영토도 대폭 확장되어 그야말로 태평성대를 구가했다. 이 모든 성취의 배경에는 당연히 측천이 큰 몫을 했으니, 스스로도 충분히 자부심을 가질 만했다.

## 4. 측천의 후퇴 전략

달도 차면 기우는 법, 함형咸亨 원년(670), 당 제국과 측천 개인에게 서서히 위기가 찾아들기 시작했다. 이해, 불패의 명장 설인귀는 토번 토벌에 나섰다가 대패했다. 이는 당 건국 이래 미증유의 참패로 기록되었는데 이때부터 토번은 파죽지세로 몰려와 지금의 칭하이 성까지 영토를 확장했고, 이로 인해 서부 전선의 군사적 위협은 매우 심각해졌다. 동북부 한반도의 형세에도 변화가 생겨 진작 정벌을 마친 숙적 고구려와 백제에서도 군사적 움직임이 활발하게 일어났다. 원래 당과 관계가 원만했던 신라도 세력을 확장하여 어느새 통일의 기운을 내비치고 있었다. 수당 황제들이 수십 년에 걸쳐 천신만고 끝에 일구어놓은 성과들이 결국은 조금씩 허물어져 가고 있었다. 군사적·외교적으로는 대체로 이런 상황이었다.

국내적으로도 이해에는 전국에 큰 가뭄이 들어 중부 지역은 대기근에 시달렸고, 결국 조정에서 백성에게 각지로 흩어져 식량을 조달하라는 조서를 내릴 지경이 되었다. 중앙정부 역시 식량 문제를 해결하기 위해 동도 낙양으로 옮길 준비를 하고 있었다. 원래 백성은 먹는 문제를 하늘처럼 여기는 법, 저들의 식량 문제가 해결되지 않는다면 황제나 측천이 엄청난 곤경에 처할 것은 불을 보듯 뻔했다.

이와 동시에 측천 개인에게도 어려움이 닥쳤다.

먼저 조정에서는 측천의 핵심 참모 허경종이 물러났다. 그는 조정대신 집단의 선두에 서서 측천의 황후 옹립 문제를 비롯하여 측천을 위해 모든 정력을 다 쏟았다. 하지만 칠순이 훨씬 넘어서부터 그는 더 이상 일하기가 버거웠다. 그의 일선 후퇴와 함께 측천 또한 조정대신 집단에 대한 장악력을 상당 부분 잃게 되었다. 이는 이의부의 죽음 이후 측천이 겪은 또 하나의 중대한 타격이었다. 측천으로서는 마치 조정에 조력자가 사라져버린 느낌이었다.

허경종의 퇴진과 함께 조정의 분위기도 미묘하게 변화되었다. 마침 장손무기의 아버지 장손성의 사당이 새롭게 단장되었는데, 이는 반측천파의 부활을 예고하는 것이나 다름없었다. 장손무기는 당초 황후 책봉 문제에서 반측천 세력의 선봉에 섰던 인물이다.

'지붕 뚫리자 장마 진다'는 말처럼, 엎친 데 덮친 격으로 측천은 또 이 무렵 인생 최대의 고통을 맛보게 되는데, 바로 어머니 양 씨 부인의 죽음이었다. 이 노부인의 나이는 이때 이미 아흔 둘, 열매가 익으면 꼭지야 저절로 떨어지는 법이니 이 죽음이 결코 뜻밖에 벌어진 일은 아니었다. 하지만 측천으로서는 중요한 후원자 한 사람을 잃은 셈이었다. 양 씨 부인은 측천의 일생에서 없어서는 안 될 지지자이자 스승이었다. 지난날 측천이 처음으로 궁중 안으로 발을 내디딘 것도 결국은 양 씨 부인의 손길을 거쳤기 때문이었다. 문학과 역사에 심취하는 취향, 아무리 작은 원한이라도 반드시 갚아야 직성이 풀리는 성격, 과감한 결단력…… 측천의 이런 기질은 거의 모두가 어머니 양 씨 부인의 영향이었다고 해도 과언이 아니다. 측천이 황후로 책봉되느냐 마느냐로 소란스러웠던 시기, 복잡한 정국 속에서 측천이 황제와 동등한 지위에서 정사에 관여하던 '이성' 시기, 이 모든 결정적인 시기에 양 씨 부인은 자신의 노련한 정치적 지혜와 직감력으로 측천에게 아이디어를 주었고, 후궁 안팎을 다니며 사람들을 접촉했다. 양 씨 부인의 능력과 수완에 고종은 찬사를 아끼지 않았고, 더더욱 측천은 어머니의 은혜에 무한히 감사했다.

좌우 측근들이 다 떠나버리고 국가 또한 곤경에 처한 지금, 측천은 그저 정신이 아득해질 뿐이었다. 다음 행보를 어떻게 이어가야 하나?

고대 중국에는 전통적으로 천인감응 사상이 있었다. 하늘의 의지와 인간 세상이 서로 조응한다는 의미다. 그래서 나라에 홍수나 가뭄, 지진과 같은 자연재해가 발생하면 그 이유를 통치자의 덕이 부족하기 때문이라고 생각하는 경향이 있었다. 이럴 때 황제들은 종종 음식을 줄이거나 가무와 같은 오락을 없앰으로써 책임을 통감한다는 뜻을 나타냈다.

당시 전국을 뒤덮은 가뭄 역시 통치자의 이미지에 지대한 영향을 주었다. 이를 기화로 애당초 측천의 참정에 불만을 가졌던 세력들은 돌연 활기를 되찾았다. 이번 재난이 황후의 전횡 때문이라는 비난으로 조정이 들끓기 시작했다. 이런 압박 속에서 측천은 기발한 묘안을 하나 짜냈다. 황제에게 '피위避位'를 요청한 것이다. 하늘이 내린 재앙에 대한 책임을 지겠다는 뜻으로 황후의 자리에서 물러나 있을 테니 허락해달라는 말이었다.

참으로 독특한 발상이라고 하지 않을 수 없다. 측천은 평생 앞만 보며 질주해왔다. 승리에서 또 다른 승리를 향해 부단히 달려온 그녀, 한 번이라도 위축되어 물러나본 적이 없는 그녀가 왜 갑자기 황후에서 물러나겠다는 요청을 했을까? 이 묘안은 바로 '2보 전진을 위한 1보 후퇴'에 불과했다.

여기에는 측천의 두 가지 숨은 의도가 있었다.

그중 하나는 이것이 고종에 대한 일종의 제스처라는 점이다.

'내가 비록 그대와 함께 나라를 다스리고 있지만 진정한 지도자는 어디까지나 그대, 내 운명은 그대의 결정에 좌지우지될 뿐이다. 만약 나의 잘못이라고 생각한다면 그대의 처벌을 달게 받겠다.'

연약한 새 한 마리가 사람의 품에 안기듯 황제 앞에서 자신을 한껏 낮추는 제스처를 취해본 것이다.

다른 한 가지, 황후의 신분으로 국사에 책임을 지겠다는 말은 곧 만천하에 이 국가가 바로 자신의 통치하에 있음을 직접 선언한 것이나 마찬가지였다.

'나에게 이런 통치권이 있으니 내가 그에 상응하는 책임을 지겠다!'

더도 덜도 아닌 바로 이런 의미가 아니겠는가? 권력과 책임은 항상 서로 맞물려 있다. 권력이 없다면 당연히 책임도 없다.

측천이 이렇게 나오자 고종은 참으로 난감해졌다. 만약 측천의 요청을 받아들인다면 이는 곧 그녀의 정치적 지위를 인정하는 것이 된다. 그녀의 국가 통치권을 기정사실로 받아들이는 꼴이 돼버린다. 비록 지금 '이성'이라는 말을 듣고는 있지만, 마누라에게 정치적 책임을 전가한다는 건 황제로서의 자존심이 허락하지 않는 일이다. 정서적으로나 이치상으로나 고종은 측천의 요청을 받아들일 수가 없었다.

더욱이 '이성' 통치가 시행된 지 이미 6년의 세월이 흘렀고, 만약 현경 5년 고종의 와병 중에 대리 통치한 것까지 포함하면 측천의 정치 개입은 장장 10년이나 된다. 고종은 이미 황후를 곁에 두고 통치하는 데 익숙해져 있어서, 실제로도 황후를 내칠 생각을 하지 않고 있었다. 부부로서 긴 세월을 같이 살면서 마치 격전지의 전우처럼 지내왔으니, 지금처럼 어려운 상황이라면 더더욱 생사고락을 함께해야 되지 않겠는가?

그래서 고종은 황후 자리에서 물러나겠다는 측천의 요청을 거부했다. 그뿐만 아니라 고종은 측천을 위로하기 위해 양 씨 부인의 장례를 성대하게 치러주었다. 여기에는 현재의 난국을 타개하려는 자신의 의지가 얼마나 확고한가를 만천하에 보여주자는 의도도 담겨 있었다.

고종은 사흘간 조회에 참석하지 않음으로써 양 씨 부인에 대한 자신의 애도를 표했다. 또 양 씨 부인의 묘비명을 직접 써주었으며, 문무백관과 내외명부에게는 전원이 양 씨 부인의 집으로 문상을 가라고 명했고, 운구길을 따라 직접 장지까지 배웅하기도 했다. 그런가 하면 양 씨 부인을 노국태魯國太부인으로 봉하고 충렬忠烈이라는 시호도 내렸다. 극히 드문 일이었다. 충렬이라는 시호는 여자에게는 전혀 어울리지 않는다. 일반적으로 여자의 덕목은 정절貞節과 온순, 충렬은 대신에게나 어울릴 법한 시호이기 때문이다. 이런 시호를 양 씨 부인에게 내렸다는 건 그녀를 고굉지신股肱之臣, 즉 황제가 매우 신임하는 신하로 예우한다는 의미였다.

이렇게 해서 측천이 계획한 일보 후퇴 전략은 그녀를 위기로부터 구출해주었다. 이와 동시에 양 씨 부인의 성대한 장례식은 측천의 위엄을 한층더 강화하는 계기가 되었다. 이제 측천은 성공적으로 정치적 입지를 다졌고, 그녀가 실시해온 '이성' 정치에 대해서는 그 누구도 감히 이의를 제기하지 못했다.

다시 새로운 출발선에 서게 된 측천의 다음 목표는 또 무엇일까?

## 제13장
# 황후에서 천후天后로

앞에서 말했듯이 인덕 원년(664), 측천은 고종과 함께 정사를 주도하며 수렴청정에 나섰고, 조정의 일이라면 대소사를 불문하고 전부 간여했다. 이후 고종의 건강은 날로 악화되었고 복잡다단한 국사는 전적으로 측천의 지혜와 결단에 의해 집행되었다. 그녀는 고종의 신임을 이용하여 최대한 자신의 정치적 역량을 축적하는 데 정력을 쏟았다.

열네 살의 어린 나이로 궁중에 들어온 측천, 그녀가 여황제로 등극하기까지의 일생은 다음과 같이 다섯 단계로 나누어볼 수 있다.

제1단계는 왕황후를 폐출하고 황후로 즉위한 것, 제2단계는 고종과 함께 정치 전면에 등장하여 '이성' 통치를 실현한 것, 제3단계는 황후에서 천후로 올라선 것, 제4단계는 황제인 아들을 폐출한 것, 제5단계는 황제로 즉위한 것이다.

여기서는 그중 제3단계에 해당되는 천후 등극에 대해 알아보자.


## 1. 스스로 천후가 되다

'이성' 통치 10년, 측천의 위세는 더없이 높아졌지만 기존의 관례를 무시해왔던 측천은 또다시 새로운 구상을 하나 내놓았다.

상원上元 원년(674), 측천은 고종에게 효도를 명분으로 황제의 조상들에 대한 존호를 개편하자는 제안을 했다.

"폐하와 소첩은 지금 효도를 바탕으로 천하를 통치하고 있습니다. 하지만 조종祖宗에 대한 저희의 효심은 턱없이 부족합니다. 조종들께서 그렇게 위대한 업적을 이루셨음에도 그분들에게는 아직 업적에 걸맞은 칭호가 없습니다. 이렇게 해서는 후손이 그분들을 제대로 숭앙하지 않을 것입니다."

조종들의 업적에 걸맞은 칭호로 측천이 고종에게 제안한 방식은 이랬다. 예컨대 고조를 신요神堯황제로, 황후 두竇 씨는 태목신太穆神황후로 각각 추존하고, 태종은 문무성文武聖황제로, 장손황후는 문덕성文德聖황후로 각각 추존하는 방식으로 바꾸자는 것이었다.

왜 이렇게 존호를 바꾸자고 했을까? 측천은 기왕 조종들에게 황제·황후의 칭호를 부여한 이상, 고종과 자신은 그 대신 다른 칭호를 써야 한다고 했다. 이른바 '피휘避諱'를 하기 위해 고종은 천황天皇으로, 자신은 천후天后로 각각 칭호를 바꿔 쓰자는 거였다.

이렇게 한다고 과연 조종에 대한 존경심이 더 커질 수 있을까? 조종을 추존한다는 구실로 이참에 자신의 지위를 한층 더 높여보자는 꿍꿍이셈이었다. 사실 '천'은 자못 의미심장한 글자다. '천'은 곧 천명을 뜻한다. 유독 문자 유희에 능숙했던 측천이 아니던가? 황후라고 하면 황제의 배우자이지만, 천후라고 하면 자신은 '하늘의 배우자'가 된다. 고대 중국에서 하늘에 비견되는 유일한 존재는 황제다. 그래서 황제를 천자라고도 부른다. 바로 여기서 측천의 엄청난 야심이 드러난다. 그녀가 추구하는 목표는 결국 황권이었다. 이때는 측천이 고종과 동등한 위치에서 국사를 다스린 지 만 10년째, 그리고 황후에 오른 지 거의 20년이 다 되어가는 시점이었다. 20년의 세월, 측천은 바야흐로 인생 제3단계에 돌입했고, 그 단계의 정점이 지존의 황제 자리라는 것이 어렴풋이 드러나고 있었다.

이렇게 물을 수도 있겠다.

"그렇다고 고종이 측천의 이 요청을 순순히 받아들여 시행할까?"

사실 측천은 고종의 자기 현시욕을 최대한 이용해보자는 속셈이었다. 먼저 고종을 천황으로 추대하면 그는 분명 이 칭호에 만족할 것이고, 그녀가 은밀히 품고 있는 야심을 간파할 여유가 없을 것이라는 게 측천의 판단이었다.

또 누군가는 이런 질문을 할 수도 있겠다.

"단순히 칭호를 변경하는 이 문제를 지나치게 확대 해석한 것이 아닌가?"

그렇지 않다. 칭호 변경을 전후하여 측천은 이미 그에 상응하는 또 다른 일련의 조치들을 준비하고 있었다. 칭호 변경과 이 조치들을 연결해보면 측천이 겨냥했던 최종 목표가 무엇인지에 대한 의구심을 지울 수가 없다.

그 조치들은 무엇이었을까? 먼저 측천의 외척 세력 양성에 대해 알아보기로 하자.

## 2. 외척 세력의 양성

이미 말했듯이 측천은 황후가 된 이후 외척에 대해서는 줄곧 엄격하게 통제해왔다. 그녀의 주도 아래 두 이복 오빠와 두 사촌 오빠의 목숨을 앗았다. 이렇게 함으로써 측천은 우선 어린 시절 자기가 받았던 학대에 대해 보복을 할 수 있었다. 그런가 하면 황후의 신분으로 외척을 효과적으로 통제하여 공과 사를 분명히 했다는 이유로 황제의 신임을 받기도 했다. 측천이 단계적으로 권력을 장악할 수 있었던 주요한 원인은 자신의 뛰어난 정치력과 천부적 자질 때문이었다. 만약 측천이 황후 자리에만 만족했다면 외척의 도움은 그다지 필요치 않았을 것이다. 그러나 그녀가 좀더 큰 권력을 바랐다면, 천명을 개조하여 황제가 되려고 했다면 이야기는 달라진다. 남과 싸울 때는 누가 뭐래도 부모 형제의 도움이 가장 크다. 진정으로 자신을 도와줄 사람이라면 외척 말고 또 누가 있겠는가?

측천의 가계는 규모가 크지 않았기 때문에 식구도 그리 많지 않았다. 이복 오빠·사촌 오빠·언니·동생은 다 세상을 떴고, 자기와 같은 항렬의 외척은 없었다. 외척 중에서 인재를 키우려면 자기보다 한 세대 아래에서 찾아야 했다.

측천에게는 조카와 생질이 있었다. 중국 전통에 따르면 생질보다는 조카가 그래도 더 가깝게 느껴진다. 하지만 측천은 어린 시절 이복 오빠들의 학대를 받았고 여태껏 그것을 용서하지 않고 있었다. 언니의 경우, 비록 한때 고종과의 정분으로 측천에게 잘못을 저지른 적은 있지만, 그래도 어려서부터 고생을 함께해온 혈육이다. 아직도 그 언니에 대한 연민은 남아 있던 터였다. 결국 측천이 우선적으로 챙겨주기로 한 사람은 이복 오빠의 아들이 아니라 언니의 아들이었다.

그 생질의 이름은 하란민지賀蘭敏之, 모친의 미모를 닮았으면서도 그 바람기마저 이어받았는지, 장안에서는 유명한 바람둥이로 소문나 있었다. 원래 그는 측천과 사이가 좋았다. 그러나 측천이 하란민지의 여동생 위국부인을 독살하고 난 다음부터는 두 사람의 관계가 서먹해졌다.

『자치통감』의 기록을 보자.

하란민지의 여동생이 갑자기 죽자 고종은 울면서 하란민지에게 물었다.

"짐이 아침에 조정으로 나갈 때만 해도 멀쩡하던 위국부인이 어떻게 이렇게 빨리 세상을 떠날 수 있단 말인가?"

하란민지는 통곡만 하고 있었을 뿐 한마디 대답이 없었다. 이 일이 측천의 음모로 발생했다는 건 이미 앞에서 이야기했다.

"위국부인 하란 씨는 무유량·무회운 형제가 보내온 독이 든 음식을 먹고 목숨을 잃었다."

측천의 이 말을 만약 당시 하란민지가 곧이곧대로 믿었다면 당연히 고종의 물음에 이렇게 대답했을 것이다.

"사악한 무유량 형제가 원래 황후를 독살하려고 했는데 그만 제 여동생이 잘못 먹는 바람에 이렇게 되었으니, 두 죄인을 엄벌에 처해주십시오."

그러나 그는 한마디도 하지 않은 채 하염없이 울고만 있었다. 대답을 하지 않았다는 건 무엇을 의미할까? 이때 주도면밀한 측천은 생각했다.

'이 아이가 나를 의심하고 있구나.'

그러나 그럼에도 측천은 하란민지를 홀대하지 않았다. 측천의 이복 오빠들이 다 죽었기 때문에 아버지 무사확의 작위를 계승할 사람이 없자, 측천은 하란민지의 성을 무 씨로 바꾼 다음 무사확의 주국공 작위를 이어받도록 했다. 동시에 그를 3품관으로 발탁하여 앞으로 자신의 조력자가 되어주기를 기대했다.

하란민지는 외모가 출중하고 총명하기도 했지만, 정치적 감각은 수준 미달의 무능력자였다. 측천의 고민이나 어려움을 도와주기는커녕 번번이 측천의 속만 썩였다.

측천의 맏아들 이홍이 장성하여 태자비를 들이게 되었을 때, 원래 양 씨 가문의 딸로 다 결정해둔 상태였다. 그런데 결혼 직전 이 하란민지가 술수를 써서 그만 양 씨 집안의 딸을 유혹하여 관계를 맺고 말았다. 화가 머리 끝까지 난 측천은 결국 이 혼사를 취소했다.

이 일만으로도 사태는 너무나 심각했다. 하지만 어쨌든 양 씨 집안의 딸은 그 당시 준准태자비의 신분에 불과했기 때문에 태자가 다른 여자를 고르면 그만이었다. 문제는 이보다 더 황당한 사건이 벌어졌는데, 하란민지가 이번에는 측천의 딸에게 마수를 뻗쳤다. 측천의 막내딸 태평공주는 당시 마지막 남은 딸이어서 평소 측천이 금이야 옥이야 총애한 아이였다.

한번은 태평공주가 외갓집에 들렀는데 하란민지가 그만 공주의 수행 궁녀를 강간했다. 개를 패도 주인을 보고 패랬다고, 하란민지의 이런 행동은 공주에게 불경죄를 범한 것이나 다름없었다. 측천은 화가 치밀어 심장이 터질 것만 같았다. 측천의 원래 성질대로 하자면 그는 목이 열 개라도 살아남지 못했을 것이다.

하지만 측천은 꾹 참았다. 어머니 양 씨 부인이 외손자인 하란민지를 감쌌기 때문이다. 양 씨 부인은 이 외손자를 무척이나 귀여워했다. 그녀가 왜 그렇게 외손자를 귀여워했는지는 영원한 미스터리다. 이에 관해서는 잠시 뒤에 자세히 언급하겠다.

양 씨 부인의 비호 아래 하란민지는 세상 무서운 줄 모르고 설쳤다. 함형 원년(670), 양 씨 부인이 세상을 뜨자 상속자로서 하란민지가 상주가 되어 장례식을 주도했다. 그런데 이상하게도 자신의 철벽같은 보호막이었던 양 씨 부인의 죽음 앞에서 그의 표정은 싸늘하게 굳어 있었다. 장례 기간 내내 그의 얼굴에서 비통함이라고는 찾아볼 수 없었고, 심지어 상복 대신 화려한 복장을 하고 집 안에서 가기歌妓들과 유흥을 즐기기까지 했다.

이번에야말로 아무도 그를 비호해줄 수가 없었다. 측천은 고종에게 그의 5대 죄상을 나열하며 반드시 법대로 처리하라는 상소를 올렸다. 그의 다섯 가지 죄상은 이랬다.

첫째, 국가에서 내려준 비단을 전용한 죄. 그는 양 씨 부인이 세상을 떠난 후 국가가 그녀의 명복을 비는 불교 의식에 쓰라고 내려준 비단을 제멋대로 다른 용도에 사용했다. 둘째, 상례를 어긴 죄. 양 씨 부인의 장례 기간에 그는 상복을 벗고 유흥을 즐겼으니 예의범절을 위배했다. 셋째, 준태자비 간통죄. 넷째, 태평공주의 수행 궁녀를 강간한 죄. 다섯째, 외조모 양 씨 부인과 통간通姦한 죄.

이 모든 죄상 하나하나가 다 엽기적이었다. 특히 외조모와 통간했다는 죄목은 고금을 통틀어 그 어느 누가 들어도 기절초풍할 일이었다. 아흔 살 외조모와 스무 살 남짓한 외손자 간의 통간이라니, 정말 말도 안 되는 일이었다. 실제로 이런 일이 벌어졌을까? 어쩌면 전혀 불가능한 일은 아니었을지 모른다.

후세 사람들은 흔히 당과 한漢 황실에서 풍기문란 사고가 비일비재했다고들 한다. 당 이 씨 황실의 혈통은 본래 호족과 한족의 혼혈이었고, 당대 사회는 전반적으로 풍기나 예교 문제에 있어서 개방적인 분위기였다. 통간이 사실이라면 물론 양 씨 부인의 유별난 정력과 체력은 인정받을 만하다. 훗날의 일이지만 측천 또한 예순이 넘은 나이에 황제가 되었고, 칠팔십 나이에도 남총男寵을 여러 명 거느린 적이 있다. 이들 모녀의 유별난 유전자를 정말 인정해야 할지는 잘 모르겠다.

여기서 한 가지, 정말 의외인 것은 측천이 집안의 추문을 외부에 공개했다는 사실이다. 측천이 이렇게 나온 데는 아마 당시 이미 하란민지와 양 씨 부인 사이의 추문이 두루 퍼져 있었기 때문이 아니었을까? 사람들이 제멋대로 상상하여 떠들어대도록 방치하느니 차라리 진상을 공개하겠다는 심정이었을지 모른다. 현대사회에서도 소문을 잠재우는 가장 확실한 방법은 진실을 공개하는 것이다. 물론 측천이 이렇게 공개할 수 있었던 배경에는 풍기문란에 대해 비교적 관대했던 당시의 사회 풍조와도 관련이 있다. 만약 이런 일이 송대에 발생했다면 진실 여부와는 상관없이 엄청난 파문이 일어났을 것이다. 요컨대, 비교적 자유분방했던 사회적 분위기에 편승하여 측천은 이런 돌출 행동도 마다하지 않았다.

측천이 직접 이 엽기적인 사실을 폭로한 이상, 하란민지의 최후는 물어보나 마나였다. 그는 곧바로 남쪽 뇌주雷州로 유배되었고, 유배 도중에 측천이 파견한 자객에 의해 말고삐에 목이 졸려 죽임을 당했다.

하란민지는 측천이 최초로 중용했던 조카뻘 외척이었지만, 그는 도움이 되기는커녕 오히려 온갖 말썽만 부려 방해만 되었다. 결국 그를 포기하는 수밖에 없었다. 하란민지의 처결은 측천이 스스로 통제할 수 없는 인물은 가차 없이 제거하겠다는 의지를 보여준 것이었다. 이는 마치 지난날 길들이기 힘든 사자총을 비수로 다스리겠다는 것이나 마찬가지였다.

그렇다고 측천이 모든 외척 세력을 내치려는 건 아니었다. 세상을 뒤집는 데는 무 씨 집안의 인물이 꼭 필요했다. 측천은 하란민지의 역할을 대신해줄 새로운 인물을 찾아야 했다. 하지만 친정 쪽 사람은 절대적으로 그 수가 부족했다. 언니의 두 자식은 모두 측천의 손에 사라졌고, 여동생은 요절하여 후사가 없었다.

이런 상황에서 측천은 이런저런 궁리 끝에 결국에는 자기 손으로 영남 지역으로 유배시킨 조카 몇 명을 불러오기로 결정했다. 지난날의 잘못을 따질 계제가 아니었다. 이들은 이복 오빠의 아들들이었다. 어린 시절 측천을 모질게 구박했던 이복 오빠들, 측천이 뼈에 사무치게 증오했던 그들의 자식이었지만, 자식이야 무슨 죄가 있겠는가. 측천이 그 자식들을 좋아했을 리야 없었겠지만, 또 서로 간에 직접적인 이해관계가 있을 것도 없었다. 그들에게 한 번 기회를 줘보자는 게 측천의 생각이었다.

측천은 황후에서 천후가 되기 몇 달 전, 몇몇 조카를 장안으로 불러들였다. 그중 이복 오빠 무원상의 아들 무승사武承嗣의 나이가 가장 많았기 때문에 그에게 주국공周國公의 작위를 승계토록 했고, 처음에는 5품관을 제수했다. 그리고 머잖아 3품 종정경宗正卿으로 임명했다. 이 직책은 권한이 크진 않지만 주로 황실 사무를 관장했기 때문에 황족 중에서 발탁하는 게 일반적이었다. 황족이 맡아왔던 중책을 측천이 자기 조카에게 넘겼다는 것은 그 의미가 예사롭지 않다. 어쩌면 이때 측천은 무 씨 자손을 이 씨 종실보다 우선시하겠다는 생각을 했는지도 모른다.

원래 황후는 막강한 권력을 누리는 자리, 그러나 이 무렵 측천의 야심을 받아들이기에는 그 황후 자리조차도 성에 차지 않았다.


## 3. 12개의 개혁 조치


만약 측천이 외척을 중용하는 데만 머물렀다면, 그것은 역사상 수렴청정을 했던 수많은 태후와 별반 다를 게 없었을 것이다. 하지만 측천의 목적은 권력을 가진 황후가 되는 게 아니라, 권력이 무한한 황제가 되는 것이었다. 황제가 되려면 만백성이 자기를 믿게 해야 했고, 자기에게 국가를 통치할 능력이 있음을 보여줘야 했다.

천후로 등극한 뒤 얼마 후, 측천은 고종에게 12개 개혁 조치를 제시하고 만천하에 이를 공표하라는 상소를 올렸다. 일종의 시정 강령이었다. 측천이 처음으로 백성 앞에 자신의 정치 강령을 내세운 것이었다. 역사에서는 측천의 이 12개 개혁 조치를 '건언십이사建言十二事'라고 부른다.

12개 개혁 조치는 크게 네 부분으로 이루어져 있다. 농민 부담의 경감, 문무백관에 대한 예우, 모권母權의 신장, 황제의 환심 사기 등이 바로 그것이다.

첫째, 농민 부담의 경감.

농민의 부담을 실질적으로 경감시키기 위해 측천은 네 가지 구체적인 건의안을 내놓았다. 먼저, 농업을 적극 장려하되, 요역徭役과 세금 부담을 줄였다. 이는 고대 중국의 역대 통치자들이 곧잘 사용했던 정책인데 측천은 이를 다시 세분하여 구체화했다. 우선 영토 확장 전쟁을 중지하여 농민의 병역 부담을 줄임으로써 제때에 농사일에 매진하도록 했다. 또 공공 토목사업을 줄여 노역의 부담을 경감시켰다. 다음으로는 수도 장안과 주변 지역의 특수한 상황을 고려하여 이 지역 농민들의 요역을 면제해주었다. 수도에는 중앙정부와 많은 주둔군이 있었기 때문에 백성에게는 이것이 늘 막중한 부담이었다. 측천은 수도가 전국 모든 지역의 모범이어야 한다고 생각해서 우선 이 지역 백성의 요역부터 면제해주었다.

둘째, 문무백관에 대한 예우.

처우 개선은 중하급 관리부터 우선적으로 이루어졌다. 고급 관리는 그 수가 적은 데다 본래부터 대우가 좋았기 때문이다. 처우 개선 방안으로 측천은 세 가지 세부 방안을 제시했다.

먼저 참전 장병의 '훈관勳官' 심사제를 중단하여 퇴역 훈관에게 실질적인 대우를 보장해주었다. 소위 훈관이란 전공을 세운 장병에게 부여되는 명예인데 모두 12등급으로 구분되어 있었다. 그들에게 특별한 권한은 없었지만 조정으로부터 일정한 대우를 받고 있었다. 가령 토지 분배에서 다른 사람보다 좀더 많은 토지를 배정받거나, 그 후손들을 황궁 경비병으로 채용하는 것 등이다. 당시에는 전쟁이 잦았고 많은 장병이 훈관이 되어 귀향했기 때문에 지방정부로서는 그들에게 우대 정책을 시행하기가 여간 어렵지 않은 실정이었다. 이로 인해 훈관 심사제도가 강화되었다. 심지어 전방에서 훈관을 받은 사람을 지방정부가 인정하지 않는 경우도 있어서 장병들의 사기 진작에도 영향을 줄 정도였다. 이에 측천은 훈관 심사제를 중단함으로써 목숨을 걸고 이룬 전공을 확실하게 보장해주었다. 요즘으로 말하면 퇴역 군인에 대한 예우가 강화된 셈이다.

또 측천은 8품 이상 관리들의 봉급을 인상했다. 다음으로 장기간 승진하지 못한 중하급 관리의 직급을 올려주었다. 과거 중하급 관리들은 특별한 배경이 없을 경우 승진이 매우 어려웠는데, 측천이 그 고충을 해결해준 것이다. 측천은 그들을 일괄적으로 승진시켰는데, 이는 과거 측천이 태산 봉선 행사를 마치고 관리들을 일제히 승진시켜준 사례와 일맥상통한다. 이는 중하급 관리들에게는 엄청난 행운이었으니 측천의 지지도가 급상승했음은 두말할 나위가 없다.

측천은 왜 이렇게 관리들을 우대했을까? 이용 가치가 있었기 때문이다. 그간 측천의 출세 과정을 보면 그녀는 줄곧 관료들의 갈등관계를 이용해왔다. 즉 출세 지향적인 중하급 관리들을 교묘하게 이용해서 보수적인 조정대신들을 공격한 것이다. 과거부터 그래왔으니 지금에 와서 바꿀 순 없었다.

중하급 관리들에게 충분한 예우를 해준 다음 측천은 고종에게 또 한 가지를 건의했다. '언로言路 확대', 발언권을 조정대신에게만 줄 게 아니라 중하급 관리들에게도 개방하자는 것이었다. 이미 승진과 봉급 인상을 통해 충분히 호감을 샀기 때문에, 측천은 그들이 만약 조정에서 발언권을 갖는다면 자신의 위신을 세워주리라고 확신했다. 하지만 모든 관리에게 발언권을 개방했을 때 서로 의견이 충돌하여, 만에 하나 측천을 비판하는 의견이 제시될 가능성도 있었다. 이를 방지하기 위해 측천은 보충 방안을 제시했다. '비방 금지안'이었다. 만약 누군가가 측천의 실책을 찾아내 황제 앞에서 이간책을 쓸 경우, '유감스럽게도' 이것은 황제에 대한 비방이나 다름없으니 단호히 배제한다는 의도였다. 알고 보면 이 건의안은 측천의 권력에 대한 보장, 즉 그녀가 제시한 기타 정치 강령에 대한 확실한 보장책이었다.

백성은 저울추와도 같은 존재, 시대를 막론하고 저울추는 백성의 이익을 대변하는 사람에게로 움직이게 되어 있다. 그들의 진심 어린 지지를 받게 되는 것이다. 일반 백성과 중하급 관리들의 이익을 우선적으로 챙겨주었기 때문에 측천은 폭넓게 인심을 얻을 수 있었고, 아울러 집권을 위한 견실한 토대를 마련할 수 있었다. 따라서 측천이 중국 역사상 유일무이한 여황제가 될 수 있었던 건 단순히 그녀가 권모술수나 처세술에 능했기 때문만은 아니었다. 정치가로서 측천은 이처럼 원대한 포부를 갖추고 있었다. 그 후 조정 내부에서는 온갖 잡음과 갈등이 들끓었지만 민심은 시종 동요하지 않았다. "민심을 얻는 자가 천하를 얻는다!"고 하지 않았던가?

셋째, 모권의 신장.

민심을 안정시킨 다음 측천은 가정 내부의 문제에 대해서도 건의안을 제시했다. 모권을 향상시키자는 제안이었는데, 그 핵심은 한 가정에서 모친이 사망했을 때 설사 부친이 생존해 있다 할지라도 자식들은 반드시 3년상을 치러야 한다는 것이었다.

고대 중국에서는 부권이 절대적이었기 때문에 가정 내에서 모친의 위상은 현저히 낮았다. 상례만 보더라도, 부친이 사망하면 모친의 생존 여부와 상관없이 자식들은 거친 삼베옷을 입고 반드시 3년상을 치러야 했다. 하지만 모친이 사망했을 때는 만약 부친이 생존해 있지 않으면 3년상을 치르지만, 부친이 생존해 있다면 부친을 존중해준다는 뜻으로 1년상만 치렀다.

측천은 이 제도가 불합리하다고 보고 수정안을 제시했다. '자녀 양육에 대한 어머니의 은혜는 하늘보다 높다. 자식들이 이를 망각한다는 것은 금수나 다름없으니 어머니의 은혜에 보답하기 위해서는 설사 부친이 생존해 있더라도 똑같이 3년상을 치러야 한다'는 것이 그녀의 생각이었다. 흔히 사람들은 측천이 제시한 이 방안을 마치 여권 신장의 상징인 양 인식하지만, 자세히 분석해보면 반드시 그렇지만은 않다. 그 취지가 여권 신장이 아니라 '모권' 신장에 있었다는 점이 중요하다. 이 방안에서는 모친의 지위가 향상되었으니 자식들은 반드시 모친을 부친과 '동등하게' 예우해야 한다고 주장한다. 이 방안을 측천 자신의 경우에다 적용해보면, 이것은 분명 향후 그녀의 정치적 행보에 대한 대비책이었다. 설사 고종이 먼저 세상을 뜨더라도 아들 앞에서 당당하게 자기 권위를 유지하겠다는 발상이었다.

넷째, 황제의 환심 사기.

측천은 자신의 권력이 고종으로부터 나왔고, 자신이 제기하는 주장 또한 고종의 뒷받침이 있어야 한다는 것을 잘 알고 있었다. 고종의 총애와 신임을 잃는 순간 모든 것은 깡그리 사라질 것이었다. 그래서 고종의 환심을 사는 게 무엇보다 중요했다. 이를 위해 측천은 두 가지를 건의했다.

먼저 '왕공王公 이하 모든 사람은 반드시 『노자老子』를 학습하자'고 제안했다. 문무백관들은 『노자』 강의를 들어야 하고, 또 『노자』를 핵심 내용으로 한 교재를 편찬하여 과거시험 과목에 편입하자는 것이었다. 왜 『노자』 학습을 들고나왔을까? 이는 고종과의 관계를 개선하는 데 필요했다.

당 황실은 원래 노자를 자기 조상으로 받들고 있었으므로 측천의 이 건의는 고종에 대한 일종의 충성 맹세였다. '나 천후는 매사를 이 씨 황실을 중심으로 처리하며, 황제와 뜻을 함께하기를 기원한다'는 의지 표명이었다. 이런 점에서 보면 이것은 측천의 정치적 쇼라고도 볼 수 있다. 황제가 추호도 자신을 의심하지 않기를 바라는 희망이기도 했다.

『노자』 학습 외에 고종의 환심을 사기 위해 측천은 절약을 제창했다. 절약을 위해 궁중 물품을 제조하는 수공업자들에게 사치품 제조를 중단시킬 것을 건의했다. 고종 사후 측천이 그의 절약 정신을 크게 찬양했을 정도로 평소 고종은 절약에 무척 관심이 많았다. 이를 안 측천은 고종의 비위를 맞추느라 절약을 들고나왔던 것이다. 통상 어느 왕조든 다 절약을 제창하긴 하지만, 그것이 통치자의 구호에만 그칠 경우 아무리 그럴싸해도 신뢰를 받기는 어려웠다. 하지만 측천은 길거리 삼류 무술가처럼 그저 폼이나 잡는 그런 사람이 아니었다. 말보다는 실천, 그것도 솔선수범하고 나섰다.

어느 정도로 절약했을까? 주름치마 이야기를 해보자. 주름치마는 원래 주름이 많을수록 고급품으로 치지만 그만큼 옷감도 많이 든다. 당시의 의전에 따르면 황후의 치마는 통상 열세 번을 접는 게 관례였다. 절약을 제창한 측천답게 그녀는 일곱 번 접은 주름치마를 착용했다. 남들의 눈에는 천후의 치마가 다소 안 예쁘게 보일 수도 있었겠지만 마음 씀씀이 하나는 제대로 인정받았을 것이다.

이 정치 강령은 측천이 유리한 고지를 점할 수 있는 계기가 되었을 뿐만 아니라, 자신의 개인적인 희망과도 잘 맞아떨어졌다. 이는 정치적 소양으로 보나 투쟁 수법으로 보나 측천이 20년 단련을 통해 얻어낸 성과가 이미 최고조에 달했음을 보여준다. 고종 역시 정치가의 아내로서 측천의 이런 모습에 대해 찬탄을 금치 못했다. 그는 천후의 탁월한 식견을 칭송하는 한편, 그녀가 제시한 시정 강령을 시행할 수 있도록 잘 준비하라는 조서를 내렸다. 측천의 위세는 한층 더 높아졌다.

정치적으로 천후가 나날이 성숙해진 데 비해 천황의 건강은 나날이 쇠약해져갔다. 측천보다 네 살이나 어린 고종이었지만 어쩌면 자신이 먼저 세상을 뜰지도 모른다는 걱정에 고종은 후사를 염두에 두기 시작했다. 측천이 권력을 놓고 남편과 암투를 벌인 지도 어언 10여 년, 앞으로는 어쩌면 남편이 아니라 남편의 후계자인 자신의 친아들과 맞닥뜨릴지도 모를 일이었다.

막강한 권력의 유혹, 끊으려야 끊을 수 없는 혈육의 정, 이 양자 사이에서 측천은 과연 어떤 선택을 했을까.

# 제14장
# 태자 이홍의 죽음

마오쩌둥이 남긴 재미있는 말이 있다.

"하늘과 분투하니 그 즐거움 무한하고 땅과 분투하니 그 즐거움 무한하고 사람과 분투하니 그 즐거움 무한하다."

이 말을 그대로 측천에게 적용해보면 더할 나위 없이 적절할 것 같다. 일생 동안 그녀는 후궁들과 겨루었고 대신들과 겨루었고, 그리고 황제, 즉 자기 남편과 겨루었다. 투쟁이 길어질수록 더 용맹해졌고 권력 또한 확대되었다. 천후로 올라선 다음, 측천의 위세가 지속적으로 높아졌다는 이야기는 이미 앞에서 거론했다. 세력이 막강해지면서 그녀의 목표도 더 명확해졌다. 황관皇冠이 그녀의 눈앞에서 번쩍이고 있었다.

그러나 그즈음 고종의 병세는 갈수록 위중해졌다. 태자 이홍은 이미 성인이 되어 있었고, 함형咸亨 4년(673)에는 결혼까지 했다. 만약 고종에게 무슨 변고가 생기면 대통을 이을 준비가 되어 있는 상태였다. 그때가 되어서도 측천의 권력이 지금처럼 계속 유지될까? 측천은 아들과도 권력 쟁투를 벌일까? 모자지간에 권력 쟁투가 벌어진다면 어떤 양상을 나타낼까? 아들 이홍의 운명은 어떻게 될까?

이 모든 문제에 대한 설명에 앞서 우선 이홍이 어떤 인물이었는지부터 알아보자.

## 1. 황제를 빼닮은 태자

'홍弘'이라는 이 이름을 도교에서는 태상노군太上老君의 화신으로 여긴다. 이홍의 출생을 계기로 측천의 야심이 싹트기 시작했고, 아들의 존재는 측천이 황후 자리를 쟁취할 때 중요한 자산이 되었다. 모친이 황후가 된 덕택에 아들 이홍은 태자가 되었다. 모자지간에 서로 도움을 주고받은 셈이다. 어려서부터 고종과 측천은 이홍을 매우 총애했고, 여덟 살 때 그는 이미 국사를 대리 통치하는 등 행정 경험을 쌓았다.

이홍의 자질이 특별히 총명했기 때문에 고종은 그를 제대로 키우기 위해 조기교육에 정성을 쏟았다. 장차 성군이 되기를 기대한 고종은 그가 무엇보다도 먼저 유가 경전을 익히도록 했다. 하지만 이홍은 유가 경전 외에 문학에도 흥미가 많았다. 이 점은 하나도 이상할 게 없다. 고종 자신도 젊은 시절부터 문학에 탐닉했고, 이후 평생토록 문학과 문인들을 가까이했으니 말이다. 게다가 측천 또한 어려서부터 문학과 역사를 탐독하면서 곧잘 시와 문장을 지었다. 따라서 이홍이 부모 어느 쪽의 유전인자를 받았든 문학에 대한 천부적인 소질이 풍부한 건 당연했다.

이홍은 문학적으로 상당히 조숙해서 용삭龍朔 원년(661), 열 살 때 이미 태자부太子府의 신하 허경종·상관의 등을 시켜, 고금의 문집을 망라하여 분류한 다음 그중 미사여구를 골라 책으로 편찬하라고 명했다.

방대한 문집으로 엮은 이 책의 이름은 『요산옥채瑤山玉彩』, 그는 이것을 고종에게 헌상했다. 이 책이 창작물은 아니었지만 고종은 나이 어린 아들이 이런 의지와 통솔력이 있다는 걸 확인하고 대견스러워했고, 그 성과를 인정했다. 마음이 흡족해진 고종은 즉석에서 선물로 비단 3만 단段을 하사했다. 허경종 등 책 편찬에 가담했던 사람들도 덩달아 두둑한 선물을 챙길 수 있었다.

이렇게 총명하고 유능한 태자를 둔 측천과 고종은 줄곧 이홍에게 큰 기대를 걸고 있었다. 특히 현경 5년(660), 병을 얻은 이후부터 고종은 후계자를 제대로 교육해야겠다는 마음이 더 절박해졌다. 이 때문에 이홍은 불과 스물넷이라는 짧은 생애를 살았지만 일곱 차례나 국사를 대리 통치하기도 했다. 『자치통감』에는 "태자 이홍은 인자하고 효심이 많았으며 겸손하고 신중한 성품이어서 황제가 특별히 총애했다. 사대부들에게도 공손하게 대했기 때문에 다들 진심으로 그를 따랐다"라고 기록되어 있다.

대리 통치를 위임한 것 외에도 고종은 그에게 특별히 『정전政典』이라는 책을 한 권 하사했다. 이 책에는 역대 정치 상황이 서술되어 있어서, 고종은 이를 통해 아들이 정치 운용의 법칙을 숙지하기를 기대했다. 하지만 아들에게 황제 교육을 시킨다고 해서 반드시 그 아들이 황제가 되란 법은 없다. 건강 상태나 성격 면에서 이홍은 고종을 빼닮았기 때문에 황제가 될 자질을 충분히 갖추었다고 보기는 어려웠다.

먼저 이홍의 성격을 살펴보자.

그는 예민하고 유약해서 마치 소년 시절의 고종과 흡사했다. 장손황후가 세상을 떴을 때 당시 아홉 살이던 고종 이치는 초췌한 모습으로 비통에 잠겨 있었고, 곁에서 이를 본 외삼촌 장손무기마저 마음이 찢어질 듯 아파했다고 한다. 이홍이 여덟 살 나던 해, 고종과 측천이 모두 동도 낙양으로 순행을 나가면서 그더러 장안에 남아 대신들과 함께 국사를 대리 통치하라고 한 적이 있었다. 통치 능력을 발휘해볼 기회를 준 것이다. 그러나 이홍은 부모 생각에 종일 울어대기만 했기 때문에 조정대신들을 무척이나 당혹스럽게 만들었고, 결국에는 그를 순행에 동행시킬 수밖에 없었다.

이홍은 현실에서 일어나는 이별과 고난도 버거워했지만, 책 속에 등장하는 불행에 대해서도 쉽게 적응하지 못했다. 그가 스승에게 『춘추春秋』를 배울 때, 초나라 세자 미상신芈商臣이 군주를 시해하는 대목을 읽은 적이 있다. 세자란 춘추시대 각 제후국의 왕위 계승자로, 훗날의 황태자에 해당하는 자리다. 초왕의 아들 미상신은 성급하게 왕권을 찬탈하려고 자기 아버지를 시해했다. 춘추시대에는 이처럼 신하가 국왕을, 아들이 아버지를 시해하는 경우가 비일비재했다. 미상신이 부친을 시해하는 대목을 읽을 때 이홍은 아연실색하면서 스승에게 질문을 던졌다.

"공자 같은 성인이 어떻게 이런 일까지 책 속에 기록했나요?"

"공자께서 『춘추』를 지으실 때는 당연히 좋은 일이건 나쁜 일이건 다 기록했습니다. 그래야 권선징악의 교훈을 얻을 수 있지요."

하지만 이홍은 스승의 이 말을 받아들이지 못했고, 더 이상 책을 읽어내려갈 수 없으니 교재를 바꾸어달라고 요구했다. 이에 스승은 큰 감동을 받았고, 이홍이 이렇게 착하고 효성스러운 심성을 가진 이상 장차 반드시 성군이 될 것이라고 생각했다. 그 후 교재는 긍정적인 규범으로만 채워진 『예기禮記』로 교체되었다.

'착하고 효성스럽다'는 말에는 원래 긍정적인 의미가 담겨 있다. 그러나 이 말을 한 제국의 태자에게 적용할 경우 관점이 달라질 수밖에 없다. 과거 태종이 아들 이치를 평가할 때도 그랬지만, 이 말의 이면에는 '야무지지 못하다'는 의미가 내포되어 있기도 하다. 이렇게 본다면 사실 이홍의 성격은 고종의 어린 시절과 너무나 흡사하다.

인덕麟德 원년(664), 섣불리 측천의 폐출을 제안함으로써 촉발된 상관의 사건이 발생했을 때, 당시 태자 이충도 이에 연루되어 모반죄로 죽임을 당했다. 그 시신은 황야에 방치되었고, 아무도 이 일에 관심을 두지 않았다. 훗날 이 사실을 알게 된 이홍은 안절부절못하면서 고종에게 이복형 이충을 안장해줄 것을 간청하는 상소를 올린 적이 있다. 이 역시 지난날 이치가 당시 폐출된 두 이복형을 잘 예우해달라고 태종에게 청원했던 사례와 거의 흡사하다.

이번에는 이홍의 건강 상태에 대해 알아보자.

그는 고종보다 더 건강이 좋지 않았다. 고종은 그나마 성년이 된 뒤에 중풍이 들었지만, 이홍은 어려서부터 허약하고 잔병치레가 많았다. 『구당서』 「효경황제전孝敬皇帝傳」에 따르면 그의 병명은 폐결핵, 이 병은 몸이 서서히 쇠약해지는 일종의 소모성 질환으로 당시로서는 난치병에 해당했다. 이홍은 언젠가 어느 신하에게 자신의 이 병은 어릴 때 건강에 신경쓰지 않고 공부에만 지나치게 몰두하는 바람에 생긴 것이라고 토로했다. 그에게 폐결핵이 발병한 원인이 과도한 공부 때문이었는지 아닌지는 차치하더라도 그가 허약하고 병치레가 많았음은 확실하다.

잦은 병치레 때문에 성년이 된 이후 이홍은 태자부에 소속된 신하들과 만날 기회가 갈수록 줄어들었고, 이로 인해 신하들의 불만도 적지 않았다. 태자의 음식과 기거 문제를 책임지고 있던 전선승典膳丞은 심지어 태자에게 음식 공급을 줄이는 제재를 내려달라는 상소까지 올릴 정도였다. 이홍이 비록 총명하고 품행이 단정하다는 이유로 자주 대리 통치를 맡기는 했지만, 워낙 건강이 좋지 않다보니 실제로 그가 조정에 나가는 경우란 거의 없었다. 직접 조정에 나가기보다는 자주 재상들에게 정사를 위임했던 것이다. 물론 이것은 보통 문제가 아니었다.

이홍처럼 이렇게 유약한 성품과 허약한 신체를 가진 사람은 원래 의타심이 강하기 마련이다. 이런 면은 또 측천의 강인하고 결단력 있는 성품과는 상호보완적이기도 했다. 만약 두 사람이 서로 조화를 잘 이루었다면 모자지간에 그리 큰 충돌은 없었을지도 모른다. 하지만 충돌은 발생했다.

## 2. 측천 모자의 충돌

태자 이홍과 측천 사이의 충돌이 표면화된 것은 함형咸亨 2년(671), 원인은 소숙비가 남겨놓은 두 딸의 혼인 문제였다. 이 문제를 두고 역사학자들 간에 논란이 분분하다.

당시 측천과 고종은 동도 낙양으로 순행을 나가면서 태자에게 대리 집정을 맡겼다. 태자는 병 때문에 조정에 나가지 못하고 궁에서 요양 중이었다. 어느 날 그는 한적한 틈을 타 여기저기 산책을 다녔는데, 뜻밖에도 궁 안에 장기간 연금되어 있던 두 이복 누이를 발견했다. 죽은 소숙비가 낳은 딸들, 의양義陽공주와 선성宣城공주였다. 이 두 자매는 이미 10여 년이나 연금되어 있었기 때문에 사람을 보고도 말을 하지 못했다. 저만치에서 멍청하니 이홍을 바라보면서 벌벌 떨고만 있었다. 성품이 고왔던 이홍으로서는 차마 그 장면을 그냥 보고만 있을 수 없었다.

이 장면에 대해서는 『자치통감』에 자세하게 묘사되어 있다.

"의양·선성 두 공주는 소숙비의 딸이다. 그 어미의 죄 때문에 궁 안에 갇혀 서른이 넘도록 시집을 가지 못했다. 태자가 그 사정을 알고 측은히 여겨 급히 상소하여 이들을 출가시켜달라고 요청했고, 천제가 이를 허락했다. 천후가 대로하여 당일 바로 익위翊衛인 권의權毅·왕욱王勖 등과 배필을 맺어주었다."

마음씨가 곱고 예민했던 이홍은 이렇게 나이가 찬 누나들이 결혼도 못한 채 외롭게 독수공방하는 걸 차마 견딜 수가 없었다. 그는 즉각 상소를 올려 두 누나가 결혼도 하고 정상적인 생활을 누리게 해달라고 요청했다.

이 역시 지난날 고종이 왕황후와 소숙비를 찾아가서 만났던 장면과 너무나 흡사하다. 측천의 입장에서 보자면 아들의 이런 행동이야말로 어미를 정면에서 들이받는 거나 다름없었다.

태자의 상소를 본 측천은 노발대발했다.

'이 어린놈이 감히 어미에게 도전을 한다? 지난날 내가 소숙비를 제거하지 않았다면 목숨조차 부지하지 못했을 네가 이제 권력이라도 잡았다는 건가? 제멋대로 청원해서 나를 망신시키겠다?'

측천의 이런 생각은 정확했다. 아들의 동정심으로 어미의 잔혹함은 한결 더 도드라졌다.

분노에 찬 측천이 말했다.

"그래, 기왕 태자가 두 공주의 결혼 이야기를 꺼냈으니 결혼시켜야지. 여기 마침 경비 병사 두 명이 있으니, 너희 둘이 각자 하나씩 맡아라. 한 명은 의양공주, 다른 한 명은 선성공주를 데리고 가라."

두 공주의 혼사는 이렇게 황망하게 이루어졌다.

이 사건은 역사서의 윤색을 거치면서 측천의 매몰찬 성격과 태자의 온순함을 대비시킨 상징적인 사건으로 남아 있다. 이홍은 바로 이 사건으로 인해 '천후의 눈 밖에 났고', 결국에는 의문사까지 당했다고들 한다. 과연 이 모든 것이 사실일까?

측천과 관련된 많은 역사의 기록이 다 그렇듯이, 이 사건 역시 부분적으로는 진실이지만 상당 부분은 과장되어 있다.

먼저 공주들의 나이를 보자. 『자치통감』에 나오는 위의 기록을 보면, "두 공주는 서른이 넘도록 시집을 가지 못했다"라고 되어 있다. 또 『신당서』에서는 이것을 더 과장하여 "마흔이 가깝도록 시집을 못 갔다"라고 했다. 당시 일반 귀족 여자들이 대개 열다섯 살을 전후해서 결혼한 점을 감안한다면, 서른이 넘었든 마흔이 가까웠든 공주들의 혼인 나이가 '끔찍했던' 건 사실이다. 하지만 과장이 너무 지나치다.

과장이라고 말하는 근거는 두 가지다.

첫째, 함형 2년이면 고종의 나이 마흔 셋이다. 그가 태자가 된 나이는 열여섯, 소숙비는 그가 태자일 때 후궁에 들인 여자이니 설사 소숙비가 그해 바로 출산했다고 해도 공주의 나이는 절대 스물일곱을 넘을 수 없다. 둘째, 두 공주 가운데 선성공주의 묘비는 지금까지 남아 있다. 비문의 기록을 보면 선성공주는 현종 개원開元 2년(714)에 향년 66세로 사망했다고 되어 있다. 이를 함형 2년까지 역산해보면 당시 선성공주의 나이는 23세다. 따라서 당시 두 공주의 나이는 23세에서 27세로 추정된다. 당시로서는 젊다고 볼 수 없지만, 어쨌든 그들이 서른을 넘었다거나 마흔에 가까웠다는 말은 성립될 수 없다.

공주의 나이 문제 외에, 두 부마도 그 출신이 결코 비천하지는 않았다. 『자치통감』의 기록을 보면 마치 측천이 눈앞에 보이는 경비 병사 둘을 아무렇게나 지목한 것 같지만 사실은 그렇지 않다. 그들은 일반 경비병이 아니라 '익위翊衛'였다. 익위는 황제의 신변을 지키는 최측근 병사로 출신 가문이 아주 좋아야 했다. 최소한 그 부친이나 조부가 고관을 역임한 집안의 자제라야 익위가 될 자격이 있었다. 그중 의양공주의 부마 권의의 경우, 그 조부는 태종 시기 진왕부秦王府의 직계로 노국공虜國公이라는 작위를 받았었다. 선성공주의 부마 왕욱王勗도 이와 비슷해서, 그의 조부 역시 관직이 감군監軍장군에까지 올라 평서공平舒公의 작위가 있었다. 그들의 출신을 따져볼 때, 물론 다른 부마들에 비해 뒤지는 건 사실이지만, 두 공주의 혼사가 결코 터무니없이 이루어진 건 아니었다.

이렇게 볼 때, 측천이 두 공주의 결혼 문제를 매끄럽게 처리하지 않은 건 확실하지만, 역사서의 기록처럼 그렇게 지나치게 황당한 것도 아니었다. 또 현명한 정치가로서 측천이 뒷일을 고려하지 않고 함부로 처리했을 리도 없다. 무슨 일을 하든 끝장을 보자는 식으로 처리할 측천은 아니었다. 어쨌든 이홍이 두 공주의 혼인을 청원하는 상소를 올렸을 때 측천은 바로 행동으로 옮겨 부마를 찾아주었고, 결혼 후에는 승진까지 시켜 각각 원주袁州

자사와 영주顧州 자사로 내보냈다. 자사라면 그래도 4품관, 결코 낮은 지위가 아니었다. 이렇게 일을 전격적으로 처리함으로써 오히려 남의 주목으로부터 벗어날 수 있었다.

이홍이 소숙비의 딸을 위해 청원한 사건은 측천으로서는 자신의 권위에 대한 도전이나 마찬가지였다. 이런 생각이 들자 측천은 불쾌하기 그지없었다. 또 태자가 자기를 못마땅하게 여길 일이 비단 이번 사건에 국한되지만은 않으리라는 생각도 들었다. 태자와의 힘겨루기는 조만간 또 터져나올 것이었다.

그러나 관건은 태자가 단순히 개인적 존재가 아니라, 그 배후에 권력 집단이 도사리고 있다는 사실이었다. 왜냐하면 태자가 점점 나이가 들고 또 대리 집정의 횟수도 늘어나면서부터 태자 주변에 지지 세력이 늘어났기 때문이다. 태자를 추종하는 세력들은 태자의 부하이면서 동시에 재상들이었다. 이 점을 좀더 자세히 설명해야겠다.

태자부는 사실상 작은 정부나 마찬가지여서, 관리들의 배치는 조정의 체제와 거의 일치했다. 제도적으로도 황제가 정사를 보면 재상들이 보좌했고, 만약 태자가 대리 집정을 하면 태자부의 관리들이 보좌했다. 고종 시기, 태자 이홍은 자주 대리 집정을 했는데, 그럴 때마다 조정과 태자부 간의 협조 문제로 조정대신이 태자부의 주요 관직을 겸하는 경우가 종종 있었다. 이렇다보니 재상들과 태자 사이에는 하나의 세력이 형성되어, 재상들은 황제의 부하이면서 동시에 태자의 부하로서 태자의 이익을 대변하는 데 앞장섰다. 법적으로는 태자가 황제의 계승자, 만약 고종이 붕어한다면 그때도 측천이 정권을 장악할 수 있을까? 공주의 혼인 문제를 둘러싸고 벌어진 모자지간의 충돌을 생각하면 측천으로서는 장담하기 힘든 문제였다.

바로 이런 상황에서 측천은 상원 원년(674)에 제시한 12개 건의안 속에

특별히 모권 문제를 포함시켜 자녀들이 부친과 모친을 동등하게 예우하도록
했다. 하지만 예법을 개정했다고 해서 아들이 반드시 복종하란 법은 없지
않은가? 이 문제에 관한 한 아마 측천 자신도 확신이 서지 않았을 것이다.

## 3. 태자 이홍의 의문사

측천의 고민이 깊어갈 무렵, 문제는 의외로 쉽게 해결되고 말았다. 그런
데 그 해결 과정이 예사롭지 않았다. 태자 이홍이 황제 일행과 함께 낙양
으로 순행을 나갔다가 낙양 행궁에서 그만 숨을 거둔 것이다. 게다가 태자
가 사망하기 직전 고종은 구두로 그에게 양위할 뜻을 밝혔다. 이홍의 갑작
스러운 죽음은 정말 불가사의였다. 모자지간에 바야흐로 암투가 시작되
고, 그 어미가 미처 대응책을 마련하기도 전에 아들이 돌연사했다. 사람들
은 일제히 측천에게로 관심을 집중했다.

이홍은 도대체 어떻게 죽었을까?

역사서에는 두 가지 기록이 전해진다. 하나는 병으로 인한 자연사라는
설, 다른 하나는 측천이 저지른 독살이라는 설이다.

이홍의 죽음을 자연사로 인정한 최초의 기록은 이홍 사후에 고종이 공
표한 「황태자 이홍에게 효경孝敬황제의 시호를 내리는 제서制書」다.

"황태자 이홍은 어질고 총명했다. 부모에게 효도하고 신하에게 공손했
으니 훌륭한 황제가 될 수 있었다. 하지만 애석하게도 하늘의 보호를 받지
못하고 중병이 들었다. 짐은 그에게 병이 조금 호전되면 황위를 양위할 것
이라고 말했는데, 효심이 지극한 그는 이 말은 들은 후 그만 상심하고 또
감동해서 병세가 더 위중해졌고, 불행히도 끝내 세상을 떠났다. 짐은 비통
한 마음을 가눌 길 없어, 그 숙원을 풀어주고자 그를 황제로 봉하여 효경

황제의 시호를 내린다."

이것은 고종 명의로 공표된 제서, 여기서 고종은 태자 이홍에게 효경황제라는 시호를 내렸다. 그 뒤에 나온 『당실록唐實錄』이나 『구당서』의 기록도 대체로 이와 비슷하다. 이 기록들은 이홍이 장기간 병을 앓았으나, 결국은 고치지 못하고 목숨을 잃었다고 말하고 있다.

반면 이홍의 독살설에 대한 최초의 기록은 당 중엽에 나왔다. 숙종 시기에 편찬된 『당력唐曆』이 그것이다.

"태자 이홍은 어질고 총명하여 황제의 총애를 받았다. 태자로 책봉된 이후에는 대신들과 유학자들을 공경했고, 한 번도 제 분수를 어긴 적이 없었다. 두 공주의 결혼을 청원했기에 측천의 미움을 사 제명을 다하지 못했다."

같은 숙종 시기, 대신 이필李泌 역시 "측천이 조정에 들어올 욕심에 효경황제를 독살했다"라고 노골적으로 측천의 독살을 제기했다. 이후 『당회요』나 『신당서』에서는 이 주장을 따랐다.

그렇다면 이 두 주장 가운데 어느 것이 진실일까? 당시 측천과 이홍 사이에 심각한 갈등이 있었고 또 측천의 성격이 모질었던 건 사실이지만, 이홍은 그녀가 독살한 게 아니라 자연사했다고 보는 게 맞다.

이제 그 근거를 세 가지로 알아보자.

첫째, 이들 문헌이 등장한 순서에 유의할 필요가 있다. 이홍이 병으로 자연사했다는 최초의 기록은 황제의 「제서」다. 이것은 이홍 사망 직후에 나온 것으로 시간상으로 보면 숙종 시기의 『당력』보다 훨씬 앞선다. 시기가 이르면 이를수록 신빙성이 높다는 건 사료를 취급하는 기본 원칙이다.

둘째, 이홍은 사망 전에 이미 장기간 병을 앓은 기록이 있다. 그가 어려서 폐결핵에 걸렸었다는 건 이미 앞서 말한 대로다. 함형 원년 이후에는 병세가 악화되어, 대리 집정을 할 때는 대신들을 접견조차 하지 못했다. 심지어 태자의 음식을 담당하는 전선승典膳丞은 만약 계속해서 자신들을 접견하지 않는다면 장차 음식을 줄일 것이라고까지 호소했을 정도였다. 당시 이홍은 이렇게 대답했다.

"내 병이 위중하여 황제께서 충분히 휴식을 취하라고 하셨기에 궁 안에서 요양 중이오. 내가 그대들을 접견하기 싫어서가 아니라 그렇게 못하기 때문이오."

소모성 질환인 폐결핵이 악화되기 시작한 함형 원년(670)에서 그가 사망한 상원 2년(675)까지 5년의 세월이 흘렀으니, 병세가 더욱 위중했으리라는 것은 충분히 예상할 수 있다.

셋째, 당시 측천에게는 아들을 살해할 충분한 이유가 없었다. 여러 번 말했듯이 이홍은 아버지 고종을 닮아 신경이 예민하고 몸이 허약했다. 하지만 측천은 아내로서 고종을 제어할 수는 있었지만, 어미로서 굳이 아들을 관리할 필요는 없었다. 더욱이 이홍은 중병에 걸려 있어서 고종보다 더 오래 산다는 보장도 없었다. 따라서 측천이 엄청난 위험을 무릅쓰면서까지 그를 죽일 이유는 없었다. 지난날 측천이 죽인 갓 낳은 딸과 달리 이홍은 이미 성인이었고, 그 주변에는 시종도 적지 않았을 것이다. 만약 측천이 그를 죽이지 못하고 발각되는 날에는 남편의 신임은 물론 온 세상의 인심도 다 잃게 된다. 더 큰 권력을 장악하겠다는 기대도 한순간에 물거품이 되고 말 텐데, 명철한 정치가였던 측천이 이런 경솔한 행동을 했으리라고 상상하기는 어렵다.

그렇다면 이홍은 왜 그렇게 묘한 시점에 사망했을까? 병이 조금이라도 호전되면 양위하겠다는 아버지의 말이 나온 지 얼마 후에 죽었다는 이 사실이 너무나 공교롭지 않은가? 이 점에 대해서는 고종이 양위 문제를 거론한 이유를 살펴볼 필요가 있다. 이홍의 병이 위중한 시점을 골라 굳이 양위 문제를 꺼낸 건 일종의 충격요법이 아니었을까? 이는 민간에서 흔히 사용되는 수법이기도 하다.

'어려서부터 애지중지 길러온 맏아들에 대한 우리 부부의 기대는 엄청나다. 그런데 지금 이 아들이 죽어가고 있다. 아무리 애를 써도 더 이상 방법이 없다. 양위 문제를 꺼내 그에게 한 가닥 희망을 심어주자. 그러면 혹시 병세가 좀 나아지지 않을까?'

고종은 어쩌면 이런 식의 충격요법을 쓰고 싶었는지 모른다. 아니면 설사 병이 호전되지 못한다고 해도 며칠 더 살아 있는 동안만이라도 부모의 마음에 담아두었던 말을 전해줌으로써 일말의 위안이라도 안겨주고 싶은 심정이었을지도 모른다. 어쨌든 결과는 고종의 기대와는 달랐다. 충격요법은 기대했던 효과를 가져다주지 못했고, 이홍은 목숨을 거두었다.

이상의 여러 측면에서 본다면 이홍의 죽음과 관련된 의문들은 더 이상 존재하지 않는다. 이홍은 말기 폐결핵으로 자연사했음이 분명하다.

이홍의 사망 이후 측천은 비통함과 안도감이 교차했다.

먼저 측천이 비통해했다면 그 배경에 대해 살펴보자.

솔직히 말해서 이홍 때문에 측천이 특별히 골치 아픈 일은 없었다. 오히려 도움 되는 일이 더 많았다. 즉 이홍이 태어나지 않았다면 측천은 황후가 될 기회도 없었을 것이고, 황후가 된 다음에도 태자 이홍이 있었기에 자신의 입지를 다지는 데 큰 도움이 되었다. 돌이켜보면 과거 상관의 사건이 일어났을 때 고종은 끝내 측천을 폐위하지 못했다. 이는 측천의 대응이 빠르고 적절했기 때문이기도 하지만, 동시에 고종이 이홍의 존재를 고려하지 않을 수 없었다는 것도 하나의 요인이다. 만약 측천을 폐위시켰다면 이홍의 태자 자리도 흔들렸을 것이고, 그렇게 되면 정치적으로도 연쇄반응이 일어났을 것이다. 이런 여러 가지를 고려해서 고종은 결국 타협을 했고, 측천의 지위도 한층 더 확고해졌다.

이렇게 볼 때, 이홍이 이복 누이들의 결혼을 청원하면서 측천이 곤혹스러워진 건 사실이지만, 측천의 입장에서 이홍의 존재는 어쨌든 실보다 득이 많았다. 이홍이 죽은 후 측천은 몹시 비통해하면서 직접 『일체도경서一切道經序』를 지어 양육의 정을 곱씹으며 마음 아파했다. 아들에 대한 어미의 애도는 진심에서 우러나왔을 것이다. 그렇기에 측천 부부는 태자를 황제로 추인하여 효경황제라는 시호를 내렸다. 이런 일은 중국 역사상 전례가 없었다.

그런데 왜 측천은 비통함과 함께 안도의 한숨을 쉬었을까? 측천의 입장에서 볼 때, 이홍의 죽음이 실로 시의적절했다는 데 주목해볼 필요가 있다. 이홍은 여덟 살 때부터 대리 집정을 시작했고, 고종이 10여 년간 자신의 후계자로 길러왔기 때문에 재상 집단으로부터 적극적인 지지를 받아왔다. 이는 이 씨 황실이 측천과 힘겨루기를 하는 데 있어서 중요한 동력이었고, 마침 측천과의 갈등도 고조되어가는 상황이기도 했다. 만약 그가 죽지 않았다면 이런 모자지간의 충돌은 이전투구로 비화될 가능성이 충분했다. 그러나 이제 더 이상 측천이 신경 쓸 일은 없었다. 태자의 죽음으로 모든 갈등은 일시에 해소되었고, 측천은 자기 세력을 키워갈 소중한 시간을 확보할 수 있었다.

이홍의 짧은 생애를 총괄해보면, 그는 모친의 권력으로 태자가 될 수 있었던 반면, 모친의 권력 때문에 또 비극의 주인공이 되기도 했다. 이홍에게는 자식이 없었다. 두 달 후 측천의 둘째 아들이자 이홍의 동생이던 이현李賢이 태자로 책봉되었다. 형보다 두 살 어린 이현은 용모가 준수하고 신체도 건장했다. 어려서부터 경전과 역사를 탐독했고, 기마와 사냥에도 뛰어나 그야말로 지덕체를 겸비한 청년이었다.

야심만만했던 모후 측천을 상대하면서 이 활달한 기질을 가진 태자 이현도 운명의 소용돌이 속으로 끌려들어갔다.

# 제15장

# 태자 이현의 폐위

이런 시가 한 수 전해진다. 측천의 둘째 아들 이현이 쓴 것으로 알려진 이 시는 「흙
담에 열린 오이」로 당시 민간에서 널리 유행했다고 한다.

> 흙담 아래 심은 오이
>
> 잘도 익어 주렁주렁.
>
> 하나 따면 남은 오이 좋아지려나?
>
> 다시 따니 오이는 듬성듬성.
>
> 또 따면 그나마 괜찮을지 몰라도
>
> 다 따내면 남는 건 오이 줄기뿐.

시에서 이현은 자신과 형제들을 오이에, 측천을 오이 심은 농부에 비유하고 있다.
'농부여! 이제 더 이상 오이를 따지 마시라', 더 이상 자식들을 박해하지 말라는 당부
다. 시의 진위 여부에 대해서는 논란이 있지만, 시 속에 묻어나는 고민은 읽는 이의
마음을 아프게 한다. 과연 이현의 고민은 근거가 있는 것일까?

## 1. 천후 섭정 사건

이홍의 죽음은 당 황실에 엄청난 충격을 주었다. 그러나 문무를 겸비한 스물두 살의 이현이 곧바로 새 태자로 책봉되면서 그는 뭇 사람의 주목과 기대를 한 몸에 받았다. 그런데 그로부터 석 달 뒤인 상원 2년(675) 9월, 고종은 갑자기 재상들과의 상의를 거친 다음, 천후에게 섭정을 시키겠다는 뜻을 밝혔다. 누구도 예상치 못한 일이었다. 어떻게 된 일일까?

고종의 중풍은 진작부터 심했다. 그러다가 태자 이홍의 죽음으로 충격을 받으면서 더 위중해졌고, 이제는 몸조차 가누기 힘들어져 종일 현기증에 시달리느라 정사를 돌보지 못할 정도가 되었다. 9월이 되자 중풍이 재발한 고종은 병마 때문에 거의 의욕을 상실할 지경이었다. 지난날 대권을 휘두르던 당 제국 황제의 패기는 찾아볼 수 없었다. 고종은 재상들을 소집하여 천후에게 섭정을 맡기고 싶다는 제안을 했다.

섭정은 황제 대신 조정에 나아가 직접 통치행위를 주재하는 것으로, 막강한 권한을 행사한다. 청 초엽 도르곤多爾袞이 섭정왕을 지낸 것이 대표적 사례. 그는 조카 순치제順治帝를 대신하여 무소불위의 권력을 휘두른 적이 있다.

만약 고종의 이 제안이 통과되면 황제는 정치 일선에서 물러나 요양에만 전념하는 대신, 측천이 전면에 나서서 독자적으로 조정대신들을 접견하고 국사를 좌지우지할 수 있었다. '이성' 통치와는 차원이 달랐다. '이성' 통치하에서는 설사 천후라고 해도 정치적 명령을 내릴 권한이 없었다. 정치적으로 자기 의견이 있어도 황제와 개인적으로 의논하든가 아니면 상소를 통해서 주장할 수밖에 없었다. 측천이 앞서 제기했던 12개의 시정 강령, 소위 '건언십이사'가 바로 그 대표적 예다. 그 건의가 시행되느냐 마느냐는 전적으로 황제에게 달려 있었다. 하지만 섭정할 경우, 황제라는 칭호만 없을 뿐 측천의 지위는 황제와 동등해진다.

고종은 왜 하필 섭정 문제를 들고나왔을까? 자신이 정말 몸을 가누지 못할 정도로 병이 위중했다면 아예 태자에게 양위할 수도 있으니 당연히 이런 의문을 제기할 수 있다. 하지만 아득히 먼 왕조 시대의 일을 어떻게 속속들이 다 이해하겠는가. 특히 황제라는 이 칭호가 갖는 매력에 대해서는 더더욱 이해하기 힘들 것이다.

고종의 입장에서 만약 태자에게 양위한다면 자신은 태상황太上皇이 된다. 그런데 이 태상황이란 게 그리 달갑지만은 않은 자리다. 현무문 정변이 발생한 직후 태조 이연이 태상황이 되어 연금 상태에 있었던 사례를 생각해보면 쉽게 이해될 수도 있겠다. 태상황과 황제의 관계는 참으로 미묘하다. 태상황이 조금이라도 정치에 간여하면 황제는 바로 압박을 가해오고, 갖은 방법을 동원해서 제지하려 들었다.

섭정의 경우는 이와 다르다. 측천이 섭정을 하더라도 만약 고종의 병이 호전되면 언제든지 권력을 되찾아올 수 있다. 하지만 태자가 일단 황제로 즉위하면 이 권력은 영원히 되찾을 수 없다. 고종이 측천에게 섭정을 시킨 이유가 바로 여기에 있었다. 미인을 사랑해서가 아니라 당 제국의 강산을 사랑한 것이다. 강산을 사랑했기에 설사 중병으로 더 이상 기어오르지 못할지언정 이 강산을 손에서 놓지 않았다. 강산을 아예 아들에게 넘겨줄 수는 없었지만, 아내가 감독하도록 맡겨둘 수는 있었다.

그렇다면 고종은 왜 측천의 섭정을 두려워하지 않았을까? 지금의 관점에서 보면 측천이 위협적인 존재였던 건 확실하다. 결과적으로 측천이 황제에까지 올랐으니, 고종이 측천에게 그 어떤 권력이라도 넘겨준다면 그건 그의 오판이라고 자신 있게 말할 수 있다. 하지만 측천 이전에는 아무리 막강한 권력을 거머쥐었다고 해도 황후에서 황제가 된 예는 없었다. 고종에게 이런 선견지명을 요구한다는 것 자체가 무리일 수밖에 없다.

황제의 섭정 제안에 재상들은 마음이 다급해졌다. 우선 재상 학처준郝處
俊이 반대했다.

"천자가 천하를 통치하고 황후가 내전內殿을 관리하는 건 하늘의 이치입
니다. 옛날 위魏 문제文帝는 군주가 아무리 어려도 황후가 조정에 나오는 것
은 금지하라고 명함으로써 재상의 싹을 없앴습니다. 폐하께서는 어째서
고조·태종이 일구어놓으신 이 천하를 자손에게 물려주지 않고 천후에게
맡기려 하십니까?"(『자치통감』권202)

재상의 이 말에는 세 가지 의미가 담겨 있다.

첫째, 전통에 따르면 황후는 내전의 일에만 책임을 져야 한다. 정사에 간
여하면 혼란이 올 것이니 절대 섭정을 허용할 수 없다. 둘째, 천하는 고종
개인의 것이 아니라 조종祖宗이 물려준 땅이니 고종은 황후에게 넘겨줄 권
한이 없다. 셋째, 만약 황제의 병이 위중하다면 자손인 태자에게 물려줘야
한다.

이 세 가지 이유에 대해 당시 유학 사상에 투철했던 대신들은 하나같이
공감대를 형성하고 있었다. 고종은 어떤 말로도 그것을 반박할 수 없었기
때문에 섭정 제안을 철회하지 않을 수 없었다.

섭정 제안의 철회가 측천에게는 어떤 의미를 가질까? 이번 섭정 제안이
애당초 측천의 발상인지 아닌지는 현재로서는 알 길이 없다. 하지만 한 가
지 분명한 사실은 측천이란 인물은 그 어떤 권력도 거부하지 않는다는 것
이다.

대신들의 반대를 보면서 측천은 두 가지 중요한 사실을 감지했다. 하나
는, 조정 내에서 자신의 영향력이 크긴 하지만, 조정대신들이 자신을 달갑
게 여기지 않는다는 것이다. 만약 개혁에 나선다면 지금의 재상들은 자신
에게 큰 장애가 될 것이 분명했다. 또 하나는, 고종이 와병 중인 상황에서
재상들이 지지하는 차기 대권자가 태자라는 사실이었다.

이렇게 볼 때 측천의 최대의 적은 바로 재상들과 태자였다. 앞서 말했듯이 이홍이 태자로 있을 때 대부분의 재상들은 태자부의 업무를 겸직하고 있었다. 이홍이 죽자 그 사람들은 그대로 이현에게로 옮겨 갔다. 그야말로 일심동체가 되어 있었다.

측천은 일찌감치 재상들에 대한 대응책을 준비하고 있었다. 사실상 측천은 재상들이 이미 구축해놓은 울타리를 서서히 허물기 시작했다. 건봉乾封 시기(666~668), 즉 원로대신 허경종이 은퇴한 후 측천은 조정 내 자기 세력이 절대적으로 부족하다는 사실을 이미 간파하고 있었다.

황후의 신분으로 공공연히 재상의 임면에 개입하기란 쉽지 않았다. 그녀는 첫 남편 태종이 썼던 수법을 쓰기로 했다. 당시 태종은 인재 영입을 위해 진왕부秦王府에 십팔학사를 초치했었다. 측천은 이를 본떠 사조직을 구성했다. 일종의 개인 내각이었다. 측천은 경력이 비교적 일천한 문인들을 직접 선발하여 궁중 안으로 불러들인 다음 그들에게 서적을 편찬하게 했다. 이 학사들은 측천을 위해 다량의 서적을 편찬했는데 그중에서도 『신궤臣軌』가 특히 유명하다. 이 책은 신하란 모름지기 군주에게 절대 충성해야 한다는 것이 주된 내용으로, 태종이 편찬한 『제범帝範』과 쌍벽을 이루었다. 하나는 관리용 교재, 하나는 황제용 교재였다.

하지만 도서 편찬은 한낱 구실에 불과했다. 측천은 도서 편찬을 구실 삼아 그들을 궁궐에 들인 다음, 정사에 참여하도록 은밀히 지시했다. 암암리에 재상의 권력을 분산시키려고 한 것이다. 당시 대신들은 조정에 들어올 때 남문을 이용했는데 이 학사들은 북문, 즉 현무문을 이용했다. 뒷날 이들을 '북문학사北門學士'라고 부른 것도 이 때문이다.

북문학사의 설치는 당조의 정치체제에 지대한 영향을 미쳤다. 원래 그들은 측천의 비서 역할만 수행했기 때문에, 재상의 권력에 도전한다는 건 상상도 못할 일이었다. 그러나 사람을 쓰려면 먼저 사람을 키우랬다고, 측천은 인내심을 가지고 인재 배양에 힘썼고 때를 기다렸다. 그들은 서서히 재상의 자리를 향해 나아갔다. 이때부터 측천은 재상을 교체하기 시작했다. 누군가가 은퇴하면 측천은 바로 자신의 통제 범위 안에 있는 관리로 그 자리를 채웠다. 주로 지위가 낮은 관리를 고위직에 앉히는 방식을 취했다. 경력이 부족한 인물이 재상이 되었을 때 측천에 대한 그들의 충성심은 남달랐다.

이제 재상에 대한 대처가 어느 정도 마무리되었다.


## 2. 모자간의 쟁투


이현은 형 이홍과는 달랐다. 어머니를 닮아 총명했고 어머니처럼 정력이 넘쳤다. 어린 시절 그는 『논어』를 공부하면서 "덕이 있는 자를 존중하되, 미색은 멀리한다"는 대목을 보고 크게 감명을 받고 여러 번 반복해서 암송했다고 한다. 어린 나이에 이렇게 심오한 이치를 깨달았다는 사실에 고종도 탄복했다. 태자가 된 이후 이현의 행동은 한층 더 성숙해졌다.

이현은 학자들을 모아 『후한서後漢書』 주석注釋 작업을 했다. 이런 저술 활동은 자신의 재능과 의지를 보여주는 것이기도 하지만, 정치적으로는 또 측근 인재를 양성한다는 의미도 담겨 있었다. 그의 이런 행동은 멀리는 조부 태종의 진왕부 학사, 가까이는 모친 측천의 북문학사를 본뜬 것이기도 했는데, 어쨌든 자신의 사조직을 강화하는 기반이 되었다. 이현이 물론 정치적인 의도를 가지고 있기는 했지만, 그렇다고 주석 작업을 대충한 것은 아니었다.

청대의 저명한 학자 왕선겸王先謙은 이런 말을 한 적이 있다.

"범엽范曄이 쓴 『후한서』에 장회章懷태자가 붙인 주석은 결코 안사고顏師古

의『한서』주석에 뒤지지 않는다.”

장회태자는 바로 이현의 시호이며, 안사고는 반고班固의『한서』를 주석한 당의 저명 학자로 비서소감秘書少監을 지낸 인물이다. 이렇듯 왕선겸은 이현이 주도한『후한서』주석을 높게 평가했다. 의봉儀鳳 원년(676), 이현은 이 주석서를 고종에게 헌상했고, 이를 받아든 고종은 그에게 비단 3만 단을 하사하면서 흡족해했다.

하지만 태자라는 자리는 어쨌든 정치적인 지위라 학문 연구에만 몰두할 수는 없는 노릇이었다. 원래 측천에게 섭정을 시키려고 했던 고종은 재상의 반대에 부딪히자 바로 생각을 접고 태자 교육에 관심을 쏟았다. 바로 이현에게 대리 집정의 기회가 찾아왔고, 그의 국사 처리는 치밀하고도 합리적이었다. 고종은 흡족해하면서 특별상으로 그에게 수놓은 비단 500단을 직접 하사했다.

이후 태자 이현은 막 떠오르는 정치 샛별로 부상했고, 측천의 권력도 여전히 상승일로에 있었다.

의봉 3년(678) 정월, 문무백관과 사방 소수민족 추장들의 신년 단배團拜가 있었다. 하지만 고종이 와병 중이었기 때문에 측천은 단독으로 광순문光順門에 올랐다. 발아래 조아린 백관들을 보면서 황권에 대한 측천의 갈망은 한껏 타올랐고, 이와 동시에 이현의 급부상에 대한 조바심도 감출 수 없었다.

‘이 아이는 분명 이홍보다 다루기가 힘들겠구나!’

과거 이홍은 병을 앓고 있었기 때문에 시간이 지나면서 저절로 해결될 문제였지만 이현은 달랐다. 몸도 건강했고 민심도 그쪽으로 쏠려 있었던 터라 상승일로를 달리는 측천에게는 걸림돌 같은 존재였다. 마침내 측천은 제대로 한번 그를 손봐야겠다는 결심을 하기에 이르렀다.

측천은 우선 점잖은 방법을 써보고 여의치 않으면 상대의 약점을 치는 방식으로 사상 교육부터 시작했다.

그녀는 북문학사를 통해 『소양정범少陽正範』과 『효자전』 두 권을 이현에게 보냈다. 『소양정범』은 훌륭한 태자가 되는 법, 『효자전』은 자식의 도리를 일깨워주는 내용을 담고 있었다. 이것은 분명 이현이 아들로서도, 태자로서도 못마땅하다는 측천의 책망이 반영된 행동이었다. 태자는 책을 거들떠보지도 않고 한편으로 휙 던져버렸다.

뒤이어 측천은 이현의 잘못된 행동들을 책망하는 편지를 몇 통 써보냈다. 물론 이현은 이런 훈계에 대해 전혀 관심을 두지 않았다. 그는 내심 행동을 반성해야 할 사람은 자기가 아니라 오히려 권력욕으로 가득 찬 측천이라고 생각했다. 천후가 자신의 행동에 대해서 과연 어떤 반응을 보일까를 한번 떠보자는 심사였다. 이런 일이 반복되면서 황후와 태자 사이의 갈등은 이미 공공연한 비밀이 되었다.

예로부터 궁중은 온갖 유언비어의 집산지였다.

바로 그즈음 궁 안에는 이현이 측천의 친아들이 아니라는 소문이 나돌기 시작했다. 측천의 언니 한국부인이 그 친어머니라는 것이었다. 이것이 헛소문일까, 아니면 사실일까? 솔직히 말해서 나는 사실일 가능성이 높다고 본다. 이렇게 보는 데는 다음 네 가지 이유가 있다.

첫째, 이현의 출생 시점이다.

그는 영휘永徽 5년(654) 12월, 측천이 태종의 능침이 있는 소릉昭陵으로 가던 도중에 태어났다. 형 이홍은 그에 앞서 영휘 3년 말에 태어났다. 형제의 나이 차는 두 살, 상식적으로 보면 지극히 정상적인 터울이다. 하지만 이 형제 사이에 사실은 태어나자마자 죽은 공주가 있었다. 과거 측천이 왕황후가 목 졸라 죽였다는 혐의를 뒤집어씌운 그 딸이다. 이렇게 되면 측천은 2년 사이에 자식을 셋이나 낳은 셈이니 상식적으로는 납득하기 어렵다. 또 영휘 5년 12월이면 한겨울인데 만삭의 몸으로 측천이 소릉으로 갔다는 것도 잘 이해되지 않는 대목이다. 당시 측천은 소의 신분이었으니, 궁 안에서 시녀들로부터 정성스레 보살핌을 받을 계제가 아니었을까? 따라서 이현의 출생 시점과 장소가 다 미심쩍어 보인다.

둘째, 어린 시절 이현이 측천으로부터 총애를 받았다는 기록이 전혀 남아 있지 않다.

맏아들 이홍만 하더라도 여덟 살 때 황제가 순행을 떠나면서 대리 집정을 맡기자, 부모 생각에 울고불고 난리법석을 피우는 바람에 측천이 자기 곁으로 데려왔다는 일화가 있다. 또 셋째 이현李顯의 경우, 측천이 난산으로 낳은 아이라고 해서 부처님에게 복을 기원하는 뜻으로 현장법사를 아들의 스승으로 모셔왔고, 또 용문에 석굴을 파고 부처를 모셨다는 일화가 전해진다. 넷째 이단李旦은 한때 북방 지역의 도독으로 임명되었지만, 본인이 측천을 붙들고 한사코 가지 않겠다고 해서 도로 장안에 남았다는 일화가 있다. 막내딸 태평공주는 더 많은 일화가 남아 있으니 거론할 필요조차 없다. 오로지 둘째 이현만은 모친의 귀염을 받았다는 기록이 하나도 없다.

셋째, 훗날 측천이 이현을 제거하는 과정을 보면 다른 아들에 비해 현저히 잔혹했고, 그 수법 또한 악랄했다. 이 점에 대해서는 뒤에서 다시 설명하겠다.

넷째, 측천이 언니 한국부인이 낳은 아이를 입양했을 가능성이다.

이현이 출생할 당시 한국부인은 고종으로부터 한창 총애를 받고 있었지만, 당시 그녀에게는 공식적인 직함이 없었다. 따라서 한국부인이 아이를 낳자 측천이 자기 아들로 입양했을 가능성이 매우 크다. 당시 측천은 소의의 신분이었고 오매불망 황후 자리를 노리고 있었던 터라 고종과 언니 사이의 이런 불미스러운 관계를 눈감아주었을 수도 있다. 다시 말하면 후궁의 입장에서는 아들이 하나라도 더 있으면 황제의 총애를 받을 '밑천'이 될 수도 있는 것이다.

이제 이런 비밀이 궁녀들 사이에 소문으로 나돌자 당사자인 이현으로서도 그 진위 여부가 궁금하긴 마찬가지였다. 그렇다고 이 문제를 측천에게 직접 물어볼 수는 없는 일이고, 또 고종에게 과거 한국부인과의 관계가 어떠했는지를 물어보기란 더더욱 불가능한 일이었다. 다만 한 가지 확실한 점은 이현 스스로가 지금 절체절명의 위기에 처해 있다는 사실이다. 이제 어머니와의 관계는 일촉즉발, 팽팽한 긴장감이 더해지고 있었다.

바로 그즈음 살인 사건이 하나 발생했고, 측천과 이현 사이의 긴장관계는 새로운 국면을 맞았다.

당시 명숭엄明崇儼이라는 한 도사가 측천과 고종에게 접근해왔다. 그는 어려서부터 신선술을 배워 귀신도 부리는 재주가 있다는 소문이 퍼져 있던 인물이었다. 그가 현승縣丞을 지낼 때 현지 자사의 딸이 중병에 걸려 의사조차 손을 쓰지 못하고 있었는데, 이때 명숭엄이 어렵게 구해온 영약이라고 큰소리치면서 환약 하나를 자사에게 바쳤다. 자사는 지푸라기라도 잡는 심정으로 약을 딸에게 먹였고 놀랍게도 병이 씻은 듯이 나았다. 이때부터 명숭엄의 명성은 도처에 자자했다.

마침 고종은 수년째 병마에 시달려왔기 때문에 좋다는 약은 다 써보았고, 신선이며 부처며 도처를 찾아 기원을 드리면서 기적이 일어나기를 바라던 차였다. 명숭엄이 궁중으로 불려 들어온 것이 바로 이 시기였다. 말하자면 고종의 비공식 의사였던 셈인데, 측천 또한 걸핏하면 그를 불러와서 악귀를 쫓아내달라고 부탁했다. 하지만 명숭엄은 자칭 신선술을 익힌 도사라고 하면서도 유별나게 '나라와 백성을 염려한다'는 식의 얘기를 자주 했다.

그는 걸핏하면 신선을 핑계 삼아 정치를 논했고 고종 또한 그를 신임했다. 이현과 측천의 갈등이 갈수록 치열해져가던 시기, 명숭엄은 이런 말을 했다.

"소인이 어제 신선들과 이야기를 나누던 중에 태자 이야기가 나왔는데 다들 고개를 절레절레 흔들면서, 지금의 태자는 무능해서 장차 큰일을 하기는 어렵다고들 했습니다. 하지만 영왕英王 이철李哲은 선황 태종을 닮아 군주가 될 상이라고 했습니다."

얼마 지나지 않아 그는 또 이런 말도 했다.

"관상으로 보자면 여러 황자 중에서 가장 나이 어린 상왕相王 이단李旦이 가장 귀한 상입니다."

이런 식으로 명숭엄은 매일같이 고종의 귓전에 대고 쓸데없는 얘기를 주절댔다.

이 말이 이현의 귀에까지 전해지자 그는 불같이 화를 냈다.

'일개 도사 따위가 무례하게 태자인 나를 비방하다니. 그자의 배후에서 분명 누군가가 그자를 조종하고 있어. 감히 태자를 비방하도록 교사할 수 있는 자가 누구지?'

시기적으로 볼 때, 측천 말고 자신에게 그렇게 할 수 있는 사람은 없었다. 모친의 도전을 받으면서 이현은 시간이 지날수록 점점 더 마음이 산란해졌다. 금방 의기소침해져 있다가도 어느 순간 또 버럭 화를 내는 등 아무래도 정치적 경험이 부족했던 그는 이 일로 인해 감정의 기복이 심해졌다.

한번은 그가 「보경락寶慶樂」이라는 곡을 하나 만들었다. 원래 이 곡은 경쾌하고 신나는 곡조였지만, 듣는 사람에게 아주 불쾌감을 주는 노래가 되어버리고 말았다. 당시 한 유명한 음악가는 이 곡을 듣고 난 뒤 이렇게 탄식했다고 한다.

"이 노래는 가락도 슬프지만 살기가 들어 있어. 어쩌면 태자에게 재앙이 닥칠지도 모를 일이야."

## 3. 태자의 모반 사건

그러나 재앙을 맞은 건 태자가 아니라 명숭엄이었다.

조로調露 원년(679), 낙양에서 살인 사건이 하나 발생했다. 고종과 측천의 총애를 받아오던 도사 명숭엄이 자객에게 피살됨으로써 낙양성은 발칵 뒤집혔다. 미신을 좋아하는 사람들은 그가 황제와 황후의 명을 받고 귀신들을 혹독하게 부리는 바람에 귀신에게 살해되었다고 했다. 하지만 정치에 고도로 민감한 인사들은 그의 죽음이 아마도 태자와 관련이 있을 것이라고 추측했다.

측천은 이 사건을 어떻게 처리했을까? 즉각 조사에 착수했고 낙양성을 다 뒤져가며 도처에서 범인 수색을 벌였다. 그러나 끝내 범인의 흔적조차 찾을 수 없었다. 사실 측천은 진작부터 범인이 궁 밖에 있을 리가 없다고 생각했다. 찾으려면 태자의 동궁을 뒤져보면 될 일이었다. 하지만 태자를 조사하려면 구실이 필요했다. 측천으로서는 이런 일을 한두 번 겪은 게 아니었다. 추적 조사는 그녀의 특기, 마냥 인내하면서 은밀히 기회를 엿보고 있다가 결정적인 순간을 포착하기만 하면 되는 것이다. 한쪽은 호시탐탐 결정적인 기회를 노리고 있고, 한쪽은 완전 무방비 상태로 있다면 결과는 뻔한 일이다. 시간이 흐르면서 측천은 마침내 이현의 꼬투리를 잡는 데 성공했다.

당시 동궁에 근무하는 한 관리가 태자의 음란한 행위를 막아달라는 상소를 올렸다. 태자가 당시 무슨 부정한 짓을 했을까? 동성연애였다. 태자가 조도생趙道生이라는 하인을 총애하여 마치 연인처럼 잠자리도 같이하고, 많은 금은보화를 선물로 주기도 했다는 것이었다. 이런 풍기문란 사건은 당 황족 사이에서는 흔한 일이었다. 지난날 고양공주 역시 승려 변기와 놀아났던 선례가 있다.

그러나 측천은 이 상소문의 이용 가치를 결코 놓치지 않았다. 충분히 빌미로 삼을 수 있었다. 겉으로 보면 기껏해야 풍기문란에 불과한 문제였지만, 측천은 바로 고종에게 알렸다. 이는 태자의 도덕적 이미지와 관련된 문제인 만큼 즉각 조사에 착수해야 한다는 요구였다. 측천은 결국 이 빈틈을 노려왔던 것이다.

사안이 태자와 관련되었으니 직급이 낮은 관리보다는 재상이 나서서 조사하는 수밖에 없었다. 당시 재상은 모두 여덟 명이었는데, 그중 네 명은 측천이 막 발탁한 사람들로 태자와는 그리 친밀하지 못했다. 특히 배염 裴炎은 재상이 되기 전 4품관에 불과했다. 이런 사람들은 관리로서의 기반을 잡기 전부터 측천의 편에 서 있었고, 재상에 오른 것도 전적으로 측천 덕택이었기 때문에 측천에 대해서는 항상 감지덕지하고 있었다. 직급이 낮은 관리를 발탁하고, 그들을 이용해서 고관들을 내치는 건 측천이 즐겨 써온 수법이었다. 지금이야말로 이 수법을 제대로 써볼 기회였다. 마침내 태자 문제를 다루기 위해 갓 재상이 된 배염과 설원초薛元超, 어사대부御史大夫 고지주高智周 등으로 최고법정이 구성되었다.

풍기문란 사건을 심리하기 위해 먼저 이현의 연인 조도생을 심문했다. 가혹한 고문이 한차례 지나가자 조도생은 태자와의 관계를 자백했다. 그뿐만 아니라 그는 엄청난 사실을 하나 털어놓았다. 자기가 바로 도사 명숭엄을 살해한 자객이라는 것이다. 이렇게 되자 사건은 단순한 풍기문란에서 살인 사건으로 그 성격이 바뀌어버렸다. 살인 사건이라면 범인의 자백만으로는 안 되고 반드시 범행 도구를 찾아야 했다. 흉기를 찾기 위해 측천은 동궁으로 사람을 파견했다. 이때 깜짝 놀랄 만한 상황이 벌어졌다. 동궁의 마구간에서 갑옷 수백 점이 발견된 것이다.

이건 결코 예삿일이 아니었다. 당 제도에 따르면 지위 고하를 막론하고 갑옷과 같은 군사 용품은 반드시 관할 관서에서 보관하도록 되어 있었다.

그것은 필요할 때만 꺼내 쓰고, 다 쓴 다음에는 반드시 반환해야 했다. 사적으로 무기를 보관하는 것은 불법이었다. 하지만 으레 그렇듯이 모든 제도가 다 곧이곧대로 운용되는 경우는 거의 없다. 무기 사용이 끝나고도 제때에 반환이 잘 이루어지지 않았던 것이다. 더욱이 태자는 원래 군사를 보유할 수 있었기 때문에, 무기나 갑옷을 일정 수량 보유하고 있어도 하등 이상할 게 없고, 얼마든지 해명할 수도 있었다. 하지만 지금 심문을 주도하고 있는 재상은 바로 측천이 발탁한 사람들, 그들은 오로지 측천 쪽만 바라보면서 수사를 진행했다. 결국 측천은 이 사건을 당초의 풍기문란 사건에서 살인 사건으로, 더 나아가 모반 사건으로 몰아가기로 결정했다.

"태자가 무기를 비축하고 모반을 도모하려 했다!"

고종은 어안이 벙벙했다. 이현은 지금 태자의 신분, 머잖아 천하는 자기 것이 될 텐데 왜 굳이 모반을 꾀하려 한단 말인가? 고종은 줄곧 이 둘째 아들을 몹시 총애해왔기 때문에 측천에게 한 번 용서해주자고 사정했다. 여기서 한 가지 주목할 것은, 고종이 황실 가족의 모반 때문에 용서를 구한 게 이번이 세 번째라는 사실이다.

첫 번째는 고양공주 사건 때 그 형과 삼촌을 구해달라고 사정했고, 두 번째는 외삼촌 장손무기 때문이었으며, 이번은 자신의 친아들을 위해서였다. 사실 앞서 두 번이 그의 정치적 제스처일 수도 있었다면 이번만은 진심이었다. 그러나 이번에도 그의 요청은 거절되었다. 측천은 단호하게 거부 의사를 밝혔다.

"아들이 역모를 품었다면 천하가 용서하지 못할 것인데, 대의멸친해야지 어찌 이를 용서할 수 있단 말입니까?"

'대의멸친', 고종의 간청은 세 번 모두 이 명분 앞에서 무기력해질 수밖에 없었다. 이현은 폐서인되고 장안으로 압송되어 구금되었다. 태자부에서 압수한 갑옷과 무기는 천진교天津橋로 운반되어 백성이 지켜보는 가운데 불태워졌다. 천하에 태자의 죄상을 알린다는 뜻이었다. 사건을 처리한 재상 배염과 설원초는 포상을 받았고, 각각 문하시중과 중서령으로 승진했다. 당연히 재상들에 대한 측천의 영향력은 훨씬 더 강화되었다.

사소한 사건이 대형 사건으로 비화하면서 그 파급력 또한 엄청났다. 모반 사건인 이상 분명 그 당파가 있을 것이었다. 측천은 자기 앞길을 저해한다고 판단되는 세력들을 모두 이 사건에 연루시켰다. 태자를 지지했던 몇몇 재상은 즉각 좌천되었고, 태자와 친밀한 관계를 유지했던 일부 황실 가족도 연루되어 각지로 유배되거나 목숨을 잃었다.

이번에 벌어진 비극의 와중에 가장 비참한 최후를 맞은 사람은 아마 이현의 신하 고정高政이라고 해야겠다. 고정의 조부는 장손무기의 외삼촌인 고사렴이다. 이 고 씨 집안은 과거 이미 장손무기 사건에 연루된 적이 있었기 때문에 항상 신중에 신중을 기하며 지내고 있었다. 그런데 이번에 그만 고정이 태자의 모반 사건에 말려든 것이다.

어떻게 되었을까? 측천은 무심한 듯 담담하게 한마디 내뱉었다.

"됐다! 이자는 조상 대대로 공신의 집안이니 그 아비더러 자식을 잘 훈계하라고 해라."

이미 이 사건으로 노심초사 애간장을 태우고 있던 고 씨 집안에서는 이참에 확실하게 충성심을 보여줘야겠다고 생각했다. 그들은 가장 잔혹한 방법으로 고정과의 인연을 끊기로 결정했다. 고정이 대문을 들어서는 순간 그의 아버지는 차고 있던 칼로 그의 목을 찔렀고, 큰아버지는 그의 하복부를 찔렀다. 그가 선혈이 낭자한 채 바닥에 쓰러지자 이번에는 사촌형이 달려와 그의 목을 베었고, 목이 달아난 그의 시신은 큰길에 버려졌다. 사람의 마음이 이렇게도 비열하고 나약해질 수 있는 것일까? 이렇게까지 나오는 신하를 보면서 고종은 할 말을 잃었다. 하지만 측천은 내심 회심의 미소를 짓고 있었다.

'이렇게 비열하고 나약하고 피도 눈물도 없는 신하라면 오히려 다루기가 더 쉬운 법이지!'

이번 숙정을 통해 태자의 세력은 거의 와해되었고, 측천의 위상은 더할 나위 없이 공고해졌다. 동궁의 주인은 하루라도 비울 수 없는 법, 이현이 폐위된 다음 날 측천의 셋째 아들 영왕 이철이 태자로 책봉되었고, 연호는 영융英隆으로 바뀌었다. 태자 책봉을 축하하는 국가적인 대사면도 함께 이루어졌다.

거침없이 내달리는 측천의 기세 앞에 바람 잘 날 없이 요동치는 당 황실, 여기에는 장차 또 어떤 변고가 휘몰아칠까? 어미로서 둘째 아들마저 제거해버린 측천은 과연 정치 문외한인 셋째 이철에게도 그 잔혹한 손길을 뻗쳐왔을까?

# 제16장
# 황제의 붕어

당대 여류 시인 이계란李季蘭은 재미있는 시 한 수를 남겼다. '지극히'란 말이 여덟 번이나 들어간 시다.

　　지극히 가깝고 지극히 먼 동과 서
　　지극히 깊고 지극히 얕은 맑은 시냇물
　　지극히 높고 지극히 밝은 해와 달
　　지극히 친하고 지극히 먼 부부

이 시를 측천 부부에 대입해보면 아주 적절할 것 같다. 그들 부부는 30년을 같이 살아오면서 서로 힘을 합쳐 싸우기도 했고, 서로 쟁패를 겨루기도 했다. 은원恩怨으로 끈끈히 묶인 가운데 마침내 고종이 먼저 생을 마감했다.

고종의 죽음은 측천에게 어떤 의미가 있었을까? 이로써 측천은 자신의 최종 목표에 한 걸음 더 다가갈 수도 있었고, 또 일생일대 최대의 고비를 맞을 수도 있었다. 이 시각 그녀는 최대한 신중하게 움직여야 했다. 한순간도 방심할 수가 없었다. 자칫하다가는 지난날 쌓아온 성과들이 하루아침에 무너질 수도 있었다.

## 1. 위독한 상태에 빠진 고종

고종은 생애 마지막 나날들을 낙양에서 지냈다. 고향땅에서 죽기를 바라는 게 인지상정이건만 왜 그는 고향 장안이 아닌 낙양에서 생을 마감했을까? 사실 이것은 고종이 아닌 측천의 선택이었다.

왜 그랬을까? 앞에서도 말했지만 이 씨 황실은 관롱 귀족 출신으로 장안에 그 기반을 두고 있었다. 장안은 구귀족 집단의 집결지나 마찬가지였다. 반면, 낙양은 측천이 황후로 등극한 다음 고종과 함께 힘들여 일군 동도東都로서 고종이 여러 차례 측천을 대동하고 순행했던 지역이었다. 말하자면 측천으로서는 낙양이 그녀의 정치적 고향인 셈이다. 따라서 고종 사후에 만약 측천이 그 권력을 대신하려면 낙양이 훨씬 운신하기에 편했다. 그렇지만 병환이 위중한 고종을 어떻게 장안을 벗어나 낙양에 머물도록 설득한단 말인가? 이것은 어지간히 어려운 일이었다. 하지만 행운의 여신은 역시 측천의 편에 서 있었다. 측천이 고종의 낙양행 명분을 찾기 위해 이리저리 궁리하고 있을 때, 마침 하늘이 그녀에게 도움의 손길을 뻗어왔다.

영순 2년, 장안 일대에 큰 가뭄이 들어 양식이 거의 고갈되는 사태가 발생했다. 쌀값은 평소의 10배가 넘어 1말에 300문文으로 치솟았다. 어느 통치자가 자연재해를 반기겠는가? 하지만 이 순간 측천은 회심의 미소를 짓고 있었다. 황제의 낙양 순행 명분이 생긴 것이다. 낙양은 육로와 수로가 잘 발달해 있어서 평소 양식을 대량으로 비축해두었고, 이렇게 되면 황실이나 조정은 양식 걱정을 할 필요가 없었다. 물론 이 명분만으로 고종의 마음을 돌릴 수는 없었다. 아무리 양식이 고갈되었기로서니 그들까지 먹을거리를 걱정해야 할 정도가 되지는 않았다. 아무려면 황제까지 굶겠는가? 이 점은 측천도 잘 알고 있었기 때문에 다른 이유를 하나 더 찾아야 했다.

측천이 고종에게 말했다.

"낙양으로 가서야 합니다. 거기는 숭산嵩山이 가까이 있으니 봉선封禪을 올리시기에 좋습니다. 폐하께서 이미 태산 봉선을 하셨으니, 이제 숭산 봉선을 하시고 앞으로 오악五嶽에 모두 봉선을 지내셔야 하옵니다. 이렇게 하시면 두 가지 이득을 얻습니다. 폐하의 위대한 성과를 모든 신령께 고할 수 있을 뿐 아니라, 폐하와 소첩을 잘 보살펴주십사고 기원드릴 수 있습니다."

원래부터 고종은 소심했던 사람, 소심한 사람일수록 조금이라도 자신이 뭔가 이루었다 싶으면 과시하고 싶은 욕심을 내게 마련이다.

'그래, 신령께 나의 성과를 고하자.'

고종의 솔직한 심정이었다. 게다가 고종은 오래 병으로 고생한 터라, 이 기회에 정말 신령에게 기원을 드리고 싶기도 했다. 측천이 이 두 가지 명분을 제시하자 마침내 그의 마음도 움직이기 시작했다. 이렇게 해서 황제와 황후는 대신과 시종 등 모두 1만여 명을 거느리고 낙양으로의 순행을 결정했다. 장안을 떠나 낙양까지, 장대한 행차가 이제 꿈틀거릴 차비를 했다.

황제의 순행이라면 반드시 군사의 호위가 따른다. 하지만 이 시기 군대 총책임자는 배행검裴行儉이었다. 배행검이 누구인가? 그는 바로 지난날 측천의 황후 책봉을 선봉에 서서 반대했던 인물, 당시 그는 그 일로 인해 서주西州, 지금의 신장 투루판 지역으로 좌천된 적이 있다. 그 후 그는 수차례 외적을 물리치고 혁혁한 전공을 세웠고, 고종은 다시 그에게 대군의 통솔권을 맡겼다.

서부전선에서 전쟁으로 단련된 장수, 그는 전화위복이 무엇인가를 제대로 보여준 인물이었다. 이번 낙양 순행은 대규모 이동인데, 만약 이 틈을 타 군대가 반란이라도 일으키는 날에는 만사가 일거에 끝나버리지 않을까? 측천은 이런 고민 때문에 대규모의 군사를 동원하고 싶지 않았다. 그렇다고 황제의 순행에 군대의 호위가 빠진다면, 순행길의 안전을 담보하기도 어려운 상황이었다. 어떻게 해야 좋을까?

측천은 한번 한다면 하는 성격의 소유자다. 그녀는 갓 감찰어사로 발탁된 위원충魏元忠을 불러들였다. 이번 순행길의 안전을 그에게 맡길 생각이었다. 감찰어사는 8품관, 그 수하에는 병사도 한 명 없는데 어떻게 황제의 안전을 담보할 수 있을까? 하지만 당조는 영웅 배출의 시대였다. 황제가 된 여자 영웅도 출현하는데 대신 중에서 영웅이 나오지 말란 법은 없었다. 위원충은 측천의 명을 받고 돌아와 갖은 지혜를 다 짜냈다. 과연 아이디어가 하나 나왔다.

그는 서둘러 장안과 만년萬年, 두 현의 감옥을 뒤지고 다니면서 죄수들을 하나하나 불러다 관상을 살피기 시작했다. 의복이 남루하고 눈빛마저 흐리멍덩한 많은 죄수 가운데서 그는 예사롭지 않은 인물을 하나 찾아냈다. 유난히 눈빛이 형형하고 어딘가 위엄이 묻어나는 사내, 일거수일투족에서 암흑가의 보스 기질이 물씬 풍겨나는 사내였다. 위원충은 그의 족쇄를 풀어준 다음 거나하게 한 상을 차려 대접했다. 그러고는 자신의 의도를 설명했다.

"천황과 천후께서 이번에 동도 낙양으로 순행을 떠나시네. 자네가 이 순행길에 책임지고 도적떼를 막아주게."

위원충의 예상은 적중했다. 사내는 이 소리를 듣자마자 호탕한 웃음을 지으며 기꺼이 이 일을 맡겠노라고 대답했다. 위원충은 사내에게 관복을 차려 입히고 명마 한 필을 내주었다. 말 한 필로 황제의 가마를 호위하라는 뜻이었다.

과연 묘수였다. 순행길에 따라붙은 도적떼들은 호위자가 바로 자기들의 두목이라는 사실을 확인하고는 어느 누구도 감히 덤벼들지 못했다. 1만여 명의 대오는 아무 일 없이 편안하게 동도에 도착했고, 이 과정에서 누구 하나 개인 물건을 도난당하는 일조차 없었다. 천자의 순행길을 도적이 호위했다? 아마 이 사례는 천고에 그 유례를 찾아보기 어려울 것이다. 하지만 이게 무슨 상관이랴. 측천은 자기에게 비우호적인 군대는 장안에 그대로 남겨둔 채 무사히 낙양에 도착할 수 있었다.

낙양에 도착한 다음 측천은 재상들이 모두 장안에 남아 태자를 보좌하고 있으니, 재상 네 명을 추가로 임명할 것을 고종에게 요청했다. 이때 재상으로 임명된 사람들은 원래는 4품관으로 경력이 그리 많지 않았다.

관례에 따르면 당조에는 3품관만이 재상이 될 수 있었다. 그래서 재상에게는 늘 '동중서문하 3품'과 같은 직함이 따라다녔다. 만약 재상이라고 해서 4품관에게 '동중서문하 3품' 같은 직함을 붙인다면 금방 남의 이목을 끌게 분명했다. 측천은 직함의 명칭을 손보는 수밖에 없었다. 이들 재상 네 명이 자연스럽게 직위에 오를 수 있도록 측천은 그들의 품계를 없애는 대신 '동중서문하평장사'라는 직함을 만들었다. 이제 이런 직함이 생겼으니 경력이 부족한 네 명의 4품관 재상들은 일약 재상이라는 날개를 달고 승승장구의 길로 나아갈 수 있게 되었다.

이것은 당대 정치사에서 획기적인 의미를 갖는 조처라고 할 수 있다. 이렇게 한번 재상의 자격 요건이 허물어지면서, 이후 과거 출신의 무수한 젊은 관리들에게도 빠른 시일 내에 재상이라는 최고위직에 오를 수 있는 길이 트였다. 물론 이때 임명된 네 명의 재상들은 나이도 젊고 경력도 짧았지만, 측천에 대한 충성심 하나만은 확고부동했다.


## 2. 낙양에서 객사한 고종

측천이 낙양에 온 두 번째 이유는 숭산 봉선이었다. 낙양에 온 지 얼마 안 되어 측천은 고종을 부추겨 억지로 숭산 아래까지 당도했다. 이때 산 아래에서 고종과 측천 사이에 사건이 하나 발생했는데, 이는 지금까지도 역사의 미스터리로 남아 있다. 우선 『자치통감』의 기록을 보자.

> 고종은 심한 두통을 앓았고 시력을 잃어 앞을 보지 못했다. 시의侍醫 진명학秦鳴鶴이 불려와 진찰을 했는데, 그는 머리에 침을 놓아 피를 빼내면 나을 수 있다고 했다. 그러자 고종의 쾌유를 원치 않았던 천후가 주렴 뒤에서 대로하여 고함을 질렀다. "이자의 목을 베어라! 감히 천자의 머리를 찔러 피를 뽑으려 하다니!"

이 부분에 대해서는 설명이 필요하다.

고종은 숭산에 당도하기까지의 힘든 여정이 있었기 때문에 원래 앓고 있던 중풍이 더 크게 도졌다. 견딜 수 없는 두통에다 시력까지 거의 잃을 정도가 되어 전통적인 처방약이나 침술로는 더 이상 치료가 불가능했다. 어의가 아닌 다른 의사 한 명이 급히 명을 받고 달려왔다.

진명학, 학자들의 고증에 의하면 그는 동로마 제국 출신으로 경교도景敎徒였다고 한다. 경교는 초기 기독교의 한 지파로, 당 초엽 중국에 전파되기 시작한 종교다. 당시 경교도들이 대거 중국에 몰려들면서 서양 의술도 광범위하게 보급되기 시작했다. 특히 그들이 시도한 두개골 절단 시술법이 실명失明 환자에게는 아주 효험이 있다는 소문이 널리 퍼져 있었다.

이제 황제가 실명했으니 서양 의사를 한번 초빙해볼 만도 했다. 진찰을 마친 진명학이 말했다.

"폐하의 실명은 고열로 인한 독이 두부頭部에까지 침투했기 때문입니다. 침을 놓아 두부 출혈을 시키면 회복될 가망이 있을 것입니다."

현대 용어를 쓰자면 혈관이 막혀 시신경을 압박하고 있으니, 정수리에 침을 놓아 피를 뽑으면 실명을 치료할 수 있다는 뜻이었다. 진명학의 말이 떨어지기 무섭게 주렴 뒤에 앉아 있던 측천이 대성일갈했다. 황제의 머리에 침을 놓으려는 의사의 목을 당장 베어버리라고 했다. 이 소리에 놀란 의사는 벌벌 떨면서 그 자리에 덜썩 주저앉아 측천에게 살려달라고 애원했다. 이때 고종이 나섰다.

"침을 놓을 수밖에 없겠다. 그렇게 해서 낫지 말란 법도 없지 않은가?"

의사가 악의를 품었을 리 없고, 또 어차피 백약이 무효이니 한번 시도나 해보자는 게 고종의 생각이었다.

고종의 이 한마디가 떨어지자 측천도 더 이상 대꾸하지 못했다. 불쌍하게 된 것은 의사 진명학, 오로지 성공뿐 실패는 바로 죽음이었다. 그는 전전긍긍 진땀을 흘리며 고종의 정수리에 침을 꽂았다. 검붉은 피가 주르륵 흐른 뒤 고종은 고개를 들었다. 눈을 몇 차례 끔뻑거리던 고종이 말했다.

"황후, 그대가 보이는구려. 정말 그대를 볼 수 있게 되었소!"

감격에 겨운 목소리였다. 고종의 말이 미처 끝나기도 전에 측천의 마음은 마치 무거운 돌덩이를 내려놓은 양 가벼워졌다.

"하늘이 우리를 도왔다!"

그길로 측천은 밖으로 뛰어나가 직접 비단 백 필을 지고 와서 진명학에게 하사했다.

이 대목은 위에 언급된 『자치통감』의 기록과 확실한 차이를 보인다. 사마광은 『자치통감』에서 이 부분을 기록할 때, 고종의 머리에 침을 놓겠다는 진명학의 치료를 측천이 만류한 이유를, 그녀가 황제의 쾌유 대신 사망을 바랐기 때문이라고 보았다. 아마 누군가의 억측을 그대로 옮겼을지도 모른다.

그러나 내 생각은 다르다. 측천이 성급하게 고종이 빨리 죽기를 바랄 이유는 전혀 없었다. 나이 열넷에 입궁한 것으로 치면 측천은 이미 40여 년을 견뎌왔고, 황제도 이젠 자기 손바닥 안에 있는 것이나 다름없는데 마지막 결정적인 순간에 왜 그녀가 인내심을 포기하겠는가?

그러나 진명학의 치료는 고종으로서는 마지막 타오르는 저녁놀에 불과했다. 이 무렵 측천은 이미 태자 이철과 재상 배염을 낙양으로 불러들여 조용히 황위 계승을 준비하고 있었다. 그로부터 얼마 지나지 않은 영순 2년 12월 4일, 자기 운명이 다했다는 걸 느낀 고종은 전국에 걸쳐 대사면을 실시했고, 연호를 홍도弘道로 바꾸었다. 스스로 복을 기원하기 위해서였다. 원래 고종은 측천이 거주하는 문루에 올라 이 대사면을 선포할 생각이었다. 그러나 심신이 이미 허약해질 대로 허약해진 고종은 아무리 애를 써도 병상에서 일어날 수가 없었다. 대사면은 결국 일부 백성을 궁 안으로 불러들인 가운데 황제를 보좌하는 대신이 대독하는 것으로 마무리되었다.

밖에서 울려 퍼지는 백성의 환호성을 들으면서 고종은 길게 한숨을 내뱉었다.

'만백성은 저리도 기뻐하는데 짐은 이제 목숨이 다하는구나. 천지신명의 도움으로 한두 달만이라도 연명하여 장안으로 돌아갈 수 있다면 죽어도 여한이 없으련만!'

임종을 앞둔 절박한 순간에도 고종은 자신이 나고 자란 고향땅을 한 번이라도 밟아보기를 소망했다. 하지만 하늘은 끝내 그에게 기회를 주지 않았다. 그날 밤, 고종 이치는 낙양 정관전에서 숨을 거두었다. 향년 56세, 당시 측천의 나이는 예순, 태자 이철은 스물여덟이었다.


## 3. 애매모호한 황제의 유서


고종이 세상을 뜨자 측천은 천후에서 황태후皇太后가 되었다. 이제 당 제국의 운명은 어떻게 될까? 이미 집정 20년을 훌쩍 넘긴 측천, 아직도 천하는 그녀의 손안에 들어 있었다. 측천이 태자에게 자신의 권력을 순순히 넘겨주리라고 생각하는 사람은 아무도 없었다. 그러나 어쨌든 태자가 성년이 된 지는 이미 오래, 충분히 독자적으로 정사를 살필 수 있는 나이였다. 사람들은 측천이 과연 어떻게 자신이 쥔 권력을 계속 유지할 수 있을까에 대해서 예의 주시하고 있었다.

이 무렵, 문건이 하나 발견되었다. 「대제유조大帝遺詔」라는 이름이 붙은 고종의 유서였다. 고종은 임종 직전 재상 배염에게 국정을 잘 보좌할 것을 당부했고, 동시에 정치에 관한 유서를 한 통 남겼다. 「대제유조」에는 이렇게 쓰여 있었다.

> 천하는 무한히 넓고 종묘사직은 지극히 중요하니, 대통을 이어받아 이를 잘 보존하기 위해서는 한시도 황위를 비워둘 수가 없다. 황태자는 짐의 영전에서 곧바로 황위를 계승하고, 장례는 한漢의 제도를 본받아 간소하게 치르라. 복상도 한 달을 하루로 계산해서 치르면 정사에 도움이 될 것이다. 능묘와 정원을 조성할 때도 최대한 검소하게 하라. 정치와 군사에 관한 중요한 일 가운데 만약 황제가 결정하지 못할 경우 천후의 의견을 듣도록 하라.(『당대조령집唐大詔令集』 권11)

이 유서는 여느 황제들의 그것과는 많이 달랐다. 이제 세 가지 측면에서 고종의 유서가 갖는 의미를 살펴보자.

첫째, 황태자 이철이 고종의 영전에서 곧바로 황위를 계승하라는 부분인데, 이로써 고종은 태자의 황제 계승권을 확실히 했다.

둘째, 선황에 대한 새 황제의 복상 문제를 언급한 부분이다. 이 문제에 관해 고종은 한의 제도를 답습하라는 유언을 남겼다. 당시 중국의 관례에 따르면 부친이 사망할 경우 아들은 3년상을 치르게 되어 있었다. 이때 3년상은 36개월이 아닌 27개월이었다. 하지만 한나라 제도에서는 황제의 복상 기간을 계산할 때 하루를 한 달로 쳤다. 따라서 실제로는 27일만 복상했다. 황제가 돌보아야 할 정사가 워낙 많기 때문에 27개월이나 묘소에서 복상한다는 게 거의 불가능했다. 따라서 일반 백성의 경우와는 다른 계산법을 적용한 것이 한대 황실 복상 제도의 특징이었다. 고종은 이 점을 충분히 고려해서 이렇게 당부했던 것이다.

셋째, 고종의 유서에서 가장 주목해야 할 대목인데, "정치와 군사에 관한 중요한 일 가운데 만약 황제가 결정하지 못할 경우 천후의 의견을 듣도록 하라"는 부분이다. 이 대목은 여느 황제의 경우와는 사뭇 다르다. 이전의 고조나 태종의 유서에도 "복상 기간에 발생하는 정치와 군사에 관한 중요한 일은 황제가 직접 처리하고, 나머지 자잘한 일상 업무는 백관에게 위임하라"고 했다. 그런데 고종은 "중요한 국사에 대해서는 천후의 의견을 들으라"는 뜻밖의 당부를 하고 있다.

그렇다면 고종은 왜 이런 유서를 남겼을까? 두 가지 가능성을 생각해볼 수 있다. 하나는 고종이 태자 이철을 불신했을 가능성이다. 태자 이철이 대리 집정 기간에 뛰어난 능력을 보여주지 못한 반면, 측천의 집권 능력은 의심할 여지가 없을 정도로 탁월했다. 따라서 마지막 순간 고종은 차라리 아내를 믿고 싶었을지도 모른다.

다른 하나는 이 유서가 측천의 감시하에 작성되었을 가능성이다.

이 두 가지 가능성 가운데 어느 것이 진실에 더 가까울까? 물론 측천이 임종 직전의 고종을 감시했을 가능성은 충분히 있다. 하지만 이 유서는 고종이 자신의 의지대로 작성했을 가능성이 더 크다. 그 이유를 다음 세 가지 측면에서 설명해보자.

첫째, 태자에 대한 고종의 불신이다.

태자 이철의 성격은 한마디로 요약하면 방탕과 방종이다. 그는 고종의 일곱째 아들이면서 측천이 낳은 셋째 아들이었다. 셋째 아들이 태자가 될 가능성은 거의 없었기 때문에 황실에서도 그의 교육에 대해서는 별로 신경 쓰지 않았다. 그는 어려서부터 성격이 자유분방해서 곧잘 투계나 경마 같은 투전놀음에 빠져들었다. 측천이 낳은 네 아들 중에 셋째 이철의 재능이 가장 부족한 편이었다. 그와 관련해서는 당 초엽 유명한 재사 왕발王勃과의 일화가 하나 전해진다.

당시 이철과 둘째 이현은 황자로서, 각각 주왕周王과 패왕沛王으로 책봉되어 있었다. 투계는 당대에 널리 유행했던 오락이었는데 이 두 황자 역시 투계를 몹시 좋아했다. 왕발은 당시 이현의 부하 관리로 있었는데 나이는 불과 스무 살이었다. 그는 두 황자가 투계를 즐기는 것을 보고는 자기 재주를 과시해보겠다는 생각에 「격주왕계檄周王鷄」라는 문장을 하나 지었다. 이는 '주왕의 싸움닭을 토벌하노라'라는 뜻을 가진 격문으로, 패왕 이현을 응원하는 문장이었다. 우연히 이 격문을 보게 된 고종은 이 왕발이란 자가 두 황자 사이에서 이간질을 한다고 생각해서 몹시 분개한 나머지 그를 자기 고향으로 내쫓아버렸다. 이 일화에서 보듯 이철은 황자로서의 품위에 걸맞은 처신을 하지 않았다. 태자가 된 후에도 그는 종일토록 기마나 사냥에 몰두할 뿐, 황실 생활에 잘 적응하지 못했다.

그는 또 남의 말을 잘 듣지 않았다. 이것은 좋게 말하면 자유분방이지만 실제로는 방종에 가까웠다. 영순 원년, 고종과 측천이 낙양으로 순행할 때 이철에게 대리 집정을 맡기면서 조정대신 세 명에게 그를 잘 보좌하라고 명한 적이 있었다. 하지만 대신들의 간곡한 권유와 상소에도 그는 책을 읽거나 스승이 정해준 대로 공부하는 법이 없었다. 상소문이 비 오듯 쏟아졌지만 마이동풍, 여전히 자기 방식대로 생활했다. 투계든 경마든 자기 마음 내키는 대로 유희에만 몰두했다. 이런 일 때문에 고종은 이철에게 적이 실망했다.

개요開耀 2년(682) 정월, 이철이 아들을 낳자 황손을 얻은 고종은 너무나 기쁜 나머지 직접 이 손자에게 중조重照라는 이름까지 지어주었고, 손자의 출생 한 달이 되는 날에는 이를 기념하기 위해 연호를 영순으로 바꾸고 대사면을 실시하기도 했다. 얼마 후 고종은 또 황손 중조를 황태손으로 책봉했다. 이는 그 전례를 찾아보기 어려운 사례였다. 역사적으로도 황태자가 건재한 상황에서 황태손을 책봉하는 일은 없었다. 더욱이 이 황태손은 태어난 지 이제 겨우 한 달 남짓밖에 되지 않았는데도 말이다. 그만큼 고종은 태자에 대한 실망이 컸고, 갓난아기에 불과하지만 그래도 앞으로 태자보다는 손자에게 희망을 거는 게 낫겠다고 생각했다.

당시 당 제국에는 홍수와 가뭄이 번갈아 발생했고 변방 지역에서는 돌궐과 토번족이 큰 위협으로 다가오고 있었다. 게다가 황제 자신마저 객지에서 사경을 헤매고 있는 상황인 이런 내우외환의 위기 속에서 어쩌면 고종은 이 철부지 태자에게 직접 대권을 맡기기가 불안했을지도 모른다.

둘째, 재상들에 대한 고종의 불신이다.

황제가 기왕 친자식을 믿지 못했다면, 왜 조정대신들에게 태자를 보좌하라고 명하지 않았을까? 여기에는 나름 이유가 있었다. 우선 당시 대부분의 재상은 측천이 새로 발탁한 인물들이었다. 재상이 된 지 겨우 반년 정도밖에 안 되는 데다 경력도 별로 없으니 선뜻 큰일을 맡기기가 쉽지 않았다. 게다가 고종에게는 과거 고명대신으로부터 별별 간섭을 다 받았던 쓰라린 경험이 있다. 그는 태종이 서거하면서 자신에게 남긴 고명대신 장손무기와 저수량으로부터 엄청난 통제를 받았고, 이 때문에 황권을 회복하려고 무던히도 애썼던 적이 있다. 결국에는 측천의 황후 책봉을 계기로 겨우 그들을 제거할 수 있었다. 바로 이런 경험이 있었기 때문에 고종은 평생 조정대신들을 그다지 신임하지 않았고, 그들에게 지나친 권력이 쏠리는 것도 허용하지 않았다. 이 점은 자신이 임명한 고명대신 배염도 예외는 아니었다.

셋째, 측천에 대한 고종의 신임이다.

오랜 기간에 걸친 측천의 정치력에 대해서 고종은 줄곧 감탄해 마지않았다. 고종은 "근래 천후의 정확한 일처리가 정무에 큰 도움이 된다"(『책부원귀』 권84)라고 칭찬할 정도로 그녀를 신임했다. 게다가 고종은 어떤 경우에도 여자가 대권을 거머쥘 수는 없다고 굳게 믿고 있었다. 여자는 '시집가기 전에는 아버지를 따르고 출가하면 남편을 따르고 남편이 죽으면 아들을 따른다'는 논리가 거의 철칙이다시피 전해 내려온 봉건사회가 아니던가? 고종은 측천의 권력이 아무리 커진다고 해도 결국에는 아들의 손에 넘겨진다는 사실을 잘 알고 있었다.

이렇게 해서 「대제유조」에는 측천에게 일정 정도 권력을 부여하는 것으로 되어 있다. 하지만 이 권력을 행사하려면 측천에게도 어려움이 없는 건 아니었다. 이 유서에 따르면 권력이 부여되긴 했지만, 그것을 어떤 식으로 행사하느냐에 대해서는 언급이 없다. 어쩌면 고종은 측천이 자문은 하되, 결정권은 황제에게 있다고 생각했을지도 모른다. 이렇게 되면 측천은 그저 최고위 고문직만 갖게 된다. 사실상 이것은 측천의 권력 행사에 대한 고종의 견제나 마찬가지다. 앞에서 인용했던 이계란의 시구 "지극히 친하고 지극히 먼 부부"라는 말이 바로 이런 의미였을까?

이 유서를 보고 측천은 안도감과 두려움을 동시에 느끼지 않았을까? 고종이 마지막 순간까지 자신에게 어느 정도의 권력을 부여함으로써 당당하게 계속 참정할 수 있게 되었다는 점에서는 안도감을, 반면 이 권력을 행사하기가 결코 만만치 않다는 데 대해서는 두려움을 느꼈을 것이다. 측천으로서는 자신이 최고위 고문직에만 머문다는 게 못마땅했을 것이다. 어떻게 이 유서를 제대로 활용할 수 있을지 측천은 고민에 사로잡혔다.

이때 구원자가 하나 나타났다. 배염, 고종이 임명한 고명대신이었다. 고종 사후, 당조의 최고 권력은 사실상 세 갈래로 나뉘는 양상을 띠게 되었다. 신황제 이철, 측천, 배염 세 사람이 제각기 권력의 일정 지분을 가지고 있었는데, 이철과 측천이 권력의 핵심에 있었다면, 배염은 그중 어느 한쪽에 의지해야만 제 역할이 가능한 상황이었다. 이때 배염은 측천을 선택했다. 그는 측천이 고종의 유서에 남겨진 난제를 해결하는 데 힘을 보태주었다.

홍도 원년(683) 12월 7일, 고종 사후 사흘째 되던 날, 배염이 상소를 올렸다.

"지금 새 황제께서는 아직 정식으로 황제 책봉을 받지 못했으니 조서를 공표할 권한이 없습니다. 앞으로 무슨 일이 생기면 재상들은 천후께 먼저 보고를 드리고, 천후께서 모든 조서를 공표하고 집행해야 합니다."

배염의 이 상소는 천후가 국사 전반을 주재해야 하니 황제는 한편으로 비켜나 있으라는 말과 다름없었다. 사실상 이는 "정치와 군사에 관한 중요한 일 가운데 만약 황제가 결정하지 못하는 경우에는 천후의 의견을 듣도록 하라"는 고종의 견제를 무시한 발상이었다.

왜 배염이 이런 상소를 올렸을까? 추측이긴 하지만 배염은 이철과 측천의 힘겨루기에서 아예 측천 편에 서기로 작정한 것 같다. 그가 비록 측천의 심복은 아니었지만 둘째 아들 이현의 모반 사건이 처리된 이후 측천으로부터 이미 칭찬을 들은 바 있고, 이때부터 두 사람의 관계도 아주 긴밀해졌다. 반면, 이철이 황제로서는 여전히 능력이 부족하다는 사실을 그는 너무나 잘 알고 있었다. 또 배염은 자신이 생각하는 이상적인 황제의 형상을 마음속에 담고 있었다. 자신의 소망을 달성하려면 측천을 잘 이용할 수 있겠다는 것이 그의 판단이었다. 당시 배염이 생각해둔 황제가 누구였는지에 대해서는 뒤에서 자세히 언급하겠다.

어쨌든 배염은 고종이 임명한 유일한 고명대신, 그의 한마디 한마디는 당연히 최고의 권위를 가졌고 누구도 반대하지 못했다. 이후 측천은 배염과 모종의 거래를 거치면서 단독으로 정무를 수행하는 권한을 행사할 수 있었다. 물론 이 권한은 시한부였다. 당초 배염이 측천의 절대 권한을 인정한 이유는 신황제가 아직 정식으로 책봉되지 않았기 때문이었다.

하지만 며칠 후 이철은 정식으로 황위에 등극했다. 이때 측천과 배염은 또 하나의 평계를 내놓았다.

"신황제의 복상이 끝나려면 아직 얼마간 시간이 더 필요하다. 이 기간에도 당연히 측천이 황태후의 자격으로 모든 조서를 공표해야 한다."

황제의 복상 기간이 어느 정도 될까? 앞에서 말했듯이 3년상을 줄여서 27일만 복상하기로 되어 있었다. 한 황실의 관례에 따라 하루를 한 달로 계산한 결과다.

복상 기간 27일이 지난 후, 중국 역사는 새로운 장이 펼쳐졌다. 당 제국이 다시 한번 최고 통치 집단의 권력 암투의 소용돌이 속으로 빠져든 것이다. 노련함과 지혜로 무장한 측천이 과연 고분고분 모든 권력을 넘겨줄 수 있었을까? 권력투쟁의 정치 경험이 전무했던 신황제는 장차 또 어떤 운명을 맞게 될까?

# 제17장
# 황제의 폐출

황제가 된다는 것은 엄청난 영광이다. 후궁의 수많은 비빈을 거느리면서 지고무상의 권력을 휘두르는 자리, 누구에게든 그 자리는 매력적일 수밖에 없다. 하지만 한 사람이 두 번씩이나 황위에 오른다는 것, 그것은 영광일까, 치욕일까? 대답하기 어려운 문제다. 역사적으로도 그런 사례는 지극히 드물기 때문이다. 그러나 당 제국에서는 두 사람이 바로 그런 일을 경험했다. 그것도 두 황제 모두 측천의 아들이었다. 그중 한 사람이 바로 지금 이야기할 이철이다. 어떻게 된 일일까?

## 1. 황태후의 권력 찬탈

앞서 말했듯이 고종 사후 측천은 재상 배염의 협조 아래 황태후의 자격으로 모든 조서를 공표했고 황제는 뒤로 물러나 있었다. 하지만 측천의 이런 권한도 황제의 복상 기간인 27일로 한정되어 있었다. 이 27일이 지나면 측천은 후궁 깊숙이 물러앉아 기껏해야 고종이 위임한 고문 역할에 만족해야 했다.

측천은 잠시도 가만히 있을 수가 없었다. 이 짧은 27일 동안 측천은 크게 네 가지 일을 벌였다. 종실에 대한 예우, 재상 집단의 재편성, 황실 군대에 대한 통제, 지방정부 장악 등이 그것이다. 구체적으로 살펴보자.

첫째, 측천은 이 씨 황실 가족을 극진히 예우했다.

12월 17일, 측천은 이 씨 종실 중에서 항렬과 명망이 높은 고조와 태종의 자제들에게 일률적으로 그 직급을 올려주라는 명을 내렸다. 대체로 고조의 아들들에게는 태위·사도·사공 등 소위 3공의 예우를 하도록 했고, 태종의 아들들에게는 태사·태부·태보 등 소위 3사의 예우를 하게 했다. 이 모든 직급은 1품 고관에 해당했다.

이는 고대 중국에서는 대단히 높은 관직이면서 그 명예 또한 대단했다. 이런 조치의 이면에는, 자신이 비록 국정 전면에 나서긴 하지만 앞으로도 지속적으로 황실 가족들의 신분과 이익을 보장해주겠으니 안심하고 지내라는 의미가 담겨 있었다. 이렇게 하면 종실의 저항을 사전에 차단함과 동시에 그들의 구설수로부터도 자유로울 수 있다는 계산이었다. 사실 이 조치가 있기 이전에 이미 측천이 이 씨 천하를 찬탈하려고 한다는 소문이 나돈 적이 있었다. 측천이 이렇게 나오자 과연 종실 쪽에서는 더 이상 군말이 나오지 않았다. 이것이 바로 황제의 복상 기간에 측천이 취한 첫 번째 조치였다.

둘째, 측천은 재상 집단을 재편성했다.

사실 이 재상 집단의 재편성은 측천이 황후로 책봉된 이후 줄곧 시행해온 방침이기도 했다. 당시 측천은 크게 세 측면에서 이 재상 집단을 조정했다.

그 첫째가 당시 덕망이 높았던 원로대신 유인궤劉仁軌, 그는 줄곧 장안에만 머물고 있었다. 측천은 유인궤를 정2품 좌복야로 승진시키고 계속 장안을 지키도록 했다. 이는 사실상 그를 장안에 묶어둔 조치로, 앞으로 측천이 머무는 낙양 쪽에는 신경 쓰지 말라는 의미가 들어 있었다.

그 두 번째 그룹은 발탁된 지 오래지 않은 몇몇 신진 재상이었다. 측천은 이들을 '동중서문하평장사'에서 '동중서문하 3품'으로 승진시켜 직함을 바꾸어주었다. 이 승진에 보답하려면 한층 더 자기를 위해 힘을 보태라는 뜻이었다.

그 세 번째는 바로 배염, 측천이 볼 때 그의 위치는 참으로 중요했다. 고종 사후 측천이 지속적으로 조서를 공표할 수 있도록 도와준 것도 바로 그였다. 재상 그룹의 재편성 과정에서 측천은 그의 요구를 받아들여 그를 문하시중에서 중서령으로 이동시켰다. 이와 동시에 제도상으로도 재상 집단의 의결 기구인 정사당政事堂을 문하시중의 휘하에서 중서령으로 옮겨왔다. 문하시중이나 중서령은 모두 3품관으로 그 지위가 동등하다. 그런데 굳이 배염을 이동시킨다고 해서 무엇이 달라질까 궁금해할 수도 있겠지만, 여기에는 충분한 이유가 있었다.

어쨌든 이것은 당대 재상 제도에 있어서 대변혁이라고 할 만하다. 원래 당조에서는 3성제라고 해서, 중서성에서 황제의 모든 조서를 작성하면, 문하성에서 그것을 심의하고 상서성에서 집행을 맡았다. 또 집행 전에는 문하성에서 최종적으로 의결했기 때문에, 재상 집단의 의결 기구인 정사당도 문하성 산하에 설치되어 있었다. 그러나 사회가 점차 복잡다단해지면서 중서성의 업무와 역할이 훨씬 더 중요해졌다. 배염이 중서령직을 요구한 이유도 바로 이 때문이었다. 측천이 정사당을 문하성 산하에서 중서성으로 옮긴 것도, 중서성의 권한을 제도적으로 강화하겠다는 의지를 보여준 것이었다.

고명대신으로서 배염은 매번 재상 회의를 주재했고, 다들 암묵적으로 그를 수석 재상으로 인정했다. 이렇게 되자 원래 집단 합의제로 운영되던 정사당은 점차 한목소리에 힘이 실리는 체제가 되었다. 측천의 의도는 명백했다. 이미 배염과는 서로 묵계가 이루어져 있어서, 배염이 측천을 도와주는 대신 측천 또한 배염의 권력욕을 어느 정도 충족시켜주는 방향으로 운영 시스템이 갖추어진 것이다. 측천의 입장에서 볼 때, 과거 문하성에서는 정사를 심의한다는 명분으로 반대 의견도 많이 제기했는데, 단순히 조정대신들 간의 다툼에 그친 게 아니라 황제를 겨냥한 적도 없지 않았던 터였다. 이제 문하성의 권한이 축소되었으니, 앞으로 혹 제도에 어긋나는 어떤 사업을 벌이더라도 과거보다는 훨씬 편하게 처리할 수 있을 것이었다.

셋째, 측천은 황실 군대를 통제했다.

속담에 '창 자루에서 정권이 나온다'고 했다. 정권이 안정되려면 군대의 지지는 필수적이다. 당조는 현무문 정변이 발생한 이후 황제가 직접 통솔할 수 있는 친위 군대 양성에 주력했는데, 이 군대를 우림군羽林軍이라고 했다. 그들의 향배에 따라 통치자의 입지가 좌우될 만큼 그 지위는 절대적으로 중요했다. 만약 측천이 권력을 장악하려면 반드시 그들의 지지가 있어야 했다. 측천은 대장 정무정程務挺과 장건욱張虔勖을 각각 좌·우 우림랑으로 임명하여 동도 낙양으로 파견한 다음, 그들에게 동도의 정국을 안정시키라는 조서를 내렸다. 이런 조처는 정말 묘안이었다. 이 두 장군이 얼마 후 거둔 결정적인 성과에 대해서는 뒤에서 다시 언급하겠다.

넷째, 측천은 지방 정부에 대한 통제를 강화했다.

측천은 군대 내의 심복들을 각각 병주·익주·형주·양주 등 네 지역으로 파견했다. 그 지역은 당시 이른바 4대 도독부의 소재지였다. 현지 방어를 강화한다는 명분이었다. 이 네 지역은 당시로서는 매우 중요한 역할을 하는 요충지였다.

병주는 이 씨 황실의 발원지이자 측천의 고향이었고, 북방 지역 군사 요충이기도 했다. 익주는 물산이 풍부한 지역으로 당 제국의 중요한 후방이었다. 익주는 또 방어가 쉬운 반면 공격하기에는 어려움이 많은 지형이어서, 안사의 난 때 현종이 피란한 곳이기도 하다.

'양주의 부는 천하제일'이라는 말에서 보듯, 양주는 당시 국가 재정의 중요한 거점이었다. 당시 사람들이 자기 꿈을 이야기할 때, 곧잘 "허리춤에 10만 냥 꿰어 차고 학을 타고 양주로 가서 살고 싶다"라고 했을 정도로, 신선조차도 양주를 선호한다는 말이 나돌았다. 이처럼 사람들에게 양주는 부귀와 번영의 상징처럼 각인된 지역이었다.

형주는 예부터 중남부 지역의 군사 요충으로, 삼국 시대 유비·조조·손권이 서로 목숨을 걸고 차지하려 했던 땅이다. 훗날 관운장이 경솔하게 대처하는 바람에 형주를 잃자, 촉과 한이 서서히 몰락했던 쓸쓸한 사례를 남긴 곳이 바로 형주다. 그만큼 형주의 정치적·군사적 지위는 중요했다.

측천이 이렇게 자기 심복을 군사적·경제적 요충으로 파견한 이유는 이들 주요 지역의 소요를 미연에 방지하려는 목적에서였다. 이 조서가 내려진 것은 홍도 원년 12월 29일, 황제 이철이 복상을 끝내는 마지막 날이었다.

불과 한 달이 채 되지 않는 복상 기간에 측천은 급박하게 움직이면서 이 엄청난 일들을 마무리했고 마침내 안도의 한숨을 내쉴 수 있었다. 이렇게 중앙과 지방의 방어 체계를 물샐틈없이 구축해놓은 이상, 신황제가 독자적인 행보를 하려면 적잖은 난관에 봉착할 것이었다.


## 2. 황제 이철의 폐위


정월 초하루, 거의 한 달을 벼르고 별러온 이철은 마침내 친정에 나섰다. 연호도 사성嗣聖으로 바꾸고, 이제 마음껏 자신의 기량을 한번 발휘해보리라고 결심했다. 그러나 주변을 둘러보고 이철은 그만 아연실색했다. 중앙에서 지방까지, 문관에서 무관까지, 모든 관리가 다 측천파 일색으로 자리를 꿰차고 있었다. 이미 측천의 의도대로 포석이 마무리된 상황이었기 때문에, 황제라는 막강한 권좌에 오르긴 했지만 자신이 뚫고 들어갈 여지는 별로 없는 듯했다.

이미 말했듯이 이철은 원래부터 제왕으로서의 소양 교육을 받은 적도 없고 실제 경험도 부족한 데다, 허구한 날 투전판과 기마와 사냥에만 골몰했다. 이렇게 귀하게만 성장했으니 총명한 자질을 갖추었다고는 볼 수 없었고, 다만 용맹성 하나는 남다른 데가 있었다. 정치력에 있어서도 당연히 고종과는 한참 차이가 났다. 지난날 고종은 재상들의 간섭을 받으면서도 묵묵히 인내하면서 차근차근 돌파구를 찾았지만 이철은 그러지 못했다. 그에게는 선황의 인내력도, 식견도 없었기 때문에 이런 상황이 되자 즉각 반발하고 나섰다.

정월 초하루, 이철은 정치 일선에 들어서자마자 태자비 위韋 씨를 황후로 책봉하고, 당시 미관말직에 있던 황후의 부친 위현정韋玄貞을 예주豫州자사로 발탁했다. 며칠 후 황제는 또 위황후의 먼 친척 한 사람을 동중서문하 3품으로 기용했다. 재상 자리로 직행한 것이다. 황제의 의도는 명백했다. 대신들이 모두 측천 쪽 인물로 채워진 이상, 이에 뒤질세라 자신도 측근을 발탁하겠다는 뜻이었다.

하지만 얼떨결에 황제 자리에 오른 그에게 측근이 있을 리 만무했다. 과거 고종이나 폐태자 이현은 재상들의 지지라도 있었지만, 이철이 기댈 곳은 오직 처가 위 씨 집안뿐이었다. 위황후의 친정은 원래 귀족 집안이긴 했지만 이때는 이미 몰락한 가문이었기 때문에 현직 관리는 거의 없었고, 있다고 해도 직급이 아주 낮았다. 이런 다급한 상황에서 이철은 마구잡이로 처가 쪽 사람을 발탁하는 수밖에 없었다.

위황후는 애당초 이철이 태자로 있을 때 측천이 정해준 배필이었다. 배필을 정할 당시 측천은 위 씨 집안이 훌륭한 가문이기는 하지만, 태자에게 실질적인 도움을 줄 처지는 못 된다는 점을 충분히 고려했다. 그 가문에 될성부른 인물이 없음을 고려했다는 것은 측천의 숨은 의도가 있었다는 뜻이기도 했다. 이제 황제의 입장에서 처가 쪽 사람을 발탁하려 해도 누구 하나 적당한 인물을 찾기란 쉽지 않았다. 기껏해야 장인 그리고 먼 친척 한 사람이 전부였다.

막 정치에 입문한 황제의 이 첫 한 수는 그러나 패착이었다. 집정하자마자 이 씨 황실부터 배려했던 측천과 달리, 이철은 처가 쪽 식구부터 먼저 챙겼다. 그의 이런 태도는 황실 쪽에서 볼 때는 적이 못마땅했다. 황제가 이러고도 천하의 민심을 얻을 수 있다고 생각하는지 의심스러웠다. 그러나 어쨌든 사람들은 황제의 태도를 계속 지켜보면서 다음 행보가 어떻게 되는지를 기대해보자는 심정이었다.

하지만 이철은 한번 잘못 든 길에서 여전히 헤어나질 못했다. 예상 밖으로 이번에는 장인을 자사에서 문하시중으로 발탁하고, 유모의 아들에게는 5품관을 주겠다고 나섰다. 이것은 그야말로 얼토당토않은 조처였다. 물론 자사에서 재상이 되는 게 전혀 불가능한 일은 아니었지만, 위황후의 부친이 자사가 된 지 얼마나 되었다고 이렇게 나오느냐가 문제였다. 이런 식의 초고속 승진은 누구도 쉽게 납득하지 못할 것이고, 위인설관爲人設官이라는 혐의에서 벗어나기도 어려웠다.

당대의 제도에 따르면 관리를 임명할 때는 중서성의 조서가 필요했다. 당시 중서성의 장관은 고명대신 배염, 그즈음 그는 권력의 정상에 서서 일인지하 만인지상의 기분을 한껏 만끽하던 중이었다. 몇몇 젊은 재상도 그에게는 꼼짝 못하고 복종만 하는 처지였다. 그런데 지금 황제의 장인이 문하시중으로 들어와 만약 거부권이라도 행사하는 날에는 배염의 권한이 대폭 줄어들 것은 불 보듯 뻔했다. 게다가 배염은 애당초 지금의 황제를 껄끄럽게 여기고 있던 차였다. 그는 무작정 이 인사안에 반대하면서 조서 작성을 완강히 거부했다.

황제인들 점잖게 나올 리가 없었다. 이철은 불같이 화를 내며 뇌성벽력을 질러댔다.

"내가 장인에게 천하를 물려준다고 해도 안 될 게 뭐 있는가? 왜 그분이 문하시중이 될 수 없단 말인가?"

이게 무슨 말인가? 당 천하를 장인 위현정에게 넘겨준다는 건 있을 수 없는 일이었다. 물론 황제가 이 말을 홧김에 내뱉었다는 건 삼척동자라도 다 안다. 하지만 천자가 어떻게 함부로 실없는 소리를 한단 말인가? 바로 이 한마디 때문에 이철은 자신의 황제 자리를 내놓을 수밖에 없는 궁지로 내몰렸다.

황제의 대갈일성에 배염은 두말없이 물러나 곧장 태후를 배알했다.

"황제께서 이 천하를 위현정에게 넘기려고 하십니다."

배염의 이런 행동이 옳다고 할 수는 없다. 그러나 곰곰이 따져보면 틀렸다고 할 수도 없다. 고종이 유서에서 분명히 밝혔듯이 '정치와 군사에 관한 중요한 일 가운데 만약 황제가 결정하지 못하는 경우에는 천후의 의견을 듣도록' 했기 때문이다. 지금 황제가 천하를 장인에게 넘기겠다는데, 이보다 더 중요한 일이 무엇이겠는가? 배염은 당연히 천후의 하명을 기다릴 수밖에 없었다.

측천은 내심 떨 듯이 반가웠다. 가뜩이나 아들을 끌어낼 기회를 찾지 못해 고심하던 터에 제 발로 순순히 걸려든 것이다.

측천은 배염과 머리를 맞댔다.

'이렇게 멍청한 황제를 어떻게 한다?'

아무리 의논해봐야 결론은 뻔했다. 폐위 외엔 다른 방법이 없다는 데 두 사람은 의견이 일치했다. 하지만 그를 폐위시키면 이제 누구를 앉히지? 측천? 그것 역시 불가능한 일이었다.

당시 상황에서 선택할 수 있는 방안은 두 가지였다. 하나는 이철의 아들,

즉 고종이 황태손으로 책봉했던 이중조, 다른 하나는 측천의 넷째 아들이 자 이철의 동생인 이단이었다. 상의 결과 두 사람은 이단을 황제로 옹립하기로 결정했다. 여기에는 측천 나름대로의 계산이 숨어 있었다.

'만약 이중조가 황제가 되면 그 어미 위황후는 황태후가 되고 나는 태황태후가 된다. 그런데 이단이 황제가 되면 나는 계속해서 태후 자리를 유지할 수 있다. 정치에 간여하려면 태황태후보다는 태후의 자리가 훨씬 편리하고 남 보기에도 좋다.'

측천과 배염은 상의를 마친 후 구체적인 행동에 돌입하기로 했다. 하지만 막상 실행하려고 보니 두 사람의 힘만으로는 성사되기가 어려울 듯싶었다. 그들에게는 문무백관 중에서도 핵심 인사의 지지가 필요했다. 문관 중에서 측천은 중서시랑 유위지劉褘之를 선택했다.

유위지는 어려서부터 문장으로 이름을 날렸고, 측천의 개인 내각이라고 할 수 있는 북문학사의 책임자이기도 했다. 측천의 심복으로 그간 측천이 음모를 꾸밀 때마다 능수능란하게 협조해왔다. 또 그는 예왕 이단과도 절친했다. 과거 두 차례나 이단 왕부에서 사마를 역임한 적이 있고, 고종 또한 그를 매우 신임해서, "이단은 짐이 총애하는 아들이오. 경은 충효의 가문에서 나왔으니 이 아들을 잘 보좌해주기 당부하오. 제멋대로 자라는 쑥도 삼밭에 있으면 저절로 곧게 된다고 했으니, 경과 함께 지내면 이 아들도 훌륭해질 것이라 생각하오"라고 칭찬할 정도였다. 이단은 그를 존경했고, 그 또한 이단에 대한 충성심이 남달랐다. 두 사람이 이렇게 부자지간이라도 되는 듯 서로 친하게 지냈기 때문에, 유위지는 당연히 이철의 폐위와 이단의 등극을 지지했다. 유위지의 협조가 있었기에 측천과 배염의 기세는 날개 달린 호랑이마냥 한껏 고조되었다. 탁월한 정치적 감각을 가진 유위지, 그가 기획하는 일이니 절대 실수는 없을 것이었다.

문관 쪽은 이렇게 결정되었고 다음은 무관 차례였다. 앞서 말했듯이 측천은 황제의 복상 기간에 좌·우 우림군의 두 대장을 이미 낙양으로 배치한 바 있다. 측천이 한 달 동안 이 두 장군을 극진히 예우했기 때문에 그들의 마음은 이미 측천에게 기울어져 있었다.

이렇게 준비를 끝내고 이제 실행 단계에 진입했다.

사성 원년(684) 2월 6일, 이날은 짝숫날이었다. 고종 이래 황제는 관례적으로 홀숫날에는 조정에 나오고 짝숫날은 쉬었다. 그런데 이날 측천은 갑자기 그 관례를 깨고 문무백관들을 낙양궁의 정전인 건원전乾元殿으로 불러들였다. 소집 통보가 나가자 대신들은 물론 황제 이철조차도 아무 영문도 모른 채 어리벙벙했다.

'측천이 이미 황제의 친정을 허락했거늘, 왜 또 자기가 직접 나서서 조서를 내린단 말인가?'

다들 일말의 불안감을 감추지 못하고 있었다. 불안감을 느꼈건 말건 어쨌든 대신들은 모두 제시간에 맞추어 건원전으로 나와 황제의 명령을 기다렸다.

이때 한 가지 이상한 점이 발견되었다. 몇몇 대신이 조회에 참석하지 않았던 것이다. 특히 고명대신 배염이 보이지 않았다. 바로 이때, 밖에서 급박한 발자국 소리가 들려왔다. 발자국 소리와 함께 네 사람이 모습을 드러냈다. 중서령 배염, 중서시랑 유위지 그리고 좌·우 우림군 대장 정무정과 장건욱이었다. 그들 뒤로는 살기등등한 우림군 병사들이 서 있었다. 건원전에 들어선 배염이 한 발 앞으로 나오면서 소리쳤다.

"하늘의 도리를 저버린 황제는 태후의 명령을 받으시오! 황위를 폐하여 여릉왕廬陵王으로 봉하라는 명령이오!"

이 말이 떨어지기 무섭게 이번에는 우림군 병사 두 명이 앞으로 달려와 황제를 좌우로 붙들고 황좌에서 끌어내렸다. 처절한 황제의 울부짖음이 들려왔다.

"짐에게 무슨 죄가 있다고 이러느냐?"

이때 엷은 주렴 너머로 위엄에 찬 측천의 음성이 전해졌다.

"그대가 정녕 천하를 장인 위현정에게 넘기겠다고? 그러고도 죄가 없다는 말을 한단 말인가?"

이 순간 측천이 내세운 이유가 과연 합당했을까? 지극히 합당하다고 할 수밖에 없다. 생각해보라. 과거 고종이 측천의 섭정을 제안했을 때, 이를 반대하던 재상 학처준祁處俊은 이렇게 말했다.

"이 천하는 고조·태종이 일구어낸 강산, 폐하 개인의 천하가 아닙니다. 폐하께서 무슨 권리로 아무나 주고 싶다고 해서 그냥 넘겨줄 수 있단 말입니까?"

당시 고종은 학처준의 이 말에 순순히 자기 의견을 철회했다. 이제 측천은 그때 그 원칙을 그대로 따르려고 한 것이다.

"천하는 역대 조종들의 것, 그대가 이 천하를 이 씨가 아닌 타성바지에게 넘기려는 것이 왜 죄가 아니란 말인가?"

이쯤 되면 황제인들 변명의 여지가 없었다. 그의 패배는 달리 무슨 이유가 있을 수 없다. 논리 싸움에서 패배한 것이다.

황제가 끌려 내려왔을 때, 다른 대신들은 아무 반응이 없었다. 대경실색, 그저 우두망찰 지켜보고 있을 뿐이었다. 잔뜩 노려보고 있는 우림군 병사들의 기세에 눌려 누구도 감히 입을 떼지 못했다. 한바탕의 궁중 정변은 이렇게 피 한 방울 흘리지 않은 채 종결되었다. 가련한 이철은 황제가 된 지 불과 36일 만에 이렇게 황좌에서 쫓겨났다.

측천이 이 정변에서 승리를 거둔 결정적인 원인은 세 가지였다.

첫째, 측천의 사전 대비가 철저했다. 측천은 황제가 복상으로 자리를 비운 사이, 주도적으로 우림군을 낙양으로 이동시켜 만일에 대비했다. 과연 그들은 결정적인 순간에 맞추어 현장에 들이닥쳤다.

둘째, 측천은 이철과 조정대신 사이의 갈등을 최대한 이용하여 대신들의 지지를 유도해냈다. 배염과 유위지는 이철에 대한 불만이 많았기 때문에 줄곧 황제의 교체를 마음에 두고 있었다. 황제는 태자 시절부터 조정대신들로부터 특별히 호감을 사지도 못했고, 황제로 즉위한 다음에도 별다른 치적이 없었다. 게다가 고집까지 세서 아마 대신들 가운데 당시 그의 폐위를 안타까워한 사람은 몇 되지 않았을 것이다.

반면, 배염과 유위지는 제각기 꿍꿍이속이 있었다. 유위지는 이단의 스승, 당연히 자기 제자의 등극을 고대했을 것이다. 배염은 이단과는 무슨 특별한 관계는 없었다. 하지만 이철이 폐출되고 이단이 등극한다면 자신에게는 황제를 추대한 공로가 인정될 것이고, 재상으로서의 지위도 한층 견고해질 것이 확실했다. 또 이철은 등극하면서 자신의 권위를 내세우기 위해 배염을 눈엣가시로 여기고 있었다. 따라서 배염은 자신이 고명대신이기는 해도 이철의 통치하에서는 빛을 보기가 어려운 상황이었다. 이처럼 배염과 유위지는 모두 자신의 권력을 강화하겠다는 야심을 품었고, 바로 이 야심을 측천이 교묘하게 이용해서 우선 이철을 폐위시키고 보자는 생각을 한 것이다.

셋째, 측천은 철저히 보안을 유지하면서 신속하게 행동에 돌입했다. 이 엄청난 거사를 사전에 인지한 사람은 배염·유위지·정무정·장건욱 넷뿐이었고, 기타 문무대신은 까마득히 모르고 있었다. 거사가 이렇게 고도의 보안 속에 전광석화처럼 진행되었기 때문에, 황제든 다른 반대파 대신이든 그저 속수무책으로 당할 수밖에 없었다.

손에 피 한 방울 묻히지 않고 세상을 바꿔버린 이 거사를 일러 역사에 길이 남을 궁중 정변의 모범 사례라고 말해야 할지는 모르겠다.

## 3. 엉겁결에 황위에 오른 이단

강산의 주인은 한시라도 비울 수 없는 법, 이철이 폐위되자 다음 날로 예왕 이단이 황위에 등극했다. 태자를 지낸 적도 없는 이단은 영문도 모른 채 대전으로 불려나와 황좌에 올랐고, 연호를 문명文明으로 바꾸었다. 그는 측천과 고종의 막내아들로 원명은 욱륜旭輪, 당시 스물두 살이었다. 이단이든 이욱륜이든 그 이름자의 의미는 모두 '태양'이었다. 이름자만 보면 출생 당시 이미 측천은 그에게 큰 기대를 걸고 있었는지도 모른다.

그는 출생과 동시에 은왕殷王으로 봉해졌고, 세 살 때는 선우대도호單于大都護로 임명되었다. 여기서도 그가 부모로부터 얼마나 많은 총애를 받았는지 짐작할 수 있다. 막내였기 때문에 그는 한 번도 부모 곁을 떠나본 적이 없었고, 환경이 이러하다보니 그 성격도 자연히 유순하고 조용했다. 그는 겸손하고 온화한 성품에 학문에도 관심이 많아서 측천의 아들 중에서는 가장 학자다운 기질을 보이기도 했다.

사실 이단은 측천이 선택할 수 있는 최후의 후계자였다. 맏아들 이홍은 병사했고, 둘째 이현은 태자의 신분에서 폐출되었으며, 셋째 이철은 황좌에서 쫓겨나 여릉왕으로 강등되었다. 측천에게 남은 아들은 이제 넷째 아들 이단, 그녀가 과연 진심으로 최선을 다해 이 막내아들을 성군으로 보필해줄 수 있을까? 아니면 마지막 남은 이 '열매'마저 꼭지를 따버릴까?

# 제18장

# 양주 반란

영순 2년(683)에 발생한 고종의 붕어와 그 이듬해에 있었던 중종 이철의 폐위는 측천의 정치 생애에서는 하나의 분수령이었다. 이를 기점으로 측천은 본격적으로 정치를 독점하기 시작했다. 하지만 측천이 동도 낙양에서 바야흐로 정치의 최고봉에 오른 성취감에 젖어 있을 무렵, 뜻밖에도 당 초엽 최대의 내란 소식이 멀리 양주로부터 날아들었다. 내란은 양주의 한 작은 주막에서 모의되었고, 그 규모와 기세는 대단했다. 워낙 급박하게 전개된 내란이었기에 측천은 일시 속수무책이었고, 이는 훗날 측천의 정치 역정에도 지대한 영향을 미쳤다.

## 1. 주막에서의 비밀 모의

왜 반란이 일어났을까?

반란의 첫 번째 원인은 측천이 서둘러 황제를 교체함으로 인해 일부 관리들의 경계심과 반감이 커졌기 때문이다. 관료 사회는 위아래를 막론하고 미묘한 긴장감이 팽배해 있었다. 앞에서 이미 언급했듯이 사성 원년 (684) 2월 6일, 측천의 셋째 아들 이철은 36일간 황제 자리에 머물다 폐출되었고, 뒤이어 스물두 살짜리 넷째 아들 이단이 즉위하여 연호를 문명으로 바꾸었다. 세 형의 비참한 말로를 목격한 이단으로서는 공포의 나날이었다. 그는 온순하고 선량하기만 한 성품, 자신에게는 정치적 경험이나 자질이 전혀 없는 데다가, 모친과 쟁투를 벌일 방법도 없다는 사실을 스스로도 잘 알고 있었다. 물론 모친과 쟁투를 벌일 기회조차 없었다.

황제로 책봉된 그날 이후 이단은 좀처럼 얼굴을 나타내지 않았고, 어쩌다 중대한 일이 있을 경우에만 간혹 모습을 비쳤다. 이른바 중대한 일이란, 가령 문명 원년 2월 12일, 문무백관을 대동하여 무성전武成殿에 나와 측천에게 존호尊號를 새로 부여할 때가 그런 경우에 해당했다. 또 2월 15일 측천이 태후의 자격으로 자신을 정식 황제로 책봉한 경우가 그랬다.

책봉 의식이 끝난 뒤에도 이단은 직접 정사에 나서지 못했다. 그는 책봉 의식이 끝나자마자 곧장 다른 궁전에 연금되었고, 자신전紫宸殿의 용상은 텅 비어 있었다. 그 대신 용상 뒤로는 옅은 자줏빛 비단 주렴이 드리워져 있었고, 그 뒤편에 측천이 앉아 있었다. 그것은 이제부터 측천이 정식으로 황제를 대신하여 정사를 처리한다는 뜻이었다. 태후가 황제를 대신하여 정사를 처리한 이유가 있었을까? 우습게 들릴지 모르겠지만, 측천은 그 이유를 '황제께서 선황을 잃은 비통함 때문에 잠시 정사를 돌볼 수 없으므로 자신이 황제를 대신하여 정사를 처리한다'고 둘러댔다.

측천의 대리 집정은 또다시 세상을 한번 뒤바꿔보려는 자신의 야심이 이제 초읽기에 들어갔음을 예고하는 것이었다. 이때 측천의 나이는 61세, 황제가 되기에는 적은 나이가 아니었다. 하지만 급하다고 뜨거운 두부를 그냥 삼킬 수는 없는 법, 일처리에는 순서와 단계가 필요했다. 이해 측천은 몇 가지 큰일을 자기 손으로 처리했다.

첫째, 폐태자 이현을 죽음으로 내몰았다.

이현은 측천의 둘째 아들, 훗날 모반죄에 연루되면서 폐출되어 파주巴州,

지금의 신장위구르 지역에 연금되었다. 이현이 측천의 친아들이 아니라 고종과 측천의 언니 한국부인 사이에 난 아들일 가능성이 크다는 이야기는 이미 앞에서 했다. 따라서 고종이 생존해 있을 때는 그를 어느 정도 감싸주었지만, 이제 고종이 사망한 마당에 측천은 더 이상 거리낄 게 없었다.

또 이현은 고종의 여러 아들 가운데 가장 능력이 출중한 데다 사람을 끄는 매력도 있었다. 이 때문에 측천으로서는 훗날 자신이 황제로 나설 때, 누군가가 이현을 앞세워 반기를 들 가능성도 염려하지 않을 수 없었다. 이에 측천은 후환을 남겨두느니 사전에 예방하는 것이 상책이라고 생각했다. 대리 집정 닷샛날, 측천은 파주로 사람을 보내 이현에게 자결하라고 협박했다. 자결시킨 후에 측천은 그를 옹왕雍王으로 봉하고, 문무백관을 동원하여 대대적인 장례와 추도식을 치르게 했다. 영웅 기질을 가진 이현은 사실 당 황실의 희망이었지만, 이제 이런 상황에 이르고 보니 누군들 다시 이현을 앞세워 반기를 들 꿈이나 꾸겠는가? 측천의 세상이 된 것이다. 측천의 이번 행동은 과연 제대로 효력을 발휘했다. 훗날 양주 반란군들이 이현의 깃발을 들고 거병했지만, 세상 사람들은 이현이 죽었다는 사실을 이미 알고 있었기 때문에 반란군의 신망은 크게 손상되었다.

둘째, 연호·깃발·관직 등을 대폭 개혁했다.

측천은 우선 연호를 문명에서 광택光宅으로 바꾸었다. 이 한 해에만 벌써 세 번째로 바뀐 셈이어서 문명 원년은 그대로 광택 원년이 되었다. 그 다음은 깃발을 바꾸었다. 원래 사용하던 모든 홍색기는 금색으로 바뀌었는데, 사실 이 '금색'은 오늘날의 황금색이 아니라 은백색을 그렇게 불렀다. 은백색의 깃발에는 자줏빛 무늬가 새겨졌다. 다음으로 측천은 동도 낙양을 '신도神都'로, 낙양궁을 '태초궁太初宮'으로 바꾸었다. 또 조정 관아의 명칭도 바꾸었다. 가령 상서성을 문창대文昌臺, 중서성을 봉각鳳閣, 문하성을 난대鸞臺로 각각 바꾸었고, 이吏·호戶·예禮·병兵·형刑·공工 6부를 각각 천·

지·춘·하·추·동 6관官으로 바꾸었다. 고대 중국에서 연호·깃발·도읍·관아의 명칭을 바꾼다는 것은, 곧 새로운 왕조 체제가 들어선다는 것을 의미했다. 측천의 이런 조처가 무엇을 의미하는지에 대해서는 세상 사람 모두가 잘 알고 있었다.

셋째, 무 씨 조상들을 추존하고 무 씨 자제들을 기용했다.

연호·깃발·도읍·관아의 명칭을 바꾼 다음, 측천은 자기 가문의 5대 이내 선조들을 모두 왕이나 왕비로 추존했다. 이와 함께 무 씨 사당 7개를 건립했다. 이 7묘廟 건립은 일반 관례에 위배되는 중대 사안이었다. 고대 중국의 예법에 따르면 천자는 7묘, 제후는 5묘로 규정하고, 이를 임의로 위배할 수 없도록 했다. 측천이 자기 선조를 위해 7묘를 건립했다는 것은 대놓고 자신이 황제임을 자처하는 격이어서, 그야말로 공공연하게 도발을 자행한 셈이었다. 하긴 측천이 이런 식으로 도발을 한다 한들 이미 저세상으로 떠난 이 씨 황실의 선조들이 무슨 수로 살아 있는 권력이 하는 일에 대해 왈가왈부할 수 있으랴!

측천은 또 자기 세력을 공고히 하기 위해 생존해 있는 무 씨 집안 자손들을 대거 발탁했다. 과거 측천은 천후로 칭호를 바꾸기 이전에 이미 몇몇 조카를 자기 곁으로 불러다놓은 적이 있었다. 이번에 또 측천은 이복 오빠 무원상의 아들 무승사를 정식으로 재상에 발탁했고, 무원경의 아들 무삼사를 하관夏官상서, 즉 병부상서로 승진시켰다. '집안에 한 사람이 득세하면 닭과 개도 덩달아 승천한다'는 비유가 이보다 더 적절하겠는가? 이 두 사람을 측근으로 두었으니, 측천은 무슨 일이든 다 거리낌 없이 추진할 수 있었다.

이 세 가지 큰일을 다 마무리했으니, 측천이 세상을 바꾸어 황제로 등극할 날도 머지않은 듯했다.

양주 반란의 첫 번째 원인이 측천의 급박한 황제 교체와 이로 인한 일부 관리의 반감 때문이었다면, 그 두 번째 원인은 당시 양주 지역에 조정으로부터 소외된 일단의 문인과 정객이 많이 모여 있었기 때문이다.

여기서는 그중 주요 인물 세 사람에 대해서만 소개하고자 한다.

첫 번째 인물은 이경업李敬業이다. 이 사람은 측천과의 인연이 깊은데, 그의 조부가 바로 이적李勣, 측천이 왕황후를 물리치고 황후로 책봉될 때 측천을 도와준 사람이다. 당시 고종이 이적에게 측천의 황후 책봉 문제를 상의해오자 그는 "이건 폐하의 집안일입니다. 굳이 외부 사람들에게 물을 필요는 없습니다"라고 대답했다. 당시 고종에게 그의 이 말보다 더 든든한 뒷배가 있었을까? 이 한마디로 측천에게 불리했던 상황은 단숨에 역전되었다. 이 일로 이적은 고종과 측천으로부터 무한한 신임을 얻었고, 그 후 평생토록 부귀영화를 누릴 수 있었다.

이적은 아들이 일찍 죽었기 때문에 그가 죽은 후 영국공英國公이라는 작위는 손자 이경업에게 계승되었다. 이경업은 당초 미주眉州 자사를 지냈지만 직무상의 과실로 인해 유주사마柳州司馬로 좌천되었다. 그의 동생 이경유李敬猷 역시 관리로서의 자질이 별로 뛰어나지 못해서 현령을 지내다가 파면되었다. 하나는 좌천, 하나는 파면, 두 형제는 치밀어 오르는 분노를 삭이지 못하다가, 만사 포기하고 바람이나 쐬면서 마음을 안정시키자는 생각을 하고 있었다.

당시 양주는 육로나 수로가 모두 발달한 교통의 요지, 그들 형제는 먼저 양주로 내려갔다. 옛 관리들에게 승진이나 좌천은 다반사로 일어나는 일이어서 직급의 변동이 잦았지만, 이번 그들 형제의 양주행은 그 의미가 예사롭지 않았다. 엄청난 일이 기다리고 있었던 것이다. 『수호전』에서 송강이 강주江州로 유배되자 양산박 호걸들이 일시에 몰려든 격이라고나 할까? 그들 형제가 양주에 도착한 이후, 그간 조정으로부터 소외되었던 일군의 야심가들이 모두 한자리에 모이는 기회가 마련되었다.

두 번째 인물은 낙빈왕駱賓王, 당 초엽 문단을 풍미했던 이른바 '초당사걸'의 일원이었던 인물이다. "거위떼 꽥꽥꽥, 목 비틀며 하늘 향해 노래하네. 하얀 깃털 푸른 물 위에 떠 있고, 붉은 발 맑은 물결을 휘젓네." 그가 일곱 살 때 지었다는 이 시, 「거위의 노래」는 요즘 사람들도 즐겨 읽는 작품이다. 그는 문학적으로는 재능이 아주 뛰어났지만, 인품이나 관직 생활은 신통치 않았던 모양이다. 장안에서 주부主簿를 지내다가 탐관오리의 오명을 쓰고 임해臨海 현승으로 좌천되었는데, 당시 그 역시 양주에 와 있었다.

세 번째 인물은 위사온魏思溫, 원래 감찰어사였던 그는 죄를 짓는 바람에 현위縣尉로 강등되었다가 현위직마저 제대로 수행하지 못해서 평민으로 전락, 역시 양주에 머물고 있었다.

이 세 사람 모두 벼슬길에서는 된서리를 맞은 터라, 과거 서로 알고 지내지는 않았지만 양주에서 우연히 상봉하여 술자리를 가졌고, 의기투합했다. 술이 몇 순배 돌아가자 서로 말들이 많아졌고, 가슴속의 응어리가 봇물 터지듯 쏟아져 나왔다. 고위 관리에 대한 원망, 재능을 인정받지 못한 한탄…… 그들의 처지는 마치 운명처럼 너무나 흡사했다. 태후의 야심이 지나치게 커서, 황제의 앞날을 예측하기 힘들다는 종묘사직의 앞날에 대한 우려도 서로 일치했다.

결국 누가 먼저랄 것도 없이 의견을 한곳으로 모으는 데 합의했다.

"현재 측천의 대리 집정은 천인공노할 일이다. 우리가 황실의 기치를 앞세우고 나서면 분명 모든 사람이 호응하고 나설 것이다. 승리를 거둔다면 천하는 우리의 것!" 이런 다짐을 하면서 이미 술이 얼큰해진 이들 몰락 관료들은 피 끓는 열정을 주체하지 못했다. 이들 가운데 이경업 형제는 고위 관리 집안의 자손으로 원래 호의호식하며 잘 지내오던 인물이었고, 나머지는 모두 실패한 관리 출신들이었다. 대개 이런 사람들에게는 공통적인 특징이 있다. 즉 정치 문제에 매우 민감해서 문제의 핵심을 잘 짚어낸다는 게 그 하나요, 다른 하나는 스스로를 과대평가하면서 늘 자신이 재능을 제대로 인정받지 못한다고 생각한다는 점이다. 이런 사람들은 탁상공론에는 능수능란하지만 실제 행동에 있어서는 기대할 만한 게 별로 없다. 그러나 어쨌든 그들은 그 자리에서 결심을 굳혔다.

'그래, 이제는 반란이다!'

## 2. "지금 이 천하가 도대체 누구의 세상인가?"

봉기를 도모한 이상, 우선 몇 가지 중요한 일부터 챙겨야 했다. 봉기의 지휘부를 어떻게 구성할 것인가? 어디서 봉기할 것인가? 어떻게 봉기할 것인가? 이경업 일파는 이 세 가지 문제를 급히 해결해야 했다.

우선 지휘부의 조직 문제부터 보자.

봉기를 하려면 최고 책임자가 필요하다. 그들 중에서는 이경업이 가문의 배경으로 보나 영국공이라는 작위로 보나 가장 적합했기 때문에 이의 없이 그를 영수로 추대했다. 위사온은 지모가 남달리 뛰어났기 때문에 군사령관이 되었다. 낙빈왕은 탁월한 문재로 비서가 되었다. 당시에는 이 비서직을 기실記室이라고 불렀는데 문서 작성을 책임졌다. 이렇게 몇 사람이 지휘부의 핵심 구성원을 이루었다.

다음 봉기 장소로는 양주를 선택하자는 데 별 이견이 없었다. 양주는 운하로 양자강까지 연결되었고 항구와도 아주 가까웠다. 게다가 당시에는 '양주의 부가 천하제일'이라고 할 정도로 물자가 풍족했다. 또 정치 중심인 낙양과 멀리 떨어져 있었기 때문에 조정이 군대를 파견하는 데도 한계가 있었다. 이런 여러 가지를 고려할 때 양주가 봉기 장소로는 안성맞춤이었다.

그다음은 어떤 식으로 봉기를 전개하느냐의 문제였다. 과연 지모가 뛰어난 군사령관답게 위사온이 아이디어를 하나 제시했다. 그는 과거 동료로 같이 지냈던 감찰어사 설중장薛仲璋에게 연락을 취했다. 그 또한 야심이 남다른 인물이었다. 이 설중장이 양주 반란에서 어떤 역할을 수행했는지에 대해서는 뒤에서 다시 언급하기로 한다.

위사온이 설중장에게 봉기에 관한 이런저런 내용을 설명하자, 그는 금방 눈치를 챘다. 그러고는 황제에게 자신이 양주로 한번 내려가고 싶다는 상소를 올렸다. 당시 감찰어사라는 직책은 본인이 희망하면 어느 지역이든 가볼 수 있는 권한이 있었다. 감찰어사의 역할이란 게 본래 각 지방의 행정 업무를 감찰하는 것이었기 때문에, 자신이 감찰하고자 하는 지역을 제시하기만 하면 되었다. 게다가 설중장의 신분은 좀 특별했는데, 바로 재상 배염의 생질이었다. 그는 외삼촌에게 양주 지역을 한번 시찰하고자 하는데, 이왕 내려간 김에 바람도 좀 쐬고 오겠노라고 말했다. 당연히 허락이 떨어졌다. 그의 양주행은 이렇게 순조롭게 이루어졌다.

설중장은 양주에 도착하자마자 곧바로 양주의 지방장관을 체포했다. 누군가가 지방장관이 모반을 획책했다고 고발했으니, 조사할 필요가 있다는 게 이유였다. 이렇게 해서 양주에는 일시적으로 행정 책임자가 사라졌는데, 그 뒤 이경업이 말을 타고 당당하게 입성하면서 자기가 신임 장관으로 부임했노라고 호령했다. 설중장이 지켜보는 가운데 이경업이 입성했으니, 양주의 다른 관리들이야 추호도 의심을 품지 않았다.

부임 직후 이경업은 자신이 남방 지역의 반군 세력을 토벌하라는 황제의 밀명을 받았다면서 감옥의 죄수들을 모조리 풀어주었다. 또 무기고를 개방하여 죄수들과 양주 관아의 잡역부들을 모두 무장시켰다. 이렇게 수백 명을 끌어들이자 양주는 한순간에 반군의 수중에 떨어졌다.

양주를 점령한 다음, 이경업은 황실 깃발을 앞세우며 큰소리쳤다.

"무 씨의 횡포는 더 이상 용납할 수 없다! 이제 폐출된 황제 이철을 옹립하자!"

측천의 대리 집정에 대한 반감이 너무 컸던 탓이었을까? 이경업의 이 구호는 과연 엄청난 호소력을 발휘했다. 불과 열흘 남짓한 기간에 10만이 넘는 사람들이 그 휘하로 몰려들었고, 주변의 여러 현도 속속 투항해왔다.

이미 시작된 봉기, 다음 과제는 지속적인 세력 확충이었다. 어떻게 해야 세력을 늘릴 수 있을까? 여론몰이와 군중 동원이었다. 이경업은 문서 담당 비서 낙빈왕에게 백성의 참여를 독려할 격문을 한 편 지으라고 명했다. 사람들에게 자신이 봉기한 이유와 천하가 자기에게 호응해야 하는 당위성을 알리려는 목적이었다. 낙빈왕은 줄곧 조정으로부터 소외되었던 문장가, 지금이야말로 마음껏 자기 기량을 발휘할 때가 아닌가? 일필휘지, 그는 즉석에서 천고에 길이 남을 명문을 한 편 지었다.

이때 지은 문장이 바로 그 유명한 「이경업을 대신하여 천하에 알리는 격문」이다. 훗날 『고문관지古文觀止』에 수록될 때는 「무조武曌 토벌을 위한 격문」이라는 제목으로도 소개되었다. 이 격문은 크게 세 부분으로 나뉜다.

첫 부분에서는 주로 측천의 죄상을 폭로했다.

낙빈왕의 이 격문을 보면 측천의 죄상은 세 가지다. 첫째, '자신의 미모를 이용하여 황후가 되었는데, 이는 한 여인을 고종 부자가 함께 맞아들인 셈이니 패륜을 조장한 것이다.' 앞에서 보았듯이 이 점은 사실과 일치한다. 둘째, '언니와 오빠를 살해하고 군주를 시해했으며 자기 어미를 살해했다.' 이복 오빠를 살해한 것은 사실이지만, 언니 한국부인을 살해했다는 것은 알 길이 없다. 고종 시해와 모친 살해는 사실과 다르니 비방에 불과하다. 셋째, '역심을 품고 황위를 빼앗으려고 한다.' 즉 황제 이단을 감금하고 외척 세력을 등용했는데, 이는 측천이 황제가 될 야심을 품었다는 말이니, 기본적으로 맞는 말이다. 측천이 이런 죄를 저지른 이상 그녀를 주살해야 마땅하다는 논리다.

둘째 부분에서는 봉기군의 영수 이경업을 소개했다.

이경업은 '당 제국의 훈구대신 이적의 적손'으로 가문이 훌륭할 뿐만 아니라 전투에도 탁월한 기량을 가지고 있다고 했다. 그가 지휘하는 군대는 용맹스럽고 정의로우며, '비분강개하면 태산이 무너지고 대성일성하면 온 세상이 놀랄 지경'이라고 했다. 이번 봉기는 정당성이 있으니 반드시 이길 수 있다는 논리다.

셋째 부분은 만백성, 특히 관리들에 대한 기대를 담았다.

문무백관이 모두 국가로부터 관작을 받았거나 혹은 황실 친인척의 신분이니 황제의 은덕을 톡톡히 입은 셈이다. 그러니 이 은덕을 잊어서는 안 된다고 강조했다. 만약 관리들이 일시 판단 착오로 측천에게 빌붙었다면 지금이라도 늦지 않았으니 정의의 봉기군에 합류하라, 그러면 앞으로 승진은 물론 앞길이 보장될 것이고, 미망에 빠져 계속해서 과오를 저지른다면 오로지 죽음뿐이라고 했다. 특히 '지금 이 천하가 도대체 누구의 세상인가?'라는 격문의 마지막 한마디는 자못 기세등등했다.

낙빈왕의 이 격문은 하늘을 찌를 듯한 기개와 거침없이 내닫는 기세를 잘 보여주고 있다는 평가를 받으며, 그 후에도 많은 사람의 입에 오르내리게 되었다. 결과적으로 이경업은 이로써 여론몰이와 기선 제압이라는 소기의 목적을 달성하는 데는 성공했다.

세력 확충이 지속되는 가운데, 이경업 집단은 한 가지 중요한 문제에 봉착했다. 양주 점령 이후, 집단 내부에서는 다음 단계를 어떻게 추진해갈 것인지에 대해 서로 의견이 엇갈렸다. 작전 방향의 선택 문제를 놓고 두 가지 의견이 나왔다. 북상하느냐, 아니면 남하하느냐의 문제였다.

북상안은 양주를 점령했으니, 이대로 곧장 신도 낙양을 공략하는 것이 천하를 장악하는 길이라는 주장이었다. 군사령관 위사온의 제안이었다.

"우리가 당 황실을 지지하기로 한 이상 직접 북상하여 낙양을 공략해야 한다. 그래야 세상 사람들이 황제에 대한 우리의 충성심을 믿을 테고, 황제 께서 정사에 복귀하셔야만 우리를 옹호해주실 것이다. 게다가 지금 곧바 로 낙양으로 쳐들어가면 측천도 손쓸 틈이 없을 것이니, 승산도 우리에게 훨씬 더 많다."

남하안은 양자강 이남으로 진격하여 천하를 할거하자는 제안이었다. 당초 거병을 할 때 결정적인 역할을 했던 감찰어사 설중장의 생각이었다.

"금릉金陵, 지금의 난징은 황제의 기운이 서린 땅이다. 또 양자강은 천혜의 방 어벽이 될 수 있으니, 방어는 쉽지만 공격해오기는 어렵다. 만에 하나 형세 가 악화된다고 하더라도 측천과는 양자강을 경계로 각자 통치하면 된다."

하나가 적극적인 진취파라면 다른 하나는 소극적인 현실 안주파였다. 최고 지휘자로서 이경업은 설중장의 견해를 받아들여 군대를 이끌고 남하 하기로 결정했다.


## 3. 반란 진압


이경업의 반란은 당 제국의 요충 지역에서 발발한 최초의 반란다운 반 란이자 개국 이래 최대 규모의 내란이었다. 이때 측천은 어떻게 나왔을까? 아마 몹시 당황했을 것이다. 우선 양주는 경제의 중심지라는 지역적 중요 성이 있었고, 또 지금까지 한 번도 전쟁을 치러보지 않았기 때문에 반란을 진압할 경험도 부족했다. 게다가 당시는 황제를 감금시켜둔 채 자신이 막 대리 집정에 나선 민감한 시기여서, 세상 사람들이 모두 관심을 집중하여 지켜보고 있었다.

측천이 얼마나 당황했는지는 알 길이 없다. 하지만 이때 측천이 보여준 모 습은 두 가지, 침착한 지도자의 기품과 진압군 파견이라는 실천력이었다.

낙빈왕이 쓴 격문이 낙양에까지 당도하자, 한 대신이 곧장 측천에게 보고했다. 자신이 가진 약점과 소행을 거침없이 써내려간 격문, '지금 이 천하가 도대체 누구의 세상인가'라는 격문의 마지막까지 다 읽은 측천은, 그것을 한편에 내려놓고 미소를 띠며 말했다.

"이것은 재상들의 실수 때문이오. 이런 인재를 어떻게 진작 알아보지 못했단 말이오?"

측천의 이 태연자약한 한마디에 조정대신들은 그만 기가 팍 죽고 말았다. 그 후 원래 충성했던 대신들은 한층 더 충성을 다짐했고, 측천의 빈틈을 노려 언젠가는 반기를 들겠다고 생각했던 대신들도 더 이상 경거망동할 엄두를 내지 못했다. 이 엄청난 난국에도 꿈쩍하지 않는 대단한 침착성, 이것이 바로 제왕의 기개가 아니던가?

침착성을 잃지 않는 가운데 측천은 즉각 군대를 파견했다. 7일 만에 30만 관군을 양주로 투입했는데, 이때 이 30만 대군의 총지휘관 선정이 특히 절묘했다.

누구였을까? 바로 고종의 사촌형 이효일李孝逸이었다. 황제 이단에게는 숙부뻘 되는 사람이었다. 그는 종실 중에서도 제법 항렬이 높고 명망도 있었다. 사실 그에게 무슨 전투 경험이 있는 건 아니었다. 하지만 이것은 측천의 묘수였다. 이경업 집단이 내건 구호가 바로 측천을 몰아내고 황실을 지지한다는 것이 아니던가? 그런데 반군을 토벌하는 총지휘관으로 종친 이효일을 임명했으니, 측천의 의도는 노골적으로 이경업의 뒤통수를 치겠다는 것이었다.

'우리 황실은 이경업이 통솔하는 반란군을 인정하지 않는다. 우리는 측천의 편에 서 있다. 측천에 대한 도발은 곧 우리 황실에 대한 도발이나 마찬가지다.'

이런 뜻이었다.

이렇게 되자 측천의 반군 토벌은 정치적으로 확실하게 정당성을 인정받을 수 있었다. 그런가 하면 측천은 또 다른 효과도 얻을 수 있었다. 종실 가족들을 안심시킨 것이다.

'봐라. 내가 이효일을 토벌군 총사령관으로 임명하지 않았는가? 이는 내가 종실을 확실히 신임하고 있다는 증거가 아닌가? 우린 지금 같은 배를 타고 있다.'

그러나 이효일에게 전투 능력이 부족한 건 사실이었다. 이에 측천은 그 곁에 군사 지휘관 한 명을 참모로 붙여주었다. 위원충魏元忠이었다. 과거 측천이 병상에 누운 고종을 부추겨 장안에서 낙양으로 옮길 때, 고종 일행을 보위해준 도적떼 두목을 발굴해낸 그 위원충이었다. 당시 측천과 고종은 위원충의 위세에 힘입어 무사히 낙양에 당도할 수 있었다. 측천은 진작부터 그의 자질을 눈여겨봐둔 터라 이번에 제대로 한번 그 능력을 발휘하도록 주선했다.

통치자의 중요한 덕목 중 하나는 용인술, 사람을 제대로 파악하여 적시에 기용하는 것이다. 측천은 이효일과 위원충을 지휘관으로 파견한 후 낭보가 오기를 기다렸다. 과연 위원충은 측천의 신임을 저버리지 않았다. 그는 상관 이효일에게 세 가지 기발한 전략을 제시했다.

첫째, 그는 이효일에게 임전무퇴를 독려했다.

물론 이것은 전략이라기보다는 정신 문제였다. 하지만 정신력도 때로는 매우 중요하다. 전투 경험이 없었던 이효일은 반란군과의 첫 전투에서 패배하자 바로 후퇴 전략을 생각했다. 이때 그는 이효일을 찾아가 담판했다.

"장군께서는 신분을 망각하시면 안 됩니다. 장군이 종실의 일원이기 때문에 태후께서 총사령관으로 파견한 것인데, 만약 후퇴 전략을 쓰신다면 태후께서는 분명 장군이 반란군과 내통했다고 의심할 것입니다. 그때는 장군께서 황하에 뛰어든대도 누명을 씻을 수 없을 것입니다."

평소 담력이 약했던 이효일은 그의 말에 소스라치게 놀랐다. 아무리 담력이 부족해도 이쯤 되면 없던 담력도 생기기 마련이다. 이효일은 즉각 부하들에게 명령했다.

"오로지 전진, 후퇴는 없다!"

반군이란 게 원래 오합지졸의 무리들, 이효일이 이끄는 정규군이 단단히 정신 무장을 하고 결사코 나서는 데는 당할 재주가 없었다. 정규군이 승승장구한 데는 위원충의 이런 역할이 매우 중요하게 작용했다.

둘째, 그는 어려운 쪽보다는 먼저 쉬운 쪽을 공략하자고 건의했다.

이경업의 주력군보다는 동생 이경유를 우선 공략하자는 것이었다. 이경업의 군대는 몇 갈래로 나누어져 있었기 때문에 공략의 선후를 먼저 결정할 필요가 있었다. 보통 사람이라면 황제가 파견한 정규군은 당연히 반군의 우두머리 이경업이 지휘하는 주력 부대를 최우선적으로 공략해야 한다고 생각하기 쉽다. 아니면 반군의 본거지인 양주로 직접 쳐들어가야 한다고 생각할 수도 있다. 하지만 위원충의 생각은 달랐다.

'우리는 동생 이경유의 부대를 먼저 공략해야 한다. 그자는 도박꾼 출신이라 전투에 대해서는 아무것도 모르니 쉽게 공략할 수 있다. 또 이경업의 반란군이 겉으로는 그 위세가 대단해 보이지만 사실은 오합지졸에 불과하다. 이런 군대는 대개 심리적으로 불안감이 팽배해 있다. 어쩌다 한 번 전투에서 이기면 자기들이 천하제일의 군대라고 기고만장해져서 갈수록 더 용맹하게 덤벼들지만, 일단 패배를 맛보면 금방 사기가 추락하여 때로는 싸우지 않고 자멸할 수도 있다. 그래서 만약 우리가 이경유의 부대를 먼저 격퇴시키면, 아마 적들은 공포감으로 벌벌 떨 것이다.'

들어보니 그럴싸했다. 이효일은 전투에는 약했지만 남의 말은 곧잘 받아들이는 사람이었다. 위원충의 건의를 받아들여 이경유 부대를 먼저 공략한 결과 과연 초반에 승부가 나버리고 말았다.

셋째, 그는 화공火攻 전략을 건의했다.

11월, 정규군과 반란군 쌍방의 주력 부대는 고우高郵에서 결전을 벌였는데, 격전지는 아계阿溪, 지금의 안후이 성 바이타 강白塔河이었다. 강변에는 마른 갈대가 무성했고 마침 겨울이라 서북풍이 강하게 불고 있었다. 위원충은 이효일에게 지금이야말로 화공 전략을 쓸 수 있는 절호의 기회라고 알렸다. 이효일은 즉시 이 전략을 받아들여 불을 붙여 바람결에 내보냈고, 순식간에 이경업의 군대는 산지사방으로 흩어졌다. 이 전투에서 반란군 7000명이 목숨을 잃었고, 강을 건너 도망치다 익사한 자도 부지기수였다. 이경업은 패잔병을 이끌고 양주로 되돌아가 바다 건너 고구려로 갈 채비를 했지만 도중에 부하 장수에게 피살되고 말았다. 낙빈왕도 같은 운명이었다. 이경업 집안은 본래 서 씨였으나, 황제가 이 씨 성을 하사했다가 이때 다시 거둬들임으로써 서경업으로 바뀌었다.

낙빈왕은 격문에서 '지금 이 천하가 도대체 누구의 세상인가'라고 외쳤지만 이제 그 천하가 누구의 것인지는 한결 더 명료해졌다. 양주 반란은 발발에서 진압까지 불과 한 달여 만에 마무리되었고, 측천은 일생일대의 군사적 위기를 무난히 극복할 수 있었다.

이번 반란 평정 과정에서 측천이 승리한 원인이 무엇일까? 대체로 다음 다섯 가지 측면에서 그 이유를 찾을 수 있다.

첫째는 정치적 우세다.

측천이 종실 이효일을 총사령관으로 기용했다는 것은, 만천하에 황실과 자신은 같은 편이라는 것을 선언한 거나 다름없다. 그래서 측천에 대한 도발은 곧 황실에 대한 도발로 간주되도록 유도했다. 이렇게 정치적 우세를 점했기 때문에 군사 동원에도 정당한 명분이 있었다.

반면 이경업은 정치적 측면에서 두 가지 큰 실책을 범했다.

그 하나는 이경업 무리가 도대체 누구를 옹립하려 했는지를 명확하게 하지 않았다는 점이다. 그들은 폐위된 황제 이철과 폐태자 이현, 연금 상태에 있는 황제 이단 이 세 사람 사이를 오락가락했다. 반란 초기 그들은 황위에서 폐출된 여릉왕 이철의 복위를 내세웠다. 하지만 바로 뒤이어서는 또 폐태자 이현과 용모가 아주 비슷한 자를 골라 명목상의 군통수권자로 내세우기도 했다. 그런가 하면 낙빈왕의 격문에서는 또 연금 상태에 있는 허수아비 황제 이단을 내세우기도 했다. 이렇게 되면 그들이 충성을 맹세하면서 내세우려는 황제가 도대체 누구인지 알 길이 없다. 다시 말해서 그들 반란군과 직접적인 연관성이 있는 사람은 폐태자 이현이었지만, 측천이 이미 만천하에 이현의 죽음을 알린 터라 아무리 이현의 깃발을 내세워봐야 믿을 사람이 없었다.

또 하나의 실패 원인은, 이경업이 양주를 공략한 이후 남하를 결정한 데 있었다. 이는 그 스스로가 황제에 대한 충성을 포기한 셈이 된다. 양자강 이남에 할거하겠다는 것은 그의 군사 봉기가 곧 반역임을 자인한 꼴이다. 당연히 사람들로부터 신임을 받기란 어렵다. 이로써 그는 다소나마 확보하고 있던 정치적 정당성마저 완전히 상실했다.

둘째는 군사적 우위다.

당 초기에는 부병제府兵制를 시행하여 주요 병력이 모두 수도 지역에 집중되어 있었고 양주 지역에는 병사가 적었다. 이경업이 10여만 명의 군사를 보유했다고는 하나, 대부분 여기저기서 끌어모은 오합지졸에 불과했다. 따라서 측천이 신속하게 정규군 30만 대군을 투입했을 때 상대적으로 소수였던 이 비정규군으로서는 속수무책이었다.

셋째는 용인술의 우위다.

측천은 용인술에 능했다. 이효일이라는 정치적 카드를 활용함으로써 종실 세력의 도움을 받을 수 있었고, 위원충이라는 전략적 카드를 활용함으로써 그의 지략을 빌릴 수 있었다. 인물을 제대로 알아본 측천의 혜안이 돋보이는 용인술이었다.

이에 비해 이경업은 어땠을까? 그의 휘하에 인물이 없었던 건 아니다. 그 역시 지모가 출중한 위사온을 군사령관으로 기용하지 않았던가? 그러나 그는 인재를 제대로 쓸 줄 몰랐다. 측천이 혜안으로 진주를 찾았다면, 이경업은 귀한 진주를 함부로 내팽개쳤다. 이렇게 두 사람의 용인술의 성패는 금방 판명되었다.

넷째는 민심의 우위다.

측천은 당시 이미 고종과 20여 년을 통치해온 경험이 있고, 또 통치 기간 백성에게 많은 혜택을 베풀었기 때문에 그들이 측천을 미워할 이유는 없었다. 당시의 문호 진자앙陳子昻도 이경업이 반란을 일으켰지만 '온 나라가 태평하거늘 티끌 하나라도 손댈 수 없다'라고 할 정도였다. 이러니 백성이 반란에 호응할 리 만무했다. 밑도 끝도 없는 내란에 휘말리느니 가족들끼리 오손도손 평화롭게 살기를 더 간절히 원했던 것이다. 관리들 역시 측천에 대한 신뢰가 컸다. 황후가 된 이후 측천은 줄곧 중하급 관리들의 지위와 처우를 개선해왔기 때문에 그들 역시 측천을 지지했다. 그중에는 심지어 이경업의 숙부 윤주潤州자사 이사문李思文도 포함되어 있었다. 이경업의 반란 소식을 비밀리에 측천에게 알린 것도 바로 그였다. 훗날 반란군의 침입으로 윤주가 함락되었을 때 이경업이 "숙부는 무 씨에게 충성을 다했으니 무 씨로 성을 바꾸라"고까지 비아냥거릴 정도였다. 반란이 완전히 진압되었을 때 이경업의 친척들은 모두 연루되었지만 그의 숙부 이사문만은 특별히 방면되었고, 측천은 실제 그에게 무 씨 성을 하사했다.

다섯째는 운하의 도움이다.

중국의 대운하는 수 양제가 수축했다. 당시 백성의 노역과 재물을 대거 투입했기 때문에 수의 멸망은 사실 이 대운하 건설과 아주 관련이 깊다. 그러나 측천은 주로 이 운하를 활용해서 낙양에서 양주까지 병마와 양식을 날랐다. 운하의 도움이 없었다면 아마 이 반란은 그렇게 빨리 끝나지 않았을 것이다.

　양주 반란은 측천에게는 큰 시련이었다. 하지만 이 시련을 통해서 측천은 개인의 능력도 십분 발휘했고, 민심도 크게 얻는 등 자신의 저력을 한껏 드러낼 수 있었다.

# 제19장

# 재상 배염의 주살

영국 속담에 '강을 건너는 도중에는 말을 바꾸지 않는다'는 말이 있다. 중국 병법에 서도 적진 앞에서의 장수 교체는 금기시한다. 하지만 양주 반란이라는 엄청난 위기 상황에서 측천은 고명대신 배염을 단두대로 보냈다. 그는 측천의 일급 참모, 중종 이 철을 폐출할 때도 적극적으로 측천을 도와 그녀로부터 두터운 신임을 받아온 인물이 다. 두 사람 사이가 왜 이렇게 갑작스레 변했을까? 왜 배염은 이런 종말을 맞이했을 까?

## 1. 배염의 협박

측천이 재상 배염을 죽음으로 내몬 결정적인 이유는 이경업의 반란에 대한 그의 태도 때문이었다. 이경업은 이 씨 황실의 옹호라는 명분을 내 걸고 양주에서 병사 10여만 명을 규합하여 반란을 일으켰다. 이는 당 제 국 수립 이래 최대 규모의 내란이었다. 이 반란에 어떻게 대응하는 게 좋을 까? 당시 조정의 핵심 인물은 모두 세 명, 태후 측천, 황제 이단 그리고 재 상 배염이었다. 권력으로 치면 측천이 가장 막강했지만 어쨌든 그녀는 대리 집정을 하는 신분, 게다가 여자의 몸으로 전쟁 경험은 전무했다. 황제역시 허수아비 같은 존재로 여태껏 직접 조정에 나와 정사를 처리한 적이없었기 때문에 이 반란에 적절하게 대응할 수가 없었다.

하지만 오직 한 사람, 배염은 달랐다. 그는 고명대신으로서 모든 사람으로부터 두터운 신망을 얻고 있었고, 수십 년간의 행정 경험까지 있어서 반란에 대응하는 데는 가장 핵심적인 역할을 할 수 있는 위치에 있었다. 배염을 철저히 신뢰했던 측천도 이 점을 잘 알고 있었다. 그런데 뜻밖에도 반란 진압 작전이 시작된 이래 배염의 태도는 줄곧 미적지근했다. 마치 아무 일 없다는 듯 그는 매일같이 한가로이 빈둥대기만 했다.

할 수 없이 측천이 주도적으로 나서서 그에게 자문을 구했다. 조회에서 측천이 물었다.

"양주의 사태가 매우 심각한데 조정에서 어떻게 저들을 토벌해야 할지 모르겠습니다."

한참 침묵을 지키고 있던 배염이 천만 뜻밖의 대답을 쏟아냈다.

"소신의 생각으로는 토벌할 필요가 없습니다. 이경업이 반란을 일으키고, 많은 사람이 그 무리에 호응한 이유는 바로 황제께서 이미 나이가 꽤 되셨음에도 불구하고 태후께서 여태껏 황제의 친정을 허락하지 않았기 때문이라고 생각합니다. 태후께서 황제의 권력을 돌려주신다면 반군은 싸울 것도 없이 자멸하고 말 것입니다."

이 한마디, 천지가 무너지는 소리가 아니고 무엇인가? 조정 안은 삽시간에 쥐 죽은 듯 잠잠해졌다. 너무나 놀란 측천은 아연실색했다. 꿈에라도 생각지 못했던 일, 배염이 어떻게 이 순간에 자기를 배신할 수 있단 말인가? 지금껏 적극 자신을 지지했던 이자가 이제 태자 이현, 그리고 폐출된 황제 이철을 돕겠다고 나선단 말인가? 언제 자신이 배염을 홀대라도 했던가? 문무백관의 수장 중서령에 앉혀줬더니 양주에서 반란이 일어난 이 결정적인 시기에 자신에게 반기를 들었다. 게다가 반란을 이유로 황제에게 대권을 돌려주라고 협박했다.

측천은 독수리마냥 눈을 부라리며 문무백관을 획 한 번 둘러보았다. 다들 넋이 나간 모습이었다. 이때 침묵을 깨는 외침이 들려왔다.

"중서령은 고명대신으로서 지금 막강한 권력을 휘두르고 있거늘, 역심을 품지 않았다면 어찌 태후께 물러나시라는 말씀을 함부로 하시오?"

감찰어사 최찰崔詧이었다. 조정에서는 보잘것없는 지위, 그러나 그의 이말 한마디는 측천을 위기에서 구해낸 보약이었다. 길게 한숨을 내쉰 다음 측천이 소리쳤다.

"이 역적 배염을 당장 체포하라!"

조정 최고의 권력자는 이렇게 투옥되었다.


## 2. 날조된 모반죄

배염은 과연 역심을 품고 있었을까? 예컨대 사학자이자 문인인 궈모뤄郭沫若는 배염의 역모가 확실하다고 주장한다. 배염이 어떤 방식으로 모반을 꾀했는지에 대해서는 크게 두 가지 견해가 있다.

첫 번째는 배염이 반군의 수령 이경업과 은밀히 내통하면서 적절한 시기에 서로 호응하기로 했다는 설이다.

이에 관해서는 당대의 필기소설『조야첨재朝野僉載』에 기록이 전해진다.

이경업은 모반을 준비하면서 낙빈왕에게 재상 배염을 끌어들이기 위한 방안을 고안해보라고 지시했다. 궁리 끝에 낙빈왕은 노래 한 수를 지었다.

"한 덩어리, 두 덩어리, 불같이 붉은빛, 붉은 비단옷緋衣 입은 어린아이가 대전大殿에 앉으리니!"

그런 다음 낙빈왕은 아이들을 동원하여 이 노래를 부르게 했다. 하나에서 열, 열에서 백, 노래는 급속히 번져나갔다.

마침내 이 노래가 배염의 귀에까지 전해지자, 그는 이 노래가 참 이상하다는 생각이 들었다. 노랫말에 담긴 글자에 무슨 뜻이 들어 있는지 알고싶은 마음에 그는 여기저기 사람들을 찾아다녔다. 찾고 찾은 것이 바로 낙빈왕이었다. 사실 이 부분은 좀 미심쩍은 데가 있다. 앞에서도 언급했듯이 낙빈왕과 배염이 서로 알게 된 것은 양주에 도착한 이후이므로, 낙양에서 두 사람이 서로 내왕했다는 말은 성립될 수가 없기 때문이다. 그러나 역사의 기록은 판본에 따라 차이가 있기 마련이다. 어쨌든 『조야첨재』에서는 배염이 이 노랫말을 풀기 위해 낙빈왕을 찾았다고 기록하고 있다.

배염을 만난 낙빈왕은 일언반구 말이 없었다. 배염이 그에게 비단과 명마를 선사했지만 여전히 대꾸하지 않았다. 이번에는 배염이 낙빈왕에게 자신이 소장한 명화名畵들을 보여주었다. 그것은 고대 대신들이 그린 것이었는데, 낙빈왕은 사마의의 그림을 보더니 그제야 입을 열었다.

"이분은 영웅호걸이시지요. 자고로 신하로서 권력을 잡은 다음 끝내 황좌를 차지한 사람이 적지 않습니다."

사마의가 누구인가? 그는 삼국시대 조조가 통치한 위나라의 권신이자 훗날 부자가 합세하여 위나라를 내치고 서진西晉을 건립한 군주였다. 낙빈왕이 사마의를 영웅호걸이라고 치켜세우는 말을 들은 배염은 문득 이제야 지기를 만났다는 생각이 들었다. 배염이 말했다.

"나도 앞으로 그런 사람이 되고 싶소!"

낙빈왕은 마침내 때가 왔다는 것을 간파하고, 일부러 한숨을 내쉬며 말했다.

"하지만 세상을 뒤집고 황좌에 오르는 건 천명이 아니오?"

"항간에 노래가 하나 유행하고 있소. 이 노래가 나와 무슨 관련이 있는

지는 모르겠지만, 한번 들어나 보시오."

즉석에서 배염은 노래를 들려주었다. 노래를 다 들은 낙빈왕은 그 자리에서 배염에게 머리를 조아리고 절을 올렸다.

"재상께서는 장차 천하의 주인이 되실 것입니다."

낙빈왕이 배염에게 해석해준 내용은 이랬다.

노래에 나오는 붉은 비단옷, 비의緋衣는 바로 배裵 자이고, 불火이 두 덩어리면 염炎이 된다. 배염의 자가 자륭子隆인데 노래에 나오는 어린아이는 자子와 뜻이 같은 글자다. 노래 가사는 바로 그대 배염, 배자륭을 가리킨다. 게다가 대전에 앉는다는 게 무슨 말인가? 대전에 앉아 천하를 호령하는 것은 바로 황제, 그러니 이 노래는 배염이 황좌에 앉는다는 것을 암시하고 있다.

낙빈왕의 해석을 듣고 난 배염의 결심은 더욱더 확고해졌다. 이경업이 양주에서 거병을 한다면 자신은 조정에서 내응하면 된다. 그는 이경업에게 서신을 한 통 보냈다. 그러나 이 서신은 조정 내 정보원이 중간에서 가로채고 말았다. 서신의 내용은 단 두 글자, '청아青鵝'였다. '푸른 거위'란 게 도대체 무슨 말일까? 대신들이 서로 돌려가며 보았지만, 도무지 뜻을 알 수가 없었다. 그러나 측천은 바로 해석해냈다. 청青 자를 뜯으면 '십이월十二月'이란 글자가 되고, 아鵝는 '내我가 자연히自 나설 것'이라는 뜻이다. 측천은 이렇게 암호를 풀었다.

이상의 논리대로 보면, 배염은 진작부터 황제가 될 야심을 품고 이경업·낙빈왕 등과 결탁했다는 말이 된다. 12월까지 기다렸다가 이경업 무리와 호응하여 같이 움직이기로 예정되어 있었는데, 그만 이 음모가 사전에 측천에게 발각되었다는 것이다.

배염의 호응설에는 증거가 하나 더 있다. 이경업의 거병 초기에 중요한 역할을 담당했던 감찰어사 설중장은 바로 배염의 생질이다. 그는 반란 직전에 양주 감찰을 자청했던 사람이다. 설중장이 만약 판단 착오를 하지 않았다면 왜 굳이 그 중요한 시기, 그 지역을 골라 감찰하러 나갔겠는가? 당연히 배염이 특별한 의도가 있어서 파견했다는 생각을 하지 않을 수 없다.

두 번째는 배염이 이경업과 결탁한 것이 아니라, 스스로 반란을 일으켜 측천을 내몰려고 했다는 설이다.

『신당서』「배염전」의 기록을 보자.

"예왕 이단이 비록 황제이긴 했으나 한 번도 직접 정사에 나서지 못했다. 이에 배염은 태후가 용문으로 순유巡遊하는 틈을 타서 군사를 동원하여 태후를 체포한 다음, 황제에게 권력을 돌려주고자 계획했다. 애석하게도 오랫동안 비가 내리는 바람에 태후가 밖으로 나가지 않았기 때문에 그 일을 그만두었다."

이 기록대로라면 배염은 진작부터 무력을 쓸 생각을 가지고 있었다. 설사 이경업의 반란과 아무 관련이 없었다고 해도, 신하의 신분으로 태후를 체포하려고 했다면 이 역시 모반에 해당된다.

요컨대, 배염이 이경업과 결탁해서 모반을 하려 했든, 아니면 스스로 반란을 도모하여 측천을 몰아내려 했든, 어떤 경우에도 그의 행위는 용서받을 수 없는 모반죄에 해당된다. 따라서 그로서는 억울해할 이유가 전혀 없다.

그러나 배염이 결코 모반을 꿈꾼 적이 없다는 주장도 있다. 측천의 명으로 배염이 투옥되자 조정은 일순간에 들끓기 시작했다. 많은 대신이 그가 모반을 일으킬 리가 없다고 하면서, 그의 누명을 벗겨줘야 한다고 나섰다.

맨 먼저 나선 사람은 배염의 참모 봉각시랑鳳閣侍郞 호원범胡元範과 배염의 동료 문하시중 유경선劉景先이었다. 그들은 측천에게 배염이 결코 반군과 내통하지 않았다는 상소를 올렸다. 뒤이어 문무백관이 앞다투어 배염을 대변하고 나섰다. 문무백관의 자신만만한 문제 제기에 측천이 대답했다.

"배염의 모반은 증거가 있소. 다만 경들이 모르고 있을 따름이오."

하지만 자기 손에 증거가 있다면 당장 대신들에게 내보여야 하는 게 당연한 이치, 측천은 끝내 그 증거를 꺼내 보이지 않았다. 대신들도 완강하게 나왔다.

"만약 재상 배염이 모반을 꾀했다면, 소신들 또한 모반에 가담한 거나 마찬가지입니다."

이는 자신들의 목숨을 걸고 배염의 결백을 보증한다는 말이었다.

측천은 뭐라고 대답했을까? 그 대답이 흥미롭다.

"배염의 모반은 알고 있지만, 경들은 모반을 꾀하지 않은 걸로 알고 있소."(『자치통감』 권203)

배염은 배염, 그대들은 그대들, 그러니 더 이상 소란 떨지 말고 잠자코 있으라는 말이었다. 사실 측천이나 대신들이나 각자 판단은 자유다. 다만 측천에게는 배염의 모반에 대한 확실한 증거가 없었고, 또 대신들에게는 그가 모반을 꾀하지 않았다는 증거도 없었다.

그렇다면 배염은 정말 모반을 꾀했을까? 전혀 그렇지 않다. 그의 모반죄는 성립될 수 없다. 이제 그 이유를 세 가지로 설명해보자.

첫째, 배염의 모반에 얽힌 고사故事들이 다 논리적으로 너무나 허술하다.

앞에서 이미 말했듯이 모반에 얽힌 고사란 『조야첨재』에 기록된 낙빈왕과 관련된 것, 그리고 『신당서』 「배염전」에 나오는 배염의 무력 동원에 관한 것이다.

먼저 낙빈왕 관련 고사를 한번 분석해보자. 낙빈왕이 만들었다는 노래의 가사가 바로 배염의 황제설을 뒷받침하고 있다는 이야기다.

우선 아이들이 불러 유행시킨 노래를 배염이 해석하지 못해 낙빈왕을 찾아갔다는 것이 납득되지 않는다. 배염은 그 얼마 뒤 이경업에게 '청아青鵝'라는 암호 서신을 보낸 적이 있을 정도로 문자 유희에 능했던 사람이다.

실제 그는 고난도의 문자 유희에 관한 문제를 책으로 엮기도 했다. 그런데 유독 이 노래 가사만은 스스로 해석하지 못했다는 것이 논리적으로 해명되지 않는다.

허점은 낙빈왕의 신분 문제에도 나타난다. 낙빈왕은 당시 탁월한 문재를 발휘하여 천하에 이름을 떨친 문인이었다. 그러나 그가 점술에도 능했다는 기록은 어디에도 없다. 배염이 항간에 떠도는 노래를 접한 뒤, 노래 가사가 자신과 무슨 관련이 있는지 궁금했다면 유명한 점술가를 찾아야지 왜 낙빈왕을 찾았겠는가? 이 역시 논리적으로 타당하지 못하다.

게다가 『조야첨재』는 허구적 요소로 이루어진 필기소설이므로 신뢰할 만한 사료가 될 수 없다. 이 필기소설은 당대에 문자 유희가 유난히 성행했다는 자료로는 유용할지 몰라도, 그것으로 배염의 모반설을 증명하기란 도저히 불가능하다.

그렇다면 태후가 용문으로 순행하는 틈을 타서 배염이 군사를 동원하려 했다는 『신당서』의 고사는 믿을 만할까? 정통 역사서의 기록이기는 하지만, 여기에도 논리적 허점이 적지 않다.

우선 측천이 용문 순행을 떠나는 기회를 포착하여 배염이 그녀를 내치고 황제를 복귀시키려 했다고 기록하고 있다. 하지만 조정대신이 군사를 동원하려면 충분한 사전 준비 없이는 불가능하다. 더욱이 당시 측천의 용문 순행은 이미 확정되어 있던 행사도 아니었다. 그렇게 엉성한 상태에서 배염이 군사를 동원하려 했다고 볼 수는 없다. 또 이 기록에는 배염 한 사람만 등장한다. 당시 중서령의 휘하에는 병력이 전혀 없었다. 만약 그가 군사를 동원하려 했다면 반드시 무장들과 사전 내통이 있어야 했을 텐데, 이 기록에는 배염의 참모조차 언급되어 있지 않다. 또 배염이 측천을 체포하고 황제 이단에게 권력을 넘기는 것으로 되어 있다. 그러나 그가 황제와 사전에 의논했다는 기록은 없다. 설령 군사 동원에 성공했다 하더라도 황제가 사전에 이를 모르고 있었다면 이 역시 성공하기 어려운 계획이다.

둘째, 배염의 모반을 증명할 만한 제대로 된 증거가 전혀 없다.

측천이 배염의 모반죄를 심문할 때, 유력한 증인으로 나선 이는 두 명이었다. 하나는 감찰어사 최찰, 다른 하나는 봉각사인 이경심이다.

최찰은 앞에서 보았듯이, 배염이 측천을 향해 황제에게 권력을 넘기면 이경업 무리는 자멸할 것이라고 말했을 때, 어떻게 감히 태후에게 물러나라고 할 수 있느냐고 배염에게 대들었던 인물이다. 이번에도 최찰의 논리는 단순 명료했다. 배염에게 역심이 없었다면 왜 그가 권력을 황제에게 넘기라고 태후를 압박했겠느냐는 것이었다. 이건 순전히 억측이지 증거가 될 수 없다. 이경심도 마찬가지였다. 역사서에는 그가 "배염이 분명 모반을 획책했다고 주장했다"라고만 기록하고 있다. 이 역시 개인적인 입장 표명일 뿐 증거가 될 수는 없다.

모반의 증거로 말하자면, 대신들도 제시하지 못했지만 측천도 마찬가지였다. 당시 대신들은 심지어 만약 재상 배염이 모반을 꾀했다면 자신들도 모반에 가담한 거나 마찬가지라고까지 하지 않았던가? 그때 측천은 배염의 모반은 알고 있지만, 대신들은 모반을 꾀하지 않은 걸로 알고 있다고 대답했다. 이렇게 두루뭉술한 대답이 있을 수 있는가? 패기도 없고 증거력은 더욱이나 빈약한 답변이다.

셋째, 심리적으로 추론해보더라도 배염의 모반죄는 성립하지 않는다.

만약 배염이 정말 이경업과 결탁했다면, 자신의 생질을 양주의 반란군에 직접 합류시키지는 않았을 것이다. 생질을 현장에 합류시킨다면 금방 자신의 의도가 드러나 섶을 들고 불 속으로 뛰어드는 격이다. 만에 하나 생질을 투입했다고 해도 배염은 일부러라도 주도적으로 측천을 도우는 척하면서 반란군 평정을 위한 아이디어를 내놓았을 것이다. 그래야만 측천도 그를 신임했을 테고, 훗날 이경업과 내통하기에도 용이했을 것이다. 하지만 당시 배염의 태도는 이와는 전혀 딴판이었다. 그는 측천에게 반란군이 자멸하기를 기다리되, 먼저 대권을 황제에게 돌려주라고 했을 뿐이다. 이로 미루어보건대, 배염은 그저 이경업의 반란을 계기로 측천의 일선 퇴진을 도모하자는 생각뿐이었다. 결국 그를 모반죄로 몰아간 것은 순전히 측천의 날조에 불과했다.

## 3. 막강해진 측천의 위세

배염에게 모반의 증거가 없다는 사실은 누구보다도 측천 자신이 잘 알고 있었다. 그럼에도 측천은 결국 모반죄를 씌워 그를 죽였다. 광택 원년(684) 9월, 양주의 반란군이 연일 기세를 떨치고 있을 즈음, 배염은 도정역都亭驛으로 끌려와 참수되었다. 가산은 몰수되고 일가친척들은 모두 변방으로 유배되었다.

배염의 집 안을 뒤진 결과는 실로 의외였다. 수석 재상의 그 위세당당한 집에서 나온 재물이라고는 겨우 한 섬도 되지 않는 양식뿐, 씻은 듯이 가난한 집안 살림이었다.

임종 전 배염은 동생들을 불러 모아놓고 탄식했다.

"너희는 모두 스스로 노력해서 관리가 되었지만 내가 하나도 도와준 게 없구나. 이제 나 때문에 변방으로 유배될 처지가 되었으니 정말 너희에게 면목이 없구나."

그동안 배염의 공과功過가 어떠했든 그가 청렴결백한 재상이었던 건 확실하다. 모반죄로 몰렸을 때 그렇게 많은 대신이 배염을 극력 옹호했던 이유도 아마 이 점과 관련이 깊을 것이다.

이처럼 정정당당했던 재상, 실제로 반역을 꾸미지도 않았던 배염에게 왜 그렇게 무고죄를 씌워 죽이려 했을까? 그를 죽인 시점이 왜 또 하필 반란군의 기세가 하늘을 찌를 듯한 시기였을까?

먼저 그를 죽인 이유를 한번 보자. 이는 당시 배염의 지위와 측천과의 관계를 분석해보면 한층 명료해진다. 배염은 고종이 임명한 고명대신으로 조정에서 신망이 높았다. 측천에 버금가는 사람을 꼽으라면 당연히 그였다. 따라서 장차 측천이 어느 방향으로 나아가든, 그의 태도 여하에 따라 측천의 운명이 좌우될 만큼 그의 역할은 중요했다. 당시 두 사람의 관계는 한마디로 협력에서 분열로 가는 기로에 서 있었다.

앞에서 이미 말했듯이 배염과 측천은 여러 차례 서로 협력관계를 구축했다. 측천이 태자 이현을 폐출할 때도, 또 황제 이철을 폐위시키고 이단을 황제로 추대할 때도 배염의 도움이 컸다. 이 시기는 밀월 시기였다. 그러나 측천이 신황제 이단을 감금하면서부터 관계는 급속도로 악화되었다.

측천은 태후가 된 다음 조상들을 추존하기 위해 무 씨 7묘를 건립한 적이 있다. 7묘는 황제만이 건립할 수 있었지만 대신들은 입도 뻥긋하지 못했다. 그러나 배염은 태후가 친정 집안을 위해 이렇게 하는 것은 예법에 어긋난다고 말했다. 그러면서 그는 측천에게 '여후呂后의 최후가 얼마나 비참했는지 잘 알지 않느냐? 이런 식으로 한다면 여후와 다를 게 없다'는 식으로 간언했다. 측천은 이 일로 기분이 몹시 상해 있었다.

또 양주 반란이 일어났을 때, 누군가가 측천에게 이런 말을 했다.

"양주 반군은 이 씨 황실의 부흥을 내세우고 있다. 종실들도 이를 내심 무척 반기고 있을지 모른다. 만약 그들이 서로 결탁한다면 어떻게 되겠는가? 차라리 종실 가족을 없애버리자."

이 말은 들은 측천은 그럴싸하다고 생각했지만, 이때에도 유독 배염만은 반대했다. 반란군과 결탁했다는 증거도 없는데, 무고하게 사람을 죽일 수는 없다는 게 그 이유였다. 이때도 측천은 배염을 몹시 못마땅하게 여겼다. 이렇게 두 사람 사이에는 갈등의 골이 깊어져갔고, 결국은 분열의 양상으로 치달았다. 분열의 결정적인 징표는 바로 배염이 내란이 일어난 비상 시국에 측천의 퇴진과 황제 이단의 복귀를 요구한 데서 나타난다.

분열의 배경은 간단히 말해 배염과 측천이 추구하는 최종 목표가 서로 달랐다는 데 있었다.

배염의 목표는 오직 하나, 자기 말을 듣지 않는 황제 이철을 폐위시키고, 이단을 옹립함으로써 공신의 예우를 받으며 막강한 권력을 행사하겠다는 것이었다. 나약한 이단이 황제가 되면 실권이 자신에게 돌아온다는 계산이었다. 그가 이런 목표를 설정한 이상 측천의 몫은 위축될 수밖에 없었다. 그로서는 황제가 될 야망은 없었고, 또 여황제에 빌붙어서 호감을 사겠다는 의도도 없었다.

이에 반해 측천은 스스로 황제가 되고 싶었고, 누구와도 대권을 나눠가지고 싶은 생각이 없었다. 이렇게 권력의 분배 문제에 있어서 두 사람은 근본적으로 생각이 달랐다. 이 점은 배염도, 측천도 서로 잘 알고 있었다. 그래서 배염은 투옥 직후 누군가가 측천에게 사과하고 서로 타협하라고 권유하자, "재상을 감옥에 가두다니 말이 되는가? 절대 타협은 없다"라고 선언하기도 했다. 쌍방 간에 타협이란 도저히 불가능했다. 막강한 권력을 가진 재상이 타협을 않겠다는 마당에 측천이 그를 조정에 남겨둘 리는 만무했다. 배염의 죽음은 어쩌면 그녀의 필연적인 선택이었을지 모른다. 모반은 한낱 구실에 불과했다.

그렇다면 측천은 왜 하필 양주 반란이 평정되지도 않은 시점에 배염을 죽였을까?

우선 측천의 입장에서 볼 때, 양주 반란이 육체적 우환이라면 배염의 퇴진 압박은 정신적 고통이었다. 만약 조정에 자신의 반대파가 등장한다면, 그 위험은 지방에서 일어난 내란과는 비교할 수 없을 정도로 치명적일 수도 있었다. 또 측천으로서는 조정 내부의 의견이 통일되어야 반란 평정에 집중할 수 있다는 필요성도 있었다. 배염은 투옥되기 전 측천에게 퇴진 압력을 가하기 위해, 적극적으로 토벌군을 조직하려 하지 않고 미적대고만 있었다. 이런 상황에서는 우선 배염을 처벌해야 효율적으로 반란을 평정할 수 있다는 것이 측천의 판단이었다. 따라서 측천이 반란 평정에 앞서 배염을 처결함으로써 적진 앞에서 장수를 바꾸지 않는다는 병법의 상식을 거스르기는 했지만, 정국의 안정을 꾀하는 데는 실질적인 도움이 되었다.

배염의 죽음으로도 사태는 마무리되지 않았다. 무를 뽑으면 진흙까지 따라오기 마련, 배염의 억울함을 탄원하던 대신들은 어쨌든 측천에게 걸림돌이 될 것이 분명했다. 그녀는 그들을 조정에 그냥 둘 수 없었다. 무에 묻은 진흙마저 완전히 털어내야 했다. 곧바로 배염의 누명을 벗겨달라고 상소했던 호원범·유경선, 또 다른 재상 곽시거郭侍擧 등이 조정에서 축출되었다. 일시에 재상 세 명의 자리를 뺏은 것이다. 이 상황을 본 문관들은 일제히 침묵했다. 늦가을 매미마냥 아예 아무 소리도 내지 않았다.

문관들을 장악했으니 다음은 무관 차례였다. 당시 양주 반란이 아직 진압되지 않았기 때문에 측천은 신중을 기하기 위해 무관 쪽 숙정을 잠시 늦추고 있었다.

광택 원년(684) 12월, 반란이 평정되자마자 측천은 무관 쪽을 손보기 시작했다. 당시 배염의 친구인 장수 정무정程務挺은 마침 군대를 이끌고 돌궐족과 교전 중이었다. 측천은 칙령을 내려 현장에서 그를 참수했다. 앞에서도 말했듯이 정무정은 이해 연초, 우림군을 이끌고 입궁하여 이철을 황좌에서 끌어내도록 측천을 도와준 장본인이다. 그는 또 이미 여러 차례 돌궐의 침략을 진압하여 북방 변경을 지키는 버팀목이기도 했다. 그는 자신이 장수로 성장하기까지 배염의 도움을 많이 받았기 때문에, 배염이 모반 혐의로 투옥되자 측천에게 밀서를 보내 석방을 탄원했다.

그러나 바로 이 밀서 때문에라도 측천은 그를 살려둘 수 없었다. 어느 통치자든 군권을 장악한 무장에 대해서는 항상 경계심을 늦추지 않는 법이지만, 특히 측천처럼 그 입지가 모호한 상태라면 더더욱 그러했을 것이다. 양주 반란이 막 평정된 시점이었다.

각각 조정의 권력과 군권을 장악하고 있던 두 대어가 그물에 걸렸으니, 나머지는 이제 신경 쓸 것도 없었다. 측천의 위협 세력이 하나하나 제거되면서 조정은 거의 절반이나 비게 되었다. 측천은 곧바로 일필휘지, 파격적으로 몇몇 5품관을 재상으로 승진시킨다는 조서를 만들었다. 이런 사례는 일찍이 역사에 없던 일이었다.

배염 일당이 제거되는 과정에서 웃지 못할 해프닝도 하나 있었다.

측천이 배염 사건에 대한 의견을 묻기 위해 장안에 있던 원로대신 유인궤에게 보낸 사신으로 강사종姜嗣宗이란 자가 있었다. 유인궤는 당시 이미 83세, 태종·고종 양대를 거친 조정 원로로서, 그는 고종이 말년에 정부를 동도 낙양으로 옮겨갈 때 장안을 지키도록 남겨둔 사람이었다. 사실 당시 측천은 그를 장안에 묶어두겠다는 속셈이었다. 그렇더라도 덕망이 높은 조정 원로에게 배염의 모반이라는 엄청난 사안을 알리지 않을 수는 없었다.

강사종은 워낙 사람이 경솔했다. 그는 유인궤를 찾아가 있는 말 없는 말 다 동원하여 사건의 전모를 설명했다. 그러고도 좀 미진하다고 느꼈던지 마지막 한마디를 더 덧붙였다.

"소인이 보기에도 이 배염이란 자가 역심을 품고 있는 것 같았습니다. 과연 소인의 추측이 맞았습니다."

이 말에 유인궤는 속이 확 뒤틀렸다. 유인궤는 원래 측천의 황제 등극을 반대한 인물, 하지만 자신도 이제는 측천의 앞길을 막을 방도가 없다는 것을 잘 알고 있었다. '그렇다면 이 소인배라도 보란 듯이 한번 날려볼까?'

유인궤가 장난스레 물었다.

"그대가 진작부터 배염의 역모를 알고 있었단 말이지?"

강사종이 어찌 유인궤의 속뜻을 짐작이나 했겠는가? 바로 대답했다.

"물론입니다. 소인은 배염의 모반을 일찌감치 눈치채고 있었습니다."

유인궤는 웃으면서 그를 칭찬했다.

"후생가외後生可畏라더니, 자넨 정말 대단하구나. 나도 이제 배염의 일은 잘 알겠다. 서신을 한 통 줄 테니 태후께 전하도록 해라."

강사종은 흥분을 감추지 못하고 낙양으로 돌아와 측천에게 결과를 보고했다. 측천이 서신을 뜯어보니 거기엔 단 한마디, '강사종이란 자가 배염의 모반을 미리 알고 있었으면서도 발설하지 않았습니다'라고 적혀 있었다.

측천이 터져나오는 웃음을 참으면서 강사종을 앞으로 불렀다.

"유복야께서 너에 대해서 써 보냈구나."

이 말에 강사종은 황공스럽기 그지없었다.

'나에 대해서라니, 도대체 무슨 말을 썼지?'

하지만 측천은 굳은 표정으로 말했다.

"네놈이 진작부터 배염의 모반을 알고 있었다지? 왜 그걸 미리 고발하지 않았느냐?"

불쌍한 강사종, 그는 미처 정신 차릴 새도 없이 조정 밖으로 끌려 나가 참수되었다.

이게 바로 소인배를 다루는 측천의 방식이었다. 그들을 이용은 하되 챙겨주지는 않았고, 다 이용하고 나면 인정사정 보지 않고 내다버렸다.

배염 사건이 일단락되자 광택 원년도 어느덧 저물고 있었다. 이 한 해가 측천에게는 정말 다사다난했다. 이경업의 반란에다 배염의 퇴진 요구, 모든 시련이 연거푸 밀려드는 느낌이었다. 정사에 참여한 이래 겪었던 지난날의 일들, 그리고 이제 막 헤치고 나온 거센 풍랑, 이런 걸 생각하면 오히려 분노가 치밀었다.

'그래, 세상 사람들이 이다지도 내 앞길을 방해한단 말인가?'

측천은 자신전에 올라 조정대신들을 향해 일장 훈시를 했다.

"내가 고종을 모신 지 이미 20여 년, 그간 온갖 정력을 다 쏟아가며 천하를 위해 노력해왔다. 그대들의 부귀영화가 내 덕이 아니라면 다 누구의 덕인가? 백성이 태평스레 생활하는 게 다 누구 덕인가? 하지만 지금 군대를 이끌고 반란을 일으킨 이 무리들 또한 바로 그대들 가운데서 나오지 않았는가? 어떻게 그대들이 이렇게 나를 배신할 수 있단 말인가? 한번 생각해보라. 그대들이 아무리 고명대신이라 한들 배염보다 더 대단한가? 아무리 명문 출신 장수라 한들 이경업보다 강한가? 그대들이 아무리 전투에 자신이 있다 한들 정무정보다 탁월한가? 이 세 사람은 분명 인재 중의 인재였다. 하지만 그들이 나에게 잘못을 저지른 이상 용서란 없다. 개미 새끼 눌러 죽이듯 다 처치해버리겠다. 마음에 손을 얹고 스스로에게 물어보라. 그대들 자신이 그들보다 더 대단하다고 생각되면 좋다, 나와 한번 겨뤄보자. 만약 그들만 못하다고 판단했다면, 이제부터라도 개과천선하여 나를 받들라. 그렇게 하지 않으면 결국은 천하의 웃음거리가 되고 말 것이다."

측천의 이 기세등등한 훈시를 들으면서 대신들은 일제히 무릎을 꿇고 측천에게 머리를 조아렸다.

"태후의 뜻을 받들겠나이다!"

측천의 막강한 힘과 강압적인 수단 앞에서 그들은 이미 반론을 제기할 힘을 완전히 잃어버리고 말았다.

## 제20장
# 황실 가족의 제거

영화 「광풍을 몰고 온 돌덩어리」를 보면 우연히 발견된 보석 하나를 놓고 각지에서 나타난 사람들이 치열하게 쟁탈전을 벌이는 장면이 나온다. 사실 예나 지금이나 인간의 욕심이란 하나도 다를 바가 없다.

측천 시대에도 이런 돌덩어리가 하나 출현했다. 바로 이 돌덩어리 하나 때문에, 이씨 종실들은 아까운 목숨을 바쳐야 했다. 다만 당시 그들이 쟁탈전을 벌인 대상은 단순한 돌덩어리가 아니라, 그 돌덩어리의 배후에 은밀히 감추어진 황권이었을 뿐이다.


## 1. 광풍을 몰고 온 돌덩어리

이 돌덩어리가 어떻게 생겼을까? 또 그것은 어떻게 나타났을까? 이 돌덩어리는 재질보다는 모양 때문에 그 가치가 더 돋보였다. 그것은 그저 평범한 흰색 돌에 불과했지만, 특이한 것은 돌 위에 자줏빛이 감도는 붉은색 글자가 새겨져 있었다는 점이다.

'성모聖母가 인간 세상에 나타나 영원토록 제국을 번창하게 할 것이다.'

수공垂拱 4년(688) 4월, 당동태唐同泰라는 옹주 사람이 측천에게 이 돌을 헌상했다. 그는 이 돌을 낙수洛水에서 건졌다고 했다. 돌이 나타나자 조정 안팎이 들끓기 시작했다.

고대 중국에서는 이른바 '하도낙서河圖洛書'*의 출현을 성인이 도래한 것으로 믿었다. 사람들은 당동태가 가져온 이 돌이 바로 하늘의 감응으로 이 땅에 내려진 '낙서洛書'나 다름없으니, 이는 지극히 상서로운 조짐이라고 인식하는 분위기였다. 대신들은 앞다투어 '태후의 업적은 전설상의 영웅 여왜女媧보다 크고, 어머니로서의 덕망은 대지만큼 두텁다'라고 과장하기도 했다.

그들은 이 돌을 헌상한 당동태라는 인물 자체가 또 상서로움의 상징이라고 했다. 왜냐하면 '동태同泰'란 말은 '함께 평안을 누린다'는 뜻이니, 이름 자로 보면 '당 제국과 측천이 함께 번영을 누린다'는 의미가 되는 셈이었다. 게다가 이 당동태는 본적이 옹주 영안현이었는데, '영안'이란 말이 돌 위에 새겨진 '영원토록 제국을 번창하게 할 것이다'라는 뜻과 일맥상통했다. 결국 한낱 돌덩이에 불과했지만, 그 속엔 상서로움이 가득했다.

이 돌은 진짜였을까? 『구당서』「무승사전武承嗣傳」에서도 그 돌은 무승사가 위조한 가짜라고 기록하고 있다.

무승사는 측천의 조카로 그는 측천이 한시바삐 무 씨 왕조를 건립하기를 학수고대하고 있었다. 그렇게 되면 언젠가는 자신에게 황위가 돌아올 것이기 때문이었다. 그는 아무 돌덩어리를 하나 찾아서, 그 위에 글자를 새기고 자줏빛이 섞인 붉은 돌을 분말로 갈아 글자에 집어넣었다. 그는 이렇게 '상서로운 돌'을 만든 다음, 사람을 시켜 측천에게 헌상토록 했다. 당동태라는 이름도 날조되었을 가능성이 크다.

---

* 하도는 복희씨가 황하에서 얻은 그림으로, 이것으로 복희는 역易의 팔괘八卦를 만들었다. 낙서는 우가 낙수에서 얻은 글로, 이것으로 우는 천하를 다스리는 홍범구주洪範九疇를 만들었다. 따라서 하도와 낙서는 중화 문화 및 음양오행설의 원류로 인식되고 있다.

이 돌을 만든 것이 무승사의 아이디어인지 측천이 지시한 것인지는 알 길이 없다. 하지만 한 가지 확실한 건 측천이 이 돌을 제대로 이용했다는 사실이다.

그녀는 이 돌을 '보도寶圖'라고 명명했다가 다시 '천수보도天授寶圖'라는 이름을 붙였다. '하늘이 내린 귀중한 그림'이라는 뜻이었다. 대신들도 지지한 마당에 측천은 '성모신황聖母神皇'을 자처하고 나섰다.

원래 자기 스스로 존호를 붙인다는 게 우스꽝스러운 일인 데다가, 더 황당한 것은 엄연히 황제가 있음에도 불구하고 태후가 '신황'을 자처했다는 사실이다. 이런 예는 역사상 전무후무한 일이기도 하지만, 존호 자체가 지나치게 자극적이기도 했다.

하지만 일은 여기서 끝나지 않았다. 측천은 조서를 내려 12월에 자신이 직접 낙수로 내려가 '천수보도'를 얻은 축하식을 거행하고 하늘의 은혜에 감사하는 제를 올리겠다고 선포했다. 다음에는 또 자신의 정부이자 승려인 설회의薛懷義가 건립한 명당明堂에서 문무백관의 축하 알현을 받겠다고 했다. 그야말로 일련의 거대한 행사를 치를 셈이었다. 이에 측천은 전국 각지의 도독·자사·종실·외척들에게 행사 열흘 전에 모두 낙양으로 모이라고 지시했다.

## 2. 황손들의 반란

측천의 소집 명령이 떨어지자 이 씨 종실은 크게 반발했고 또 당황했다. 태후의 저의가 불순했다. 고종 사망 이후, 그녀는 한 황제를 폐출했고, 다른 황제를 내세우고는 또 곧바로 연금시켰다. 고명대신마저 죽음으로 내몰았다. 그러고도 부족해서 이제 또 앞장서서 신격화 운동을 전개했다. 그녀의 진정한 목표가 바로 세상을 뒤집어 황제가 되려는 것임은 이제 삼척동자도 다 아는 사실 아닌가? 게다가 일련의 정치적 소용돌이 속에서 종실 사람들은 또 얼마나 노심초사해가며 분투해왔던가?

이제 그녀가 그들을 낙양으로 소집한 것은 이참에 종실을 일망타진하겠다는 건 아닐까?

'앉아서 죽음을 맞느니 차라리 위험을 무릅쓰고라도 정면으로 한번 부딪쳐보자.' 종실 중 누군가가 측천을 타도하겠다며 암중모색을 시작했다.

당시 이 씨 종실 중에서 반기를 들 만한 유력자가 누구였을까? 총체적으로 보자면 황제와 가장 가까운 혈연관계에 있는 자, 지위가 높으면서 상대적으로 실력도 막강한 자가 가장 적격일 것이다.

황제와 가장 가까운 혈연이라면 당연히 황제의 아들들이다. 당 고조·태종·고종 3대 황제의 아들로서 당시 생존해 있던 이들은 모두 열 명이었다. 그중 고조의 아들이 네 명, 태종의 아들이 두 명, 고종의 아들이 네 명이었다. 하지만 측천이 낳은 이철과 황제 이단은 감금 상태에 있었고, 서자 출신 두 아들 또한 감시 상태였으니 이들은 제외되었다.

이렇게 보면 활동 능력이 있는 사람은 모두 여섯 명, 만약 종실에서 거사를 벌이겠다고 나선다면 이 여섯 명에게 희망을 걸 수밖에 없었다. 여섯 명의 아들 중에서는 고조의 아들 한왕韓王 이원가李元嘉의 명망이 가장 높았다. 그는 어린 시절부터 신동이라는 소문이 자자했다. 그의 천재적 기질을 보여주는 일화가 있다.

그는 왼손으로 동그라미를, 오른손으로는 네모를 동시에 그릴 수 있었고, 또 눈으로 양떼의 수를 헤아리면서 입으로는 경전을 외울 수 있었다. 40자로 된 시를 지으면서 발로는 5언시를 쓸 수 있을 정도였다고 전해진다. 고종 사후 측천은 종실을 배려하는 차원에서 그를 최고의 관직인 태위로 봉했다. 이원가를 제외하면 2인자는 태종의 아들 월왕越王 이정李貞이었다. 그 역시 재능이 출중했는데, 당시 관직은 태부였다. 이원가와 이정, 바로 이 두 사람이 종실의 선봉에 서서 움직이기 시작했다.

그들은 세 단계로 나누어 거사를 준비했다.

첫 단계는 종실의 여러 왕에게 자신들이 모반 외에는 다른 선택의 여지가 없다는 것을 설득하는 일이었다.

한왕 이원가는 아들 이선李譔을 불러 월왕 이정에게 편지를 한 통 쓰게 했다.

"아내의 병이 점점 위중해져서 서둘러 치료해야 합니다. 만약 금년 겨울까지 끌게 되면 아마 치료가 안 될 듯합니다. 일찍 손을 써야 할 것 같으니, 이 편지를 받는 대로 답장 주시기 바랍니다."

겉으로 봐서는 그냥 평범한 편지일 뿐이지만, 사실 그 내용은 예사롭지 않았다. 여기서 말한 '아내'는 바로 측천을 지칭했다. 편지 속에 숨겨진 내용은 이랬다.

"측천이 제정신이 아니어서 우리를 제거하려고 안달복달하고 있다. 그러니 우리가 서둘러 손을 쓰지 않는다면 금년 겨울, 측천이 우리를 낙양으로 불러 모았을 때는 이미 때를 놓치게 된다. 이 편지를 받는 즉시 우리가 행동에 착수할 것인지의 여부를 알려달라."

이렇게 해서 이원가와 이정은 거사를 도모하기로 의견을 모았다. 이원가는 다시 종실들에게 연락을 취했다.

"낙수 행사 때 측천은 사람을 보내 종실 자손들을 모조리 주살하여 씨를 말릴 것이다."

가뜩이나 측천의 행동에 의혹의 눈초리를 보내고 있던 차에 덕망 높은 이원가의 통지를 받자 종실들은 공포에 사로잡혔다.

'목을 빼도 죽고 오므려도 죽을 운명이라면 앉아서 당할 수만은 없지!'

다들 이런 생각이 들었다. 이원가의 이 협박 아닌 협박은 결국 종실 동원령이 되었다. 그의 주도하에 반측천 동맹이 결성되었다.

두 번째 단계는 '새서璽書', 즉 황제의 옥새가 찍힌 문서를 위조하여 황제 명의로 종실들의 거병을 독려하는 것이었다.

이원가의 아들 이선이 먼저 황제 명의로 이정의 아들 이충李沖에게 문서를 하나 보냈다.

"짐이 지금 감옥에 갇혀 있으니 제왕諸王들은 속히 짐을 구출해달라."

이 가짜 문서를 받아든 이충은 뭔가 내용이 좀 불확실하다는 생각이 들었다.

'어떻게 황제 자신에 대한 언급만 있고, 우리 종실들에 관한 내용은 없을까? 종실들이 아직 마음을 정하지 못하고 미적대고 있는 게 아닐까?'

이번에는 이충이 황제 명의로 문서를 하나 위조했다.

"신황神皇 측천이 이 씨 황실의 종묘사직을 허물고 무 씨 천하를 세우려 한다."

이렇게 하면 이 씨 종실 누구도 외면하지 않을 것이었다. 그는 이 가짜 문서를 각 종실에 보내면서, 황제의 뜻을 따라 모든 종실이 동시에 거병하자고 제안했다.

이충의 문서를 받은 후 종실들은 격분했다. 그 대표적인 예가 고조의 일곱째 딸 상락常樂공주였다. 공주는 문서를 가져온 사신에게 말했다.

"돌아가서 월왕 이정에게 전하시오. 이제는 오직 전진, 더 이상 후퇴는 없소. 종실의 왕들이 사내대장부라면 진작 거병을 했어야지 지금껏 뭘 기다리고 있었단 말이오? 수 문제 양견이 북주 천하를 찬탈하려 할 때, 주 황실의 생질 울지형尉遲逈이 어떻게 했소? 상주相州에서 거병하여 황제를 보위하지 않았소? 종실들이 왜 이 울지형을 본받지 않는지 이해할 수 없소."

너무나 격앙된 목소리였다. 이처럼 당대 여자들은 과감하고 강인했다. 중국 역사에서 유독 당대에만 여황제가 출현했다는 것은 이런 시대적 분위기와 밀접한 관련이 있을 것이다.

여기까지, 이원가와 이정은 제대로 일을 잘 진행하고 있었다. 이제 종실 구성원들이 정말 두 사람이 예상한 대로 힘을 합쳐 호응만 해준다면, 막강한 위력으로 측천에게 대항할 수 있었다. 두 사람이 연락을 취한 종실들은 대부분 자사刺史로서 그들의 근무지는 낙양을 중심으로 동서남북 사방에 분포되어 있었기 때문에 낙양을 포위망 안에 둘 수 있었다.

세 번째 단계는 거병이었다.

하지만 이 거병 단계에서 그만 문제가 생겼다. 누군가가 측천에게 종실의 거병 계획을 밀고한 것이었다. 바로 한왕 이원가의 조카 이애李譪였다. 원래 이애 역시 종실이 주도하는 이 정변 계획의 핵심 인물로 모든 세부 계획을 다 알고 있었다. 한때 그는 이정에게 사방에서 종실들이 호응해준다면 반드시 거사가 성공할 것이라는 말까지 했다. 그랬던 그였지만 결정적인 순간이 되자 더럭 겁이 났다. 거병이 실패한다고 상상하는 순간, 그는 온몸에 소름이 돋고 공포에 질려버렸다.

'만약 실패한다면 측천이 우리 종실을 어떻게 할까? 가죽을 벗길까, 근육을 뽑아버릴까?'

생각만 해도 몸서리쳐지는 일이었다. 이애는 자기 한 몸을 보전하고자 배신을 결심했다. 그는 종실의 거사 계획을 하나도 빠짐없이 다 측천에게 일러바쳤다.

보루는 으레 내부에서부터 먼저 무너지기 마련, 이애의 밀고가 있자 종실은 흔들리기 시작했다. 서로 간에 정해놓은 약속 기일은 아직 멀었고, 준비 작업도 미처 마무리하기 전에 일이 터져버렸으니 이제 어떻게 해야 하나?

월왕 이정의 아들 박주博州자사 이충은 먼저 행동을 개시하기로 마음을 먹었다. 이미 당긴 활시위인데 도로 거둬들일 수는 없는 노릇이었다.

수공 4년(688) 8월 17일, 준비도 불충분하고 다른 종실들과의 연락도 제대로 안 된 상황에서 이충은 5000명 군사를 이끌고 박주에서 거병했다. 박주는 지금의 산둥 성 랴오청聊城, 그는 황하를 건널 생각이었다. 하지만 황하에 미처 도착하기도 전에 박주 예하의 무수현에서부터 완강한 저항에 부딪혔다. 무수 현령은 원래 이충의 부하였지만 이충의 모반을 눈치채고는 뜻을 함께할 수 없다고 판단해서 갑자기 적으로 변했다. 그는 성문을 굳게 걸어 잠그고 방어에 나섰다. 이충으로서는 우선 그를 공격하는 것밖에 달리 방법이 없었다.

마침 남풍이 불어오자 이충은 바람이 부는 방향을 보고 남문으로 화공火攻을 시도하려고 불을 붙였다. 남문이 불타고 나면 군사들이 벌떼처럼 밀고 들어가 성을 점령한다는 계획이었다. 우연이었을까, 아니면 하늘의 뜻이었을까? 방금 전만 해도 남풍이 불더니 불을 붙이자마자 갑자기 북풍으로 변해버렸다. 성문은커녕 불길은 오히려 자기 군대 쪽으로 타들어오기 시작했다. 대오는 순식간에 와해되었고, 사람들의 마음까지도 돌아서고 말았다. 이충의 부하로 성문 공격을 지휘했던 장수 동현적董玄寂이 이충에게 대들었다.

"낭야왕琅邪王께서 조정과 싸움을 벌이다니, 이건 반란입니다."

장수의 마음이 동요되고 있다는 생각에 이충은 화가 머리끝까지 치밀어 그 자리에서 동현적을 죽여버렸다. 동현적의 죽음이 문제가 아니었다. 자기가 이끌고 온 병사들은 일시에 뿔뿔이 도망쳐버렸고 이충은 졸지에 병사 하나 없는 지휘관이 되었다. 남은 건 몇몇 아이들과 하인들뿐이었다.

대세가 기울었다고 판단한 이충은 박주로 돌아올 수밖에 없었다. 박주 성문을 지키고 있던 병사들은 이충이 패잔병을 이끌고 풀이 죽은 채 기어들어오는 모습을 보는 순간, '이게 웬 떡이냐?' 하는 생각이 들었다. 그의 목을 베어 조정에 들고 간다면 엄청난 상급賞給이 내려질 것이라는 생각에 단칼에 이충의 목을 베어버렸다. 거병한 지 겨우 7일, 측천의 진압 군대가 미처 도착하기도 전에 이충은 이미 황천길로 들어서고 있었다.

이충은 이렇게 실패로 끝났지만, 그 시기 다른 왕들은 어떻게 했을까? 이충은 거병 직전 여러 왕에게 사람을 보내 자신은 이미 거병을 개시했으니, 곧바로 자기와 호응하여 동도 낙양을 점거하자고 일러둔 터였다. 하지만 통신이 발달하지 않았던 시절이라 이충의 기별이 당도한 날짜는 저마다 달랐다. 게다가 미처 준비도 다 하지 못한 상태에서 그의 거병 소식을 들은지라 당황하기만 했을 뿐, 그 누구도 움직일 생각을 못 하고 있었다.

부자의 정 때문이었을까? 유독 한 사람, 이충의 아버지 월왕 이정만은 무리를 해서라도 아들을 돕고자 했다. 당시 그는 지금의 허난 성 루저우汝州인 예주자사로 있었는데, 자신의 관할 지역에서 거병했다. 하지만 그가 거병한 날짜는 8월 25일, 그가 막 작은 마을 상찰上蔡을 공략했을 때 아들 이충의 패망 소식이 전해졌다. 이때 이미 측천은 이정의 군사를 진압하기 위해 10만 대군을 파견했다. 이정의 군사는 기껏해야 5000명, 양쪽의 병력 차이가 너무 커서 이정으로서는 그야말로 계란으로 바위 치기였다.

이런 상황에서 이정이 취할 수 있는 방안은 오직 하나, 스스로 자신을 포박해서 낙양으로 측천을 찾아가 용서를 구하는 길밖에 없었다. 바로 이때 이정의 수하에 있던 한 현령이 군사 2000명을 이끌고 돕겠다고 나타났다. 이 원군을 보자 이정은 금방 마음을 바꾸었다. 군사가 5000명일 때는 적다더니 겨우 2000명이 더 늘어나자 금방 이 정도면 충분하니 계속 싸우겠다고 생각한 이런 사람을 과연 현명하다고 말할 수 있을까? 어쨌든 그는 아들 이충의 패전 소식을 감춘 채, 오히려 이충이 지금 여러 지역을 공략하고 20만 대군을 규합하여 합세해올 것이라고 허풍을 떨었다.

이정은 예주 성문을 걸어 잠그고 성을 지키겠다는 전략을 짰다. 그가 가진 군사는 모두 7000명, 그는 사기를 북돋우기 위해 한꺼번에 500명을 모두 간부로 임명했다. 또 나머지 병사들에게는 적의 공격을 예방하는 부적, 소위 '피병부避兵符'를 나눠주었다. 일종의 호신용 부적이었다. 이 부적만 지니고 있으면 창이든 칼이든 다 피할 수 있다고 했다. 그는 또 도사와 승려를 불러다가 신령의 보호를 기원하는 주문이나 염불을 읊게 했다. 이렇게만 하면 적들이 감히 접근해오지 못할 거라고 장담했다.

하지만 피병부든 주문이든 염불이든 실제 전투에서는 아무 소용이 없었다. 군사들은 금방 이정의 이런 엉터리 수법을 눈치챘고, 더 이상 그를 신뢰하지 않았다. 군사들과 예주성 백성들은 산지사방으로 도망치기 시작했고, 이제 더 이상 돌이킬 수 없는 상황이 되었다고 판단한 이정은 측근에게 이런 말을 남겼다.

"왕으로서 내 어찌 그냥 앉아서 살육되기를 기다리겠는가?"

그는 긴 한숨을 내쉬고는 부인, 자녀, 사위들과 함께 동반 자살하고 말았다. 거병에서 죽음까지 불과 17일밖에 걸리지 않았다.


## 3. 황손들의 수난


애당초 거창하게 시작된 종실들의 연합 반란은 이정 부자의 거병을 끝으로 종료되었고, 그 기간은 불과 한 달도 되지 못했다. 그 영향력 또한 4년 전 이경업의 반란과는 비교도 안 될 정도로 미미했다. 이는 그간 측천이 수년간의 통치를 통해서 전국을 얼마나 효율적으로 통제했는가를 잘 보여준다.

혈통이 원죄였다. 측천은 황제가 되기 위해 어쨌든 이 씨 종실을 다 제거하지 않으면 안 되었다. 그러나 종실들이 우려했던 대로 낙양의 경축 행사장에서 그들을 일망타진하려고 하지는 않았다. 종실들을 죽일 이유가 전혀 없는데, 군이 그랬다가는 평지풍파만 일으킬 게 뻔했기 때문이다.

그렇다면 왜 그들을 낙양으로 불러 모았을까? 일종의 겁주기였을 가능성이 크다. 풀섶을 두드리면 뱀은 기어나오기 마련, 그녀로서는 뭔가 구실이 필요했다. 종실들을 한데 다 모이라고 하면 잔뜩 겁을 먹을 테고 개중에 불만이 있는 자들이 모반을 시도하면 제거할 명분이 생기는 것이다.

실제 그들은 완전히 측천의 예측대로 움직였다.

측천은 이정 부자의 이번 거병을 역이용해서 종실들을 연루시킬 셈이었다. 그녀는 감찰어사 소향蘇珦을 불러 이 사건을 조사토록 했다. 그녀의 예측이 맞다면 최근 수년간의 교훈을 통해 대신들은 이미 그녀가 무얼 바라는지를 너무나 잘 알고 있을 것이었다.

'최선을 다해 나에게 충성하겠지!'

하지만 이 소향이란 사람은 앞뒤가 꽉 막힌 백면서생, 아무리 조사해도 다른 종실이 이정 부자와 결탁했다는 어떤 증거도 찾지 못했다. 측천으로서는 정말 울화통이 터질 노릇이었다. 하지만 그를 난처하게 하느니 차라리 다른 사람을 쓰면 될 일이었다. 측천은 이 백면서생에게 전혀 내색을 하지 않은 채 말했다.

"경은 소임을 잘 수행했소. 이제 경에게 다른 임무를 맡길 테니 이 사건에서 손을 떼시오."

그러고는 그를 하서 지역의 군사 감독관으로 내보냈다.

이번에는 꽤 이름이 알려진 인물을 골랐다.

주흥周興, 그는 겉보기엔 인자하기 그지없지만 속마음은 사갈같이 잔인한 전형적인 혹리酷吏였다. 별명도 좀 유별나서 '소대가리 시어미'였다. 주흥이 심문에 들어가자 종실의 모반 사건은 금방 마무리되었다. 월왕 이정 부자는 8, 9월에 이미 목숨을 내놓았고, 뒤이어 종실의 핵심 인물 한왕 이원가 부자, 밀고자 이애의 아버지 노왕魯王 이영기李靈夔, 그리고 비분강개파

상락공주 등이 모두 협박에 의해 자결을 선택했다.

논공행상이 분명하다는 걸 보여주기 위해 측천은 밀고자 이애만은 직급을 높여주었다. 하지만 자기 한 목숨을 부지하기 위해 부친을 배신한 이애마저도 끝내 측천의 신임과 용서를 받을 수는 없었다. 몇 개월 후 이애 역시 결국은 아버지와 삼촌을 만나러 저세상으로 떠나는 신세가 되었다.

하지만 상황은 아직 끝나지 않았다. 측천의 최종 목표는 자신의 황제 등극을 가로막는 장애를 제거하는 것, 즉 종실 내부의 위협 세력을 일망타진하는 것이었다. 수공 4년 10월부터 12월까지 고조의 아들 곽왕霍王 이원궤 등 몇 명의 종실이 처결되었다. 그중에는 태종의 딸 성양城陽공주의 아들, 그리고 측천의 딸 태평공주의 남편 설소薛紹도 포함되어 있었다. 측천은 태평공주를 무척 총애했지만, 아무리 사랑스러운 딸이라고 해도 '영웅의 대사'를 치르는 데 걸림돌이 된다면 용납하지 않았다. 그래도 사랑하는 딸을 배려하여 그 남편 설소만은 참수형 대신 곤장 100대를 친 후 감옥에 가둬 굶겨 죽었다. 시신이나마 온전하게 남게 한 것이다.

그 뒤 2년간 고조의 아들 서왕舒王 이원명李元名과 태종의 아들 기왕紀王 이신李愼도 이 사건에 연루되어 왔다. 그들은 워낙 온순해서 당초 이정 부자가 거병을 제안했을 때 일언지하에 거절했던 사람들이다. 하지만 내막을 알고도 신고하지 않았다는 죄명으로 결국은 재앙에서 벗어날 수 없었다. 여기까지 고조의 아들 22명, 태종의 아들 14명 중에서 목숨을 부지한 사람은 단 한 명도 없었다.

앞서 말한 친왕親王 10명 가운데 남은 사람은 고종의 네 아들뿐이었다. 그중 이철과 이단은 측천의 소생으로 연금 상태에 있었지만, 서자 이상금과 이소절은 이런 예우를 받지 못했다. 천수 원년(690), 측천은 주흥을 시켜 두 서자를 모반으로 몰았고, 두 사람은 심문을 받기 위해 낙양으로 압송되었다.

이소절은 서주舒州자사로 있었는데, 낙양으로 압송되기 전 서주에서 마침 어느 출상出喪 장면을 목도했다. 망자의 가족들이 대성통곡하는 걸 본 이소절이 긴 한숨을 내쉬며 말했다.

"왜 저리 통곡하지? 병사病死한 것만도 얼마나 다행인데!"

그의 이 말은 사실이었다. 낙양에 미처 도착하기도 전에 그는 강압에 못 이겨 목을 매고 자결했다. 그에게는 병사조차도 과분했다. 뒤이어 이상금 역시 강요로 목숨을 끊었다.

『구당서』의 기록에 따르면, 비정상적으로 사망한 황족 100여 명 가운데 측천이 권력을 잡았던 시기에 사망한 사람이 60퍼센트나 되었다.『자치통감』에도 이 시기에 "당 제국의 종실이 거의 전멸하다시피 했다"라고 기록되어 있다. 역모로 몰린 황족들은 모두 호적에서 사라지고, 성도 훼虺 씨로 바뀌었다. '훼'란 독사나 도마뱀 같은 파충류를 가리킨다. 이미 세상을 떠난 3대 황제가 자기 자손들이 이렇게 비참하게 수모를 당하는 모습을 지켜보았다면 과연 어떤 느낌이 들었을까?

물론 이 와중에서 요행이 살아남은 종실 가족이 있었다.

천금千金공주, 일흔이 훌쩍 넘은 노부인이었다. 천금공주는 줄곧 측천과 사이가 좋았다. 측천에게 첫 남총 설회의를 소개해준 것도 그녀였다. 천금 공주는 나이 일흔이 넘었지만 측천 앞에 무릎을 꿇고 기꺼이 태후의 딸이 되겠다고 할 정도로 측천의 비위를 잘 맞췄다. 천금공주는 고조의 딸, 그러니까 두 사람은 시고모와 조카며느리 사이, 일흔이 넘은 시고모가 예순이 넘은 조카며느리 앞에서 수양딸이 되겠다고 무릎을 꿇었으니, 이만저만 저자세가 아닐 수 없다. 측천이 말했다.

"좋소. 내 딸이 되었으니 이제부터는 천금공주라고 하지 않고 연안延安공주라고 부르겠소. 앞으로 오래도록 평안하게 살라는 뜻이오."

바로 이런 식으로 측천은 종실 가운데 위협 세력과 아부하는 세력을 적

절히 통제함으로써, 무 씨 천하를 구축해가는 험난한 혁명 시기를 무사히
넘길 수 있었다.

종실을 제압하고 난 다음 측천은 예정대로 낙수로 내려가 '천수보도'를
얻은 축하식을 거행했다. 이듬해 정월 초하루, 측천은 처음으로 천자에게
만 허용된 곤룡포와 면류관을 쓰고 하늘에 제사를 올렸다. 그녀는 '진규
鎭圭'*를 들고 초헌을 올렸고, 황제가 아헌, 태자가 종헌을 올렸다. 바야흐로
무 씨 왕조의 태동을 알리고 있었다.

길고 긴 인생 역정, 그 발자취 하나하나에는 다 깊은 의미가 담겨 있는
법이다. 세상을 뒤엎고 황제가 된다는 것이 어디 쉬운 노릇이겠는가?

돌이켜보면, 측천은 고종이 사망한 뒤 수년간은 그런대로 만족스런 생활
을 했다. 또 이철을 황제에서 폐위하고 황제 이단을 연금시킨 다음에는, 이
씨 황실의 여자로서 막강한 권력을 행사해왔다. 또 양주 반란을 평정하고
재상 배염을 주살한 뒤부터는 조정대신들 앞에서 지고무상의 위엄을 보여
주었다. 그리고 종실들을 제거하고 난 뒤부터는 황제의 자리에 한층 더 가
까이 다가갈 수 있었다. 이제 이 일련의 숙정 과정을 거치면서 이 씨 황실에
는 노약자만 남았으니, 더 이상 그들의 저항을 염려할 필요는 없었다.

이 씨 황실이 저무는 순간, 그건 바로 측천이 도약의 나래를 펴는 순간
이기도 했다.

---

* 고대 천자가 의식을 거행할 때 손에 들었던 옥으로 만든 패찰. 크기는 약 35센티미터, 이 진규
에는 '사방을 평안케 한다'는 상징적 의미가 담겨 있다.

# 제21장
# 여황제의 등극

청대의 동릉東陵 경내에는 자희태후慈禧太后를 모신 정릉定陵이 있는데, 이 정릉의 석각에는 여느 능묘와는 다른 도안이 새겨져 있다. 황실 능묘의 석각에는 항상 용이 봉위에 놓인다. 하지만 이 정릉 석각에는 봉이 용 위에 자리잡고 있어서 보는 이의 눈길을 끈다. 그런데 사실 이런 도안을 처음 사용한 사람은 자희가 아니라 그보다 1000여 년이나 먼저 태어난 측천이다. 자희는 50년간 막강한 권력을 휘둘렀지만 어쨌든 그 신분은 태후, 그 능묘의 석각에 '봉을 용 위'에 새길 명분이 없으니 다소 억지스럽다고 해야겠다. 하지만 측천은 다르다. 그녀야말로 황제를 역임했으니 명실상부 '봉이 용을 제압'할 수 있었다.

측천이 어떻게 차근차근 단계를 밟아가며, 황제 등극의 최종 목표를 실현하게 되었는지를 살펴보자.

## 1. 기상천외한 개혁

측천은 이경업의 반란을 평정했고 조정의 반대파들을 제거했으며 종실들을 거의 일망타진했다. 이 모든 과정에서 무력이 동원되었다. 하지만 무력은 공포감을 줄지언정 자발적인 복종을 이끌어내지는 못했다.

'성군의 이미지를 만들자'고 생각한 측천은 이를 위해 두 가지 방안을 구상했다. 하나는 '명당明堂'의 건립, 다른 하나는 문자 창제였다.

명당이란 유가 경전에 기록된 지극히 신성한 건축물을 가리킨다. 최초의 명당은 헌원軒轅 황제黃帝가 직접 지었는데, 위로는 하늘과 소통하고 아래로는 인간과 소통할 수 있었다고 한다. 『주례』「고공기考工記」에 따르면, 천자는 하늘의 명을 받아 인간 세상을 통치하는 존재다. 그래서 천자는 조회·제사·경축·관리 선발 등 중요한 국가 행사를 모두 이 명당에서 거행함으로써 하늘과의 소통이 가능하다고 보았다. 유가 학설이 보편화되면서 이 명당에 대해서도 갖가지 기록이 남아 있다. 북조 시대의 민가 「목란사木蘭辭」에도 목란이 전쟁에서 돌아와 천자를 알현할 때, "천자께서 명당에 앉아 계셨다"는 구절이 있다. 그만큼 명당과 천자의 관련성은 하나의 문화적 전통처럼 사람들에게 각인되어 있었다.

그러나 이런 유가적 전통이 있었음에도 한나라 이후에는 그 어떤 천자도 명당에서 정사를 보았다는 기록이 없다. 그 이유는 명당의 건축양식에 대한 기록이 실전되어 후세 사람들은 도대체 명당을 어떻게 지어야 할지 몰랐기 때문이다. 그래서 역대 많은 황제가 이를 아쉬워하면서 재위 중에 '명당에 한 번 앉아보는 영광'을 누리고자 했다.

고종 역시 그런 황제 중 하나였다. 그는 유가적 성왕이 되어 꼭 명당을 건립하겠노라고 하면서, 유생들을 불러 고증을 통해 설계 방안을 마련하라는 명을 내리기도 했다. 그러나 선비란 게 본래 말만 무성할 뿐 저마다 서로 다른 경전 근거를 제시했다. 의논에 의논을 거듭했지만 십수 년 세월만 허송했을 뿐, 고종이 죽고 나서도 명당에 대한 설계안은 오리무중이었다.

측천 역시 명단 건립에 대한 꿈을 버리지 않았다. 상징성이 큰 이 건축물을 지어 모든 사람이 볼 수 있도록 자신이 그 자리에 앉아 천하를 호령

하고 싶었던 것이다. 측천은 과거 고종과 같은 실패를 더 이상 반복하지 않으려고 융통성 없는 유생들과는 아예 상의조차 하지 않고 직접 북문학사를 찾았다. 지금까지 그들은 매사 일처리가 깔끔하고 사명감이 투철했으니 그런 방안은 금방 만들어낼 것이었다. '하나하나 경전의 기록에 부합해야 할 필요 없이 화려하고 장대하면 된다'는 것이 측천의 생각이었다.

이런 지시가 떨어지자 북문학사들은 오래지 않아 명당의 구조를 설계했다. 설계안이 나오자 측천은 자신의 정부 설회의에게 공사 감독을 맡겼다. 명당 건축은 수만 명의 인력이 동원되는 엄청난 공사였지만 속전속결로 진행되었다. 수공 4년(688) 2월에 착공된 공사는 그해 12월, 채 1년도 걸리지 않아 완성되었다.

명당의 모습에 대해서는 사료의 기록이 대체로 일치한다. 명당은 낙양의 정전 건원전이 있던 자리에 모두 3층으로 지어졌다. 맨 아래층은 춘하추동 사계절을 상징했고, 중간층은 열두 시간을, 최상층은 24절기를 각각 상징했다. 높이는 294척, 미터법으로 환산하면 90미터 남짓 되었다. 이백의 시구 중에 "높디높은 백 척 누각, 손을 뻗으면 별도 딸 수 있으리"라는 표현이 있는데, 만약 명당처럼 300척 가까이 되는 높이라면 하늘에 큰 구멍이라도 하나 뚫어낼 수 있지 않았을까? 지금으로부터 1300여 년도 더 앞선 당대에 이런 건축물이 지어졌다는 게 그저 놀랍기만 하다. 더 놀라운 건 명당의 외부 장식, 중간층의 외부는 아홉 마리의 금룡金龍으로 장식했고, 금룡들은 뭇 별이 달을 감싸듯 거대한 원반을 하나 받들고 있었다. 원반 윗부분이 바로 최상층으로, 그 꼭대기는 또 10척이 넘는 철로 만든 봉황으로 장식했다. 황금 봉황이었다. 머리를 높이 들고 날개를 펴덕이는 금빛 봉황, 그 아래 아홉 마리 용은 오히려 더 초라해 보이지 않았을까?

명당을 완공한 이듬해인 수공 5년 정월, 측천은 황제와 태자를 대동하고 명당에서 하늘과 조상을 위한 제사를 올렸다. 연호를 영창永昌으로 바꾸었고 문무백관의 하례를 받았다. 명당에 앉은 천자의 모습이 마침내 만인 앞에 드러나는 순간이었다. 다만 이때 조서를 공표한 것은 황제가 아닌 황제의 모친 성모신황, 측천이었다. 이 화려하고 장대한 명당에서, 이 유구한 유가적 전통을 뽐내는 철의 여인 측천을 누가 천자가 아니라고 강변할 수 있겠는가?

그날 측천은 명당에 앉아 문자 개혁을 알리는 조서를 공표했다. 문자 개혁은 원래 시대의 발전에 따라 지속적으로 진행된다. 오늘날 중국에서 사용되는 간체자 역시 문자 개혁의 산물이다. 그러나 측천의 개혁은 한자를 간략하게 바꾸거나 규범적으로 통일하자는 목적이 아니었다. 그녀는 문자의 힘을 유난히 신뢰했던 터라 아들 이름을 지을 때도 항상 특별한 의미를 부여해왔다. 이번에 개혁하려는 몇몇 핵심적인 글자 역시 그 속에는 특별한 의미가 담겨 있었다. 이를 보면 금방 측천의 인생관과 세계관을 정확히 알 수 있었다.

재초載初 원년(690) 정월, 측천은 새 문자 12개를 공표했다. 천天·지地·일日·월月·성星·군君·신臣·재載·초初·년年·정正·조照 등 모두 상용자였다. 그 뒤에 증證·수授·성聖·국國·인人 등이 추가되었는데, 모두 몇 글자를 새로 만들었는지에 대해서는 지금까지도 논란이 분분하다. 하지만 이 글자들은 각기 그 의미가 유별났다. 가령 '군君'은 '천하대길天下大吉' 네 글자를 세로로 나란히 조합한 모양으로 바꾸었는데, 모름지기 군주란 가장 상서로운 존재이니 천하의 길상이 모두 그의 한 몸에 담겨 있다는 의미를 담았다. 또 신하 신臣은 충忠 아래에 '일一'을 덧붙여 썼는데, 신하된 자는 일심으로 군주에게 충성해야 한다는 의미를 담았다. 이 글자들은 재초 원년에서 신룡神龍 원년(705)까지 약 16년간 전국적으로 사용되었고 오늘날 고서의 시대를 판별하는 중요한 근거 자료가 되고 있다.

이런 문자 개혁을 어떻게 평가해야 할까? 긍정적으로 보는 대표적인 사례로는 민국 시기 교육가이자 여권운동가로 활약했던 장모권張默君이 있다. 그녀는 측천이 만든 새로운 글자가 무 씨 왕조의 기상처럼, 그 독창성이 천추에 길이 남을 것이라고 평가했다. 반면, 이 글자들이 문자 발전의 객관적인 법칙을 지나치게 무시했다고 비판하는 견해도 있다. 어쨌든 이 글자들은 측천의 통치가 종식되면서 점차 사그라졌고 송대에 오면서 거의 다 없어졌다.

다만 그중에서도 한 글자만은 지금까지도 남아 있는데 바로 '조瞾' 자다. 하늘 위空에 떠 있는 달月과 해日를 합친 글자다. 중국 역사가 존재하는 한 이 글자는 아마 영원히 남을 것이다. 측천이 이 글자를 새로 만들어 자기 이름을 무조武瞾라고 했기 때문이다.

## 2. '상서로움'이 가득한 세상

고대 중국에는 천인감응설이란 게 있었다. 하늘과 인간은 끈끈하게 연결되어 있다는 의미다. 하늘의 뜻은 어쨌든 구체적이고 가시적인 형태로 인간 세상에 구현된다는 믿음이기도 했다. 그것을 고대 사람들은 '상서祥瑞'라고 불렀다. 이 상서는 인위적으로 조작할 수도 있었고, 통치자가 몇 가지 상서를 제대로 잘 활용하면 성공할 수도 있었다. 따라서 측천은 황제가 되려고 마음먹은 그 순간부터 부단히 이 상서를 만들어내야 했다. 일종의 상징 조작이었다.

수공 2년(686), 옹주 신풍현新豐縣에 지진이 발생했다. 그때 땅이 한쪽으로 밀리면서 흙더미가 하나 솟아올랐는데, 측천은 그걸 흙더미라고 하지 않고 '경산慶山'이라 불렀다. '상서'의 출현이라고 본 것이다. 신풍현도 경산현으로 이름이 바뀌었다. 앞에서 이미 말했듯이 당동태란 사람이 낙수에서 주웠다는 돌덩어리에도 '성모가 인간 세상에 나타나 영원토록 제국을 번창하게 할 것이다'라는 말이 새겨져 있지 않았던가? 이 역시 상서의 조작이었다. 그런가 하면 채색 구름이 태양 주변에 나타나는 자연현상을 두고도 상서라고 했다. 만물이 태양에 기대어 성장하고, 태양을 중심으로 운행되듯 스스로 태양과 같은 존재라고 주장했다.

이는 하늘의 뜻이 자신과 서로 감응했다는 논리나 다름없었다. 당시 교육을 주관하는 국자감 좨주祭酒는 취임 첫날에 유가 경전을 강의하는 것이 관례였다. 하지만 측천은 이런 관례를 깨고 국자감 좨주에게 유가 경전 대신 '상서' 세 가지를 골라, 그 의미가 무엇인지를 해설하도록 했다. 이렇게 공식적인 경로를 통해 상서를 이론화하는 작업이 진행되면서부터 그 의미는 당연히 더 심오해질 수밖에 없었다. 따라서 당시에는 유난히 상서 현상이 많이 출현했고, 그에 대한 해석 또한 다양했다. 다만 아무리 다양한 해석이라도 조정에서 제시하는 해석 지침을 벗어나는 것은 허용되지 않았다. 모든 해석은 사실상 측천의 황제 등극에 유리한 방향으로 이루어져야했다.

측천이 유가의 천인감응설을 최대한 활용했지만 여기에도 문제는 있었다. 전통 유가에서는 '암탉이 울면 집안이 망한다'는 논리에 입각해서, 어떤 경우든 여자의 정치 참여를 반대했다. 측천은 사람을 시켜 모든 유가 경전을 다 뒤져보았지만 그 어디에도 여자가 황제가 될 수 있다는 구절은 없었다. 오히려 유가 경전을 내세우며 대놓고 측천의 집정을 반대하는 사람까지 등장할 정도였다.

앞서 신풍현에서 발생한 '경산 사건'만 하더라도 그랬다. 지진으로 발생한 흙더미를 두고 모든 신하가 앞다투어 '하늘이 내린 상서'라고 축하할 때, 유문준俞文俊이라는 유생이 나타나 그것은 상서가 아니라 재앙이 분명하다는 상소를 올렸다.

"아무 이유 없이 흙더미가 솟았으니, 이는 마치 사람의 몸에 혹이 하나생긴 거나 다름없다. 지금 태후가 권력을 마음대로 휘두르고 있으니 음양의 조화가 깨졌다. 이는 하늘이 재앙으로 경고를 내린 것이다. 만약 태후가후궁으로 물러나지 않는다면 하늘이 더 큰 재앙을 내릴 것이다."

이 상소로 측천은 무척 곤혹스러웠다. 자신의 상징 조작이 처음으로 도전을 받은 셈이다. 유가 학설을 빌려 여자도 황제가 될 수 있다는 사실을조작해내기란 여러모로 어렵다는 생각이 들었다.

어떻게 해야 할까? 당대는 유불도儒佛道 3가가 병존하면서 저마다 세력을 확보하던 시기다. 유가 학설로 되지 않는다면 불교나 도교 쪽을 넘볼 수있다. 하지만 도교의 경우 그 시조는 태상노군, 이름은 이이李耳, 바로 이 씨황실의 조상이라고 널리 알려져 있었기 때문에 쉽지 않았다. 그러니 남의조상을 빌려 그 자손을 공격하려 한다면 앞뒤가 맞지 않는다.

남은 것은 불교였다. 측천은 불교와 인연이 깊다. 모친 양 씨 부인이 독실한 불교도였고, 그녀 자신도 젊은 시절 감업사에서 비구니를 지낸 적이 있다. 게다가 훗날 그녀가 맞은 최초의 정부 설회의 또한 승려였다. 불교에 대한 믿음이 남다를 수밖에 없었다.

'불교를 잘 이용해보자!'

측천은 설회의를 불러 임무를 하나 부여했다. 불교연구회를 조직해서 불교 경전에 여자도 집정할 수 있다는 기록이 있는지를 찾으라고 지시했다. 임무를 부여받은 설회의는 즉각 행동에 돌입했다. 그는 불경에 그런 기록이 있으면 좋고, 없다면 만들어서라도 내놓겠다는 심정으로 작업에 들어갔다. 그는 동위국사東魏國寺의 승려 법명法明과 함께 밤낮으로 이 일에 골몰하여 마침내 경전 하나를 찾아냈다. 『대운경大雲經』! 이 경전의 원래 이름은『대방등무상대운경大方等無想大雲經』이었다.

『대운경』이 등장하자 측천은 눈이 번쩍 뜨였다. 이 경전에는 천녀天女 정광淨光에 대한 이야기가 기록되어 있었다. "부처님이 천녀 정광에게 보살, 즉 여자의 몸으로 변하여 나라를 통치하라고 하셨다"는 기록이다. 다시 말해 천녀 정광은 전생에 국왕의 부인이었으니, 이제 여인으로 변신하여 일국을 다스리고 다시 부처로 환생하라는 내용이었다. 고사의 전반부는 측천 자신의 이야기에 해당했고, 후반부는 그 미래상으로 보기에 적격이었다.

하지만 기쁨도 잠시, 문제가 없는 것은 아니었다. 우선 백성의 수준으로 볼 때 그들이 『대운경』의 내용을 이해하기가 너무 어려웠다. 또 천녀 정광에 대해 그럴싸하게 써놓기는 했지만, 지명도가 너무 낮아서 그 존재를 아는 사람도 거의 없었다. 지명도가 낮은 인물을 동원해서 민심을 조작하기란 결코 쉬운 일이 아니었다.

그러나 모진 풍랑을 겪을 대로 겪은 측천으로서는 상징 조작이든, 경전에서 여자 황제설을 찾아내는 일이든 그리 대수로울 건 없었다. 그녀는 설회의를 불러 승려들을 모아 백성도 이해할 수 있게 『대운경』의 주석과 해설서를 만들라고 지시했다. 금방 『대운경소大雲經疏』가 나왔다. '소疏'란 경전에 주석과 해설을 덧붙인 일종의 대중 보급판이다.

이 책의 가장 큰 특징은 민간에 널리 퍼져 있었던 미륵 사상에다 여자가 천하를 다스린다는 내용을 결부시켰다는 점이다. 불교의 교리에 따르면 미륵불은 '자비로 중생을 구제하기 위해 미래에 등장할 석가모니불'을 의미한다. 남북조 시대 이래 중국에서는 이 미륵불이 민간에서 널리 숭앙되었고 인기도 많았다. 요컨대 측천은 미륵불의 화신이며 장차 황제가 되었다가, 결국에는 또 부처로 돌아가리라는 논리였다.

『대운경소』는 즉각 전국에 배포되었고 각 주군州郡에 대운사를 건립하여 이 경전을 보관하라는 지시가 떨어졌다. 또 고승을 동원하여 강론이 이뤄졌다. 동쪽으로는 발해부터 서쪽으로는 광동성 유사流沙, 남쪽으로는 오령五嶺, 북쪽으로는 대막大漠에 이르기까지 순식간에 『대운경』과 『대운경소』는 전국 각지에 보급되었다. 불교도의 이런 움직임과 함께 여황제가 출현할 것이라는 여론 또한 폭발적으로 비등했다.

## 3. 빗발치는 청원

재초 원년(690) 9월 3일, 7품관 시어사侍御史 부유예傅遊藝라는 사람이 이씨 황실의 고향인 관중 지역 백성 수백 명을 대동하고 나타나 궁궐 밖에 엎드려 상소했다.

"측천은 천심과 민심에 순응하여 황위에 등극하라! 그리고 당을 주周로 바꾸고 동시에 지금의 황제 이단도 성을 무 씨로 바꾸라!"

'세 번 사양한 후에 받아들인다'는 고대 중국의 관습대로 그녀는 그의 청원에 아무런 대응을 하지 않았다. 거절은 했지만 그렇다고 소홀하게 다룰 수는 없었다. 측천은 부유예를 정5품 문하성 급사중給事中으로 발탁하여 단박에 열 단계나 승진시켰다.

이 소문이 퍼지자 제2차 대규모 청원이 일어났다. 지난번 청원이 관중 지역 백성 중심이었다면, 이번에는 주로 낙양 백성이었다. 게다가 변방 소수민족과 승려·도사까지 포함하여 그 규모가 1만2000명에 달했다. 규모도 그렇지만 신분적 대표성이 저번보다 훨씬 더 확장되었다. 하지만 측천은 이번에도 겸손하게 사양했다.

다음 날 청원자는 더 늘어났고, 이번에는 문무 관리들도 대거 가담했다. 3차 청원에 나선 인원은 자그마치 6만여 명, 이번에는 청원자들이 좀체 궁궐을 떠날 기미를 보이지 않았다. 그중 대표자가 선발되어 측천과 마주했다.

"하늘이 폐하를 황제로 내리셨고, 사람들은 폐하를 어머니로 모시고자 합니다. 천심과 민심을 따르지 않으시고 계속해서 사양만 하신다면 저희를 어쩌려고 이러십니까?"

대표의 이 말이 끝나기 무섭게 백성이 일제히 소리쳤다.

"청원을 받아주시옵소서!"

바로 이때 누군가가 고함을 질렀다.

"저길 보아라! 봉황 한 마리가 궁궐로 날아들어갔다!"

뒤이어 또 누군가가 소리쳤다.

"붉은 새다! 붉은 새들이 조정에 날아들었다!"

아래로는 만백성의 함성, 위로는 봉황과 붉은 새들, '천인합일天人合一'의 징조가 이보다 더 실감나게 나타날 수가 있겠는가?

바로 이 순간, 결정적인 한 인물이 등장했다. 세상이 바뀌는 이 역사적인 연극 무대에 이 인물이 없다면 도저히 연극은 마무리될 수 없을 터, 바로 황제 이단이었다. 이단 역시 이 대열에 합류하여 모친에게 황제 등극을 청원했다. 그는 측천의 후계자가 되겠다고 자청했고, 성도 무 씨로 바꾸겠다고 다짐했다.

이렇게 해서 '세 번 사양한 후에 받아들인다'는 전통적 선양禪讓 의식은 한 치의 오차도 없이 완수되었다. 드디어 측천이 일어섰다.

"알았노라! 이 역시 하늘의 뜻일 것이다!"

중국 역사상 전무후무한 여황제는 이렇게 탄생했다.


## 4. 희대의 여황제

측천이 황제로 등극한 때는 그녀 나이 67세. 14세에 입궁하여 32세에 황후가 되고 40세에 고종과 함께 '이성二聖'으로 불렸으며 60세에 황태후, 마침내 반세기에 걸친 고군분투의 종착지인 황좌에 올랐다.

측천은 주周의 후예임을 자처하면서 국호를 주로 바꾸었고 주력周曆을 사용했다. 주력에서는 11월을 정월로 쳤다. 왜 주의 후예를 자처했을까? 여기에 그녀의 어떤 심리적 기제가 내포되어 있을까?

주의 통치자는 희姬 씨 성이었다. 그 유명한 주공도 이름이 희단姬旦이다.

옛날 주 평왕이 낙양으로 천도한 뒤 막내아들을 낳았는데, 손금에 난 무늬가 '무武' 자 모양이어서 이름을 희무姬武라고 했다. 그 후손들은 성을 무 씨로 바꾸었다. 무 씨가 희 씨에서 나온 유래다. 이로 미루어볼 때 측천은 자기 가문이 그다지 잘 알려지지 않은 집안이라는 비애감, 또 조상 중에 특별히 이름난 인물이 없다는 자격지심 때문에 주 왕실과의 관계를 통해 그 영예를 한번 이용해보자는 심리가 있었다. 물론 이런 단순한 이용 가치 때문만은 아니었다. 주는 고대 중국의 하·상·주 3대 중에서도 약 800년이라는 최장수 국가였다. 측천은 자신이 세운 무주武周 왕조 역시 그처럼 오래도록 계승되기를 기대했다.

이외에도 주 왕실은 유가 학설에서 가장 정통으로 인정하는 국가였기 때문에, 유가적 관점에서 볼 때 주가 실행한 왕도정치는 이상적인 정치형태이기도 했다. 당시 측천에게 가장 절실했던 것도 바로 유가로부터 인정받는 것이었다.

원래의 황제 이단은 신분이 황사皇嗣로 강등되었다. 황제에서 그냥 '황제의 아들'로 변한 것이다. 이름도 이단에서 무륜武輪으로 바뀌었다.

여황제의 등극 대전은 9월 9일로 정해졌다. 이날은 중양절로 택일에도 자못 깊은 의미가 담겨 있었다. 『주역』에 따르면 홀수는 양陽, 짝수는 음陰, 9는 홀수 중에서 가장 큰 숫자, 따라서 9월 9일은 양기가 가장 왕성한 날이다. 측천은 이 양기 왕성한 날에 등극하여, 음기가 넘치는 여성으로서의 한계를 극복하려 했다. 남자는 양, 여자는 음, 남자는 집 밖을, 여자는 집 안을 주도한다는 전통 관념이 여전히 그녀를 지배하고 있었다. 물론 측천은 이러한 전통적 관념과 부단히 투쟁해왔지만 투쟁 속에서도 타협을 추구했다. 어떤 때는 의도적으로 타협했고, 또 어떤 때는 본능적으로 타협했다.

9월 13일, 측천은 천자의 예에 따라 무 씨 7묘의 건립을 명했다. 부친 무사확을 태조효명고황제太祖孝明高皇帝로 추존하고, 주 문왕을 시조 문황제文皇帝로 추존했다. 무승사·무삼사 등 무 씨 자제들은 왕으로 책봉되고 딸들은 공주로 책봉되었으며, 모든 무 씨 성을 가진 사람에겐 부역이 면제되는 등 황실 가족으로서의 혜택을 톡톡히 누릴 수 있었다.

왕조가 당에서 주로 바뀌었으니 장안에 있는 이 씨 황실의 태묘도 그냥 둘 수 없었다. 측천은 그것을 향덕묘享德廟로 바꾸되, 고조·태종·고종의 위패는 계속 모시게 했다. 그 이유는 그녀 스스로 당 황실의 3대 선황을 계승한다고 선포했기 때문이다. 이 씨 황실의 며느리 신분을 인정하고, 또 모친의 신분으로 아들을 대신하여 황제가 되었다는 사실을 인정한 이유는 아마도 폭넓게 지지자를 확보하기 위한 불가피한 선택이었을 것이다.

하지만 여기서 모순이 발생한다. 자신의 정권이 이 씨 황실에서 나왔고 또 모친의 신분으로 황제가 되었다면, 이 정권은 도대체 누구에게 귀속되느냐가 문제다. 이 모순은 왕조가 당에서 주로 바뀌는 그 순간부터 발생할 수밖에 없다. 그리고 이 모순은 앞으로도 지속될 것이 분명하다. 그러나 당시 측천은 결코 이 문제를 충분히 고려하지 못했다.

물론 측천이 굳이 이 모순을 고려했어야 할 이유는 없다. 원래부터 그녀의 모든 행보는 줄곧 천부적인 감각으로 이루어졌다. 행동하는 가운데 기회를 찾아내고, 전략을 구상하고, 또 문제점에 봉착한 가운데 해결 방식을 모색하는 것이 특기가 아니던가?

## 제22장
# 자라 보고 놀란 가슴

67세의 고령으로 측천은 왕조를 당에서 주로 바꾸어 천하대권을 잡았다. 하지만 일개 여인으로서 황제가 된 것에 대한 뭇 사람의 불만은 엄청났다. 특히 이 씨 황실에 충성을 바쳐온 일부 대신들은 겉으로는 내색하지 않았지만 호시탐탐 기회를 노리고 있었다. 측천에게는 잠재적인 위협 세력이었다. 당연히 측천이 이런 자들을 가만둘 리 만무했지만, 그렇다고 보이지 않는 이 적대 세력을 잡아내기도 쉽지 않았다.

수공 2년(686) 3월 어느 날, 조정에 구리로 제작한 네모반듯한 물건 하나가 놓여졌다. 사면에 각각 청·홍·백·흑색이 칠해져 있어서 유난히 화사해 보였다. 오가는 관리들은 이것을 보고 궁금증을 이기지 못해 힐끗힐끗 눈길을 건넸다.

바로 이때 말을 타고 온 사내 하나가 이 동궤 앞에 멈추어 섰고 사람들은 일제히 그를 쳐다보았다. 말에서 내린 사내는 평소 이곳을 드나드는 관리가 아니라 의복이 남루한 농부였다. 복장은 남루했지만 그의 두 눈에는 급박한 눈빛이 역력했다.

'이자가 도대체 누구지?'

관리들은 저도 모르게 가슴이 두근거렸다.

밀고자였다. 구리로 만든 그 화사한 사각통은 '궤櫃'라고 불리는 밀고용 도구였다. 고문과 동궤, 이 둘은 모두 측천의 신발명품이었다. 조정에서 밀담을 주고받는 대신들 중에서 어느 누구도 이 밀고와 고문이 향후 10여 년간 측천의 손에 들린 예리한 비수가 될 것이며, 또 이로 인해 자신들이 전전긍긍, 살얼음판을 걷게 되리라고는 상상도 하지 못했다.

밀고와 고문은 결코 권장할 만한 일이 아니다. 한데 왜 측천은 굳이 이를 장려했을까? 문제는 반측천파의 힘이 지나치게 크다는 데 있었다.

충군 의식의 관점에서 볼 때, 측천 휘하에 있는 모든 관리는 사실 이 씨 황실에서 성장해왔기 때문에 이 씨 황실에 충성해야 할 의무가 있었다. 또 남자로서 여황제를 모신다는 것이 관료 사회에서는 수치스러운 일로 인식되었다.

이런 전통적 관념이 워낙 뿌리 깊었기 때문에 측천이 제아무리 관리들을 잘 예우해준다고 해도 일부는 여전히 무 씨 정권을 인정하지 않으려고 했다. 더 심각한 것은 측천이 직접 발탁한 대신들조차도 그런 사고방식을 가졌다는 사실이었다. 반란을 일으켰던 이경업이나 자신을 후궁으로 밀어내려고 했던 배염이 대표적 예다. 그들은 모두 한때 측천의 핵심 측근이었지만 결정적인 시기에 측천에게 엄청난 타격을 입혔다. 이 때문에 한시도 긴장감을 늦출 수가 없었다. 드러내놓고 공격해온다면 쉽게 방어라도 하겠지만, 비밀리에 목숨을 겨냥한다면 막아낼 방도는 없었다. 어떻게 해야 은밀하게 숨은 적들을 잡아낼 수 있을까?

고심 끝에 측천이 생각해낸 방법은 백성을 이용하는 것이었다. 아득히 저 높은 곳에 자리한 통치자가 어떻게 백성의 목소리를 제대로 들을 수 있겠는가? 대중 속에 섞여 있는 이질분자는 대중이 가장 정확하게 잡아낼 것이다. 백성은커녕 중하급 관리라도 황제가 그들을 만날 기회는 없다. 황제는 종일 고급 관료들에게 둘러싸여 있었고, 경험상 가장 믿지 못할 존재가 또 그들이었다. 일찍이 그녀가 고종에게 제출한 12가지 건의에도 '언로 확대'라는 내용이 들어 있다. '효과적인 제도를 마련하여 실질적으로 언로를 넓혀보자'는 것이 측천의 생각이었다.

## 1. 잇따르는 밀고

어떻게 해야 실질적으로 언로가 보장될까? 측천은 두 가지 방안을 활용했다. 하나는 투서용 동궤를 설치하는 것이었고, 다른 하나는 직접 밀고를 받는 것이었다. 사실 측천은 잠재적인 적대 세력을 공격하는 수단으로 황제 등극 이전에 이미 이 제도를 활용하고 있었다.

먼저 동궤에 대한 얘기부터 해보자.

앞에서 설명한 대로 이것은 사각형으로 된 초대형 동궤로, 한마디로 말해서 일종의 건의함이었다. 이 사각 건의함은 네 칸으로 나누어져 있고 사면이 각각 동서남북을 향하도록 설치되었는데, 건의 내용에 따라 투입구가 달랐다. 청색으로 된 동쪽 면은 스스로 관직을 얻겠다고 자천할 경우에 이용되었다. 홍색의 남쪽 면은 조정에 대한 건의 사항을 투서할 수 있었고, 흰색으로 된 서쪽 면은 억울한 사정을 호소할 때 이용했다. 흑색이 칠해진 북쪽 면은 밀고용이었다. 일단 의견을 투서했다면 다시 꺼낼 수 없도록 했다. 이 동궤는 기능이나 디자인 면에서 아주 정밀하게 제작되었다. 측천은 보궐補闕과 습유拾遺라는 새 직책을 만들어 간관諫官의 역할을 수행하게 했는데, 그들에게 지궤사知匭使라는 직책도 함께 부여했다. 그들은 매일 저녁 한 치의 오차 없이 동궤를 개봉하여 직접 측천에게 전달했다.

이 기발한 물건을 보면 다들 측천이 대단한 발명가라고 생각할 수도 있겠지만, 사실 동궤를 설치하자는 아이디어는 측천이 처음으로 낸 게 아니었다. 그것은 어보가魚保家라는 자의 머리에서 나온 것이었다.

어보가의 부친은 어승엽魚承曄으로 한때 배염의 모반 사건을 담당했던 책임자이며 측천의 골수 추종자였다. 어보가는 잔머리를 잘 굴려서 걸핏하면 발명품을 제작하곤 했는데, 과거 이경업을 위해 병기 제작을 돕기도 했다. 이경업의 반란이 실패로 돌아가자 할 일이 없어진 그는 자신의 총명한 재주를 이번에는 측천에게 헌상했다.

그의 설계 도면을 받아든 측천은 참으로 반가웠다. 아직 황제로 등극하기 이전이었고, 이경업의 반란이 막 진압되고 배염도 법의 심판을 받은 뒤라 온 세상이 다 자신의 적대 세력이 아닌가라는 고민에 빠져 있을 때였다. 하지만 이제 이 동궤만 있다면 천 개의 손, 천 개의 눈을 가진 거나 다름없었다.

측천은 곧바로 어보가의 도면대로 동궤를 제작하라는 명을 내렸다. 수공 2년 3월, 마침내 제작이 마무리되어 조정에 설치되었다. 오래지 않아 밀고 편지가 하나 동궤의 흑색함에 투입되었다. 어보가란 자가 이경업을 도와 병기를 제작했기 때문에 많은 관군이 목숨을 잃었다는 밀고였다. 어보가는 즉각 처형되었다.

동궤로 말미암아 생긴 첫 희생자는 바로 그 동궤의 발명가였다. 어보가는 결국 제 발등을 찍은 꼴이 되었다. 그의 처형 소식이 전해지자, 측천은 물론 야심을 품고 있던 다른 사람들도 내심 환호성을 질렀다.

측천의 입장에서 보자면 그야말로 숨어 있던 배신자를 찾아냈으니 제대로 동궤의 효과를 본 셈이었다. 또 야심가들이 볼 때는 정말 동궤의 효과가 즉각적으로 반영된다는 사실이 신기하기만 했다. 그나마 상대적으로 야심이 작은 인물들은 이 동궤를 잘 이용하면 원수 집안 사람들의 목숨을 앗을 수 있겠다는 생각을 했고, 야심이 큰 사람들은 이를 통해 다른 사람의 명예나 지위를 자기 것으로 만들 수도 있겠다고 생각했다. 동궤에 투입되는 내용은 거의가 밀고였고, 나머지 용도로 이용하는 자는 없다시피 했다.

동궤 외에 측천은 직접 밀고하는 제도도 적극 장려했다. 동궤는 조정에 설치되어 있었기 때문에 주로 관리들이 이용했다. 그들은 글도 쓸 줄 알고 조정 출입도 잦아서 이용하기가 편리했다. 하지만 이 동궤만으로는 부족했다. 만일 외지에 거주하는 일반 백성이 밀고는 하고 싶지만 낙양으로 들어올 여비가 없으면 어떻게 하나? 또 밀고하려는 자가 글을 모르면 어떻게 하나? 이 점을 고려한 측천은 명을 내렸다.

"밀고하려는 자가 있으면 현지 지방장관은 따져 묻지 말고, 그에게 5품 관에 준하는 예우를 하라. 숙식과 말을 제공해서 안전하게 그를 낙양으로 호송하라. 농부나 나무꾼이라도 다 접견하겠다. 그 말이 사실이라면 파격적으로 관직을 내릴 것이고, 사실이 아닐 경우에도 불문에 부치겠다."(『자치통감』 권203)

일은 엄청나게 커져버렸다. 밀고가 사실로 밝혀질 경우 밀고자에게는 관직에다 상까지 하사했다. 사실이 아닌 것으로 판명되어도 처벌을 면제할 뿐 아니라 편안하게 고향까지 바래다주었다. '밑져야 본전'이었다. 정상적인 상황에서는 도저히 관직에 나갈 수 없었던 야심가들은 이 기회를 놓칠세라 흥분을 감추지 못했다. 사방팔방에서 밀고자들이 벌떼처럼 낙양으로 몰려들었다.

측천 또한 날마다 각지에서 밀고하겠다고 올라온 백성을 접견하느라 정신없이 바빠지기 시작했다. 밀고한 내용이 사실이면 즉석에서 관리로 등용했고, 날조된 사실을 밀고했어도 친절하게 상을 내려 돌려보냈으니, 밀고자치고 실망해서 돌아가는 자는 한 명도 없었다. 사실 동궤를 이용해서 밀고하는 사람은 주로 관리들이었기 때문에 측천은 이 경로를 통해서 조정의 내부 상황을 어느 정도 파악할 수 있었다.

그러나 전국 각지에서 올라오는 일반 백성은 정치적 상황을 제대로 이해할 리가 없었다. 따라서 그들에게 뭔가를 기대하기란 어려웠을지도 모른다. 이런 점에서, 밀고자를 일방적으로 특별 우대한 조처가 쉽게 납득되지 않을 수도 있다. 그러나 측천이 노린 효과는 따로 있었다. 우선 대규모 군중을 동원함으로써 관리들 사이에 공포 분위기를 조성할 수 있다는 점, 또 어차피 밀고 내용을 정확히 조사하기 위한 인재가 필요했으므로 이 기회에 자질이 뛰어난 사법 간부를 발굴할 수 있다는 점을 고려했던 것이다.


## 2. 혹리의 세상


밀고 내용을 조사하기 위해 측천이 채용한 인재가 바로 혹리였다. 소위 혹리란 문자 그대로 가혹하게 법을 집행하는 관리다. 하지만 이런 해석만으로는 불충분하다. 본질적으로 혹리는 일종의 특수 임무를 부여받은 관리, 그들은 법 집행을 공정하고 엄격하게 집행하기보다는 수단과 방법을 가리지 않고 자백을 강요하는 쪽이었다. 고문을 일삼으며 잔인하게 무고한 사람의 목숨을 앗는 경우도 비일비재했다. 『신당서』와 『구당서』의 「혹리전」을 보면 측천이 임용한 혹리는 모두 27명, 그중 대표적인 사례 두 가지를 보면 그들의 진면목을 알 수 있을 것이다.

첫 번째 인물은 후사지侯思止.

원래 그는 떡을 구워 파는 상인이었다. 『수호전』에도 떡장수 무대랑武大郎이 등장하는데, 아침부터 저녁까지 성실하게 일하는 그와 달리 후사지는 천성이 게을렀다. 그는 장사를 하는 둥 마는 둥 하다가 결국은 그만두고 한 장수의 하인으로 들어갔다. 어느 정도 정착이 되자 그는 슬슬 행동에 나설 준비를 했다. 그는 글자라고는 모르는 무식쟁이였지만 담력 하나는 남달랐다. 그는 측천이 대대적으로 밀고자를 예우하고 나서자, 곧바로 달려가 현지 자사刺史가 황실의 종실과 결탁하여 모반을 꾀했다고 밀고했다.

마침 당시는 측천이 종실들을 대거 숙정하던 시기여서 그의 밀고는 측천으로부터 대환영을 받았다. 그는 즉각 5품관 유격장군으로 발탁되었다. 예우는 좋지만 일정한 직책은 부여되지 않는 산관散官이었다. 일개 하인으로서는 그야말로 벼락출세였다.

그러나 후사지는 여기에 만족하지 않았다. 어느 날 그는 측천을 알현하러 가서는 어사대의 시어사 자리를 달라고 요청했다. 측천은 깜짝 놀랐다. 어사대는 문무백관을 감찰하는 기관, 당시에는 조정 내 핵심 부서였다. 시어사는 결코 일자무식인 자가 감당할 수 있는 자리가 아니었다. 측천이 물었다.

"공문도 읽을 줄 모르는 그대가 어떻게 시어사를 한단 말인가?"

그가 바로 대답했다.

"폐하께서는 해치獬豸라는 동물을 아시겠지요? 이 신령한 동물 해치의 특기가 무엇입니까? 자기 뿔로 사악한 자를 공격하는 것입니다. 해치가 무슨 글자를 알았겠습니까? 본능에 따라 선악을 정확하게 분별해냈을 따름입니다. 소인이 비록 일자무식이긴 하지만 본능에 따라 인간의 선악을 분별해낼 자신이 있사옵니다."

측천이 듣고 보니 전혀 틀린 논리는 아니었다. 게다가 어떤 점에서는 신선한 발상이라는 느낌마저 들었다.

'내게 왜 혹리가 필요하지? 그자들은 전통의 굴레에 구애받지 않고 나를 위해 충성을 다하지 않는가? 흔히 감찰 대상이 되는 인물들이란 대개 학문이 깊고 행정 경험이 풍부한 그 대신들이 아니던가? 그래, 후사지 같은 문맹도 쓸모가 있어.'

이렇게 생각한 측천은 바로 그를 시어사로 발탁했다.

측천이 황제가 된 다음 혹리로 기용한 또 다른 사례를 보자.

이자의 이름은 내준신來俊臣으로 훗날 '청군입옹請君入甕'*이라는 사자성어가 만들어진 당사자이기도 하다. 그는 성격이 우직하고 거칠었다. 출신은 후사지보다 나을 게 없었다. 그의 아버지는 성이 채蔡로 도박꾼이었다. 이 채 씨가 내來 씨 성을 가진 도박꾼과 도박을 벌였는데, 집과 전답마저 다

---

* 이 말을 문자 그대로 해석하면 '그대가 독 안에 들어가시라'는 뜻으로 흔히 '눈에는 눈, 이에는 이'라는 비유로 쓰인다. 고사의 내력에 대해서는 뒤에서 다시 설명하겠다.

잃고도 아직 빚이 남아 있었다. 그러자 채 씨는 내 씨에게 빚 대신 자기 아내를 주었는데, 마침 그 아내는 내 씨와 사통하는 관계였다. 내 씨 집에 올 당시 채 씨 부인은 이미 임신 중이었다. 아이의 아버지가 누군지는 모르지만 어쨌든 아들을 하나 낳았고, 내준신이라고 이름 지었다. 이런 집안에서 태어난 사람이니 그가 어떤 교육을 받고 자랐을지는 상상이 되고도 남는다. 내준신은 자라면서 한량으로 빈둥대며 지냈고 살인·방화 등 온갖 못된 짓은 다 하고 다니다 결국은 감옥에 갇혔다.

내준신이 밀고자로 변신한 사연은 좀 복잡하다. 그가 감옥에 갇혀 있을 때는 이미 측천이 밀고를 장려한다는 명령을 전국에 반포한 다음이었다. 그는 이것이야말로 자신의 운명을 바꿀 수 있는 호기라고 생각해서 옥리에게 밀고하겠다는 신청을 했다. 옥리는 입장이 난처했다. 조정에서는 '모든 사람'이 다 밀고할 수 있다고 했지만, 과연 그 '모든 사람' 속에 죄수도 포함되는지의 여부를 판단하기가 어려웠다. 스스로 결정하지 못한 옥리는 자기 지역 자사에게 판단해줄 것을 요청했다. 마침 당시 자사는 이 씨 종실이었다. 자사는 워낙 내준신 같은 소인배를 혐오해오던 터라, 곧장 100대를 치고 도로 감옥에 넣어버렸다.

측천이 황제로 등극하기 직전에 있었던 내준신의 이 1차 밀고 시도는 이렇게 실패로 끝이 났다. 훗날 측천이 황제로 등극하고 난 뒤에는 자사로 있던 이 종실 또한 진작 저세상으로 떠났기 때문에 내준신은 다시금 밀고를 시도했다. 이번에는 그를 막을 사람이 없었다. 내준신이 다시 밀고 신청을 하자 옥리도 감히 그를 말릴 수가 없어서 순순히 측천에게로 호송해왔다. 그는 측천을 알현하자마자 말문을 열었다.

"소인은 지난날 이미 종실의 모반 기도를 눈치채고 황제 폐하께 이 사실을 밀고하려고 했습니다. 하지만 결국은 종실 출신 자사가 의도적으로 방해를 했기 때문에 줄곧 밀고를 하지 못한 채 감옥에만 있었습니다. 다행히 그 불순한 종실들을 황제께서 다 처결하셨으니 이제야 제 무고함이 풀린 듯합니다."

이자가 사형수라더니, 말하는 본새를 보니 구구절절 옳고 논리 정연했다. 이런 자는 인재로 키울 만하다는 생각이 들었다. 게다가 자세히 보니 얼굴도 미남이었다. 원래 미남자를 곧잘 챙겼던 측천은 일필휘지, 그 자리에서 내준신에게 시어사 발령을 내주었다.

이 두 사례에서 보듯 소위 혹리란 자들의 됨됨이란 게 다 그러저러했다. 혹리를 총괄할 수 있는 말로 '사무삼유四無三有'를 쓸 수 있을지 모르겠다. 소위 '사무四無'란 그들에게는 신분이 없었고, 도덕성이 없었으며, 정상적인 상황에서라면 출세할 가능성이 없었고, 가장 중요하게는 조정 내에서 자신들을 챙겨줄 후원자가 없었다는 말이다. 그러니 오로지 측천에게 기댈 수밖에 없었다. '삼유三有'란 무엇일까? 야심, 담력, 돌파력이었다. 측천이 필요로 했던 인물은 바로 이런 자들이었다

## 3. 시체 취급을 받은 대신들

측천은 왜 혹리를 기용했을까? 자신의 통치에 불만을 품은 자들에게 협박을 가하기 위해서였다. 밀고 제도가 있는 한 반대파를 잡아내지 못할 염려가 없고, 혹리가 있는 한 반대파를 제압하지 못할 이유가 없었다. 혹리를 이용하여 반대파를 제거할 때 측천은 두 단계로 나누어 일을 추진했다.

첫 번째 단계는 황제 등극 이전인 태후 시절, 즉 중종 이철의 폐출에서부터 무주 정권이 수립되기까지를 말한다. 이 시기 주요 숙정 대상은 자신의 황제 등극을 반대한 이 씨 종실과 대신들이었다. 목적 달성을 위해 측천은 혹리들의 협조하에 자신에게 도전해올 가능성이 있는 종실들을 거

의 다 처결했고, 당 제국의 원로임을 자처하는 대신들 역시 대거 숙정되었다. 이 6년 남짓한 기간에 측천은 모두 24명의 재상을 임명했는데, 그중 피살되거나 유배된 사람만 모두 17명이었다. 자연사한 사람이 3명, 나머지 4명만이 측천이 황제가 된 뒤까지 남았으며, 그중에는 조카 두 명이 포함되어 있었다.

두 번째 단계는 측천이 정권을 수립한 이후부터 혹리 내준신이 처형될 때까지를 말한다. 이 시기 핵심 사안은 어떻게 하면 이 씨 황실의 복귀를 저지하느냐였다. 숙정 대상은 주로 이 씨 황실에 대한 환상과 미련을 가진 반대파 관료들이었다. 기간으로 치면 약 7년이다.

이 두 단계에 걸친 반대파 숙정 기간에, 큰 사안만 모두 40여 건이 발생했다. 유명한 재상 적인걸狄仁傑·위원충魏元忠 역시 이 시기에 혹리의 탄압으로 오랫동안 감옥에 있다가 구사일생으로 살아남았다.

그렇다면 혹리들은 도대체 어떤 방식으로 사건을 처리했을까? 이미 1000년이 훨씬 지난 일이니 상세한 부분은 알 길이 없지만 어느 직종이든 그 분야의 달인이 있듯이 혹리 중에서도 탁월한 능력을 보여준 인물은 있었다.

내준신은 몇 년간 감옥살이를 한 경험이 있어서 죄수의 심리를 누구보다 잘 파악하고 있었다. 관리가 된 다음에는 또 측천의 심리를 잘 헤아려서 역지사지의 방식으로 매사를 눈치 빠르고 정확하게 처리했다. 지금까지도 전해지는 그의 저술 『나직경羅織經』은 주로 죄인을 어떻게 심문하고, 어떻게 모함하여 처결하는가를 다루고 있다. 인류 역사상 최초로 만들어진 범죄 날조용 '완전 정복' 지침서라고 할 만하다.

『나직경』의 주요 내용은 이러하다.

우선 사건 처리의 원칙부터 보자.

"대형 사건이 아니면 세상을 놀라게 할 수 없고 공로를 인정받기도 어렵다. 대형 사건을 처리하는 과정에서 억울한 자가 나올 가능성은 있지만, 그 걸 걱정해서는 안 된다."

"선인과 악인을 구분하는 명확한 기준은 애당초 존재하지 않는다. 양자는 상대적이어서 언제든 바뀔 수 있으므로, 문제를 변증법적으로 봐야 한다. 관건은 황제에게 쓸모가 있는지의 여부를 따지는 일이다. 어떤 자의 존재가 황제에게 유리하다면 악인도 선인이 되지만, 황제에게 불리한 존재라면 선인도 악인이 될 수 있다."

이렇게 보면 혹리의 사건 처리 원칙은 명확하다. 황제의 필요에 맞추어 황제에게 불리한 인물들을 공략하되, 철저하게 공략할수록 효과도 극대화된다.

다음은 어떻게 해야 최대한 많은 사람이 연루된 대형 사건으로 만드느냐의 문제다. 내준신은 여섯 가지 단계를 고안했다.

1. 목표 설정. 누가 황제에게 불리한 인물인지 정확히 가린 다음 공략한다.

2. 단체 공략. 사방팔방에 심어놓은 특수 요원을 동원하여 일제히 밀고서를 제출토록 한다. 내준신은 전국 각지에 건달 수백 명을 매수해둔 다음, 모함할 상대가 정해지면 동시다발로 밀고하도록 지시했다. 밀고를 담당하는 부서에서 보면 배경과 신분이 서로 다른 사람들이 특정인을 일제히 고발해오기 때문에 관심을 가질 수밖에 없다. 바로 조사에 착수한다.

3. 범인 체포. 황제의 뜻이라고 핑계를 대면서 모함 상대를 구금한다.

4. 고문과 자백. 혹독한 고문으로 범인을 심문하여 당초 기대했던 자백을 받아낸다. 내준신은 고문 전문가였다. 그가 남긴 명언(?) 한마디가 있다. "사람은 목숨을 내놓을 수 있을지언정 고통은 견디지 못한다."

고문 방법을 몇 가지 들어보자.

먼저 범인의 허리를 말뚝에 고정시킨다. 그런 다음 여럿이서 범인의 목에 채워진 칼과거 옥에 갇힌 죄인이 몸을 눕히지 못하도록 목에 씌웠던 두껍고 긴 널빤지로 만든 형구을 힘껏 끌어당긴다. 죄인은 목과 허리의 힘으로 끝까지 버티지만, 말뚝이 뽑힐 때까지 끌어당기니 거의 초죽음이 된다. 이 고문을 '여구발궐驢駒拔橛'이라고 불렀다. '나귀가 말뚝을 뽑는다'라는 뜻이다.

또 있다. 범인에게 씌워진 칼을 머리 꼭대기까지 들어 올려 고정시킨 다음, 칼 위에 벽돌을 쌓아 올린다. 이 고문은 '선인헌과仙人獻果'라고 불렀다. '신선이 주는 과일 선물'이라는 뜻이다. 이런 고문은 이름이라도 붙은 형벌이지만, 이름 없는 고문 방법도 많았다. 가령 코 속으로 식초 들이붓기, 범인의 머리에 쇠로 된 테를 두르고 테 속으로 쐐기 박아 넣기 등 듣기만 해도 모골이 송연해지는 형벌이었다.

하지만 내준신은 이에 그치지 않았다. 『손자병법』에서는 가장 이상적인 병법은 싸우지 않고 적을 굴복시키는 것이라고 했다. 마찬가지로 이 고문의 '대가' 내준신에게 있어서 최고의 경지란, 자신이 고안한 고문 방식을 다 동원하는 게 아니라 범인이 심문장에 나와 칼을 차는 순간 자발적으로 자백하는 것이었다.

이를 위해서 그는 대형 칼을 세트로 만들어서 열 가지 각기 다른 형태로 범인에게 채웠는데, 범인의 반응 또한 칼의 종류만큼이나 각양각색이었다. 꼼짝하지 않고 가만히 있는 자, 숨도 제대로 못 쉬는 자, 고래고래 고함을 질러대는 자, 아무 죄상이든 마구잡이로 인정하는 자, 혼비백산하여 까무러치는 자, 다른 사람과 역모를 함께했다고 하는 자, 자신이 역모를 꾸몄다고 하는 자, 걱정만 잔뜩 늘어놓는 자, 빨리 죽여달라고 하는 자, 전가족을 몰살시켜달라고 하는 자 등 별의별 유형이 다 있었다. 그중에서도 가장 독한 사람은 가족 모두를 죽여달라고 하는 자였다. 이 칼 세트는 공포 분위기를 조성하는 데는 효과 만점이었다. 범인에게 칼을 채우겠다고 위협하는 순간, 상대방은 혼비백산해서 기꺼이 자기 죄상을 다 털어놓았다. 이런 식으로 그는 힘들이지 않고 효율을 극대화했다.

5. 연루자 끌어들이기. 누구든 친구와 친척들은 있기 마련이다. 범인을 협박하여 만사를 포기하게 만들면 법망에 걸려드는 사람은 더 늘어난다.

6. 자백 위조. 밀고 내용과 자백이 서로 일치하도록 적절히 정리하면 절대 오류가 없다.

이런 단계를 거치면 모반안은 언제든 조작이 가능했다.

그러나 어디든 강골은 있기 마련이다. 때로 모든 고문 도구를 다 써도 한사코 자백하지 않는 범인도 있었다. 앞에서 이미 언급했던 장건욱張虔勖이라는 사람, 지난날 정무정과 함께 병사를 이끌고 입궁하여 중종 이철을 폐출시켰던 장수다. 측천이 황제가 되고 난 다음 그 역시 내준신의 손아귀에 걸려들었다. 아무리 고문을 해도 그는 모반을 인정하지 않았고, 오히려 심문관을 교체해달라고 요구했다. 하지만 이런 경우에도 내준신에게는 대처 방법이 있었다. 화가 난 내준신은 즉석에서 그를 난도질하여 죽였고 자백서를 위조하여 결국에는 모반으로 결론지었다.

때로 심문 과정 자체가 생략되는 경우도 있었다. 측천의 황제 등극 이후에 극형을 당하는 자가 현저히 늘어났는데, 이런 식으로 무턱대고 사람의 목숨을 앗을 수는 없었다. 그래서 일부 죄질이 경미하거나 사형수의 가족들은 남쪽 변방으로 유배를 보냈다. 이런 사람들을 당시에는 '유인流人'이라고 불렀는데 그 수가 수만 명에 달했다.

장수長壽 2년(693), 측천이 등극한 지 3년이 되는 해, 민간에는 이상한 소문이 하나 나돌기 시작했다.

'무武를 대신해서 유劉·流가 등장한다.'

과거 태종 시절 '무 씨 여자가 군왕이 된다'는 유언비어가 나돌았던 상황과 흡사했다. 통치자로서는 당연히 긴장할 수밖에 없었다. 누군가가 측천에게 말했다.

"아마도 유劉 씨 성을 가진 자이거나, 유인流人 중 누군가가 모반을 꾀하고 있을지도 모릅니다."

이 말을 들은 측천은 곧바로 만국준万國俊이라는 사람을 남쪽 변방으로 보내 실상을 파악하라고 명했다.

만국준 역시 악명 높은 혹리로 내준신과 함께 『나직경』을 저술한 바 있고, 잔인하기로 소문이 자자한 인물이었다. 그는 남쪽으로 내려가 모든 유인을 광주廣州로 불러 모았다. 그러고는 황제의 명을 빙자하여 어떤 심문 절차도 없이 광주에 모인 유인들에게 스스로 목숨을 끊으라고 강요했다. 유인들은 그의 말을 듣지 않았다. 일시에 곡소리만 천지를 진동했다.

'죽을 기회를 주었는데도 말을 듣지 않는다?'

그는 유인들을 강가로 끌고 가서 바로 살육을 자행했고, 유인들은 낙엽처럼 우수수 스러졌다. 300여 명의 무고한 목숨은 이렇게 순식간에 사라졌고 강물은 붉게 물들었다. 낙양으로 귀환한 만국준이 측천에게 이를 보고했다.

"유인들이 하나같이 원한을 품고 역모를 꾀하고 있었기에 소신이 그들을 죄다 참수했습니다."

측천은 그의 결단력을 높이 사서 바로 그를 승진시켰다.

'남쪽 지역 유인들이 모반을 꾀하고 있다면 다른 지역인들 안전할 리가 없지.'

이렇게 생각한 측천은 또다시 혹리들을 유인들의 집단 거주지 다섯 군데로 파견했다. 이들 혹리들은 만국준이 유인들을 살육한 공로로 승진까지 한 사례를 잘 알고 있었으므로 앞다투어 유인들을 살육했다. 당시 살해된 인원이 많게는 900명에서 적게는 500명에까지 이르렀다고 기록되어 있다. 이것이 역사상 그 유명한 '육도사六道使 사건'이다. 만국준을 포함하여 모두 여섯 지역에서 자행된 대학살이었다. 이 소식이 전해지자 나라 전체가 경악했다.

"승냥이나 호랑이라고 해도 이들 혹리보다 더 잔인할까? 도무지 이 나라에 법이 있기나 하단 말인가? 무주武周 조정의 가혹한 형벌은 더 이상 가혹해질 수 없을 정도로 잔인하지 않은가? 측천이 진정 이런 상황을 기대했단 말인가?"

이때 일부 식견 있는 조정대신들 사이에서도 혹리를 숙정하고 법 집행을 바로잡아야 한다는 요구가 일기 시작했다.

측천 역시 심각한 고민에 빠졌다. 장점이라면 혹리의 존재로 조정 전체를 공포 분위기로 몰아갈 수 있다는 것이었다. 이로써 측천은 노골적으로 자신의 통치를 반대하거나 위협하는 세력을 제거할 수 있었고, 불만 세력의 입을 틀어막는 데도 큰 효과를 보았다. 측천의 통치가 단시일에 안정을 되찾는 데 혹리들의 공로를 무시할 수는 없었다.

하지만 혹리로 인해 발생하는 손실도 없지 않았다. 군신 간의 화합이 완전히 사라졌다. 황제도 일부 대신들에 대해 불만을 가졌지만, 대신들 또한 생명 보전이 어렵다보니 그저 벌벌 떨고만 있었다. 이런 상황에서 어떻게 저들에게 국가를 위해 봉사하라고 할 수 있겠는가?

당시 조정 관리들만을 심문하는 감옥은 여경문麗景門 안에 설치되어 있었다. '아름답고 밝다'는 뜻이니 얼마나 좋은 이름인가? 하지만 사람들은 그것을 '예경문例竟門'이라 불렀다. '한번 들어가면 살아나오지 못한다'는 뜻을 담고 있다. 관리들은 아침 출근길에 나서면서 가족들과 작별할 때, "지금 조정으로 나가지만 저녁에 제대로 들어올지는 장담하지 못하겠다"고 말할 정도였다. 만약 돌아오지 못한다면 그길로 영원한 이별이 되는 것이었다.

궁문에서 관리들을 황제에게 안내해주는 관비官婢들은 자기들끼리 이런 관리들을 가리켜 '시체'라고 불렀다. 그들이 보기에 관리들이란, 살아 있어도 산 몸이 아니고 형체는 온전해도 넋이 나간 듯 보였다.

# 제23장

# "독 안으로 드시지요!"

고사성어 중에 '청군입옹請君入甕'이라는 말이 있다. 문자 그대로 해석하면 '그대는 독 안으로 들어가시오'라는 뜻이지만, 내막을 알고 보면 '눈에는 눈, 이에는 이'라는 의미로 사용된다. 이 성어가 생긴 배경에는 측천 휘하에 있던 혹리 주흥과 내준신 두 사람이 있다.

## 1. 눈에는 눈, 이에는 이

측천은 혹리를 이용해서 반대파를 제거했고 여황제로서의 입지를 굳혔다. 이런 분위기에 편승해서 당시에는 혹리 집단이 크게 세력을 떨쳤다. 하지만 측천이 진심으로 그들을 심복으로 간주한 것은 아니었다. 얼마 후 혹리로 이름을 날리던 주흥에게 손길이 뻗쳤다.

주흥은 옹주 장안 사람으로 어려서부터 법률을 공부했고, 장성한 뒤에는 사법 기관의 소리小吏로 있었다. 관리로서 똑같이 정부에서 주는 양식을 받아먹지만 당시 관官과 이吏의 구분은 엄격했다. '이'는 지위가 낮아 관아의 잔심부름꾼에 불과했고, '관'이 '이'를 나무라거나 때리는 경우도 다반사였다. 만약 '관'이 '이'를 한 번도 때려본 적이 없다면, 보기 드문 선행으로 인정되어 역사에 기록될 정도였다.

주흥은 법 제도에 대해서는 그 누구보다 잘 알고 있었지만 워낙 출신이 미천해 관아에서 일을 하면서도 늘 울분에 차 있었다. 하지만 이렇듯 계급 구분이 엄격한 사회에서, 측천의 등장과 함께 천지개벽할 변화가 생겼다.

측천이 황제로 등극하면서부터 과거 기세등등했던 왕공 귀족들은 줄줄이 몰락했고, 별로 두각을 나타내지 못했던 인물들이 대거 출세의 길로 들어섰다. '상서祥瑞'를 헌상하거나 모반을 밀고하는 대로 그들은 속속 관리로 등용되었다. 원래 야심이 많았던 주흥은 이 예사롭지 않은 시대적 분위기에 편승하여 자신의 재능을 한껏 발휘해볼 심산이었다.

그가 손댄 최초의 안건은 앞에서 이미 언급한 종실 모반 사건, 이 사건으로 많은 종실이 목숨을 잃었고, 그는 측천의 황제 등극을 가로막는 장애물을 제거하는 데 큰 공을 세웠다. 사람들은 주흥이란 자가 걸핏하면 사건을 날조하여 모략한다고 수군댔지만, 그는 오히려 그들을 비웃었고 심지어 관아의 대문에다 이런 글씨까지 붙여놓았다.

"고발된 자들은 저마다 억울하다고 하지만, 목이 달아나고 나면 하나같이 말들이 없네."

정말 무뢰한이 따로 없었다.

측천이 황제로 등극하자 주흥은 황제의 비위를 맞추려고 이 씨 황족들을 호적에서 파내 황족의 자격을 박탈해야 한다고 건의했다. 그는 소리에서 금방 4품관 추관시랑秋官侍郞, 문창우승文昌右丞으로 승진했다. 그뿐만 아니라 측천은 그에게 무 씨 성까지 하사했는데, 당시로서는 최대의 영예였다. 혹리들의 맏형으로서 그는 늘 득의양양했다.

하지만 '열흘 붉은 꽃이 없다'는 말처럼 주흥의 전성기는 천수天授 2년(691), 마침내 종착점에 다다랐다.

당시 신예 혹리로 등장한 내준신은 주흥과 함께 심문을 담당하면서 서로 사이좋게 지내고 있었다. 어느 날 식사 도중 내준신이 말을 꺼냈다.

"지금 범인 하나가 도대체 자백을 하지 않고 있는데 선배로서 좋은 방법이 있으면 알려주십시오."

주흥이 껄껄 웃으며 대답했다.

"그거야 간단하지. 큰 독을 하나 갖다놓고 그 주변에 숯불을 둘러싸게. 숯불이 활활 타오를 때 범인을 그 속에 앉혀놓으면 뭐든지 다 자백하고 말걸세."

내준신은 옳거니! 하더니 바로 부하에게 독을 하나 가져오게 했다. 숯불은 이미 활활 타오르고 있었다. 내준신은 일어나 주흥에게 공손하게 인사를 한 다음 말했다.

"황제의 성지를 받들어 귀하의 모반 사건을 조사하고 있소. 자, 독 안으로 들어가시지요."

어리둥절해진 주흥은 그 자리에서 무릎을 꿇으며 말했다.

"뭐든지 자네가 불라는 대로 다 불겠네."

사건은 이렇게 손끝 하나 건드리지 않고 마무리되었다. 원래 모반죄는 즉석에서 참수해야 했지만, 측천은 지난날 주흥의 공로를 생각해서 그를 남쪽 지방으로 유배 보냈다. 그나마 파격적인 예우였다. 그러나 온갖 악행을 다 저질러온 데다 워낙 원한을 많이 산 그는 유배 도중에 살해되고 말았다. 그 유명한 '청군입옹'의 고사가 바로 여기서 나왔다.


## 2. 악인의 업보


노련한 혹리 주흥이 처결되는 것을 보면서 같은 혹리 신분이었던 내준신은 혹시 토사구팽의 위기감을 느끼지 않았을까? 그렇지 않았다. 그는 자기에게만은 남들에게 없는 장점이 있다고 생각했다. 그 장점이란 황제에 대한 충성심, 그리고 전문가적 자질이었다.

내준신은 자신의 저술 『나직경』에서도 황제에 대한 충성심을 가장 먼저 논했다. 충성심 앞에서는 '부모 형제의 정이라도 끊을 수 있고, 아무리 나쁜 짓이라고 다 할 수 있다'는 것이 그의 지론이었다. 스스로 황제의 주구走狗임을 자처하고 나섰으니 어느 황제인들 싫어했을까? 더욱이 측천이 그를 관리로 발탁한 때는 바로 그가 사형수로 있을 때였다. 이 때문에 그로서는 측천이 부모나 다름없었다.

또 혹리로서의 전문성을 가진 것도 내준신의 큰 장점이었다. 주흥과 같은 노련한 고수조차 그의 손바닥 안에 있을 정도였으니 다른 사람은 더 말할 필요조차 없었다. 천수 2년(691), 주흥이 죽은 이후로 모든 주요 사건은 다 그가 처리했고, 물론 한 치의 착오도 없었다. 바로 이런 장점 때문에 그는 어떤 경우에도 황제로부터 배신당하지 않을 것이라는 확신이 있었다.

연재延載 원년(694), 그는 비리 혐의로 좌천되기도 했지만 오래지 않아 다시 중용되었는데, 이 일 때문에도 그는 더욱 의기양양했다. 과거 앞장서서 측천을 지지했던 이의부와 마찬가지로 내준신은 갈수록 기고만장해져서 악행을 일삼고 다녔다.

내준신은 주로 어떤 악행을 저질렀을까?

첫째, 마음대로 남의 아내를 빼앗았다.

그는 자기 눈에 드는 여자라면 처녀든 유부녀든 가리지 않고 반드시 차지했다. 상대방이 여자를 내놓지 않는다면? 그나마 예의를 갖춘다는 게 황명을 빙자하여 여자를 데려오는 것이었고, 만약 상대방이 완강하게 버티면 바로 모반죄를 씌워 그 일가를 몰살한 다음 여자를 빼앗아왔다. 그가 일가를 몰살한 경우도 부지기수였다.

그의 아내도 이런 식으로 탈취해온 여자였다. 그의 아내는 명문대가로 유명한 태원太原 왕 씨, 당시에는 최고의 명문가였다. 문벌을 매우 중시했던 당시의 관례대로라면 왕 씨 집안의 여자가 내준신 같은 자와 혼사를 맺는다는 건 어떤 경우에도 불가능했다. 원래 이 왕 씨 처녀는 단간段簡이라는 사람에게 시집을 갔는데, 미모가 빼어난 탓에 그만 내준신의 눈에 들게 되었다. 그는 단간의 집으로 찾아가 황제가 왕 씨를 자기에게 하사했노라고 거짓말을 했다. 단간은 그의 이 말이 거짓이라는 걸 알고 있었지만 내준신이 모반죄로 몰까봐 겁이 나서 순순히 아내를 내주고 말았다. 이렇게 해서 사형수 출신 내준신은 태원 왕 씨 집안의 '자랑스러운' 사위가 되었다.

둘째, 제멋대로 대신을 모함했다.

내준신의 전문 분야는 모반 사건 처리, 만약 누군가가 모반을 꾀하지 않는다면 그로서는 그다지 할 일이 없었다. 그래서 그는 허구한 날 혐의자를 날조하는 데 몰두했다. 황제에게 조금이라도 위협적인 존재라고 생각되면 상대가 인정하든 말든 모반죄로 모함했다.

그가 벌인 짓을 하나 보자.

돌멩이 몇 개를 골라 그 위에 조정대신들의 이름을 쓴 다음 나란히 세워놓고 과녁으로 삼는다. 부하들과 함께 멀찍이 서서 작은 돌로 그 과녁을 맞히는데 이때 걸리는 사람이 바로 죄인이 되는 식이었다. 돌멩이가 무슨 죄가 있겠는가? 재수 없이 자기 이름이 쓰인 돌멩이가 맞을까봐 대신들은 전전긍긍 공포에 휩싸였다. 그뿐만이 아니었다. 내준신은 몇 사람 남아 있지 않은 측천의 가족에게까지 손을 뻗쳤다. 그는 측천에게 측천의 자녀와 조카들도 믿지 말라고 했다. 이렇게 미친개처럼 마구잡이로 사람을 물어댄 그가 과연 남들의 원한을 사지 않고 무사할 수 있었을까?

누구든 만약 다수로부터 원한을 산다면 그 말로가 결코 좋을 리 없다. 하지만 내준신을 멸망의 구렁텅이로 몰아넣은 건 원수가 아니라 부하이자

친구인 혹리 위수충衛遂忠이었다.

앞에서 보았듯이 내준신의 수법 중에는 전국 각지에 퍼져 있는 깡패 집단을 동시다발로 활용하는 방식이 있었다. 상대를 치기 위해 깡패들을 동원하여 일제히 무고 상소를 올려 사지로 몰아넣는 식이다. 『나직경』의 '나직羅織'은 바로 '죄를 모함한다'는 의미다. 그 속에는 상대를 '그물로 옭아맨다'는 뜻이 내포되어 있다. 위수충은 바로 그가 배출한 제자이자 부하였다. 워낙 총명한 데다 뛰어난 말재주까지 있어서 내준신이 무척이나 아끼던 핵심 측근이기도 했다.

한번은 위수충이 술이나 한잔하려고 내준신을 찾아왔는데, 마침 내준신은 처가 식구들을 위한 연회를 베풀고 있었다. 명문대가 태원 왕 씨 집안답게 다들 위엄과 격식을 갖추어 술을 마시고 있었다. 그런데 갑자기 불청객이 나타났다는 소식을 들은 내준신은 위수충의 신분이 도무지 이 연회에 어울리지 않는다고 생각했다.

"없다고 해라. 그자를 들여보내선 안 돼!"

그는 하인에게 이렇게 지시했다.

눈치 하나는 둘째가라면 서러워할 위수충이 아니던가? 그는 대번에 상황을 알아차렸다. 정말 자존심 상하는 일이었다. 그는 곧바로 안으로 달려들어가 왕 씨를 가리키며 한바탕 욕설을 퍼부었다.

"아, 대단하시군요. 내가 못 올 데를 왔습니까? 내가 이 집안을 그냥 두나 어디 한번 두고 봅시다!"

명문 집안 출신의 여자로서 많은 사람 앞에서 남편 내준신의 졸개에게 수모를 당하고 보니 왕 씨는 도저히 견딜 수가 없었다. 방으로 돌아와 대성통곡을 하는 사이, 내준신도 머리끝까지 화가 나서 위수충을 묶어 호되게 때리라고 명했다. 그제야 정신이 번쩍 든 위수충은 바로 무릎을 꿇고 싹싹 빌었다. 의외로 내준신은 그를 용서해주었다.

왜 그를 용서했을까? '형제는 수족과 같고 마누라는 의복과 같다'는 말이 있다. 동생뻘 되는 위수충은 업무상 꼭 필요한 동반자이지만 마누라는 자기 지위쯤이면 언제든 구할 수 있었다. 내준신은 몇 마디 훈계만 하고 위수충을 돌려보냈다. 이를 본 왕 씨 부인은 남편의 마음속에서 자신이 차지하는 비중이 이 정도밖에 안 된다는 사실에 또 한 번 수모를 느끼고, 분개한 나머지 며칠 후에 그만 자살하고 말았다.

이런 상황이 되어서도 내준신은 아무 일 없었다는 듯 눈 하나 깜짝 하지 않았다. 새로운 목표가 있었던 것이다. 지난번에는 단간의 본부인 왕 씨였지만, 이번에는 그 첩을 마음에 두고 있었다. 오지게도 재수 없는 단간은 또다시 순순히 첩마저 넘겨주었다. 원래 좌우 양옆에 어여쁜 처첩을 하나씩 끼고 살았던 그는 졸지에 홀아비가 돼버렸다.

아내의 죽음을 나 몰라라 하면서 내준신은 쉴새없이 새로운 여자를 찾았다. 하지만 위수충은 침식을 잃을 정도로 불안감에 사로잡혀 있었다. 내준신의 심복으로서 그는 사갈 같은 내준심의 심성을 누구보다 잘 알고 있었다. 지금이야 자기를 가만두지만 언제 다시 지난 일을 끄집어낼지 알 수 없었다. 이럴 때는 차라리 일을 완벽하게 해두는 게 좋겠다고 생각한 그는 은밀히 내준신을 음해하기로 마음먹었다. 지금 내준신이 측천의 총애를 한 몸에 받고 있는 이상 직접 그의 모반을 고자질해봐야 아무 소용이 없을 것이다. 그는 우회로를 선택하기로 하고, 측천의 조카 위왕魏王 무승사를 찾아갔다.

"지난번 내준신이 돌멩이에다 대신들의 이름을 써놓고 과녁 맞추기를 해서 거기에 걸려드는 자를 모반죄로 처결한다는 얘길 들으셨지요? 그때 누가 걸려든지 아십니까? 바로 위왕 당신입니다. 아마 그자가 곧 모반죄로 고발할 것입니다."

이 말에 무승사는 화들짝 놀랐다. 그렇지 않아도 내준신이 측천 앞에서 자기를 욕했다는 풍문이 나돌던 참이었다. 이제 그의 심복으로부터 직접 이런 말까지 들었으니 더 이상 의심의 여지가 없었다. 선수를 치기 위해 무승사는 즉각 행동에 돌입했다.

그는 무 씨 가문의 맏이로서 먼저 무 씨 자제들과 태평공주에게 연락을 취했다. 고종과 측천 사이에서 태어난 태평공주는 무 씨 집안으로 시집을 갔기 때문에 무 씨 가족이나 다름없었다. 그 후 무승사는 세력을 보강하기 위해 황제의 후계자 이단을 끌어들였고, 또 황궁을 지키는 금군禁軍의 장수들을 끌어들였다.

"우리가 힘을 합쳐 내준신을 고발하자!"

사실 이번에 무승사와 행동을 함께하기로 한 사람들이 처음부터 같은 진영은 아니었다. 하지만 서로 갈등을 겪으면서도 내준신을 증오한다는 점에서는 의견이 완전히 일치했다. 내준신 때문에 공포에 떨면서 지내느니 차라리 많은 사람이 세력을 집중해서 그를 제거하는 게 낫겠다는 생각이었다.

연락이 모두 끝나자 그들은 무승사를 필두로 내준신을 고발하는 상소를 올렸다. 많은 사람이 연명으로 상소하자 곧바로 그에 대한 조사가 시작되었다. 심문을 해보니 과연 그의 죄목은 엄청났다. 뇌물 수수나 여자 탈취는 약과였고, 가장 큰 죄목은 스스로 황제가 되려는 야심을 품었다는 것이었다.

증거가 있었을까? 한때 내준신은 자기 자신을 16국 시대의 조趙나라 황제 석륵石勒에 비유한 적이 있다. 원래 노예 신분이었던 석륵은 훗날 장군으로 승진했고 마침내 황제가 되었다. 이런 석륵에다 자신을 비유했으니 내준신의 모반 의도는 명약관화했다. '모반죄는 당연히 사형에 처해야 한다'는 의견이 측천에게 전달되었다.

워낙 내준신을 총애했던 측천은 그가 많은 사람에게 해코지했다는 걸

이미 알고 있었다. 하지만 대부분 자기가 시킨 일이었다. 특히 그가 황제의 꿈을 가졌다는 것을 측천은 전혀 신뢰하지 않았다. 더욱이 그는 용모가 빼어난 미남인지라 측천은 그를 살려야겠다는 생각에 미적미적 시간을 끌면서 답변을 내놓지 않았다. 하지만 이렇게 시간을 끌수록 불안감이 더해지는 건 내준신을 고발한 사람들이었다. 만약 내준신을 죽이지 않으면 책임은 거꾸로 자기들에게 떨어질 것이 분명했다. 다른 재상들과 측천의 남총들까지 두루 동원되어 측천을 설득했지만 측천은 여전히 미동도 하지 않았다.

결국 내준신의 목숨을 끊은 것은 역시 혹리였다. 이 혹리의 이름은 길욱吉頊으로 그 또한 용모가 준수한 미남이었다. 한때 내준신과 함께 일하기도 했던 길욱은 생각이 깊고 지략과 용기가 남다른 인물이었다. 그 역시 측천의 신임이 두터웠다.

신공神功 원년(697) 6월 어느 날, 측천은 말을 타고 황궁 정원으로 산책을 나갔는데 길욱이 말고삐를 잡았다. 어느 정도 가다가 측천이 물었다.

"요즘 바깥 동정이 어떠한가?"

"다들 폐하께서 왜 아직 내준신에게 사형을 내리지 않으시는지, 논란이 분분합니다."

"내준신은 국가 공신이니 그 점을 고려하지 않을 수 없지."

길욱이 목소리를 높였다.

"내준신은 불법 분자들을 규합하여 충신들을 모략했고, 또 집 안에 뇌물을 산더미처럼 쌓아두고 있습니다. 그자의 모함으로 죽은 원혼들이 길거리에 넘쳐나고 있으니, 이런 자는 나라를 팔아먹을 공공의 적일 뿐입니다. 폐하께서는 어찌 이런 자를 측은하게 여기십니까?"

길욱의 말에 측천은 마음이 흔들렸다. 얼마간 침묵이 흐른 뒤 측천이 긴 한숨을 내쉬었다.

"그렇게 하는 수밖에 없구나."

길욱의 말이 어떻게 측천의 마음을 움직였을까? 두 가지로 볼 수 있다.

길욱은 측천이 내준신의 모반을 믿지 않는다는 것을 알았기 때문에 일부러 그의 모반 문제는 거론하지 않았다. 대신 그가 열거한 중상모략과 뇌물죄는 모두가 사실이었다. 이 죄상만으로도 내준신은 사형을 피할 수 없었다.

다른 하나는, 같은 혹리인 길욱조차도 내준신이 이런 식으로 계속 목숨을 부지해나갈 수는 없다고 말했으니, 측천은 세상 모든 사람이 다 내준신을 극도로 혐오하고 있다고 생각했다. 만약 계속 그를 옹호한다면 오히려 자신에게까지 불똥이 튈지도 모를 일이었다.

이제 다른 도리가 없었다. 내준신의 목숨으로 세상의 분노를 잠재울 수밖에 없었다. 내준신 자신도 『나직경』에서 "좋은 건 황제에게 돌리고 죄는 아랫사람이 떠안는다"고 하지 않았던가? 그러니 그의 이론대로 처리하는 게 맞았다. 신공 원년 6월 3일, 측천은 마침내 내준신을 참수하라고 명령했다.

참수 당일, 그 장면을 구경하려고 낙양성 백성들은 벌떼처럼 몰려나왔다. 그의 목이 달아나자 사람들은 우르르 달려들어 시체의 눈을 파고 살가죽을 벗겼으며 오장육부까지도 끄집어냈다. 실로 가공스러운 광경이었다. 측천은 내준신에 대한 백성의 원한이 이토록 깊은 줄은 상상조차 하지 못했다. 내심 다행이라는 생각이 들었다.

측천은 서둘러 내준신과의 관계를 완전히 청산한다는 걸 보여주었다. 내준신의 죄상을 폭로한다는 문장을 직접 써서 그의 죄상을 낱낱이 열거했고, 문장 말미는 '마땅히 그 일족을 몰살하여 만백성의 울분을 씻어주어야 한다'라고 끝맺었다.

이렇게 해서 측천은 또 한 번 하늘을 대신하여 정의를 실현하고, 백성의 원한을 풀어주는 '훌륭한 황제'로 변신할 수 있었다.

기왕 성군을 자처했다면 내준신 한 사람을 주살하는 것만으로는 부족했다. 이에 더하여 자신도 오히려 기만당했으니 책임이 없다는 걸 증명할 필요가 있었다. 측천이 대신들에게 말했다.

"과거 주흥이나 내준신이 사건을 심리할 때마다 많은 대신이 연루되는 걸 보고 짐 또한 의문을 품지 않은 건 아니오. 하지만 측근 대신에게 재조사를 시켰더니 그들 역시 똑같은 결론이었소. 게다가 심문을 받은 자들도 하나같이 자신들의 모반죄를 인정하기에 짐이 믿을 수밖에 없었소. 그런데 주흥과 내준신이 죽은 뒤에는 더 이상 모반 사건이 일어나지 않는 걸 보니, 과거 모반 사건들이 다 억울한 누명을 쓴 게 아닌가 하는 생각이 드오."

짐짓 지난 일을 어물쩍 넘어가려고 딴소리를 해대는 게 분명했지만, 대신들인들 더 이상 무슨 말을 하겠는가? 그저 잠자코 있을 따름이었다. 얼마간 침묵이 흐른 뒤, 대신 요숭姚崇이 입을 열었다.

"수공垂拱 이래로 소위 모반 사건은 거의 다 주흥 일당이 날조한 것입니다. 당시 폐하께서 신하에게 재조사를 지시하셨다고는 하지만, 신하들은 자기 한 몸도 보전하지 못하는 처지라 감히 진실을 조사하지 못했습니다. 진흙으로 빚은 보살이 남을 구하겠다고 강을 건너봐야 저 자신도 살아남지 못하는 건 뻔한 이치가 아니겠습니까? 모함을 받은 사람들은 만약 진술을 번복했다가는 더 큰 고초를 겪을 게 뻔하니, 차라리 모반을 인정하고 일찍 목숨을 내놓는 게 편했을 것입니다. 이제 하늘의 도움으로 폐하께서 주흥과 내준신 일당의 정체를 다 아시고 그들에게 준엄한 법의 심판을 내리셨습니다. 소신이 100여 명이나 되는 전 가족의 목숨을 걸고 보증하건대, 앞으로는 더 이상 모반이 없을 것입니다. 만약 누군가가 정말 모반을 꾀한다면 폐하께서는 소신에게 그 죄를 물으십시오."

이때다 싶었던지 측천은 바로 이 말을 받았다.

"경의 말씀이 참으로 지당하오. 과거 재상들은 그저 고분고분 짐을 따르려고만 했으니, 하마터면 짐이 가혹한 군주가 될 뻔했소. 경의 말씀이야말로 정말 듣고 싶었던 말이오!"

측천은 일거에 책임을 대신들에게 떠넘겼다. 측천과 요숭의 이 대화는 혹리 정치의 마감을 알리는 신호였다.

요숭, 이 사람은 누구인가? 훗날 현종을 보좌하여 개원開元 시대의 태평성대를 열었던 명재상이다.


## 3. 혹리 시대의 마감

인과응보, 혹리였던 주흥과 내준신은 모두 혹리의 손에 목숨을 잃었다. 사실 혹리끼리의 단순한 갈등이라기보다, 중요한 것은 측천이 그들을 제거하려고 결심했다는 점이다. 이 두 사람뿐만 아니라 『신당서』와 『구당서』의 기록을 보면 혹리 27명 모두가 사형 아니면 심리적 갈등으로 인한 자살, 정신이상으로 귀결되었다. 한 사람도 제명에 죽은 사람이 없었다.

그렇다면 왜 측천은 자신의 황제 등극에 막대한 공로를 세운 그들을 단두대로 보냈을까? 두 가지 이유를 들어보자.

첫째, 측천으로서는 이제 그들이 더 이상 필요 없었다.

측천은 혹리를 이용하여 반대파를 제거하고 자기 세상을 만들었다. 하지만 통치가 안정 기조에 들어서면서 그들의 '역사적 사명'은 마감되었고, 이제는 그들의 존재 자체가 오히려 측천에게 부담으로 다가왔다. 우선 이미지 손상을 가져왔다. 혹리의 역할로 인해 사람들은 측천을 잔인한 군주라고 인식했다. 게다가 혹리들의 세력이 날로 확장되면서 측천의 황권마저

도전받는 형국이 되었다. 내준신이 죽은 직후 예부시랑이 제 발로 측천을 찾아와 자백했다.

"소신은 과거 내준신의 압력에 못 이겨 매년 그의 측근 수백 명을 관리로 임명했습니다."

측천이 어떻게 관직을 인정에 얽매여 함부로 내주었느냐고 따져 물었다.

"소신이 죽을죄를 지었습니다. 소신이 국법을 어긴 죄는 소신 혼자 짊어지겠지만, 만일 그때 내준신의 말을 거역했다가는 일족이 다 죽었을 것입니다."

여기서 보듯 내준신의 권한은 오히려 측천을 능가했다. 평생토록 권력을 추구하며 살아온 측천이 이런 행태를 용납할 수 있었겠는가? 혹리의 이용 가치가 소진된 이상 그대로 두었다가는 백해무익인 건 뻔한 이치였다. 토사구팽, 토끼가 죽었으니 주인이 사냥개를 삶아 먹는 건 어쩌면 너무나 당연했다.

둘째, 혹리들은 워낙 자질이 형편없는 데다 스스로 변신을 꾀하지도 않았다.

대부분의 혹리는 출신이 미천하고 심지어 일자무식인 경우도 적지 않았다. 자질이 형편없다보니 업무 능력도 없었다. 가령 후사지의 경우 문맹이었기 때문에 생긴 우스운 이야기가 전해진다.

그가 낙양에서 관리로 있을 때였다. 당시 낙양에는 백사마판白司馬版이라는 지명이 있었다. 일자무식이었던 그는 '판版' 자를 '반反' 자로 착각해서 그곳이 '백사마'라는 사람이 모반죄로 참수당한 곳이라고 생각할 정도였다.

또 맹청봉孟靑棒이라는 관리가 있었는데 그는 이것을 고문하는 도구라고 생각해서 범인을 심문할 때, "네가 백사마 같은 역모자라는 걸 실토하지 않으면 맹청봉으로 다스리겠다"라고 할 정도였다.

장수 원년(692), 한때 측천을 도와 이경업의 난을 평정했던 위원충 역시 모반 혐의로 후사지의 심문을 받은 적이 있었다. 이때도 그는 위원충에게 "네가 백사마 같은 역모자라는 걸 실토하지 않으면 맹청봉으로 다스리겠다"고 큰소리쳐 비웃음을 샀다. 이 말을 들은 위원충이 참지 못하고 껄껄 웃어대자, 후사지는 버럭 화를 내며 위원충을 꽁꽁 묶어 끌고 가버렸다. 위원충은 끌려가면서 한마디 했다.

"내 운수가 사나워 나귀 타다 굴러떨어진 꼴이 되었군. 게다가 발마저 등자鐙子, 말을 탈 때 두 발을 디디는 일종의 발걸이에 걸려 질질 끌려가는 신세가 되었구나."

이 말에 후사지는 더욱 화가 나서 그를 마구잡이로 때렸다. 위원충도 화를 참지 못하고 소리쳤다.

"사람을 죽이려거든 아예 죽이고 말지, 무슨 얼어 죽을 모반인가? 그리고 잘났건 못났건 명색이 관리라는 놈이 백사마·맹청봉을 어떻게 그런 식으로 입에 올리느냐? 언젠가 네놈은 그 말 한마디 때문에 된통 한번 당하게 될 것이다."

그러나 후사지는 위원충의 이 말을 알아듣지 못했다.

'아, 내가 큰일 날 소리를 했나? 백사마·맹청봉이란 말을 함부로 쓰면 안 되는 것인가.'

그는 화들짝 놀라 위원충을 풀어주면서 연신 사죄했다.

"하이고, 제가 죽을죄를 지었습니다."

이 소문은 금방 퍼져나갔다. 측천도 이 소식을 듣고 실소를 금치 못했다.

중종 이철의 폐출에서 내준신의 사망까지, 혹리 정치는 장장 14년 동안 이어졌다. 사람들은 혹리 임용이 측천의 가장 큰 정치적 죄악이었다는 비판을 서슴지 않는다. 측천 시대의 피비린내 나는 역사를 돌이켜보면서 이 혹리 정치를 과연 어떻게 평가해야 할까?

사실 혹리 정치는 두 가지 서로 상반된 측면에서 바라볼 필요가 있다.

분명 혹리 정치는 엄청난 폐단을 야기했다. 우선 그것은 사법 제도를 심각하게 훼손했다. 당 제국은 원래 법령이 잘 구비된 사회였고, 무주 왕조의 사법 체계는 당 제도를 그대로 계승했기 때문에 법령 자체는 완벽에 가까웠다. 그러나 혹리가 횡행하면서 법령과 사법 제도는 무용지물이 되고 말았다. 또 혹리 정치는 민심을 완전히 흔들어놓았다. 군신은 서로 불신했고, 대신들은 제 한 몸 간수하기 바빠 귀를 막고 입을 닫으면서 구차한 삶을 영위했다.

당시의 재상 소미도蘇味道가 남긴 명언이 있다.

"세상에 되는 것도 없고 안 되는 것도 없다."

남들이 질문하면 절대 정면으로 대답하지 말고 얼버무려라. 일처리에서 맺고 끊는 게 분명하면 화를 자초할 수 있으니 모호하게 처리하라는 뜻이다. 그의 이런 처세술에서 유래한 사자성어가 바로 '모릉양가模棱兩可'*다. 일국의 재상조차도 이렇게 흐리멍덩하게 지냈으니 그들이 어떻게 공무를 제대로 수행했겠는가? 측천의 휘하에는 능력 있는 대신들이 많았지만, 태종 시대의 명재상 위징魏徵처럼 직언하는 사람은 더 이상 찾아보기 어려웠다.

반면 측천의 입장에서 혹리 정치가 반드시 부정적이지만은 않았다. 혹리가 측천의 통치에 적극적인 역할을 했다는 건 부인할 수 없다. 일반적으로 개국 황제에게는 개국을 적극적으로 지원하는 공신, 소위 좌명공신이 있기 마련이다. 여황제의 경우라면 외척들이 그 역할을 담당할 수 있다.

하지만 측천은 여자이면서 개국 황제인데도, 좌명공신이라고 할 만한 인물이 없었고, 힘이 되어줄 외척도 없었다. 게다가 측천은 거대한 방해 세력과 대치하고 있었기 때문에 혹리 임용 외에는 달리 방법이 없었다. 혹리

---

\* 모서리를 더듬으면 양면을 다 만질 수 있지만, 한 면을 짚으면 그 면밖에 만지지 못한다는 뜻이다. 매사를 너무 똑 부러지게 결정해버리면 손해를 보니 애매모호하게 처리한다는 비유로 쓴다.

들이 일단의 방해 세력을 제거함으로써 공포 분위기를 조성하는 가운데 측천은 신속하게 통치 기반을 안정시켰고, 국가에 이렇다 할 대규모 반란도 일어나지 않았다. 혹리의 협조가 있었기 때문에 측천은 "가만히 앉아서 책략을 구상하고, 장막 뒤에서도 정보를 얻을 수 있었으며, 백성이 평안한 삶을 누리는 가운데서 혁명이 성공할 수 있었다."(『자치통감』 권205) 이 과정은 측천의 승리이자 동시에 백성의 승리이기도 했다.

그 외에도 혹리가 일정 기간 전횡을 일삼았다는 건 부인할 수 없지만, 그들의 권한은 대체로 감찰사법권에 국한되었고 행정권까지 넘보지는 못했다. 영향력이 막강했던 혹리 주흥과 내준신조차도 재상을 역임한 적이 없기 때문에, 그들이 국가 정국을 근본적으로 좌지우지하지는 못했다. 이 때문에 혹리로 인한 폐단을 최소화할 수 있었다. 또 사법권의 영역 내에서도 혹리의 공격 대상은 주로 측천에게 위협을 줄 만한 중고급 관리들이었기 때문에, 기층 사회가 받는 충격은 상대적으로 미약했다. 따라서 큰 틀에서 보자면 사회 전체는 안정적인 기조 위에서 발전해나갔다. 더 중요한 사실은 혹리 임용부터 시작해서 혹리 정치가 종식될 때까지, 측천이 한 번도 방심하지 않고 정치적 흐름을 시종 장악하고 있었다는 점이다. 혹리가 정권 창출과 유지에 매우 중요한 수단이기는 하지만, 폭력과 위협이 결코 정국 안정에는 도움이 되지 않는다는 것을 측천은 너무나 잘 알고 있었다.

제24장

# 측천 시대의 인재들

마오쩌둥이 측천을 평가할 때 썼던 아주 적절한 표현이 있다.

"측천은 사람을 받아들이는 도량이 있었고 사람을 알아보는 지혜가 있었으며 사람을 활용하는 기술이 있었다."

측천이 혹리 임용을 통해 정권을 안정시켰다는 건 이미 앞에서 언급했다. 하지만 혹리만으로 한 국가를 정상적으로 경영하기란 불가능하다. 국가 통치에 필요한 것은 아무래도 실력을 갖춘 진정한 인재들이다.

## 1. 출신보다는 능력

고대 중국 정치에서는 인재 등용을 매우 중시했기 때문에 용인술의 성패가 국가 발전을 좌우한다고 생각했다. 인재를 쓰려면 무엇보다 중요한 것이 사람을 알아보는 지혜다. 측천이 위원충이란 사람을 어떻게 발탁했는지는 앞에서 이미 언급했다. 고종이 병든 몸을 이끌고 장안에서 낙양으로 이동할 당시 호위대장의 임무를 성공리에 완수한 바로 그 장본인이다. 하지만 일국의 통치자라면 개개인의 재능을 파악하는 것보다는 효율적인 인재 선발 제도를 수립하는 게 훨씬 더 중요하다.

과거제에 대한 측천의 공헌은 크게 세 가지다.

측천은 진사과의 비중을 높였고, 비정기적으로 시행하는 '제과制科'를 충분히 활용했으며, 무과를 창설했다.

첫째, 진사과부터 보자.

당대의 과거제는 상과常科와 제과로 구분된다. 매년 시행하는 것이 상과, 황제가 필요하다고 생각해서 특별히 치르는 비정기적 시험이 제과다. 제과는 제거制擧라고도 했다. 상과는 또 진사과進士科와 명경과明經科로 나뉘었다. 진사과는 문학적 재능을 보았고, 명경과는 유가의 경전 지식을 보았다. 원래는 진사의 직급이 약간 낮았는데, 측천의 통치가 시작되면서부터 진사과가 명경과보다 전망이 좋았고 비중 또한 중요해졌다.

왜 측천은 진사과의 지위를 높였을까? 지금까지의 연구에서는 측천 자신이 문학을 좋아했기 때문에 진사과를 중시했다고 봤다. 하지만 정치가로서 측천이 이런 중요한 일을 자기의 주관대로 결정했다고 보기는 어렵다. 그보다는 오히려 진사과를 통한 인재 선발이 현실적으로 더 유용했기 때문이라고 보는 게 타당할 것이다.

명경과에서는 경전 지식의 암기력을 측정했기에 유가 경전을 잘 외워야 했다. 이를 위해서는 적어도 자기 집안에 경전이 있어야 한다. 당시에는 인쇄술이 발달하지 않아서 경전을 읽으려면 집안에 대대로 전해지는 필사본이 필요했고, 일반 백성으로서는 거의 구할 길이 없었다. 따라서 명경과는 명문대가의 자제들에게 결정적으로 유리했다. 하지만 진사과는 달랐다. 진사과를 보려면 문학적 재능이 필요했는데, 그런 재능은 지식도 물론 쌓아야겠지만 더 중요한 것은 아무래도 천부적인 자질이었다. 한문寒門 자제로서 집에 책은 별로 없어도 천부적으로 문학적 재능을 타고났다면, 그 자질을 발휘하여 진사과에서 얼마든지 두각을 나타낼 수 있었다. 따라서 진사과 시험이 상대적으로 공평했다고 볼 수 있다. 측천이 진사과의 지위를 높이고 많은 한문 자제들에게 출세의 길을 넓혀줌으로써 인재 선발의 기회가 더 늘어났으니, 이것이 바로 과거제에서 측천이 이룬 첫 번째 공헌이다.

둘째, 제거, 즉 제과에 대해 알아보자.

이미 매년 치르는 상과가 있는데, 왜 굳이 제과를 시행했을까? 상과는 시험 문제가 거의 고정되다시피 해서 상대적으로 현실성이 떨어졌다. 그것은 마치 오늘날의 대입 시험처럼 규격화되어 있었다. 하지만 제과는 달랐다. 그것은 그때그때 제목이 유동적이어서 현실과의 연관성을 중시했다. 심지어 국가가 시급히 해결해야 할 과제를 의도적으로 골라서 출제하는 경우도 있었다. 이렇게 되면 응시자의 행정 실무 능력을 비교적 쉽게 파악할 수 있었다.

또 제과는 응시자의 범위가 넓었다. 상과에서는 '백정白丁'이라고 해서 관리가 아닌 사람만 응시했지만, 제과에서는 백정은 물론 현직 관리도 두루 응시할 수 있었기 때문이다. 게다가 제과는 합격 후 곧바로 관리로 임명될 수 있다는 장점이 있었다. 상과 합격자는 오늘날의 대학 졸업자처럼 곧바로 관리로 임용되지 않고, 관련 기관의 선발이 별도로 필요했다. 하지만 제과를 통과하면 곧바로 관리가 되었다. 간부로 특채되는 것과 비슷했다.

제과가 가진 이런 장점 때문에 측천은 태후의 신분으로 조정 정치에 간여하기 시작한 이후, 평균 1년 반에 한 번씩 제과를 시행했다. 그 시행 빈도는 당대 여느 황제 때보다도 많았다. 특히 황제가 되기 직전 시기와 혹리 숙정을 시작하던 시기에는 인재의 수요가 많아져서 매년 제과를 시행했다.

또 측천은 응시자들과의 거리감을 좁히기 위해 직접 전시殿試를 주관했다. 소위 전시란 황제가 직접 대전에 나와 응시생을 면접하는 시험을 말한다. 당대 최초의 전시는 현경顯慶 4년(659)에 고종이 주관한 시험이었는데 그 규모가 크지 않았다. 측천은 황제 등극 직전인 재초載初 원년(690)에 민심을 얻기 위해 낙성전洛城殿에서 직접 전시를 주관했다. 이때 전국 각지의 인재들이 일시에 낙양으로 몰리는 바람에 응시자가 만 명을 넘어섰고, 시험은 며칠에 걸쳐 진행되었다. 이 전시는 사람들에게 깊은 인상을 심어주었다. 『자치통감』에서조차 고종이 전시를 주관한 사실은 아예 무시해버리고, 측천이 최초로 전시를 시행한 군주라고 할 정도였다.

셋째, 무과 신설에 대해 알아보자.

측천은 비록 문화적 소양이 없다 하더라도, 담력과 무공이 있는 사람이라면 당연히 사회에서 빛을 보아야 한다고 생각해서 최초로 과거제에 무과를 신설했다. 무예에 출중한 사람이라면 누구에게든 개방하자는 취지였다.

진사과의 비중 확대, 제과 시행, 무과 창설, 이 세 가지가 갖춰짐으로써 당대의 과거제는 거의 완벽에 가까운 체제를 갖추었다. 이 시기에 기본 골격을 갖춘 중국의 과거제는 이후 청대까지 줄곧 가장 이상적인 인재 선발 방식으로 통용되었다. 이런 점에서 과거제에 대한 측천의 공로를 인정하지 않을 수 없다.

당시 과거제를 통해 발탁된 인재로는 누가 있을까?

재초 원년에 시행된 전시에서 발굴된 천리마 장열張說을 들 수 있다. 당시 그는 스물두 살의 신출내기에 불과했지만, 측천은 한눈에 그의 재능을 알아보고 직접 장원으로 낙점했다. 측천은 그의 재능을 극구 칭찬하면서, 그가 쓴 문장을 상서성에 게시하여 조정 백관에게 모두 읽어보라고 지시했다. 이 얘기는 한동안 미담으로 사람들의 입에 오르내렸다. 장열은 문무를 겸비한 인재로서 세 차례나 재상을 역임했고, 훗날 현종 시기까지도 정치활동을 계속했다. 측천의 선견지명을 보여준 사례다.

그러나 측천은 여전히 인재 등용의 통로가 충분하지 못하다고 생각했다. 어떻게 하면 더 많은 인재를 발굴할 수 있을까? 그중 하나가 추천제였다. 남을 추천하든 모수자천毛遂自薦하든 상관없이 측천은 인재 추천을 적극 권장했다.

수공 원년(685), 이경업의 난을 평정한 후 '9품 이상의 관리 또는 일반 백성은 자기 자신을 추천해도 좋다'는 조서를 내렸다. 이후 이런 조서는 여러 차례 반포되었다. 이외에도 과거 동궤를 설치하여 인재 추천을 장려한 적이 있다. 물론 그때는 주로 밀고용으로 사용되긴 했지만, 그 동궤의 청색을 칠한 동쪽 면이 바로 자기 추천서를 투입하는 곳이었다. 이 추천제 역시 효과는 있었다.

측천 시기 가장 명망이 높았던 재상 적인걸狄仁傑은 자기 아들을 호부원외랑戶部員外郎으로 추천했는데, 과연 직무 수행 능력이 탁월했다. 측천은 이를 매우 기쁘게 여겨 적인걸이야말로 '인재라면 가족이든 원수든 기피하지 않는 사람'이라고 칭찬했다. 물론 적인걸이 자기 아들만 추천한 것은 아니었다. 측천 시대에 그가 추천한 사람 중 고관이 된 사람만 수십 명에 달했다.

유능한 인재를 폭넓게 선발하기 위해 측천은 다양한 채용 방식을 활용했는데, 그 방식이 다양해지면서 반대로 문제점이 드러나기도 했다. 가장 대표적인 사례가 관직 부족이었다. 당시 누군가가 이런 말을 한 적이 있다.

"고종의 건봉乾封 시기(666~668) 이전에는 매년 선발되는 관리가 수천을 넘지 않았지만 수공垂拱 이후에는 매년 5만 명에 달했다."

고종 즉위 이후부터 측천이 태후로 있었던 약 20년간, 관리 자격을 얻은 자가 무려 10배 이상 늘어남으로써 기존에 설치된 관직이 부족해졌다. 이에 측천은 두 가지 대책을 내놓았다. 하나는 관직을 증설하는 것, 다른 하나는 시관試官을 대거 채용하는 방식이었다. 시관이란 일종의 임시직으로 자천, 타천으로 들어온 사람을 유예 기간을 두어 능력을 검증해보겠다는 취지였다.

시관마저 그 수가 너무 많아지자 누군가는 노래를 하나 지어 측천을 풍자하기도 했다.

보궐補闕은 수레로 실어 나르고
습유拾遺는 곡식을 되는 말로 헤아릴 정도.
시어사侍御史는 써레로 끌어모으고
교서랑校書郎은 그릇으로 퍼낼 정도.

관리의 숫자가 어찌나 많았던지, 수레로 실어 나르거나 말로 쌀알을 되듯 넘쳐났고, 밭갈이하는 써레로 끌어모으거나 그릇으로 퍼담을 정도로 넘쳤다는 뜻이다. 요컨대 관리 수가 너무 많아서 돌을 던지면 고관 세 명은 머리가 깨질 정도였다고나 할까?

당시 심금교沈金交라는 한 재치 있는 문인이 이 노래를 듣고는 몇 마디 보충했다.

평사評事는 법을 모르고
박사博士는 문장을 읽지 않네.
존무사存撫使는 바보 같고
성신황제聖神皇帝는 눈이 멀었네.

일종의 해학시였다. 시 속에다 측천까지 끌어들였으니 예삿일이 아니었다. 공공연히 황제가 엉터리로 인재를 뽑는다고 비방한 것이다. 어사가 그를 잡아다 측천에게 처벌을 요청했다. 측천은 가가대소했다.

"남들이야 뭐라고 하든 관리들이 제대로 일만 잘하면 되지! 이자를 처벌하지 말고 석방하게!"

마치 과거 낙빈왕이 측천 자신을 비난한 격문을 보고도 오히려 그 뛰어난 문장력을 칭찬했던 것처럼 이번에도 마찬가지였다. 측천은 이 정도의 도량으로 남을 포용했다.

그렇다면 측천은 아무 원칙 없이 마구잡이로 사람을 기용했을까? 꼭 그렇게만 볼 수는 없다. 기준이 있었다.

"관리가 되고 싶은 자는 누구든 도전하라! 하지만 만약 직무 수행을 제대로 하지 못한다면 용서치 않겠다. 경미하면 강등, 중대하면 참수형에 처한다."

이렇게 되자 진정한 실력자는 고속으로 승진했고, 양식만 축내는 자는 살아남지 못했다. 그야말로 '널리 인재를 구하되, 평가는 정밀하게 한다'는 원칙이었다. 끝까지 관직에 머무른 사람이라면 그는 바로 온갖 시련을 다 겪어낸 황금 같은 존재, 이런 인재들을 써서 천하를 다스리는 터에 그 통치가 잘못될 수 있겠는가?


## 2. 넘쳐나는 인재들


그렇다면 측천은 어떤 인재들을 기용했을까? 세 사람을 예로 들어보자.

그 첫째가 누사덕裵師德.

누사덕은 고종 시절에 진사가 되었는데 훗날 종군하여 동쪽으로는 거란, 서쪽으로는 토번과 싸워 혁혁한 전공을 세웠다. 측천 시기에 두 차례 재상을 지낼 정도로 뛰어난 인재였다. 왜 그를 황금과 같은 존재라고 할 수 있을까? 그의 최대 장점은 인내다.

누사덕의 동생이 대주자사代州刺史로 나가게 되었을 때, 누사덕이 그를 찾아가 얘기를 나누었다.

"나는 재상이고 너는 자사다. 이는 우리 가문의 큰 영예다. 하지만 누군가는 또 우리 형제를 시기할 수도 있을 테니 절대 말썽을 일으키지 않도록 해라."

동생이 대답했다.

"제가 한껏 몸을 낮추어 지내면서 절대 형님께 누를 끼치지 않겠습니다."

누사덕이 물었다.

"네가 어떻게 처신해야 내게 누가 되지 않을까?"

"어떤 자가 제 얼굴에 침을 뱉는다고 해도, 제가 닦고 말지 절대 그와 다투지 않겠습니다. 이 정도면 되겠지요?"

누사덕이 한숨을 내쉬며 말했다.

"그렇게 하면 나에게 누가 될 것이다. 다른 사람이 네 얼굴에 침을 뱉었다면 이미 그자가 널 증오한다는 뜻이지. 그런데 네가 침을 닦는다면 그자의 뜻을 거역하는 셈이니 오히려 더 분개할 것이다."

"그럼 제가 어떻게 해야겠습니까?"

누사덕이 말했다.

"설사 남이 너를 꾸짖어도 아무런 대응을 하지 마라. 침은 잠깐이면 저절로 마르는 법이니 굳이 닦을 필요가 없지."

사자성어 '타면자건睡面自乾'이란 말이 여기서 유래했다. '얼굴에 뱉은 침은 저절로 마른다'는 뜻이다.

이 누사덕이 결코 명철보신하면서 대충대충 산 인물이 아니라는 걸 보여주는 다른 고사를 하나 더 들어보자.

적인걸이 재상이 된 것은 누사덕의 추천 덕분이었다. 하지만 적인걸 자신은 이 사실을 모르고 있었다. 그러면서 평소 그는 누사덕이란 자가 사람이 변변치 못하고, 자신과 거리감을 두려 한다고 생각했다. 누사덕이 자기에게 말을 걸어온 적도 없었다.

훗날 측천은 이런 누사덕을 챙겨줘야겠다는 생각에 아이디어를 하나 짜냈다. 이에 적인걸이 불려 왔다.

"경은 누사덕이란 사람을 어떻게 생각하시오?"

적인걸이 대답했다.

"변방 장수로서야 자기 직무를 잘 수행했지요. 하지만 다른 건 잘 모르겠습니다."

측천이 다시 물었다.

"그 사람이 사람 보는 눈은 있을까요?"

"소신이 그 사람과 오랫동안 같이 일해왔지만, 그에게서 그런 능력은 발견하지 못했습니다."

"하지만 경을 추천한 사람이 바로 그 사람이오."

그러면서 측천은 당시 누사덕의 추천서를 적인걸에게 보여주었다. 적인걸은 너무나 부끄러웠다. 그 후 그는 도처를 다니며 사람들에게 이렇게 말했다.

"누공婁公이 그토록 오랫동안 나를 챙겨주었건만, 내가 그걸 알지 못했으니 누공에 비하면 나는 한참 모자란다."

누사덕을 어떻게 평가할 수 있을까? 측천이 황제로 즉위할 무렵에는 조정의 분위기가 매우 어수선하고 불안했다. 이 와중에도 그는 변방 수호에 치력했고, 개인의 이해득실을 떠나 인재를 천거했다. 이는 보통 사람이 할 수 있는 일이 아니다. 그는 '변변치 못한 사람'이라는 소리까지 듣고도 그 수모를 꾹 참았다. 이는 물론 자신을 보호하겠다는 이유 때문이기도 하겠지만, 결과적으로 그의 이런 처신은 조정의 안정을 꾀하는 데 도움이 되었다. 누사덕과 같은 정인군자가 꿋꿋이 조정을 지키고 있었기 때문에 무주 정권은 혹리의 영향력을 벗어나 정상 궤도에 오를 수 있었다. 누사덕이라는 인물의 특징을 요약한다면 '인자와 인내'라고 말할 수 있겠다.

두 번째 인물은 서유공徐有功.

서유공은 줄곧 사법 분야에서 일했는데, 그의 특징은 용맹이었다. 어느 정도 용감했을까?

과거 월왕 이정·이충 부자가 모반을 일으켰을 때 많은 사람이 연루되어 들어왔다. 그중에는 이충이 반란을 일으키기 전 이충을 도왔던 아전 한 사람도 포함되어 있었다. 당시는 혹리의 전횡 시대인지라 이 아전에게 사형이 내려졌다. 서유공은 이 아전이 결코 수괴가 아니므로 사형은 불가하다고 주장했다. 마침 측천은 사형을 집행함으로써 자신의 권위를 세우려던 참이라, 이 일로 몹시 분개해서 서유공에게 따져 물었다.

"경은 수괴가 뭔지 알기나 하는가? 이자를 사형시키는 데 무슨 문제가 있단 말인가?"

분명 협박이었다. 하지만 서유공은 침착하게 경전을 인용하면서 측천을 설득했다.

"소위 '괴魁'란 우두머리, '수首'란 주모자를 가리킵니다. 이 사건에 만약 수괴가 있다면 그것은 바로 이충입니다. 이 아전은 기껏해야 졸개에 불과합니다. 그러니 수괴로 취급하여 처벌할 수는 없습니다."

당시 조정에 모인 문무백관은 수백 명, 군신 간에 벌어지는 이 논쟁을 보면서 하나같이 놀라서 부들부들 떨거나 얼굴이 파랗게 질려 있었다. 그러나 서유공은 시종일관 침착함을 잃지 않았다. 결국 측천도 그의 말을 받아들였고, 이후 서유공의 이름은 순식간에 전국으로 퍼져나갔다.

다른 예를 하나 들어보자.

장수 2년(693), 황제에서 황사皇嗣로 강등된 이단의 처 두비竇妃가 일을 하나 저질렀다. 두 씨 집안의 노비 하나가 두비의 모친이 밤중에 황제를 저주했다는 고발을 해왔다. 두비의 모친이 왜 황제를 저주했을까? 측천이 죽고 자기 사위가 황제가 되게 하려고 저주했다는 내용이었다. 마침 그 바로 전에는 또 다른 노비가 두비 본인이 측천을 저주했다고 고발을 해와서 이미 두비를 은밀히 죽여버린 뒤였다.

그런데 이번에 또 그 모친이 연루되었다는 고발이 들어온 것이다. 사건의 심리가 대충대충 이루어지고, 그 모친에게도 모반죄가 적용되어 사형이 내려졌다. 두 씨 집안에서는 너무나 억울한 생각이 들어 정직하기로 소문난 서유공을 찾아가 누명을 벗겨달라고 애원했다.

당시 두 씨 노부인의 사건은 이미 재판이 끝나 곧 형장으로 보내질 운명에 처해 있었다. 노부인의 목숨이 경각에 달린 그 순간, 서유공은 분연히 나서서 감형을 요청하기로 하고, 노부인의 억울함을 호소하는 상소를 측천에게 올렸다. 당시 측천은 마침 아들 이단의 세력을 무력화시키고자 애를 쓰던 중이었다. 서유공의 상소가 받아들여질 리 없었다.

측천은 일필휘지, '서유공이 두 씨 집안에 빌붙었으니 당장 교수형에 처하라!'는 조서를 내렸다. 마침 공무를 보고 있던 서유공에게 그의 부하가 눈물을 흘리며 찾아와 이 소식을 전했다. 소식을 들은 서유공은 한숨을 내쉬었다.

"죽으라면 죽는 거지. 그래봐야 이 한목숨 없어지는 거 아닌가? 그래, 이 세상에 영원히 죽지 않을 사람이 어디 있는가?"

그는 평소대로 식사도 잘 하고 잠도 잘 잤다.

누군가는 서유공이 짐짓 태연한 척하는 것이라고 의심하여 몰래 찾아가 보았다. 과연 그는 잠도 잘 자고 드렁드렁 코까지 골고 있었다. 이 소식은 곧바로 측천의 귀에까지 들어갔다. 이 소식을 듣고 나니 측천은 만감이 교차했다. 그 자신 비록 권력의 기반을 다지려고 사람 목숨을 초개같이 여겼지만, 서유공이라는 이 군자는 진심으로 존경해온 터였다. 측천은 다시 서유공을 소환하여 따져 물었다.

"요사이 경은 사건을 심리하면서 왜 그렇게 많은 사람을 함부로 풀어주는가?"

서유공이 대답했다.

"소신이 실수로 사람을 풀어준 것은 소신의 작은 실책이지만, 사람 생명에 자비를 베푸는 것은 군주의 크나큰 덕입니다. 폐하께서는 이 점을 숙고해주시기 바랍니다!"

이 말을 들은 측천은 한동안 말이 없었고, 결국 두 씨 노부인은 사형을 면할 수 있었다.

이 정도면 서유공의 용기를 인정할 만하지 않은가? 당시 혹리의 전횡이 막심했던 사법 분야에서, 그가 곧잘 황제와 의견 대립을 보였다는 것은 그의 늠름한 기개를 여실히 보여준 예라고 하겠다.

하지만 그에게는 또 이와 상반되는 면모도 있었다. 그가 처음으로 관직을 박탈당한 후 얼마 안 있어 측천이 그를 다시 시어사로 기용한 적이 있었다. 임명장을 받은 서유공은 울면서 호소했다.

"사슴은 본래 산에 살지만 붙잡혀 오면 그 목숨은 요리사의 손에 달려 있습니다. 소신 역시 이 사슴과 같은 처지입니다. 폐하께서 지금 소신을 법관으로 임명하셨으니 공정하게 법을 집행해야 할 것이지만, 언젠가 폐하의 뜻을 거스르게 된다면 그때는 목이 달아나겠지요? 그러니 부디 임명을 철회해주시기 바랍니다!"

이 이야기는 무엇을 의미할까? 서유공은 결코 죽음을 두려워한 사람이 아니었다. 반대로 그는 자신의 삶과 자유를 너무나 소중히 여겼다. 바로 이 때문에 그는 행여 자신이 남에게 죽음에 대한 공포심을 줄까봐 우려했고, 심지어 남들의 자유나 생명을 앗을까봐 고민했다. 만약 이런 사태를 예방할 수 있다면 기꺼이 목숨마저 내놓겠다는 것이 그의 생각이었다. 이게 바로 서유공의 진정한 용기가 아니겠는가? 그와 같은 관리가 있었기 때문에 측천 시대의 사법 분야는 혹리의 전횡으로부터 어느 정도 벗어나 최대한 공정을 기할 수 있었다.

세 번째 인물은 그 이름도 유명한 적인걸.

그는 측천 시대에 가장 신망이 두터웠고 지명도도 높았다. 그는 청렴한 관리이자 유능한 판관이었다. 그가 다룬 사건을 소재로 한 소설 『적공안狄公案』*은 청말 민간에 널리 유행하기도 했다. 그는 정말 대단한 판관이었다. 『구당서』「적인걸전」에는 적인걸이 "고종 의봉儀鳳 시기(676~679) 대리승을 지내면서 매년 1만7000건의 사건을 처리했는데, 단 한 건도 억울함을 호소한 예가 없었다"라고 기록되어 있다.

판관에게 가장 중요한 자질은 바로 지략, 우선 그의 지략에 대한 얘기부터 해보자. 그는 두 차례 재상을 역임했는데, 첫 재상직에 있을 때 혹리 내준신의 모함으로 감옥에 갇힌 일이 있었다. 당시에는 자신의 모반 혐의를 고분고분 시인하기만 하면, 그 진실성을 인정하여 가벼운 처벌로 마무리될 수도 있었다.

"무주의 혁명이 성공하여 세상이 바뀌었으니 나 같은 당조의 원로대신은 죽어 마땅하다. 그대가 모반이라고 하니 모반이지!"

이렇게 그는 순순히 모반을 인정했다. 그러자 내준신은 적인걸도 별게 아니라는 생각에 바로 그에 대한 경계심을 늦추었다. 적인걸은 기회를 엿보다가 자기 옷을 찢어 자신이 처한 상황을 천 조각에 기록했다. 그러고는 그것을 비단 두루마기 속에 집어넣은 다음 옥리를 불렀다.

"날씨가 더워졌구나. 우리 집에 알려 이 비단 두루마기를 홑옷으로 좀

---

* 청말 무명씨의 장편소설집이다. 당대 명재상 적인걸이 처리한 사건을 소재로 하여 살인·치정·채무·사기·약탈 등에 얽힌 내용을 수록하고 있다. 줄거리 전개가 흥미진진할 뿐만 아니라 적인걸이 사건을 처리하는 다양한 수법을 세밀하게 묘사했다.

바꿔달라고 하게."

옥리는 대수롭지 않게 여기고 그가 시키는 대로 했다. 적인걸의 아들은 두루마기를 가지고 집으로 돌아와 그 서신을 읽게 되었다. 총명한 아들은 바로 측천에게 밀고하겠다며 알현을 요청했다. 당시에는 밀고하겠다면 누구든지 측천을 만날 수 있었다. 아들은 측천에게 모든 상황을 낱낱이 알렸고, 마침내 측천이 적인걸을 소환했다.

"모반을 꾀하지 않았다면서 왜 자백했는가?"

적인걸이 대답했다.

"모반을 시인하지 않았다면 소신은 일찌감치 목숨을 잃었을 것입니다."

측천은 그의 말이 옳다고 생각해서 좌천으로 감형했다. 적인걸의 지략이 통한 것이다.

그렇다면 이 사건을 적인걸이 잔꾀를 부린 것이라고 할 수 있을까? 잔꾀가 아니라 속 깊은 지략이었다. 과거 월왕 이정 부자가 모반을 일으켰을 때, 그에 연루되어 사형 판결을 받은 백성이 2000명이나 되었다. 적인걸은 그들에게 죄가 없다는 걸 알고 있었지만, 그렇다고 해서 자신의 위세를 보여주려고 사형을 내린 측천의 의도를 외면할 수도 없었다. 그는 궁리 끝에 측천에게 밀서를 하나 보냈다.

"이 백성들은 무고하게 이 사건에 연루되었을 뿐, 실제 죄를 저지르지 않았습니다. 소신이 그들의 억울함을 풀어주고 싶지만, 폐하께서 소신이 죄인의 사정을 봐준다고 오해하실까 염려됩니다. 하지만 소신이 그들을 위해 탄원하지 않으면 사람의 생명을 귀하게 여기시는 폐하께 누가 될까 두렵습니다."

비밀리에 보내는 상소이니 측천을 공개적으로 반박하지 않았고, 또 측천이 인명을 소중히 여긴다는 사실을 강조했으니 측천의 비위도 맞춰준 셈이었다. 결국 이들은 죽음을 면하고 멀리 변방으로 유배되는 것으로 마무리되었다. 과연 무엇이 무려 2000명이나 되는 무고한 백성의 생명을 구했을까? 바로 적인걸의 지략과 넉넉한 자비심이었다.

적인걸의 관직 생활은 부침이 심했다. 그가 재상을 지낸 기간은 불과 3년, 하지만 그 명성은 높았고, 명실공히 측천 시대의 명재상으로 추앙되었다. 그의 지략을 보여주는 대표적인 사례 두 가지가 있다. 하나는 여릉왕廬陵王으로 강등된 중종 이철을 다시 태자로 책봉하라고 측천에게 권유한 것, 다른 하나는 장간지張柬之 등 뛰어난 인재들을 재상으로 천거한 것이다. 태자의 책봉 건의에 대해서는 뒤에서 다시 자세히 언급하겠다.

측천이 적인걸에게 인재 천거를 요청하자 그는 이렇게 말했다.

"문장에 뛰어난 인재라면 이미 조정에 수없이 많습니다. 하지만 폐하께서 만약 치국에 능한 인재를 원하신다면 소신은 형주장사荊州長史 장간지를 천거하려고 합니다. 그가 비록 연로하기는 하나 재상을 맡을 자질이 충분합니다."

적인걸의 적극적인 천거에 힘입어 장간지는 여든 살 고령에 재상이 되었다. 이 장간지는 훗날 신룡 정변을 일으켜 측천을 내치고, 이 씨 황실을 복원한 일등공신이다. 장간지뿐만 아니라 훗날 현종 시기에 탁월한 능력을 발휘한 요숭 등 많은 재상이 전부 적인걸의 천거를 거친 인물들이다. 당시 사람들이 '천하 인재들이 다 그 문하에 있다'라고 했을 만큼, 그는 인재 발굴에 있어서 탁월한 지혜를 보여주었다.

공자가 말한 군자의 세 가지 덕목은 인仁·지智·용勇이다. 만약 누사덕을 인의 화신이라고 한다면, 적인걸은 지, 서유공은 용으로 이름을 얻었다. 측천의 통치 시기에 천하에 인재가 넘쳐났다고 한 말은 이들에게서도 그 일단을 엿볼 수 있다.

이러한 인재들이 있었기 때문에 측천은 부단히 사회를 발전시켜 위로는 정관貞觀의 치세를 계승하고, 아래로는 개원開元의 번영을 여는 토대를 마련했다. 그렇다면 측천은 자신을 도와 무주 제국의 안정을 도모하고, 나아가 짜임새 있는 국가 경영을 실현했던 이 인재들을 어떻게 예우했을까?

누사덕은 말년까지 편안한 생활을 하다가 생을 마감했다. 서유공은 세 차례나 죽을 고비를 맞았지만 결국은 잘 극복하고 사복소경司僕少卿에까지 올랐고 죽은 후에는 사형경司刑卿으로 추증되었다.

적인걸은 더 말할 필요도 없다. 측천은 그를 최대한 공경한다는 의미로 일반 대신들에게 하듯 직접 그 이름을 부르지 않고 아예 '국로國老'라고 불렀다. 국가적 원로의 예우를 한 것이다. 측천을 알현할 때도 적인걸에게만은 무릎을 꿇고 절을 하지 못하게 했다. '경이 절을 하면 짐의 마음이 불편하다'는 게 그 이유였다. 이처럼 측천은 적인걸을 깍듯이 예우했다. 적인걸이 71세를 일기로 세상을 뜨자 측천은 몹시 애통해하면서 '그분이 세상을 떠나시니 조정이 텅 빈 듯하다'고 할 정도였다. 이 세 사람이 살아서나 죽어서나 모든 영예를 다 누렸던 반면, 혹리 주흥·내준신 등은 측천이 더 이상 쓸모가 없다고 여기는 순간 바로 목숨을 내놓아야 했다.

이것이 바로 측천의 용인술, '소인은 이용하고 군자는 신용한다'는 원칙이었다. 측천은 세상을 바꾸기 위해 어쩔 수 없이 혹리를 이용하여 자신의 입지를 다졌지만, 조정의 고위 계층에는 항상 자질이 탁월한 관리들을 포진시켰다. 측천이 직접 발탁하거나 임용한 이런 유능한 인재들이 '측천이라는 하늘'을 지탱했기 때문에, 무주의 천하는 중국 역사상 유례없이 찬란한 업적을 구축할 수 있었다.

당대의 유명한 정론가 육지陸贄는 측천을 이렇게 평가했다.

"관리의 책임을 철저하게 물었고 관리의 진퇴를 명확히 했으며, 무능한 자는 여지없이 폐출하고 능력이 있는 자는 신속하게 승진시켰다. 이 때문에 당시에는 측천이 사람을 알아보는 혜안이 있어 유능한 인재를 많이 기용한다고들 했다."

당 헌종憲宗 시기의 명재상 이강李絳 역시 이런 평가를 내렸다.

"측천은 실로 많은 관리를 등용했다. 이 때문에 당시 관리의 숫자가 수레에 싣거나, 말로 퍼담을 만큼 많았다는 말까지 나왔다. 개원 시기, 조정의 명망 있는 인물은 대부분 측천이 발탁한 사람들이다."

# 제25장
# 적통 다툼

고대 중국에서는 모든 것이 가족 중심으로 이루어졌다. 개국 황제가 천신만고 끝에 거머쥔 천하는 결국 그 자손에게 물려진다. 황권은 언제나 한 가족 안에서만 머물렀다. 이 제도는 수천 년간 한 번도 변함없이 시행되어왔다.

하지만 측천 시기가 되자 이 제도는 난관에 봉착했다. 황위를 과연 누구에게 물려줄 것인가? 전통대로라면 아들이다. 아들은 아버지의 성을 따르니 이 씨다. 측천이 황제가 된 후 아들의 성을 무 씨로 바꾸기는 했지만, 일단 그가 황제가 된다면 분명 이 씨 성을 회복할 것이었다. 황제가 되어 이 씨 성으로 돌아간다면 무주 천하는 이제 이당李唐 천하로 복원될 것이다. 이렇게 되면 측천이 고심참담 끝에 일구어놓은 무주 제국은 단 1대에서 종말을 고하고 만다.

그러나 만약 조카에게 양위한다면? 조카는 무 씨이니 그가 후계자에 오른다면 무 씨 천하가 지속될 것이다. 그런데 혈연관계를 따지자면 아들과 조카는 천양지차다. 측천으로서는 진퇴양난이었다.

황제가 되면 태자를 책봉하는 것이 일반적인 관례다. 하지만 측천은 등극 후에도 태자를 내세우지 않았다. 측천은 원래 황제로 있던 이단에게 황사라는 봉호를 내렸는데, 이 신분이 참으로 묘했다. 마치 원래 있던 태자라는 직위를 이름만 바꾸어 쓴 것 같기는 한데, 사실 태자와는 차이가 있었다. 태자는 후계자를 의미하지만 황사는 황제의 아들이라는 뜻이니, 황위를 계승한다는 보장은 없다.

후계자가 정해지지 않았으니 그 자리를 탐내는 사람이 없었을 리 없다. 바로 측천의 조카 무승사였다. 무승사는 측천이 황제가 된 후 위왕으로 봉해졌다. 관직은 수석 재상 문창좌상文昌左相, 원래 상서좌복야로 불리던 관직이었다. 그는 자신이 무 씨 집안의 적통이므로, 무주 제국의 태자 자리는 당연히 자기 몫이라고 생각했다. 그는 이단을 눈엣가시처럼 여겼고, 태자 자리를 둘러싼 치열한 적통 다툼은 여기서부터 싹트기 시작했다.

## 1. 무승사의 야심

태자 쟁탈전은 모두 두 차례 벌어졌다. 1차전은 천수 2년(691), 측천이 황제로 등극한 이듬해에 무승사의 도발로 시작됐다. 그는 지난날 고모 측천이 일단의 얼치기들을 동원해서 그들에게 상소를 올리게 함으로써, 하루아침에 황제가 되었다는 사실을 잘 알고 있었다. 군중을 잘 동원하면 효과가 있을 것이라고 판단한 그는 자기도 한번 측천을 모방하여 태자가 되어야겠다고 생각했다.

하지만 자신이 직접 이 일에 나서기는 곤란했다. 그는 사람을 보내 낙양 사람 왕경지王慶之를 불러왔다. 그는 왕경지에게 일반 백성의 자격으로 수백 명에게 연락을 취한 다음, 황사 이단을 폐출하고 자신을 태자로 책봉하라는 상소를 올리게 했다.

태자 책봉은 당시 측천에게는 두통거리였는데, 마침 누군가가 이 문제로 상소를 올렸으니 그를 꼭 한 번 만나야 했다.

측천이 물었다.

"황사는 짐의 아들이거늘 무슨 이유로 폐출하라고 하는가?"

왕경지가 대답했다.

"조상의 제사는 반드시 혈족이 지내야지 타성바지가 모실 수는 없습니다. 지금은 무 씨의 천하인데 어떻게 이 씨가 후계자가 된단 말입니까?"

그야말로 무시무시한 발언이었다. 측천은 손을 내저으며 말했다.

"그만 물러가라!"

하지만 왕경지는 순순히 물러나지 않았다. 그는 땅바닥에 무릎을 꿇으며 말했다.

"폐하께서 소인의 청을 받아주시지 않는다면, 이 자리에서 머리를 박고 죽겠습니다."

측천은 이자의 정치적 열의나 각오가 대단하다고 생각해서 크게 감동했다.

"이 중요한 대사를 짐이 어찌 지금 당장 대답해줄 수 있겠느냐? 짐이 그대에게 종이에 도장을 찍어줄 테니, 앞으로 짐을 만나고자 할 때는 언제든지 수문장에게 그걸 내보이고 들어오너라."

일종의 특별 통행증을 발급해주겠다는 것이었다.

왕경지를 내보낸 다음 측천은 재상을 불러 이 일을 의논했다. 불려온 사람은 문창우상文昌右相, 즉 상서우복야 잠장천岑長倩이었다. 그는 무주의 조정대신 가운데 그 지위가 무승사 다음가는 2인자쯤 되는 인물이었다. 측천의 황제 등극을 진언한 공로로 측천의 총애를 많이 받고 있던 사람으로, 황사 이단을 무 씨로 바꾸자고 제안한 것도 그였다.

측천은 잠장천이 자신과 그런대로 마음이 잘 통한다고 생각해서, 그에게 무 씨 성을 하사했기 때문에 당시 그는 무장천으로도 불렸다. 하지만 그는 왕경지의 상소 내용을 듣고는 그 자리에서 펄쩍 뛰었다. 그가 비록 측천의 심복이기는 하지만 어쨌든 이 씨 황실의 원로대신을 지낸 몸, 이 씨 왕조에 대한 충성심을 한시도 버린 적이 없었다. 그가 측천을 황제로 추대한 것은 측천의 능력이 탁월하다는 판단도 있었지만, 한편으로는 어차피 황위가 아들에게 넘어간다면 결국은 이 씨 천하가 될 것이라는 믿음이 있었기 때문이다.

당초 그가 이단에게 무 씨 성을 하사해야 한다고 주장했던 것도 이단을 보호하기 위한 일종의 보험이었다. 이단이 순조롭게 황위를 물려받을 수 있게 해주려는 배려였다. 그런데 이제 와서 황사를 폐출하고 조카 무승사를 태자로 앉힌다는 건 천만 뜻밖의 일이었다. 그는 단호히 거절했다.

"황사는 지금 동궁에 머물고 계십니다. 아무 잘못도 없이 잘 계시는 분을 함부로 폐하실 수는 없습니다. 다시 말해서 태자의 책봉은 국가 대사이거늘, 어찌 일개 백성으로 하여금 제멋대로 주둥아리를 놀리게 할 수 있겠습니까? 이자를 일벌백계로 엄벌하시어 앞으로 그 누구도 더 이상 이 일을 함부로 거론하지 못하도록 하셔야 합니다."

잠장천의 이 말에 다른 재상들도 일제히 공감을 표시했고, 사태는 일단 이렇게 마무리되었다.

그러나 무승사는 승복할 수 없었다. 다 잡은 물고기를 놓칠 수는 없는 노릇, 그는 고민에 빠졌다. 이때 그는 황사 이단에게는 별 능력이 없지만, 문제는 이 씨 황실에 충성하는 일부 대신들이 결사코 이단을 감싸고 있다는 사실에 주목했다. 이단을 폐출하려면 먼저 이런 대신들부터 제거해야 했다. 그 1호 대상이 바로 잠장천이었다.

무승사는 토번이 변경을 침략해왔다는 구실을 내세워 그를 토번 정벌에 내보냈다. 이렇게 해서 잠장천은 조정을 떠나야 했다. 그가 군사를 이끌고 조정을 떠나자마자 무승사는 잠장천이 모반을 꾀했다는 상소를 올렸다. 모반은 어느 시기든 다 중죄에 해당되지만, 무주 정권이 막 들어선 그즈음에는 특히 더 민감했다. 게다가 잠장천은 제2호 재상, 그런 그가 밖에서 군대까지 통솔하고 있었으니, 그가 정말 모반을 기도한다면 엄청난 위협이 될 것이 분명했다. 그래서 잠장천은 토번 원정을 나선 중도에 영문도 모른 채 소환되어 감옥에 갇히고 말았다.

혹리들의 몇 차례 혹독한 고문을 거치면서 잠장천은 그만 주범으로 지목되어 사형에 처해졌다. 당시 처형된 사람 중에는 잠장천과 사이가 좋았던 수십 명의 대신들도 포함되어 있었다.

순식간에 무승사는 득의양양해졌다. 그가 입을 여는 순간 재상의 목도 날아가는 판인데, 누가 감히 그를 반대하고 나설까? 쇠뿔도 단김에 빼랬다고, 이제 이단의 보호막도 허물어졌으니, 내친김에 일을 좀더 진척시켜야 했다.

그는 다시 왕경지를 시켜 청원에 나서라고 지시했다. 이미 측천으로부터 언제든 알현할 권리를 부여받은 그는 걸핏하면 측천을 알현하러 갔고, 결국에는 측천의 비위를 건드리고 말았다. 수십 년의 각고면려 끝에 이제 막 황제에 오른 측천이었다. 아직 권력의 맛을 제대로 누려보지도 못하지 않았는가? 그런데 허구한 날 찾아와서 한다는 말이 고작 '당신이 죽은 다음에는 누가 황위를 계승합니까'라니? 이게 도대체 말이나 될 법한가? 더군다나 아들과 조카 중에 누구를 태자로 책봉할지는 측천 자신도 아직 정하지 못해 고민에 빠져 있는 터였다. 측천은 봉각시랑 이소덕李昭德을 불러 왕경지에게 곤장을 치고 따끔하게 훈계하라고 명했다.

이 이소덕 또한 예사 인물은 아니었다. 개성이 뚜렷하고 기개가 늠름하기로 유명한 사람, 그는 이 씨 황실을 적극 지지하고 있었고, 반면 무승사에 대해서는 치를 떨 정도로 증오하고 있었다. 측천의 명을 받자 그는 흔쾌히 나서서 왕경지를 궁문 밖으로 끌고 나와 큰 소리로 외쳐댔다.

"네놈이 우리 황사를 폐출하고, 무승사를 태자로 모시자고 했겠다? 이제 황제의 성지를 받들어 네놈을 징벌하노라!"

그의 말이 떨어지자마자 좌우에서 일제히 몽둥이가 내려왔다. 온몸이 만신창이가 되도록 흠씬 두들겨 맞은 그는 그 자리에서 절명했다. 자기들의 눈앞에서 두목이 맞아 죽는 광경을 본 청원 무리들은 혼비백산하여 사방으로 뿔뿔이 흩어졌다. 왕경지가 몰매에 맞아 죽은 다음, 이소덕이 측천에게 보고했다.

"폐하께서 내리신 임무는 소신이 원만하게 마무리했습니다!"

측천이 깜짝 놀라 물었다.

"그를 죽였단 말이오?"

"그렇습니다. 그자가 폐하께 귀찮게 굴기에 제대로 본때를 보였지요. 앞으로는 그 어떤 못된 자라도 감히 헛소리를 해가며 태자 책봉 문제를 꺼내지는 못할 것입니다."

측천은 고개를 절레절레 흔들었다.

"알고 보면 왕경지의 말이 꼭 틀린 것만은 아니오. 어쨌든 무승사는 짐과 같은 무 씨이니, 이 무 씨 천하를 계승하지 말란 법도 없지 않소?"

기다렸다는 듯이 이소덕이 측천의 말을 받았다.

"천황 고종은 폐하의 남편이시고 황사는 아들이십니다. 폐하께서 통치하시는 이 천하는 당연히 이 씨 자손에게 넘겨 만대의 가업으로 이어가야 합니다. 어떻게 조카에게 넘기신단 말씀이십니까? 소신은 여태껏 조카가 황제가 되었다는 말은 들어보지 못했고, 더군다나 조카가 고모를 위해 묘당을 세우고 제사를 지냈다는 말은 듣지 못했습니다. 다시 말하면, 폐하는 천황 고종의 위임을 받으시어 천하를 통치하시는 것이고, 또 두 아드님도 폐하께 넘겼습니다. 만약 폐하께서 이 천하를 무승사에게 넘기신다면 천황은 더 이상 제사도 못 받으시고, 아귀餓鬼로 구천을 떠돌게 될 것입니다."

이소덕의 말은 구구절절 다 옳았다.

그의 말을 세 가지 측면에서 한번 분석해보자.

첫째, 계승 문제. 예부터 계승 순서는 친한 혈육에서 먼 혈육으로 이루어졌다. 아들이 있는데 왜 가산을 조카에게 물려주느냐의 문제가 있다.

둘째, 제사 문제. 옛사람들은 사후세계를 매우 중시했고, 죽은 다음에 제사를 받지 못하면 원귀가 되어 떠돈다고 믿었다. 유가적 종법 제도에 따르면 제사는 부모·조부모·증조부모 등 자기 부계 혈족이나 그 배우자만 모시게 되어 있다. 고모를 제사로 모시는 경우는 없다.

셋째, 정서 문제. 이소덕이 말한 대로 당 제국은 원래 고종이 임종 때 측천에게 일시 위임한 것이다. 만에 하나, 측천이 무승사에게 황위를 넘기고, 또 그가 너무나 감동한 나머지 관례를 깨고 측천을 위해 제사를 지낸다고 치자. 그렇다고 그가 고모부의 제사까지 모실까? 불가능한 일이다.

이 세 측면에서 볼 때 이소덕의 논리는 나무랄 데 없이 완벽했다. 특히 세 번째 문제, 부부의 정에 하소연한 부분은 측천의 마음을 움직이기에 충분했다. 30여 년을 함께 살아온 남편을 제사도 못 받는 아귀로 떠돌게 할 수는 없는 노릇이었다. 측천은 긴 한숨만 내쉴 뿐, 아무런 말이 없었다. 태자가 되어보겠다던 무승사의 1차 도전은 이렇게 막을 내렸다.

그걸로 끝은 아니었다. 얼마 후 이소덕은 비밀리에 측천을 찾았다.

"위왕 무승사의 권력이 지나치게 커졌습니다."

"내 조카이니 당연히 중요한 건 다 맡기지요."

이소덕은 그것이 잘못이라는 듯 웃으면서 말했다.

"자고로 권력을 위해서라면 아들이 아버지까지도 시해하는 일이 여러 차례 발생했습니다. 하물며 조카와 고모 사이라면 어떻겠습니까? 지금 무승사는 위왕으로 재상을 맡고 있습니다. 그의 권력이 이렇게 막강한데, 폐하께서는 언젠가 이 천하가 그의 손에 들어가리라는 것을 염려하지 않으신단 말씀이십니까?"

이게 무슨 소리? 측천은 정신이 번쩍 들었다. 아들에게서 권력을 빼앗아온 측천이 어찌 그 이치를 모르겠는가? 측천은 즉각 무승사의 재상직을 박탈했다. 태자 자리는커녕 관직마저 잃게 되었으니, 그야말로 동냥도 얻지 못하고 쪽박만 깨지는 꼴이 되고 말았다. 결국 이 1차전에서 무승사는 철저히 실패했고, 이단은 자리를 보전할 수 있었다.


## 2. 궁지에 몰린 이단

하지만 이단이 기뻐하기엔 아직 일렀다. 바로 2차전이 시작되었다. 그러나 이번 싸움의 도화선은 무승사가 아니라 황위와는 전혀 관계가 없는 한 여자로부터 비롯되었다.

어떻게 된 일일까?

한마디로 요약하면, 한 여자가 이단을 좋아하면서 이단에게 마가 낀 것이다. 여자의 이름은 위단아韋團兒로, 측천 곁에 있는 호비戶婢였다. 소위 '호비'란 궁중 출입문을 담당하는 궁녀다. 그녀는 미색도 뛰어났고 총명해서 측천의 귀염을 받고 있었다. 매일 아침 이단이 측천에게 문안을 드리러 올 때마다 안내를 맡았던 그녀는 그 와중에 이 비운의 황사 이단을 흠모하게 되었다.

어쩌면 이런 감정은 지극히 정상적이었다. 궁중이란 데가 원래 여자는 많지만 남자는 적은 곳, 공급이 부족하면 수요가 급증하는 건 당연한 이치였다. 하물며 이단은 성품이 온화하고 내성적인 편인 데다, 당시 권력마저 잃은 비운의 주인공이 아닌가? 아마 쉽게 남의 동정심을 자극할 만한 매력까지 있었을지 모른다. 여기에 더하여 중요한 사실이 하나 더 있다. 원래부터 후궁에서는 황제 후계자와 잘 사귀면 운명을 바꿀 수도 있다는 은밀한 불문율이 궁녀나 소외된 비빈들 사이에 파다하게 퍼져 있었다. 측천이 바로 그런 대표적 사례다.

당시 이단의 지위가 불안정하기는 했지만 명의상 어쨌든 그는 황사, 황위 계승의 1순위 후보임은 분명했다. 야심만만한 위단아는 이 '유망주'를 사들고 조용히 값이 오르기를 기다릴 참이었다. 하지만 당시 이단으로서는 제 코가 석 자라 모친의 시중을 드는 궁녀에게 마음을 줄 여유가 도무지 없었다. 그래서 아무리 위단아가 꼬리를 쳐도 모른 체할 수밖에 없었다.

위단아는 화가 치밀었다. '사람을 이렇게 무시할 수 있는가?'

그녀는 이단을 가만두지 않겠다고 벼르고 별렀다. 어떻게 해야 하지? 그녀는 이단의 두 왕비에게 한풀이를 하기로 작정했다.

위단아는 측천에게 두 왕비가 궁중에서 '염승'을 했다고 일러바쳤다. 두 왕비가 오동나무 인형을 뜰에 묻었는데 거기에 측천의 이름과 사주가 새겨져 있다, 저들이 날마다 이 인형을 저주하는데 이는 분명 측천의 죽음을 기원하는 것이라고 했다.

이 염승 사건에 대해서는 앞에서도 이미 거론했으니 낯설지 않을 것이다. 첫 번째가 측천이 고종에게 왕황후가 염승했다고 무고한 것, 두 번째는 환관 왕복승이 고종에게 측천이 염승했다고 무고한 것, 이번에 또 위단아가 이단의 왕비들을 무고하고 나선 것이다.

법적으로는 염승이 중죄에 해당되지만, 후궁의 관례에 따르면 전적으로 최고 통치자의 의사에 따라 처리되었다. 측천이 왕황후의 염승을 무고했을 때 결과적으로는 왕황후가 총애를 잃었지만, 염승 그 자체만으로는 실질적인 처벌을 내리지 않았다. 왕복승이 측천의 염승을 무고했을 때, 고종은 측천을 폐출하려 했지만 결국 중도에 흐지부지되고 말았다.

그렇다면 위단아의 고발을 접하고 난 뒤 측천은 이단의 두 왕비를 어떻게 처리했을까? 누구도 측천의 깊은 속내를 알 수는 없었다. 측천은 결정을 서두르지 않았고, 오래지 않아 새해가 되었다.

장수 2년(693) 정월 초하루, 측천은 만상신궁萬象神宮, 즉 명당에서 하늘과 조상에 올리는 대전을 거행했다. 이번 대전은 여느 때와는 확연히 달랐다. 측천이 초헌관, 첫 번째로 제를 올렸다. 조카 위왕 무승사가 아헌관을 맡았고, 또 다른 조카 양왕梁王 무삼사가 종헌관을 맡았다.

이것은 큰 변화였다. 4년 전 측천이 태후의 신분으로 처음으로 만상신궁에서 제례를 지낼 때는 측천이 초헌관, 황제 이단이 아헌관, 당시 황태손이었던 이단의 아들이 종헌관을 맡았다. 이제 모든 것이 바뀌어 측천은 태후에서 황제가 되었고, 이단은 황제에서 황사가 되었다. 중요한 것은 이 황사에게는 황제를 모시고 제례에 참석할 자격조차 부여되지 않았다는 사실이다. 어쩌면 황사 이단에게 황제의 계승권조차 부여되지 않을지도 모르는 일이었다.

측천이 왜 이렇게 했을까? 물론 그 근본적인 원인은 무주 정권이 가진 태생적인 한계 때문이었다. 아들을 내세우자니 자기와는 성씨가 달라 이 정권은 더 이상 지속되지 못한다. 그렇다고 조카를 내세우자니 무주 왕조는 지속되겠지만, 혈연관계가 상대적으로 멀어 자신에게 별로 좋을 게 없다. 게다가 남편 고종은 또 어떻게 되겠는가? 측천은 진퇴양난의 기로에서 결정을 하지 못했다. 다만 현재로서는 위단아의 고발이 있어 조카 쪽으로 마음이 기울어 있었다.

이단에게는 초대형 지진이나 마찬가지였다. 당시 이단은 자신을 괴롭혀온 위단아가 염승 사건을 날조하여 측천에게 고발했다는 사실조차 모르고 있었지만, 자신이 살얼음 위를 걷는 것처럼 불안한 처지라는 것은 감지하고 있었다.

관례대로라면 다음 날인 초이튿날, 이단의 정비 유 씨와 덕비 두 씨는 가예전嘉豫殿으로 가서 시어머니 측천에게 신년 하례를 하게 되어 있었다. 출발 직전, 이단은 두 왕비에게 신신당부했다.

"지금 상황이 심각하니 절대 조심해서 행동하시오."

두 왕비 또한 매우 조신하게 행동했고, 측천에게 예를 다해 절을 올렸다. 측천은 미소를 띠며 눈짓으로 그녀들을 내보냈다. 측천이 두 왕비에게 준 이 눈짓 한 번 이후 그녀들은 흔적 없이 사라지고 말았다. 멀쩡하게 살아 있던 사람이 순식간에 사라지는 측천의 엄청난 '마술'이 작동한 것이다.

그로부터 수년 후 이단이 황위에 올랐지만, 그로서도 그 두 왕비를 마술에서 구출해올 수는 없었다. 백거이白居易가 「장한가長恨歌」에서 읊었던 시구, "위로는 구천九天에서 아래로는 황천까지 두루 찾아 헤맸건만, 어디에도 그녀의 흔적은 찾을 길 없네"라고 했던 그 애달픈 마음과 하나 다를 바가 없었다. 두 왕비의 시신을 끝내 찾지 못한 이단은 초혼招魂으로 장례를 치러줄 수밖에 없었다.

이단의 정비 유 씨는 명문대가 출신으로 성품이 온화하고 지혜로웠다. 고종이 직접 간택한 며느리였다. 당시 혼례가 끝난 후 기분이 좋아진 고종은 친지들을 불러놓고 이렇게 말한 적이 있다.

"아륜阿輪, 이단의 원래 이름은 이욱륜李旭輪, 그래서 아명이 아륜이었다은 짐의 막내아들이라 각별히 총애해왔다. 요즘 계속해서 배필을 골랐지만, 다 마음에 들지 않았는데 다행히 유 씨 집안의 처녀를 간택하게 되었다. 유 씨 집 처녀가 들어온 후 효성이 지극하다는 걸 알게 되어 짐은 적이 만족스럽구나. 그러니 오늘 여러분을 모시고 함께 이 즐거움을 나누고자 한다."

덕비 두 씨 또한 명문 출신으로 고조의 황비였던 두황후 집안의 후손이었다. 이단과의 사이에 낳은 아들이 그 유명한 현종 이융기李隆基다. 아마 이 두 왕비는 죽는 순간까지도 자신들이 무슨 잘못을 저질렀는지 몰랐을 것이다.

가련한 이단은 동궁에서 왕비들이 돌아오기를 마냥 기다렸다. 아침부터 저녁, 또 밤이 이슥하도록 그녀들은 돌아오지 않았고, 다음 날이 되어서야 이단은 그녀들이 영원히 돌아오지 못하리라는 것을 알았다. 측천이 손을 썼다는 걸 알고는 있었지만, 자기 어머니에게 따질 어떤 힘도 그에게는 없었다.

어미가 아들의 태도를 한번 시험해보려는 것일까? 아니면 어미가 교묘하게 파놓은 함정이었을까? 어쨌든 이단은 자구책을 강구하지 않으면 안되었다. 그는 나이 어린 자식들을 포함해서 그 누구도 두 왕비의 일에 대해서는 입을 열지 말라고 단단히 일러두었다. 그리고 자신은 마치 아무 일도 없다는 듯 평소처럼 매일 측천에게 문안을 드렸고, 겉으로는 평소와 조금도 다름없이 행동했다. 하지만 언제 정수리에 예리한 칼날이 꽂힐지 모를 상황에서 그는 전전긍긍하면서 나날을 보냈다.

바로 그즈음 위단아의 죄상이 드러났다. 염승의 증거물인 오동나무 인형은 위단아가 묻은 것으로, 그녀가 이단의 두 왕비를 무고했다는 고발이 들어온 것이다. 측천은 바로 위단아를 처결했다. 이제 염승 사건이 순전히 날조된 것으로 밝혀졌으니 측천이 두 왕비의 누명을 벗겨줄 차례였지만 측천은 그렇게 하지 않았다. 사실 이단을 위협하여 그의 복벽復辟을 방지하자는 게 당시 측천의 최대 목표였던 만큼, 위단아의 이른바 '염승 사건'은 측천에게는 그런대로 이용 가치가 있는 장난에 불과했다. 이참에 '남의 칼을 빌려 목숨을 빼앗으려는' 계략을 완수한 만큼, 그녀를 살려둘 이유는 없었다. 또 이단에 대한 위협이 아직 마무리되지 않은 상황에서 두 왕비의 누명을 벗겨줄 생각도 전혀 없었다.

이단의 아들 다섯은 원래 모두 친왕親王으로 봉해졌는데, 이번에는 모두 군왕郡王으로 강등되었고, 이단과 함께 연금되어 궁문을 한 발짝도 나갈 수 없게 되었다. 그로부터 두 달 후, 관리 두 사람이 측천의 허락 없이 몰래 이단을 만나러 갔다가 공개리에 요참형腰斬刑을 당했다. 소위 '요참'이란 죄수의 허리를 반으로 자르는 혹형, 측천은 일벌백계의 효과를 노리고 이 극형을 선택했다. 과연 이것이 제대로 효과를 발휘했던지 그 이후 아무도 황사 이단을 찾는 사람은 없었고, 이단과 문무 관리들과의 접촉은 이로써 완전히 단절되었다. 그의 주변에는 환관·궁녀·일부 악공樂工들만 남았다. 그는 그저 연주나 노래로 시름을 달래는 수밖에 없었다.

이 정도라면 이단을 위협하려던 측천의 목적도 이미 상당히 달성된 셈이었다. 또 이단이 조직을 만들어 복벽을 도모할 가능성도 거의 없었다. 이쯤에서 측천은 손을 털 만도 했다.

하지만 그 순간에도 무승사는 눈을 부릅뜨고 호시탐탐 태자의 자리를 노리고 있었다. 지금까지 발생한 일련의 사태로 보아 무승사는 측천의 마음에 변화가 찾아왔다는 것을 감지했고, 이단의 위치가 매우 위태롭다는 사실도 간파했다. 그는 다시 한번 용기를 냈다.

이 무렵 측천에게 밀고가 하나 들어왔다.

'황사 이단이 모반을 꾀하려고 한다!'

이 밀고자가 누구인지에 대해서는 역사에 기록이 없다. 하지만 무승사가 사주했으리라는 짐작은 충분히 가능하다. 밀고를 접한 측천은 즉각 사람을 보내 조사하도록 명했다. 그 악명 높은 혹리 내준신이었다.

내준신은 동궁에 심문대를 설치했다. 당시 이단의 주변에 있는 사람이라고는 몇 명의 악공들뿐이었다. 내준신은 그들을 통해 사건 해결의 실마리를 찾아야겠다고 생각했다. 보기만 해도 모골이 송연해지는 형구들이 잔뜩 진열되었다. 위로는 의혹의 눈초리를 보내고 있는 모친, 아래로는 악독하기로 소문난 혹리, 그 사이에는 호시탐탐 기회를 노리는 위왕, 아마 그 순간이 이단에게는 일생 최대의 위기였을 것이다.

심문을 받게 될 이단 쪽 사람들은 대부분 나약한 악공들이었다. 그들이 심지가 곧고 강인한 우국지사일 리 없고, 그들에게 무슨 대단한 정치적 신념을 기대하기도 어려웠다. 당시 악공들의 신분은 천민으로, 귀족 사회에서는 심지어 그들을 정상인으로 대접해주지도 않던 시기였다. 이런 그들에게서 이단을 위한 살신성인을 기대할 수는 없었다.

"심문을 준비하라!"

내준신의 호령 한마디에 동궁은 순식간에 통곡소리로 가득했다. 고문으로 자백을 받아내리란 것은 뻔한 이치였고, 이단은 절망했다.

'그래, 내년 오늘이 내 1주기 제삿날이 되는구나!'

바로 이때, 카랑카랑한 목소리가 들려왔다.

"황사께서는 모반하지 않았소!"

태상악공太常樂工 안금장安金藏이었다. 그의 부친은 원래 남흉노 부족 안국安國의 수령으로 있었는데, 훗날 당에 투항하여 안 씨가 된 사람이었다. 안금장은 유가 교육이라고는 한 번도 받아본 적이 없었지만, 성격이 단순했기 때문에 그만큼 불의에 대한 반항심도 컸다. 그는 손에 칼을 꽉 쥐고 소리쳤다.

"황사께서는 결코 모반을 도모하지 않았소. 만약 여러분이 믿지 못한다면 이 안금장이 배를 갈라 증명해 보이겠소!"

말이 끝나기 무섭게 그는 칼을 거꾸로 돌려 자기 배를 갈랐다. 순식간에 선혈이 낭자하고 오장육부가 다 튀어나오자 내준신마저도 놀라 자빠졌다.

'큰일났다!' 동궁에 심어둔 측천의 정보원이 바로 측천에게 이 상황을 알렸다.

'안금장이란 자가 이렇게 의리 있는 사람이었나?'

측천은 마음이 착잡했다.

'그래, 이 정도로 하자!'

지난날 자신이 고종과 낙양으로 순행을 떠날 때, 어미와 떨어지지 않겠다고 떼를 쓰던 막내의 모습이 눈앞에 아른거렸다.

'우리 모자의 정이 한낱 악공에 불과한 안금장의 의리만도 못하단 말인가?'

측천은 바로 안금장을 궁중으로 데려와, 가장 유능한 의사에게 수술을 받도록 지시했다. 이 젊은 생명을 희생시킬 수는 없었다. 결국 안금장은 저승의 문턱에서 다시금 이 세상으로 돌아왔다.

안금장이 소생되었다는 소식을 듣고 측천은 직접 그를 찾아가 긴 한숨을 내쉬며 말했다.

"짐의 아들이 칠칠치 못해 그대를 이 지경으로 만들었구나!"

결국 측천의 모성 본능이 권력욕을 이겼다고 해야 할까? 측천은 이단을 풀어주었고, 황사의 모반 사건도 이 정도에서 종결되었다.

태자 자리를 둘러싼 이 두 차례의 쟁패전에서 이단은 줄곧 방어적 입장을 취한 반면, 무승사는 줄기차게 공세적 입장을 취했다. 하지만 황사로서의 목숨이 간당간당 위태로운 상황에서도 이단은 늘 결정적인 순간에 '귀인'의 도움을 받았고, 끝내 위기를 넘길 수 있었다. 민심이든 관심官心이든 행운은 아무래도 이 씨 황실 쪽으로 기울어진 듯했다.

적통의 다툼은 일단락된 듯했지만, 그래도 측천은 태자를 책봉하지 않았다. 무 씨? 아니면 이 씨? 누구를 자신의 후계자로 삼을지 사실 측천의 마음속에는 해답이 없었다. 당연히 조정대신들도 도무지 감을 잡을 수가 없었다.

# 제26장
# 돌아온 여릉왕

측천의 조카 무승사는 태자 자리를 차지하기 위해 혼신의 노력을 기울였다. 별별 못된 수를 다 써가며 황사 이단을 위기의 국면으로 몰아세웠다. 하지만 매번 성공 일 보 직전에 어딘가에서 '귀인'이 나타나 이단에게 구원의 손길을 뻗었고, 황사의 지위 는 그대로 유지되었다. 이런 고비를 몇 차례 넘기는 사이 무승사는 나이가 들어갔고, 고모 측천도 더 연로해져서 이제 후계자 문제는 초미의 관심사로 부각되었다. 이는 무승사나 이단 모두에게 적통 다툼이 최후의 시점에 도달했음을 알리는 신호였다.

## 1. 아들이냐, 조카냐

마음이 다급해진 무승사는 이제 본격적으로 측천에게 바람을 불어넣 기 시작했다.

"자고로 타성바지를 후계자로 삼은 황제는 없었습니다."

말이야 바른말이다. 고대 중국은 가족이 중심이 되는 사회, 황제가 무 씨 라면 후계자도 당연히 무 씨라야 맞다. 그러니 피같이 소중한 물을 남의 논에 댈 수는 없지 않겠는가? 무승사의 최대 강점은 바로 자신이 무 씨라는 점이었다. 이 강점을 살리기 위해 그는 한시도 가만있지 않았다.

장수 2년(693), 그는 5000명을 대동하고 나서서 측천에게 '금륜성신황제金輪聖神帝'라는 존호를 쓰라고 청원했다. 이때부터 측천은 원래의 성신황제에서 금륜성신황제로 존호를 바꾸었다. 이듬해 그는 또다시 청원에 나섰는데 이번에는 동원 인원이 2만6000명이나 되었다. 그는 또 측천에게 '월고금륜성신황제越古金輪聖神帝'라는 존호를 올렸다. 말하자면 '일찍이 그 유례를 찾아볼 수 없는 태양과 같은 존재'라는 어머어마한 존호였다.

이렇게 몇 번 연기를 펼치자 측천의 마음은 흔들리기 시작했다. 하지만 변수가 있었다. 지략이 출중했던 재상 적인걸이 전면에 나선 것이다.

적인걸은 측천의 마음이 지금 오락가락한다는 사실을 간파했다. 자신에게 의견을 묻기도 전에, 그는 자진해서 만반의 준비를 하고 측천을 찾아갔다.

"지금 폐하께서 다스리는 이 강산은 고조·태종 황제께서 이룩하신 것입니다. 그분들이 왜 목숨을 걸고 이 천하를 일구셨겠습니까? 대대손손 후손들에게 가업을 물려주기 위해서였지요. 고종 천황께서 돌아가실 때 직접 이 천하를 폐하께 위임하시면서 아들에게 물려주시길 당부하셨습니다. 그런데 지금 폐하께서는 이 종묘사직을 바깥사람에게 넘겨주려고 하십니다. 이는 하늘의 뜻을 거역하는 것입니다. 이렇게 되면 폐하께서는 선황들을 뵐 면목이 없어집니다. 고모와 조카, 어미와 아들 사이를 비교하면 도대체 어느 쪽이 더 가깝습니까? 폐하께서 아들을 내세우신다면 천년이고 만년이고 자자손손 태묘에 제사를 올릴 것입니다. 하지만 조카를 내세워보십시오. 소신은 자고로 조카가 황제가 되어 태묘에서 고모를 위해 제사를 올렸다는 말은 들어본 적이 없습니다."

이 말은 앞에서도 이미 한 차례 나왔었다. 봉각시랑 이소덕이 곤장으로 왕경지의 목숨을 빼앗은 다음 측천에게 설파했던 논리다. 그 핵심은 계승 순위, 사후의 제사 문제, 혈연관계 이 세 가지다. 둘 다 똑같은 논리다. 다른 점이 있다면 지금 측천에게 고하는 사람의 신분, 적인걸은 결코 예사로운 재상이 아니었다. 그는 '국로國老'라고 불리면서 측천의 신임을 가장 두텁게 받고 있던 인물이었다. 게다가 그는 나이도 측천과 비슷했다. 마치 사이좋은 두 노인이 허물없이 주고받는 대화마냥 거리낄 게 없는 모양새였다. 측천인들 어찌 귀담아듣지 않을 수 있었으랴?

적인걸의 말이 논리 정연하긴 했지만, 그래도 측천은 이 원로대신을 돌려보내려고 했다.

"이건 짐의 집안 문제이니 경이 걱정할 일이 아니오."

적인걸이 어떤 사람인가? 바로 그 말을 받아쳤다.

"군주란 사해四海가 바로 집입니다. 사해 안의 일 어느 하나가 폐하의 집안일이 아니라고 할 수 있습니까? 다시 말해서 군주는 머리요, 신하는 팔다리와 같으니 군신이 다 한 몸입니다. 더군다나 소신은 재상의 신분이니 당연히 폐하께 진언드릴 의무가 있습니다."

측천이 어떻게 말로써 적인걸을 굴복시킬 수 있겠는가? 더 이상 대꾸하지 못하고 그를 내보냈다.

성력聖曆 원년(698) 어느 날, 75세의 측천은 이상한 꿈을 꾸었다. 앵무새 한 마리가 나타났는데, 깃털은 더없이 화려하고 아름다웠지만 두 날개가 부러져 날지 못하는 꿈이었다. 측천은 놀라서 잠에서 깨어났다.

'요즘은 늘 이상한 꿈만 꾸는구나. 이 꿈은 또 무슨 뜻이지?'

고민하고 있는 사이 조정으로 나갈 시간이 되었다. '그래, 적인걸에게 한번 물어나 보자.' 적인걸은 천문지리에도 두루 정통했다.

"폐하께서 무武 씨이니 앵무는 곧 폐하입니다. 부러진 두 날개는 폐하께서 사랑하시는 두 아들이지요. 만약 폐하께서 두 아들을 기용하신다면 양 날개가 다시 살아날 것이고, 또 높이 날 수도 있을 것입니다. 지금 여릉왕이 호북湖北 방주房州에 계시지 않습니까? 그분을 모셔 와야 합니다."

지난번에도 이미 적인걸로부터 한바탕 설득을 당했던 측천은 이런 해몽까지 듣고 보니 또 마음이 동요되기 시작했다. 원래 미신을 곧잘 믿는 측천이었다.

혹 이런 의문이 들지도 모르겠다.

'적인걸은 측천이 가장 신임하는 대신이 아닌가? 그렇다면 그는 당연히 측천과 무주 왕조에 충성을 다해야 한다. 그런데 왜 그가 한사코 측천에게 조카 아닌 아들을 태자로 책봉하라고 요구하고 있는가? 아들을 태자로 책봉한다면 그건 바로 이 씨 왕조의 부활이고 결국 그의 이런 태도는 모순이 아닌가?'

기실 따지고 보면 그렇지 않다. 그 이유는 이렇다.

측천 자신도 인정했듯이 무주는 당을 계승한 왕조이고, 그 건국의 공로는 고조와 태종에게 있다. 측천은 또 고종에게서 이 천하를 물려받았다. 이렇게 보면 무주의 황제인 측천은 아들을 대신하여 집을 관리하는 '과부'에 불과할 뿐이다. 이런 측면에서 적인걸은 측천의 합법성을 인정한 셈이다. 그래서 측천에게 충성을 바치면서 이 집을 잘 관리해주기를 진심으로 기대하고 있다. 하지만 측천이 아들의 역할을 대행하고 있는 가장인 이상, 때가 되면 가업은 당연히 아들에게 돌려주어야 한다는 것이 그의 생각이었다. 그러니 이 씨 왕조의 재건을 위해서, 그가 측천에게 충성을 바치는 것은 결코 모순이 아니다. 적인걸뿐만 아니라 많은 조정대신 역시 이런 생각을 가지고 있었다.

## 2. 남총들의 베갯머리송사

상황이 이렇게 교착 상태에 빠져 있을 무렵, 생각지도 못한 사건이 하나

터짐으로써 일은 급박하게 돌아가기 시작했다.

　동북부 지역에 거주하던 소수민족인 거란족이 일으킨 바람이었다. 원래 거란은 당의 속국으로 측천이 무주 왕조를 건립한 이후에도 예전처럼 한동안 무주를 종주국으로 섬겼다. 그러나 점차 그 세력이 강대해지면서 중앙정부의 영향력에서 벗어나고자 반란을 일으켰다. 반란에는 명분이 필요했다. 그들은 측천이 이철과 이단을 폐출했다는 구실을 내세우고 유주幽州로 진격해왔다. 그들은 '여릉왕 이철을 돌려달라!'는 격문을 내걸었다. 사실 그것은 반란군 지휘부의 단순한 구호에 불과했지만 측천에게는 작지 않은 충격이었다.

　'변방의 백성마저도 이러하니 이게 민심의 향배란 말인가?'

　상황을 보니 이 씨 왕실에서 넘어온 무주 천하는 다시 이 씨 천하로 돌아가야 할 판이었다.

　측천이 이렇게 심란해하고 있을 때, 또 한 번 변화가 일어났다. 후계자를 아들로 하느냐, 아니면 조카로 하느냐의 문제를 일거에 해소해준 결정적인 인물이 등장했다. 측천의 남총 장이지張易之·장창종張昌宗 형제였다. 이 두 사람은 태평공주가 어머니 측천에게 바친 선물이었다.

　장 씨 형제는 워낙 용모가 준수해서 사람들은 그들을 '물속에서 갓 피어난 연꽃'과 같다고들 했다. 당시 측천은 이미 말년에 접어든 나이, 마치 소녀가 인형을 어르듯, 할머니가 손자를 귀여워하듯 그들을 챙겨주었다. 복잡하고도 묘한 심정이었을 것이다. 측천은 그들에게 향기 나는 옷을 입히고 화장을 시켜 종일토록 한데 어울렸다.

　그러자 장 씨 형제의 몸값은 순식간에 치솟았다. 무승사·무삼사 같은 세도가도 그들의 비위를 맞추느라, 마치 하인처럼 그들이 탄 말고삐를 잡아주기까지 했다. 하지만 장 씨 형제도 눈치는 빨랐다. 그들은 자신들의 권세가 전적으로 측천 때문이라는 것을 잘 알고 있었다. 개를 패도 주인을 보고 패렸다고, 사람들이 자기들을 곰살갑게 대하는 이유도 뻔하지 않은가? 그런데 주인은 벌써 일흔이 넘은 나이, 바람 앞의 촛불과 같은 주인이 언제까지 자기들을 보호해줄 수 있을지는 아무도 장담할 수 없었다. 상상만 해도 몸이 오싹해졌다.

잠자려는 사람에게 베개를 괴어준 격이랄까, 장 씨 형제가 '보호막'을 찾고 있을 즈음 누군가가 제 발로 그들을 찾아왔다. 길욱吉頊, 혹리의 대명사 내준신을 제거한 인물이었다. 원래 길욱 역시 혹리로 출세했지만, 어느 정도 소양을 갖추고 있었던 그는 당시 돌아가는 형세를 잘 판단해서 진작 변신에 성공해 있었다. 그래서 내준신이 죽은 뒤에는 그 어떤 일에도 연루되지 않고 측천의 심복이 되었다. 동시에 측천의 두 남총 장 씨 형제와도 친밀한 관계를 유지했다.

눈치가 빨랐던 그는 민심의 향배가 이미 이 씨 왕조의 부활에 있다는 것을 간파했다. 후계자 문제가 걸린 이 결정적인 순간, 자신이 어느 편에 서야할지 그는 잘 알고 있었다. 그런가 하면 아직 측천 본인이 최후의 결단을 내리지 못하고 있다는 것도 감지했다. 이때 만약 누군가가 이 '천칭 저울'에 추를 하나 올리면, 저울은 순식간에 이 씨 황실로 완전히 기울어질 것이 분명했다. 그렇게 되면 그 공로가 얼마나 지대할까?

'누가 그럴 만한 자격을 갖추었을까?'

곰곰이 생각하던 그는 장 씨 형제를 떠올렸다. '연꽃 두 송이가 앞에서 알랑거리면 효과는 엄청날 테지!' 그는 곧장 장 씨 형제를 찾아갔다.

세 사람은 식탁에 마주 앉았다. 술이 몇 순배 돌고 난 후 길욱이 허물없이 말을 꺼냈다.

"두 분 형제께서는 지금 이렇게 부귀영화를 누리시고 황제의 은총을 입고 계십니다. 한데 이 모든 게 다 두 분이 무슨 공로를 세워서 그런 건 아니지요. 두 분께서 인품이 남달리 뛰어난 것도 아니니, 아마 세상 사람들이 두 분을 시기할 게 분명합니다. 만약 이제라도 큰 공을 세우지 않으면 앞으로 목숨을 보전하기도 힘들 것입니다. 제가 불민하나 매번 이 일을 떠올리면 정말 걱정이 태산 같습니다. 지금 모든 백성이 당 황실을 잊지 못하고 있습니다. 지도층에 있는 대다수의 사람들까지도 여릉왕 이철의 지위가 복원되기를 기대하고 있지요. 황제의 춘추가 이미 많으신데, 여태껏 무 씨 가운데 누굴 후계자로 내세울지도 정하시지 못하고 있습니다. 이때 만약 두 분께서 황제를 설득하여 여릉왕을 복귀시키신다면, 더없이 큰 공을 세우시게 됩니다."

그렇다면 길욱의 이런 생각은 적인걸과는 어떻게 다를까? 적인걸이 대의를 앞세웠다면, 길욱은 순전히 사리사욕을 위한 행보를 보였다. 적인걸은 후계자가 이 씨인가 무 씨인가에 관심이 있었지, 이철과 이단 가운데 누가 후계자가 되어야 하는가의 문제에는 개입하지 않았다. 그가 측천에게 여릉왕 이철을 낙양으로 모시자고 건의한 이유는 순전히 이 씨 황실의 역량을 조금이나마 강화해보자는 의도였지 다른 건 없었다.

하지만 길욱은 달랐다. 그는 자신의 부귀영화를 노렸기 때문에 측천이 후계자를 정할 때 무 씨는 물론, 한 걸음 더 나아가 황사 이단까지 배제하고 여릉왕을 복위시키기를 원했다. 왜 그가 여릉왕을 선택했을까? 당시 이단은 황사의 신분이었다. 황사와 태자라는 신분이 서로 좀 모호하기는 하지만, 황사에서 태자가 되는 것은 지극히 당연한 이치다. 그러나 진작 여릉왕으로 강등된 이철을 옹립한다면, 여기에는 옹립의 공로가 뒤따른다.

이렇게 대의와 사리사욕은 판이하게 갈렸다. 그러나 어쨌든 길욱의 건의에서도 알 수 있듯, 당시 뜻 있는 사람들은 한결같이 여릉왕이 낙양으로 귀환해야 한다고 생각했다.

장 씨 형제는 길욱의 건의를 듣고 연신 고개를 끄덕였다. 그날 바로 베갯머리송사가 이루어졌다.

"여릉왕을 낙양으로 모셔와 태자로 책봉하시지요!"

측천은 깜짝 놀랐다.

항우가 들었다는 사면초가가 바로 이런 경우였던가? 이제 아들을 후계자로 삼는 게 바로 민심이자 대세인 듯했다. 하지만 측천은 잠시 생각을 달리했다.

'아니다. 이 두 인형이 그런 생각을 할 위인들이 아니지. 분명 배후에서 누군가가 사주했을 거야.'

과연 길욱의 사주가 있었다는 것이 밝혀지자 측천은 길욱을 불러들였다. 길욱은 망설이지 않고 측천에게 후계자 선택의 장단점을 잔뜩 늘어놓고는 최종 판단은 측천이 알아서 하라고 했다. 사실 그토록 오랫동안 고민을 해오긴 했지만 측천의 마음은 이미 정해져 있었다.


## 3. 여릉왕의 재기


성력聖曆 원년(698) 3월, 여릉왕의 병환을 구실 삼아 측천은 사람을 보내 여릉왕 일가를 모두 낙양으로 불러들이게 했다. 낙양까지의 도정은 극비에 부쳐져 적인걸조차도 이를 눈치채지 못했다.

어느 날 적인걸이 측천의 부름을 받고 입궁했다. 측천이 먼저 여릉왕 얘기를 꺼내자, 이번에도 그는 격앙된 어조로 한바탕 설교를 늘어놓으며 반드시 여릉왕을 모셔와야 한다고 주장했다. 측천은 빙그레 웃음을 띠었다.

"경이 그렇게 여릉왕을 그리시다니 그를 불러오면 되겠지요?"

그러고는 주렴이 있는 쪽을 가리켰다.

"자, 누가 있는지 한번 보시오?"

주렴이 걷히자 거기에는 10여 년 전 그렇게도 다혈질이었던 어린 황제,

이철이 있었다. 나이보다 훨씬 더 늙어 보이는 초라한 모습이었다. 적인걸은 흐르는 눈물을 주체하지 못하고 그 자리에서 무릎을 꿇었다. 세상 사람들에게 드디어 여릉왕이 낙양으로 귀환을 했다는 사실을 공표하는 자리나 마찬가지였다. 무승사로서는 이제 더 이상 자기에게 희망이 없다는 것을 확인하는 자리이기도 했다. 몇 해를 들인 노력이 물거품으로 돌아갔다. '낙선'이었다. 그는 이 충격을 견디지 못하고 울화병을 앓다가 끝내 세상을 떴다.

왜 측천은 무 씨 자손 대신 아들을 후계자로 내세우기로 마음을 고쳐먹었을까?

첫째, 장기적인 관점에서 자신에게 유리했다.

적인걸이나 이소덕이 거듭 강조했듯이 아들을 후계자로 세울 경우, 이는 전통적인 관례나 모자의 정리에 두루 부합한다. 게다가 사후에도 영원히 제사를 받들 것이니, 살아서나 죽어서나 다 영예를 누릴 수 있다. 하지만 조카를 내세울 경우, 자신이 죽고 나면 아들들이 먼저 뿌리째 제거될 것이다.

또 후손이 끊기는 건 그렇다 치고 조카들이 자기를 위해 제사를 지내준다는 보장도 없다. 만약 조카 무승사가 황제가 된다면 가장 먼저 제사상을 받을 사람은 그 아버지다. 그자는 유산을 더 많이 받겠다고 어린 시절 측천 모녀를 그렇게도 구박했던 사람이다. 훗날 측천은 황제가 된 다음, 그 원한을 갚으려고 그의 목숨까지 앗으려 하지 않았던가? 천신만고 끝에 거머쥔 천하를 그런 자의 아들에게 고스란히 넘겨줄 수는 없었다.

둘째, 민심이 이 씨 황실에 기울어져 있었다.

측천의 황제 등극을 반대한 대신들은 이미 혹리의 손에 목숨을 잃었고, 남은 대신들은 분명 측천의 황제 등극을 반대하지 않았다. 그러나 반대하지 않았다고 해서 그들이 측천의 조카가 황위를 계승하는 데 동의한 건 아니었다. 사실 그들이 측천의 황제 등극을 지지한 기본 전제는, 바로 측천이 훗날 아들에게 정권을 물려줄 것이라는 기대가 있었기 때문이다. 이 점에 있어서는 대신들과 모든 백성의 마음이 서로 일치했다.

당 제국의 고조·태종·고종 초기 3대 황제들이 일구어낸 위업은 백성의 마음속에 은덕의 상징으로 굳게 자리잡고 있었다. 따라서 측천이 이 씨 황실을 대신하여 황제가 된 데는 '천심'이 작용했다기보다는 능력 있는 주부가 가장의 직책을 대신하게 되었다는 정도의 비유가 맞을 것이다. 과부가 남편에게서 곳간의 열쇠를 넘겨받아 아들 대신 한 가정을 이끌어온 이상, 그 열쇠를 친정 식구에게 넘길 수는 없는 법이다.

셋째, 무 씨 가문에는 대업을 이룰 만한 인재가 부족했다.

무 씨 가문의 제1후보라면 무승사, 제2후보로는 무삼사 정도인데, 그들에게는 원래부터 특출한 능력이 없었다. 측천에게 아부하는 일을 제외한다면 그들이 제대로 성과를 거둔 예는 없었다. 두 형제는 여러 차례 재상을 맡았지만 매번 얼마 안 되어 강등되거나 관직을 박탈당했다. 이렇다 할 지도력이 없었던 셈이다. 다른 무 씨 자제들은 더 말할 것도 없었다.

측천의 오촌 조카로 하내왕河內王 무의종武懿宗이란 자가 있었다. 몸은 왜소하고 얼굴도 볼품없는 사람이었는데, 겁이 무척 많았다. 신공 원년(697), 측천은 그에게 군대를 이끌고 거란 토벌에 나서라고 명했다. 그는 10만 대군을 이끌고 나갔는데 전선에 닿기도 전에 수천 거란 기병이 몰려온다는 말을 듣고, 무기며 갑옷을 죄다 버리고 황망히 도망쳐버린 적이 있었다. 이는 당 제국이 수립된 이래 최악의 전투로 기록되었다.

당시 사람들은 그의 이런 비겁한 태도를 두고두고 조소했는데, 장원일張元—이라는 사람은 측천의 면전에서 시를 한 수 지어 무의종을 풍자했다.

큰 활에 짧은 화살을 재고

작은 말도 계단 짚고 올라타네.

적은 멀리 700리나 떨어져 있건만

혼자서 성곽 돌며 싸우는 시늉.

문득 적이 나타났단 소리에

돼지 타고 남으로 줄행랑치네.


제아무리 똑똑한 측천이라도, 들어보니 금방 이해가 되지 않았다.

"무의종에게 말이 있는데, 어째서 돼지를 타고 도망쳤다고 하는가?"

장원일이 대답했다.

"돼지 '시豕' 자나 똥 '시屎' 자나 발음이 같지 않습니까? 무장군이 적을 보고 놀라 똥을 싸면서 도망쳤다 하니, 그 말이 그 말이지요."

이처럼 무의종은 사람들의 조롱거리가 되었다.

무의종은 적을 보면 벌벌 떠는 겁쟁이였지만, 백성에게는 또 사갈처럼 잔인하게 굴었다. 훗날 측천은 거란족에게 피해를 본 백성을 위로해주라고 그를 하북 지역으로 파견했다. 놀랍게도 그는 거란족에게 끌려갔다가 고향으로 도망쳐 나온 백성에게 모반죄를 뒤집어씌워 모조리 살육해버렸다. 당시 그는 사람들의 쓸개부터 칼로 도려낸 다음 목을 베었다고 한다. 피가 강을 이루고 통곡소리가 천지를 울릴 정도로 처참한 광경을 보면서, 하북 백성들은 그를 원수 이상으로 증오했다.

이상에서 언급한 여러 복합적인 요인들을 감안해서 측천은 결국 아들에게 황위를 물려주기로 마음을 굳혔다.

그런데 문제는 또 있었다. 어느 아들에게 물려주느냐였다. 여릉왕 이철과 황사 이단은 모두 지난날 황제를 지낸 경험이 있다. 하지만 태자 자리는 하나다. 두 사람 다 장점은 있다. 이단의 장점은 비록 허수아비 황제 노릇을 하긴 했지만 그 경력이 오래되었다는 점, 게다가 여러 해에 걸쳐 황사를 지내는 동안 무주 황실에서도 그에게 태자에 준하는 예우를 해왔다.

반면 여릉왕 이철의 장점은 나이가 많다는 점, 특히 그는 일찍이 고종이 태자로 정해준 아들이었다. 측천은 또다시 이러지도 저러지도 못하는 난감한 지경에 빠졌다. 이런 상황에서 궁중에서 유폐 생활을 해왔던 황사 이단이 앞서서 양보하겠다고 나섰다. 그는 여러 차례 여릉왕에게 태자 자리를 양보하겠다는 간청 상소를 올렸다. 이해득실을 충분히 따져본 다음 측천은 마침내 결단했다. 여릉왕을 태자로 책봉하고, 이현李顯이라는 원래 이름까지도 복원해주었다. 이때가 성력 원년 9월, 이현이 낙양으로 돌아온 지 반년이 지난 시점이었다.

둘 중의 하나, 측천은 왜 이단을 포기하고 이현을 태자로 내세웠을까? 이현이 형이었으니 적장자 우선 원칙 때문이었을까? 사실 그리 간단한 문제는 아니었다. 측천은 어머니이기 이전에 정치가, 그녀의 모든 행동에는 정치적 의미가 고려되어야 했다.

먼저 이현은 조정 내에 동조 세력이 없었다.

이현은 문명文明 원년(684), 황위에서 폐출되어 지방으로 쫓겨났다. 낙양을 떠난 지 장장 15년, 조정에는 그를 아는 사람이 거의 없었고, 그 또한 조정대신들을 거의 알지 못했다. 만약 그가 태자가 된다면 조직이 없는 지휘관이나 마찬가지 신세가 될 것이다.

하지만 이단은 달랐다. 그는 줄곧 낙양에만 머물렀고, 10여 년 동안 조정대신들의 마음속에 황실의 중요한 구성원으로 각인되어 있었다. 측천이 비록 그와 조정대신들 간의 교류를 단절시키긴 했지만, 어쨌든 그를 옹호하는 세력은 잔존해 있었다. 평생 권력의 정점에 있고자 했던 측천으로서는, 어느 정도 세력이 있는 아들보다는 그렇지 않은 아들이 태자가 되는 게 자신이 계속 권력을 장악하는 데 유리하다고 판단했을 것이다.

다음으로 이현은 무 씨 집안에 특별한 원한이 없었다.

태자 자리를 둔 쟁탈전에서 무승사·무삼사 등 무 씨 집안 자제들은 여러 차례 이단을 음해했고, 이단은 구사일생으로 살아남았다. 만약 그가 황제가 된다면 분명 무 씨 자제들을 그냥 두지 않을 것이다. 하지만 이현을 지방으로 쫓아낸 것은 측천이 결정한 일이지 무 씨 자제들과는 관련이 없다. 또 방주房州로 쫓겨난 이후 그는 낙양 쪽과는 아무 교류가 없었고, 오랫동안 명리名利에 무관심했기 때문에 무 씨 자제들과는 직접적인 충돌이 없었다. 따라서 황제가 되어도 무 씨 자제들에게는 그리 큰 위협이 되지는 않을 것이었다.

측천이 아들을 후계자로 결정했다고 해서 그녀가 친정 식구들을 고려하지 않은 건 아니었다. 자신이 바로 무 씨이므로 무 씨 집안의 자손들이 앞으로도 오랫동안 상당한 세력을 유지하기를 기대했을 것이다. 이런 점에서도 이현을 선택하는 게 더 안전했다.

마지막으로 이단보다는 이현이 측천의 은혜에 감지덕지했을 가능성이 더 크다. 무주 정권이 들어선 이후 이단은 줄곧 황사로 있었기 때문에 그를 태자로 책봉하는 건 너무나 당연한 이치였다. 하지만 이현의 경우는 다르다. 그는 황제에서 폐출된 이후 예우도 형편없었고 복위의 가능성도 거의 없었다. 그 자신조차 언젠가 권토중래할 수 있을 거라고는 상상조차 못 하고 있었다. 그런데 측천이 그를 다시 태자로 책봉한다면 그야말로 '벼락출세'가 될 것이니, 측천의 은혜에 감지덕지할 게 분명했다. 이 점에 있어서 측천은 남총 장 씨 형제나 길욱과 생각이 같았다. 사리사욕이 앞선 것이다.

그러나 저간의 사정은 좀 복잡하다. 이현이 다시 태자로 책봉된 후에도 측천은 마음속의 갈등을 완전히 해소하지는 못했다. 자신이 이미 이 씨 황실의 부활을 인정한 것이나 다름없기는 하지만, 그렇다고 평생 피땀 흘려 일구어낸 천하를 이렇게 그냥 내줄 수는 없었다. 황제로서 얻어낸 기득권, 측천은 이 권력 일체를 무 씨 집안사람들도 계속 공유할 수 있게 되기를 기대했다.

이에 측천은 두 가지 중대한 조처를 취했다.

우선 측천은 무 씨 자제들의 지위를 높이고, 그들에게 군정軍政 요직을 부여하여 중앙에서 지방까지 요소요소에 배치했다. 두 명을 재상으로 임명했고 병주·낙양·장안 등지의 군사대권을 모두 무 씨 자제에게 맡겼다. 병권은 자기 수족에게 맡기겠다는 의도였다.

다음으로 측천은 이 씨와 무 씨 간의 갈등을 해소하려고 애를 썼다. 성력 2년(699), 측천은 태자 이현에게 무 씨 성을 하사했다. 또 이현·이단·태평공주 그리고 무 씨 자제들을 불러 모아, 명당에 나가 천지신명께 앞으로 영원히 서로 돕고 화목하게 지내겠다는 맹세를 하도록 명했다. 더 나아가 이 맹세를 잘 지킬 수 있게 맹세문을 쇠판에다 새겨놓도록 했다.

구시久視 원년(700) 10월, 측천은 이 씨 왕조가 사용했던 하력夏曆을 복원한다고 선포했다. 이렇게 되자 사람들은 이제 측천이 확실하게 무주 왕조를 포기할 거라고 생각했다. 언제 이 씨 왕조가 복원될까? 그건 측천이 언제까지 살아 있느냐의 문제였다.

# 제27장
# 숭산에 드린 기도

'숭호만세嵩呼萬歲' 또는 '산호만세山呼萬歲'라는 말이 있다. 이는 '숭산이 만세라고 외치다' '산이 만세라고 외치다'라는 뜻으로, '누군가를 찬양하다'라는 비유로 쓰인다.

한 무제가 숭산으로 순행을 나갔는데 갑자기 멀리서 '만세'라는 외침이 들려왔다. 무제가 수행원들에게 누가 외치는 소리냐고 물었지만 아무도 아는 사람이 없었고, 오히려 누구도 그렇게 외친 사람이 없다고 했다. 무제가 궁금해하고 있던 차에 한 사람이 나서서 해명했다.

"폐하, 이것은 사람이 아니라 숭산이 외친 소리입니다!"

무제가 화색을 띠면서 서둘러 산신에게 제사를 올리라고 명했다. 이때부터 이 말이 생겨났고, 신하나 백성이 황제를 알현할 때 으레 큰 소리로 '만세'를 외치는 게 하나의 관례가 되었다. 사실 이 숭산은 황제와 자못 인연이 깊다. 숭산은 한 무제에게만 만세를 외친 게 아니라 측천에게도 만세를 외쳤다. 그 내막을 한번 알아보자.


## 1. 숭산 봉선


무주 왕조의 안정과 국태민안의 국면이 나타나기 시작하자 측천은 자신의 성과를 온 천하에 과시해야겠다는 생각이 들었다. 어떤 방법이 있을까? 황제는 봉선을 통해 하늘의 지속적인 보호를 기원하는 한편, 만천하에 자신의 업적을 고할 수 있었다.

이 봉선이 측천에게는 처음이 아니다. 인덕 3년(666) 정월 초하루, 측천이 황후의 신분으로 고종을 따라 태산 봉선에 참여한 것이 최초의 봉선이었다. 그때는 측천이 고종의 뒤를 이어 아헌관 역할을 했으니 썩 만족스러웠다고는 할 수 없었다.

그로부터 30년이 지난 천책만세天冊萬歲 2년(696) 12월, 이번에는 황제의 자격으로 봉선 대전을 지낼 예정이었다. 엄숙하고도 당당한 주인공이 되는 것이었다. 지난번은 동악인 태산, 이번은 중악 숭산이었다. 지금까지 황제의 봉선은 줄곧 태산에서 치러졌다. 중국 역사상 봉선 대전을 거행한 황제는 진시황·한 무제·한 광무제光武帝·당 고종·측천·당 현종·송 진종眞宗이다. 그중 6명은 모두 태산에서 치렀는데, 유독 측천만은 장소를 바꾸어 숭산을 선택했다.

우선 숭산의 자연 조건 때문이었다. 옛사람들은 숭산이 대지의 중심에 자리하고 있다고 생각했는데, 과거 주공이 그곳에서 해 그림자를 측정했을 정도로 이런 관념은 그 유래가 꽤 오래되었다. 대지의 한가운데 우뚝 솟아오른 산봉우리라면, 그것은 하늘로 곧장 통하는 대들보나 다름없다. 봉선 의식이 원래 하늘에 황제의 업적을 알리는 것이니, 자연적으로 만들어진 이 기둥에서 의식을 치른다면 하늘에서도 더 선명하게 들을 수 있을 것이다.

무엇보다 측천은 자신이 숭산과 인연이 깊다고 생각했다. 숭산은 원래 주 왕조의 성산聖山이었다. 주 무왕과 성왕이 모두 이 숭산에 제사를 올렸다. 무측천은 원래부터 자신이 주 왕실의 후예이며, 무 씨 성도 주대의 희씨 성에서 유래했다고 주장해왔다. 그래서 주 왕실의 선왕들은 다 자기 조상이라고 생각했다. 조상이 섬겨온 것이라면 당연히 후손도 섬겨야 하는 법, 주대의 관례에 따라 측천은 숭산에 제를 올리기로 했다. 게다가 당시에는 숭산의 산신이 무 씨라는 전설도 떠돌고 있었다. 그러니 숭산은 측천의 본가나 다름없었다.

게다가 숭산은 낙양과 비교적 거리가 가까웠다. 숭산은 낙양에서 70킬로미터 정도 떨어진 곳이어서 고령인 측천에게 상대적으로 교통이 편리했다. 측천의 경력이나 정서 문제와도 연관성이 있었다. 이 이유가 아마 가장 컸을지도 모른다. 과거 측천은 황후의 신분으로 고종과 함께 태산 봉선을 치렀다. 그 당시에는 이 씨 왕조를 위한 기원이었지만, 이제는 세상이 바뀌어 자신의 무주 왕조를 위해 기원드릴 차례다. 또다시 그녀가 태산에서 봉선을 거행하면서 무주 왕조를 보우해달라고 하기에는 마음이 좀 꺼림칙했을 것이다. 따라서 아예 숭산으로 봉선 장소를 바꿈으로써, 이 씨 왕조와는 확실하게 구별해보자는 의도도 있었다.

출발 전 측천은 숭산을 신악神岳으로 명명했다. 중악 숭산은 예부터 '높디높은 숭산만이 하늘까지 닿아 있네'라고 했을 정도로 명성이 높았다. 다른 산들이 대개 홀로 우뚝 서 있는 것과는 달리 숭산은 태실산太室山과 소실산少室山이 서로 마주 보고 있었고, 그 중간은 몇 리나 되는 골짜기와 평지였다.

천책만세 2년 12월 초하루, 측천은 대규모 인원을 대동하고 위세당당하게 신도 낙양을 출발했다. 12월 11일, 직접 태실산에서 하늘에 제사를 지냈고, 14일에는 소실산에서 땅에 제를 올렸다. 16일에는 문무백관을 알현했고 24일에 낙양으로 돌아왔다. 장장 20일간의 여정이었다.

봉선 대전이 끝나자 이를 기념하기 위해 측천은 연호를 천책만세에서 만세등봉萬歲登封으로 바꾸었고, 숭산의 소재지 숭양현을 등봉현으로 바꾸었다. 지금의 허난 성 덩펑이다. '등봉'은 숭산에 올라 봉선 대전을 거행했다는 의미다. 양성현도 고성현告成縣으로 이름을 바꾸었다. 지금의 등봉 산하에 있는 가오청 진告成鎭이다. '고성'이란 자신의 큰 성과를 천하에 두루 알린다는 뜻이다. 숭산의 산신에게도 신악천중황제神岳天中皇帝라는 존호를 바쳤는데, 이는 중국 오악의 산신 가운데 최초로 '황제' 칭호를 받은 사례다.

봉선 대전을 거행함으로써 측천은 한껏 자신을 과시할 수 있었고, 이제 정식으로 하늘로부터 황제의 자격을 인정받았다고 생각했다.

하지만 문제가 하나 있었다. 고대 중국에서 왕조 교체는 흔히 있는 일이었다. 개국 황제가 남자라면 그다지 큰 장애가 없었지만, 문제는 측천이 여자라는 것, 여자의 황제 등극은 그야말로 이단이라면 이단이었다. 측천은 숭산 봉선 대전을 계기로 여자의 지위를 향상시키는 한편, 여황제에 대한 사람들의 우려를 불식시켜야겠다고 생각했다. 이에 측천은 일단의 여신선女神仙을 봉하기로 결심했다. 숭산의 산신에게 그에 걸맞은 부인을 하나 찾아 천중황후로 봉해서 사람들이 숭배하도록 하자는 생각이었다.

전설에 따르면 우의 아들 계啟는 원래 숭산에서 태어났는데, 그의 모친은 계를 낳자마자 돌로 변했다. 계는 하나라를 개국한 임금, 그러니 그 모친은 얼마나 위대한가? 측천은 계의 모친을 옥경玉京태후로 봉했다. 또 계는 모친이 떠나고 난 후 이모의 손에서 길러졌는데, 그 이모는 훗날 소실산의 산신이 되었다고 한다. 측천은 그 이모를 금궐金闕부인으로 봉했다. 이렇게 순식간에 이러저러한 여신들이 우르르 탄생했다. 어쩌면 숭산을 걷다보면 여러 여신선을 만날 수 있을지도 모르겠다.

봉선 대전을 마치자 측천은 자못 흡족했다. 이제 그녀는 유일하게 태산 아닌 곳에서 봉선을 거행한 군주, 또 봉선을 직접 주도한 유일한 여성 군주, '천상천하유아독존天上天下唯我獨尊'이란 말은 바로 이럴 때 써야 하지 않을까?

이런 분위기 속에서 측천은 대사면을 단행하고, 모든 백성의 조세를 1년간 감면해주었다. 또 누구든 열흘간 아무 일도 하지 않고 먹고 마시며 실컷 즐기도록 했다. 여황제가 베푸는 은전을 마음껏 경축하라는 뜻이었다.


## 2. 금으로 만든 명함


봉선이 측천에게 행운을 가져다준 건 확실했다. 그 후 2년 동안 측천은 혹리 정치를 철저하게 종식시켰고, 아들 이현을 후계자로 내세우는 데도 성공했다. 이제 무주 정권은 정상 궤도에 올라 그동안 측천의 골머리를 썩였던 모든 문제가 다 해결된 듯 보였다. 하지만 과거의 문제가 해결되었다고 해서 새로운 문제가 발생하지 말란 법은 없다. 그 문제란 바로 나이, 측천은 문득 세월 따라 늙어가는 자신을 발견했다.

측천이 황제로 등극했을 때는 이미 67세였다. 측천은 황제가 된 뒤에도 정사에 대한 열정을 조금도 늦추지 않았다. 일이 최대의 보약이라고는 하지만, 사람이 노쇠해가는 걸 어쩔 수는 없었다.

성력 2년(699) 2월, 드디어 병환이 찾아왔다. 열이 나거나 두통 정도라면 대수로울 게 없다. 하지만 역사서에 '처음으로 황제가 병환이 들었다'라고 기록할 정도라면 병세가 예사롭지 않다는 것을 증명한다. 이해 측천은 76세 고령이었다. 이 병환은 측천으로서는 엄청난 충격이었고, 아마 생애 처음 자신이 앞으로 살아갈 날이 얼마 남지 않았다는 걸 실감했을 것이다. 이제 그녀에게는 장생불로가 지상 최대의 과제로 떠올랐다. 어떻게 해야 장생불로할 수 있을까를 고민하고 있을 때, 숭산이 다시 한번 그 효험을 보여주었다.

사람들은 숭산을 불교의 성지로 기억하고 있다. 유명한 소림사가 그곳에 있기 때문이다. 기실 숭산은 도교의 성지이기도 하다. 중국 최대 규모를 자랑하는 중악묘中岳廟도 거기에 자리하고 있다. 도교에서 추구하는 장생불로의 교리가 당시 측천의 마음에 쏙 들었기 때문에 그녀는 도교에 희망을 걸어보고자 했다. 병환이 찾아왔을 당시 숭산에 머물고 있었던 측천은 조정대신 염조은閻朝隱을 시켜 숭산의 신령에게 조기 회복을 기원하는 제를 올리게 했다.

황제에게 갖은 아첨을 다 떨어왔던 염조은은 바로 실행에 옮겼다. 목욕재계를 마친 그는 제대祭臺로 기어올라가 제사를 드렸다. 보통 제대 위에는 동물의 고기를 올리는데, 이것을 '삼생三牲'이라 한다. 염조은은 삼생 대신 자신이 직접 올라갔다. '제가 제물이 되겠습니다. 저의 이 젊은 육신을 황제 폐하의 생명과 바꾸어주십시오.'

그는 이렇게 기도를 올렸다. 염조은의 간절한 소원에 신령이 감동했을까? 어쨌든 그 후 측천의 병세는 호전되었다.

원래 측천은 불교를 이용하여 정권을 잡았기 때문에 적극적으로 불교를 장려했다. 하지만 불교에서는 열반이나 영겁을 이야기할 뿐, 장생불로에 대해서는 언급하지 않는다. 장생불로는 도교의 교리 중 하나, 이번 병을 계기로 측천의 신앙에는 변화가 생겼고, 도교에 대한 열정이 한껏 고조되었다.

측천은 단약丹藥을 복용하기 시작했다. 성력 3년(700) 5월, 병을 앓았던 이듬해부터 측천은 홍주洪州의 도사 호초胡超가 제조해준 장생약을 복용하기 시작했다. 호초는 그 선단을 3년에 걸쳐 정성껏 만들어냈다고 했다. 측천은 정말 몸이 좋아졌다는 느낌이 들었고, 이때부터 단약에 흠뻑 빠져들었다.

연호도 구시久視로 바꾸었다. '구시'란 원래 '귀와 눈이 오래도록 건강하다'라는 뜻으로 장수를 의미했다. 이것은 도가적 색채가 농후한 말이다. 도가의 최고 경전이라 할 수 있는 『도덕경』에 "치국治國의 근본 이치를 잘 파악하면 국가는 오래도록 안정된다. 뿌리가 깊다는 말이 바로 이를 두고

한 말이며, 장수의 이치이기도 하다'라는 말이 있다. 측천은 바로 여기서 장수, 즉 구시라는 말을 따왔다.

그리고 숭산에 '금으로 만든 명함'을 바쳤다. 이 명함을 당시엔 '금간金簡'이라고 불렀다. 금간은 사람이 아닌 도교의 신선에게 바치는 명함으로, 보통 본인의 이름·직업·직책 등 기본 사항 외에도 신선에게 바라는 요구 사항을 넣었다. 금간을 뿌리는 행위는 도교 의식의 하나였는데, 대개 질병이나 재앙을 면하게 해달라는 기원이 많았다. 금간을 바치는 행사는 그해 측천의 중요한 행사 중의 하나였다.

구시 원년 칠석날, 측천은 단약을 만들어줬던 도사 호초를 숭산으로 파견하여 신령께 감사를 표시하는 뜻으로 봉선대 북쪽에서 금간을 바치게 했다. 금간에는 다음과 같은 명문을 새겼다.

> 무주의 황제 무조는 도교를 숭상하고 장생불로를 기원합니다. 이에 중악 숭산에 이 금간을 뿌리니 3관官 9부府께서는 무조의 죄를 사하여 주시옵소서.

소위 3관 9부란 도교의 신령들이다. 3관은 천관天官·지관地官·수관水官 등 도교의 3대 신선을 가리키고, 9부는 신선들이 거처했던 장소이니 이 역시 여러 신선을 가리킨다.

이 금간이 속죄를 위한 것이었는지 아니면 기복祈福을 위해서였는지에 대해서는 학계의 논란이 분분하다. 아마 당시 측천의 심경은 말할 수 없이 복잡했을 것이니, 어쩌면 두 가지가 다 맞을지도 모르겠다. 어쨌든 측천이 말년에 가졌던 복잡한 심경을 이해하는 데 이 금간은 매우 중요한 의미를 갖는다. 1982년 이전까지는 아무도 이 금간의 존재를 알지 못했다. 그것은 그 당시 나무를 심던 덩펑의 한 농부에 의해 우연히 발견되었고, 지금은 국가 1급 보물로 지정되어 허난 박물관에 보존되어 있다.

측천의 소망이 장생불로로 바뀌자 출세를 꿈꾸던 사람들은 그쪽으로 주판알을 튕기기 시작했다. 당시 주전의朱前疑라는 자가 '소인은 폐하께서 800세까지 사신다는 꿈을 꾸었습니다'라는 상소를 올리자, 측천은 너무나 기쁜 나머지 그를 8품관 습유拾遺로 임명했다. 용기백배한 그는 정말 벼슬하기 쉽구나 하는 생각에 얼마 안 있어 또 '소신은 폐하의 백발이 검게 변하고 치아가 다시 돋아나는 꿈을 꾸었습니다'라고 했다.

이 말을 들은 측천은 더 기뻐하며 그에게 5품관 가부낭중駕部郎中을 하사했다. 이에 재미를 붙인 주전의는 또 측천에게 숭산이 '만세!'라고 외치는 소리를 들었노라고 했다.

"숭산이 만세라고 했다면 그건 큰 경사지. 그대에게 붉은 비단 산대算袋를 하사하노라!"

'산대'는 당시 고급 관리들만 차고 다니던 일종의 장식품이었다.* 이런 얼토당토않은 말로 갖은 혜택을 받은 사례로 미루어볼 때, 당시 측천은 거의 사리분별을 하지 못할 정도로 무병장수를 염원하고 있었다.


## 3. 향락에 빠진 측천


소망이 바뀌면서 측천의 심경에도 변화가 왔다. 오로지 정사에만 몰두해왔던 그녀는 이제 향락을 찾기 시작했다. 태후 시절 측천은 태학생이 귀향 휴가를 내는 일까지 일일이 그 사유를 따져 물을 정도로 일처리에 빈틈이 없었다. 그러나 몇 차례 중병을 앓고 난 뒤 그녀는 인생의 의미에 대해

---

* 작은 칼이나 주판을 넣어 다니던 주머니도 산대라고 했는데, 관리들이 장식용으로 패용하던 것과는 색깔과 모양이 달랐다.

깊은 회의에 빠져들었다.

그래서 그녀는 지난날 정사를 돌보느라 희생했던 휴식과 오락을 이제부터라도 챙겨야겠다는 생각을 하게 되었다. 여행이나 연회는 말년에 접어든 측천의 주된 일상사가 되었다. 측천은 나름대로 풍류를 아는 사람이었다. 그녀는 공학감控鶴監이라는 부서를 설치하여 미소년들을 그곳에 불러들였고, 또 문인 묵객들을 양성하기도 했다. 그들과 함께 여행도 즐기고 연회도 열었다. 연회에서 오락을 즐기는 방법은 여러 가지가 있었는데, 그중 비교적 단순하고 거친 놀이로 시권猜拳, 일종의 벌주 마시기 게임이라는 게 있었다. 사람들이 술자리에서 곧잘 즐기는 전통적인 놀이다. 하지만 측천은 이런 놀이는 품위가 없다고 생각해서 술을 마시되 반드시 즉흥시를 지어내야 한다고 했다. 일종의 '문화살롱'이었다.

흥이 날 때는 또 시 짓기 경연도 열었다. 당시 재녀로 소문난 상관완아는 측천의 총애를 한 몸에 받고 있었는데 매번 이런 자리에서 심사를 맡았다. 누가 좋은 작품을 빨리 쓰는가를 가리는 시합이었다.

상관완아는 과거 고종에게 측천의 폐출을 건의했다가 죽임을 당한 재상 상관의의 손녀다. 조부의 재능을 그대로 물려받은 그녀는 지난날 한 살도 채 안 된 나이에 궁궐로 들어왔다. 그러나 정식 교육을 전혀 받지 못했던 그녀는 장성한 이후 빼어난 문학적 자질을 보여주었다. 인재를 알아보는 데 뛰어난 감각을 가졌던 측천은 이 상관완아를 시 경연의 심사관으로 임명했다.

이런 연회는 참석자들이 모두 부담 없이 즐기는 자리였기 때문에 황제·대신·남총·궁녀 할 것 없이 서로 자유로운 분위기를 연출했다. 심지어 상인들까지도 참석하는 등 신분의 귀천이나 고하를 따지지 않았다. 한 신하가 도저히 이런 장면을 두고 볼 수가 없어서 측천에게 중단할 것을 간청했다. 측천은 웃으면서 "경이 늙었나 보오. 앞으로는 이런 자리에 나오지 마시오!" 하고는 평소대로 마음껏 연회를 즐겼다.

이런 상황이 지속되는 가운데 숭산은 또 한 차례 측천에게 좋은 기회를 제공했다. 숭산은 낙양에서 약 70킬로미터 떨어진 곳으로 바람이 시원하고 해발이 높은 산지여서 기온도 낙양보다 5도 정도 낮다. 여름에는 특히 바람이 잘 불고 물도 맑았다. 종일 궁전에서 답답한 생활을 하고 있던 측천은 이 숭산을 자신의 여행지로 개발하기로 마음먹었다.

구시 원년 3월, 측천은 숭산의 석종강石淙江 가까이에 삼양궁三陽宮을 짓고 4월에 그곳으로 들어가 넉 달을 지냈다. 이듬해인 장안 원년 5월에도 삼양궁으로 들어가 7월에야 낙양으로 돌아왔다. 왜 측천은 유독 이곳을 좋아했을까? 삼양궁 주변의 석종강은 영화 「소림사」의 촬영지로도 유명한 곳이다. 경치가 빼어난 명승지인 데다가 유불도의 성지이기도 했으니 황제가 즐겨 찾는 건 당연했다.

측천은 젊은 시절 시를 잘 지었고, 또 태종의 환심을 사기 위해 서예 공부에도 열중했다. 이제 애써 다른 사람의 눈치를 볼 것도 없게 되자 마음껏 자기 기량을 발휘했고, 과연 자연스럽고 소탈한 풍모를 여지없이 드러냈다.

성력 2년, 측천은 숭산으로 순행을 나가면서 전설 속에 등장하는 주 영왕靈王의 태자 진晉이 신선이 되어 올랐다는 곳을 일부러 찾아갔다. 지금껏 자신이 주 왕실의 후예임을 자처했으니, 태자 진은 당연히 그녀에게는 조상인 셈이었다. 당시 자기 자신 또한 신선이 되려는 욕망에 사로잡혀 있던 측천에게는 이런 사실이 너무나 부러웠다.

이에 측천은 태자 진을 위한 묘당을 건립하고, 직접 글을 짓고 비석을 새겼다. 신선세계에 대한 열망을 절실하게 반영한 것이었다. 이 승선태자비昇仙太子碑는 지금도 허난 성 옌스偃師 거우산緱山 산에 남아 있는데, 굳세고 힘찬 측천의 필세를 여지없이 보여준다.

이 비문은 또 당대 초서체인 소위 '금초체今草體'로 쓰인 최초의 비문으로, 중국 서예사에 새로운 기풍을 열었다는 평가를 받고 있기도 하다. 물론 측천이 한평생 전통을 탈피하여 새롭게 개척한 사례는 이외에도 너무나 많다. 이 비문 같은 소소한 일이야 굳이 언급할 것도 없겠지만, 어쨌든 이 무렵 측천이 삶의 쾌락을 추구하는 데 정열을 쏟았던 것은 분명하다.

### 4. 황실과 외척의 조화

여행, 음주가무와 시를 좋아하기는 했지만, 탁월한 정치가로서 그녀는 국가가 당면한 주요 과제가 무엇인가에 대해서 한시도 소홀히 하지 않았다. 당시의 정치적 핵심 과제라고 할 수 있는 정국의 안정, 인재 등용, 후계자 문제 등은 이미 상당 부분 해결되었다. 한 가지 미해결 과제라면 이 씨 황실과 무 씨 집안의 관계를 어떻게 설정하느냐의 문제였다. 이미 아들을 후계자로 결정했으니, 이제 남은 문제는 조카들의 권한을 어떻게 지속시키는가였다. 사실 이것은 해결이 거의 불가능한 문제이기도 했다. 이 문제를 해결하지 않은 채 측천이 세상을 떠나면 분란의 씨앗을 심어두는 것이나 다름없었다. 이 두 집안의 지위를 어떻게 잘 조화시키느냐의 문제는 당시 조정대신들 사이에서도 큰 걱정거리였다.

이때 길욱이 나섰다. 과거 측천에게 혹리 내준신을 제거하라고 권유했고, 또 여릉왕 이철을 복위시켜야 한다고 건의했던 인물이다.

"소신은 영원히 이 궁궐을 떠날 수도 있다는 각오로 폐하께 아룁니다. 흙과 물을 섞어 진흙을 만들면 둘 사이에 다툼이 있겠습니까, 없겠습니까?"

측천이 대답했다.

"없겠지!"

"그렇다면 진흙을 절반으로 나누어, 하나는 불교의 지존을 만들고 다른 하나는 도교의 지존을 만들면 어떻게 되겠습니까?"

"그렇게 되면 다툼이 생기겠지."

"소신의 생각도 그러하옵니다. 만약 종실이나 외척이 서로 자기 본분을 잘 지킨다면 천하는 평안해질 것입니다. 지금 태자가 이미 결정되었는데도 외척들은 여전히 왕의 지위를 유지하고 있습니다. 만약 폐하께서 적절한 조처를 취하지 않고 이대로 두신다면 언젠가는 꼭 분란이 일어날 것입니다. 소신은 이것이 적이 염려되옵니다."

한동안 말이 없던 측천은 한숨을 내쉬며 대답했다.

"짐 또한 그 점을 잘 알고 있다. 하지만 기왕지사 이렇게 되었으니, 또 무얼 어쩌겠느냐?"

그런 측천에게 문득 이런 생각이 들었다.

'술이 들어가면 마음이 넓어진다고들 하는데, 서로 자주 어울리다보면 갈등도 어느 정도 누그러지지 않을까?'

구시 원년 7월, 측천이 처음으로 삼양궁에 피서를 갔을 때, 석종강의 바위 위에서 연회를 베푼 것도 그런 취지에서였다. 그때 초빙한 사람으로는 태자 이현, 상왕 이단, 양왕 무삼사 등이 있었고, 대신으로는 적인걸, 요숭, 남총 장이지와 장창종 형제 등이 있었다. 모자지간의 따스한 정, 군신 간의 화기애애한 분위기, 역사에서는 이 모임을 '석종연음石淙宴飮' 또는 '석종회음石淙會飮'이라고 부른다. 술자리가 무르익으면서 흥이 오른 측천이 즉석에서 지었다는 시가 바로 지금도 전해지는 「석종」이다.

검푸른 빛 감도는 산속의 동굴들
궁궐도 누를 듯한 아름다운 산세.
아름다운 땅에는 이슬과 서리 내리는데

낙양 도읍에는 비바람이 요란하겠지.

햇살도 가리운 만길 절벽,

구름마저 내려앉은 천길 계곡.

연회에서 상을 받고 신하들은 희희낙락

화려한 말안장에 세상 티끌 다 사라지네.


여황제가 한 수 읊자 수행하던 사람들도 저마다 호응했다. 이렇게 해서 당시 16인이 지었다는 시 16수는 지금도 석종 계곡의 바위 벼랑에 또렷이 새겨져 있다.

이렇게 되면서 무주 왕조의 후계자 문제, 인재 배치 등은 이미 다 자리를 잡았고, 종실과 외척 간의 갈등도 어느 정도 완화되는 단계로 진입했다. 이와 함께 측천도 이제는 거의 천수天壽를 다한 시점에 이르렀다. 이젠 정사에 대한 관심 또한 줄어들면서 서서히 생애를 정리하는 단계에 들어섰다. 더 이상 의외의 사태가 발생하지 않는 한 측천의 정치 생명도 그 수명과 함께 마감될 것이고, 그때가 되면 태자 이현이 자연스레 황위를 계승할 것이었다.

그러나 측천이 말년의 향락을 즐기고 있던 이 시기에 새로운 정치 세력이 하나 등장했고, 정세는 다시 복잡하게 돌아가기 시작했다. 측천의 운명에 돌발 상황이 생긴 것이다.

# 제28장
# 남총 풍소보의 전횡과 몰락

계모의 학대를 받으면서 하녀처럼 살았던 신데렐라는 우연한 기회에 황자의 마음을 사로잡는다. 그리고 결국은 결혼에 성공하여 황실에서 행복한 생활을 누린다. 남성 중심의 사회적 전통 때문일까? 이런 이야기는 대대로 전해져오고 있으며, 요즘도 간혹 여자란 시집 잘 가면 그만이라는 말들을 한다. 그런데 이 신데렐라를 남자 신분으로 바꾼다면? 측천 시대에 바로 이런 남자 신데렐라가 있었다. 풍소보, 그는 순전히 외모 하나로 황궁에 진입했고 마침내 '남자 신데렐라의 신화'를 연출했다.

## 1. 황궁으로 들어온 건달

그는 낙양 시내에서 약재를 팔아 생계를 꾸려가던 작은 가게 주인이었다. 약효를 선전하기 위해 우선 그는 자기 몸부터 단련했다. 요즘도 길거리에서 차력술을 보여주면서 약을 파는 사람을 볼 수 있듯이, 약을 팔기 전에 풍소보는 몇 가지 재주를 보여주곤 했다. 직업이 이렇다보니 그는 몸이 단단하고 체구도 좋았다. 거기에다 말솜씨까지 빼어나 어느 대갓집 시녀의 눈에 들어 그 시녀의 연인이 되었다. 그런데 이 시녀의 주인이 천금공주였다. 과거 종실의 모반 사건이 일어났을 때 자기 한목숨을 부지하기 위해 기꺼이 측천의 딸이 되겠다고 했던 그 인물, 당 제국의 개국 황제 고조의 딸이 바로 그 시녀의 주인이었다.

이 시녀가 풍소보를 은밀히 관저로 불러들여 밀회를 나누던 중 그만 천금공주에게 발각되고 말았다. 애당초 노발대발했던 천금공주였지만 땅에 꿇어앉아 있는 그를 찬찬히 뜯어보니 용모가 썩 괜찮아 보였다. 천금공주는 그를 용서해주었을 뿐만 아니라 언젠가는 쓸모가 있을 것이라고 생각해서 아예 그를 집 안에 들였다. 그 후 풍소보를 유심히 관찰해보니 제법 쓸 만한 사람이라는 판단이 들었다. 당시 천금공주는 마침 측천의 환심을 사려고 갖은 궁리를 다 하던 때였다.

'이런 정도의 보배라면 내가 차지할 순 없지!'

그래서 그녀는 풍소보를 '잘 다듬어서' 측천에게 상납했다.

당시 측천은 태후의 신분으로, 고종은 이미 세상을 떠났고 주변에 그녀를 간섭할 수 있는 사람은 아무도 없었다. 마침 이경업의 반란도 막 평정된 터라 긴장을 좀 풀어줄 필요도 있었다. 측천은 기꺼이 이 '보배'를 받아들이기로 했다. 하지만 이 남자가 좋은 선물인 것은 분명해도 한편으로는 덥석 받아들이기가 좀 꺼림칙하기도 했다. 고종이 붕어한 지도 얼마 되지 않은 데다 태후의 신분으로 이런저런 고려 없이 함부로 행동하기에도 저어했다.

이런저런 궁리 끝에 아이디어가 하나 떠올랐다. 당조는 불교가 성행했던 시기, 승려나 도사들은 무시로 궁중을 드나들 수 있었다. 측천은 이를 이용하기로 하고 풍소보에게 출가하여 승려가 되라고 명한 뒤 회의懷義라는 이름까지 하사했다.

하지만 여전히 문제는 있었다. 그의 신분이 너무 미천했던 것이다. 측천이 워낙 파격적으로 인재를 등용하기는 했지만, 저잣거리에서 약 파는 시정아치를 데려오기는 좀 껄끄러웠다.

당시 측천의 막내딸 태평공주는 설소薛紹라는 남자에게 시집을 갔다. 마침 측천에게 번쩍 떠오른 영감이 있었다. '그래, 설소를 풍소보의 삼촌으로 삼자!'

이렇게 해서 풍소보는 설 씨가 되었다. 이렇게 두 차례 '포장'을 거치면서 풍소보는 설회의로 변신했고, 낙양의 명찰 백마사白馬寺의 주지승이 되었다. 이때부터 그는 무시로 측천의 침소에 드나들었다. 사람들은 그의 출신이 예사롭지 않다고 생각해서 다들 감히 이름을 부르지 못하고 설대사薛大師로 예우했다.


## 2. '내조' 받는 측천

풍소보가 측천의 총애를 받기 시작한 때는 그녀가 황위를 쟁취하려고 마지막 안간힘을 다 쏟아부을 즈음이었다. 당시까지 생존해 있던 아들은 둘, 맏아들 이현은 여릉왕으로 강등되어 방주로 쫓겨나 있었고, 막내 이단은 명의상으로는 황제였지만 황궁에 연금된 상태여서 전혀 국정에 개입하지 못하고 있었다.

천명을 어떻게 자기 쪽으로 돌리느냐의 문제는 간단치가 않았다. 이때 풍소보가 투입되었다. 조정 내에서 어느 누구도 그만큼 측천과 마음이 통하는 사람은 없었다. 태후의 사업이 곧 그의 사업이었다. 아무도 그를 일개 남총으로 간주하는 사람은 없었다. 그가 취하는 모든 행동 하나하나가 다 측천의 고민과 어려움을 해결하는 것으로 받아들여졌다. 그는 태후의 착실한 '내조자'였다. 착실한 내조자로서 풍소보는 다음 세 가지 일을 추진했다.

앞서 설명했듯이 그 세 가지는 명당明堂의 건립, 여황제 등극의 당위성을 입증해주는 이론적 근거를 불경에서 찾은 일, 북방을 위협하는 돌궐족 토벌이었다. 이 과정에서 풍소보는 대장군으로 임명되었다. 기왕 대장군으로 임명된 이상 군사적 공로를 세워야 했다. 당시 돌궐족은 자주 북방 변경을 위협했는데, 측천은 무주 왕조를 수립하는 과정에서 무신들을 그다지 신뢰하지 않았기 때문에 풍소보를 토벌대로 파견했다. 제1차 파견은 영창 원년(689), 측천이 황제로 등극하기 1년 전이었다. 측천은 그를 신평도행군대총관新平道行軍大總管으로 임명했다. 무식하면 용감하다는 말처럼, 원래 건달약장수였던 풍소보가 전투를 제대로 할 줄이나 알았겠는가? 그는 그래도 전장으로 나갔다.

그는 정말 운이 좋았다. 돌궐은 유목 민족이라 초목이 우거진 곳을 골라가며 이동하는 습성이 있어서 그들에게는 일정한 정착지가 없었다. 풍소보가 전방에 다다랐을 때는 마침 돌궐 군사가 이미 다 자리를 옮긴 뒤였다. 적군이 없으니 승리는 너무나 당연한 노릇, 그러나 낙양으로 귀환한 그는 측천에게 엉뚱한 보고를 올렸다.

"적군들이 소신의 이름만 듣고도 지레 겁을 먹은 모양입니다. 소신이 그곳에 당도하기도 전에 다들 꽁무니가 빠지도록 도망쳐버렸습니다."

측천 또한 이를 기뻐하면서 즉석에서 그를 2품 보국대장군輔國大將軍으로 임명했다.

돌궐을 물리친 공적이 있으니, 그 후 돌궐 토벌 문제는 늘 풍소보의 몫이 되었다. 측천이 등극한 지 5년째 되는 해인 연재 원년(694), 풍소보는 또다시 돌궐 원정길에 나섰다. 이번에 그가 맡은 직책은 벌역도행군대총관伐逆道行軍大總管, 재상 두 명이 참모로 참여했고, 18명의 장수가 그를 수행했다. 정말 하늘이 이 풍소보를 제대로 챙겨주려고 했을까? 무슨 이유에서인지 이번에도 운이 좋아서 그가 원정길에 나서기도 전에 적은 이미 흔적 없이 사라지고 말았다. 손가락 하나 까딱하지 않고 그는 또다시 전공을 세웠다.

이 두 번째 돌궐 정벌을 계기로 풍소보는 도약의 절정기를 맞았다. 측천의 남총이자 백마사의 주지, 조정에서는 또 위세등등한 대장군, 누구도 그의 막강한 권력을 당해낼 수 없었다.


## 3. 반복되는 풍소보의 실수


소인배가 출세하면 눈에 뵈는 게 없다던가? 남총이 되는 그 순간부터 풍소보는 온갖 못된 짓을 벌이기 시작했다. 승려가 되어 절에 머물다보니 그는 좀이 쑤셔 못 견딜 지경이었다. 적적한 생활에 불만을 품은 그는 시정 잡배들을 끌어모아 승려로 만든 다음, 절에서 염불을 외는 대신 그들과 함께 밖으로만 나돌았다. 그가 말을 타고 낙양 거리를 휘젓고 다니면 행인들은 도망치기에 바빴다. 누구든 그 자리를 제때 피하지 못하면 그에게 흠씬 두들겨 맞는 건 예사였다.

특히 그는 도교를 신봉하는 도사들을 증오했는데, 어쩌다 그의 눈에 들어오는 도사가 있으면 반드시 붙잡아다 머리를 깎이고 강제로 승려로 만들었다. 그중에는 지위가 높은 도사도 끼어 있었지만 봐주는 법이 없었다. 당시 유명한 도사로 후존侯尊이라는 사람이 있었는데, 그는 도교 사원 홍도관弘道觀이라는 도관의 책임자였다. 어쩌다 한번은 그가 풍소보의 눈에 띄었는데, 풍소보는 다짜고짜 그를 절로 데리고 가서 강제로 승려로 만들어버렸다. 그렇게 수년간 승려로 지내다가 풍소보가 죽은 뒤에야 그는 다시 도사의 신분을 되찾을 수 있었다.

풍소보는 관리들도 함부로 대했다. 당시 어떤 어사御史가 그의 행동을 차마 그냥 넘길 수가 없어서 여러 차례 탄핵을 호소했다. 화가 난 풍소보는 이 사람의 길을 막아서고는 반죽음이 되도록 구타한 적도 있었다.

하루는 풍소보가 일당들과 함께 으스대며 궁중으로 들어가다가 문 앞에서 재상 소양사蘇良嗣와 마주쳤다. 황제의 총애를 내세우며 세상에 무서울 게 없던 풍소보였던지라 자기가 먼저 문으로 들어가려고 했다. 재상 따위는 안중에도 없었다. 하지만 당대의 재상이라면 백관의 수장, 일개 남총이 감히 이렇게 무례를 범할 수는 없었다. 소양사는 대로하여 주변 사람을 시켜 풍소보를 묶은 다음 흠씬 두들겨 팼다.

풍소보가 궁궐에 들어온 이후로 언제 이런 수모를 당해보기나 했겠는가? 측천에게 달려간 그는 도저히 이 수모를 참지 못하겠다고 하소연했다. 하지만 공사 분별이 철저했던 측천은 의외의 반응을 보였다. 어린애를 타이르듯 그의 머리를 쓰다듬으며 말했다.

"얘야, 이건 꼭 알고 있어야 한다. 넌 북문을 이용해야지. 남문은 재상들이 출입하는 곳인데 왜 거기 가서 말썽을 부렸니?"

물론 소양사처럼 풍소보에게 대드는 사람은 거의 없었다. 특히 그의 지위가 높아지면서부터는 재상이라도 감히 그를 어쩌지 못했다. 돌궐족 정벌에 나섰을 때 이소덕이 재상의 신분으로 풍소보의 참모를 지낸 적이 있다. 그와 견해가 어긋나자 풍소보는 그에게 주먹을 휘둘렀는데, 그렇게 깐깐하던 이소덕조차도 오히려 벌벌 기면서 용서를 빌었다. 당시 풍소보의 위세가 어떠했던지를 미루어 짐작할 수 있다.

그는 있는 대로 성질을 부리다 황제에게까지 미움을 샀다. 풍소보는 측천의 첫 남총으로 애초부터 경쟁자가 없었기 때문에 세상에 자기가 최고인 줄로만 알고 제멋대로 행동했다. 하지만 태후에서 황제가 되고 난 이후에는 측천의 욕심도 커져서 오로지 한 남자로는 만족하지 못했다. 측천 주변에 남총들이 점차 늘어나기 시작하면서 측천의 마음은 심남구沈南璆라는 사람에게로 기울었다. 그는 어의御醫로 측천의 병환을 돌보고 있었는데, 재능이 탁월하여 측천의 호감을 사기에 충분했다.

측천 곁에 다른 남자가 하나 생겼다는 사실은 풍소보로서는 엄청난 충격이었다. 자신이 얼마나 큰 공을 세웠는데 딴마음을 먹는가 싶어 잔뜩 화가 난 풍소보는 치기 어린 마음에 아예 궁중 발길을 끊어버렸다. 그러고는 종일 백마사에 머물며, 자기 패거리들과 어울려 별 짓거리를 다 하고 다녔다.

당시 주구周矩라는 어사가 풍소보의 행동을 보니 도저히 용납할 수 없는 지경인지라 측천에게 상소를 올렸다.

"설대사가 훈련을 한답시고 매일 부랑배 같은 승려들과 어울리고, 또 폐하 곁을 드나드는데, 마냥 이렇게 두었다가 그가 만약 나쁜 마음이라도 먹는다면 이를 제지할 방도가 없습니다."

그는 풍소보를 불러다 심문하게 해줄 것을 요청했다. 마침 측천 또한 풍소보 때문에 속상하던 참이라 바로 허락했다.

"짐이 그를 불러 심문을 받으라고 할 테니 그대는 잠시 돌아가 있으라."

주구가 어사대로 돌아오자마자 풍소보도 말을 타고 뒤쫓아 들어왔다. 꿇어앉아 심문을 받아야 할 풍소보는 그곳에 놓인 침상을 보더니 말에서 내리자마자 벌러덩 침상 위에 드러누워서는 앞가슴을 활짝 풀어헤쳤다. 안하무인이었다. 주구는 화가 치밀었다.

"이게 뭐하는 짓인가? 그대는 눈에 뵈는 게 없단 말인가?"

그는 부하를 시켜 풍소보를 심문대 위로 끌어올리라고 했다. 그제야 풍소보는 벌떡 일어나더니 말을 타고 나가버렸다. 화가 머리끝까지 난 주구는 하는 수 없이 측천을 찾아가 이 사실을 보고했다. 측천이 웃으면서 말했다.

"그자가 제정신이 아니구나. 그자는 더 이상 심문할 거 없고, 그자와 어울려 다니는 패거리들이나 처리하게."

주구로서도 달리 방법이 없었다. 그저 1000명에 가까운 그의 패거리들을 유배시키는 것으로 마무리하고 말았다. 측천이 취한 이런 태도로 볼 때, 자신도 풍소보의 전횡에 불만을 가지긴 했지만 그녀에게는 여전히 옛정이 남아 있어서 그를 옹호하고픈 심정도 있었다. 그런데도 풍소보는 측천의 이런 마음을 전혀 눈치채지 못했고, 지금까지의 못된 행동을 거두기는커녕 갈수록 그 정도가 더 심해져갔다.

풍소보는 공과 사를 분별하지 못하고 급기야 명당을 불태워버렸다.

증성證聖 원년(695) 1월 15일, 중국 전통의 상원절 대보름날이었다. 이날은 통행금지도 해제되고 집집마다 오색 천을 두른 등불을 걸어놓고 흥겹게 놀이를 즐겼다. 풍소보 역시 이 명절을 위해 정성스레 준비를 했다. 그는 부하를 시켜 명당이 위치한 땅에다 어른 키의 다섯 배나 되는 큰 굴을 하나 판 뒤, 그 안에 불상을 묻고 기계를 장치해두었다. 그런 다음 굴 위에는 비단으로 모의 궁전을 하나 지어놓았다. 명절을 즐기려고 측천이 명당에 나타나자, 풍소보는 기다렸다는 듯이 굴속으로부터 불상이 서서히 땅위로 올라오도록 지휘했다. 모의 궁전 안으로 불상을 끌어올리는 행사였다. 옆에서 보면 마치 땅속에서 불상이 솟아오르는 형상이었다. 누가 보더라도 이 경이로운 장관에 감탄할 만했다.

그러나 이 광경을 보고도 측천의 반응은 시큰둥했다. 풍소보로서는 대실망이었다. 하지만 또 준비한 게 하나 더 있었다. 그는 미리 소 한 마리를 잡아 그 피로 60미터가 넘는 불상을 하나 그려두었다. 그는 그 불상 그림을 천진교에 내걸었다. 그러고는 측천에게 말했다.

"폐하, 이 불상은 소신이 무릎을 베어서 나온 피로 그린 것입니다."

무릎 아니라 동맥을 자른데도 어디서 그 많은 피가 나온단 말인가? 측천은 그저 엷은 미소만 지었을 뿐 아무 대꾸도 하지 않았다.

풍소보는 정말 속이 뒤집혔다. 자신은 측천을 위해 그렇게 많은 일을 했건만 그 어의, 그 새로 들어온 남총 때문에 자신이 이렇게 버림을 받고 있다는 생각을 지울 수가 없었다.

질투심에 불타오른 풍소보는 밤새 잠을 이룰 수 없었다. 다음 날인 16일 밤, 갑자기 천당이 불타기 시작했다. 명당 뒤쪽에 명당보다 더 큰 규모로 지어 부처를 모신 건물이었다. 불길은 바람을 타고 순식간에 천당을 불바다로 만들었다. 이 천당은 어머어마한 비용을 들여 건립한 게 아니던가? 그 때문에 국가 재정도 엄청나게 소모되었는데 하루아침에 그만 잿더미가 되고 만 것이다.

그뿐만이 아니었다. 불길은 계속 번져나가 마침내 명당으로 옮겨 붙었다. 활활 타오르는 거센 불길은 신도 낙양을 대낮처럼 환하게 밝히고 있었다. 이 큰불은 날이 밝을 때까지 타올라 명당과 천당을 모두 잿더미로 만들고 말았다. 풍소보, 이 망나니는 자신이 이렇게 큰 사고를 터뜨리면 측천이 자신의 존재에도 신경을 쓸 거라고 생각했던 것이다.

그러나 이 사건은 엄청난 실수였다. 명당과 천당이 어디 아무 때나 짓고 싶다고 해서 지을 수 있는 그런 건물인가? 그는 공과 사를 전혀 분별하지 못했다. 황제는 대로했고, 그 결과는 심각했다.

## 4. 풍소보의 죽음

그러나 측천은 오히려 명당과 천당을 중건하도록 지시하고 다시 풍소보, 이 설회의에게 공사의 총감독을 맡겼다. 측천의 성격으로 보아 풍소보가 목숨을 부지한 것은 거의 기적이나 다름없었다. 그렇게 분노했던 측천이 왜 그를 살려주었을까? 두 가지 원인을 들어보자.

첫째, 측천은 자신의 치부가 드러나는 걸 우려했다.

풍소보가 측천의 남총이라는 건 세상 사람들이 다 알고 있는 사실이다. 만약 그가 질투심 때문에 명당을 불살랐으니 그를 처결해야 한다고 만천하에 공개한다면, 이는 측천에게도 치욕스러운 일이었다. 그래서 그를 공개적으로 처벌할 수가 없었다. 처벌은커녕 최대한 그를 감싸고 덮어줘야 했다.

그래서 속죄양이 필요했다. 측천은 한 기술자에게 그 죄를 덮어씌웠다. 그가 불을 잘못 다루어 불씨가 천당의 불상에 옮겨 붙었고, 가연성이 높은 재질로 만들어진 불상 때문에 불길이 빠르게 번졌다는 설명이었다. 이렇게 해서 이 방화 사건은 풍소보와는 아무 연관이 없고, 모든 소문도 순전히 날조된 것으로 결론지어졌다.

둘째, 측천에게는 여전히 풍소보에 대한 옛정이 남아 있었기 때문에 차마 그를 죽이지 못했다. 수공 원년(685)부터 후궁에 들어온 풍소보는 연재 2년(695) 정월까지 장장 10년 동안 측천을 모셨다. 그사이 풍소보는 측천이 황제로 등극하기까지 온갖 풍상을 함께했고, 또 등극 과정에서도 적지 않은 공을 세웠다. 이번 방화의 원인이 된 질투심도 따지고 보면 그의 애틋한 연정에서 비롯된 것이다. 이런 생각이 들면서 측천은 차마 그를 매정하게 외면할 수가 없었다.

이런 여러 가지를 고려해서 측천은 풍소보의 목숨을 살려주었고, 명당과 천당의 중건을 만천하에 공표했다. 그리고 과거에 그랬듯이 중건 공사는 풍소보가 책임을 맡으라고 명했다.

그렇더라도 측천과 풍소보가 애정을 회복한다는 것은 불가능했다. 측천이든 풍소보든 이 명당 대화재 사건은 머릿속에서 영원히 지워지지 않았다.

측천으로서는 명당이 바로 천명의 상징인데, 그것이 소실된 마당에 어떻게 이 사건을 덮어준단 말인가? 당시 조정대신들 사이에서도 의견이 둘로 나뉘었다. 한쪽에서는 이 화재가 하늘이 내린 경고이니, 황제는 자신을 반성하고 하늘에 사죄해야 한다고 주장했다. 다른 한쪽은 아첨파, 그들은 이것이 천벌이 아니라 상서로운 조짐이라고 했다. 그들은 과거 주 무왕이 상의 주왕을 공격할 때 군대가 강을 건너자마자 큰불이 났고, 결국은 무왕이 토벌에 성공했다는 사례를 들었다. 그러니 명당의 소실은 무주 왕조의 번성을 예고하는 것이라고 주장했다. 또 누군가는 과거 미륵이 부처로 변신할 때도 마귀가 궁전을 불태웠다는 사례를 들면서, 이는 측천이 바로 미륵불이라는 증거라고도 했다.

들기 좋은 말이 당연히 귀에 쏙 들어오기는 했지만, 측천은 전자의 의견을 더 신봉했다. 사실 측천에게는 오래도록 내면 깊숙이 자신이 지은 죄악에 대한 어두운 그림자가 드리워져 있었다. 그렇다면 풍소보는 어떤 심정이었을까? 그는 이 일로 해서 한시도 마음 졸이지 않은 때가 없었다. 그도 이미 자신이 엄청난 잘못을 저질렀다는 걸 잘 알고 있었다. 그가 아는 한 측천은 결코 이 잘못을 용서해주지 않을 것이었다.

사람이 불안에 사로잡히면 대개 두 가지 반응을 보인다. 하나는 각별히 신중하게 행동하는 사람, 다른 하나는 만사 포기하고 오히려 더 경거망동하는 사람이다. 풍소보는 후자에 속했다.

그는 측천 앞에서 지난날보다 훨씬 더 방자하게 굴었고 말도 더 불손하게 했다. 측천도 더 이상 그를 용납할 수 없었다. 이제 그가 위험인물이라는 생각까지 들었다. 측천은 건장한 궁녀 100여 명을 선발해 특별 경비대를 조직했고, 그들은 종일 측천의 곁을 지키면서 만일에 대비했다. 두 사람의 관계가 이 정도가 되었으니, 풍소보인들 무사할 수 있었을까? 연재 2년 2월 4일, 즉 명당이 불에 타 없어진 지 보름 남짓 지난 뒤 마침내 풍소보는 죽음을 맞았다.

이에 관해서는 세 가지 기록이 남아 있다.

첫째, 측천의 오촌 조카 무유령武攸寧에게 암살되었다는 설이다. 이 견해는 『실록』에 기록되어 있고, 훗날 『자치통감』이 이 기록을 따랐다. 암살 장소는 낙양성 안에 있는 요광전瑤光殿으로, 이곳은 사면이 물로 둘러싸여 있고 경치가 수려했다. 어느 날, 측천이 풍소보에게 이곳에서 만나자는 전갈을 보냈다. 신나게 달려온 그를 기다린 건 황제가 아니라 황제의 조카 무유령이었다. 무유령은 풍소보를 보자마자 다짜고짜 무사들과 함께 그를 땅바닥에 때려눕혔다. 제아무리 무술을 연마한 풍소보라 해도 궁중 고수들을 당해낼 수는 없었다. 온몸을 무참하게 난타당한 풍소보는 그 자리에서 절명했다.

둘째, 측천의 딸 태평공주의 유모인 장 씨 부인이 대동한 무사들에게 암살되었다는 설이다. 『구당서』에 나오는 기록인데, 사건의 구체적인 내막은 무유령의 경우와 거의 같다. 측천이 요광전으로 풍소보를 불렀고, 그 자리에 태평공주의 유모 장 씨 부인이 나타나 무사들을 시켜 그를 살해했다.

셋째, 측천이 직접 살해를 지시했다는 설이다. 당대 시인 이상은李商隱이 쓴 소설 『의도내인전宜都內人傳』에 나오는 기록이다. 의도내인은 측천의 궁녀로, 한번은 측천에게 음양지도를 일러주었다.

"남자는 양, 여자는 음에 해당합니다. 폐하께서 남총을 거느리시는 것은 음기로써 양기를 얻으려는 것이니, 이렇게 되면 결국 자멸에 이르게 됩니다. 그러니 남총을 내치시고 스스로 음양의 기운을 배양하셔야 오래도록 통치하실 수 있습니다."

이 말을 들은 측천은 일리가 있다고 생각해서 그 자리에서 풍소보를 죽이라고 명했다. 이 견해에 따르면 풍소보는 암살된 게 아니라 대놓고 처형당한 것이 된다. 그렇다면 이 세 가지 중에서 어느 것이 가장 믿을 만할까?

우선 세 번째 설은 신뢰도가 매우 낮다. 그 이유로 두 가지를 들 수 있는데, 우선 측천이 공개적으로 풍소보를 처형한다는 건 불가능하기 때문이다. 풍소보의 신분은 남총이었다. 지금으로 치면 한 회사 사장의 애인에 해당된다. 만약 그 애인이 걸핏하면 회사 일에 참견하려 들고 심지어 사장을 해치려고까지 한다면, 그 사장은 어떻게 나올까? 아마 이런 관계를 법에 호소하여 공개적으로 해결하기는 참으로 난처할 것이다. 그렇다면 어떻게 해야 할까? 청부 살인을 꾸밀 수밖에 없다. 측천이 바로 이런 경우였다. 설사 풍소보를 꼭 살해하고 싶다고 해도 이 일이 사람들에게 공개되는 것만은 원치 않았을 것이다. 게다가 이상은이 쓴 『의도내인전』은 소설이다. 허구성이 많아 신뢰도가 떨어진다. 따라서 세 번째 설은 우선적으로 배제할 수밖에 없다.

그렇다면 첫 번째와 두 번째 설은? 여기서는 공통적으로 측천이 암살자를 기용해서 풍소보를 살해했다고 기록하고 있다. 또 『실록』과 『구당서』는 신뢰도 면에서 큰 차이가 없다. 따라서 어느 것이 더 믿을 만하다고 단정할 수 없다. 하지만 암살자를 기용하려면 철저히 비밀을 유지해야 한다. 그러기 위해서는 반드시 자신의 최측근을 동원했을 것이다. 그렇다면 무유령과 태평공주 중에서 누가 더 믿을 만했을까? 태평공주였다.

역사의 기록에 따르면 태평공주는 측천이 가장 총애한 딸로 권모술수에 능했고 또 신중한 성격이었다. 말이든 행동이든 함부로 하는 법이 없었다. 태평공주는 아마 측천의 지시를 받고, 유모 장 씨 부인에게 무사를 동원하여 풍소보를 죽이라고 했을 것이다. 풍소보가 '용도 폐기'되자 측천은 사람을 시켜 시체를 백마사로 옮겨 화장했다.

그렇다면 현재 관점에서 측천과 풍소보, 이 두 사람의 관계를 어떻게 평가할 수 있을까? 고대 중국의 황제들은 하나같이 무수한 후궁을 거느렸다. '후궁 미녀 삼천'이라는 말도 있지 않은가? 측천 역시 황제들의 관행을 그대로 본떠 남총을 거느렸다. 이 때문에 측천이 지나치게 비판을 받을 필요는 없지 않을까?

풍소보의 원래 신분은 남총으로, 그가 측천의 개국을 도왔다고는 하지만 특별히 중요한 정책을 주도하지는 않았다. 재상을 역임한 것도 아니다. 이런 점에서 측천은 기본적으로 공과 사를 분명히 했다. 측천은 풍소보를 나름대로 엄격하게 통제했다. 그의 출세에서 최후의 죽음까지, 그는 줄곧 측천의 손아귀를 벗어나지 못했다. 따라서 측천은 효율적으로 그의 활동 범위와 능력을 통제했다고 볼 수 있다.

## 제29장
# 남총 장 씨 형제의 정치 개입

측천은 태평공주의 협조하에 첫 남총이었던 풍소보를 제거했다. 효심이 지극했던 태평공주는 모친이 혼자서 말년을 적적하게 보내는 모습을 차마 그냥 지나칠 수가 없었다. 그래서 그녀는 자신의 연인이었던 장창종張昌宗을 모친에게 헌상했다.

## 1. 한 떨기의 연꽃, 장창종

장창종은 고종 시기 재상을 지낸 장행성張行成의 손자뻘 되는 사람으로 환관 집안 출신이었다. 온화한 성품에 풍채가 좋았고 노래와 악기에도 정통했는데, 이런 점에서 그는 풍소보와는 비교도 안 될 만큼 품위가 있었다. 특히 장창종은 자기 형과도 우애가 돈독해서 자신이 측천의 총애를 받은 후에는 이복형 장이지張易之까지 데려와 형제가 나란히 여황제를 모셨다.

『자치통감』의 기록을 보면, 두 형제는 예쁘게 화장을 하고 수놓은 비단 옷을 즐겨 입었으며, 마치 애완동물처럼 측천을 졸졸 따라다녔다고 한다. 나이 든 측천은 너무나 흡족한 나머지 장 씨 형제에게 3품관을 하사했다.

장 씨 형제가 풍소보의 자리를 차지하자 자연히 그 주변에 소인배들이 들끓었다. 그들은 남에게 뒤질세라 장 씨 형제를 떠받들었다. 당시 하인 신분을 가진 사람들은 자기 주인을 '낭郎'이라고 불렀는데, 소인배들은 장이지를 오랑五郎, 장창종을 육랑六郎이라고 불렀다. 측천의 조카 무삼사 역시 원래 타고난 아첨꾼으로 바로 측천에게 상소를 올려 아부했다.

"장창종은 사람이 아니라 신선이 된 태자 진晉의 화신입니다."

이 말을 들은 측천은 흐뭇한 미소를 지으며 장창종에게 새 깃털로 만든 옷을 입고 목계木鷄에 올라 악기를 연주해보라고 명했다. 신선의 흉내를 내게 한 것이다. 자신이 신선이 되기 전에 우선 눈으로나마 한번 즐겨보자는 것이었다.

성력 2년(699), 측천은 더 많은 미소년을 자기 주변에 불러 모으기 위해, 또 장 씨 형제에게 고관이 된 기분을 만끽하도록 해주기 위해 공학감控鶴監이라는 기구를 설치했다. 이는 훗날 봉신부奉宸府로 이름이 바뀌었다. 공학감의 수장은 오랑 장이지가 맡았고, 육랑 장창종도 당연히 중책을 맡았다.

문인학사까지 모여들면서 순식간에 그곳은 인재들로 넘쳐났다. 야심이 있는 자들은 측천의 환심을 사기 위해 어떻게 해서든 이 봉신부로 들어오려고 안달복달했다. 심지어 측천에게 자천하는 경우도 있었는데 자기가 장 씨 형제보다 잘생겼다는 사람, 풍소보보다 건장하다는 사람 등 별별 사람이 다 있었다. 이렇게 되고 보니 봉신부의 이미지도 자연 타격을 입게 되었다. 이에 한 신하가 측천에게 상소를 올렸다.

"폐하의 남총은 지금 몇 사람만으로도 충분합니다. 이렇게 미소년들만 뽑아 들이신다면 폐하께 결코 이로울 게 없습니다."

측천이 듣고 보니 일리가 있는 소리였다. 사람들의 이목을 피하기 위해 측천은 장 씨 형제에게 책을 한 권 편찬하라고 명했다. 『삼교주영三敎珠英』, 유불도 3가 사상을 담은 시집이었다. 시집을 편찬하려니 당연히 시인들이 참여해야 했고, 당시 많은 문인이 장 씨 형제에게로 몰려들었다. 송지문宋之問·두심언杜審言과 같은 당대 저명 시인들이 모두 『삼교주영』의 편집원으로 장 씨 휘하에서 일했다. 두심언은 두보의 조부이기도 하다.

한 사람이 출세하면 온 집안이 득을 보게 마련, 장 씨 형제가 권력을 쥐자 그 친척들 또한 덩달아 빛을 보게 되었다. 어느 왕조든 관리의 선발은 모두 이부에서 관장했는데, 관리 후보자들이 일단 수도로 모이면 이부에서 실력자를 선발했다. 당시 관리 자격을 구비한 자는 많았지만, 관직은 한정되어 있어서 늘 공급 과잉 현상을 빚었다.

설薛 씨 성을 가진 한 관리 후보자가 머리를 짜내 장 씨 형제 쪽과 한번 선을 대보려고 했다. 장창종의 동생 장창의張昌儀가 낙양 현령으로 있었는데, 어느 날 출근길에서 이 설 씨를 만났다. 설 씨가 길을 막고 장창의에게 뇌물로 황금 50냥을 건넸다.

"나으리, 올해 제가 관리가 되도록 좀 도와주십시오."

장창의도 재물을 보자 마음이 동했다. 즉시 수락하고 설 씨의 이력을 적은 쪽지를 이부시랑에게 보냈다. 그런데 이 이부시랑은 좀 맹한 사람이어서 그 쪽지를 그만 잃어버리고 말았다. 그가 서둘러 장창의를 찾아가 그 이름을 확인하려고 하자 장창의는 버럭 화를 냈다.

"아니, 내가 한 번 만난 사람의 이름을 어떻게 기억하나? 그렇다고 남의 돈을 받았으니 나 몰라라 할 수도 없고. 이렇게 하세. 어차피 그자가 설 씨였으니 설 씨 성을 가진 모든 사람을 다 채용하면 되겠군!"

이부시랑도 달리 방법이 없었다. 돌아와 세어보니 후보자 가운데 설 씨는 모두 60여 명, 그는 그 사람들을 모두 관리로 채용했다.

## 2. 남총의 정치 개입

장 씨 형제가 권력을 장악할 수 있었던 배경에는 물론 여황제와의 감정 문제도 작용했지만, 그보다는 측천이 그들을 정치 일선의 정보망으로 활용했다는 이유도 있다. 측천은 말년에 들어 병이 잦았기 때문에 과거처럼 철저하게 조정을 살필 수가 없었고, 대신 장 씨 형제가 그녀의 눈과 귀가 되어주었다. 나이는 들었지만 측천으로서는 쉽사리 권력에서 손을 뗄 수가 없었다. 이에 그들은 남총의 신분을 벗어나 측천의 눈과 귀가 되어 자연스레 정치에 개입했다.

그들은 여릉왕 이현을 태자로 복위시켰다.

앞에서 언급했듯이 측천의 총애를 한 몸에 받고 있었던 장 씨 형제는 측천이 죽고 나면 자신들이 보복당하지 않을까 걱정이 많았다. 그래서 길욱의 제안을 받아들여 측천을 설득했다. 물론 적인걸 등 재상들도 이런 건의를 하긴 했지만, 사실은 두 장 씨의 발언권이 절대적이었기 때문에 이현의 태자 책봉에는 그들의 공로가 적지 않았다.

장 씨 형제는 또 태자 이현의 적장자 이중윤李重潤, 딸 영태공주永泰公主, 공주의 남편 무연기武延基를 간접 살해했다. 이 사안에 대해서는 역사의 기록이 제각기 다른데, 대개 다음 네 가지로 정리할 수 있다.

첫 번째 자료는 『자치통감』의 기록이다.

"태후가 연로해지면서 정사를 주로 장이지 형제에게 위임했다. 소왕邵王 이중윤과 그 여동생 영태공주, 공주의 남편 무연기가 몰래 만나 정사 위임 문제를 두고 서로 의견을 나누었다. 장이지가 이 사실을 알고 태후에게 알리자 태후는 세 사람에게 자살을 강요했다."

태후가 직접 이 젊은 세 사람의 자살을 명령했다는 내용이다.

두 번째 자료는 『구당서』 「무승사전」이다. 이중윤 등 세 사람이 "장이지 형제의 궁중 출입에 대해 논의하던 중 서로 의견이 맞지 않아 언성이 높아졌고, 그 말이 밖으로 새어나갔다. 측천이 이를 듣고 대로하여 그들에게 자살을 명했다"라고 되어 있다.

세 번째 자료는 『구당서』 「장이지·장창종전」이다. 여기에는 측천이 이현에게 명하여 그 아들과 딸, 사위를 처결하라고 하자 이현이 그들의 자살을 강요했다고 되어 있다.

네 번째 자료는 『영태공주묘지永泰公主墓誌』인데, 공주가 조산早産으로 목숨을 잃었다고 되어 있다.

이 네 가지 기록 가운데 어느 것이 합리적일까? 사실 네 가지가 다 맞다. 이 자료들을 하나로 종합해보면 다음과 같은 이야기가 만들어진다.

장안 원년(701), 태자의 아들 이중윤과 그 여동생 부부가 장이지 형제의 궁중 출입과 정치 참여에 대해 논의했다. 말이 오가던 중에 서로 뜻이 맞지 않아 언성이 높아졌고, 이를 이복동생 이중복李重福이 듣게 되었다. 이중복은 바로 장이지 생질녀의 남편, 이 경로를 통해서였는지는 모르지만 어쨌든 소식은 바로 장이지 형제의 귀에까지 전해졌고, 장 씨들은 측천을 찾아가 억울함을 하소연했다.

나이가 들면 변덕도 심해지는 법, 거기다 측천은 원래부터 자신의 권위에 도전하는 자를 용납하지 못하는 성격이다. 측천은 장 씨 형제의 말을 듣고는 바르르 몸을 떨었다.

측천은 곧장 태자 이현을 불러 호되게 나무랐다. 그런 다음 태자에게 집에 돌아가 자식들을 제대로 교육시키라고 일렀다. 아마 이때는 장 씨 형제나 측천 모두 그 젊은 세 사람을 죽여야 한다고 생각지는 않았을 것이다. 장 씨 형제로서는 자신들을 업신여기지나 않았으면 하고 기대했을 것이고, 측천 또한 홧김에 아들 이현에게 자식들을 좀 따끔하게 훈계하라는 식으로 말했을 것이다.

하지만 태자 이현의 입장은 달랐다. 방주에 유폐되었던 지난 15년의 세월, 생각만 해도 소름 끼치는 노릇이었다. 이제 겨우 돌아와 뭔가를 이뤄보려고 하는 이 시점에 어떻게 또 모친의 심기를 건드릴 수 있겠는가? 게다가 만약 모친이 이 사건을 자신의 충성도를 가늠해보는 기회로 삼는다면? 그는 자기 의사를 확실히 표명해둘 필요가 있었다.

사람이 다급해지면 이성을 잃기 마련. 이현은 그들을 없애버리기로 마음먹었다. 하지만 차마 손을 댈 수가 없었다. 아들 중윤은 이제 겨우 열아홉 나이, 장가도 들지 않았다. 딸 영태공주 역시 열일곱, 결혼한 지 겨우 1년에 출산을 코앞에 두고 있었다. 그런데 만약 그들을 죽이지 않는다면 자신의 지위가 안전하리라는 보장이 없었다.

궁리에 궁리를 거듭한 끝에 결국 이현은 마음을 독하게 먹고, 아들 중윤과 사위 무연기에게 자살을 명했다. 영태공주에게는 우선 아이를 낳은 다음 자살하도록 했다. 하지만 영태공주는 오빠와 남편이 동시에 자살했다는 소식을 듣고는 그 충격을 견디지 못하고 아이를 사산했고, 자신도 목숨을 잃고 말았다.

이중윤은 이현의 적장자로 의외의 사건이 발생하지 않았다면 장차 이현의 후계자가 될 인물이었다. 또 무연기는 측천의 장조카로 위왕 무승사의 아들, 무 씨 집안의 종손이기도 했다. 그런데 장 씨 형제의 말 한마디로 그만 목숨을 내놓았으니, 누군들 장 씨 형제를 증오하지 않았을까? 비록 이현의 태자 책봉에 장 씨 형제의 공로가 크다고는 하나, 그들이 지은 죄에 비하면 아무래도 그 공은 보잘것없었다.

장 씨 형제는 조정대신들에게도 위해를 가했다.

측천은 친손자·친손녀·손녀사위를 죽음으로 내몰긴 했지만, 그래도 아들 이현에게 정권을 물려주고 이 씨 황조로 되돌아가야겠다는 생각에는 변함이 없었다. 이중윤 등이 죽은 지 한 달 뒤, 측천은 장안으로 다시 돌아와 대사면을 실시하고 연호를 장안으로 바꾸었다. 이현은 태자로서 측천의 장안 귀환길에 호송 책임을 맡았다. 막내아들 이단에게도 군사 요직을 맡겼는데, 먼저 내린 직책이 지좌우우림군사知左右羽林軍事, 이는 당시 북아금군北衙禁軍, 황궁의 북쪽에 주둔하면서 황실 경비를 책임졌던 황제의 사병私兵의 최고 책임자였다. 뒤이어 그는 병주목으로 임명되었다. 병주는 이 씨 황실이 발흥한 근거지, 병주목은 그 지역의 군사 정치를 총괄하는 직책이었다. 이단의 마지막 직책은 옹주목으로 장안과 그 일대를 책임지는 직책이었다. 정치의 중심이 이 씨 황실의 옛 수도 장안으로 집중되고, 또 두 아들을 이렇게 중용한 이상 이 씨 황실로의 복귀는 이제 기정사실이 되었다.

심지어 측천은 '앞으로 양주 서경업의 반란이나 종실의 모반 문제와 관련해서는 더 이상 그 죄를 따지지 않겠다'고까지 선언했다. 사람이 나이가 들면 원수를 만나도 웃어넘긴다고 하지 않던가? 측천은 지난날의 시시비비나 은원에 대해 모든 걸 다 용서할 준비가 되어 있었고, 당시 정치적 분위기는 여느 때보다 평화로웠다. 이 화기애애한 분위기 속에서 이현·이단·태평공주가 연합해서 상소를 올렸다. 황제가 가장 총애하는 남총 장창종을 왕으로 책봉하라는 요청이었다. 하지만 장창종은 자격이나 공적이 턱없이 부족했고, 또 타성바지를 왕으로 책봉한다는 것도 파격적인 일이었다. 결국 그는 국공國公으로 봉해졌다. 그러나 어쨌든 측천의 자식들이 이렇게 우호적으로 나온 것으로 보아, 모자지간의 정의情誼는 매우 돈독했던 것 같다. 그제야 태자 이현도 안도의 한숨을 내쉴 여유를 찾았다.

하지만 바로 이즈음 장 씨 형제가 또 화근을 불러일으킬 사건을 하나 연출했다.

장안 3년(703) 9월, 장창종이 측천에게 재상 위원충과 태평공주의 정부로 사례승司禮丞을 맡고 있던 고전高戩을 고발했다. 두 사람이 은밀히 '이제 황제가 연로했으니, 차라리 태자를 받들어 모시자'고 논의했다는 내용이었다. 신하로서는 도저히 입 밖으로 꺼내서는 안 되는 말이었다. 비록 연로했다고는 하나 권력에 대한 집착을 잠시도 늦추어본 적이 없는 측천에게 이런 논의는 금기 중의 금기였다. 측천은 분노했다.

"그대들이 그걸 어떻게 알았는가?"

"소신이 직접 들은 것은 아니고 장열張說이 들었다고 합니다."

장열은 측천이 시행한 첫 전시에서 장원으로 선발된 인물, 측천은 그의 재능을 특별히 존중했고, 그는 측천의 직계 인맥으로 인정받고 있었다. 또 그는 『삼교주영』의 편집원으로 장 씨 형제와도 사이가 좋았다. 장 씨 형제는 그런 그를 증인으로 내세웠다. 증인까지 있었던 터라 측천은 이를 사실로 받아들이고 즉각 위원충과 고전을 잡아들여 심문을 시작했다.

하지만 도무지 그런 말을 한 적이 없는 위원충이 어떻게 시인하겠는가? 자기 목숨이 달려 있는 엄청난 사건이었다. 위원충이 부인하고 나서자, 측천은 다음 날 아침 조정에서 양쪽을 대질하겠다고 했다. 장 씨 형제가 원고, 위원충과 고전이 피고, 증인은 장열이었다.

이 말을 들은 장창종은 신이 났다. 사전에 이미 장열과는 말을 맞추어 놓았기 때문이다. 장열이 위증을 해주는 대신, 그들 형제가 앞으로 그의 뒤를 봐주기로 했다. 내일 장열이 입을 여는 순간 위원충의 목이 달아날 건 불문가지였다.

그런데 장창종은 왜 이렇게 위원충을 미워했을까?

한번은 측천이 장 씨 형제의 동생 장창기張昌期를 옹주장사雍州長史로 임명하려고 했다. 이때 다른 재상들은 다 '폐하께서 유능한 인재를 얻으셨다'고 하면서 찬성했지만, 위원충만은 반대하고 나섰다. 장창기가 나이도 어린 데다 공무 수행 능력도 없다는 게 이유였다. 원래 장창기는 기주岐州에서 자사를 지냈는데, 워낙 일을 엉망진창으로 수행하는 바람에 그 지역의 백성 상당수가 딴 데로 도망쳐버릴 정도였다. 이런 자를 어떻게 옹주로 보내 또 망치게 한단 말인가?

이런 식으로 위원충은 여러 차례 그가 관직에 나서는 걸 저지했다.

또 위원충은 성품이 강직해서 평소에도 장 씨 형제를 못마땅하게 여기고 있었다. 그는 측천 주변에 이런 소인배가 있다는 게 도저히 용납되지 않았다. 당시 위원충은 재상이면서 동시에 동궁 소속 관리인 태자좌서자太子左庶子를 겸하고 있었다. 태자 이현의 아들딸과 사위를 간접적으로 살해한 적이 있는 장 씨 형제로서는 이런 위원충의 지위가 마음에 걸렸다.

그래서 장 씨 형제는 아예 사건을 하나 날조해서 위원충을 거기에 끌어들였다. 내친김에 태자까지도 엮어 넣을 참이었다. 일석이조의 효과를 노린 것이다.

다음 날, 잔뜩 긴장된 분위기 속에서 조회가 열렸다. 사건은 자칫 엄청난 파장을 불러올 수도 있었다. 재상 위원충, 더 나아가 태자까지도 연루되어 있었기 때문이다. 만약 장열이 장 씨 형제의 의도대로 증언할 경우 태자의 지위도 하루아침에 허물어질 판이었다.

이 씨 황실을 옹호하면서 태자가 순조롭게 황위를 계승하기를 기대하고 있었던 대신들은 모두 대전 밖에서 초조하게 기다리고 있었다. 드디어 측천이 장열을 불러들이라고 명하자, 대신들은 일제히 그를 에워쌌다.

먼저 봉각사인 송경宋璟이 장열의 손을 움켜잡으며 말했다.

"사람에겐 명예와 지조가 가장 중요하오. 사람을 속일 수는 있지만 귀신은 속이지 못하는 법이오. 절대 간신배에게 빌붙어 정의로운 사람을 음해하려고 하지 마시오. 만약 이 일로 미움을 사서 유배를 가게 된대도 그게 오히려 더 큰 영예일 것이오."(『자치통감』 권207)

이는 장열에 대한 격려였다. 명예를 지켜 역사에 길이 남을 사람이 되라는 뜻이었다.

송경이 장열의 손을 놓자, 이번에는 다른 사람이 나섰다. 당시 명성이 높왔던 사가史家 유지기劉知幾였다.

"청사靑史에 오명을 남겨선 안 되오. 자손대대 누를 끼치게 될 거요."

거의 협박에 가까웠다. 이 일은 전적으로 장열, 당신의 손에 달려 있으니, 만약 그대가 위원충에게 무슨 잘못을 저지른다면 역사에 기록하여 자자손손 치욕을 안기겠다는 뜻이었다.

장열이 본래 강직한 성품은 아니었다. 하지만 그도 대세를 판단하는 능력은 있었다. 장 씨 형제가 지금은 조야를 좌지우지하고 있지만, 만약 그들에게만 의지하고 있다가 측천이 세상을 떠나버리면 어떻게 될까? 그렇게 되는 날에는 자신의 미래도 불 보듯 뻔한 일이었다. 이렇게 여러 대신의 권유를 받자, 마침내 장열은 즉석에서 마음을 바꿔먹었다.

장열이 들어오자 측천이 물었다.

"듣자 하니 위원충이 대역무도한 말을 할 때, 그 자리에 있었다는 게 사실인가?"

한순간 그는 대답이 없었다. 강직하기로 소문난 위원충조차도 초조함을 이기지 못하고 소리쳤다.

"장열, 설마 그대가 장창종과 합세해서 나를 모함하려는 건 아니겠지?"

순간 장열은 못마땅한 듯 미간을 찌푸리며 말했다.

"위대감은 재상의 신분으로 어떻게 남의 말을 시정잡배처럼 그렇게 경솔하게 받아들이시오? 내가 무슨 말을 하려는지 알기나 하시오?"

초조해지기는 장창종도 마찬가지, 장열에게 어서 사실대로 고하라고 재촉했다. 결심을 굳힌 장열이 드디어 입을 열었다.

"폐하, 한번 보십시오! 장창종이 폐하의 면전에서도 이렇게 소신을 다그치는데, 다른 데서는 오죽 저에게 난리법석을 떨었겠습니까? 하지만 오늘 소신은 조정백관 앞에서 이실직고하지 않을 수 없습니다. 소신은 정말 위원충이 그런 말을 하는 걸 들은 적이 없습니다. 이는 전적으로 장창종이 소신을 협박하여 위증하라고 시킨 일입니다."

　장 씨 형제는 장열이 이렇게 갑작스레 안면몰수로 나오리라고는 꿈에도 생각지 못했다. 한순간 넋 나간 듯 멍해 있던 그들이 엉겁결에 버럭 소리를 질렀다.

　"장열도 위원충과 함께 모반을 꾀했다!"

　순식간에 조정은 발칵 뒤집혔다.

　측천은 의아했다. 방금까지만 해도 장 씨 형제는 측천에게 장열이 자기들을 위해 증언해줄 거라고 했다. 그런데 이제 와서 장열도 같은 모반자라고? 이게 도대체 무슨 소린가?

　사실 이때 장 씨 형제는 측천 앞에서 너무도 당황했다. 엉겁결에 입에서 나오는 대로 둘러댄다는 게 그만 그런 식이 되고 만 것이다. 하지만 장이지도 만만치 않았다.

　"소신은 과거 장열이 위원충을 이윤伊尹이나 주공周公에 비유하는 걸 직접 들었습니다. 이게 모반이 아니고 무엇이겠습니까?"

　그는 그 옛날 이윤이나 주공이 신하의 신분으로 일국의 왕을 좌지우지한 사례를 들어, 위원충이 바로 그런 인물이라고 주장했다. 둘러댄 이유치고는 그럴싸했다.

　하지만 장열의 생각은 달랐다. 그는 오히려 속으로 장이지를 비웃었다.

　'이런 멍청한 녀석 같으니라고! 이참에 이자의 무식한 덕을 톡톡히 보여주지!'

　그는 바로 측천에게 고했다.

　"폐하, 그의 말이 맞습니다. 위원충이 막 재상에 오르던 날, 소신이 그에게 축하드리러 가서 분명 이윤과 주공을 본받으라고 했습니다. 하지만 이윤은 탕왕을 도왔고, 주공은 성왕을 보좌하지 않았습니까? 그들이 왕에게 그처럼 충성했으니 예나 지금이나 사람들이 두 분을 숭앙하지요. 폐하께서 재상을 임명하실 때에도 모름지기 재상은 이윤과 주공을 배워야 한다고 생각하시겠지요? 제가 드리는 말씀이 틀렸습니까?"

이 말에 장 씨 형제는 또 한 번 멍해졌다. 하지만 장열은 더 힘을 얻었다.

"지금 조정에서 소신이 만약 장창종을 따른다면 재상도 될 수 있겠지만, 위원충에 붙었다가는 온 집안이 풍비박산한다는 사실을 어찌 모르겠습니까? 하지만 소신은 위원충이 원귀가 될까 두려워 차마 함부로 그를 무고하지는 못하겠습니다."

하지만 측천이 누구인가? 상황을 보아하니 자신의 연인이 지금 된통 뒤통수를 얻어맞고 있는 형국이었다. 결국 장열이란 자가 지금 자신의 권위에 도전하고 있는 거나 마찬가지였다.

"장열, 이자는 변덕이 죽 끓듯 하는 소인배로구나. 이놈의 죄도 용서할 수 없다!"

결국 위원충은 종9품으로 강등되어 남방의 고요高要 현위로 쫓겨났다. 하루아침에 재상에서 부현장으로 좌천된 것이다. 장열과 태평공주의 정부 고전 또한 남방으로 유배되었다.

이렇게 측천은 두 남총의 체면을 살려주었지만 장 씨 형제는 그래도 세상물정을 모르고 날뛰었다. 며칠 안 되어 그들은 또 위원충을 물고 늘어졌다. 위원충은 원래 태자좌서자, 동궁 관리들의 수장으로 있었다. 이번에 억울하게 남방으로 좌천을 가게 되었으니, 동궁 관리들이 그를 전송해주는 건 너무나 당연한 일이었다.

하지만 위원충의 꼬투리를 잡지 못해 안달하던 장 씨 형제의 생각은 달랐다. 시명柴明이라는 가공인물을 하나 내세워, 전송하는 동궁 관리들이 위원충과 모반을 도모했다고 무고했다.

원래 위원충 사건은 단순한 사안이었다. 한데 이렇게 몇 차례 우여곡절을 겪으면서 복잡하게 돌아가기 시작했다. 애당초 장 씨 형제가 위원충이 모반을 꾀했다고 무고했을 때는 순전히 위원충 한 사람을 겨냥했을 뿐이었다. 그런데 모반 제안을 받은 사람이 태평공주의 정부라고 했으니, 여기에 태평공주까지 연루되었다. 게다가 위원충 본인이 원래 태자의 인맥인데다가, 또 "연로한 측천 대신 차라리 태자를 받들자!"는 말까지 했으니 태자까지도 연루될 수 있었다.

조회 석상에서 대질심문을 할 때 장열이 위증을 거부했기 때문에, 장씨 형제는 잔뜩 화가 나서 위원충과 장열을 한통속으로 엮어버렸다. 이렇게 되자 이 사건은 어마어마한 모반 사건으로 비화했다. 하지만 확실한 증거가 없었기 때문에 위원충 등 몇 사람을 강등시키거나 유배 보내는 것으로 대충 마무리될 분위기였다.

그러던 중 동궁 관리들의 위원충 전별 사건이 불거지면서 사건은 재연되었다. 동궁 관리들이 연루되었으니 그 불똥은 이제 태자에게까지 번질 기세였다.

시명이란 사람의 명의로 모반 사건이 접수되자 심문이 시작되었다. 측천은 감찰어사 마회소馬懷素에게 사건의 심리를 맡겼다. 그리고 측천은 장 씨 형제의 부탁을 받아들여 마회소에게 특별히 당부했다.

"이 사건은 증거가 확실하니 서둘러 마무리하라!"

심문을 시작한 지 얼마 되지 않았는데 측천은 연거푸 환관을 보내 사건의 신속한 종결을 요구했다. 그러나 마회소는 아무리 황제라 해도 이건 너무 심하다 싶어 측천의 요구를 받아들이지 않았다.

"소신은 원고 시명이란 자를 찾아 피고와 대질한 후에 사건을 마무리하겠습니다."

하지만 시명은 가공인물이니 측천인들 무슨 방법이 있었겠는가? 측천은 화가 났다.

"경은 역모자들을 두둔할 셈인가?"

마회소도 굽히지 않았다.

"소신이 어찌 역모자를 두둔하겠습니까? 위원충이 재상을 지내다 좌천되는 마당에, 친구 몇 사람이 그를 전송해주었다고 해서 이를 반역으로 몰아붙인다면, 소신은 이 사건을 더 이상 처리할 수 없습니다. 폐하께서 생사여탈권을 쥐고 계시니 죄를 물으시겠다면 폐하의 뜻대로 하십시오. 그래도 굳이 소신더러 이 사건을 맡으라고 하시면, 소신은 결코 대충대충 처리하지는 않을 것입니다."

이쯤 되자 측천도 이 마회소와는 타협이 되지 않는다는 걸 눈치챘다.

'어떻게 하지? 고분고분 말을 잘 듣는 신하로 교체해야 하나?'

이런 일쯤은 그간 측천이 다반사로 해오지 않았던가? 하지만 그 당시에는 자신의 통치가 아직 안정되지 않았던 시절, 정권을 수립하고 또 그것을 지키기 위해서는 부득이 그렇게 할 수밖에 없는 상황이었다. 하지만 지금은 그때와 상황이 다르다. 측천은 더 이상 이 철부지 장 씨 형제 때문에 대신들을 함부로 처결하고 싶지는 않았다. 혹리 시대도 마감되었고, 오히려모든 관리가 마회소처럼 이렇게 공명정대하게 직무를 수행해야 하지 않을까? 결국 측천은 이 사건을 이 정도에서 덮어두는 것으로 종결지었다.

그러나 이번 위원충 사건이 측천의 심기를 건드린 건 분명했다. 원래 측천은 장안으로 귀환한 김에 아예 이곳에서 정권 교체까지 마무리하겠다는 생각을 가지고 있었다. 그런데 뜻밖에 위원충 사건이 발생하는 바람에자신과 태자·대신 사이에 긴장감만 더해졌다. 사실 측천은 이 일로 잔뜩화가 나 있었다.

'내가 이렇게 멀쩡하게 살아 있는데 감히 내게 반기를 들어? 좋아, 제대로 한번 본때를 보여주지!'

격분한 측천은 온 조정을 거느리고 장안을 떠나 다시 낙양으로 돌아왔다. 장안과 낙양, 이 두 곳은 황제가 무시로 왔다갔다할 그런 지역이 아니었다. 사람들은 이 두 곳을 각각 이 씨 황실과 무주 정부를 상징하는 도시로 인식했다. 측천의 무주 정권이 이 씨 황실로 순조롭게 이양되기를 학수고대했던 사람들은 대번에 어리둥절해졌다.

# 제30장
# 권력 게임

---

앞서 얘기했듯이 장 씨 형제가 재상 위원충을 모함한 이후부터 대신들은 그들과 원수지간이 되었다. 그 사건을 계기로 측천은 이 씨 황실로부터 마음을 돌렸고, 태자의 후계 계승 문제도 미궁에 빠졌다. 측천은 장안에서 다시 낙양으로 귀환했고, 조정 내부는 심각한 분열 양상을 띠었다. 분열의 양쪽에는 장 씨 형제를 추종하는 소위 '친장파親張派'와 장 씨 형제의 정치 간여를 반대하는 '반장파反張派'가 형성되었다.

## 1. 남총과 대신들의 대립

소위 '친장파'에는 어떤 사람들이 포진했을까? 크게 두 부류였다. 하나는 문인 출신 관료들, 다른 하나는 무 씨 집안 자제들이었다.

먼저 문인 출신 관료부터 보자.

첫째, 문인들은 대부분 장 씨 형제가 관장하는 봉신부奉宸府에서 그 부하로 있으면서 『삼교주영』의 편찬을 돕고 있었다. 말하자면 업무상 동료 관계로 서로 친하게 지냈다.

둘째, 장 씨 형제와 마찬가지로 그 문인들은 모두 측천이 말년에 정사를 게을리하면서부터 등장한 그룹이다. 당시 측천은 정권의 기반이 어느 정도 안정되자 오락이나 유희에 탐닉하기 시작했다. 장 씨 형제를 남총으로 받아들이는 한편, 여러 문예활동에도 관심을 가져 문인들과 함께 곧잘 연회도 열고 시문도 창작했다. 문인들은 말이 관리지, 측천에게는 사실상 자기와 같이 놀아주는 농신弄臣이나 다름없었다. 그런 점에서는 문인들이나 남총 장 씨 형제나 서로 일맥상통했다.

셋째, 문인들은 도덕성이나 품성 면에서 이렇다 할 장점이 없었다. 겉으로는 온화하고 고상한 척했지만, 눈앞의 이익을 위해서는 지조마저 서슴없이 내팽개쳤다.

장 씨 형제를 따르는 문인 중에 이형수李迥秀라는 자가 있었다. 그에게는 두 가지 신분이 있었는데 하나는 재상, 하나는 정부情夫였다. 그는 장창종의 모친 장 씨 부인의 정부 노릇을 했다. 측천이 장 씨 형제를 몹시 총애하고 있었기 때문에, 그 모친 장 씨 부인 역시 그 덕으로 태부인이라는 작위를 받았다. 과부 사정은 과부가 안다고, 측천은 자기 입장을 고려해서 이 태부인도 젊고 잘생긴 남자를 좋아할 것이라 생각해서 태부인에게 조정대신 중에서 정부를 하나 고르라고 했다.

그때 지목된 인물이 이형수였다. 그는 특별 시험인 제과制科를 통해 임용된 관리로, 제법 풍류도 즐길 줄 아는 똑똑한 인재였다. 당시 중서성 시랑으로 있었는데 태부인이 한눈에 그를 찍었다. 태부인이 그를 지목하자 측천은 이런 일쯤이야 식은 죽 먹기라는 듯 곧바로 이형수에게 태부인의 정부가 되라고 명했다. 세상에! 옛날 연극을 보면 황제의 명으로 혼사가 이루어지는 경우는 있지만 이렇게 노골적으로 정부를 찍어주는 경우도 있었던가? 그것도 황명으로 말이다.

바로 이런 신분 때문에 이형수는 봉신부로 들어갈 수 있었고, 직위도 연거푸 세 등급이나 올라 순식간에 재상이 되었다. 과거 태종 이세민은 「진부십팔학사도秦府十八學士圖를 그리게 한 적이 있다. 장 씨 형제도 그걸 그대로 모방해서 「십팔고사도十八高士圖」를 그리게 했다. 이형수도 그 '고명한 선비' 18명 중의 하나로 들어갔다.

그렇다면 무 씨 집안 자제들은 왜 장 씨 형제를 추종했을까? 앞에서 보았듯이 장 씨 형제는 원래 측천에게 조카 대신 아들을 태자로 책봉하라고 건의했다. 이렇게 보면 무 씨 자제들의 권익을 외면한 셈이다. 게다가 장 씨 형제는 또 간접적으로 무연기를 죽음으로 내몬 적이 있다. 무연기는 무승사의 아들로 무 씨 집안의 장손이었다. 거의 원수지간이나 다름없었다.

하지만 무 씨 자제들은 자신들의 앞날에 대한 걱정 때문에, 이현이 황제가 되는 걸 원치 않았다. 어떻게든 장 씨 형제를 잘 이용해서 태자 이현의 황위 계승을 막아야 했다. 게다가 아부는 무 씨 자제들의 장기였다. 풍소보든 장 씨 형제든 측천이 총애하는 인물이라면 그들은 젖 먹던 힘까지 다 동원해서 아첨을 떨었다.

문인 그룹과 무 씨 자제를 합친 친장파들은 조정 내에서 상당한 비율을 차지하고 있었고, 그들 사이에서도 별도로 파벌이 나뉘어 있었다. 친장파에는 또 장 씨 형제의 다른 동생들도 있었는데, 그들도 두 형 덕택에 출세 가도를 달리고 있었다. 동생 장창기는 변주자사, 장창의는 사부소경 겸 상방소감, 장동휴張同休는 사례소경 등 모두 3품관, 4품관이었다.

반장파에 속하는 그룹은 크게 둘로 나뉘었다.

그 첫 번째 그룹은 태자부와 상왕부相王府에 소속된 사람들이었다. 당시 태자 이현과 상왕 이단이 사실상 장 씨 형제로부터 가장 큰 위협을 받고 있었기 때문에, 두 황자를 따르는 부하들이 자신들의 주군을 보호하기 위해서는 반드시 장 씨 형제와 맞서야 했다.

두 번째 그룹은 형부刑部·어사대御史臺·대리시大理寺 등 사법 기구의 구성원들이었다. 사법 기구라고 말하면 금방 혹리를 연상할 정도로, 원래 측천

시대의 사법 기구는 혹리들의 대본영이었다. 하지만 혹리 정치가 종식된 이후부터는 그곳에도 성품이 강직하고 법 집행에 엄격한 관리들이 대거 모여들었다. 그들은 정세 판단에 밝았고 정의감도 투철했다.

일본 학자들은 흔히 당대를 율법律法 국가라고 말하는데, 무주 왕조 역시 입법이나 사법 부문에서 나름대로 기강이 잘 확립되어 있었다. 사법 부문의 관리들은 거의 다 '반장反張' 활동의 최일선에 서 있었다.

그들 중에서는 송경宋璟이 특히 유명했다. 송경은 훗날 현종 개원 시기의 재상으로도 활약하는데, 흔히 요숭과 함께 양대 명재상으로 추앙받는다. 사실 그가 두각을 나타낸 것은 측천 시대부터였다. 그는 진사 출신으로 수공 3년(687), 25세의 나이에 「매화부梅花賦」로 명성을 떨쳤고, 마침내 정계에서도 자기 기량을 한껏 발휘했다. 관리로서의 자기 절제도 뛰어나 측천은 송경의 이런 인품을 높이 샀고, 장안 시기에 그는 어사중승御史中丞, 즉 어사대의 실질적인 최고 책임자로 올라섰다.

당시 송경에게는 '가는 곳마다 봄날'이라는 별명이 하나 붙었는데, 그가 가는 곳은 어디든지 봄처럼 따스한 분위기를 조성했다는 뜻이다. 하지만 백성을 아끼는 이 모범 관리에게도 추상같은 강인함이 있었으니, 바로 장 씨 형제와 그 추종자들에 대한 태도가 그랬다. 그럴 때마다 그는 단호하고 매몰찼다. 정직이 최선의 무기라고 했던가? 그가 장 씨 형제에게 아부하지 않자, 오히려 장 씨 형제가 자발적으로 그에게 아부하려고 들었다.

『자치통감』에는 이런 기록이 전한다.

한번은 측천이 대신들을 초청하여 연회를 베풀었다. 장 씨 형제는 송경보다 직급이 높았으니, 당연히 송경보다 상석에 앉기로 되어 있었다. 하지만 그들은 송경의 환심을 사려고 그에게 상석을 양보하려고 했다.

"송공은 지금 천하제일의 어른이신데 어찌 말석에 앉으신단 말이오?"

송경은 개의치 않고 무뚝뚝하게 대꾸했다.

"장경張卿께서 비천한 소인을 천하제일이라시니 이 무슨 말씀이시오?"

분위기가 껄끄러워진 걸 눈치챈 한 관리가 곁에서 화해를 한답시고 거들었다.

"중승께서는 어찌 오랑을 경이라고 부르시오?"

앞서 말했듯이 '낭郞'은 당시 하인들이 주인을 부를 때 쓰는 칭호, 하지만 당시 장이지가 황제의 총애를 받고 있었으므로 다들 그를 오랑이라 부르고 있었다. 그래서 이 관리가 이렇게 말한 것이다. 송경은 어디 끝까지 한 번 해보자는 심정으로 이 관리에게 말했다.

"내가 장경의 하인도 아닌데 왜 오랑이라고 부른단 말이오?"

사람들은 얼굴이 하얗게 질렸다.

고작해야 식사 한 번 하는 자리, 그러나 친장파와 반장파의 움직임은 이런 식으로 물과 기름처럼 제각각이었다.

그렇다면 당시 두 파 가운데 어느 쪽 세력이 우위에 있었을까? 막상막하였다. 장 씨 형제는 공경대부의 위치에 있었고, 그의 추종자들 또한 조정의 요직에 두루 포진해 있었다. 그런가 하면 반장파에도 쟁쟁한 인물이 많았다. 정의는 민심의 편이라는 말도 있듯이 무엇보다도 반장파에게는 그들의 뒷배를 봐주는 백성의 지지가 있었다.

측천이 아직 장안에 머무르고 있을 때였다.

소안항蘇安恒이라는 한 평민이 위원충 사건으로 상소를 올렸다. 측천이 간신배에게 권력을 맡기고 충신은 배척했다는 질책을 담은 내용이었다. 그는 만약 계속 이런 식으로 나간다면 대궐 바로 앞에서 황위 쟁탈전이 벌어질 것이라고도 했다.

소안항의 말대로라면 당연히 장 씨 형제를 죽여야 했다. 만약 차마 그들을 죽이지 못한다면 멀리 유배시켜 더 이상 권력을 잡고 함부로 날뛰지 못하게 해야 했다. 그러나 측천은 이 상소를 외면했다.

당시 장안 백성은 정치적 안목이 꽤 높았고, 낙양 백성 또한 나라를 걱정하는 마음이 남달랐다.

장 씨 형제를 건드려도 별 소득이 없자, 이번에는 우회해서 그 동생을 공략하기로 마음먹었다. 당시 동생 장창의가 호화 주택을 하나 건립했는데 궁전보다 더 화려했다. 그 비용이 어디서 나왔겠는가? 백성은 자신들의 고혈을 짜낸 것이라고 확신하고, 그에게 본때를 한번 보여주기로 했다.

『자치통감』의 기록을 보자.

하루는 장창의가 아침에 일어나보니 대문에 글귀가 크게 한 줄 쓰여 있었다.

'하루 뽑은 실로 어떻게 며칠간 매듭을 짤 수 있으리오?'

적은 실로 무슨 대단한 매듭을 짜겠느냐, 즉 없는 재주로 부귀영화를 누려봐야 얼마나 가겠느냐는 뜻이었다. 장창의는 화가 나서 하인들에게 이 불길한 글귀를 얼른 지워버리라고 지시했다. 그러고는 경호원들에게 새벽까지 대문을 잘 지켜보라고 했다. 하지만 같은 글귀가 또다시 등장했다. 이렇게 반복되기를 육칠 일, 어김없이 등장하는 글귀를 본 장창의는 더 이상 참지 못하고 붓을 가져와 대문에다 자기가 직접 글을 하나 썼다.

'하루라도 좋지!'

어디 한번 해보자는 심사였다. 그야말로 막장 대응이었다. 그가 이렇게 써놓고 나니 과연 더 이상 글귀는 등장하지 않았다. 백성은 장 씨 형제가 대오 각성해서 정치에서 손을 뗄 리는 없다고 판단했다.

장 씨 형제가 황제의 총애를 믿고 갖은 횡포를 다 부렸지만, 측천은 자제력을 잃은 그들의 행동을 주동적으로 제어할 생각이 전혀 없었다. 그렇다면 사람들은 이런 상황을 나 몰라라 방관만 하고 있었을까? 사법 기관의 관리들이 움직이기 시작했다. 법으로 이 문제를 해결할 셈이었다.

## 2. 장창종의 비리 사건

장안 4년(704), 측천은 조카 무삼사의 건의를 받아들여 만안산萬安山에 홍태궁興泰宮을 수축하기로 했다. 이 공사를 장 씨 형제 일파가 떠맡아 이형수를 감독으로 앉혔다. 태부인의 정부이기도 했던 이형수는 이제 이 대단한 공사를 맡았으니 얼마나 많은 떡고물을 기대했을까? 싸구려 건축 자재, 시공 상인의 뇌물, 날림공사 등 오늘날 우리가 상상할 수 있는 비리란 비리는 죄다 동원했다.

그는 돈 문제에서만은 쉽게 빠져나오지 못했다. 사법 관리들은 금방 그의 비리를 찾아내 수뢰 혐의로 잡아들였다. 물적·인적 증거가 죄다 드러나자 이형수는 바로 재상에서 파면되어 지방의 자사로 쫓겨났다.

반장파가 이렇게 이형수를 처벌함으로써 두 가지 효과가 있었다. 하나는 장 씨 형제에게 간접적인 위협을 가해 공세적 입장을 취할 수 있었고, 다른 하나는 실질적으로 친장파 세력을 점차 무력화시키는 계기가 되었다는 것이다.

하지만 장 씨 형제는 결코 위축되지 않았다. 오히려 위험을 무릅쓰고라도 일을 더 크게 벌였다. 그들은 또 다른 공사에 개입했다. 당시 측천은 거대한 불상을 하나 수축할 준비를 하고 있었다. 이번에도 무삼사의 건의를 받아들여서였다. 이 공사를 위해 정부에서는 전국의 승려들로부터 성금을 거둬들였다. 17만 관貫이 넘는 거액이었다. 장 씨 형제는 축재할 수 있는 절호의 기회라고 생각해서 목재 사업을 시작했다. 자신들이 직접 목재를 운반해 고가로 시공자에게 팔아 거액을 챙겼다.

장안 4년 7월, 누군가가 장 씨 형제의 세 동생 장동휴·장창기·장창의가 뇌물을 수수했다는 고발장을 올렸다. 세 사람이 먼저 감옥에 들어가 심문을 받았고, 다음 날에는 장이지·장창종까지 연루되었다고 해서 불려 왔다.

며칠 후 사형정司刑正의 판결 결과가 나왔다. 장창종이 타인의 전답을 강제로 사들였으니, 법에 따라 동銅 20근을 벌금으로 부과한다는 처벌이었다. 전형적인 축소 수사에다 너무나 가벼운 처벌이었다. 뇌물 수수라는 엄청난 사안에 고작 강제매수죄가 적용되어 구리 20근의 벌금으로 끝나버렸으니, 장창종이 눈 하나 깜짝했겠는가? 측천도 이 사형정이 일처리를 제대로 했다고 생각하고 바로 재가해주었다. 없던 일로 넘길 셈이었다.

하지만 반장파 사법 관리들은 도저히 이를 묵과할 수 없었다. 나흘 뒤 어사대에서 재심 의견을 올렸다.

"장 씨 형제가 받은 뇌물이 자그마치 4000만 전錢에 이르는 거액인데 벌금형이라니, 이는 가당치 않습니다. 법에 따라 장창종을 파면해야 합니다."

세상물정 모르고 날뛰던 장창종은 이 말을 듣고 버럭 화를 냈다.

"소신은 국가 공신입니다. 어찌 이런 작은 실수로 파면을 당한단 말입니까?"

법에 따르면 국가 유공자에게는 감형 혜택이 주어졌으므로 장창종은 이 제도를 들어 자신을 보호하려고 했다. 그런데 그의 이 말이 과연 적절했을까? 얼굴 하나 잘생긴 덕에 남총이 된 자가 공을 세웠다면 도대체 어떤 공이라고 해야 할까? 측천이 듣기에도 좀 민망했다.

측천은 이 일을 주변에 있는 재상들과 상의했다.

"경들이 한번 말해보시오. 장창종이 국가에 공을 세웠습니까?"

재상들도 난처해져서 서로 얼굴만 쳐다볼 뿐이었다. 장창종이 폐하를 즐겁게 해드렸으니, 그게 바로 공이라고 말하기에도 참 민망했다.

바로 이때 재상 양재사가 거들고 나섰다. 지난날 낯간지러이 '연꽃' 발언을 한 당사자다. 누군가가 장창종이 연꽃같이 곱다고 말하자, '연꽃이 오히려 장창종 같다고 해야 맞다'고 했던 인물이다.

"장창종은 폐하를 위해 단약을 만들어드렸습니다. 폐하께서 그걸 드시고 효험을 보셨으니 이는 지대한 공로입니다."

말을 들은 측천은 빙긋 웃으면서 곧바로 이 명분을 들어 장창종의 죄를 사면해주었다.

하지만 반장파 쪽에서도 끈질기게 나왔다.

얼마 지나지 않아 이번에는 중량급 인물 두 사람이 들고일어났다. 재상 위안석韋安石과 당휴경唐休璟이 장 씨 형제의 죄상을 계속 조사해야 한다고 주장했다. 이 두 사람이 이렇게 끈질기게 나온 이유가 무엇일까? 두 사람은 조정의 재상 겸 태자부의 관리라는 이중 신분을 가지고 있었다. 한 사람은 태자좌서자, 한 사람은 태자우서자, 당시 태자부 관리들은 하나같이 반장파의 주력이었다.

측천은 이제 더 이상 대신들과 논쟁을 벌이고 싶지 않았다.

측천은 아예 그 두 사람을 쫓아버리기로 작정했다. 위안석은 양주장사揚州長史로 내보냈고, 당휴경은 유영도독幽營都督 겸 안동도호安東都護로 임명하여 동북 지역 거란 정벌에 내보냈다. 이 일에 개입하지 말라는 뜻이었다.

이렇게 되자 반장파들은 장 씨 형제를 내치기는커녕 오히려 자기 쪽에 큰 손실만 입게 되었다. 과연 장 씨 형제의 만행을 이대로 계속 지켜보고만 있어야 했을까?


### 3. 의문의 전단


장안 4년(704) 12월, 낙양성의 거리마다 갑자기 '비서飛書'가 살포되었다. 당시에는 익명으로 된 전단을 비서라고 불렀다. 전단에는 '장이지 형제가 역심을 품고 모반을 도모하고 있다!'고 쓰여 있었다. 누구의 짓인지 아무런 종적도 남기지 않은 채 전단은 매일같이 여기저기 마구 나돌았고, 낙양

거리는 숙덕공론으로 뒤숭숭했다. 전단에 어떤 구체적인 내용을 적시하지도 않았고 또 익명이었기 때문에 사건으로 비화하지는 않았지만, 장 씨 형제는 그래도 놀란 가슴을 진정시킬 수가 없었다. 그들이 왜 그렇게 놀랐을까? 마음에 걸리는 데가 있었던 것이다.

수년 전 막 황궁에 들어올 무렵, 장창종은 자신의 장래가 궁금해서 도사 이홍태李弘泰를 찾아가 관상을 본 적이 있다. 관상을 보는 게 대수로울 건 없지만 하필 그때 이홍태는 장창종에게 제왕의 기운이 서려 있다고 말했었다. 당시 장 씨 형제는 도사가 실없는 소리를 한다고 생각해서 그를 쫓아버렸다.

그런데 이제 낙양성에 전단이 나돌고 있으니 그들은 불안해지기 시작했다.

'혹 그 철딱서니 없는 도사가 누설한 건 아닐까? 아예 솔직히 다 털어놓고 용서나 빌자.'

이런저런 궁리 끝에 장창종은 측천을 찾아갔다. 그는 측천 앞에 꿇어앉아 자초지종을 숨김없이 다 털어놓으며 눈물로 하소연했다. 측천은 이 말을 듣고도 그저 웃기만 했다. 장 씨 형제의 깜냥으로는 도저히 모반을 꾀할 수 없다는 걸 측천은 잘 알고 있었다.

"이 귀여운 녀석, 짐이 그대를 감싸줄 터이니 아무 걱정 말게."

하지만 며칠이 안 되어 이번에는 익명의 전단이 아니라 공개적인 고발장이 날아들었다. 누구의 지시를 받았는지 모르지만 양원사楊元嗣는 고발장에다 이렇게 썼다.

"장창종이 도사 이홍태에게 관상을 봤는데, 도사의 말인즉 그에게 천자의 관상이 들어 있으니 정주定州에 사찰을 지으면 천하의 민심이 모일 것이라고 했다."

고발장의 핵심은 두 가지, 첫째, 장창종이 관상을 보았다는 건 바로 모반의 의도를 품었다는 뜻이니 모반 동기가 충분하다. 둘째, 장창종이 측천에게 정주에다 사찰을 지으라고 권유했으니, 이는 종교를 빙자하여 군중을 동원하려는 의도로서 모반의 구체적인 행위에 해당된다는 것이었다.

이에 측천은 이것을 모반 사건으로 간주하여 절차에 따라 재상 위승경韋承慶, 사형경司刑卿 최신경崔神慶, 어사중승 송경이 합동으로 사건을 심리하도록 했다.

위승경은 원래 장 씨 형제의 추종자였다. 그래서 그는 이 사건을 맡은 후 장 씨 형제의 죄를 벗겨주려고 애를 썼다.

"장창종이 이미 자발적으로 이홍태와 관련된 일을 다 털어놓았으니 이는 자수한 것이나 다름없다. 그러니 법적으로 그의 죄를 물어서는 안 된다."

하지만 반장파의 핵심 인물 송경은 호락호락 넘어가지 않고 즉각 위승경을 반박했다.

"첫째, 장창종의 높은 지위로 미루어볼 때 그가 역심을 품지 않았다면 왜 관상을 봐달라고 했겠는가? 관상을 보았다는 사실 자체가 불순한 동기를 보여준다. 둘째, 그는 자발적으로 자수한 게 아니다. 그가 왜 관상을 본 직후 자수하지 않고 전단이 나돈 뒤에야 자수했겠는가? 그러니 이것을 자수라고 볼 수 없다. 셋째, 모반은 대역죄로서 자수 여부와는 상관없이 사형에 처해야 한다."

모든 것을 종합해볼 때 장창종을 사형에 처해 마땅하다는 게 송경의 입장이었다.

측천은 송경에게 양주로 내려가 그동안 해결되지 않은 현지의 사건들이나 마무리하라고 명했다. 하지만 그는 곧바로 반박했다.

"주현州縣의 업무는 원래 감찰어사가 해야 할 몫입니다. 어사중승인 소신이 이런 하찮은 일에 관여할 수는 없습니다."

송경의 이 말은 당시 제도에 비추어보면 틀린 게 없었다. 측천으로서도 달리 방법이 없어 명을 취소했다.

하지만 며칠 후 측천은 다시 송경에게 유주도독幽州都督의 비리 사건을 조사하도록 명했다. 중대 사안이었다. 이번에도 송경은 이를 받아들이지 않고 반박했다.

"중승은 군사나 국가와 관련된 중대 사안이 아니면 나갈 수 없습니다. 유주도독이 비록 낮은 관직은 아니지만, 이는 한 지방 관리의 비리 사건일 뿐입니다."

그의 이 반박은 구체적인 특정 사건에 대해서는 굳이 어사중승이 나서서 처리할 필요가 없다는 논리였다. 그는 여전히 움직이지 않았다. 제도를 존중해야 할 측천으로서도 달리 방법이 없었다.

다시 묘안을 짜보았다. 측천은 다시 송경에게 재상 이교李嶠를 모시고 촉 지역을 살펴보고 오라는 명을 내렸다. 지금의 쓰촨 성 지역이다. 송경이 자기 입으로 어사중승으로서 '구체적인' 사건은 담당하지 않는다고 했으니, 이번에는 현지의 민심과 생활 실상을 시찰하라는 것이었다. 이것이야말로 추상적인 임무가 아닌가? 게다가 송경 스스로 어사중승이란 직책에 대단한 자부심을 가지고 있으니, 재상을 모시고 시찰하는 것도 개인적으로 영광스러운 일일 것이었다.

하지만 송경은 이번에도 반박하고 나섰다.

"지금 촉 지역은 아무 변고가 없는데, 폐하께서는 무슨 연유로 소신에게 그곳으로 나가라고 하십니까? 소신은 결단코 이 명을 받들 수 없습니다!"

측천은 더 이상 그를 어떻게 해볼 방법이 없었다.

송경은 장 씨 형제의 이 모반 사건을 철저하게 조사하겠다는 결심을 굳히고 비장의 카드를 꺼냈다.

"장창종이 지금 과분하게 폐하의 은총을 입고 있는지라, 소신이 자칫 말 한마디 잘못했다가는 화를 자초할 수 있다는 것을 잘 알고 있습니다. 하지만 정의를 생각하면 죽어도 여한이 없습니다."

재상 양재사가 군신 간에 벌어진 이 대치 상황을 보고는 잔뜩 겁을 집어먹은 채, 다급하게 송경에게 밖으로 나가라고 소리쳤다. 송경이 냉담한 표정을 지으며 대꾸했다.

"내가 지금 황제 폐하의 바로 앞에 서 있지 않소? 폐하께서 얼마든지 하실 말씀을 다 하실 수 있소. 재상인 그대가 함부로 나서서 말을 가로챌 계제가 아니오!"

송경은 한사코 자리를 뜨려 하지 않았다. 측천조차도 말리지 못할 사람이었다.

송경을 죽여야 하나? 좌천시켜버릴까? 사실 측천은 마음대로 할 수 있었다. 하지만 지금껏 강직한 대신들을 존중해왔던 측천은 그렇게까지는 하고 싶지 않았다. 그렇다면 이 젊은 연인은? 자신이 감싸주겠다고 약속까지 하지 않았던가? 어떻게 하면 대신도, 연인도 다 만족시킬 수 있을까? 그건 모순이었다.

생각에 잠겨 있던 측천이 웃으면서 말했다.

"경의 말이 맞소. 짐이 사사로이 일을 처리할 수 없으니 장창종을 어사대로 데려가 심문하시오."

드디어 황제께서 납득하셨구나! 송경은 기쁜 마음에 즉각 장창종을 어사대로 데리고 갔다. 어사대 뜰 앞에 도착하자마자 송경은 바로 심문을 시작했다. 하지만 다급하기로 말하면 송경도 그랬지만 측천은 더했다. 송경이 말 한 마디도 채 마치기 전에 궁중에서 사람이 달려왔다.

"폐하께서 방금 장창종을 사면하라는 명을 내리셨다!"

송경의 반응을 기다릴 것도 없이, 장창종은 이미 흔적 없이 사라지고 말았다. 송경은 한바탕 욕을 퍼부었다.

"진작 이럴 줄 알았더라면 이 쥐새끼 같은 자를 먼저 머리통이 깨지도록 패놓고 심문을 시작했어야 했는데……."

하지만 화를 낸들 무슨 소용이 있으랴? 법이 아무리 무섭다고 해도 황제의 권력 앞에서는 어쩔 수가 없었다. 측천이 이런 식으로 장 씨 형제를 감싸는 이상, 또 측천이 생존해 있는 이상 그들에게 손댄다는 건 불가능했다.

그러나 측천의 이런 행동은 오히려 자기 자신을 전에 없던 위기 상황으로 몰고 갔다. 과거 측천의 일처리는 언제나 과감하고 확실했다. 그런데 유독 이번 일만은 미적미적 단안을 내리지 못했다. 장 씨 형제도 챙기고, 강직한 신하도 보호하겠다는 모순된 생각 때문이었다. 자기 스스로를 그들 중간에 가둔 셈이었다. 만약 얼음과 불 사이에 나무판자를 갖다놓는다면, 얼음도 불도 다 보호할 수 있을까? 아마 가장 먼저 피해를 보는 건 나무판자일 것이다. 측천이 꼭 그런 꼴이었다.

제31장

# 신룡神龍 정변

사람들은 노인들이란 정작 하는 일도 없으면서 남의 도움에만 기댄다고 생각한다.
하지만 만약 측천 시대에 이런 생각을 했다면 그건 엄청난 착각이다. 측천은 팔순을
넘기고도 꿋꿋하게 권력을 잡고 있었고, 또 측천을 권좌에서 물러나게 한 인물 또한
팔순을 훨씬 넘긴 사람이었다. 도대체 어떻게 된 일일까?

## 1. 장 씨 형제의 적대 세력

말년의 측천이 장 씨 형제를 총애하면서부터 모자·군신 간에는 팽팽한
긴장감이 감돌았다. 특히 장안 4년(704) 이후, 병환에 시달리던 측천은 오
직 장 씨 형제만 자기 곁에서 시중들게 했고, 외부 사람과는 거의 내왕을
하지 않았다. 측천의 조정 장악력이 어느 정도 약화된 데 반해, 장 씨 형제
는 남총의 권한을 넘어 점차 정사에 개입하기 시작했다. 이 때문에 정국은
예측불허의 상황으로 치달았다. 태자 이현이 순조롭게 황위를 계승할 수
있을까에 대해서는 누구도 장담하지 못했고, 모든 갈등의 중심에는 장 씨
형제가 자리하고 있었다.

장안 시기, 많은 대신이 법적 경로를 통해 장 씨 형제를 감옥에 집어넣거나, 아예 목숨을 앗아버리려고 노력했지만 여의치 않았다. 측천이 기를 쓰고 그들을 옹호하고 나서는 바람에 그 방법이 통하지 않았던 것이다.

이때 누군가가 불법적인 수단을 동원해서 그들을 없애버리려는 생각을 했다. 암살? 장정 몇 사람이면 충분히 가능했으니 암살이 어려울 건 없었다. 하지만 측천이 암살범을 용납할 리 없다. 사람이 많으니 아이디어도 가지가지, 누군가가 새로운 방법을 하나 구상했다. 아예 궁중 정변을 일으켜 장 씨 형제를 제거하고 측천까지도 앞당겨 퇴위시키자는 계획이었다.

그렇다면 이 시기, 과연 누가 장 씨 형제를 제거하려고 했을까? 추리소설의 전개 방식대로라면, 장 씨 형제 때문에 가장 피해를 많이 보는 사람이 바로 암살자일 가능성이 크다. 정치투쟁이라고 해서 이와 다를 건 없다.

만약 장 씨 형제가 권력을 장악하고, 또 측천이 기존의 후계 구도를 바꾸려고 마음먹는다면 누가 가장 큰 피해를 볼까? 아마 이 씨 황실과 반장파 그룹의 피해가 가장 클 것이다.

첫째, 이 씨 황실쪽으로는 태자 이현, 상왕 이단과 태평공주가 있다.

고대 중국은 가족 중심 사회였다. 따라서 이현이 황제가 되지 못하고 만약 다른 성씨 중에서 황제가 나온다면, 이 씨 황실은 새 황제의 최대의 위협 세력으로 간주되어 멸족을 면치 못할 것이다. 또 태자 이현의 아들·딸·사위·외손자가 모두 장 씨 형제 때문에 목숨을 잃었다. 태평공주의 정부도 장 씨 형제의 모함을 받아 남방으로 유배되었으니 태평공주의 원한도 만만치 않았다. 국가적으로나 가정적으로 볼 때 장 씨 형제는 이 씨 황실쪽 사람들에게는 불구대천의 원수나 다름없었다.

둘째, 장 씨 형제의 반대편에 선 반장파 대신들이 있다.

측천은 말년에 접어들면서 조정 장악력이 약화되었고, 이를 계기로 조정에는 서로 이익을 달리하는 파벌이 조성되었다. 장 씨 형제를 추종하는 친장파와 강경한 반장파였다. 장 씨 형제는 측천의 총애를 받으면서 오만 불손의 극치를 보여주었던 소인배로서 하찮은 원한이라도 그냥 넘어가는 법이 없었다. 그들을 싫어하거나 그들이 싫어한 사람에게는 악랄한 수법으로 보복을 가하곤 했다. 위원충이나 당휴경처럼 장안 시기에 장 씨 형제를 반대했던 대신들은 여지없이 조정에서 쫓겨났으니, 당시 정치 노선의 다툼이 얼마나 치열했는가를 짐작할 수 있다.

장 씨 형제가 득세할 경우 가장 큰 타격을 받게 될 이 두 반장파 그룹이 궁중 정변의 주도 세력이 되는 건 너무나 당연했다. 그들은 거사의 구상이 끝나자 각각 행동에 돌입했다.

양떼가 이동할 때도 우두머리가 있듯이 반장파 대신의 핵심은 장간지張柬之였다. 장간지는 대기만성형의 전설적인 인물이다. 고조 무덕武德 시기에 출생한 그는 진사 출신으로 당시 정계의 원로급이었다. 그러나 젊은 시절에는 관운이 순탄치 못했고, 65세 이후에야 겨우 빛을 보게 되었다. 장간지가 두각을 나타낸 배경에는 세 '귀인貴人'의 도움이 있었다.

첫 번째 귀인은 측천이었다. 영창 원년(689), 측천은 무주 왕조를 건립하기 위해 비정기적으로 치르는 제과를 통해 인재를 선발했다. 원대한 꿈을 품었던 이 숨은 인재 장간지는 이때 66세의 고령으로 급제했고 감찰어사가 되었다. 그로부터 10년, 그는 4품관 형주장사에까지 올랐다. 지금으로 치면 형주의 부시장에 해당했다. 영창 원년에 치른 그 제과가 그에게는 인생의 첫 전환점이었다. 형주장사, 높다면 높고 낮다면 낮다고 할 수 있는 이 직급은 당시의 관례대로라면 장간지의 마지막 자리였다. 당시 그의 나이가 76세였기 때문이다.

그러나 바로 이때 장간지는 자기 인생의 두 번째 귀인, 국로 적인걸과 조우했다. 측천이 적인걸에게 인재 천거를 당부하자 그는 이렇게 말했다.

"폐하께서 어떤 인재를 원하시는지 모르겠습니다. 문학 인재를 찾으려

하신다면 우리 조정에 이미 충분히 많습니다. 만약 국가 경영에 뛰어난 인재를 찾으신다면 소신은 형주장사 장간지를 천거하고자 합니다. 그가 비록 나이는 많으나 재상이 될 자격이 충분합니다."

인재를 구하는 데 열성적이었던 측천은 바로 장간지를 낙주사마洛州司馬로 발탁하여 지방에서 수도로 불러들였다. 지금의 북경 부시장 자리다.

며칠 후 측천이 또다시 적인걸에게 인재 천거를 부탁하자 적인걸이 말했다.

"얼마 전 소신이 장간지를 천거해드렸는데 폐하께서는 아직 그를 기용하지 않으셨습니다."

"짐은 이미 그를 낙주사마로 발탁했소."

"소신이 천거한 인재는 재상감이지 결코 사마가 아닙니다."

이에 측천은 장간지를 또 추관시랑秋官侍郞, 즉 형부시랑으로 발탁했다. 중앙 부서로 이동시킨 것이다.

인재를 보는 안목이 남달랐던 측천은 왜 적인걸이 반복해서 장간지를 천거할 때까지 뜸을 들였을까? 바로 이런 방식이 측천의 인재 기용 원칙이었다. 재상이라면 백관의 수장, 국정 전반을 책임지는 요직이다. 따라서 그런 직책에 앉으려면 지방은 물론 중앙 부서의 업무도 파악할 수 있는 풍부한 경험이 필요하다. 이런 점을 고려해서 측천은 몇 년간 그 사람을 지켜보면서 단계적으로 인사 문제를 처리했다. 하지만 측천의 이런 방식이 아무리 절차에 합당했을지라도 장간지의 나이는 여전히 걸림돌이 될 수 있었다. 어쩌면 측천이 그를 지켜보는 기간까지 목숨이나 부지할 수 있을지도 의문이었다.

그즈음, 장간지 인생의 세 번째 귀인이 등장했다. 장안 4년, 이번에는 측천이 요숭에게 인재 천거를 부탁했다. 요숭이 말했다.

"장간지는 지략이 뛰어나고 매사를 과단성 있게 처리할 수 있습니다. 그가 비록 나이는 많지만 폐하께서 그를 발탁하시는 게 좋을 것입니다."

측천은 바로 장간지를 불러 봉각시랑, 즉 중서시랑에 임명했다. 국사의 기획을 담당하는 직책이었다. 이렇게 해서 장간지는 80세가 넘은 나이에 마침내 재상이 되었다.

장간지가 만난 이 세 귀인 중에서 가장 중요한 인물을 꼽으라면 단연 측천이다. 측천만이 재상의 임면권을 쥐고 있었기 때문이다. 만약 그녀가 받아들이지 않았다면 적인걸이나 요숭이 무슨 소리를 했든 장간지는 기용되지 못했을 것이다.

하지만 측천이 장간지의 재능을 그토록 인정해주었건만, 그는 결국 측천의 반대편에 섰다. 그가 재상을 지낼 당시의 무주 왕조는 정국이 복잡하게 돌아가고 있었다. 장 씨 형제가 날뛰면서 국가 앞날은 예측하기 어려울 정도로 불안했다. 장간지가 보기에 최대의 현안은 바로 장 씨 형제와 같은 소인배를 우선적으로 처결하는 것이었다.

고위직에 올라 막강한 권력을 행사하게 된 장간지는 정사에 온 정성을 쏟았다. 그는 워낙 정치적 소신이 뚜렷하고 지략이 출중한 재상이었기 때문에 반장파의 핵심 인물로 부상했다. 나이가 들었어도 의지가 꿋꿋했고, 오랜 경험을 통해 축적된 강단과 정치적 혜안을 갖추고 있었다.

하지만 장 씨 형제를 제거하기 위한 궁중 정변이 어디 생각처럼 쉬운 일인가? 철저한 준비가 필요했다. 노련하고 생각이 깊었던 장간지는 이를 위해 사전에 세 가지 조처를 취했다.

첫째, 관리 포섭.

그가 사전 조율이 필요하다고 판단한 최우선 인사는 우우림대장군 이다조李多祚였다. 장간지가 그를 지목한 이유는 그의 직책이 너무나 중요했기 때문이다. 정변을 일으키려면 군대의 힘이 필요했다.

당시 중앙의 군사력은 크게 두 부문으로 나뉘었는데, 그 하나가 북아금군, 황궁의 정북문인 현무문을 지키는 부대였다. 현무문의 안쪽이 바로 황궁, 따라서 북아금군은 황제의 안전을 최종적으로 책임지는 부대였다. 다른 하나는 남아위병, 황궁 남쪽에 위치한 성을 지키는 부대로 그곳은 중앙정부의 소재지였다. 이처럼 북아금군과 남아위병은 각각 황제와 중앙정부의 수비를 책임지는 핵심 부대였기 때문에 그 중요성이 각별했다. 이 부대의 최고 지휘관이 좌·우 우림대장군이었다. 이다조가 그중 하나인 우우림대장군이었으므로 그와 공조를 한다면 정변은 성공할 가능성이 매우 높았다.

장간지가 어떻게 그를 설득했을까? 이다조는 고종 시기에 당으로 투항해온 말갈인으로 노예에서 장수가 된 입지전적 인물이었다. 장간지는 그의 이런 경력을 이용해서 그를 설득했다.

"오늘 장군께서 누리시는 부귀영화가 누구 덕택이라고 생각하시오?"

성격이 단순하고 솔직했던 이다조가 눈물을 흘리며 대답했다.

"황제 폐하이시지요."

이 말을 듣고 한 가닥 희망을 발견한 장간지가 한 걸음 더 내디뎠다.

"지금 폐하의 아들이 두 환관 때문에 위기에 처해 있습니다. 장군께서는 황제의 은덕에 보답할 생각이 없으십니까?"

성격은 다소 거칠어도 나름 지혜가 있었던 이다조는 이 말을 듣자 금방 눈치를 챘다.

"국가에 도움이 되는 일이라면 상공의 처분에 따르겠습니다. 소인이 어찌 제 목숨과 가족들을 챙기겠습니까?"

그는 그 자리에서 협조를 약속했다.

손에 무기를 가졌으니 무엇이 두려우랴? 군대 쪽의 협조를 다짐 받은 장간지는 이번에는 각 부서에 포진해 있는 조정대신 쪽 인맥을 이용하여 동료들을 규합했다. 그중 주요 인사는 둘, 사형소경 환언범桓彦範과 중대우승

경휘敬暉였다. 그들은 모두 한때 적인걸의 도움을 받은 적이 있었고, 또 장간지가 낙주장사와 형부시랑을 지낼 때 같이 일했던 동료이기도 했다. 말하자면 장간지를 포함하여 세 사람이 모두 적인걸의 수하로서 의기투합이되어 정변의 핵심 요원이 된 것이다.

둘째, 군사 역량의 강화.

주요 관리의 포섭에 이어 장간지는 군사력 보강을 위한 준비 작업에 들어갔다. 우우림대장군 이다조는 이미 장간지의 손을 들어준 셈이니 남은 건 좌우림대장군이었다. 그 자리는 장 씨 형제의 일파로 측천의 오촌 조카 무유의武攸宜가 맡고 있었다. 사실 이는 장간지가 사전에 치밀하게 포석해둔 자리였다. 그에게 좌우림대장군을 맡김으로써 오히려 장 씨 형제나 측천이 방심하고 있었던 것이다. 그 대신 무유의의 바로 아래 부하인 우림장군은 또 장간지 쪽 사람이었다.

장안 4년 장간지는 재상이 가진 임면권을 활용해서, 환언범·경휘 그리고 또 다른 측근인 이담李湛·양원염楊元琰 등을 좌·우 우림장군 자리에 배치해두었다. 이렇게 장간지는 소리 소문 없이 우림군의 장군들을 완전히 자기편 사람으로 배치했다. 그러다보니 무유의는 사실상 외톨이 지휘관이나 다름없었다. 군대를 장악해두었으니 정변은 절반의 성공을 거둔 셈이었다.

셋째, 이 씨 황실과의 연계.

이번 정변의 본래 목적이 장 씨 형제를 처결하고 이 씨 황실의 복원을 도모하는 것인 만큼 반드시 황실의 기치를 내걸 필요가 있었다. 그렇지 않으면 반란으로 몰릴 수도 있었다.

어떻게 해야 황실, 특히 태자 이현과 사전에 의견을 교환할 수 있을까? 당시 태자는 매일 현무문을 통해 측천에게 문안 인사를 드리러 다녔는데, 그때가 절호의 기회였다. 환언범과 경휘, 이 두 사람이 병사를 지휘하여 현무문을 지키고 있는 사이, 장간지는 집무 시간을 이용해 이현과 정변 계획을 의논할 수 있었다. 정변의 의도가 자신의 이익에 완전히 부합했기 때문에 이현은 흔쾌히 거사를 수락했다. 이렇게 해서 장간지 등은 기본적으로 거사 준비를 다 해두고 있었다.

거의 같은 시기, 이 씨 황실 쪽에서도 행동을 개시했다. 당시까지 생존해 있었던 측천의 자녀는 모두 세 명, 태자 이현, 상왕 이단 그리고 태평공주였다. 공동의 이익을 위해 세 사람은 전에 없이 일치단결해서 서로 협조하기로 마음을 모았다.

태자 이현은 이번 궁중 정변의 주인공, 정변은 그의 기치하에 진행될 것이고, 장 씨 형제를 주살하여 정변이 성공하면 그가 황제로 등극할 것이었다. 말하자면 이현의 존재 자체가 가장 중요한 명분이었다. 이현의 부하 태자우서자太子右庶子 겸 재상인 최현위崔玄暐 역시 정변을 주도하는 핵심 지도부의 일원으로 참여했다.

상왕 이단은 측천이 이현을 태자로 재옹립하던 시기부터 이미 병권을 장악하고 있었는데, 당시 그의 직책은 좌위대장군, 바로 남아위병의 최고 지휘관이었다. 정변이 개시되면 그가 남아위병을 거느리고 중앙정부를 장악해 수도의 안정을 책임지기로 했다. 이단 역시 정변의 핵심 지도부에 부하를 파견했다. 상왕부의 사마 겸 사형소경으로 있던 원서기袁恕己였다.

태평공주는 어떤 역할을 했을까? 이에 관한 기록은 없다. 하지만 태평공주도 분명 큰 역할을 수행했을 것이다. 추측컨대 후궁의 궁녀들을 동원하여 정변이 발생하면 궁녀들이 궁중 안에서 내응하도록 지시했을 가능성이 크다. 궁중 정변에서는 원래 궁녀의 역할을 무시할 수 없다.

과거 측천 또한 궁녀들의 힘을 빌려 돌파구를 마련한 적이 있다. 당시 측천은 후궁에 정보원을 심어놓고 수시로 황제의 행동을 감시하는 강력한 무기로 이용했다. 지금 측천은 병상에 누운 채 외부와는 극히 제한적으로 접촉하고 있고, 외부 소식은 전적으로 궁녀들이 알려주는 것에만 의존하고 있었다.

이것이 바로 태평공주가 노린 효과였다. 어차피 태평공주는 측천의 친딸, 무시로 궁중을 들락거릴 수 있었고, 그녀의 주도하에 일부 궁녀들도 정변을 도울 수 있었다. 궁녀들은 항상 장 씨 형제의 일거수일투족을 감시했고, 측천 또한 감시 대상에서 벗어나지 못했다.

왜 이런 추측이 가능할까? 역사의 기록도 남아 있지 않은 궁중 내부의 은밀한 이야기를 무슨 수로 알아낼 수 있을까? 이 점에 대해서는 세 가지 증거를 제시할 수 있다.

첫째, 최근 낙양에 있는 북망산北邙山에서 출토된 궁녀들의 묘지墓誌를 보면 그들이 반측천 정변에 참여했다가 목숨을 잃었다는 기록이 남아 있다. 타이완 학자 경후이링耿慧玲 교수의 논문에서도 이 문제를 집중적으로 다루고 있는데, 이 묘지에 궁녀들이 분명 정변에 가담했다는 기록이 있음을 설명하고 있다.

둘째, 당시 측천은 이미 기력이 쇠퇴했기 때문에 태평공주가 친딸의 신분으로 정사에 간여하는 일이 많았다. 공주는 궁중을 드나들면서 측천을 위해 정책을 수립하는 등 상당한 영향력을 발휘했다.

셋째, 정변이 끝나고 난 후 태평공주는 진국鎭國태평공주로 봉해졌고, 남편과 아들 또한 승진과 함께 작위를 부여받아 위세를 떨쳤다. 이는 정변 과정에서 태평공주가 지대한 공을 세웠다는 것을 보여주는 증거다.


## 2. 궁중 정변

이런 일련의 움직임 속에서 장안 4년도 다 지났다. 해가 바뀐 정월 초하루, 측천은 연호를 신룡神龍으로 바꾸었다.

신룡 원년(705), 새해가 되었으니 응당 새로운 기운이 넘칠 만하건만, 측천은 여전히 장생원長生院의 병상에 누워 있었다. 곁에는 남총 장 씨 형제만 들락거렸고, 측천은 아들에게 황위를 물려줄 생각은 조금도 하지 않고 있었다. 사실 이런 분위기가 더 불안하기 마련이다. 만약 측천이 어느 날 갑자기 숨을 거둬버린다면 장 씨 형제는 어떤 행보를 보일까? 불안감에 휩싸여 있는 이 씨 황실과 대신들, 또 정변을 계획하고 있는 지휘부는 또 장차 어떤 행동을 취할까?

신룡 원년 정월 22일, 마침내 정변이 발발했다. 계획대로 정변군은 네 갈래의 대오로 나뉘어 행동을 개시했다.

첫 대오는 장간지와 최현위 그리고 일부 금군 장수들, 그들은 북아금군을 이끌고 곧장 현무문으로 진입하여 궁중으로 통하는 길목을 장악하기로 했다.

두 번째 대오는 우우림대장군 이다조, 그 역시 금군 장수를 인솔하여 동궁으로 가서 태자를 영접하여 현무문으로 모셔 오기로 되어 있었다. 그런 다음 이 두 대오가 합류하여 황궁을 점령하고 장 씨 형제를 죽인 다음 측천에게 퇴위를 강요할 계획이었다. 이 두 대오가 바로 정변의 주체였다.

세 번째 대오는 태평공주와 궁녀들, 그녀들은 정변군에 내응하기로 되어 있었다.

네 번째 대오는 상왕 이단과 그의 사마 원서기 등으로, 그들은 남아위병을 이끌고 중앙정부의 각 부서를 장악한 후, 장 씨 형제 일파를 제거하고 수도권의 질서를 안정시킬 계획이었다. 모든 계획은 빈틈없이 착착 진행될 것처럼 보였다.

하지만 결정적인 순간에 두 군데서 사고가 터졌다. 정변이 물거품이 될 위기가 찾아온 것이다.

첫 번째 사고는 태자 이현이 막상 일이 눈앞에 닥치자 움츠러든 것이다. 앞서 말했듯이 동궁에 있는 태자는 원래 이다조가 금군 장수들을 인솔하여 현무문으로 모셔 오도록 되어 있었다. 그런데 일이 눈앞에 닥치자 태자는 갑자기 겁을 집어먹었다. 모친의 강압 정치를 떠올린 순간, 사지에 힘이 다 풀리는 느낌이 들었다. 비록 장 씨 형제 때문에 정국의 앞날이 불안하기는 하지만, 어쨌든 어머니는 자신을 태자로 책봉하지 않았는가? 태자 자리에서 쫓아낸 것도 아닌데 굳이 이런 식으로 해야 할까? 만일 정변이 실패로 돌아간다면? 그는 생각하면 할수록 더 불안해졌다. 한 발짝도 움직이지 않은 채 그는 가지 않겠다고 버텼다.

이렇게 되자 밖에서 대기하던 장수들은 초조해졌다. 이미 당겨놓은 활시위를 어떻게 쏘지 않는단 말인가? 군사들까지 다 나선 마당에 태자가 모습을 드러내지 않는다면 이번 정변은 명분이 완전히 사라지는 꼴이 되고 만다. 이렇게 되면 그야말로 '반란'이 되어버린다. 어떻게 하나? 서둘러 태자를 재촉할 수밖에 달리 방도가 없었다.

마침 그중에 왕동교王同皎라는 장수가 있었다. 태자의 사위로 태자와는 그래도 가까운 사이여서 그가 앞장서서 재촉했다.

"선황께서 정권을 전하께 맡겼지만 생각지도 않게 지난 23년간 유폐되어 지내셨으니 이는 천인공노할 일입니다. 오늘까지 기다린 것만도 어디 쉬운 일이었겠습니까? 북문과 남아의 금군들이 일치단결하여 간신배들을 처결하고, 이 씨 황실의 종묘사직을 복원하려는 터에 전하께서는 어찌 망설이고 계신단 말입니까? 부디 현무문으로 가시어 군대를 통솔하십시오!"

태자인들 왜 그런 이치를 모르겠는가? 단지 그는 두려웠을 뿐이다. 두렵기도 하려니와 사위의 말을 그대로 인정하기도 뭐했다. 그래서 그는 자식 된 도리를 들고나왔다.

"소인배는 당연히 주살해야지. 하지만 병중에 계시는 황제께서 얼마나 놀라시겠는가? 이런 일은 멀리 내다보면서 차근차근 풀어가야 하네."

태자의 이런 흐리멍덩한 태도를 보면서 장수들은 애가 타서 미칠 지경이었다. 정변을 발동하면서 시간만큼 소중한 것이 어디 있는가? 때를 놓쳐버린다면 그야말로 만사휴의萬事休矣가 아닌가?

조금씩 시간이 흘러가고 있을 무렵, 이번에는 장수 이담李湛이 참을 수 없다는 듯 소리를 질렀다.

"소신들은 생명을 무릅쓰고 전하를 지켰습니다. 한데 전하께서는 어찌 저희를 사지로 몰아넣으려 하십니까? 지금 군사들이 다 이 자리에 와 있으니 전하께서 한사코 안 가시겠다면 직접 나서서 저들에게 말씀해주십시오."

이게 무슨 소린가? 거의 협박조였다. 지금 모든 정변군은 이현과 생사를 같이해야 할 공동 운명체, 이런 상황에서 이현이 나서서 정변이 취소되었으니 각자 집으로 돌아가라고 선포한다? 군사들이 그를 가만둘까? 겁이 많은 이현이었지만 말귀까지 못 알아듣지는 않았다. 이담의 말에서는 살기마저 느껴졌다.

이현은 한숨을 푹 내쉬더니 마침내 대기하고 있던 말 위로 올라탔다. 그가 말에 오르자마자 누군가가 세차게 채찍을 휘둘렀고, 준마는 자욱이 먼지를 일으키며 내달렸다. 군사들도 일제히 그를 뒤따르며 곧장 현무문까지 호위했다. 첫 번째 위기는 결국 이렇게 넘어갔다.

하지만 두 번째 사고가 또 기다리고 있었다. 장간지가 주력 부대를 이끌고 현무문에 도달했을 때, 당초 아무런 장애가 없으리라고 예상했던 그의 앞길을 대장 한 사람이 막고 나섰다. 바로 전중감殿中監 전귀도田歸道였다.

마침 그는 그날 밤 '천기千騎'를 인솔해서 당직을 서고 있었다. 천기란 북아금군 산하에 있는 비주력 부대, 명의상 우림군 소속으로 되어 있었다. 하지만 그 장수들은 황제가 직접 임명하는 일종의 반半 독립 부대였다. 황제는 금군 내부를 서로 견제시키려고 이 천기를 설치해두었다.

앞에서 말했듯이 원래 현무문의 방어를 담당하는 군대는 북아금군의 주력 부대인 우림군이었다. 그래서 장간지는 진작부터 우림군의 상하 군사들을 사전에 이미 배치해두었다. 그런데 느닷없이 전귀도가 천기를 데리고 나타나 앞길을 막았던 것이다. 장간지 일행은 애당초 천기나 우림군이나 어쨌든 모두 북아금군 산하에 있었기 때문에 천기의 장수도 당연히 우림 대장군의 명령을 따를 것이라고 예상했고, 그래서 특별히 신경을 쓰지 않았다.

전귀도는 의외로 완강했다. 장간지가 논리적으로 따지기도 하고, 인정에 호소도 해보았지만 막무가내였다. 현무문은 황궁에 진입하는 데 반드시 거쳐야 할 관문, 전귀도가 계속 이런 식으로 버틴다면 정변이 어떻게 흘러갈지 모를 일이었다.

바로 이때 태자가 들이닥쳤다. 태자가 나타나자 전귀도로서도 방법이 없었다. 원래 그는 장 씨 형제를 추종하는 사람도 아니었다. 장간지 일행을 저지한 것은 순전히 자기 직분을 충실히 수행하겠다는 책임감 때문이었다. 태자는 장차 황위를 이을 사람, 이제 태자가 나타났으니 그로서도 무례하게 굴 수는 없었다. 전귀도는 이를 악물고 말했다.

"좋소. 우리 타협합시다. 당신들을 들여는 보내주되, 우리 군사가 따라나서지는 않겠소."

아마 당시 전귀도로서는 최선의 방법이었을 것이다. 군사들은 일제히 현무문으로 진입했고, 두 번째 위기도 이렇게 넘어갔다.

현무문으로 진입한 이후 군사들의 목표는 명확했다. 측천의 침궁인 영선궁迎仙宮으로 직행했다. 군사들을 본 궁녀가 안으로 들어가 측천에게 알리려고 하자, 태평공주 측 궁녀가 단칼에 그녀를 베어버렸다.

장 씨 형제는 마침 영선궁 바깥 복도 쪽에 나 있는 방에서 잠을 자고 있었다. 그들은 서둘러 옷을 걸치고 방을 나서는 순간 복도에서 살해되었다. 장 씨 형제는 평소 별일이 없을 때는 깃털로 만든 옷을 걸치고 나무로 된 선학仙鶴을 타면서 신선처럼 행세했다. 이번에야말로 그들은 정말 학을 타고 세상을 떠났다.

장 씨 형제를 처치한 다음, 장간지는 군사를 이끌고 측천의 침전 장생전으로 진입했다. 원래 노인은 잠귀가 밝은 법, 측천은 소리를 듣고 고개를 들어 사방을 살폈다. 예리하게 번쩍이는 칼날을 보자, 화들짝 놀란 측천이 소리쳤다.

"누가 반란이라도 일으켰는가?"

측천의 말에 대답하고 나선 이, 그 또한 나이가 든 목소리였다.

"장이지·장창종이 모반을 일으켰기에 소신들이 태자의 명을 받아 저들을 주살했습니다. 비밀이 누설될까 염려되어 미리 폐하께 알려드리지 못했으니, 소신들은 죽어 마땅하옵니다."

입으로는 죽어 마땅하다고 하면서도 말투는 강경했다. 측천이 보니 자신과 나이가 같은 장간지, 한숨을 내쉬며 태자에게로 고개를 돌리며 말했다.

"이제 보니 너였구나! 이제 장 씨 형제를 죽였으니 동궁으로 돌아가라!"

호랑이 같은 위엄은 그대로였다. 놀란 이현은 온몸에 힘이 쭉 빠지는 것 같았다. 말 한마디 꺼내지도 못하고 자리를 뜨려는 순간 환언범이 나섰다.

"태자께서는 어찌 돌아가려고 하십니까? 지난날 선황께서 태자를 폐하께 맡기셨지만, 이제 어엿한 성년이 되셨으니 당연히 종묘사직을 물려받으셔야 합니다. 지금 천심과 민심이 다 이 씨 황실을 향해 있습니다. 소신들이 폐하 주변의 간신배를 주살하고 태자를 받들 것이니, 폐하께서도 이제 태자께 양위하시어 하늘의 뜻에 따르시옵소서!"

측천이 듣고 보니 일이 심상치 않게 돌아가고 있었다. 다시 주변을 둘러보니 이담이 눈에 띄었다.

"그대도 장이지의 주살에 참여했는가? 짐이 그대 부자에게 서운하게 한 적이 없거늘 어찌 짐에게 이런 식으로 보답한단 말인가?"

이담은 지난날 측천의 황제 등극을 적극 주창하고 나섰던 이의부의 아들, 그는 순간 얼굴이 붉어지면서 입을 열지 못했다.

측천이 이번에는 최현위에게 말했다.

"다른 신하들은 다 남들의 천거로 이 자리까지 올라왔지만, 그대는 짐이 직접 중용하지 않았던가? 그대가 어찌 지금 이 자리에 있단 말인가?"

노련한 최현위가 대답했다.

"소신은 소신의 방식대로 폐하께 보답하고자 합니다."

대화가 여기까지 이어지자 측천은 지그시 눈을 감고 더 이상 말을 하지 않았다.

여기까지, 이제 정변은 거의 마무리 단계에 이르렀다. 네 번째 대오에 섰던 상왕 이단 역시 순조롭게 일을 진행해서 원서기와 함께 장 씨 형제의 잔존 세력을 체포했고 도성 전체를 장악했다.

뒤이어 정변군의 지휘부는 장 씨 형제의 호화 저택으로 군사를 보내 그들의 세 동생을 주살했다. 정변군은 장이지 다섯 형제의 목을 베어 다리 난간에 내걸고 백성에게 내보였다. 매관매직에다 난폭한 행동을 일삼았던 장 씨 형제를 극도로 증오했던 백성은 하룻밤 사이에 그들의 시체를 모조리 난도질해버렸다. 지난날 측천은 혹리 내준신 때문에 백성의 원성을 한 몸에 받은 적이 있었다. 그래도 그때는 자신의 잘못을 바로잡기라도 했지만 이번에는 달랐다. 더 이상 자신의 과오를 바로잡을 기회가 없었다. 신룡 정변은 이렇게 종식되었다.

그렇다면 이번 신룡 정변을 어떻게 평가할 수 있을까? 다음 세 가지 결론을 얻을 수 있다.

첫째, 신룡 정변이 직접 겨냥한 대상은 장이지 형제이지 결코 측천이 아니었다. 대다수 정변 가담자들이 세운 목표는 장 씨 형제의 정치적 영향력을 제거하자는 것이었다. 따라서 이번에 측천의 통치가 종식된 것은 정변의 부산물에 지나지 않는다.

둘째, 측천은 당시 이미 이 씨 황실에게 정권을 이양하겠다는 결심을 굳힌 상태였다. 따라서 정변이 그녀의 마음을 변화시킨 건 아니었다. 다만 양위의 일정이 앞당겨졌을 뿐이다.

셋째, 정변은 반장파 대신들과 위기의식을 느끼고 있던 이 씨 황실 간의 합작품이었다. 이 과정에서 정변의 주도권을 거머쥐고 핵심적인 역할을 한 장간지·환언범·경휘·최현위·원서기 등은 정변이 끝난 후 모두 왕으로 책봉되어 권력의 핵심으로 부상했다.

상왕 이단과 태평공주 역시 정변에 가담함으로써 세력을 크게 확장할 수 있었다. 또 정변이 직접 측천을 겨냥한 것이 아니었기 때문에, 정변 과정에서 무 씨 일가 세력도 타격을 받지 않았다. 따라서 정변이 끝나면서 조정은 군웅할거의 양상을 보였다. 황제가 된 태자 이현은 바로 이런 세력들의 중간에 끼어서 나라를 이끌어야만 했고, 무능한 황제라는 소리조차 감내할 수밖에 없었다.

신룡 정변은 측천의 정치생명의 종식을 의미했다. 그렇다면 정변 후 측천은 과연 어떤 상황에 직면했을까? 50년 측천의 철권통치는 이렇게 참담하게 마무리되고 말았을까?

# 제32장
# 측천의 마지막 위엄

썩어도 준치라고, 아무리 늙은 호랑이라도 그 위엄은 남아 있는 법이다. 그런가 하면 이빨 빠진 호랑이라는 말도 있다. 이 두 가지는 일견 서로 모순되는 말처럼 보이지만 사실 둘 다 일리가 있는 말이기도 하다. 만약 측천을 호랑이에 비유한다면 황위에서 물러난 그녀는 어느 쪽에 해당될까? 위엄이 남아 있는 호랑이였을까, 아니면 이빨 빠진 호랑이였을까? 퇴위 이후 측천의 생활에는 이 두 가지가 다 적용될 수 있을 것 같다.

## 1. 이빨 빠진 호랑이

신룡 원년 1월 22일, 측천은 정변의 발발과 함께 정치 무대에서 물러났고, 그 이튿날 강압에 의해 태자 이현에게 국정에 관한 모든 권한을 넘겼다. 사흘째 되는 날 측천은 이현에게 양위한다는 조서를 공표했고, 나흘째에 이현은 정식으로 황제에 등극했다. 그로서는 일생 두 번째 황제 등극이었다. 자기 아버지와 어머니로부터 각각 한 번씩 황제의 바통을 넘겨받는 이런 사례가 역사에 얼마나 될까? 21년 전 부친 고종으로부터 황위를 물려받아 당 제국의 제4대 황제가 되었었고, 이번에는 모친 측천으로부터 황위를 물려받아 무주 제국의 제2대 황제가 되었다.

이현이 즉위한 다음 날 측천은 상양궁으로 거처를 옮겼다.

상양궁은 낙양 궁성의 서쪽에 위치해 있어서 서궁이라고도 불렀는데 고종 조로 원년(679)에 지어졌다. 당시 고종과 측천은 낙양으로 순행을 와서 그곳을 보고는 바로 그 자리에다 상양궁을 수축하라고 명했다. 남쪽으로는 낙수, 북쪽으로는 궁궐의 동산이 접해 있어서 풍수지리상 명당이었다.

궁전은 매우 화려하고 웅장하게 지었는데, 국가적인 대형 공사이다보니 국가 재정의 소모 또한 엄청났다. 이 공사를 주관했던 사농경 위기韋機는 이 일로 좌천되기까지 했다. 당시 측천은 상양궁의 정전인 관풍전觀風殿에서 정사를 처리했다. 이제 물러나 다시 돌아온 옛 터전, 모든 것은 변했고 자신은 이빨 빠진 호랑이 신세가 되었다.

왜 측천을 이빨 빠진 호랑이에 비유할 수밖에 없을까? 세 가지 이유를 들어보자.

첫째, 측천은 급속히 쇠약해졌다. 여자로서 측천은 원래 외모를 무척 중시했고, 몸 관리와 화장에도 각별히 신경을 썼다. 그녀가 황제로 즉위할 당시에는 이미 67세의 고령, 하지만 권력의 힘이었을까? 그녀는 한 치도 노쇠한 모습을 보이지 않았다. 69세 때는 짙은 눈썹이 새로 자랐고, 72세 때는 치아가 새로 돋기도 했다. 이 특이한 현상을 보면 그녀에게는 권력이 곧 보약이었는지도 모른다.

성력 2년(699), 측천의 나이 76세, 이때부터 그녀는 눈에 띄게 쇠약해지기 시작했다. 하지만 강단이 대단했던 그녀는 다른 사람 앞에서는 전혀 내색하지 않고 늘 당당한 모습을 보였다.『자치통감』에도 "태후의 춘추가 높았지만 스스로 단장을 잘 해서 주변 사람들조차도 태후가 노쇠했다는 걸 깨닫지 못했다"(권205)라고 기록되어 있다.

하지만 신룡 정변으로 충격을 받은 측천은 정신적으로나 신체적으로 급속히 노쇠해졌다. 어느 정도였을까?『당통기唐統紀』에는 "상양궁에 온 이후 측천은 더 이상 화장을 하지 않았고 외모가 몹시 초췌했다. 황제가 그 모습을 보고 크게 놀랐다"라고 쓰여 있다. 아들로서 황제 이현이 어머니에 대한 죄책감과 자괴감을 동시에 느낄 정도였다.

둘째, 측천은 감시를 받으면서 행동의 자유를 잃었다. 과거 측천이 아들 이현과 이단으로부터 황위를 빼앗았을 때, 이현을 방주에, 이단을 낙양에 각각 연금한 적이 있다. 그들은 그 후 10여 년 동안 한 발짝도 밖으로 나올 수 없었다. 사람 팔자는 돌고 도는 법, 이번에는 측천 자신이 감금의 쓴맛을 볼 차례였다.

측천을 감시한 인물은 이담 장군, 그는 신룡 정변의 핵심 인물이자 측천을 처음으로 지지했던 이의부의 아들이었다. 세상사가 정말 무상하다고나 할까? 출세와 추락, 심복과 원수, 이 모든 것이 한순간에 뒤집힐 수도 있었다.

셋째, 측천은 자신이 그토록 애착을 가졌던 무주 정권이 하루아침에 무너지는 장면을 빤히 두 눈을 뜬 채 바라보아야 했다. 자기만의 무주 제국을 창건하여 황제로 등극하려는 일생일대의 꿈을 실현하기 위해 측천은 얼마나 많은 대가를 치렀던가? 하지만 신룡 원년 2월 4일, 중종 이현은 국호는 물론 종묘사직·능침·관직·기치旗幟·복색 이 모든 것을 고종이 붕어한 그해, 영순永淳 원년(682)의 제도로 환원한다는 조서를 내렸다.

측천이 새로 만든 글자도 전부 폐지했다. 다만 한 글자 '조瞾' 자만은 남겨두었다. 자기 모친의 이름자까지 바꿀 수는 없었다. 장안을 다시 수도로 확정했고, 신도 낙양은 옛날처럼 동도로 불렀다. 북도로 칭했던 측천의 출생지도 이전처럼 병주대도독부로 바꾸었다.

새로 황제가 등극하면서 불교와 도교의 위상도 재조정되었는데, 우선 노자, 즉 태상노군이 다시 현원황제玄元皇帝로 복원되었다. 애당초 측천은 불교에 기반을 두고 권력을 잡았기 때문에, 그녀의 통치 기간에는 불교가 도교보다 우선시되었다. 하지만 이제 노자의 후손 이 씨 자손이 다시 황제로 복위했으니 도교의 위상이 불교보다 더 우위에 섰다. 이런 일련의 조처는 무주 왕조의 철저한 멸망을 선포한 것이나 다름없었다.

그렇다면 측천은 무주 왕조의 멸망을 받아들일 마음의 준비가 되어 있었을까? 그렇다고 보는 게 맞다. 측천이 아들 이현의 태자 책봉을 결심했다는 것은 곧 그녀가 무주 왕조를 포기했음을 의미한다. 하지만 당시 측천은 자신이 살아 있는 동안에 무주 왕조가 멸망하리라고는 꿈에도 생각지 못했다. 평생 성공을 위해 분투해온 이 영웅으로서는 자신이 일구어낸 성공의 결실이 눈앞에서 깡그리 사라지는 모습을 차마 눈뜨고 볼 수가 없었다.

## 2. 마지막 위엄

'용이 얕은 물에 오면 새우에게도 당하고, 호랑이가 평지에 떨어지면 개에게도 몰린다'고 했던가? 신룡 정변 직후 측천은 확실히 이빨 빠진 호랑이로 전락했다. 그렇다면 지난 반세기 동안 측천이 누려온 모든 영광은 이제 완전히 물거품이 되고 마는가? 꼭 그렇다고 말할 순 없다. 썩어도 준치라는 말이 그냥 나왔겠는가? 아무리 호랑이가 늙었다고 해도 그 위엄은 여전히 남아 있었다. 측천이 아들로부터 학대받는 노인으로 전락한다는 건 정말 상상하기 어렵다. 그와 정반대로, 자신의 셋째 아들인 황제에게 있어서 측천은 여전히 두렵고 어려운 존재로 남아 있었다. 이렇게 말할 수 있는 근거는 얼마든지 있다. 다음 네 가지로 요약해보자.

첫째, 측천은 여전히 황제의 특권을 누렸다.

측천은 무주 왕조의 황제였고, 현재의 중종은 그것을 당 왕조로 바꾼 황제이니 측천은 망국의 군주가 된다. 역대 망국 군주들은 어떤 예우를 받았던가? 남당南唐의 후주後主 이욱李煜은 나라가 망한 후 송 태종 조경趙炅에게 독살당했고, 명대 숭정황제는 경산에서 목매고 자살했다. 망국 군주들의 말로가 대체로 이랬다.

하지만 측천은 다른 망국 군주들에 비해 훨씬 좋은 예우를 받았다. 신룡 정변이 끝난 후 이현은 측천에게 측천대성황제則天大聖皇帝라는 존호를 바쳤다. 고대 중국에서는 볼 수 없는 사례다. 하늘의 태양이 둘이 아니듯 나라에 군주가 둘이 있을 수 없다는 말도 있지 않은가? 한데 이현 자신이 황제이면서 측천을 또 황제라고 부른다? 물론 이 존호를 바친 후 곧바로 이현은 당이라는 국호를 복원했지만, 측천에게 부여한 이 황제 칭호는 그대로 존속시켰다.

그렇다면 측천은 도대체 당 제국의 측천대성황제인가, 아니면 무주 제국의 측천대성황제인가? 어느 누구도 감히 이 문제를 따지지 못했다. 측천에게 황제라는 존호가 버젓이 붙어 있는데, 과연 그녀의 위엄이 사그라졌다고 말할 수 있을까?

이현은 또 열흘에 한 번씩 문무백관을 거느리고 상양궁으로 측천에게 문안을 드리러 간다는 규정을 만들었다. 과거 아들의 강압으로 퇴위한 고조도 이런 예우는 받지 못했다. 현무문 정변이 있은 후 고조 이연은 태상황이 되어 대안궁大安宮에 연금되었고, 태종 이세민은 거의 그를 만나러 가지 않았다. 이연은 홀로 외로이 지내다 처량하게 세상을 떴다.

안사의 난 이후 역시 아들의 강권으로 퇴위한 현종에게도 이런 예우는 없었다. 숙종은 그를 태극궁太極宮에 연금해둔 채 아예 거들떠보지도 않았다. 한번은 숙종이 어린 공주를 안고 조정에 나왔다.

"경들은 너무 이상하게 생각지 마시오. 이 아이가 너무 귀여워 차마 두고 올 수 없었소."

이때 누군가가 간언했다.

"지난날 태상황께서도 지금 폐하가 하시듯 폐하를 안고 조정에 나오셨습니다. 그 마음을 깊이 헤아리시어 한번 태상왕을 뵈러 가셔야 합니다."

이로 미루어보건대, 숙종은 아버지를 거의 찾아가지 않은 것 같다.

하지만 이현은 달랐다. 마음속으로야 측천을 어떻게 생각하고 있었건, 그는 적어도 제도상 열흘에 한 번 문안을 가기로 정해놓았다. 이렇게 비교해보면 측천은 비록 망국의 군주이긴 해도 일반 태상황보다는 훨씬 더 좋은 예우를 받았다. 이 또한 그녀의 위엄을 보여주는 한 사례다.

둘째, 측천에 대한 평가가 상당히 높았다.

신룡 정변 이후 가장 중요한 문제 중 하나는 측천 또는 무주 왕조에 대한 평가였다. 이 양자를 어떻게 자리매김할 것인가? 만약 무주 왕조에 정통성을 부여하지 않는다면, 측천은 모반을 일으킨 역적이 된다. 이렇게 되면 그녀는 외척의 신분으로 한 왕조를 찬탈한 왕망王莽이나 다름없이 역사의 대역 죄인으로 기록된다.

그런데 만약 측천이 역적이 아니라고 한다면, 무주와 당 왕조의 관계가 어떻게 되는지는 분명히 해두어야 한다. 아들의 입장에서 이현은 자기 어머니를 어떻게 평가했을까? 이는 이현이 즉위식에서 발표한 사면령 조서를 보면 알 수 있다. 황제 즉위식 때 발표되는 사면령은 조정의 공식 입장을 반영하기 때문에 민심의 향배를 결정하기도 한다. 그 대강은 이렇다.

"고종 사후 이경업이 강회江淮, 즉 강소성과 안휘성 일대에서 반란을 일으켰고, 정무정은 북방 변경 지역에서 역모를 꾀하는 등 국가가 절체절명의 위기에 처해 있었다. 이에 측천은 분연히 일어나 반역의 무리를 제압하고 나라를 구했으니, 이는 천심과 민심에 순응하여 황제가 되었음을 보여준다. 국가가 안정된 후에는 또 대권에 뜻이 없어 주동적으로 이현에게 양위하여 이 씨 황실을 복원케 했다."

그 요지를 보면 측천은 결코 당 제국을 찬탈하지 않았으며, 국가가 위기에 직면했을 때 아들을 대신하여 10여 년간 종묘사직을 관리했을 뿐이다. 따라서 무주 왕조는 정통성이 없는 불법 왕조가 아니라, 이 씨 왕조의 또 다른 형태다. 간단히 말해서 무주와 당은 일심동체, 모자지간에 계승이 잘 이루어졌다는 뜻이다.

결국 측천은 자발적으로 아들에게 황위를 물려준 자모慈母이자, 나라를 위기에서 구한 명군明君으로 평가되었다. 이렇게 해서 측천은 기존의 위상을 그대로 유지했다. 신룡 정변은 아예 원천 무효나 마찬가지가 되었다. 측천이 자발적으로 양위했는데 무슨 정변이 있을 수 있단 말인가?

셋째, 측천의 사후死後 예우도 철저하게 준비되었다.

앞서 말했듯이 퇴위한 이후에도 측천은 황제의 칭호와 위엄을 그대로 유지했다. 하지만 측천은 당시 이미 병환이 위중해서 죽을 고비에 직면해 있었다. '정승의 말이 죽으면 문상을 가도, 정승이 죽으면 문상을 가지 않는다'는 말이 있다. 살아 있을 때야 그렇다 치고 만약 측천이 죽고 나면 사람들은 어떻게 나올까? 측천은 죽기 전에 이미 이 문제에 대해서도 생각을 많이 했을 것이다.

신룡 원년 11월 26일, 정변이 발생한 지 10개월 뒤 측천은 마침내 파란만장했던 기나긴 인생을 마감했다. 향년 82세, 상양궁 선거전仙居殿의 병상에서였다. 측천이 마지막으로 남긴 조서, 즉 유조遺詔는 전부 자신의 사후 문제에 관련된 내용이었다. "나를 고종의 능침에 함께 묻고 신주神主도 이 씨 황실의 묘당에 놓아달라. 나의 황제 칭호를 취소하고 측천대성황후로 칭하라."

고종의 황후 자리로 되돌아가겠다는 뜻이었다.

그렇다면 측천은 자신이 평생 이룩한 모든 성취를 다 버리고, 죽기 직전

항복 선언을 한 것일까? 사실은 그렇지 않다. 그것은 측천의 지극히 현실적인 판단이었다. 만약 고종의 황후 신분으로 남으면, 설사 훗날 자신에 대한 평가가 완전히 뒤바뀐다고 해도 사람들은 그녀를 어쩌지 못할 것이다. 극단적으로 말해서 훗날 행여 부관참시되는 날이 오더라도, 고종과 합장되어 있으면 무사할 것이기 때문이다. 측천은 고심에 고심을 거듭한 끝에 이렇게 유서를 만들었다. 따라서 이 유언이 그대로 집행되느냐 마느냐의 여부는 사후 측천의 이익 보장과 직결되는 문제였다. 그런데 중종과 대신들은 측천의 이 유언을 존중해주었을까?

당시 일부에서는 유언의 집행을 반대하고 나섰다.

"측천은 고종의 능침으로 들어갈 수 없다. 남편과 아내 사이에는 마땅히 지켜야 할 도리가 있다. 도리상 남자는 귀하고 여자는 낮다. 고종의 건릉乾陵은 이미 튼실하게 봉분되어 있어서 합장하려면 묘문墓門을 파헤쳐야 한다. 그걸 파헤친다면 고종의 혼령이 놀랄 것이다. 어떻게 존비를 구별하지 않을 수 있는가? 그러니 다른 명당을 찾아 안장해야 한다."

논리 정연한 말이지만, 사실 이 말에는 측천을 재평가하자는 의도가 들어 있다.

서로 다른 의견을 두고 중종 이현은 어떤 결정을 내렸을까? 그는 단호하게 어머니의 유언을 따르기로 했다. 그는 직접 운구를 호송해서 장안으로 돌아와 건릉을 열고 측천을 고종 곁에 안장했다. 이뿐만이 아니다. 이현은 「측천대성황후애책문則天大聖皇后哀冊文」이라는 애도문을 지어, "탁월한 재능과 원대한 지략으로 크나큰 업적을 이루었고, 문무를 겸비하여 일월처럼 위대했다"고 측천을 칭송했다. 측천에 대한 평가를 재확인한 것이다. 아마 측천의 혼령이 이 사실을 알았다면 큰 위안이 되었을 것이다. 역사적으로 보더라도 건릉은 1300여 년이 지난 오늘에도 여전히 잘 보존되어 있다. 유일하게 남아 있는 당 황제의 능이기도 하다.

넷째, 측천의 친정에 대한 예우도 변함없이 지속되었다.

신룡 정변이 끝난 직후 중종 이현 부부는 측천의 조카 양왕 무삼사와 친구처럼 교분을 나누었다. 이현은 자주 미복微服 차림으로 무삼사를 찾아가 국사를 의논했고, 위韋황후는 또 무삼사와 쌍륙 놀이를 즐기기도 했다. 때로 이현이 그 곁에서 계산도 해주고 승패를 판가름해주기도 할 정도였다.

이런 분위기 속에서 무삼사를 중심으로 한 무 씨 집안 자제들은 계속 승진도 하고 작위도 받았다. 무삼사는 1품관 사공까지 올랐고, 태평공주의 남편 무유기 역시 1품관 사도가 되었으며, 작위도 군왕郡王인 안정왕安定王에서 친왕親王인 정왕定王으로 승격했다. 생존해 있던 측천의 일가도 영예를 누렸고, 또 죽은 조상들 역시 그리 큰 영향을 받지 않았다.

과거 측천은 재위 중에 고조·태종·고종 3대의 신주를 숭존묘崇尊廟에 모셨는데, 이번에는 이현이 무 씨 조상들을 그리로 옮겨 왔다. 이뿐 아니라 이현은 이 숭존묘에 무 씨의 7대 신주까지 모심으로써 과거 측천이 이 씨 조상을 예우하던 것보다 더 극진하게 대했다.

이현은 또 '무 씨 3대 조상의 이름자를 상소문에 쓰지 말라'는 조서를 내렸다. 즉 측천의 부친·조부·증조부의 이름에 들어가 있는 글자를 상소문에 사용하지 못하게 함으로써 그들에게 최대의 경의를 표했다. 이 피휘야말로 무 씨 조상에 대한 더없는 공경심의 표시였다.


## 3. 죽음 후의 영예


측천의 위엄은 그대로 살아 있었다. 그렇다면 과거 처량한 말로를 맞았던 다른 망국의 군주들과 달리 측천은 왜 죽어서까지도 이런 영예를 누릴 수 있었을까? 다음 네 가지 측면에서 알아보자.

첫째, 신룡 정변의 성격.

앞서 말했듯이 신룡 정변의 최종 목표는 장 씨 형제의 정치 간여를 종식시키는 것이었고, 반면 측천의 퇴위는 정변의 부산물일 뿐이었다. 이 때문에 측천이 상양궁으로 물러날 때 많은 사람이 진심으로 애석해하고 아쉬워했다.

가령 재상 요숭의 경우를 보자. 측천과의 작별을 슬퍼하며 그가 흐느껴 울자 장간지가 한마디 했다.

"지금 이 시기에 공이 눈물을 흘리시다니 이는 큰일 날 일이오!"

요숭이 대답했다.

"저는 오랫동안 측천 황제를 보필해왔습니다. 이렇게 급박히 떠나시는 마당에 어찌 슬프지 않겠습니까? 지난날 공과 함께 역적 무리들을 주살한 것도 신하로서의 도리 때문이요, 이제 옛 황제를 이렇게 송별하는 것도 신하로서의 당연한 도리가 아니겠소? 이것이 죄가 된다면 저는 달갑게 받아들이겠소!"

요숭의 이런 태도는 당시 일부 대신들의 입장을 대변하는 것이었다. 그들은 결코 측천에게 반감을 품지 않았다. 측천은 인재를 알아보고 자신들에게 기량을 발휘할 수 있는 공간과 기회를 주지 않았던가? 오히려 호감이 더 컸다. 당시 사람들 사이에서는 이런 말도 나돌았다.

"측천이 비록 서궁에 물러나 있으나 인심은 여전히 그녀를 따른다. 지금 조정에 있는 대신들은 모두 무주 왕조에서 길러낸 인재들이 아닌가?"

그런 그들이 측천에게 호감을 갖는 건 너무나 당연했다. 이런 상황에서 측천에게 보복이 가해질 리가 있었겠는가?

둘째, 정변 후의 정치 상황.

신룡 정변은 여러 세력이 연합하여 발동한 정변으로, 그 주도권은 권력을 가진 일부 대신들에게 있었지 결코 태자 이현에게 있지 않았다. 또 이현의 동생 상왕 이단과 태평공주의 공로도 적지 않았다. 이들은 모두 정변 이후 막강한 세력으로 등장했다. 장간지를 위시한 다섯 대신이 모두 왕으로 봉해졌고, 상왕과 태평공주에게는 각각 안국상왕安國相王과 진국태평공주라는 작위가 봉해졌다. 상대적으로 세력이 허약했던 황제 이현에게는 이들이 가진 막강한 권력이 오히려 엄청난 위협일 수도 있었다.

이런 상황에서 만약 신룡 정변의 정당성을 지나치게 강조하면, 이는 곧 5대 공신의 공로를 필요 이상으로 부각시키는 것이 된다. 그렇게 되면 이들의 위세는 걷잡을 수 없이 확장될 수도 있었다. 이쯤 되면 이현으로서도 자신의 위세를 과시할 필요가 있었다. 즉 자신이 어머니로부터 황위를 탈취한 게 아니라 양도받았으니, 합법적인 정통 군주라는 사실을 강조해야 했다. 그와 동시에 그는 신룡 정변의 정치적 의미를 최대한 평가절하함으로써 권신들과 동생들의 영향력을 최소화할 필요가 있었다.

셋째, 모자지정.

이현은 측천의 친아들이니 당연히 모자지정이 두터울 수밖에 없다. 지난날 측천이 조카를 배제하고 이현을 방주에서 불러와 태자로 책봉한 것도 바로 모성애 때문이었다. 이제 입장이 바뀌어 이현 자신이 아들로서 효심을 발휘하여 어머니에게 지위를 부여해야 할 시점이 되었다. 정신적인 충격에다 노쇠해질 대로 노쇠해진 노모를 아들이 어찌 나 몰라라 할 수 있겠는가?

또 이현은 측천이 책봉한 태자, 바로 이런 신분이었기 때문에 정변은 정당한 명분을 가질 수 있었고, 그는 자연스레 황제에 오르게 되었다. 만약 그가 측천의 합법성을 부인한다면 이는 곧 태자의 합법성을 부인하는 것이나 다름없다. 결국 정리로 보나 이치로 보나 이현이 바보가 아닌 이상 일관되게 측천을 추존할 수밖에 없었다.

넷째, 측천의 탁월한 지혜.

측천은 과거 무주 정권을 수립할 때 결코 이 씨 황실과의 단절을 선언하지 않았다. 오히려 스스로 고조·태종·고종의 통치를 계승하겠다고 하면서 세 선황의 제사까지도 계속 모셔왔다. 이렇게 함으로써 그녀는 이 씨 황실과 자연스레 화해를 도모할 수 있었다.

무엇보다 중요한 것은 그녀가 유서에서 자발적으로 고종 황후의 신분으로 복귀하여 고종의 능침에 합장시켜달라고 했다는 사실이다. 이는 측천이 황제의 지위를 버리고 아내와 어머니의 신분으로 복귀하겠다는 뜻이다. 이런 일련의 노력으로 측천은 반역 죄인에서 다시 전통적 질서 속으로 복귀했다. 전통적인 관념으로 보자면 이제 그녀는 고종의 합법적 아내이자 황제의 어머니다. 이현의 입장에서 볼 때, 다른 왕조의 전직 황제라면 용서할 수 없겠지만, 자기 어머니를 어찌 받아들이지 않겠는가? 이 점은 이현도 그랬고, 이단에게도 마찬가지였다. 이단 이후의 황제들 또한 당연히 그럴 것이다. 왜냐하면 그들은 모두 측천의 직계 자손, 어차피 피는 물보다 진한 법이 아니던가?

이밖에 측천은 유서에서 또 특별히 다음 두 가지를 거론했다.

하나는 왕황후와 소숙비 일가, 그리고 저수량·한원·유석 등 자신에게 피해를 입었던 대신들 일가에 대한 사면이다. 다른 하나는 위원충에게 백호白戶를 하사한 것이다. 위원충은 재상으로 있을 때 남총 장 씨 형제의 모함으로 8품관으로 강등되어 변방으로 쫓겨났던 인물이다.

측천은 왜 그들을 용서하려고 했을까? 왕황후와 소숙비는 측천 생애에 있어서 최초의 적이자 신분 상승 가도의 최대 희생양이었다. 또 위원충은 측천의 생애에서 마지막으로 억울하게 피해를 당한 조정대신이었다. 측천이 그들을 용서하려고 했다는 것은, 자신의 마음속에 담아두었던 적대 세력을 '처음부터 끝까지' 두루 용서한다는 뜻이었다. 자신이 이 모든 사람을 용서한다는데 그들인들 측천을 용서하지 않을 수 있을까?

그렇다면 그들은 과연 측천을 용서했을까? 이에 관해서 왕황후·소숙비 일가 쪽에 남아 있는 역사적 기록은 없다. 하지만 위원충과 관련해서는 그가 측천의 유서를 보고 '감동하여 눈물을 흘렸다'는 기록이 남아 있다. 아마 그는 측천이 베풀어준 지난날의 은혜만을 간직하고 싶었을 것이다.

이렇듯 측천은 목숨이 다하는 마지막 순간까지도 자신의 탁월한 정치적 지혜를 유감없이 발휘했다. 바로 이런 지혜가 있었기에 그녀는 정변 이후의 곤경을 무사히 넘길 수 있었고, 끝까지 자신의 지위와 위엄을 고스란히 지킬 수 있었다.

바로 이런 여러 가지 복합적인 이유로 측천은 망국 군주가 흔히 겪었던 비극을 면한 채 82세라는 고령까지 천수를 다 누리고 세상을 떴다. 그뿐만 아니라 살아생전의 영예는 죽어서도 그대로였다.

조정대신 최융崔融은 「측천황후만가則天皇后輓歌」를 이렇게 썼다.

"황제의 영예를 누리시고 마침내 고종의 능침에 함께 묻히시다. 더 이상 이 강산을 보시지 못할지니 세상만사 무상도 해라!"

1000여 년도 훨씬 더 넘긴 세월, 지금 와서 과거를 더듬어보고 건릉을 지켜보노라면 인생무상을 새삼 실감하게 된다. 기존의 전통을 완전히 뒤엎는 행보로 시작했지만, 끝내 다시 그 전통 속으로 회귀해야 했던 여황제 측천의 족적에서 우리는 과연 무엇을 생각하고 또 무엇을 얻을 수 있을까?

# 제33장
# 글자 없는 묘비

측천과 고종이 합장되어 있는 건릉에는 두 개의 묘비가 서 있다. 서쪽에 있는 고종의 묘비에는 그의 위대한 공적이 새겨져 있다. 하지만 동쪽 측천의 묘비는 8미터 가까이 되는 거대한 위용을 자랑하지만 글자 하나 새겨져 있지 않다. 그 유명한 무자비無字碑다.

## 1. 세월을 잊은 무자비

측천은 왜 자기 무덤에 글자 하나 없는 묘비를 세웠을까? 이에 대한 해석은 분분하다.

첫째, 측천은 자신의 공적이 너무나 위대해서 글로는 이루 다 표현할 수 없다고 생각했다.

둘째, 측천은 자신이 지은 죄가 너무 많아서 차마 글로 남겨둘 수가 없었다.

셋째, 측천은 자신의 공과는 후인들이 평가할 몫이라고 생각해서 묘비를 아예 공백으로 남겨두었다.

이 세 가지 해석 가운데 어느 것이 가장 합리적일까? 어느 것도 정확하지 않다. 왜냐하면 이 묘비는 측천 사후에 건립된 것으로 측천의 의지와는 직접적인 관련이 없기 때문이다.

그렇다면 왜 이 묘비에는 글자를 아예 새겨 넣지 않았을까? 사실 고대 중국 황제의 능침 제도를 보면 원래 황릉에는 묘비를 세우지 않았다. 황제의 위대한 공적을 묘비 하나에 다 담을 수 없다는 인식 때문이었다.

하지만 측천은 전통을 뛰어넘어 새로운 것을 창제하기를 좋아했다. 고종이 죽자 측천은 그의 위대한 공적을 세상에 널리 알리고 싶었다. 그래서 그녀는 황릉에 묘비를 세우지 않던 당시의 전통을 깨고, 고종이 묻힌 건릉에 묘비를 세우기로 했다. 그리고 자신이 직접 「술성기述聖記」라는 묘비명을 지어 고종에 대한 공경심을 표했다. 이 묘비 건립을 계기로 새로운 전통이 수립되었고 측천이 죽자 중종 이현 역시 측천의 묘비를 세우기로 마음먹었다.

그런데 돌을 고르고 문양을 새기고 보니 문제가 하나 생겼다. 측천을 과연 어떻게 평가해야 좋을까?

측천 퇴위 후 당조 사회는 혼란의 연속이었다. 신룡 원년에서 선천先天 원년(712)까지, 즉 측천의 죽음을 전후로 한 8년 동안 모두 일곱 차례의 정변이 발생했다. 황제도 마치 주마등처럼 금방금방 바뀌어서 측천에서 중종 이현, 다시 상제殤帝 이중무李重茂가 등극했고, 그 후 예종睿宗 이단이 즉위했다가 마지막으로 현종 이융기李隆基에 이르러서야 안정을 되찾았다. 거의 모든 정치 세력이 번갈아가며 정권을 좌지우지했고, 세력별로 측천에 대한 인식과 평가도 저마다 달랐다.

이런 상황이 되다보니 측천의 존호 또한 몇 차례 변동이 있었다. 측천대성황제·측천대성황후·천후·대성천후·천후성제天后聖帝·성후聖后 등으로 불리다가, 현종 천보天寶 8년(749)에 가서야 측천순성황후則天順聖皇后로 확정되었다. 이때는 측천이 죽은 지 이미 40여 년이 지난 후였다. 이 오랜 기간 그 누구도 측천에 대한 평가를 종결지을 수 없었다. 그러니 묘비명에 글자를 새겨 넣는 일도 자연히 계속 연기되었고, 결국은 중도에 그만두는 상황에까지 이르렀다. 오늘날까지 무자비로 남은 이유가 바로 여기에 있다.

이렇게 보면 이 무자비에 관한 '다소 낭만적인' 해석도 사실은 허구다. 하지만 중국 역사의 큰 흐름 속에서 전무후무한 여황제로서, 측천은 건릉 앞에 우뚝 선 거대한 무자비만큼이나 지금까지도 사람들의 흥미와 관심을 불러일으키고 있다.

후인들의 눈에 비친 측천은 도대체 어떤 인물일까? 이탈리아의 역사학자 크로체Croce가 남긴 명언이 있다. '모든 역사는 현대사다.' 역사는 과거의 기록이지만 그것은 늘 현재적 시각에서 해석된다는 말이다. 사람들이 역사를 보는 시각과 방식은 시대의 변화에 따라 바뀐다. 측천에 대한 평가 역시 예외는 아니다.

당대, 특히 당 초기에는 측천 이후의 모든 황제가 다 그녀의 직계 자손이었고, 또 정통 유가 사상이 아직 투철하지 않은 시기였기 때문에 측천에 대해 비교적 긍정적인 평가를 내렸다. 그러나 송대, 특히 남송 이후에는 정주이학程朱理學이 뿌리를 내리고 있었기 때문에 측천과 전통 예교 간의 모순은 유난히 크게 부각되었고, 그녀에 대해서도 대대적인 평가절하가 이루어졌다. 심지어 명말청초의 사상가 왕부지王夫之는 측천에 대해 "귀신조차 용납하지 못했고, 신하와 백성이 일제히 경멸했다"라고 평가했다. 그러나 근대에 들어와 여권운동의 영향으로 사람들은 측천과 여성해방운동을 연계시켜 측천을 재평가하기 시작했다.

이처럼 측천에 대한 엇갈린 평가와 윤색이 반복되면서 그 스토리는 점점 더 전설처럼 변모되었고, 그럴수록 진실과도 멀어지게 되었다. 누군가는 중국 역사상 측천만큼 왜곡이 심한 인물은 없다고까지 말한다.

하지만 다른 측면에서 보자면, 바로 1000여 년에 걸친 이런 다양한 평가가 있었기 때문에 측천은 또 중국 역사상 가장 지명도가 높은 황제가 되었고, 그 결과 사람들이 더더욱 그녀를 제대로 이해하고 싶어한다는 사실도 인정해야 할 것이다. 같은 산을 보아도 그 위치에 따라 각기 모습이 다르듯, 측천에 대한 평가 또한 시각에 따라 다양할 수밖에 없다.

측천이 가진 최대의 특징을 말하라면 '모순성'이라고 해야겠다. 그 모순은 그녀의 정치 행적에서도, 또 성격에서도 두루 나타난다.


## 2. 측천의 공과 과

측천의 정치적 공과에 관해서는 다음 네 가지 측면에서 설명해보자.

첫째, 경제적 측면.

측천 시대에는 경제적 발전과 백성의 이탈이 공존했다. 오늘날 경제발전을 가늠하는 기준으로 흔히 GDP를 제시하는데, 고대에도 중요한 두 가지 지표가 있었다. 인구수와 양곡 비축량이다.

『당회요』의 기록에 따르면 영휘 3년, 즉 측천이 황후로 책봉되기 2년 전, 전국의 호구 수는 모두 380만 호였는데, 측천이 퇴위하던 신룡 원년에는 615만 호로 증가했다. 53년 동안 거의 두 배 가까이 증가한 셈인데, 이는 고대 중국 사회에서는 드문 현상이다.

양곡 비축량 역시 『당회요』의 기록을 참조할 수 있다. 측천이 퇴위하기 1년 전, 즉 장안 4년(704), 한 관리가 측천에게 올린 상소에 '신도 낙양의 창고에는 해마다 양곡이 가득 쌓인다'고 했다. '가득'이란 말이 어느 정도였는지는 고대 유적의 발굴에서 그 해답을 찾을 수 있다. 1971년 낙양에서 당대의 양곡 창고 함가창含嘉倉 유적지를 발굴했는데, 그곳에서 양곡을 저장하는 동굴 290개가 발견되었고, 매 동굴마다 50여만 근의 양곡을 비축할 수 있다는 사실을 알아냈다. 다시 말하면, 이 창고가 '가득'했다는 말은 7만2500톤의 양곡을 비축했다는 뜻으로 이는 엄청난 수치다. 호구 수와 양곡 비축량으로 보면 측천 통치 시대의 경제는 장족의 발전을 이루었다.

그러나 이와 모순되는 상황도 있었다.

공교롭게도 균전제가 붕괴되기 시작하고, 또 유랑민 문제가 심각하게 대두된 것도 바로 측천 시기다. 유랑민이란 호적을 버리고 고향을 떠나 타지로 도망가는 백성을 말한다. 세금과 부역을 회피하기 위해서다. 균전제란 얼핏 보기에는 국가가 토지를 고르게 분배해주는 것 같지만, 실은 국가가 백성에게 분배해주는 땅은 황무지가 대부분이었다. 그러면서 호적제를 통해서 백성을 그 토지에 묶어두고 이주를 금지시켰다. 세금을 거둬들이고 부역을 시키기 위해서였다.

이 제도는 북위北魏 시대부터 시행되었는데, 측천 시대에 와서는 그것이 경제 발전에는 부적절하다는 게 여실히 드러났다. 그래서 많은 백성이 유랑자가 되어 고향을 버리고 타지로 나가 농토를 개간하거나, 아니면 도시로 빠져 생계를 꾸렸다. 균전제가 와해되고 유랑민이 출현함으로써, 기본적으로 생산력이 촉진되었다는 사실은 부인할 수 없다. 그러나 궁극적으로는 그로 인해 정부의 재정 수입이 감소하고 사회적 불안 요인은 증가했다. 측천 시대의 소위 '검남劍南의 도적떼, 중원中原의 망명객'이란 것도 대부분 이 유랑민과 관련이 있다. 요컨대 측천 시대 경제 상황의 어두운 단면을 이를 통해서 알 수 있다.

둘째, 정치적 측면.

측천 시대의 정치는 실력 위주의 인재 등용과 혹리 정치가 공존했다. 측천의 통치가 후세 사람들로부터 칭송받은 가장 중요한 요인은 바로 그녀의 용인술이다. 측천은 과거제를 정착시켰고 인재 추천을 적극 장려했기 때문에 인재 기용에 관한 미담도 많이 남아 있다.

장안 2년(702), 측천은 시어사 한 명을 하북 지역으로 출장 보냈다. 그런데 이 사람은 워낙 자질이 부족했던지라 현지에 도착한 후 어디서부터 일을 시작해야 할지 모르고 우왕좌왕했다. 궁리 끝에 그는 현지 관리에게 쓸 만한 인재가 있는지를 문의했다. 그러자 현지 관리는 장가정張嘉貞이란 사람이 유능한 인재라고 천거했다. 이 시어사가 장가정을 불러 이것저것 물어보니 과연 그의 안목이 예사롭지 않았다. 시어사는 그의 능력에 감탄하면서 아예 황제에게 올릴 주장奏章까지 대필해달라고 부탁했다.

문서를 받아본 측천은 매우 흡족해하면서 시어사에게 물었다.

"요즘 경의 능력이 눈에 띄게 달라졌소. 어떻게 된 일이오?"

충직한 시어사가 곧이곧대로 아뢨다.

"실은 그 주장은 소신이 쓴 게 아니라 장가정이란 자가 쓴 것입니다. 소신이 보기에 그 사람의 재주가 남다르니, 폐하께서 소신 대신 장가정을 기용하시기를 청원드립니다. 그 사람은 소신보다 훨씬 더 유능한 인재입니다."

측천이 웃으면서 대답했다.

"짐이 어찌 그런 유능한 인재를 그냥 둘 수 있겠소?"

측천은 즉각 장가정을 감찰어사로 기용했고, 그를 천거한 시어사까지도 승진시켰다. 훗날 장가정은 현종 개원 시기에 명재상으로 활약했다. 앞서 말했듯이 현종을 보좌했던 명재상 요숭·송경·장열 등은 모두 측천이 그 능력을 인정해서 발탁한 인물들이다. 따라서 측천이 개원 성세盛世의 바탕을 마련해주었다고 해도 과언이 아니다. 인재 등용에 관한 한 측천의 정적들조차도 그 공로를 인정했는데, 그중에서도 측천이 '당시 인재를 알아보는 지혜가 있었기에 후대에까지도 두루 그 인재들을 쓸 수 있었다'는 평가가 가장 대표적인 사례다.

하지만 측천은 또 혹리를 기용한 황제로도 유명하다. 혹리들은 법을 무시하면서 무고 사건을 대량으로 조작했고, 특히 군신 간의 불신을 조장하는 데 앞장섰다. 그 이유야 어찌 되었건 이 혹리 정치는 고대 중국 사회의 암적인 요소로 작용했다. 요컨대 측천의 통치를 평가할 때 인재 등용과 혹리 정치의 양면성을 간과할 수는 없다.

셋째, 문화적 측면.

측천은 문화 진흥에 힘을 기울였지만, 이와 반대로 또 상무尙武 정신을 홀시한 측면도 있다. 천부적으로 문예적 소양이 풍부해 작시 경연, 서예 등 다양한 문예활동에 많은 관심을 가졌는데, 특히 만년에는 거의 모든 정력을 문예활동을 고취하는 데 쏟을 정도였다.

이런 이야기가 전해진다.

한번은 측천이 용문龍門으로 나들이를 나갔다. 지금의 뤄양 주변에 있는 룽먼 석굴이다. 시흥이 오른 측천은 즉석에서 대신들에게 시를 짓게 하고 가장 먼저 완성하는 사람에게 상으로 금포錦袍, 즉 비단 두루마기를 하사하겠다고 했다. 이 금포는 당시 고급 의상에 속했다. 대신들이 앞다투어 시를 짓기 시작했는데, 동방규東方虬라는 사람이 제일 먼저 시를 지어 잰걸음으로 나아가 측천에게 올렸다. 측천이 읽어보니 과연 훌륭한 시였다. 측천은 직접 금포를 동방규에게 걸쳐주었다.

그런데 동방규가 미처 제자리로 돌아와 앉기도 전에, 이번에는 송지문宋之問이라는 시인이 나서서 또 측천에게 시를 올렸다. 측천이 보니 동방규의 작품과는 비교도 되지 않을 정도로 대단한 걸작이었다. 불과 1, 2분 사이에 송지문이 2등으로 추락한다? 이는 측천의 스타일이 아니었다. 자리에서 일어난 측천은 동방규에게 다가가서 방금 걸쳐준 금포를 벗겨 다시 송지문에게 하사했고, 다른 대신들은 일제히 웅성거렸다. '용문에서 시를 짓다 금포를 빼앗겼네'라는 이야기가 여기서 유래했다.

윗사람이 좋아하면 아랫사람들도 따라 하는 법, 측천이 이렇게 시를 좋아하자 당시 많은 문인은 시가 창작에 몰두했다. 중국 고대 시가의 대표적인 형식인 5·7언 율시律詩가 이 시기에 완성되었고, 현종 시대에 오면 '삼척동자라도 시문에 대해 이야기하지 못하면 부끄러워해야 할' 정도가 되었다.

중당 시인 백거이의 시는 통속적이고 이해하기 쉬운 것으로 유명하다. 그 근거 중 하나가 당 선종宣宗이 지었다는 시구인데, 사람들이 곧잘 인용하기도 한다. "아이들도 「장한가長恨歌」를 읊조리고, 변방 사람도 「비파행琵琶行」을 노래하네"라는 시구다. 「장한가」와 「비파행」은 모두 백거이가 쓴 장편시로서, 만약 시에 대한 열기가 이렇게 거국적으로 일어나지 않았다면 아무리 쉽고 통속적인 시라도 사람들이 그 매력에 빠져들지는 못했을 것이다. 현대 학자들은 흔히 당조를 '시의 나라'라고 하는데, 이렇게 된 데는 측천의 기여도가 결코 적지 않다.

그러나 문학을 존중하는 풍토에서 민족적 상무 정신은 반대로 일정 정도 위축되었다. '삼척동자라도 시문에 대해 이야기하지 못하면 부끄러워하는' 사회 분위기에서, 어느 누가 용맹스러운 무사가 되려고 했겠는가? 이 때문에 측천 시대에는 한족 출신 무장의 숫자가 절대적으로 부족했고, 전투에 임하는 장수들의 용맹성이나 지략도 태종 시대에 비해 현저히 빈약했다. 이런 상황이 지속되자 현종 시기에는 이민족 출신의 장수들이 상당히 많았는데, 안사의 난이 발발한 배경에는 이런 요인도 작용했다. 결국 측천 시대에는 문화적 측면에서도 양면성을 보였다고 할 수 있다.

넷째, 사회적 측면.

측천 시대에는 귀족 사회의 구조 개편과 피비린내 나는 살육이 공존했다. 앞서 말했듯이 고종 통치 초기, 조정은 관롱 귀족 집단의 손안에 있었는데 그들은 세력이 워낙 막강해서 황제조차도 안중에 두지 않았다. 이 때문에 고종은 측천과 손을 잡고 그들과의 쟁투에 나섰고, 왕황후를 폐출하고 측천을 옹립하는 과정에서 장손무기를 중심으로 하는 관롱 귀족 집단에 대해 엄청난 타격을 가했다.

그 후 측천은 조정을 장악하기 위해 막강한 권력을 가진 원로대신들을 점진적으로 제거했고, 이와 동시에 기반이 약한 신예 후진들을 점차 발탁하기 시작했다. 이렇게 해서 측천이 통치했던 반세기 동안 중국 사회는 대대적인 변화가 발생했고, 황제의 권한은 전에 없이 막강해졌다. 귀족 관료들의 세력은 현저히 약화된 반면, 평민 출신 관료들의 약진이 두드러졌다. 측천의 노력에 힘입어 중국 관료 사회의 유동성이 대폭 증가한 것이다. '아침엔 시골 농부였지만, 저녁엔 조정대신이 된다'는 환상은 바로 측천이 심어준 꿈이었다.

하지만 관료 사회의 이런 구조적 변화는 사실 피비린내 나는 잔혹한 살육을 기반으로 형성된 것으로, 그 밑바닥에는 무수한 사람들의 선혈이 깔려 있었다. 결국 측천이 실행한 사회 구조의 개편과 관료 사회의 유동성 간에도 여전히 양면성이 존재한다고 할 수 있다.

결론적으로 측천이 이룬 치적의 이면에는 모순이 함께 내재해 있음을 알 수 있다. 햇살이 내리쬐는 곳엔 언제나 그늘이 지기 마련이라는 말이 바로 이를 두고 한 말이 아닐까?


## 3. 불과 물: 측천의 양면성

이제 측천의 성격에 나타난 양면성을 보자.

남의 눈길을 끄는 사람은 으레 개성이 뚜렷하다. 1000여 년이 지난 오늘까지 측천이 사람들의 입에 오르내리는 이유 중 하나는 그녀의 특별한 성격적 매력 때문이다. 그 매력 또한 양면성에서 기인한다. 어떤 양면성인가?

첫째, 측천은 자신감이 넘쳐흐르기도 했지만 반대로 자신감이 지극히 부족하기도 했다.

측천은 남성 우월주의 사회에서 갖은 역경을 극복하면서 일개 여자의 신분으로 자기의 운명을 바꾸었고, 마침내 중국 역사상 전무후무한 여황제가 되었다. 이는 비범한 용기와 자신감이 없었다면 도저히 이룰 수 없는 일이다. 민간에 널리 떠도는 전설 같은 이야기가 하나 있는데, 측천의 자신감을 보여주는 대표적인 예다.

어느 겨울, 측천은 문득 백화가 만발하는 장면이 보고 싶었다. 이에 시를 한 수 지었다.

내일 아침 정원으로 나들이 갈 참이니
서둘러 봄에게 통지하게나.
밤을 새워서라도 꽃은 다 피어 있어야지.
새벽바람 불 때까지 기다릴 것 없이

꽃의 요정들이 이 시를 보고 놀라 밤새 부지런히 꽃망울을 터뜨렸다. 하지만 유독 모란牡丹만은 꽃을 피우지 않았다. 다음 날 아침, 측천이 정원으로 나와 보니 백화가 만발했는데 모란만은 그대로였다. 화가 난 측천은 모란을 뿌리째 뽑아 불에 태운 다음 낙양으로 갖다버리라고 명했다. 이것이 그 유명한 낙양의 '초골모란焦骨牡丹'이 탄생하게 된 유래다. '초골'은 불에 바싹 태웠다는 뜻이다. 초골모란은 또 낙양홍洛陽紅이라는 이름으로도 불린다. 당연히 이것은 허황된 전설에 불과하다. 하지만 사람이든 자연이든 가리지 않고 자신감을 유감없이 발휘했던 측천의 기개를 보여주고 있다는 점에서 이야기를 적절하게 구성한 것 같다. 세상 사람들의 눈에는 측천이 그렇게 자신감에 넘쳐 보였던 것이다.

한편, 측천은 자신의 모든 행동이 전통적 관념과는 배치된다는 것을 잘 알고 있었기 때문에 늘 자신감이 없고 불안했다. 측천은 유난히 연호를 자주 바꾸었는데, 평생 동안 바꾼 연호가 모두 32개나 된다. 원래 당대의 연호는 비교적 안정되어 있어서 고조와 태종은 각각 무덕武德·정관貞觀 하나씩만 썼다. 고종도 측천이 황후가 되기 전까지는 연호를 영휘永徽 하나만 썼다.

하지만 측천이 정치에 관여하기 시작하면서부터는 연호의 변경이 잦아졌다. 측천은 28년간 황후를 지내면서 모두 14개의 연호를 썼는데, 평균 2년에 하나씩 쓴 셈이다. 태후를 지낸 5년 동안에는 4개의 연호를 썼고, 황제 재위 15년 동안에는 14개의 연호를 썼다. 한 연호를 평균 1년 남짓 사용했다.

심지어 어느 해에는 1년에 3번 바꾼 적도 있는데, 가령 696년의 연호는 원래 천책만세天冊萬歲였는데, 숭산에서 봉선 의식을 치른 다음에는 만세등봉萬歲登封으로 고쳤다가, 3개월 뒤 통천궁通天宮을 수축했다고 해서 금방 만세통천으로 바꾸기도 했다. 이렇게 빈번하게 연호를 바꾸자면 여간 번거롭지 않았을 텐데, 측천은 왜 이를 마다하지 않고 계속 바꾸었을까? 마음이 초조하고 자신감이 없었기 때문이다. 자신의 합법성을 증명해 보일 특별한 방법이 없었던 것이다.

이로써 자신감에 관한 측천의 양면성을 엿볼 수 있다.

둘째, 측천은 지극히 냉혹하면서도, 한편으로는 지극히 온정적이었다.

권력을 거머쥐기 위해 측천은 친자식까지도 서슴없이 죽였고, 자신을 반대하는 사람들은 추호도 용서하지 않았다. 그러기에 청대 조익趙翼은 측천을 두고 '천고에 다시 찾아보기 어려울 정도로 잔인했다'고 평가했다.

하지만 이런 측천도 재상 적인걸에게는 한결같이 따스하게 대해주었다. 측천은 적인걸에게 자기 앞에서 무릎을 꿇지 못하게 하면서, 그가 무릎을 꿇으면 자기 몸이 다 아플 정도라고까지 했다. 한번은 적인걸이 말을 타고

가다가 모자가 바람에 날아갔다. 측천은 태자 이현을 시켜 모자를 주워오라고 하면서 이 국로를 절대 수고스럽게 하지 말라고 했다. 신하를 아끼기로 소문난 태종조차도 그녀의 이런 행동은 아마 따라가지 못했을 것이다.

적인걸뿐만 아니라 측천은 하급 관리에게도 곧잘 이런 인정미를 보여주었다.

『자치통감』에는 이런 이야기가 실려 있다.

측천은 독실하게 불교를 신봉했기 때문에 자신이 생명체를 아낀다는 걸 보여주기 위해 전국적으로 가축 도살을 금지시키고 채식만을 허용했다. 이런 조처에 익숙하지 않았던 일부 사람들은 온갖 방법을 다 동원해서 몰래 고기를 먹곤 했다.

한번은 장덕張德이라는 하급 관리가 득남을 했는데, 너무나 기쁜 나머지 동료들을 초대했고, 몰래 양을 한 마리를 잡아 대접했다. 오랜만에 보는 고기라 손님들은 맛있게 먹고 놀았다. 그런데 그중에 마음씨가 고약한 동료 하나가 고기 한 점을 몰래 소매 속에 감추어 집으로 돌아온 다음 황제에게 상소문을 썼다. 그는 장덕이란 자가 황제의 금령을 어기고 불법으로 도축을 했다고 하면서 고기를 증거물로 제시했다. 다음 날 조회 때 국가 대사에 대한 논의가 끝나자 측천이 장덕에게 물었다.

"경이 득남했다니 축하하오. 그런데 고기는 어디서 났소?"

이 소리를 들은 장덕은 기겁을 하면서 머리를 땅에 조아리고 용서를 빌었다.

"짐이 비록 도축을 금지시켰지만 길흉사가 있을 때는 괜찮소. 앞으로는 손님을 초대할 때 사람을 잘 가려서 하시오."

그러고는 그 동료가 올린 상소문을 보여주었다. 당시 그 동료는 쥐구멍이라도 찾고 싶었을 것이다.

이 이야기는 무엇을 말해주는가? 여러 가지로 해석이 가능할 것이다.

첫째, 측천이 소인배를 기용하기는 했지만 그를 결코 멸시하지는 않았다. 둘째, 특정 문제를 처리하면서 측천은 융통성을 잘 발휘했다. 셋째, 측천은 책임을 전가하면서까지 남의 환심을 사려고 했다.

우리가 어떻게 해석하든, 그런 상황에서 장덕은 분명 인간미 넘치는 측천의 면모를 발견했을 것이다. 그렇게 많은 유능한 인재가 측천에게 충성을 바친 배경에는 그녀가 탁월한 용인술로 사람의 가치를 인정해준 것도 물론 한몫했겠지만, 한편으로는 그녀의 인간미 넘치는 태도도 작용했을 것이다.

요컨대 측천은 그 정치적 행적에서나 성격 면에서 서로 모순되는 양면성을 보여주었으니, 왕쉬王朔의 소설 제목처럼 '절반은 불꽃, 절반은 바닷물'이라는 표현이 적절하겠다. 바로 이런 극단적인 양면성이 있었기 때문에 측천은 늘 생생한 모습으로 우리 마음속에 살아 있고, 친밀하게 또 경이롭게 우리에게 다가온다.

이 책의 첫머리에서 나는 세 가지 문제를 제기한 바 있다.

첫째, 측천은 어떻게 여성의 신분으로 일약 황제로 등극할 수 있었을까?

둘째, 무주 왕조는 태평성대를 구가했음에도 왜 후대로 이어지지 못하고 자기 대에서 종식되고 말았을까?

셋째, 망국의 군주로서 측천은 어째서 당대는 물론 후세까지도 숭배와 존경을 받았을까?

이제 이에 대한 답을 찾아보자.

측천은 어떻게 황제가 될 수 있었을까?

'시대가 영웅을 만들었고, 성격이 운명을 결정했다'는 말로 요약할 수 있다. 구체적으로 보면, 당대의 사회 환경은 여성에게 상대적으로 관대했다. 고종은 장기간 병을 앓았고, 귀족정치의 붕괴와 평민 세력의 부상이라는 사회적 조건은 측천의 성공에 유리하게 작용했다. 하지만 측천의 가장 중요한 성공 요인은 무엇보다도 그녀의 걸출한 재주, 비범한 능력 그리고 실패를 모르는 성격이었다.

그렇다면 왜 측천은 황위를 잃었을까?

'인간은 시대적 산물이며, 인간이 권력 구조를 바꿀 수는 있으나 전통을 타파하기는 어렵다'는 말로 요약할 수 있다. 측천은 황제로 등극했지만, 끝내 남성 중심 사회의 전통을 바꾸지는 못했다. 전통은 결국 그녀를 아내의 자리, 어머니의 자리로 돌아오게 만들었다.

왜 측천은 망국의 군주이면서도 철저히 무너지지 않았을까?

역시 답안은 두 가지로 귀결된다. 하나는 측천이 아내이자 어머니의 신분으로 회귀함으로써 당조에서의 지위를 확립할 수 있었다는 것, 다른 하나는 측천이 수립한 위대한 업적이 그녀의 역사적 지위를 공고히 해주었다는 것이다. 측천 이후 당조의 모든 황제는 다 자기 자손들이었기 때문에 측천은 그들로부터 줄곧 제사와 숭배를 받았다. 또 측천은 50여 년의 노력을 통해 문화가 융성한 사회, 기회가 균등한 사회를 구축했고, 이는 이후 1000여 년 동안 중국 사회 발전의 토대가 되었다. 측천이 역사에서 사라지지 않은 이유가 바로 여기에 있다.

측천이 세상을 떠난 후 남은 것은 모순 덩어리의 국가, 이 국가는 그 후 10년 가까이 측천의 그림자로 뒤덮여 있었다. 측천의 그림자로부터 완전히 벗어난 때는 태평성대를 이룬 현종의 개원 시기에 와서였다. 다시 말하면 측천은 태종이 이룬 정관의 치세를 물려받아, 그것을 다시 개원 성세의 토대가 되도록 뒷받침해준 것이다.

궈모뤄郭沫若는 측천을 위해 이런 대련對聯을 남겼다.

통치는 개원 시대를 열었고, 치적은 정관 시대를 능가했다
그 향기 검각劍閣에 흐르고, 그 빛은 이주利州를 뒤덮었다

궈모뤄의 이 글귀는 측천의 고향을 위해 써준 것이라서 그런지, 다소 도량이 좁아 보인다. 최소한 이렇게 써야 하지 않았을까?

통치는 개원 시대를 열었고, 치적은 정관 시대를 능가했다
그 향기 중국에 흐르고, 그 빛은 천하를 뒤덮었다

# 저자 후기

　인간은 고독을 두려워하는 존재. 2300여 년 전, 맹자가 양梁 혜왕惠王에게 물었다. "혼자 누리는 즐거움과 남과 함께 누리는 즐거움, 어떤 게 더 즐겁습니까?" 혜왕은 주저 없이 '남과 함께 누리는 즐거움이 더 좋다'고 했다. 마찬가지로, 동화 속에 나오는 이발사도 당나귀 귀를 가진 임금님의 비밀을 혼자만 알고 있기에는 너무나 고통스러웠다. 그는 나무 구멍에다 대고 그 비밀을 털어놓은 다음에야 속이 후련해졌다.

　진리와 학문을 전수하고 의혹을 풀어주는 것이 천직이라고 여기는 우리 또한 이와 다를 게 없다. 수년 전 수학 선생님께서 우리 반 친구들에게 말씀하셨다. "여러분 어떤 정리定理를 배운다는 게 얼마나 좋습니까? 방학 때 기차 타고 고향으로 돌아갈 때, 다른 사람에게도 한번 이야기해보세요. 그럼 아마 사람들은 여러분이 미적분을 배웠다는 걸 알게 될 테니까요." 당시 우리는 선생님이 참 엉뚱하다고 생각해 깔깔 웃었다. 이제 내가 교단에 서고 보니 그 마음을 헤아릴 것 같다. 아마 선생님께서는 기차 안에서라도 진리를 전달하는 게 본능적인 즐거움이라고 여기셨으리라.

　옛사람들은 '창고가 넉넉해야 예절을 알고, 의식衣食이 풍족해야 명예와 치욕을 안다'고 했다. 요즘 우리는 다행히도 창고와 의식이 점점 풍족해지는 시대에 살고 있다. 빈곤이 물러가고 물질 생활이 풍요로워지면서 사람들은 좀더 높은 정신세계를 지향하기 시작했다.

이런 비유를 해보자. 거센 풍랑과 싸우다 마침내 해안으로 올라온 병사가 있다. 거친 숨을 막 가라앉히고 짧은 행복감에 젖은 그는 이렇게 자문해본다. '나는 누구인가? 내가 왜 여기에 있는가?'

그렇다면 우리는 도대체 누구인가? 무엇 때문에 현재와 같은 방식으로, 바로 이 땅 위에서 살아가고 있는가? 이에 대한 해답은 역사로 돌아가 물을 수밖에 없다. 중화민족의 유구한 역사와 문화, 그것은 바로 우리가 영원히 탐구해야 할 무진장한 보배다. 최근 전통문화가 새롭게 조명되는 이유가 여기에 있다. 거목은 땅속 깊이 그 뿌리를 내려야만 저 높은 창공을 향해 뻗어나갈 수 있다. 도약을 꿈꾸는 민족 또한 이와 같으리라.

캠퍼스 안의 교수에게 진리를 전파하려는 본능이 있다면, 상아탑 바깥의 대중들에게는 역사와 문화를 알고자 하는 욕구가 있다. 「백가강단百家講壇」의 기획자는, 학자와 대중 사이를 이어주는 교량을 만들고 싶다고 했다. 일견 학자·대중·제작팀, 이 세 주체가 금방 의기투합할 것 같았다. 하지만 청중이 친구·학생의 범주를 넘어 대중에게까지 확대되다보니, 상아탑 안 소규모 강의에 익숙해진 우리로서는 크든 작든 변화를 줄 수밖에 없었다.

다행히도 우리는 대중매체 분야에 대한 전문 소양과 투철한 프로 정신을 가진 경험자들의 도움을 받을 수 있었다. 제작자·기획자·연출자 등 많은 분이 강좌의 방향을 설정해주는 등 깊은 애정과 관심을 가지고 지도해주셨다. 수당사 연구에 있어서는 물론 내가 전문가일 수 있겠지만, 어떻게 해야 청중들의 호감과 관심을 끌 수 있는가에 대해서는 그분들이 더 전문적이었다.

「백가강단」의 임무를 맡은 이후, 나는 줄곧 '사람들이 즐겁게 공부할 수 있도록 하자'는 생각뿐이었다. 내가 어떻게 강의하는 게 좋을까를 물었을 때, 놀랍게도 그분들 역시 '대중을 염두에 두라'고 건의했다. 얼핏 농담처럼 들릴지 모르겠지만, 이것이 바로 진리이자 핵심이다. 기본적인 관점이 이렇듯 서로 일치했기 때문에, 우리는 즐거운 마음으로 작업했고, 또 좋은 성과를 거둘 수 있었다. 자잘한 견해차가 있을 때마다 우리는 상대방의 전문성을 존중해주었다. '숙고에 숙고를 거듭하면서 합의를 이루고, 방식은 달라도 목표는 한 가지'인 결과를 얻으려 노력했다.

10년 전 나는 생애 처음 뤄양 룽먼 석굴에 있는 노사나대불盧舍那大佛을 바라보았다. 장엄하고 자비로운 대불, 나에게는 엄청난 경이였다. 이 대불은 무측천의 모습을 본떴다고 한다. 나는 역사상 유례가 없는 일대의 여황제, 측천에 대해 많은 걸 생각해보게 되었다.

파괴와 건설, 잔인함과 인자함이라는 모순이 한 몸에 담긴 여인, 그녀는 부처인가, 악마인가? 아니면 둘 다인가? 측천의 경력을 통해 추정해볼 수 있는 중국의 전통문화는 또 어떠한가? 만약 그것이 가혹하다면 어떻게 무측천이라는 그 '반역적' 인물을 용서했을까? 만약 그것이 너그럽다면 왜 전통을 뒤엎었던 무측천을 끝내 전통 속에다 다시 가두었을까? 중화민족의 찬란한 역사에서 당 제국의 성세盛世는 바로 이런 모순 속에서 서서히 꽃을 피워나갔다. 어쩌면, 영원히 종식되지 않을 이런 모순 속에서 우리는 살아 숨쉬고, 부단히 전진해나가는 게 아닐까?

오늘 이 『여황제 무측천』을 독자 앞에 내놓으면서 나는 마음속으로 기도한다. '무측천이라는 이 특별한 여인에 관한 위대한 역사가 우리에게 깊은 사고력과 넉넉한 포용력을 가져다주기를, 그리하여 우리가 아름답고 조화로운 미래로 나아가는 데 도움이 되기를!'

『여황제 무측천』의 강좌를 준비하면서 정리한 사료 외에, 나는 레이자지雷家驥 · 후지胡戟 · 자오원룬趙文潤 · 왕솽화이王雙懷 등 학계 선배들의 학문적 성과를 두루 참조했다. 이 자리를 빌려 감사드린다. 이 책의 출판을 위해 노고를 아끼지 않은 광시사범대학 출판사 여러분께도 심심한 사의를 표한다.

2007년 12월<br>몽만

# 부록

## 1. 무측천 연보

**1세, 무덕武德 7년(624)**
부: 무사확武士彠, 모: 양楊 씨
이복 오빠: 원경元慶·원상元爽, 언니와 여동생 각 1명

**3세, 무덕 9년(626)**
태종 이세민李世民이 현무문玄武門 정변을 통해 황제로 등극하다
무사확이 예주도독豫州都督으로 부임하다

**5세, 정관貞觀 2년(628)**
고종 이치李治가 출생하다

**12세, 정관 9년(635)**
부친 무사확이 병으로 사망하다

14세, 정관 11년(637)

측천이 재인才人의 신분으로 입궁하다


20세, 정관 17년(643)

태종이 이치를 태자로 책봉하다


23세, 정관 20년(646)

태종의 병상을 드나들던 태자 이치와 측천이 처음으로 만나다


26세, 정관 23년(649)

5월 26일 태종이 붕어하다

5월 28일 측천이 감업사感業寺로 출가하여 비구니가 되다

6월 1일 태자 이치가 22세의 나이로 황제(고종)로 즉위하다


27세, 영휘永徽 원년(650)

고종이 왕 씨를 황후로 책봉하다

감업사에서 고종과 측천이 재회하다


28세, 영휘 2년(651)

측천이 궁녀의 신분으로 재입궁하다


29세, 영휘 3년(652)

이충李忠이 태자로 책봉되다

측천이 첫아들 이홍李弘을 낳다

31세, 영휘 5년(654)

측천이 소의昭儀로 책봉되다

측천이 둘째 아들 이현李賢을 낳다


32세, 영휘 6년(655)

왕황후와 소숙비蕭淑妃가 폐서인되고, 측천이 황후로 책봉되다


33세, 현경顯慶 원년(656)

태자 이충이 양왕으로 강등되고, 측천의 장자 이홍이 태자로 책봉되다

측천이 셋째 아들 이현李顯(훗날 이철李哲로 개명했다가 다시 이현으로
복원)을 낳다


37세, 현경 5년(660)

고종이 병환으로 측천에게 정사의 일부를 위임하면서

본격적으로 정치에 간여하다


39세, 용삭龍朔 2년(662)

측천이 넷째 아들 이단李旦을 낳다


41세, 인덕麟德 원년(664)

재상 상관의上官儀 등이 측천의 폐위를 주청하다 죽임을 당하다

폐태자 이충이 죽다

측천의 수렴청정이 시작되면서 '이성二聖'의 시대가 열리다

측천이 딸 태평공주를 낳다

43세, 건봉乾封 원년(666)

고종이 태산 봉선을 거행하고, 측천이 아헌亞獻을 담당하다


47세, 함형咸亨 원년(670)

측천의 모친 양 씨 부인이 향년 92세로 병사하다


51세, 상원上元 원년(674)

고종과 측천의 칭호가 각각 천황天皇·천후天后로 바뀌다


52세, 상원 2년(675)

고종의 병환으로 모든 정사를 측천이 처리하다

태자 이홍이 병사하고, 이현李賢이 태자로 책봉되다


57세, 영륭永隆 원년(680)

태자 이현李賢을 폐서인하고, 영왕英王 이철李哲을 태자로 책봉하다


60세, 홍도弘道 원년(683)

고종이 향년 56세로 붕어하다

태자 이철이 즉위하고(중종), 측천은 황태후가 되다


61세, 광택光宅 원년(684)

중종이 여릉왕廬陵王으로 강등되고,

이단李旦(예종睿宗)이 황제로 등극하다

폐태자 이현李賢이 자살하다

63세, 수공垂拱 2년(686)

측천이 혹리 정치를 시작하다


65세, 수공 4년(688)

측천이 남총을 시켜 명당明堂을 건립하다


67세, 재초載初 원년(690)

예종이 폐위되고, 측천이 신성황제聖神皇帝로 즉위하여
국호를 주周로 바꾸다


73세, 천책만세天冊萬歲 2년(696)

측천이 숭산嵩山 봉선을 거행하다


75세, 성력聖曆 원년(698)

여릉왕 이철이 태자로 책봉되다


82세, 신룡神龍 원년(705)

이철이 황제로 재등극하여(중종) 국호를 당으로 회복하다
측천이 상양궁에서 붕어하다

## 2. 측천의 가계

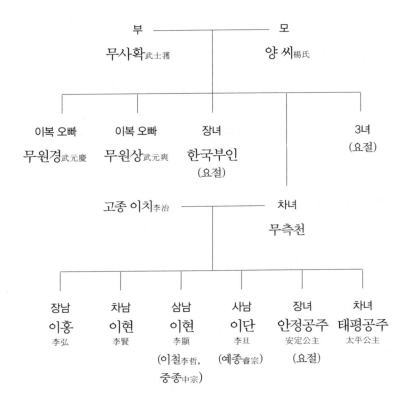

부 ──────────── 모
무사확武士彠　　　　　양 씨楊氏

이복 오빠　　이복 오빠　　장녀　　　　　　　　3녀
무원경武元慶　무원상武元爽　한국부인　　　　　(요절)
　　　　　　　　　　　　　　(요절)

고종 이치李治 ──────── 차녀
　　　　　　　　　　　　　무측천

장남　　차남　　삼남　　사남　　장녀　　　차녀
이홍　　이현　　이현　　이단　　안정공주　태평공주
李弘　　李賢　　李顯　　李旦　　安定公主　太平公主
　　　　　　　(이철李哲,　(예종睿宗)　(요절)
　　　　　　　중종中宗)

## 3. 당나라 황제 계보

제1대　고조 이연李淵, 재위 618~626

제2대　태종 이세민李世民, 재위 626~649

제3대　고종 이치李治, 재위 649~683

제4대　중종 이현李顯(이철李哲), 재위 683~684, 705~710

제5대　예종 이단李旦, 재위 684~690, 710~712

제6대　무주武周 측천則天, 재위 690~705

제7대　현종 이융기李隆基, 재위 712~756

제8대　숙종 이형李亨, 재위 756~762

제9대　대종 이예李豫, 재위 762~779

제10대　덕종 이괄李适, 재위 779~805

제11대　순종 이송李誦, 재위 805

제12대　헌종 이순李純, 재위 805~820

제13대　목종 이항李恒, 재위 820~824

제14대　경종 이담李湛, 재위 824~826

제15대　문종 이앙李昻, 재위 826~840

제16대　무종 이염李炎, 재위 840~846

제17대　선종 이침李忱, 재위 846~859

제18대　의종 이최李漼, 재위 859~873

제19대　희종 이현李儇, 재위 873~888

제20대　소종 이엽李曄, 재위 888~904

제21대　소선제 이축李祝, 재위 904~907

# 옮긴이의 말

역사는 기록의 산물이다. 기록에 근거하지 않은 역사는 허구이며 날조다. 그렇다고 해서 모든 기록이 전부 바른 역사는 아니며, 모든 기록이 다 역사가 되는 것도 아니다. 역사가의 혜안이 중요한 이유는 그에게 기록을 제대로 선별해서 후대에 바른 역사를 보여주어야 할 책무가 있기 때문이다. 역사가의 또 다른 책무는 역사를 어떻게 효과적으로 오늘의 교훈, 그리고 미래의 지혜로 연결 지어주느냐다.

명만 교수가 중국 CCTV 교양 강좌 「백가강단」에서 『여황제 무측천』을 강연한 것을 들으면서 나는 다시 한번 역사가의 이러한 책무를 떠올렸다.

다양한 성격을 가진 방대한 자료를 적재적소에 배치하는 솜씨, 구체적인 사안을 해석하고 분석하는 예리한 통찰력, 기승전결이 잘 구비된 대하소설을 보듯 한시도 눈을 떼지 못하게 만드는 흥미로운 전개……

기본적인 골격은 정사를 중심으로 엮되 야사·야담·전설·시 등을 종횡무진으로 활용했다. 그러면서도 정사 한 줄, 야사 한 토막 어느 것 하나 검증 없이 억지로 갖다 붙이지 않는 치밀함도 보여주었다. 그런가 하면 일견 황당해 보이는 전설, 얼토당토않을 것 같은 민간의 속설에서 일말의 진실을 찾아내려는 특유의 섬세함도 놀라웠다.

'무측천' 하면 우리에게 가장 먼저 연상되는 것은 무엇일까?

권력을 장악하기 위해서라면 자식과 형제의 목숨마저도 초개처럼 앗았던 비정함, 밀고와 혹리 정치를 동원하여 가차 없이 반대파를 제거했던 잔혹함, 말년까지도 젊은 남총男寵을 거느리며 향락에 도취했던 음란무도함……. 마치 권모술수와 타락의 전형인 양 그녀는 하나같이 부정적인 형상으로 다가올지도 모르겠다.

하지만 이는 진실의 일면일 뿐, 밍만 교수는 측천의 정치적 행보와 성격을 '모순의 공존'이라는 양면성을 통해서 해부하고 재조명한다. 측천을 칭찬하되 비판도 놓치지 않았고, 비판하되 긍정의 실마리를 찾는 일도 소홀히 하지 않았다.

이것이 바로 전기傳記로서의 『여황제 무측천』을 최대한 공평성과 객관성 위에 놓으려는 역사가로서의 예지가 아닐까?

흔히 역사를 거울에 비유하곤 한다. 밍만 교수가 『여황제 무측천』을 통해 우리에게 선사하는 거울은 바로 예지의 거울이다. 따라서 이 책을 읽으면서 우리는 역사를 어떻게 학습하고, 어떻게 해석하며, 또 역사에서 무엇을 읽어내야 하는지를 곰곰 되씹게 될 것이다.

이에 더하여 이 책은 단순히 측천의 인물과 그 시대를 이해하는 데만 국한되지 않는다. 당대唐代 전반의 정치와 사회, 문학과 철학, 인물과 제도, 의식 구조와 풍속은 물론이거니와, 당대 전후의 시대사회사를 종합적으로 조감할 수 있는 계기가 될 것이다.

『여황제 무측천』을 번역하면서 역사 인물의 전기는 결코 역사학의 범주에 머물지 않는다는 사실을 거듭 실감했다. 그것은 통치학이자 인간학이며 사회학이자 동시에 경영학이기도 하다.

역사가 오늘과 미래를 비추는 거울이라는 사실을 인정한다면, 역사 인물의 전기는 바로 인문학 전반을 아우르는 삶의 지표로 작용할 수 있지 않을까?

인문학의 기반을 다지기 위해 옹골찬 도약을 꿈꾸는 글항아리의 강성민 대표와 편집진, 그리고 기획을 맡아 조언을 아끼지 않은 김택규 박사께 감사드린다. 무언의 성원을 보내준 가족들에게도 감사를 표한다.

# 여황제 무측천

| | |
|---|---|
| **초판 인쇄** | 2016년 12월 12일 |
| **초판 발행** | 2016년 12월 19일 |

| | |
|---|---|
| **지은이** | 멍만 |
| **옮긴이** | 이준식 |
| **펴낸이** | 강성민 |
| **편집장** | 이은혜 |
| **기획** | 김택규 |
| **편집** | 박세중 박은아 곽우정 |
| **편집보조** | 조은애 이수민 |
| **마케팅** | 정민호 이연실 정현민 김도윤 양서연 |
| **홍보** | 김희숙 김상만 이천희 |
| **독자모니터링** | 황치영 |

| | |
|---|---|
| **펴낸곳** | (주)글항아리 | 출판등록 2009년 1월 19일 제406-2009-000002호 |
| **주소** | 10881 경기도 파주시 회동길 210 |
| **전자우편** | bookpot@hanmail.net |
| **전화번호** | 031-955-8891(마케팅) 031-955-1936(편집부) |
| **팩스** | 031-955-2557 |

| | |
|---|---|
| ISBN | 978-89-6735-398-8 03910 |

글항아리는 (주)문학동네의 계열사입니다.

이 도서의 국립중앙도서관 출판시도서목록(CIP)은 서지정보유통지원시스템 홈페이지
(http://seoji.nl.go.kr)와 국가자료공동목록시스템(http://www.nl.go.kr/kolisnet)에서
이용하실 수 있습니다. (CIP제어번호 : CIP2016028311)